Парамаханса Йогананда
(5 января 1893 года — 7 марта 1952 года)

БОЖЕСТВЕННЫЙ РОМАН

Избранные
лекции и эссе
об осознании Бога
в повседневной
жизни

Парамаханса Йогананда

Том II

«Божественный роман» — второй том избранных лекций, эссе, неформальных бесед и вдохновенных сочинений Парамахансы Йогананды. Большую часть лекций Шри Йогананда читал в основанных им храмах Self-Realization Fellowship и Главном международном центре SRF в Лос-Анджелесе. Многие из них были застенографированы и сохранены для будущих поколений Шри Дайя Матой — одной из его первых и ближайших учениц, которая, помимо прочего, служила на посту президента Self-Realization Fellowship вплоть до своей кончины в 2010 году. Первоначально эти лекции публиковались в журнале *Self-Realization*, а позже были скомпилированы для трехтомной антологии, состоящей из книг «Вечный поиск», «Божественный роман» и «Путь к Самореализации».

Название англоязычного оригинала, издаваемого
обществом Self-Realization Fellowship, Лос-Анджелес (Калифорния):
The Divine Romance

IISBN: 978-0-87612-241-9

Перевод на русский язык: Self-Realization Fellowship

Copyright 2024 Self-Realization Fellowship

Все права защищены. Без предварительного разрешения Self-Realization Fellowship перепечатка (за исключением кратких цитат для рецензий) и распространение книги «Божественный роман» *(The Divine Romance)* в любой форме — электронной, механической (или любой другой, существующей сегодня или в будущем), включая фотокопирование, звуковую запись или хранение ее в информационных и принимающих системах — является нарушением авторских прав и преследуется по закону. За справками обращайтесь по адресу: Self-Realization Fellowship, 3880 San Rafael Avenue, Los Angeles, California 90065-3219, USA

Авторизовано Международным издательским советом
Self-Realization Fellowship

Название общества *Self-Realization Fellowship* и его эмблема, помещенная выше, присутствуют на всех книгах, аудио- и видеозаписях, а также других публикациях SRF, удостоверяя читателя, что он имеет дело с материалами организации, которая основана Парамахансой Йоганандой и передает его учения точно и достоверно.

Первое издание на русском языке, 2024
First edition in Russian, 2024
Издание 2024 года
This printing 2024

ISBN: 978-1-68568-195-1

1295-J8041

От имени Self-Realization Fellowship
посвящается
нашему возлюбленному президенту,

ШРИ ДАЙЯ МАТЕ,

чье вдохновенное стремление передать слова своего гуру потомкам
сохранило для нас и всех грядущих поколений освобождающую
мудрость и божественную любовь
Парамахансы Йогананды

ДУХОВНОЕ НАСЛЕДИЕ ПАРАМАХАНСЫ ЙОГАНАНДЫ

*Полное собрание его сочинений,
лекций и неформальных бесед*

Парамаханса Йогананда основал общество Self-Realization Fellowship[1] в 1920 году с целью распространения своих учений по всему миру и сохранения этих учений в чистоте и целостности для будущих поколений. Плодовитый автор и неутомимый лектор, он создал за время своего пребывания в Америке замечательное и огромное по своему объёму собрание работ, в которых освещаются многочисленные темы на предмет научной йогической медитации, искусства сбалансированной жизни и основополагающего единства всех мировых религий. Сегодня это уникальное и прогрессивное духовное наследие живет и вдохновляет миллионы искателей истины во всех уголках планеты.

Согласно пожеланиям великого Мастера, в Self-Realization Fellowship идет непрерывная работа по опубликованию полного собрания сочинений Парамахансы Йогананды. В него входят не только последние издания всех книг, выпущенных еще при его жизни, но и новые материалы. Среди них — письменные труды Мастера, которые либо не печатались со времени его ухода в 1952 году, либо на протяжении многих лет публиковались отрывочными сериями в журнале *Self-Realization*. Под рубрикой «Полное собрание сочинений Парамахансы

---

[1] Букв. «Содружество Самореализации»; произносится как [сэлф риализэйшн феллоушип]; сокр. SRF [эс-эр-эф]. Парамаханса Йогананда объяснил, что название общества означает «союз с Богом через Самореализацию (осознание своего истинного „Я") и братскую дружбу со всеми искателями Истины».

Йогананды» будут также представлены сотни его глубоко вдохновляющих лекций и неформальных бесед, записанных, но не опубликованных при его жизни.

Парамаханса Йогананда лично отобрал и обучил близких ему учеников, которые возглавляют Издательский совет Self-Realization Fellowship, и дал им особые указания относительно подготовки и публикации его лекций, сочинений и Уроков Self-Realization Fellowship. Члены Издательского совета SRF свято чтут заветы любимого Учителя и придерживаются его инструкций, чтобы универсальное учение продолжало жить, сохраняя свою изначальную силу и подлинность.

Название Self-Realization Fellowship и эмблема SRF, помещенная выше, были придуманы Шри Йоганандой как отличительный символ организации, основанной им для распространения его духовного и гуманитарного наследия во всем мире. Они присутствуют на всех книгах, аудио- и видеозаписях, фильмах, а также других публикациях Self-Realization Fellowship, удостоверяя, что читатель имеет дело с материалами организации, которая основана Парамахансой Йоганандой и передает его учение достоверно — так, как он сам хотел бы его представлять.

Self-Realization Fellowship

СОДЕРЖАНИЕ

Предисловие xxiii
Вступление xxvii

Как взрастить в себе божественную любовь 1
Универсальная природа любви 3
Отцовская любовь зиждется на рассудке 4
Материнская любовь зиждется на чувстве, и она безусловна 4
Супружеская любовь 6
Любовь между хозяином и слугой 12
Дружба — величайшее проявление человеческой любви 12
Безусловная божественная любовь гуру и ученика 13
Возвышенное проявление Божьей любви в Бхагаване Кришне 14
Совершенная любовь между душой и Духом 16

Новый взгляд на происхождение и сущность мироздания ... 19
Начало космического сна 20
Эволюция разума 22
Реинкарнация — это череда снов внутри сна 23
Жизнь есть сон, не достойный наших слез 25
Наши ограничения нам просто снятся 26
Не воспринимайте жизнь слишком всерьез 28
В медитации иллюзорные сны растворяются 29
Никогда не нарушайте покой своего ума 30
Вас пугают ваши собственные сны 31
Сила ума не имеет границ 32
Лишь в Боге вы свободны от иллюзии 33

Научный подход к религии 35

Ученые работают в сотрудничестве с Богом 36
Убежденность есть лишь первый шаг 39
Самореализация необходима для познания Бога 40
Первый эксперимент — погружение в тишину 41
Правда всегда благотворна 42
Невинной лжи не существует 42
Счастье других очень важно для вас 43
Сила вашего «нет» укрепляет вашу волю 44
Практический опыт в религии 44
Выход есть всегда 45
В Божьих законах не существует никаких «если» 46
Узреть и убедиться — такова наука религии 46

Как найти радость в жизни 48

Что такое судьба? 51

Почему мы отличаемся друг от друга 52
Три способа борьбы со следствиями 53
Даже смертельной участи можно избежать 54
Чтобы избежать негативных последствий, всегда поступайте правильно 56
Никогда не оставляйте попыток измениться к лучшему 58
Ангелами становятся на земле, а не на небесах 59
Как медитация меняет вашу судьбу 60
Быть с Богом важнее всего 61
Совершите побег из темницы судьбы 62

Конец света 64

Хорошие и плохие деяния влияют на баланс гармонии на земле ... 65
Жизненные циклы земли 66
Текущий цикл, Двапара-юга 67

Все народы должны быть высокодуховными 69
Верность своей стране 69
Трета-юга 71
Сатья-юга 71
Будьте выше эпохи, в которой живете 72
Мир перестает существовать, когда мы сознательно отстраняемся от него 73
Мир перестает существовать, когда мы избавляемся от всех желаний 73
Осознание конца света наступает в самадхи 75
Покончите со своими иллюзиями в Боге 76

Религия: все «как» и «почему» 77

Йога исполняет цель религии 78
Универсальная наука религии 79
Настала эра логики 80
Обретите радостное чувство удовлетворения в божественной любви 82
Зло возвращается бумерангом 82
Ошибочные суждения заставляют нас поступать неправильно 83
Каждый закон обоснован 84
Истинное вооружение — покой и любовь 86
Следование истинному гуру — самый надежный путь к мудрости 87

Широта духовного сознания 89

Что есть истина? 90
Духовное сознание следует правилам, делающим жизнь совершенной 91
Внешний и внутренний мир 92
Духовность охватывает обширную сферу деятельности 93
Искренность и усердие — вот что имеет значение 95

Противоположность материального и духовного сознания 97
  Высшее благо заключается в духовном сознании 98

Ум: вместилище безграничной силы **100**
  Наши малые умы — часть всемогущего Божьего разума 100
  Семена успеха сокрыты внутри вас 101
  Мысль может быть материализована 102
  Достичь чего-либо — значит порадовать Бога 104
  Работайте над своим развитием вместе с Богом 105
  Используйте свои обстоятельства наилучшим образом 106
  Никогда не признавайте неудачу 107
  Ищите Божьего водительства 108
  Вы сами делаете себя сильными или слабыми 109
  Без Бога материальный успех не имеет ценности 110
  Заставьте Бога нарушить обет молчания 112
  «Господи, не позволь мне стать духовным шутом» 112
  Доставлять радость Богу приятно 113

Почему зло является частью Божьего творения **115**
  Этот мир лишен совершенства 116
  Любовь — самая мощная наступательная сила 118
  «Ради праведной души я могу пожертвовать жизнью» 119
  Космический кинофильм 120
  Для того, кто познал Бога, не существует зла 122

Загадка Махатмы Ганди **124**
  Религиозные принципы лежат в основе искусства
    правильной жизни 125
  Махатма Ганди: политический искупитель
    раздираемых противоречиями наций 126
  Живое воплощение духовных истин 127
  Идеальный пример для политиков 128
  «Один за всех и все за одного» 129

Как идеалы Ганди изменили Индию.................................. 130
Возрождение христианской доктрины............................. 131
Сопротивление злу силой любви 132
Истинное равенство достигается любовью..................... 133
Уничтожьте ненависть, и на землю придет мир 134

Магнетизм: врожденная сила души 137
Как питание воздействует на магнетизм......................... 138
Через ваше тело проходят вибрации всего мира 139
Спокойствие защищает вас от негативных вибраций 140
Как «выкрасть» магнетизм у святых людей....................141
Используйте время с умом... 142
Не будьте болтуном.. 143
Магнетизм бескорыстной любви..................................... 145
Пусть Бог работает через вас... 145
Это удерживает человека вдали от Бога......................... 146
Божья любовь всепоглощающа.. 147
Слушайте то, что хочет сказать вам дух Божий............. 149

Психологическая мебель 151
Какие инструменты формируют из нас психологическую мебель? 152
Характерные черты человека... 154
Опасная психологическая мебель 156
Любопытные безделушки... 157
Постоянно увеличивайте свою ценность........................ 157
Старайтесь понять характерные черты окружающих людей... 159
Мудрость — это стамеска, любовь — шлифовальная бумага 159

Скрытый потенциал памяти 161
Ограниченность смертной природы человека 162
Воспоминания из прошлых жизней 163

Придерживайтесь лишь хороших привычек из
прошлых жизней 164
Забудьте о своих прошлых ошибках 165
Сконцентрируйтесь на истине и добре 166
Как улучшить память 167
Помните о своем единстве с Духом 168

Как сочетать физический, умственный и духовный методы лечения 170

Три основных метода исцеления 173
Все сущее — идея 174
Ум работает, когда вы знаете, как его контролировать 176
Ум может производить как отрицательные, так и
положительные результаты 178
Человек загипнотизирован иллюзией 179
Ваше страдание может пойти на благо другим 180
Пробудитесь в Боге, чтобы освободиться от иллюзии 181
Чудесное исцеление 183
Укрепляйте силу своего ума 184

Сила ума поможет набрать или сбросить вес 186

Вообразите себя худым 188
Не будьте фанатичным в еде 190

Как работать без утомления 192

Различайте пристрастия и естественную потребность в еде .. 193
Фрукты и овощи необходимы для поддержания здоровья 194
Упражнения снимают усталость 196
Не растрачивайте свою энергию 197
Секрет энергичности 198
Воля и энергия тесно взаимосвязаны 199
Любовь — один из сильнейших стимуляторов воли 201

Как избавиться от беспокойного сознания 203
Успехи и неудачи создаются умом 204
Мы пришли на землю, чтобы усвоить урок 205
Практикуйте равновесие ума 207
Бог никогда вас не оставит 209

Почему Бог свободен от кармы, а мы — нет? 211
Три причины страданий 212
Связь между вами и телесной болью существует лишь в уме ...213
Во сне вы свободны от кармы 215
Смерть — это награда 215
Уничтожьте плохую карму правильными поступками 218
Помощь гуру 220
Три способа возвыситься над кармой 220
Крийя-йога выламывает тюремную решетку кармы 221

Йогическое искусство преодоления смерти и смертного сознания 223
Психологические методы достижения самообладания 224
Смерть — это несчастье или завуалированное благословение? ...225
Духовная психология боли 227
Человек сам навязывает себе страдания, связанные со смертью 228
Почему после смерти обычный человек забывает о своей прошлой жизни 229
Как разорвать оковы привязанностей души 230

Как чувства затеняют душу 234
Чувства и эмоции затеняют душу 235
Прихоти порабощают душу 235
Для осознания души нужен сбалансированный подход 236
Работайте с пламенным энтузиазмом, но без привязанности ..238
Критерием правильного или неправильного действия является мотив 239

Спокойствие рождает правильное действие 241
Воспринимайте себя как душу, а не тело 242
Практикуйте глубокую медитацию и удерживайте в
себе ее положительное воздействие 243

Йогическое отречение подходит для всех 245
Больше полагайтесь на Бога 246
Бог ценит безусловную преданность 247
Йога: золотая середина 248
Выполняйте все свои обязанности лишь для того, чтобы
порадовать Бога 250
Добросовестно играйте свою роль в драме жизни 251
Живите в этом мире, но будьте не от мира сего 252
Живите с мыслью о Боге 253
Стойте непоколебимо посреди крушения миров 254
Не бойтесь кинокартины Господа 255
Сделайте Бога путеводной звездой вашей жизни 256
Бог судит справедливо 256

«Всем имением твоим приобретай разум» 258
Ищите помощи у духовного учителя, который знает Бога 259
Жить без разумения — значит совершать духовный и
материальный суицид 261
Разумение должно направляться и умом, и сердцем 262
Истинное разумение говорит вам, правы вы или нет 263
Наставничество моего гуру сделало меня проницательным 264
Не нужно колебаться, воплощая в жизнь благие намерения 266
Придерживайтесь истины 267
Обретите разумение, общаясь с Богом 267

Критика 269

Где сейчас Иисус и чем он занимается? 273

Как освобожденные мастера следят за миром 274
Христос не ушел — он присматривает за вами 275
Христоподобная жизнь сложна, но велика награда за нее 276
Нерушимый памятник христоподобной любви 277
Истинное значение учений Христа я узнал от своего
    индийского гуру 278
Любите обижающих вас 279
История о сварливом господине, который изменился 281
Вы не можете пахнуть розами, если водитесь со скунсами 282
Душевные раны серьезнее боевых 283
Не загрязняйте свою душу общением со смутьянами 284
Если вы хотите прийти ко мне, живите христоподобной
    жизнью 284

Реинкарнируются ли души? 286
Мы устроили беспорядок в Божьем творении 287
Мы чувствуем себя смертными потому, что лишены
    непрерывности сознания 288
Мы не хотим помнить проблемы прошлых жизней 290
Живите праведно независимо от того, верите ли вы
    в загробную жизнь 291
Мы появились на свет не по воле случая 291
Текущие наклонности отражают нравы прошлых жизней 292
Развивайте свою божественную сущность 294
Ищите разгадку тайны жизни и смерти 294
Как распознать души, которые вы знали до этого 296
Враги прошлого нуждаются в любви и сострадании 298
Ищите Бога: Он пошлет вам мимолетные видения прошлого .. 298
Вы найдете Бога, если приложите усилия 299
Бог срывает покровы иллюзии 300
«Я прихожу лишь для того, чтобы рассказать вам
    о Божьей радости» 301

Содержание

Где сейчас наши усопшие близкие? 303
    Неосознанный мир мысли 303
    Где находится рай? 305
    *Мы сотканы из Божьих мыслей, которые неподвластны
    смерти* 306
    Знайте правильный способ нахождения своих близких 306
    В астральном мире много сфер 307
    Общение с астралом — незримо охраняемая наука 308
    Святые не приходят к духовно неразвитым людям 310
    Техника передачи мыслей ушедшим душам 312
    Мы можем найти переродившихся близких 313
    *Истинная любовь жизнь за жизнью притягивает души
    друг к другу* 314
    Душа и ее радость живут вечно 315

Размышляя о любви 317

Изведанное и неизведанное 320
    Как развить свои таланты 320
    Распознайте наклонности, которые делают вас уникальным ... 322
    *Массовое образование должно допускать и индивидуальное
    развитие* 323
    Прошлые желания формируют текущие склонности 325
    Сколько у нас свободной воли? 326
    *Космический Закон приводится в действие нашими
    решениями* 328
    Живите для Господа 329

Как контролировать свою судьбу 331
    *Наши прошлые и текущие деяния выковывают цепи
    нашей судьбы* 333
    *Пример великих людей показывает, что судьбу можно
    изменить* 336

    Умственно отстранитесь от ограничений тела 338
    Всесильная власть заключена в уме 339

Гости — хорошие и плохие 341
    Письмо Богу 342

Как избавиться от плохих привычек 345
    Определение привычки 346
    Берегитесь плохих привычек из прошлых жизней 347
    Развивайте в своих детях расположение к хорошим привычкам 348
    Будьте серьезны, говоря искушению «нет» 349
    Не угождайте своим пристрастиям и предубеждениям 349
    Плохие привычки подобны осьминогу 350
    Учите свою волю не раболепствовать 351
    История о силе говорить «не буду!» 353
    С помощью концентрации можно устанавливать привычки волевым усилием 354
    Занимайтесь самоанализом, чтобы познать себя таким, какой вы есть 354
    Неувядаемый покой и радость находятся внутри, а не вовне 355
    Формировать духовные привычки надо прямо сейчас 356
    Техника формирования и разрушения привычек 357
    Ложные удовольствия не смогут заменить Божье блаженство ...358

Сад цветущих качеств 360

Восточное и западное христианство 363
    Истинное христианство 363
    Условия жизни на Востоке были иными 365
    Почему христианство изменилось на Западе 368
    Необходимо реальное общение с Богом 370
    Запад и Восток нуждаются в равновесии 372

Научное познание Бога 374

Мир без границ 376
　　Понимание необходимо очистить от предрассудков 377
　　Любите мир так, как любите свою нацию и семью 378
　　Межнациональное понимание стирает разделяющие
　　　　нас границы 379
　　Мир воцарится тогда, когда мы научимся видеть Бога
　　　　во всех 379
　　Мир начинается дома и в школе 380
　　Войн не будет, если не будет эгоизма 381
　　Йогическая медитация раскрывает нашу божественную
　　　　сущность 382
　　Когда каждый научится общаться с Богом, на земле
　　　　воцарится мир 383

Знать Бога — значит любить всех 385
　　Бог любви, мудрости и красоты 386
　　Общение с Богом дает ответы на все вопросы 386
　　Бога находит тот, чей ум непобедим 387
　　В общении с Богом вы найдете сад истины 388
　　Ищите духовного богатства 390

Как стать ближе к Богу 392
　　Обезьяний процесс — и его продолжение 394
　　Доказательство существования Бога 395
　　Способ познания Бога 396

Космический Возлюбленный 401

Бог в личном и безличном аспекте 403
　　Бог проявляется одновременно в личном и безличном аспекте ... 405
　　Даже конечное является бесконечным 406
　　Абсолют неописуем 407

  Бог воплощается в человеческих инкарнациях..................408
  Гуру — Божий эталон..................409
  Тот, кто един с Богом, может являться во плоти
   в любое время..................411
  Чтобы познать Бога, нужна несгибаемая решительность..........412
  Необходимы надлежащие техники медитации..................413
  Не откладывайте поиск Бога..................413

Как отыскать путь к победе.................. 416
  Ум должен оставаться непобедимым..................417
  Все, что препятствует познанию Бога, является злом..................418
  Величайшая победа — это покорение своего «я»..................419
  Будьте уверены в своей врождённой праведности.................. 421
  Не пренебрегайте Богом ради работы и не пренебрегайте
   работой во имя Бога.................. 423
  Бог даёт знания не через загадочные явления, а через
   просветлённые души.................. 425
  Успех кроется в самом искателе..................426
  Торжествуйте в Божьем блаженстве и служите другим.......... 427
  Обретение Бога — истинная победа.................. 428
  Не упускайте возможность искать Бога.................. 429

«Для меня благословение — созерцать Его» 430
  Свежее начало нового года.................. 431
  Кинодрама жизни.................. 432
  Кто даёт познание: горы или живые души?..................433
  Воскресение Шри Юктешвара.................. 434
  Бог более заманчив, чем искушение.................. 435

Пусть Господь всегда будет при вас..................437
  Человек сотворён по образу Божьему.................. 438
  Бог не станет навязывать Себя..................440
  Гуру посылается Богом..................440

Ответ Бога истово верующему	441
Любовное послание Америке	442
Бог — пункт нашего назначения	443
Боль спадает, если ум находится под контролем	444
Следуйте за теми, кто нашел Бога	446

Полярное сияние блаженства ... 448

Откликнитесь на зов Христа! ... 451

Божественное общение с Богом и Христом ... 462

Вечный роман ... 469

Бог стоит у дверей вашего сознания	470
Бог жаждет нашей любви	471
Желание, стоящее за всеми желаниями	472
Пребывать в неведении — значит не использовать данную Богом силу	473
Бог — самое любезное Существо	474
Внешние проявления — это еще не вся жизнь	475
Господь всегда с нами	476
Роман с Богом вечен	479

Священная книга любви ... 481

Парамаханса Йогананда: йог в жизни и смерти	485
Коммеморативные марки и памятные монеты, выпущенные правительством Индии	486
Цели и идеалы Self-Realization Fellowship	489
Глоссарий	500

ФОТОГРАФИИ

Обложка: Парамаханса Йогананда, 1951 год

Парамаханса Йогананда (фронтиспис) ii

Шри Йогананда с лейтенант-губернатором Калифорнии и миссис Гудвин Найт на открытии Озерной Святыни SRF, 1950 год 5

Парамаханса Йогананда проводит занятия по йоге 7

Парамаханса Йогананда на пути в Аляску, 1924 год 37

Шри Йогананда и Лютер Бёрбэнк, Санта-Роза, 1924 год 38

Шри Йогананда и мировой судья А. Д. Брэндон, Питтсбург, 1926 год 38

Шри Йогананда и мадам Амелита Галли-Курчи, Вашингтон, округ Колумбия, 1927 год 335

Свами Шри Юктешвар и Парамаханса Йогананда на религиозной процессии, Калькутта, 1935 год 337

Парамаханса Йогананда, 1951 год 367

Главный международный центр SRF, Лос-Анджелес, Калифорния 369

Уединенная обитель Self-Realization Fellowship, Энсинитас, Калифорния (Фото Стива Уолена; опубликовано с разрешения The Citizen, Солана-Бич, Калифорния) 369

ПРЕДИСЛОВИЕ

Эти слова были написаны третьим президентом и духовной главой общества Self-Realization Fellowship/Yogoda Satsanga Society of India, Шри Дайя Матой (1914–2010), в качестве предисловия к книге «Вечный поиск» — первому тому собрания лекций, эссе и неформальных бесед Парамахансы Йогананды.

Впервые я увидела Парамахансу Йогананду в 1931 году. Он выступал перед огромной восхищенной аудиторией в Солт-Лейк-Сити. Я стояла в конце переполненного зала, не замечая вокруг себя ничего: все мое внимание было приковано к оратору и его словам. Его мудрость и божественная любовь затопили все мое существо, проникая в душу, сердце и разум. Я могла думать лишь об одном: «Этот человек любит Бога так, как я всегда хотела Его любить. Он познал Бога. Я последую за ним». Так я и сделала.

Уже в самые первые дни, проведенные в окружении Парамахансаджи, я начала ощущать на себе преобразующее воздействие его слов, и у меня появилось чувство, что эти слова необходимо сохранить для всего человечества на все времена. На протяжении долгих лет, проведенных рядом с Парамахансой Йоганандой, я имела честь выполнять священную и радостную обязанность: стенографировать его лекции, занятия, неформальные беседы, личные наставления — всю эту необозримую сокровищницу чудесной мудрости и божественной любви. Когда Гурудэва говорил, прилив вдохновения зачастую выражался в динамике его речи: он мог говорить, не делая пауз, целый час. Слушатели сидели зачарованные, а мое перо летало по бумаге! На меня как будто снисходила особая благодать, мгновенно превращающая голос Гуру в стенографические знаки. Их расшифровка стала для меня благословенной работой, которой я занимаюсь до сих пор. Моим записям уже много лет, некоторым из них — более сорока, и тем не менее всякий раз, когда я приступаю к их расшифровке, они чудесным образом оживают в моей памяти, словно были записаны вчера. Я буквально слышу внутри себя интонацию голоса Гурудэвы в каждой конкретной его фразе.

Мастер практически не готовился к своим лекциям — разве что мог бегло набросать одну-две памятки с фактами. Очень часто бывало так, что по дороге в храм он спрашивал кого-нибудь из нас: «А какая у нас тема сегодня?» Он полностью сосредотачивался на ней, и позже эта тема свободно лилась из внутреннего резервуара божественного вдохновения. Темы проповедей Гурудэвы в храмах планировались и объявлялись заранее. Но иногда по ходу проповеди его ум отклонялся от темы: Мастер произносил те истины, которые занимали его сознание на данный момент, и бесценная мудрость, источником которой были его личный духовный опыт и интуиция, лилась из его уст обильным потоком. И почти всегда по окончании богослужения люди подходили к нему и благодарили за то, что он пролил свет на давно мучавшую их конкретную проблему или разъяснил то или иное философское понятие, которое их особо интересовало.

Бывало, что во время лекции сознание Гуру внезапно уносилось на возвышенный план, и, совершенно позабыв о своей аудитории, он начинал вести непосредственный диалог с Богом — и тогда все его существо излучало божественную радость и упоительную любовь. В этих высших состояниях, когда его разум сливался с Божественным Сознанием, он внутренне воспринимал Истину и описывал все, что видел. Бог являлся ему в облике Божественной Матери или в какой-либо иной форме; бывало, что в видении перед ним представал кто-то из святых или один из наших великих гуру. В такие моменты слушатели глубоко ощущали особое благословение, дарованное всем присутствовавшим. Во время одного из таких возвышенных состояний видение Франциска Ассизского, к которому Гурудэва испытывал глубокую любовь, вдохновило Мастера на создание прекрасного стихотворения «Боже! Боже! Боже!».

В Бхагавад-Гите (V:16) дается описание просветленного учителя: «В тех, кто изгнал неведение мудростью, истинное „Я" сияет как солнце». Духовное сияние, исходившее от Парамахансы Йогананды, внушало бы благоговейный страх, если бы не его теплота, естественность и тихая кротость, благодаря которым каждый в его присутствии чувствовал себя непринужденно и раскованно. Каждый, кто его слушал, ощущал, что слова Гурудэвы обращены к нему лично. Не меньшую любовь внушало людям еще одно замечательное качество Мастера — его чувство юмора. В нужный момент, посредством фразы, жеста или выражения лица, он мог вызвать у слушателей веселый смех, чтобы донести до их сознания некую истину или снять напряжение, вызванное продолжительным сосредоточением на особо глубоком вопросе.

Одна книга не может полностью передать неповторимость и многогранность яркой и любящей личности Парамахансы Йогананды. Но я смиренно верю, что эта короткая заметка позволит читателю почувствовать личность автора и этим обогатит его радость, которую он будет испытывать при чтении материалов, представленных в этой книге.

Моя радость безмерна: я видела моего Гурудэву во время его общения с Богом; я слышала глубокие истины и пламенные излияния его души; я записывала их из года в год — и вот теперь делюсь ими со всеми людьми. Пусть возвышенные слова Мастера широко распахнут для вас двери, ведущие к непоколебимой вере в Бога и глубокой любви к Тому, Кто есть наш Возлюбленный Отец, Мать и Вечный Друг.

Дайя Мата

Лос-Анджелес, Калифорния,
май 1975 года

Я счастлива, что уже на протяжении более полувека мне выпадает скромная честь участвовать в распространении миссии Крийя-йоги, начатой Парамахансой Йоганандой. Я созерцаю, как пламя любви к Богу, исходившее от его существа и разгоревшееся в моем сердце, разжигает ту же божественную любовь в бесчисленных сердцах других людей, даруя им благословение ее преобразующего света. С глубоким чувством радости и с огромным удовольствием общество Self-Realization Fellowship представляет вашему вниманию «Божественный роман» — долгожданное дополнение к «Вечному поиску», первому тому избранных лекций и эссе Парамахансы Йогананды.

Однажды Гурудэва сказал: «Роман с Богом совершенен и вечен». В Парамахансаджи величие и сладость этих взаимоотношений проявлялись полностью. Все эти годы я стремилась следовать его примеру — живя его идеалами и практикуя принципы, которым он обучал, — и это исполнило каждое желание моего сердца. Обещание пережить в душе глубокий трепет божественной любви было исполнено так, как я и мечтать не могла.

Единственным желанием Парамахансаджи было помочь другим сознательно почувствовать Бога в своей жизни. Он часто проливал слезы сострадания за всех Божьих детей, вознося Господу молитву из глубины своей души: «Да смогу я пробудить Твою любовь во всех сердцах». Божественная любовь есть ответ на все вопросы — единственный ответ, который может заполнить болезненную пустоту в каждом сердце и прижечь все раны разногласий, ненависти и непонимания, которые нарушили покой и единство этого чудесного мира, сотворенного Господом. Пусть пламя этой неземной любви исторгнется со страниц этой книги и исполнит молитву Парамахансаджи, пробудив Божью любовь в каждом сердце.

Дайя Мата

Лос-Анджелес, Калифорния
19 ноября 1986 года

ВСТУПЛЕНИЕ

Величайший роман из всех возможных — это роман с Богом. Он — Влюбленный, а наши души — возлюбленные. Когда душа встречает величайшего из Влюбленных, разгорается вечный роман.

– Парамаханса Йогананда

«Божественный роман» — это сборник лекций Парамахансы Йогананды — того, чья жизнь являла собой нескончаемый роман с Бесконечным. Это книга о любви, которую Бог испытывает ко всем сотворенным Им душам, а также о том, как мы — воплощенные души — можем испытать Его любящее присутствие в своих жизнях.

Послание автора содержит в себе призыв ко всем людям, ибо кто из нас не грезил о совершенной любви — любви, которая не угасает со временем, в старости и даже после смерти? Определенно, каждый человек жаждет удовлетворения и совершенства подобных взаимоотношений — вопрос лишь в том, возможны ли они. Парамаханса Йогананда уверенно возглашает: возможны. На примере своей жизни и своих учений он доказывает, что внутреннее удовлетворение и любовь, которых мы ищем, можно обрести в Боге. «Величайшая любовь, которую вы только можете испытать, рождается в общении с Богом, — утверждает он в первой лекции, представленной в „Божественном романе". — Любовь между душой и Духом — это совершенная любовь, которую ищет каждый из вас».

Слова Парамахансаджи не основывались просто лишь на теории или теологических идеях — они рождались в личном переживании любви и мудрости Бога. Он рассказывает о воодушевляющем и прагматичном подходе, который может опробовать каждый «имеющий уши слышать», дабы испытать всеудовлетворяющее Божье Присутствие лично. Его мудрость не имеет ничего общего с заученными фразами богослова, ибо это эмпирическое свидетельство выдающейся духовной личности, жизнь которой была наполнена внутренней радостью и внешними свершениями; всемирного учителя, жившего теми принципами, которым он обучал; *Премаватара* («Воплощения любви»), единственным желанием которого было делиться мудростью и любовью Господа со всеми людьми.

Парамаханса Йогананда родился в Индии 5 января 1893 года. Его детство было отмечено событиями, которые ясно указывали на то, что его судьба будет тесно связана с Богом. Его мать прекрасно это понимала и всячески поощряла его благородные идеалы и духовные стремления. Ему было всего лишь одиннадцать лет, когда потеря матери, которую он любил больше всего на свете, сделала непоколебимой его врождённую решимость найти Бога и получить от Самого Творца ответы, которых жаждет услышать каждое человеческое сердце. Он стал учеником великого *Джнянаватара* («Воплощения мудрости») Свами Шри Юктешвара Гири. Шри Юктешвар принадлежал к духовной линии преемственности великих гуру, с которыми Йоганандаджи был связан с рождения: родители Шри Йогананды были учениками Лахири Махасайи, гуру-наставника Шри Юктешвара. Когда Йогананда был ещё младенцем, Лахири Махасайя благословил его и предсказал: «Маленькая мать, твой сын станет йогом. Подобно духовному паровозу, он перевезёт множество душ в Царство Божие». Лахири Махасайя был учеником Махаватара Бабаджи, бессмертного мастера, возродившего в наши времена древнее учение о Крийя-йоге. Крийя-йога, которую восхваляют Кришна в Бхагавад-Гите и Патанджали в *Йога-сутрах*, представляет собой одновременно трансцендентную технику медитации и искусство праведной жизни, ведущие к единению человеческой души с Богом. Махаватар Бабаджи передал священную науку Крийя-йоги Лахири Махасайе, который посвятил в неё Шри Юктешвара, а Шри Юктешвар, в свою очередь, обучил Парамахансу Йогананду.

К 1920 году Парамаханса Йогананда духовно созрел для своей глобальной миссии — распространения освобождающего знания йоги. И тогда Махаватар Бабаджи поведал ему о его божественной ответственности: «Ты — тот, кого я избрал для распространения учения о Крийя-йоге на Западе. Много лет назад я встретил на *Кумбха-меле* твоего гуру, Шри Юктешвара, и сказал, что пришлю тебя к нему в ученики. Со временем Крийя-йога — научная техника постижения Бога — распространится по всем землям. Она позволит каждому из людей обрести личное, трансцендентное восприятие единого Бесконечного Отца и тем самым поспособствует установлению гармонии между народами Земли».

Парамаханса Йогананда приступил к своей миссии в Америке в качестве делегата Международного конгресса религиозных либералов в Бостоне. В течение более чем десяти лет он ездил по Америке, выступая почти каждый день перед восприимчивой аудиторией во всех крупных городах. 28 января 1925 года газета *Los Angeles Times* написала: «Зал филармонии являет собой исключительное зрелище... Тысячи людей вынуждены уйти ни с чем... За час до объявленного начала лекции зал, рассчитанный на 3000 мест, заполнен до отказа. Все эти люди пришли послушать Свами Йогананду, индийца, который приехал в Соединенные Штаты, чтобы говорить о Боге... и проповедовать суть христианского учения». Удивительным открытием для Запада стал тот факт, что йога, которую так красноречиво и доступно разъяснял Шри Йогананда, представляет собой универсальную науку, и что, будучи таковой, она действительно является сутью всех истинных религиозных учений.

В 1925 году в Лос-Анджелесе Парамаханса Йогананда учредил международную штаб-квартиру Self-Realization Fellowship — общества, которое он основал в Индии как Yogoda Satsanga Society of India еще в 1917 году. Учения Гуру, включая многочисленные книги и печатные *Уроки Self-Realization Fellowship*, обучающие науке медитации Крийя-йоги и искусству духовной жизни, распространяются Главным международным центром SRF[1]. Распространением материалов и поддержкой духовных искателей занимаются монахи и монахини Ордена Self-Realization Fellowship, основанного Парамахансаджи для обучения тех, кто будет продолжать его работу, сохраняя ее в первозданном виде.

В конце 1930-х годов Парамахансаджи постепенно снижает число своих выступлений по стране. «Меня интересуют не толпы,

---

[1] Духовные искатели в Индии и сопредельных странах могут заказать эти публикации в обществе Yogoda Satsanga Society of India.

— говорил он, — а души, искренне стремящиеся познать Бога». Он сосредоточился на занятиях с серьезно настроенными учениками, а его публичные выступления ограничились в основном лекциями в храмах Self-Realization Fellowship и в Главном международном центре SRF.

Парамаханса Йогананда не раз предсказывал: «Я умру не в постели, а стоя на ногах, говоря о Боге и Индии». 7 марта 1952 года это пророчество исполнилось. На банкете в честь индийского посла Б. Р. Сена, где Парамахансаджи был приглашенным оратором, он произнес вдохновенную речь, заключив ее цитатой из своего стихотворения «Моя Индия»: «Там, где Ганг, леса, пещеры Гималаев и люди думают о Боге, я был благословлен: нога моя ступала на ту землю!» Затем он устремил свой взор ввысь и вошел в *махасамадхи* (сознательный уход из тела, совершаемый продвинутым йогом). Он умер так же, как и жил: призывая человека к познанию Бога.

Великий Гуру всю свою жизнь стремился пробудить души навстречу Истине, лежащей в основе всех религий и самой жизни. Его уникальный вклад в укрепление гармонии и взаимопонимания между Востоком и Западом получил официальное признание у правительства Индии 7 марта 1977 года — на двадцать пятую годовщину со дня его ухода из жизни. Тогда Индия выпустила коммеморативную марку в его честь, воздав ему должное следующими словами: «В жизни Парамахансы Йогананды в полной мере проявился идеал любви к Богу и служения человечеству… Хотя большую часть своей жизни Йогананда провел за пределами Индии, он все же занимает особое место среди наших великих святых. Его работа продолжает приносить свои плоды и сияет все ярче, привлекая людей всего мира на путь духовного паломничества».

Для тех, кто знал Парамахансаджи лично, было совершенно очевидно, что его величие заключалось не только в исчерпывающей мудрости его учений, но и в глубокой любви и сострадательном понимании, исходившем от его существа. Каждое его слово, каждый его взгляд и жест были исполнены неописуемой сладости, и все отчетливо понимали, что его безусловная любовь не имеет границ. Нет никаких сомнений в том, что он не придавал значения человеческим недостаткам и слабостям; что в каждой душе он зрел чистое отражение Господа.

Вступление

Несмотря на то, что время и пространство не позволяют нам очутиться на лекции Парамахансы Йогананды сегодня, мы можем почувствовать его благословение, читая и усваивая то, о чем он говорил. За эту возможность нам хотелось бы поблагодарить Шри Дайя Мату, президента Self-Realization Fellowship. Лекции Гуру в самые ранние годы его духовной деятельности записывались нерегулярно. Но когда Шри Дайя Мата стала ученицей Парамахансы Йогананды в 1931 году, она взяла на себя священную обязанность записывать все лекции и занятия учителя на благо будущих поколений. «Уже в самые первые дни, проведенные в окружении Парамахансаджи, — писала она, — я начала ощущать на себе преобразующее воздействие его слов, и у меня появилось чувство, что эти слова необходимо сохранить для всего человечества на все времена». Именно благодаря ее дару предвидения и самоотверженному труду на свет появился сборник лекций «Божественный роман», являющийся продолжением «Вечного поиска» — первого тома серии.

В эту книгу вошли в основном лекции и записи занятий, которые проводились в храмах Self-Realization Fellowship и в Главном международном центре SRF в Лос-Анджелесе. Небольшая часть этих лекций была прочитана на неформальных встречах или *сатсангах* в узком кругу учеников, или же на медитационных службах, во время которых Гуру переживал экстатическое единение с Богом, даруя всем присутствовавшим представление о том, что же такое блаженный божественный роман. В этот сборник также вошли несколько вдохновенных сочинений. Парамахансаджи был плодовитым автором, который часто использовал свободную минутку, чтобы сочинить очередную духовную песнь, посвященную любви к Богу, или же небольшую статью, которая, по его мнению, могла бы помочь другим людям лучше усвоить определенный аспект истины.

Так как большинство лекций, напечатанных в этой книге, были даны аудитории, знакомой с учениями по Самореализации, неосведомленный читатель может найти полезными разъяснения некоторых терминов и определенных философских концепций. С этой целью в книгу было внесено множество сносок, а также глоссарий, дающий определение философским терминам и санскритским словам. Кроме того, глоссарий предоставляет информацию о событиях, людях и местах, связанных с жизнью и деятельностью Парамахансы Йогананды. Стоит отметить, что цитаты из Бхагавад-Гиты, приводимые в этом сборнике, были переведены с санскрита на английский язык самим Парамахансой Йоганандой — если не указано иное. Порой он переводил их буквально, а иногда излагал своими словами, если того требовал контекст. Для большинства цитат из Бхагавад-Гиты в настоящем издании мы использовали новый ее перевод с комментариями Парамахансы Йогананды, «Бхагавад-Гита: Беседы Бога с Арджуной. Царственная наука Богопознания», опубликованный обществом Self-Realization Fellowship в 1995 году. В тех местах, где он истолковывает Гиту своими словами, чтобы особо подчеркнуть определенную мысль, приводятся сноски, цитирующие оригинальный текст из Гиты.

«Божественный роман» является вторым томом в антологии лекций и сочинений Парамахансы Йогананды. Пусть эта книга, подобно «Вечному поиску», станет лучом божественного света на духовном пути многочисленных читателей, принося им вдохновение, руководство и новый взгляд на жизнь. «Величайший роман — это роман с Бесконечностью, — говорил Парамахансаджи. — Вы даже не представляете себе, какой чудесной может быть жизнь. В тот момент, когда вы узрите Бога повсюду; когда Он придет к вам и начнет говорить с вами, направляя вас в жизни, — начнется роман божественной любви».

SELF-REALIZATION FELLOWSHIP

Лос-Анджелес, Калифорния
Ноябрь 1986 года

БОЖЕСТВЕННЫЙ РОМАН

Как взрастить в себе божественную любовь

Храм Self-Realization Fellowship, Голливуд, Калифорния, 10 октября 1943 года

Мир по большей части позабыл реальное значение слова «любовь». Любовь настолько извращена и поругана человеком, что лишь немногие понимают сущность истинной любви. Подобно тому как масло пропитывает каждую клеточку оливки, так и любовь пронизывает каждую частичку Вселенной. Но дать определение любви очень сложно — по той же самой причине, по какой слова никогда не смогут полностью описать вкус апельсина. Необходимо *попробовать* плод, дабы узнать его вкус. Так и с любовью. Каждый из вас испытывал в своем сердце чувство любви, так что вы уже имеете о ней какое-то представление. Но вы еще не понимаете, как можно усовершенствовать эту любовь; как ее очистить и расширить до состояния божественной любви. Искра этой божественной любви с самого рождения присутствует в каждом сердце, но обычно она угасает, так как люди не знают, как ее разжечь.

Многие люди даже не задумываются, как важно анализировать, что же такое любовь. Они воспринимают любовь как чувство, которое испытывают к родственникам, друзьям и всем тем, к кому они сильно привязаны. Но любовь — это нечто гораздо большее. Лишь одним способом я могу описать вам истинную любовь: рассказать о ее воздействии. Если вы почувствуете хотя бы частичку божественной любви, вы испытаете столь великую и всеобъемлющую радость, что просто не сможете сдержать ее в себе.

Глубоко задумайтесь над тем, что я вам говорю. Наслаждение любовью лежит не в самом чувстве, а в радости, которое оно приносит. Любовь дарит радость. Нам нравится любить, потому что любовь опьяняет нас счастьем. Так что не сама любовь является конечной целью, а блаженство. Господь является *Сат-Чит-Анандой* — вечно сущим, вечно сознательным и всегда новым Блаженством. А наши души являются индивидуальным проявлением *Сат-Чит-Ананды*. «В Блаженстве мы рождаемся, в Блаженстве пребываем и в священном Блаженстве однажды растворимся вновь»[1]. Все божественные эмоции — любовь, сострадание, отвага, самопожертвование, смирение — не имели бы смысла без Радости. Радость означает приятное возбуждение, выражение беспредельного Блаженства.

Человеческое восприятие радости берет свое начало в мозге, в центре Божественного сознания, который йоги называют *сахасрарой*, или тысячелепестковым лотосом. Но само ощущение радости возникает не в мозге, а в сердце. Со священного ложа Божественного сознания, находящегося в мозге, радость нисходит в сердечный центр[2] и проявляет себя там. Эта радость исходит от Божественного блаженства — неотъемлемого и основного атрибута Духа.

Хотя радость и может рождаться в сочетании с определенными внешними условиями, она, тем не менее, не зависит от них; зачастую она проявляется без видимой материальной причины. Иногда утром вы просыпаетесь окрыленные радостью и не знаете, почему именно. И когда вы погружаетесь в тишину глубокой медитации, радость начинает исходить изнутри — ее не пробуждают внешние стимулы. Радость медитации переполняет человека. Те, кто не погружался в тишину истинной медитации, даже не представляют, что такое настоящее счастье.

Мы чувствуем себя счастливыми, когда осуществляется наше желание; а в юности внезапное ощущение счастья часто появлялось в наших сердцах словно из ниоткуда. Радость всегда проявляется при определенных условиях, но не создается ими. Например, когда кто-то

---

[1] Тайттирия-упанишада 3-6-1.

[2] *Анахата-чакра* — тонкий позвоночный центр, являющийся месторасположением чувств; центр контроля вибрационной стихии воздуха *вайю* — проявления созидательной вибрации *Аум*. Человеческая жизнь и сознание постоянно поддерживаются силой и активностью «древа жизни», ствол которого образуют семь *чакр*, расположенных в позвоночнике и мозге. Эти центры питают силой все физиологические и психологические функции и способности человека. Благодаря своему единому центру происхождения, некоторые духовные и психологические возможности тесно связаны с физиологическими процессами. Например, совершенно очевидна связь между физиологическими функциями сердца и тонким сердечным центром чувственного восприятия. Работая вместе, они выражают великую эмоцию любви — как человеческой, так и божественной. (См. *чакры* в глоссарии)

получает тысячу долларов и восклицает: «О, как же я счастлив!», состояние внезапного обогащения служит лишь инструментом, высвобождающим фонтан радости из потайного внутреннего источника блаженства. Таким образом, в обычной человеческой жизни определенные события могут быть необходимы для получения радости, но сама радость является неотъемлемой частью души. Качество любви также присуще душе, однако оно вторично по отношению к радости, ибо без радости не может быть любви. Можете ли вы подумать о любви без радости? Нет. Радость является спутницей любви. Когда мы говорим о печали неразделенной любви, мы говорим о неудовлетворенном желании. Настоящее переживание любви всегда сопровождается радостью.

Универсальная природа любви

В универсальном понимании слова любовь есть божественная сила притяжения в мироздании, которая создает гармонию, объединяет и связует. Но существует и сила отторжения: космическая энергия, которая материализует мироздание; она исходит из космического сознания Бога. Эта сила удерживает все формы в проявленном виде посредством *майи* — иллюзии, которая создает разделение, многообразие форм и дисгармонию. Притягательная сила любви противостоит силе космического отторжения; она наполняет мироздание гармонией и в конечном счете приводит к Богу все создания. Те, кто живет в согласии с притягательной силой любви, достигают гармонии с природой и окружающими и, таким образом, блаженного единения с Господом.

В этом мире любовь предполагает двойственность: она возникает при обмене чувствами между двумя или более созданиями. Даже животные выражают своеобразную любовь друг к другу и к своему потомству. У многих биологических видов случается так, что, когда умирает одна «половина», другая вскоре следует за ней. Но любовь животных инстинктивна — они не несут за нее ответственности. Человеческие же создания, напротив, имеют возможность любить сознательно.

В человеке любовь проявляет себя по-разному. Мы знаем о любви мужа и жены, родителя и ребенка, брата и сестры, друзей, слуги и господина, гуру и ученика (в качестве примера здесь можно привести любовь между Христом и апостолами и любовь между великими учителями Индии и их *чела*), а также о любви между верующим и Богом — душой и Духом.

Любовь есть универсальная эмоция; ее проявления характеризуются природой мысли, через которую она проходит. Когда любовь проходит через сердце отца, сознание превращает ее в отцовскую любовь. Когда она проходит через сердце матери, она превращается в материнскую любовь. Когда она проходит через сердце влюбленного, сознание придает такой универсальной любви иные свойства. Не физический инструмент, а именно сознание, через которое проходит любовь, определяет качество ее проявления. Отец может испытывать материнскую любовь, мать — дружескую, а влюбленный — божественную.

Всякое отражение любви порождается единой Космической Любовью; но когда она проявляет себя в различных формах как любовь человеческая, она не может быть абсолютно чиста. Мать не знает, почему она любит своего ребенка, и ребенок не понимает, за что он любит мать. Они не знают, откуда исходит любовь, которую они испытывают друг к другу. Но это есть проявление Божьей любви; и когда она чиста и бескорыстна, она отражает Его божественную любовь. Таким образом, анализируя любовь человеческую, мы можем понять природу любви божественной, ибо в людском чувстве мы находим искру Божьей любви.

Отцовская любовь зиждется на рассудке

Отцовская любовь рождается в мудрости, а зиждется на рассудке. В его сознании преобладает мысль: «Это мой ребенок, и я буду заботиться о нем и защищать его». Он делает это бескорыстно, проявляя свою любовь через заботу, воспитание и обеспечение потребностей ребенка. Но отцовская любовь, как и все формы семейной любви, отчасти инстинктивна: отец просто не может не любить свое дитя.

Материнская любовь зиждется на чувстве, и она безусловна

Материнская любовь шире. Она зиждется на чувстве — не на рассудке. Настоящая материнская любовь безусловна. Можно сказать, она во многом более духовна и, таким образом, величественна, чем большая часть проявлений человеческой любви. Господь наделил

Парамаханса Йогананда с лейтенант-губернатором Калифорнии и миссис Гудвин Найт, сопровождавшей последнего на открытии Озерной Святыни SRF и Мемориала мира Махатмы Ганди в Пасифик-Палисейдс, Калифорния, 20 августа 1950 года. За их спинами — каменный саркофаг, в котором хранится горстка праха Махатмы. Ежегодно этот мемориал привлекает к себе тысячи посетителей. См. стр. 136.

сердце матери безусловной любовью, которая не принимает во внимание заслуги или поведение ребенка. Даже если тот вырастет убийцей, материнская любовь никак не изменится, в то время как отец будет менее терпим и склонен к прощению. Безусловная любовь матери, возможно, наиболее близка к совершенной Божьей любви. Настоящая мать простит свое дитя, даже когда от него отвернутся все остальные. Такая любовь может служить примером для пояснения сути Божьей любви: Он прощает Своих детей вне зависимости от грехов, которые они совершили. И кто же, как не Господь, мог наградить материнское сердце такой любовью? Материнской любовью Бог ясно показывает Свою безграничную любовь к нам; наша испорченность или количество наших прегрешений не влияют на качество этой любви.

Божий Дух не является тираном. Он знает, что поместил нас в мир иллюзий. Он знает о наших проблемах и трудностях. Человек погружается во внутреннюю тьму духовного неведения еще глубже, если постоянно думает о себе как о грешнике. Намного лучше будет попытаться исправить себя, испрашивая помощи Божественной Матери, видя в Ней отражение бесконечной Божьей любви и всепрощения.

Когда я медитировал прошлой ночью, я пел Божественному эту песнь любви:

> «О Божественная Мать, я Твое дитя, беззащитное дитя. На Твоих коленях бессмертья я незримо себя усадил. Я покорю небеса, утаенные на коленях Твоих. В убежище коленей Твоих я смогу покорить небеса. Карма не сможет коснуться меня, ибо я Твое дитя, беззащитное дитя. Я покорю небеса на коленях Твоих».

Вот такие нужно иметь взаимоотношения с Богом, ибо любовь Матери есть всепрощающая Божественная любовь.

Супружеская любовь

Доведенная до совершенства супружеская любовь может стать одним из величайших проявлений человеческой любви. Иисус имел в виду именно это, когда сказал: «Посему оставит человек отца и мать и прилепится к жене своей»[3]. Когда мужчина и женщина искренне и

---
[3] Мф. 19:5.

Первые пятнадцать лет своего пребывания в Америке Парамаханса Йогананда практически безостановочно совершал рабочие поездки по всем регионам Соединенных Штатов; в десятках городов он провел самые масштабные в истории занятия по йоге. Он лично посвятил сто тысяч человек в уникальную науку Крийя-йоги, позволяющую общаться с Богом посредством точных йогических техник. Чтобы дело его жизни — всемирное распространение Крийя-йоги — продолжало приносить свои плоды, Парамахансаджи посвятил последующие годы написанию книг, подготовке уроков для домашнего изучения, составлению плана развития общества SRF/YSS, а также созданию монашеского ордена для обучения тех, кто будет заниматься дальнейшим распространением и сохранением его учений в первозданном виде.

чисто любят друг друга, в своих взаимоотношениях они испытывают полную гармонию тела, ума и души. Когда их любовь проявляется в своей высшей форме, результатом ее становится идеальный союз. Но такая любовь все же имеет свой изъян: ее может омрачить злоупотребление сексом, что, в свою очередь, затмевает божественную любовь. Природа сделала половое желание очень сильным, дабы мироздание продолжало развиваться; таким образом, секс занимает определенное место в супружеских отношениях мужчины и женщины. Но если он становится доминирующим фактором в этих отношениях, любовь уходит навсегда; ее место занимают одержимость и фамильярность, насилие и потеря дружбы и взаимопонимания. Хотя сексуальное влечение и является одним из условий возникновения любви, тем не менее, секс не есть любовь. Секс и любовь столь же далеки друг от друга, как солнце и луна. Только когда преобразующая сила настоящей любви превалирует в отношениях, секс становится способом выражения любви. Но те, кто *живет* сексом, сбиваются с пути и не находят удовлетворения в супружеских отношениях. Только когда секс не является главной эмоцией, а лишь вторичен по отношению к любви, контролирующие себя супруги могут понять, что такое настоящая любовь. В современном мире, к сожалению, любовь слишком часто бывает разрушена сексуальными излишествами.

Люди, практикующие естественную — не принудительную — сдержанность в сексуальной жизни, открывают для себя сильные качества супружеских отношений: дружбу, взаимопонимание и любовь. Например, мадам Амелита Галли-Курчи[4] и ее муж, Гомер Сэмюэлс, — величайшие возлюбленные из всех, кого я встречал на Западе. Их любовь прекрасна, потому что они живут идеалами, о которых я говорю. Если им приходится расставаться даже на короткое время, они страстно ожидают очередной встречи, чтобы вновь оказаться в присутствии друг друга и разделить свои мысли и любовь. Они живут друг для друга.

Отношения между Эллой Уиллер Уилкокс[5] и ее мужем являются другим прекрасным примером супружеской любви. Мистер Джон Ларкин,

---

[4] Всемирно известная оперная певица (1882–1963). Она встретила Парамахансу Йогананду в первые годы его пребывания в Америке. Она и ее муж стали преданными членами Self-Realization Fellowship. Она также написала предисловие к книге Парамахансаджи *Whispers from Eternity*. (См. стр. 62)

[5] Американская поэтесса (1850–1919).

мой ученик, который их знал, рассказал мне, что он никогда не встречал подобной любви. Он говорил: «Каждая их встреча была исполнена радости, словно она имела место впервые. Они были всецело преданны друг другу. В течение трех лет после смерти мужа Элла непрестанно думала о воссоединении с ним; затем ушла и она — с его именем на устах».

Я встречал человека с подобной бескорыстной преданностью и в этой стране. Он глубоко любил свою жену — настолько, что его любовь к ней переросла в божественную любовь. После ее смерти он долго странствовал, ища способ обрести ее вновь. И ему это удалось. Через свою любовь к жене он нашел Бога. Вот что он мне рассказал. В своих поисках после ее смерти он встретил в Гималаях великого святого. Он уговорил того дать духовное посвящение одновременно ему и его жене. Заверив его, что обещание будет выполнено, святой спросил: «А где твоя жена?» Муж ответил, что она мертва. Тем не менее святой сдержал обещание дать посвящение обоим. Он наказал мужчине погрузиться в медитацию и начал призывать его жену. Внезапно она появилась прямо перед ними. Долгое время она беседовала с мужем, после чего они сели друг подле друга и получили посвящение от святого. После того как он их благословил, женщина ушла. В тот момент к мужчине пришло осознание, что возлюбленная форма, которую он знал как свою жену, на самом деле являлась индивидуальным проявлением Божьего сознания — как и любой другой человек. Ему было открыто настоящее значение божественной любви, которая скрывается за любыми совершенными человеческими отношениями. Для него это было уникальным, истинным переживанием.

Однако супружеская любовь коварна: многие люди покидают этот мир с неудовлетворенным сердцем. Они ищут любовь не в том месте. Привлеченные главным образом приятной внешностью, они ищут партнера в могиле внешне прекрасных форм, не отдавая себе отчета, что внутри может таиться дьявол. Я не осуждаю людей за их восприимчивость к созданному Богом закону влечения — я осуждаю похоть, извращающую это влечение. Каждый мужчина, смотрящий на женщину как на объект удовлетворения похоти, совершает саморазрушение: регулярное злоупотребление сексом повреждает нервную систему и сердце, в конечном счете убивая покой и счастье. Человечество должно осознать, что природа души божественна. Если мужчина и женщина смотрят друг на друга как на объект сладострастия, они неизбежно разрушают счастье. Медленно, шаг за шагом, уйдет и покой.

Злоупотребление сексом можно сравнить с ездой на автомобиле без масла: тело не сможет этого выдержать. Потеря каждой капли жизнетворной жидкости эквивалентна потере восьми капель крови. Очень важно научиться себя контролировать. Начать необходимо с контроля и очищения ума, и это намного важнее, чем простое воздержание от секса, когда ум по-прежнему думает о нем. Простым воздержанием можно даже навредить себе.

Мужчина и женщина должны воспринимать друг друга как воплощение Божественного. Мне очень нравится, когда муж называет жену матерью или когда она называет мужа отцом. Каждая женщина должна смотреть на мужчину как на отца. Я воспринимаю каждую женщину как мать. В моих глазах она не просто женщина, а проявление Божественной Матери. И именно Божественную Мать я созерцаю в женщине, с которой говорю.

Женщины не должны пытаться привлечь мужчин «тем самым»[6]. Конечно, им необходимо хорошо выглядеть, и нет ничего плохого в том, чтобы делать себя привлекательной, руководствуясь хорошим вкусом. Но неправильно целенаправленно пытаться привлечь противоположный пол сексуальностью. Влечение мужчины к женщине и наоборот должно исходить от души. Те, кто контролируют свои сексуальные желания и не выставляют себя напоказ как секс-символов, имеют куда больше шансов найти подходящего спутника жизни. Так много девушек приходят ко мне с жалобами на то, что молодые люди в первую очередь требуют секса, ставя это условием для продолжения отношений. Но ранний секс наносит большой ущерб. В Индии молодые люди не целуются и даже не касаются друг друга до свадьбы. Сначала приходит любовь. Таким должен быть идеал. Если двое чувствуют безусловную привязанность и готовы пожертвовать всем друг ради друга, то они по-настоящему влюблены. И только тогда они готовы к сокровенным отношениям в браке. Простого чувства собственничества для этого недостаточно. Если один из супругов пытается контролировать другого, это указывает на отсутствие

---

[6] Данное словосочетание некогда использовалось для обозначения сексуальной привлекательности.

настоящей любви. Но если они выражают свои чувства заботой о радости и счастье партнера, их любовь становится божественной. И именно в таких отношениях мы можем видеть отражение Бога.

Ко мне часто приходят замужние женщины и говорят: «Мой муж не хочет, чтобы я интересовалась духовными вопросами». Это очень эгоистично. Если жена хочет стать более духовной, муж должен поддерживать ее в этом. Он не потеряет ее — напротив, он сможет перенять частицу ее нравственности. По такому же принципу должна вести себя женщина по отношению к мужу. Больше всего супруги должны желать друг для друга духовного развития: раскрытие души приносит божественные качества понимания, терпения, заботы и любви. Но необходимо помнить, что желание духовного развития нельзя привить насильно. Начните жить в настоящей любви сами, и ваша благость вдохновит того, кого вы любите.

После нескольких лет жизни в браке тысячи жен и мужей спрашивают себя: «Куда делась наша любовь?» Она сгорела на алтаре сексуальных излишеств, эгоизма и недостатка уважения. Когда эти вещи появляются в отношениях, любовь превращается в пепел. Женщина обычно ворчит, когда ей кажется, что муж пытается подчинить ее себе или же уделяет ей недостаточно внимания. Но упреки и брань всегда бьют по самому больному. Недаром говорят, что семь сантиметров языка могут убить сто восемьдесят сантиметров человека. Если мужчина и женщина обращаются друг с другом подобным образом, они оба разрушают свое счастье. Мужчина должен стремиться узреть в своей жене Бога и помочь ей осознать ее божественную сущность. Он обязан дать ей понять, что она живет с ним не для того, чтобы просто лишь удовлетворять его чувственное влечение, а потому что она является его половиной, которую он уважает и воспринимает как проявление Божественного. И женщина должна относиться к мужу точно так же.

Еще одна ошибка во взаимоотношениях — боязнь противоположного пола; нездоровое отвращение столь же ненормально, как и чрезмерное влечение. Мой мастер, Свами Шри Юктешварджи[7], научил меня воспринимать женщин не как объект нравственного развращения мужчины, но как проявление Божественной Матери Вселенной. Если мужчина начнет воспринимать женщину как символ

---

[7] Гуру Парамахансы Йогананды (см. глоссарий).

матери, в ответ он получит от нее невиданную ранее заботу. С Божьей милостью я смог изменить сознание многих мужчин и женщин одной простой истиной: каждый мужчина должен видеть в женщине воплощение Вселенской Матери, и каждая женщина должна воспринимать мужчину как воплощение Вселенского Отца. Когда этих людей уже не было рядом со мной, они чувствовали, что Божественная Мать и Небесный Отец говорили с ними через меня, поскольку я обращался к ним исходя именно из этих божественных идеалов.

Интересно, существовало бы такое понятие как супружеская любовь, если бы не было сексуального влечения? Обычные люди наверняка не смогли бы ее почувствовать, в то время как духовно развитые наслаждались бы ею, так как их чувства не основываются на сексе. Люди, развившие в себе духовные качества, отчетливо понимают, что секс не имеет никакого отношения к настоящей любви. Если вы раскроете истинную любовь своей души, вы начнете чувствовать Бога. Такая любовь находила отражение в жизни очень многих святых.

Любовь между хозяином и слугой

Любовные узы хозяина и слуги основаны на взаимном желании получить выгоду. Чем больше денег платит хозяин, тем больше слуга его любит. Чем услужливее слуга, тем больше он по душе хозяину. Такие отношения могут основываться и на любви, но в основном ими движут определенные гарантии, которые хозяин и слуга дают друг другу.

Дружба — величайшее проявление человеческой любви

Отношения, существующие между друзьями, являются величайшим проявлением человеческой любви. Дружеская любовь чиста, так как не содержит в себе элемента принуждения. Человек свободен в выборе своих друзей; он не связан никакими инстинктами. Дружеская любовь может проявляться в отношениях женщины и мужчины, женщины и женщины, мужчины и мужчины. В дружеской любви нет места сексуальному влечению. Если кто-то хочет познать божественную любовь через дружбу, он должен полностью забыть о сексе: только в этом случае дружба даст ростки божественной любви. Ярким примером таких отношений является дружба святых и всех тех, кто истинно любит

Господа. Однажды познав божественную любовь, вы уже никогда с ней не расстанетесь, ибо во всей Вселенной нет ничего подобного.

Любовь дает, не ожидая чего-либо взамен. Я никогда не рассматриваю человека как инструмент для получения желаемого. Я не могу полюбить человека лишь за то, что он для меня что-то сделал. Если бы во мне не было чувства любви, я бы лишь притворялся, что люблю; а так как я его испытываю, я его дарю. Эту искренность я перенял у своего Мастера. Есть люди, которые не испытывают ко мне дружеских чувств; но я доброжелателен ко всем, включая тех, кто называет себя моим врагом, ибо в сердце моем врагов у меня нет.

Любовь нельзя выпросить — это дар, который исходит из сердца человека. Убедитесь в своих чувствах, прежде чем говорить: «Я люблю тебя». Любовь, которую вы дарите, должна быть вечной. И не потому, что вы хотите быть рядом с этим человеком, а потому что желаете ему духовного развития. Желать любимому человеку развития и чувствовать чистую радость при мысли о его душе — значит испытывать божественную любовь. И именно она является проявлением настоящей дружбы.

Безусловная божественная любовь гуру и ученика

Взаимоотношения между гуру и учеником есть величайшее проявление любви в дружбе; это вечная божественная связь, основанная на единой цели — желании любить Бога больше всего на свете. Ученик открывает свою душу мастеру, а тот открывает свое сердце ученику. Между ними нет секретов. В любой другой форме взаимоотношений существуют условности. Но взаимоотношения между гуру и учеником абсолютно чисты.

Я не могу и представить себе более возвышенные взаимоотношения, чем те, что были у меня с моим Мастером. Отношения гуру и ученика есть проявление любви в ее наивысшей форме. Однажды я покинул его ашрам, думая, что смогу быстрее обрести Бога в Гималаях. Очень скоро я понял, что ошибся. Когда я вернулся, он встретил меня так, словно я и не уходил. Его приветствие было совершенно обыденным; вместо упреков он просто сказал: «Давай-ка посмотрим, чем бы нам с утра перекусить». «Но Мастер, — удивился я, — разве вы не сердитесь на меня за то, что я покинул ашрам?» — «А разве должен? Мне ничего не нужно от других людей, посему их действия не могут противоречить моим желаниям. Я не использую тебя в своих целях — я счастлив лишь в твоем неподдельном счастье».

Когда он это произнес, я пал к его ногам, воскликнув: «Впервые вижу того, кто по-настоящему любит меня!»

Если бы я заведовал делами моего отца и имел неосторожность сбежать, он бы очень рассердился. Когда я отказался от высокой должности, которую он мне предложил, он не разговаривал со мной неделю. Безусловно, он дарил мне чистосердечную отцовскую любовь, но все же эта любовь была слепа. Он думал, что деньги сделают меня счастливым, в то время как я отчетливо понимал, что деньги похоронят мое счастье. Только когда я открыл свою школу в Ранчи, мой отец смягчился и сказал: «Я рад, что ты не принял мое предложение».

Но посмотрите на отношение моего Мастера: хоть я и сбежал из ашрама ради поисков Бога, его любовь ко мне осталась неизменной. Он даже не пожурил меня. Во всех остальных случаях, однако, он напрямую говорил мне, в чем я не прав. Он говорил: «Если бы мою любовь можно было подкупить компромиссом, то это уже была бы не любовь. Если бы я все время подстраивал свое поведение под твои прихоти, мое чувство нельзя было бы назвать настоящей любовью. Я всегда должен быть честным перед тобой. Ты можешь уйти в любое время, но пока ты со мной, я буду указывать тебе на твои ошибки — ради твоего же блага». Я никогда не думал, что кто-то будет уделять мне столько внимания. Он любил меня просто потому, что я есть. Он хотел, чтобы я совершенствовался и был счастлив. И это приносило счастье ему. Он хотел, чтобы я познал Бога; чтобы я был с Божественной Матерью, Которую так жаждало мое сердце.

Это ли не божественная любовь — желать направлять меня на путь благодетели и любви? Когда такое чувство развивается в отношениях гуру и ученика, у последнего нет никакого желания манипулировать мастером, а мастер не стремится контролировать ученика. Такими отношениями управляют высшее разумение и здравый смысл; иной подобной любви не существует. И я был счастлив испивать этой любви у моего Мастера.

Возвышенное проявление Божьей любви в Бхагаване Кришне

В своей жизни Господь Кришна проявил любовь в наивысшей форме. Он показал миру, что между мужчиной и женщиной может существовать ничем не запятнанная любовь. Невозможно в полной мере передать его жизнеописание широкой публике, поскольку его жизнь была уникальна и не подчинялась земным законам и стандартам. Я надеюсь когда-нибудь издать книгу об истинном значении жизни Кришны, поскольку сегодня существует слишком много недопонимания и ложных толкований. Проявление его божественной любви совершенно уникально.

У Кришны было много учениц, а фавориткой была Радха. Каждая ученица внушала себе: «Кришна любит меня больше, чем всех остальных». Но поскольку Кришна чаще беседовал именно с Радхой, остальные ей завидовали. Заприметив это, он решил преподать им урок. Как-то раз Кришна притворился, что у него сильно болит голова. Обеспокоенные ученицы засуетились вокруг Мастера. Кришна сказал: «Боль уйдет, если кто-то из вас встанет мне на голову и помассирует ее ногами». Ученицы в ужасе ответили: «Мы не можем этого сделать! Ты — Господь, Повелитель Вселенной. Это было бы ужасным святотатством, если бы мы осквернили твое тело, касаясь твоей священной головы ногами!»

Мастер сделал вид, что боль усиливается, и тут появилась Радха. Она подбежала к нему и спросила: «Что я могу для тебя сделать?» Кришна повторил свою просьбу. Радха незамедлительно встала на его голову, «боль» прошла и Кришна уснул. Другие ученицы в гневе оттащили Радху от него.

— Мы убьем тебя! — угрожали они.
— Но за что?
— Ты посмела встать на голову Мастера!
— Ну и что? — возразила Радха. — Разве это не избавило его от боли?
— За такое святотатство ты попадешь в низшие круги ада!
— О, так вы об этом беспокоились? — Радха улыбнулась. — Я с радостью останусь там навечно, если это хоть на секунду сделает его счастливым.

После этих слов все ученицы поклонились Радхе, ибо поняли, что она думает не о себе, а о Мастере, и поэтому Кришна уделяет ей больше внимания.

Однако из-за возросшего внимания Радха исполнилась гордыни. Как-то раз Господь Кришна сказал ей: «Давай сбежим отсюда вдвоем». Он сыграл на ее тщеславии, заставив ее подумать, будто хочет побыть с ней наедине. Она была очень счастлива, почувствовав себя фавориткой. Они все шли и шли, но Кришна и не думал делать привал. В конце концов обессилившая Радха сказала: «Вот хорошее место, здесь мы можем передохнуть». Кришна не выразил заинтересованности, ответив: «Давай найдем место получше». Они продолжили свой путь. Окончательно выбившись из сил, Радха пожаловалась: «Я больше не могу идти!» Кришна ответил: «Хорошо; хочешь ли ты, чтобы я тебя понес?» Эти слова сильно польстили Радхе. Но только она запрыгнула ему на спину, как Кришна внезапно исчез и она упала на землю. Ее гордость разбилась вдребезги; стоя на коленях, она смиренно вопрошала: «Мой возлюбленный Господь, я так ошибалась в своем желании использовать Тебя и обладать Тобой. Прости меня!» Тут Кришна появился вновь и благословил ее. Радха получила ценный урок. С ее стороны было ужасной ошибкой расценивать Мастера как обыкновенного человека, которого можно заманить в ловушку женских чар. Она осознала, что Мастера интересовала ее душа, а не тело.

Совершенная любовь между душой и Духом

Величайшая любовь, которую только можно испытать, рождается при единении с Богом в медитации. Любовь между душой и Духом совершенна, и именно ее мы ищем. Когда вы медитируете, эта любовь растет и ширится. Невероятный трепет охватывает ваше сердце. Если вы обуздаете сексуальное желание и свою привязанность к людям, и если вы будете стремиться любить всех и медитировать все более глубоко, тогда в вашу жизнь войдет любовь, о которой вы и мечтать не могли. Такую любовь дарил Кришна, такую любовь дарил Иисус Христос всем своим ученикам. Это та любовь, которую испытывал Иисус к Марии. Марфа делала для Мастера многое, но ее внимание было направлено на обыденные дела, то есть она не была сосредоточена на нем; Мария же думала больше о Мастере, чем о работе. Говоря о большой любви Марии, Иисус сказал: «Мария же избрала благую часть, которая не отнимется у нее»[8]. В одном из случаев, когда Мария омывала ноги Иисуса миром, Иуда сказал: «Для чего бы не продать это миро за триста динариев и не раздать нищим?» Христос ответил:

---

8 Лк. 10:38-42.

«…Нищих всегда имеете с собою, а Меня не всегда»[9]. Он оценил смиренность Марии, которая была направлена не на него лично, а на Дух, пребывавший в нем. И Мария, омывая его ноги, выражала свою любовь Богу. То, что Мария в первую очередь выказывала любовь Тому, кто есть Властелин Вселенной, и лишь потом — ко всем остальным, демонстрирует ее правильное суждение. Нет того, кого мы должны любить больше, чем Бога. И нет любви слаще, чем та, которой Он одаряет ищущих Его.

Так зачем же растрачивать свое время, гонясь за временной человеческой любовью? Супружеские, семейные и даже братские отношения — все формы человеческой любви слепы. Только божественная любовь является совершенной. Это Господь играет в прятки в коридорах наших сердец, чтобы мы однажды смогли почувствовать, что Его всепоглощающая любовь стоит выше всех человеческих привязанностей.

Поэтому любите Бога не за Его дары, а просто за то, что Он вам родной; за то, что Он создал вас по Своему образу и подобию, — и тогда вы найдете путь к Нему. Если вы будете медитировать глубоко, вы обретете любовь, которую невозможно описать словами; вы познаете Его божественную любовь и сможете дарить эту чистую любовь другим.

Прошлой ночью эта Божья любовь объяла меня. Я почти не спал — настолько сильно она меня поглотила. В великом пламени любви я узрел вас всех. Как же я вас люблю! По вашим лицам я вижу, что происходит в ваших сердцах.

В сознании того, кто погружен в Божью любовь, нет места лжи, расовым и религиозным предрассудкам и ограниченности. Когда вы ощутите эту божественную любовь, вы уже не будете видеть разницу между цветком и чудовищем, между одним человеком и другим. Вы сольетесь с природой и будете дарить свою любовь всем. Созерцая всех как детей Господних — своих братьев и сестер в Нем, — вы скажете себе: «Господь мой Отец. Я часть Его творения. Я люблю всех, ибо все для меня родные. И я также люблю брата Солнце и сестру Луну и все творения моего Отца, в которых трепещет Его жизнь».

Настоящая любовь божественна, а божественная любовь — это

---

[9] Ин. 12:2-8.

радость. Чем больше вы будете медитировать со жгучим желанием найти Бога, тем больше ваше сердце будет наполняться любовью. И вы поймете, что любовь есть радость, а радость есть Господь.

Новый взгляд на происхождение и сущность мироздания

*Первый храм Self-Realization Fellowship,
Энсинитас, Калифорния, 29 сентября 1940 г.[1]*

Сегодня я пролью новый свет на происхождение и сущность мироздания. Картина, которую я вам обрисую, будет отличаться от всего, что вы могли видеть в книгах. Эта истина нисходит ко мне прямо из Бесконечности в тот момент, как я говорю.

Все знания, которые людям еще только предстоит постичь во всех отраслях науки и искусства, включая загадку строения атомов и историю возникновения Вселенной и человечества, уже витают в эфире как вибрации истины. Эти вибрации повсюду вокруг нас, и существует способ их прямого восприятия. Для этого необходимо использовать всеведущую силу интуиции души. Для открытия любой истины нам лишь необходимо направить свое сознание внутрь, к душе, чье всеведение едино с Богом. Когда восприимчивые люди слышат истину, она им кажется такой знакомой! В уме сразу же проскальзывает мысль: «Так я и знал!» Ум просто узнает истину, о которой уже интуитивно ведает душа.

Из этого источника я черпаю все свои лекции. Если бы мне пришлось читать, чтобы собирать факты и идеи для наших бесед, я даже не представляю, как бы я это делал! Читаю я очень мало, потому что в этом нет необходимости. К тому моменту, как я заканчиваю читать первые несколько страниц книги, по ее вибрациям я узнаю все

---

[1] Первый храм Self-Realization Fellowship («Храм Золотого Лотоса»), построенный в 1938 году на территории Уединенной обители SRF в Энсинитасе, стоял на утесе, выходящем в Тихий океан. Из-за эрозии почвы здание постепенно сползло в океан. В Энсинитасе до сих пор находятся ашрам Самореализации, Уединенная обитель, ретритный центр и храм, где регулярно проводятся вдохновенные духовные службы (см. *Энсинитас* в глоссарии).

истины, которые она содержит².

Великие души, открывающие человечеству глубокие духовные истины, получают свои знания путем синхронизации с вибрациями этих истин. В эфире также «вибрируют» образы всех изобретений, которые когда-либо сотворил или сотворит человек. Когда ученый концентрируется должным образом, он настраивается на интуитивное восприятие вибрации идеи для своего изобретения. Ученые могут говорить, что они изобрели то или это, но на самом деле они ничего не изобретают. Они лишь открывают то, что уже существует, пользуясь «вибрационными чертежами», сокрытыми в эфире³.

Начало космического сна

Для того чтобы понять, каким образом Бог создал Вселенную, представьте, что вы спите и вам снится бесконечный космос. Куда бы вы ни повернулись, перед вами бесконечность и ничего больше. Вы ощущаете ее как безграничный блаженный покой, пропитанный всеобъемлющим Разумом. Так все и было, пока этот высший Разум не задумался: «Я уже давно пребываю в этом состоянии; Я одинок и умиротворен; Я поглощен Своим блаженством, сознанием и мудростью. Но сейчас Я хочу замыслить космос».

И этот божественный Разум — Дух — начал творить, сознательно превращая Свои идеи в проявленные сны. Он разделил Свое сознание, отделив Свою силу от Своей абсолютной сущности. Таким

---

[2] «Для познавшего Брахмана все Веды не более ценны, чем чаша воды во время потопа» (Бхагавад-Гита II.46).

[3] Хорошо известный пример такого феномена приведен в книге Джона О'Нила «Гений, бьющий через край». Великий ученый и изобретатель Никола Тесла (1856–1943) «открыл» принцип вращающегося магнитного поля, благодаря которому стало возможным появление устройств, работающих на переменном токе, и последующих изобретений, сформировавших существующую энергетическую систему и промышленность. В 1882 году, гуляя с другом по будапештскому парку на закате, Тесла внезапно застыл в похожем на транс состоянии. К испугу его товарища, Тесла вскоре начал передавать то, что видел внутренним взором. «Смотри на меня. Смотри, как я это переворачиваю», — повторял он снова и снова с живым энтузиазмом в голосе. Его друг подумал, что тот заболел, но позже великий изобретатель объяснил, что он на самом деле созерцал, как работает двигатель переменного тока: «Я решил эту проблему. Неужели ты не видишь его здесь, прямо передо мной, работающего почти бесшумно? Люди больше не будут рабами тяжелой работы. Мой двигатель сделает их свободными; он будет работать на благо всего мира». В течение следующих нескольких месяцев он продолжал совершенствовать детали эфирного чертежа, хранящегося в его сознании шесть лет, пока не нашел ему практическое применение.

образом, Его сознание разделилось на непроявленную природу недвижимого Духа и проявленную природу космической энергии, состоящую из бесконечного множества вибраций Его восприятия, то есть процессов Его мысли.

Мы знаем, как работает механизм мысли. Когда мы думаем о лошади, мы не видим объекта нашей мысли; но если она нам снится, мы созерцаем ее образ, поскольку наша мысль сконцентрирована в большей степени. Когда же мы видим лошадь физическими глазами, мы концентрируемся еще сильнее, так как настраиваемся на грубые вибрации Божьей мысли, которые проявляются в ощутимых для нас формах.

Как только Дух положил начало Своему сознательному сну, разделив Свое сознание, Свою силу мысли, на множество объектов, проявился закон двойственности — *майя*. Сотворив двойственность, Сознание Духа разделило Себя, превратив одну Свою часть в активную разумную силу, жаждущую проявления. Мы видим множество иллюстраций этого процесса в природе. Когда семя клена попадает в благодатную почву, оно начинает прорастать и раскрываться, в конечном итоге превращаясь в могучее дерево. Подобным же образом, когда семя Божьего сознания было посажено Его волей в почву активности, оно проросло в бескрайнее творение.

Но нужно помнить, что мироздание — это лишь Божий сон; это космическое творение — не более чем концентрация Божьих мыслей. Чистая мысль — первое, что Дух отделил от Себя. Далее из семени Его разума появился свет, космический свет. Сознание и свет по сути своей одинаковы, только плотность света выше. Мысль о свете «тоньше» приснившегося света. Аналогично этому, мысль об огне является просто умственной концепцией, в то время как сон об огне — это вполне ощутимый образ.

После того как в Своем сне Бог положил начало свету, Он принялся размышлять над Своим творением. «Что же, — подумал Он, — пока это не совсем то, что мне нужно; это лишь свет, распростертый по всему пространству. Должно быть что-то более ощутимое». Поэтому Он придал этому пригрезившемуся космическому свету определенные формы. И вновь обратите внимание на слово «пригрезившемуся» относительно этого творения. Если вы забудете о том, что это лишь сон, мироздание будет казаться вам бесконечно запутанным.

Так свет Божьего сна начал заполнять космическое пространство

Вселенной. Этот свет — основа всего мироздания, сотворенного мыслью, или волевым устремлением Бога, по особой схеме: тонкий свет жизненной силы, которую я называю жизнетронами, сконденсировался в более плотный атомный свет протонов и электронов. Бог наделил их силой, благодаря которой они собрали себя в атомы и молекулы. Еще более грандиозной мыслью Он побудил атомы и молекулы сгруппироваться в газы, теплоту, жидкости и твердую материю. Но сначала появились туманности, газы. Затем Он мысленно наделил эти туманности огромной силой и изъявил желание: «Да будут эти газы сконденсированы таким образом, чтобы они стали источником теплоты, жидкости и твердой материи». И стало так. Бог создал *майю*, то есть иллюзию, благодаря которой воздух, огонь, вода и земля кажутся совсем разными, хотя на самом деле различий между ними нет — разве что в мыслях-снах Его разума. И после Он сказал: «Возрадуемся же Моему иллюзорному творению».

Эволюция разума

Бог не хотел, чтобы материя как-то отличалась от Него, поэтому Он снабдил ее дремлющим разумом, который, пройдя через процесс эволюции, должен полностью пробудиться и осознать, что материя и сознание (идеальные вибрации Бога) есть одно целое. Первое проявление этого разума в материальном творении есть первая дверь, через которую проходит материя, чтобы сбежать от иллюзии *майи* и обрести свободу Божественного сознания. В стихиях и минералах этот разум спит, так что растительный мир был создан с целью большего выражения этого разума. Из тины морской в воде появились животные, и некоторые из них постепенно развили способность жить на суше. То, что ранее казалось инертной материей, стало принимать живые формы.

Слабые формы жизни были беззащитны перед сильными и агрессивными, и через борьбу за выживание началось эволюционное движение к более высоким, то есть более разумным, формам жизни. «Выживает сильнейший», — этот закон природы на первый взгляд кажется ужасным, но это вовсе не так. Животные, убивающие друг друга, сами по себе являются лишь очередными проявлениями Божьей мысли. Облаченные в свои формы, они не понимают, что являются лишь умственной концепцией. Но когда большая рыба поедает маленькую, мыслеформа последней опять растворяется в Божьем сознании; и эта индивидуализированная искра Бога перерождается в другой форме жизни, стоящей на ступень выше в эволюционном развитии, давая душе больший потенциал для развития.

Так что смерть — это лишь средство, посредством которого материя продвигается обратно к Божьему сознанию, освобождая душу для очередного шага в поступательном движении к Богу. Смерть — часть процесса искупления. Восходящий цикл развития разума в потенциально более совершенных инструментах выражения продолжается вплоть до достижения уровня человека. Только человек способен проявить присущую ему божественность и постичь Бога, преодолев Его сон *майи*[4].

Реинкарнация — это череда снов внутри сна

Если вы зацикливаетесь на мысли, что этим миром правит смерть и вы однажды лишитесь своего тела, Божий план начинает казаться вам весьма жестоким. Вы не можете представить Господа милосердным. Но если вы взглянете на смерть глазами мудрости, вы увидите, что это лишь Божья мысль, которая проходит через кошмарный сон перемен, чтобы вновь обрести блаженную свободу в Нем. И святому, и грешнику при смерти будет дана свобода, степень которой зависит от их личных качеств. В Божьем сне астрального мира[5] — места, куда попадают души после смерти — они наслаждаются такой свободой, которую никогда не испытывали при жизни. Так что не скорбите о человеке, проходящем через иллюзию смерти, ибо совсем скоро он будет свободен. Как только он избавится от этой иллюзии, он увидит, что смерть не так уж и плоха. Он постигнет, что его смертность была лишь сном и что сейчас его не может сжечь огонь и поглотить вода; он свободен и находится в безопасности[6].

---

[4] Человеческое тело и его уникальные эзотерические центры в позвоночнике и мозге (см. *чакры* в глоссарии) были созданы Богом для того, чтобы обеспечить душу инструментом выражения ее божественного потенциала.

[5] Астральный мир, он же «рай», — это тонкая сфера, которая скрывается прямо за грубыми вибрациями физического мира (см. глоссарий).

[6] «Оружие не может рассечь душу, огонь не может ее сжечь, вода не может ее поглотить, ветер не может ее иссушить... Душа неизменна, вездесуща, всегда спокойна и невозмутима. Зная ее такой, ты не должен скорбеть!» (Бхагавад-Гита II:23-25).

Но иллюзорное желание обладать материальными вещами так сильно, что, насладившись какое-то время свободой от тела, человек изъявляет желание вернуться на землю. Ходя душа знает, что тело подвержено болезням и страданиям, иллюзорная жажда земных переживаний затеняет это понимание и дурманит разум. Таким образом, проведя некий кармически определенный промежуток времени на астральном плане, человек вновь рождается на земле. С приходом смерти он вновь отправляется из грубого материального сна земных переживаний в более тонкий сон астрального плана — только лишь для того, чтобы затем опять вернуться в этот мир. Он возвращается снова и снова, пока не избавится от желаний земной жизни.

Рождение и смерть — это двери, через которые вы проходите из одного сна в другой. Все, что вы делаете, можно назвать хождением между этим грубым материальным миром-сном и более тонким астральным миром-сном, между двумя комнатами иллюзорных кошмаров и призрачных удовольствий.

Так что реинкарнация — это серия снов внутри сна: индивидуальные сны человека внутри великого сна Бога.

Человек может родиться во Франции могущественным королем, править страной некоторое время и умереть. В следующий раз он может родиться в Индии и ездить на воловьей повозке в лес, чтобы там медитировать. Потом он может родиться в Америке преуспевающим бизнесменом; когда он пройдет через сон смерти снова, он может переродиться в Тибете как последователь Будды и провести жизнь в ламаистском монастыре. Таким образом, вы не должны никого ненавидеть и привязываться к какой-либо национальности, ибо иногда вы рождаетесь индусом, иногда французом, иногда англичанином или американцем, или же тибетцем. Какая разница? Каждая жизнь — это сон внутри сна, разве не так? Вы так и будете беспомощно бродить среди иллюзии и тех трудностей, что она создает? Каждая нация считает, что ее поведение оправданно и ее нравы лучшие. Вы собираетесь и дальше жить с этим заблуждением? Лично я — нет. Ибо пока не восторжествует мудрость, реинкарнация будет весьма мучительным опытом. Человек должен избежать реинкарнации, поскольку она есть болезненное продолжение этой привидевшейся иллюзии. Сколько вы еще будете проходить через эти изменения, называемые жизнью и смертью? Ответ прост: до тех пор, пока вы полностью не осознаете иллюзорную природу мироздания и не освободитесь от кошмарного сна, пробудившись в Боге.

Жизнь есть сон, не достойный наших слез

Чем больше я наблюдаю за жизнью, тем больше я убеждаюсь в том, что это сон. Я обрел величайшую уверенность в том знании, что вам передаю. Поймите: вы живете исключительно по милости Божьей. Если бы Он отозвал Свою мысль, физически проявленный мир перестал бы существовать. Этот мир есть сон, и все мы лишь спим здесь. Эта жизнь нереальна; вы смеетесь и плачете, находясь в величайшем заблуждении, не достойном ваших слез. Расценивать земные переживания как реальные — значит обрекать себя на неописуемые страдания. Отождествляя свое сознание с этим миром, мы видим его как место, в котором все страдают. Что же нас спасет от страданий? Деньги? Ничто материальное не в силах этого сделать. Познание Бога и осознание того, что мы будем вечно едины с Ним — вот единственный путь к свободе. Всегда помните об этом. Бог был бы весьма жесток, если бы этот мир был реален. Но Он знает, что, пройдя через горнило страданий и смерти достаточное количество раз, мы пробудимся и преодолеем эту иллюзию; мы осознаем землю как Его сон и прекратим перерождаться. В Бхагавад-Гите устами Кришны Бог дает следующее обещание: «Благородные верующие, обретя Меня (Дух), добиваются истинного успеха: они более не подвергаются перерождениям в этом пристанище скорби и тлена»[7].

Предположим, что человек попал под бомбежку и моментально погиб. На поле боя он был исполнен страха, но после смерти он с радостью осознает, что он свободен от страха и своей телесной гробницы. На самом деле нет никакой необходимости проходить через суровые испытания, чтобы обрести это знание. Лучше овладеть мудростью при помощи сознательных духовных усилий. И если нам необходимо пройти через какое-либо испытание, мы должны принять это с правильным настроем ума. Подумайте, через что прошел Иисус, чтобы преподать нам важный урок: он был прибит к кресту и должен был пройти через этот сон страданий. При этом перед распятием он

---

[7] VIII:15.

сказал: «Разрушьте храм сей, и Я в три дня воздвигну его»[8]. Он знал, что тело, гвозди, которыми его прибили к кресту, и даже сам процесс смерти — это не что иное, как сон. Поскольку он осознавал это, он понимал, что сможет воссоздать жизнь в своем привидевшемся теле. Разве это не прекрасный способ узреть иллюзию жизни и смерти? Это единственный путь. В Бхагавад-Гите Кришна начинает свою пояснительную беседу с Арджуной с того, что наказывает ему помнить о бренности материи и вечной сущности Того, Кто в ней пребывает.

Наши ограничения нам просто снятся

Жизнь заставляет вас думать, что она реальна. Вам кажется, что вы должны есть и спать каждый день, иначе вы умрете. Ваши привычки побуждают вас вкушать все виды вредной пищи, например, мясо; они также побуждают вас курить и выпивать, и вы думаете, что без этих вещей вам не обойтись. Все мы безрассудно внушаем своему сознанию различные ограничения; и, когда мы попадаем в колею кошмарного сна дурного поведения, нам бывает тяжело оттуда выбраться. Задумайтесь над тем, сколько времени вы тратите на то, чтобы угождать своему телу. И что оно дает вам взамен? Знаете ли вы, что, чем больше вы заботитесь о своем теле, тем больше вы будете страдать? Если вы будете слишком сильно отождествлять себя с этой пригрезившейся формой, вы безнадежно погрузитесь в иллюзию.

Всякий раз, когда вы приписываете реальность пригрезившимся мыслям, из которых Бог сотворил все сущее, эта вымышленная реальность начинает наказывать вас вымышленными страданиями. Но когда вы осознаете, что Бог есть все во Вселенной, ничто вас больше не ранит. Если вы осознаете, что вода, равно как и тело, суть сны Божьи, вы сможете ходить по воде подобно Иисусу: одна привидевшаяся форма может ходить по другой привидевшейся форме. Более не будет никакой разницы между твердым веществом и жидкостью или иной формой материи. Но вам необходимо *познать* это — такая сила не придет к вам, если вы будете просто лишь воображать ее.

В Индии некоторые люди могут ходить по огню, и у них при этом даже не появляются волдыри. Нескольким знатным английским ученым уже довелось наблюдать за юношей, прошедшим «огненную

---

[8] Ин. 2:19.

дистанцию» длиной восемь метров. Обозреватель газеты, присутствовавший на мероприятии, подумал, что огонь был фальшивкой; однако, когда он попробовал пройтись по этому пламени, он получил серьезные ожоги. С помощью определенного мыслительного процесса юноша убедил свой ум в истинности того, что огонь есть лишь умственная концепция. Поэтому он не навредил своему телу, которое, в свою очередь, также является умственной концепцией.

Если вы истинно верите, что холодная погода не может вам навредить, она вам не навредит. Но если у вас есть ощущение, что вы подхватите простуду — вы ее подхватите. Взяв свой ум под контроль, вы сможете познать истину, что эта Вселенная есть иллюзия. Вот почему святые требуют от своих учеников обуздать тело и не уделять ему слишком много внимания. Это нужно не для того, чтобы измучить тело, а для того чтобы ученик избежал проблем, связанных с верой в то, что комфорт зависит от материальных вещей. Комфорт исходит от ума. Измените свой умственный настрой, и вы не будете чувствовать дискомфорта.

Очень важно упростить свою жизнь. В Индии я встречал святых, которые практически ничего не едят и живут в очень суровых условиях, и при этом у них прекрасные и сильные тела — куда более крепкие, чем у среднего американца, который хорошо питается и живет в комфорте. Они натренировали свой ум так, что могут быть здоровы и удовлетворены, не завися от внешних условий.

Мир же «тренирует» наши умы совсем по-другому. Он заставляет нас привыкать к огромному количеству вещей, без которых мы чувствуем себя несчастными. Упростите свою жизнь. И упростите жизнь своих детей. Если вы не сделаете этого, жизненные события преподадут им урок посредством горьких разочарований.

Самореализация — это особая философия жизни: надлежащие техники медитации, правильное мышление и нравственность. Воспитывайте детей согласно этой философии. Не балуйте их и не демонстрируйте им плохой пример, чтобы они не угождали своему телу и вредоносным желаниям. Дайте им хорошее воспитание. Зачем порабощать их иллюзией? Даруйте им истинную свободу, упростив их жизни и взрастив в них внутренний покой и счастье. И сделайте то же самое со своей жизнью. Пусть ничто вас не связывает. Такой подход спасет вас. Если я сижу на стуле и он ломается, я не расстраиваюсь об этом. Я просто сажусь на другой стул. Мне без разницы, на каком стуле сидеть.

Всякий раз, когда вы к чему-либо привязываетесь, чувство собственности еще сильнее усугубляет вашу иллюзию. Однажды вас резко пробудят ото сна, чтобы вы смогли понять, что ничто вам не принадлежит. Так не глупо ли привязываться к вещам, которые вообще никогда не были вашими? В своем подходе к жизни вы должны понимать, что присматриваете за определенными вещами лишь какое-то время — словно домработница, которая живет у своего хозяина и самозабвенно и добросовестно заботится о его вещах, помня, что сама живет в другом месте.

Не воспринимайте жизнь слишком всерьез

Этот мир — ужасное место, в котором нет никакого чувства защищенности. Но что же нам делать? Мы должны перестать воспринимать жизнь слишком всерьез. Иллюзию можно преодолеть, если твердо придерживаться одной мысли: все сущее есть не что иное, как Божий кинофильм. Мы лишь актеры, и мы должны играть свои роли хорошо, при этом не отождествляя себя с этим спектаклем слишком сильно. Медитация указывает нам путь к этой внутренней свободе. Это единственный способ постичь, что этот мир лишь сон; что Господь создал весь космос из Своей мысли. Так что, создав этот нереальный мир, Он также указал нам, как мы можем отсюда выбраться.

В этом мире не может случиться ничего такого, что нельзя воспроизвести в кошмарном сне. Вы уже сталкивались с подобными переживаниями. Если во сне вы попадаете под машину и ломаете ногу, ваше страдание кажется вам таким реальным, словно ваша конечность и в самом деле пострадала. Но когда вы просыпаетесь, вы, смеетесь и говорите: «О, какая нелепость. Это был лишь кошмарный сон». Ровно то же произойдет, когда вы пробудитесь в Боге. Он встряхнет вас ото сна, говоря: «В чем дело? Тебе лишь снились страдания и смерть». И Он покажет вам реальность. Он дает это переживание всем без исключения. Это так замечательно!

Иллюзорное мироздание Господа не должно вас устрашать — оно должно побудить вас осознать, что в нем нет никакой реальности. Почему вы должны бояться чего-либо? Иисус говорил: «Не написано ли в законе вашем: „Я сказал: вы — боги"?»[9] Тем не менее даже Иисус на мгновение забыл о своей бессмертной божественной сущности, когда воскликнул: «Боже Мой! Боже Мой! для чего Ты Меня оставил?»[10] Но к нему быстро вернулось осознание того, что он сын Божий и его невозможно уничтожить — что он и доказал, восстав из мертвых. Всей своей жизнью он продемонстрировал, что ему удалось воскреснуть из могилы иллюзии.

Если вы просто лишь думаете, что мир иллюзорен, не постигнув этого в реальности и не найдя Бога, то вы пребываете одновременно не в этом мире и не за его пределами. Это печальное состояние. Не оставайтесь запертыми в этой иллюзии. Приложите величайшее усилие, чтобы достичь Бога. Я говорю о практических, о здравых вещах и обучаю вас той жизненной позиции, что уведет вас от осознания боли. Не бойтесь ничего. Если придет смерть, ничего страшного. Чему быть, того не миновать. Отказывайтесь бояться этого сна. Утверждайте: «Меня не испугают плохое здоровье, бедность или несчастные случаи. Благослови меня, Господи, чтобы я смог осознать иллюзорность Твоих испытаний и победоносно пройти через них, действуя уверенно и не теряя внутреннего единства с Тобой».

В медитации иллюзорные сны растворяются

Медитация — это попытка осознать и выразить то чистое сознание, которое является отражением — то есть образом — Бога внутри вас. Покончите с иллюзорностью телесного сознания и сопутствующих требований тела и ума, которые зачастую нуждаются в ненужном. Упростите свою жизнь, насколько это возможно, и вас поразит, какой легкой и счастливой она может быть. Освободите себя. В противном случае смерть станет для вас неприятным сюрпризом; к вам придет болезненное осознание того, насколько вы привязаны ко всему и не готовы оставить этот мир. Но если своей праведной жизнью, правильным мышлением и медитацией вы умчитесь к Бесконечности, то сновидения жизни и смерти растворятся во всегда новой радости Его вечного Бытия. Медитирующий человек как бы умирает для этого мира, однако в реальности он не умирает. Так мне объяснил это Господь.

---

[9] Ин. 10:34.

[10] Мк. 15:34.

В медитации вы сознательно делаете то, что бессознательно делаете во сне. Когда вы смотрите на свое тело, думая о его страданиях и муках, вы говорите: «Что же это такое? А я точно смогу пробудиться и обнаружить, что все это лишь кошмарный сон?» Ответ приходит каждую ночь, когда вы спите: этот вымышленный мир и это вымышленное тело с его муками и страданиями исчезают с матрицы вашего сознания. Если бы жизнь не была сном, вы бы не смогли сбежать из нее даже во время вашего сна. Каждую ночь ваше сознание покидает тело, чтобы напомнить вам, что вы не есть тело. И то, что вы ощущаете бессознательно во сне, вы можете переживать сознательно в медитации.

В глубокой медитации вы не должны впадать в беспамятство или поддаваться сонливости; сохраняя в уме состояние покоя, — как в подсознательном сне без сновидений — войдите в более совершенный мир сверхсознания. Там вы забудете о теле и будете наслаждаться покоем и блаженством своей души — своего истинного «Я» — и единением души с Богом. В *самадхи* я наслаждаюсь блаженной свободой. И с помощью медитации вы также должны стремиться возвыситься над иллюзией и познать свою истинную природу. Если вы сможете пребывать в таком сознании как в медитации, так и в повседневной активности, и при этом не поддаваться воздействию иллюзорных переживаний, вы сможете возвыситься над этим вымышленным миром Бога. Этот сон будет для вас окончен. Вот почему Господь Кришна особо подчеркивал, что, если вы хотите освободиться в Духе, вы должны сохранять невозмутимость в любой ситуации: «Только тот человек, которого это (соприкосновение чувств с их объектами) не может поколебать; кто спокоен и уравновешен в страдании и в наслаждении, — тот достоин бессмертия»[11].

Никогда не нарушайте покой своего ума

Этому меня научил мой мастер, Шри Юктешвар. Что бы ни происходило, он не позволял мне придумывать оправдания моему беспокойству. Я ходил в его ашрам, чтобы, сидя у его стоп, медитировать и внимать его мудрости. Когда мне нужно было уходить, чтобы успеть на поезд, он, видя, как встревожен мой ум, лишь улыбался, не давая одобрения покинуть ашрам. Поначалу я думал, что это очень

---

[11] Бхагавад-Гита II:15.

безрассудно. Но спустя какое-то время он объяснил: «Я не выражаю недовольство тем, что ты хочешь успеть на поезд; однако тебе вовсе необязательно так беспокоиться. Почему нервное возбуждение должно нарушать покой твоего ума? Когда ты находишься со мной, ты должен быть спокоен, а когда тебе нужно идти на поезд, собирайся без суеты». Несколько раз я опоздал на свой поезд, прежде чем научился быть спокойно активным и активно спокойным.

И вы тоже должны этому научиться. Вы не должны куда-то спешить в состоянии нервного возбуждения, тем самым лишая себя дальнейшего наслаждения; вместо этого постарайтесь быть более спокойным. Нет никаких оправданий вашей внутренней встревоженности. Если вы всегда спокойны, вы более продуктивны. И если вы хотите пробудиться от этого космического сна, вы *должны* практиковать спокойствие в любых ситуациях. Всякий раз, когда ваш ум становится беспокойным, ударяйте его плетью своей воли и приказывайте ему успокоиться. Не нужно поднимать шум из-за чего бы то ни было. Помните, что, когда вы волнуетесь, внутренне вы еще глубже погружаетесь в космическую иллюзию.

Вас пугают ваши собственные сны

Через какое бы чувственное переживание вы ни проходили, всегда напоминайте себе: «Это лишь сон». Бог сделал так, что в человеке наиболее сильны три иллюзии: тяга к сексу, деньгам и вину. Не придавайте всему этому излишнего значения. Учитесь жить скромно, и тогда вы обретете свободу. Чем больше вы будете поддаваться этим иллюзиям, тем быстрее они станут демоном, который не даст вам приблизиться к Богу. Но если вы действительно хотите обрести свободу, ничто не сможет удержать вас вдали от Господа — даже самая большая ваша слабость. Помните, что привычки — это не что иное, как поработившие вас сны, которым вы же и придали силу. Вы думаете, что не можете обойтись без алкоголя, но именно ваш ум удерживает мысль о выпивке. Отсеките эту мысль, и этот сон закончится: вы будете свободны. Никто, кроме вас, не вводит вас в заблуждение, и никто, кроме вас, не сможет дать вам свободу. Вы свой самый большой враг и в то же время самый большой друг. Бог дал вам свободу выбора: вы можете удерживать себя в иллюзии или же выкарабкаться из нее. Вас пугают ваши собственные сны.

Как-то раз к Лахири Махасайе[12] наведался встревоженный господин.

— Я постоянно вижу, как меня пытается задушить призрак! — воскликнул он.

— Ты боишься того, что тебе приснилось, — парировал Лахири Махасайя.

— Но мне это вовсе не снится, — сказал гость. — Я в самом деле его вижу!

Лахири Махасайя ответил:

— И тем не менее он нереален, ибо все есть сон.

Тот господин поверил словам Гуру и был исцелен. И вы тоже должны задействовать свой ум, чтобы измениться; чтобы исцелить себя. Всегда внушайте себе: «Ничто не может меня ранить. Ничто не может меня потревожить». Осознайте, что вы благостны, подобно лучшему из людей, и сильны, подобно сильнейшему из людей. Вы должны больше верить в себя. Если вы укрепите свой ум, вы избавитесь от своих кошмаров.

Сила ума не имеет границ

Чудеса, которые совершают великие святые, представляются чудесами нам, но не им. Когда вы осознаете, что ум — это сила, которая создала Вселенную, ничто не будет для вас невозможным. Но не следует тут же начинать пытаться творить чудеса. Ум есть все; однако пока вы не научитесь задействовать в полной мере его силу, глупо думать: «Раз уж вся сила в уме, я могу спрыгнуть с этой скалы и со мной ничего не случится». Но если вы истинно убедите свой ум что-либо сделать, вы сможете это сделать. Так как все сущее сотворено умом, мир можно контролировать умом. Все больше и больше развивая свой ум, в конечном итоге вы сможете обрести способность делать все. Великие люди уже демонстрировали это. Иисус мог исцелить больного и воскресить мертвого; он мог превратить воду в вино. Кришна поднял целую гору и удерживал ее над своими учениками, дабы защитить их от разрушительного шторма. Эти аватары

---

[12] Гуру Шри Юктешвара, который, в свою очередь, стал духовным наставником Парамахансы Йогананды. Лахири Махасайя был великим учеником Бабаджи, которому Махаватар открыл науку *Крийя-йоги* на благо богоискателей этой эпохи (см. глоссарий).

доказали, что вся сила — в уме. Они вовсе не воображали это — они *знали* это и потому могли сказать: «Я и Отец — одно»[13]. И подобно тому как Отец сотворяет все сущее из Своего сна, так могут делать и все те, кто един с Ним. Вот как возвышенные души творят свои чудеса.

«Разве не знаете, что вы храм Божий, и Дух Божий живет в вас?»[14] Если вы сможете очистить и расширить свой ум посредством медитации и принять Бога в свое сознание, вы освободитесь от иллюзии болезней, ограничений и смерти. Этот мир не задумывался как прибежище покоя; это место снов — кошмарных снов, иногда сменяемых приятными снами, от которых мы в итоге пробудимся, вернувшись в свою обитель в Боге.

Лишь в Боге вы свободны от иллюзии

Поэтому не привязывайтесь к преходящим снам жизни. Живите для Бога, и только для Него. Это единственный способ обрести свободу и чувство безопасности в этом мире. Вне Бога нет никакой защищенности: куда бы вы ни пошли, вас везде может атаковать иллюзия. Обретите свободу прямо сейчас. Станьте сыном Божьим прямо сейчас; осознайте, что вы — Его дитя, дабы избавиться от этого иллюзорного сна навечно. Медитируйте глубоко и добросовестно, и однажды вы пробудитесь в экстазе единения с Богом и узрите, как сильно люди ошибаются, думая, что страдают. Вы, я и все они — чистый Дух. Кришна сказал: «У нереального нет бытия. У реального нет небытия. Конечная истина реального и нереального известна мудрецам»[15].

Я бы мог встречаться с вами здесь каждый день, но это может и не помочь вам, если вы не практикуете то, что слышите от меня. На этих воскресных встречах я, вероятно, рассказываю вам больше, чем вы смогли бы узнать из каких-либо других источников в этой жизни. Приходя на эти службы, вы узнаете, как сломить оковы иллюзии. Изучайте *Уроки Самореализации*[16] дома и добросовестно практикуйте их. Каждый человек должен приложить собственные усилия, чтобы

---

[13] Ин. 10:30.

[14] 1Кор. 3:16.

[15] Бхагавад-Гита II:16.

[16] См. глоссарий.

вернуться к Богу. Всякий, кто утверждает иначе, говорит неправду. Бог поможет помочь вам, и гуру может помочь вам — но только если вы сами прилагаете усилия, чтобы найти Бога. Вы не можете получать деньги, просто наблюдая за тем, как их зарабатывает кто-то другой. Вам приходится самим их зарабатывать. И только работая над тем, чтобы найти Бога, вы сможете Его найти. Поэтому предпримите величайшее усилие прямо сейчас. Уделяйте ночи для медитации. Медитируйте сосредоточенно. Не молитесь машинально. Вручите свою душу Богу. Тогда вы узрите, что ваша жизнь — каждая ее минута — становится волшебной.

Научный подход к религии

*Первый храм Self-Realization Fellowship,
Энсинитас, Калифорния, 18 февраля 1940 года*

Мы часто слышим о конфликте науки и религии. Ученые и в самом деле с недоверием относятся к утверждению, что «небо и земля» были созданы за считанные дни. Своими исследованиями они доказали, что мироздание проходило через медленный эволюционный процесс, и что одна только Земля миллионы лет превращалась из газа в материю, растения, животных и человека. Таким образом, мы наблюдаем большую разницу между изысканиями ученых и буквальным толкованием священных текстов.

Настоящий ученый готов к восприятию всего нового. Работая с небольшим количеством информации, он посредством экспериментов раскрывает законы природы и принципы их работы. Лишь после этого он демонстрирует миру результаты своих исследований. Он также принимает во внимание и изучает новые данные, которые появляются в процессе исследования. Именно благодаря усилиям таких ученых раскрываются все законы природы, которые используются на благо цивилизации. Со временем мы находим все новые способы использовать эти законы на практике — например, для создания всевозможных удобств в наших домах.

Ученые работают в сотрудничестве с Богом

Ученых часто воспринимают как материалистов из-за их недоверия к недоказанным религиозным верованиям. Но Господь не порицает их за это. Его универсальные законы точны, и они не зависят от человеческих убеждений. В этом смысле Бог находится не на стороне человека, а на стороне закона. Он дал нам свободную волю, и, если мы соблюдаем Его законы, мы получаем от этого пользу — вне зависимости от того, поклоняемся Ему или нет. Ученый-скептик может обозначить свою позицию так: «Хотя я и не верю в Бога, я стараюсь совершать правильные поступки. Если Бог все же существует, Он вознаградит меня или же накажет: это будет зависеть от степени моего уважения к Его законам. А если Бога нет, я все равно получу воздаяние за то, что живу по тем законам, которые считаю правильными».

Таким образом, вне зависимости от того, веруют ученые или нет и стараются ли исключительно ради материального вознаграждения, — те из них, кто открывает новые Божьи законы, так или иначе работают в сотрудничестве с Ним, совершая благое дело.

Убежденность есть лишь первый шаг

Закон управляет всем во Вселенной, и тем не менее большинство людей никогда не пробовали применять научный подход для проверки истинности религиозных доктрин. Они просто верят, думая, что исследовать или доказывать утверждения священных писаний не представляется возможным. «Надо лишь верить», — убеждают они себя и окружающих, и это должно восприниматься как религия. Но Библия говорит нам, что вера — это «вещей обличение невидимых»[1]. Вера отличается от простой убежденности, выступающей лишь в роли первого шага. Если бы я вам сказал, что за этим зданием прячется огромный лев, вы, вероятно, ответили бы так: «Мы его не видим. Это невозможно!» Но если я бы настоял на своем и продолжил утверждать: «Да-да, там лев», вы бы поверили мне и пошли проверять. Убежденность как первый шаг необходима для того, чтобы побудить нас проверить правдивость чего-либо: если вы не обнаружите льва, вы сможете заявить, что я рассказывал вам сказки! Аналогично этому, если я буду побуждать вас провести духовный эксперимент, вы должны мне поверить, прежде чем начинать. Вы можете верить — по крайней мере, если не докажете обратного.

Вере, однако, невозможно противоречить: она есть интуитивная убежденность в истине; ее нельзя сломить даже противоречащими ей доказательствами. Вера может исцелять, воскрешать умерших, создавать целые вселенные. Иисус сказал: «Истинно говорю вам: если будете иметь веру с горчичное зерно и скажете горе сей: „перейди отсюда туда", и она перейдет, и ничего не будет невозможного для вас»[2].

Наука благоразумна в своей готовности менять взгляды в свете

---

[1] Евр. 11:1.
[2] Мф. 17:20.

Парамаханса Йогананда отправляется на Аляску в рамках своего трансконтинентального лекционного тура, 1924 год

Парамаханса Йогананда и Лютер Бербанк, Санта-Роза, Калифорния, 1924 год. Всемирно известный селекционер был преданным последователем учений Парамахансаджи по Крийя-йоге.

Парамаханса Йогананда и мировой судья А. Д. Брэндон (слева), который в 1926 году пригласил Парамахансаджи на заседание суда в Питтсбурге. Брэндон интересовался взглядами Мастера на решение социальных и криминальных проблем. Позже он написал Парамахансаджи: «Если бы люди в этой стране жили согласно вашим идеалам, в существовании мирового судьи не было бы большого смысла — или вовсе бы не было».

новых открытий. Она скептична в отношении религии только потому, что никогда по-настоящему не экспериментировала с ней — хотя определенные попытки уже предпринимаются в Гарварде. Экспериментальная психология сильно продвинулась в своем развитии; она делает все возможное, чтобы понять, каков же человек изнутри. Изобретены приборы, фиксирующие эмоциональное состояние человека. Например, полиграф, как утверждается, не позволит человеку скрыть правду, как бы усердно тот ни старался.

Самореализация необходима для познания Бога

Научное знание основывается на фактах. Сегодня медицина достаточно продвинута, хотя причины возникновения и способы лечения некоторых заболеваний еще только предстоит открыть. Но в том, что уже открыто, наука более или менее уверена. В религии все происходит по-другому. Людям дают факты или истины и просто говорят в них верить. Через некоторое время, когда их чаяния не сбываются, в их души закрадывается сомнение, и они начинают метаться от религии к религии, пытаясь найти доказательства истины. Вы слышите о Господе в церквях и храмах; вы можете прочитать о Нем в книгах; но *познать* Бога вы можете только через Самореализацию, которая достигается практикой определенных научных техник. В Индии религия основана на таких научных методах. Познание истины — это именно то, в чем Индия преуспела; и те, кто хотят познать Бога, должны научиться этим техникам — сие знание не принадлежит исключительно Индии. Подобно тому как Индия пользуется электричеством, открытым на Западе, так и Запад должен использовать открытые Индией методы богопознания. Индия проверила религиозные истины опытным путем. В будущем с религией будут экспериментировать; она не будет базироваться на одной лишь убежденности.

Миллионы людей сменяют одну церковь на другую, не веря в своих сердцах в то, что они слышат о Боге. Они говорят: «Ну... я молюсь, а Он не отвечает». Тем не менее Господь всегда с нами. Он знает о нас все, в то время как мы о Нем не знаем ничего. Это и является причиной сомнений, терзающих наш ум. Если Господь существует, мы должны Его знать. Почему мы должны просто читать о Нем или слушать дискуссии о Нем, не пережив собственный опыт Его восприятия?

Точный способ познания Бога существует. Способ этот — научное исследование религиозных истин и применение их на практике. Религию и в самом деле можно практиковать — использовать ее как инструмент науки, экспериментируя на себе. Поиск Истины — это самый интересный поиск в мире. Вы должны не просто посещать воскресную службу или проводить пуджу³, а практиковать свою религию. Научитесь строить свою жизнь вокруг духовных идеалов. Без практики религия не имеет большой ценности.

Человек, который некогда владел ранчо неподалеку отсюда, был довольно материалистичен. Я посоветовал ему посещать Энсинитас время от времени, и он ко мне прислушался. После первых нескольких визитов он со слезами на глазах сказал мне: «Я и представить себе не мог, что есть место, где сама атмосфера пропитана присутствием Бога». Религию необходимо практиковать. Она должна изменить вас — ваше сознание и ваше поведение. Все те, кто регулярно приходят сюда, изменили свою жизнь к лучшему. Атмосфера этого места оказывает духовное влияние на них.

Таким образом, с религией нужно экспериментировать, чтобы получить доказательства ее истинности. Многие церкви творят добро, но они не демонстрируют, как можно убедиться в существовании Бога и сонастроиться с Ним.

Первый эксперимент — погружение в тишину

Первый эксперимент, необходимый в религии — погружение в тишину. Большинство людей не находят времени для того, чтобы побыть в тишине или помедитировать. Часами напролет я пребываю во внутренней тишине. Когда я с людьми, я наслаждаюсь общением с ними: все мое внимание обращено на них, и я всем сердцем пребываю с ними. Но когда я остаюсь один, я наслаждаюсь величайшей радостью жизни — блаженством единения с Богом. Где бы я ни был, радость присутствия Бога всегда со мной. Почему бы вам не поэкспериментировать с тишиной, чтобы ваша жизнь стала такой же? Большинство из вас не может просидеть и десяти минут без того, чтобы мысли разбежались во всех направлениях. Вы не научены пребывать в спокойствии в своей душе, поскольку ваш ум всегда беспокоен. Мой учитель, Шри

---

³ Обряд, выполняемый индуистами.

Юктешвар, говорил: «Запирая врата сокровищницы счастья, человек устремляется куда-то еще, пытаясь обрести это самое счастье. Как это неблагоразумно — ведь целая кладезь радости сокрыта внутри него самого!» С раннего детства я искал Бога, и единение с Ним дало мне счастье, несравнимое с тем, что могут дать любые материальные желания. У вас нет ничего, если с вами нет Бога. Если же Он с вами — у вас есть все, ибо Он — Повелитель Вселенной.

Если простое следование религии не принесло ощутимых результатов, поэкспериментируйте в медитации. Вызволите Бога из Его тишины. Вы должны взывать: «Господи, говори со мной!» Если вы будете прилагать максимальные усилия в тишине ночи, а также ранним утром, то через некоторое время вы увидите мерцание Божественного света или почувствуете волны Его радости в своем уме. Эксперименты, направленные на познание Бога в тишине медитации, приносят реальные и выдающиеся результаты.

Когда-то ученые думали, что вода является химическим элементом. Но позднее эксперименты показали, что на самом деле вода — это соединение двух невидимых химических элементов, водорода и кислорода. Эксперименты с религией также приводят к открытию великолепных духовных истин. Если вы будете неподвижно сидеть в медитации, направляя свое сознание вовнутрь, вы сможете познать Бога и свою истинную природу. Эксперименты над законами религии чудесны, потому что их результаты проявляются не где-то вовне, а прямо в вашем сознании.

Правда всегда благотворна

Только практическое применение религиозных принципов может принести счастье. Одним из важнейших духовных принципов является правдивость. Большинство людей не понимают значения слова «правда». Правда есть точное соответствие Реальности; именно поэтому она всегда благотворна. Те, кто привык лгать по мелочам, в итоге обнаруживают, что им сложно говорить правду в принципе. Такие хронические лгуны никогда не задумываются о том, как важно говорить правду; они даже не осознают своей лжи. Правдой для них становится их собственное воображение. Они больше не могут распознавать истину.

Многие из тех, кто не понимает, как важно говорить правду, оправдывают свою ложь так: «Если я буду говорить правду, меня неизбежно обманут, ведь так живет весь мир. Немного лжи там и здесь — и я в полном порядке». Как грустно!

Чтобы быть правдивыми, мы должны понимать разницу между правдой и фактом. Если вы увидите хромого человека и, рассудив, что его хромота и так очевидна, поприветствуете его: «Как поживаете, мистер Хромоножка?», вы его обидите. Правдиво указав на его физический изъян, вы его раните, и это не принесет пользы. Таким образом, не стоит говорить о неприятных фактах без имеющейся на то необходимости, даже если они очевидны.

Невинной лжи не существует

Если по какой-либо благой причине вы не хотите говорить правду, по крайней мере не лгите! Представьте, что вы медитируете в укромном месте в полной уверенности, что сокрыты от чужого взора. Вы не хотите, чтобы кто-то знал, чем вы занимаетесь. Но кто-то на вас случайно натыкается и восклицает: «О, привет! А что ты тут делаешь?» Пытаясь скрыть, что вы медитировали, вы отвечаете: «Я ем банан». В этой лжи нет необходимости. Вы можете ответить: «Я сейчас несколько занят и не хочу, чтобы меня беспокоили». Это правдивое утверждение гораздо лучше оградит вас от чужого любопытства, чем «невинная» ложь. Большинство людей говорят неправду именно таким образом. Избегайте этого, иначе у вас появится привычка лгать, даже когда нет необходимости избегать правды.

Также ошибочно говорить правду, если этим вы предаете другого человека. Допустим, человек пристрастен к алкоголю, но пытается это скрыть. Вы знаете о его слабости и, будучи правдивым, заявляете своим друзьям: «А вы в курсе, что он пьет?» В этом поступке нет необходимости; не стоит совать нос в чужие дела. Не разглашайте о чужих недостатках, если они не причиняют никому вреда. Если у вас есть возможность помочь или вы несете за человека ответственность, обсудите его проблему с ним наедине; но никогда под предлогом помощи не обижайте человека намеренно. Так вы только «поможете» ему стать вашим врагом. Этим вы также можете подавить его желание стать лучше.

Правда всегда благотворна, однако факты иногда наносят вред. Как бы ни был правдив приведенный факт, если он не несет в себе добро, его нельзя назвать правдой. Никогда не предавайте огласке факты, которые могут причинить кому-либо вред, — например, не говорите ничего плохого о личности человека. Так себя ведут «желтые» журналисты, которые ищут сенсации в жизнях знаменитостей. Их мотив — нанесение ущерба репутации или получение личной выгоды. Не навлекайте на себя плохую карму, разглашая нелицеприятные факты из жизни других людей, если это не служит какой-либо благородной цели. Когда необходимо их сокрыть, избегайте малейшего намека на то, что должно оставаться в тени. В конце концов, Господь прощает нас всех, и мы, дети Его, также должны уметь прощать. Зачем судить чужие ошибки? Ваше осуждение вернется бумерангом, причинив вам боль. Нам придется лично проживать весь тот опыт, через который мы заставляем проходить других людей. Одни люди живут в мире, а другие омрачают свою жизнь тревогами и несчастьями. А все дело в том, что последние недостаточно мудры, чтобы экспериментальным путем обнаружить возможность жить в мире. Если бы они были мудры, они научились бы не лгать и не сплетничать о людях.

Счастье других очень важно для вас

Вы также должны учиться не быть эгоистом. Находить счастье в том, чтобы дарить счастье другим, — это истинная цель тех, кто любит Бога. Дарение счастья другим людям чрезвычайно важно для нашего собственного счастья; кроме того, это приносит наибольшее удовлетворение. Некоторые люди думают только о своей семье: «Нас четверо, так что и без того проблем хватает». Другие думают только о себе: «А как же мне стать счастливым?» Но именно такие люди никогда не становятся счастливыми!

Искать счастье, не думая о благополучии других, неправильно. Если вы бессовестно присваиваете чужие деньги, вы вполне можете разбогатеть, вот только вы никогда не будете счастливы, поскольку обида тех людей будет воздействовать на вас. Согласно вселенскому закону, если вы попытаетесь построить свое счастье за счет благополучия других людей, то в будущем все будут хотеть сделать вас несчастным. Но если вы будете дарить радость, пусть даже в ущерб собственной удовлетворенности, в будущем все будут думать о вашем благополучии. Всякий раз, когда вы удовлетворяете свои нужды, помните и о нуждах других людей. Когда вы озаботитесь их благополучием, вы захотите сделать их счастливыми. Неэгоистичный человек всегда прекрасно ладит со своей семьей и окружающими людьми.

Эгоистичный же человек постоянно попадает в неприятности и теряет равновесие ума.

Сила вашего «нет» укрепляет вашу волю

Духовные эксперименты докажут вам, что неконтролируемое существование ведет к страданиям. Человек, который себя не дисциплинирует, все время беспокоен и тревожен. Но тот, кто научился владеть собой, знает, какой путь ведет к истинному счастью.

Всякий раз, когда вы думаете, что не можете без чего-либо обойтись, вы делаете себя рабом. Секрет счастья заключается в том, чтобы достичь самоконтроля. Вы часто хотите делать то, чего делать не должны. Но если вы взрастите в себе силу контролировать свои желания, вы будете способны управлять собой даже в момент искушения. Большая часть людей нуждается в развитии своей силы говорить «нет»; она поможет избежать ошибочных деяний. Если вы говорите: «Я не поддамся влиянию этой вредной привычки» и действительно ей не поддаетесь, значит, вы владеете собой. Сила вашего «нет» развивает силу вашего ума.

Внешние деяния человека отражают его внутреннюю духовную жизнь. Материальные богатства не приносят душе счастья. Только самоконтроль приносит ей покой и счастье. Каждое утро при пробуждении я ставлю перед собой определенные цели и в течение дня мысленно подстегиваю себя, чтобы быть уверенным в том, что их выполню. Это развивает великую силу воли; и, когда я вижу, что мои задачи выполнены, я чувствую себя победителем. Так что практикуйте самоконтроль. Без самоконтроля вы всегда будете носимы волнами эмоций.

Практический опыт в религии

Практикуйте религию каждый день. По воскресеньям вас учат всепрощению: если вас ударили по левой щеке, подставьте правую. Но практикуете ли вы этот принцип в повседневной жизни? Или вы считаете, что это глупо? Поэкспериментируйте с этим. Если вы ответите пощечиной, вы будете неправы, так как совершите столь же неблаговидный поступок. Злоба и обида не только отравляют ваше сознание, но и негативно воздействуют на ваше тело. Ваш разум пылает, тем самым разрушая вашу нервную систему. Почему вы должны заражаться ненавистью того, кто вас обидел? Почему вы должны нарушать свой душевный покой? Не лучше ли будет сказать: «Внутренне я счастлив, ведь, несмотря на твои выпады, я не причиняю тебе зла и желаю только счастья». Хотя ответить ударом на удар проще, помните, что в результате это лишит вас умственного покоя и станет причиной физиологических расстройств; все это не стоит сиюминутного удовлетворения от мести. Если вы воздержитесь от воздаяния, вы увидите, что ваш враг успокоится; если же вы ударите его в ответ, вы лишь подстегнете его эмоции.

Таким образом, если вы хотите быть счастливым, важно контролировать свои эмоции. Тогда никто не сможет заставить вас злиться или ревновать. В своем сознании вы будете несокрушимы. Вы осознаете, кем являетесь на самом деле. Экспериментируя со своими мыслями, вы обнаружите сокровищницу покоя внутри вас.

Выход есть всегда

От беспокойства также нет никакой пользы. Оно не только сжигает вашу нервную систему, делая вас раздраженным и сердитым, но и оказывает дополнительную нагрузку на ваше сердце. Покидая свое рабочее место, забывайте о рабочих делах — не приносите эти заботы к себе домой. Тревога лишь затуманивает ваше сознание, не позволяя вам ясно мыслить. Вы должны научиться больше полагаться на Бога. Это научно; это божественный закон. Выход из сложившейся ситуации есть всегда; если вы уделите время ясному мышлению, поразмыслив о том, как избавиться от причины вашего беспокойства, вы научитесь управлять собой.

Многие люди приходят ко мне для обсуждения своих проблем. Я советую им помедитировать и помолиться в тишине; а когда они обретают душевное спокойствие, я прошу их задуматься об иных способах разрешения проблем. Когда их ум успокаивается в Боге и вера в Него укрепляется, они находят решение своих проблем. Проблему нельзя решить, просто лишь игнорируя ее или тревожась о ней. Медитируйте, пока не достигнете состояния покоя; после этого сосредоточьте свой ум на проблеме и глубоко молитесь Богу о помощи. Сконцентрируйтесь на проблеме, и вам не придется проходить через муки тревожности, чтобы ее разрешить.

В Божьих законах не существует никаких «если»

Настойчивая и глубокая молитва обязательно принесёт ответ от Бога. Но если, молясь Ему, вы не предпринимаете должных усилий, вы, конечно же, не почувствуете ответа. Время от времени каждый человек обнаруживает, как молитва исполнила его желание. Если ваша воля сильна, она достигает Отца, и Отец повелевает, чтобы ваше желание было исполнено. Когда повелевает Он, вся природа повинуется. Господь всегда отвечает на глубокую молитву, исполненную веры и решимости. Иногда Он отвечает, внушая мысль тому человеку, который может помочь вам в осуществлении вашего желания; таким образом, этот человек становится инструментом в руках Господа.

Вы не осознаёте, как чудесна в своей работе эта великая сила. Она работает с математической точностью. Здесь нет места никаким «если». Именно это Библия подразумевает под верой: это обличение вещей невидимых.

Если вы будете практиковать единение с Богом, вы убедитесь в том, что я говорю правду. Отправьтесь к Богу; молитесь и взывайте к Нему, чтобы Он направил вас и раскрыл вам тайны Своих законов. Помните, что и миллион ваших умозаключений не стоят одного сеанса медитации на Бога, в которой вы почувствуете внутренний покой. Скажите Господу: «Я не смогу справиться со своими проблемами в одиночку, даже если продумаю несметное количество вариантов; но я смогу разрешить свои проблемы, вручив их Тебе — попросив прежде наставления Твоего, а затем рассмотрев их под разными углами». Бог помогает тем, кто помогает самому себе. Когда ваше сознание спокойно и исполнено веры после молитвы в медитации, у вас появляется возможность находить способы разрешения проблем; а так как ваш ум спокоен, вы способны избирать лучший из этих способов. Следуйте ему, и вы преуспеете. Именно так выглядит применение религиозной науки в повседневной жизни.

Узреть и убедиться — такова наука религии

Все видимое исходит от Невидимого. Поскольку вы не видите Бога, вы не верите, что Он повсюду. Однако сила Господа питает каждое дерево и каждую травинку. Внешне эта Сила невидима. То, что вы видите, есть лишь результат действия Силы, присутствующей в посеянных семенах, которые превращаются в дерево или траву. Однако вы не осознаёте того, что происходит внутри, на фабрике Бесконечности. Все объекты во Вселенной — даже те, которым еще только предстоит появиться — произведены на фабрике Божьего разума; Бог также наделил этой силой и фабрику человеческого ума. Именно в этой маленькой фабрике берут начало все свершения: великие книги, сложные механизмы, выдающиеся достижения в любой из отраслей деятельности. Более того, именно эта фабрика ума дарует нам уникальную возможность найти Бога.

Ум становится совершенным инструментом познания, когда вы учитесь основывать свою жизнь на истине. В таком случае вы видите вещи неискаженными — такими, какие они есть на самом деле. Поэтому вы и должны учиться экспериментировать со своим сознанием. Если вы будете учиться следовать науке религии, вы можете стать величайшим из ученых, величайшим изобретателем, повелителем своей судьбы.

Если вы запомните и будете применять в жизни те истины, о которых я вам рассказал, вы сможете добиться абсолютно всего. А величайшее из достижений — это познание Бога. Если вы будете практиковать науку религии, ваша слабая вера в духовные способности может перерасти в их совершенную реализацию. И тогда вы станете наиболее успешным человеком на земле — более великим, чем любой из ученых. Те возвышенные души, что нашли Его, никогда не живут в сомнении: они познали истину. «И познаете истину, и истина сделает вас свободными»[4]. Найдя Бога, вы обретете все.

---

[4] Ин. 8:32.

Как найти радость в жизни

Приблизительно 1936 год

Вы когда-нибудь ловили себя на мысли, что хотите чего-то еще, даже когда ваше желание исполнено? Только задумайтесь: вы жаждете того, чего у вас пока нет; однако, получив желаемое, вы рано или поздно пресыщаетесь и начинаете хотеть чего-то еще.

Даже если бы жизнь в один момент дала вам все, о чем вы мечтали — богатство, власть, друзей, — через некоторое время вы все равно бы почувствовали неудовлетворенность и захотели бы большего. Но есть одна вещь, которая никогда не приедается: радость.

Находясь в поисках чего-либо, вы прямо или косвенно ищете счастья, которое приходит с осуществлением желания. Вы не желаете того, что приносит вам печаль или всего лишь небольшое удовольствие, за которым следуют муки сожаления и страдания. Каким бы ни был объект вашего желания, вы страстно хотите им обладать, ожидая испытать чувство удовлетворения; получив желаемое, вы ощущаете огромную радость. Так почему бы вам не начать искать непосредственно эту радость? Зачем искать ее через посредничество материальных благ и удовольствий?

Если вы молитесь о бренных материальных вещах, ваша радость напрямую зависит от недолговечности удовольствия, которое они приносят. Материальные вещи, равно как и удовлетворение от исполненных материальных желаний, временны; таким образом, вся радость, получаемая от них, непродолжительна. Прием пищи, ощущение запахов, наслаждение музыкой, созерцание прекрасного, тактильное восприятие приятных на ощупь вещей, — все это преходящие удовольствия, длящиеся ровно столько, сколько длятся ощущения вкуса, запаха, слуха, зрения и осязания, или до тех пор, пока ум от них не устанет и не переключится на что-то новое.

Вы не хотите обладать преходящей радостью, которая оставляет за собой след печали. Вы жаждете получить ту радость, которая не приносит страданий оттого, что внезапно исчезает, будто вспышка молнии. Вы должны искать радость, которая будет сиять вечно, как неизменно светящийся радий.

При этом вы не хотите однообразного удовольствия — вы хотите радости, которая все время меняется и кружится в танце, очаровывая ваш ум и сохраняя к себе интерес. Отрывистое счастье порождает лишь соблазн; удовольствия, которые становятся однообразными, утомительны; радость, которая спустя мгновение улетучивается, погружая вас в состояние углубляющегося безразличия, мучительна.

Все мы стремимся к той радости, которая постоянно меняется, оставаясь неизменной в своей сущности, подобно актеру, развлекающему публику разными ролями. Но такую радость можно обрести, только если регулярно погружаться в глубокую медитацию. Лишь внутренний источник всегда новой радости может утолить нашу жажду. Сама природа этого божественного блаженства такова, что это единственное очарование, которое никогда не надоест нашему сознанию и не вызовет у нас желания променять его на что-то другое.

В своем стремлении к злу или добру вы на самом деле ищете счастья. Первое обещает счастье, а приносит страдания, а второе, хоть и представляется страданием из-за необходимой дисциплины и силы воли, непременно приносит нескончаемую радость. Бог — это вечная и всегда новая радость; обретя Его, вы перестанете гнаться за неуловимым желанием получить «нечто особенное» — то, что всегда ускользает от вас во всех исполненных желаниях. Бог и есть то самое Нечто Особенное. Когда вы обретете Его, у вас больше не будет необходимости искать удовольствия. В этой всегда новой радости вы найдете все, что когда-либо искали.

Материальные вещи, приносящие удовольствие, находятся вне сознания. Они, равно как и наслаждение, которое они приносят, могут попасть в сознание только благодаря воображению. Радость, будучи по сути блаженным осознанием Духа в душе, находится ближе всего к сознанию и рождается в нем, когда сознание обращено вовнутрь. Когда внешние объекты чувственных удовольствий исчезают, счастье, которое они приносят, исчезает вместе с ними. А всегда новую радость Господа, которая неотделима от души, невозможно разрушить. Ее проявления в сознании также не могут быть разрушены, если человек знает, как удерживать их и не погружается в печаль умышленно, взращивая в себе плохое настроение.

Не ищите удовлетворения через посредничество материальных вещей или в желаниях, которые они порождают. Ищите безусловное, нерушимое, чистое Блаженство внутри себя, и вы найдете вечно сущую, вечно сознательную и всегда новую Радость — Бога. В отличие от материальных удовольствий, эта радость не есть абстрактное выражение ума; это сознательное, самовозрождающееся и самовыражающееся свойство Духа. Найдите ее, и вы обретете вечное утешение.

Достигнув этой всегда новой радости, вы уже не будете циничными; вы больше не сможете ненавидеть этот мир и осуждать тех, кто его населяет. Напротив, у вас появится возможность воспринимать Божье мироздание в правильном ключе. Будучи Его бессмертным дитя, вы должны наслаждаться прелестью и красотой Его творений, пребывая в блаженном состоянии своей истинной сущности — неугасимой радости. Но люди, которые наслаждаются материальными вещами, не ведая о величайшей внутренней радости Господа, становятся материалистами. Это унизительно — вести себя как вечно неудовлетворенный смертный, преследующий желание за желанием, ведь мы сделаны по образу и подобию Бога, Который есть всегда новая, всеудовлетворяющая радость.

Когда бессмертные ведут себя как смертные, внутри они переживают разные состояния удовольствия, печали и безразличия. Вот почему вы должны разрушить эту изменчивую сущность, которая была привита вашей неизменной и бессмертной сущности. Когда вы обретете вечную радость, которая является истинной сущностью вашей души, это нерушимое счастье будет оставаться с вами при любых жизненных обстоятельствах, что бы с вами ни случилось. Вы будете воспринимать все с Радостью, Которая есть Бог. «Непривязанный к чувственному миру йог испытывает всегда новую радость, присущую истинному „Я". Поглощенный божественным единением души с Духом, он обретает непреходящее блаженство»[1].

---

[1] Бхагавад-Гита V:21.

Что такое судьба?

*Главный международный центр Self-Realization Fellowship,
Лос-Анджелес, Калифорния, 16 ноября 1939 года*

Действительно ли судьба является таинственной безжалостной силой, предрешающей нашу участь? Такая идейная концепция заставляет людей внушать себе: «Чему быть, тому не миновать» и думать, что в жизни ничего не изменишь.

Судьба означает нечто предопределенное, но это нечто предопределено вами же в рамках причинно-следственного закона, кармы. Бог дал вам свободу действия, однако причинно-следственный закон предопределяет результат согласно природе ваших поступков. Таким образом, каждое действие становится причиной, порождающей определенное следствие. Создавая своим действием причину, в будущем вы неизбежно сталкиваетесь с ее следствием. Добро вы совершаете или зло, вы непременно пожинаете результаты своих поступков. Таким образом, день за днем вы создаете причины, предопределяющие вашу судьбу.

Допустим, когда вы ужинаете, вы регулярно просите добавки. Заканчивая трапезу, вы говорите: «Ох, не стоило мне столько есть». Такова человеческая природа. Пожалуй, мы самые забавные творения Господа. Мы называем себя разумными, но при этом остаемся рабами своих желаний. Из-за того, что вы едите «еще немного» каждый день, вы «внезапно» обнаруживаете у себя проблемы с сердцем или боли в животе. Тогда вы с грустью вопрошаете: «Ну почему это случилось именно со мной? Похоже, мне просто суждено болеть». Но это не так. Вы забыли о том, что вкушали «еще немного», в то время как должны были себя контролировать и употреблять меньше пищи. Если автомобиль перегружен, а вы нагружаете его еще больше, двигателю придется тяжко. Он может выйти из строя. Подобную нагрузку вы оказываете и на «двигатель» своего пищеварительного тракта. Переедание — это причина, которую создали вы сами, а болезненные язвы или несварение — это лишь соответствующее следствие.

Почему мы отличаемся друг от друга

За свечением каждой лампочки скрывается великая сила тока; за каждой маленькой волной скрывается обширный океан, породивший ее. Так и с людьми. Бог сотворил людей по Своему образу и подобию и наделил каждого свободой. Но вы позабыли Источник своего бытия и несравненную силу Бога, присущую вам. Возможности этого мира безграничны, потенциал человеческого развития безграничен. В то же время каждый индивидуум рождается с определенными ограничениями, что есть результат действия закона кармы. Все причины нездоровья или внезапного финансового краха, или иных несчастий, сваливающихся вам на голову без предупреждения или по непонятным вам причинам, были порождены вами же в этой или прошлой инкарнации[1]; они незримо прорастают в вашем сознании. Если бы вы были мудрее, вы бы смогли ослабить их влияние путем правильного мышления и образа жизни; но вы, как правило, не осознаете возможных последствий ваших мыслей и действий и поэтому, когда случается что-то плохое без видимой на то причины, вы говорите: «Что ж, это судьба». Ваши неудачи, болезни или другие несчастья были порождены вашими неблагоразумными действиями в прошлых жизнях, и следствия этих причин зреют внутри, готовые вырваться наружу в подходящий момент.

Здоровье и болезнь, успех и неудача, равноправие и его отсутствие, долголетие и ранняя смерть — все это суть ростки семян, посеянных нами в прошлом. Именно они предопределяют, какая степень благодетели или же зла будет в нас, когда мы вновь придем в этот мир. Так что, хотя Господь и сотворил нас по образу и подобию Своему, не существует двух одинаковых людей; каждый использует данную ему Богом свободу выбора по-своему. Вот почему одни люди все время страдают, другие легко выходят из себя, а третьи постоянно едят и не контролируют себя. Разве Бог сделал их такими? Нет. Каждый человек сотворяет свою личность сам. Не было бы справедливости в этом мире, если бы Господь выборочно делал нас такими, какие мы есть. Я иногда думаю, что Бог сильно удивляется, наблюдая, как этот огромный человеческий зоопарк перекладывает на Него вину за больную

---

[1] См. *реинкарнация* в глоссарии.

голову и живот или за постоянные неприятности. Не вините Бога или кого-либо еще в своих болезнях, финансовых затруднениях или эмоциональных расстройствах. Вы создали причину своих проблем в прошлом, и вы должны принять твердое решение, что вырвете ее с корнем.

Три способа борьбы со следствиями

Судьба формируется из причин и порождаемых ими следствий. Вы можете изменить судьбу, если знаете, как именно это сделать. Однако это не всегда дается легко. Вот три способа борьбы со следствиями:

1. Вы можете минимизировать их эффект;
2. Вы можете сопротивляться их эффекту;
3. Вы можете остановить их появление.

Почему люди ходят к врачам? Потому что это один из способов *минимизации* эффекта от ошибочных деяний прошлого. Физический способ облегчения болезни или ее преодоления может заключаться в правильном питании, упражнениях или приеме лекарств. Один из наших учеников смог вылечить язву, следуя диете, состоящей из молока и хлеба. Но облегчение или полное устранение симптомов болезни еще не означает, что устранена сама ее причина. При благоприятных для нее обстоятельствах причина может породить новые следствия в той или иной форме.

Сопротивляться кармическим последствиям — значит использовать разумные методы борьбы с ними, но при этом больше полагаться на силу ума. Отказывайтесь признавать, что какое-либо состояние вас ограничивает. Произносите аффирмации и верьте в здоровье, силу и успех, даже если обстоятельства настраивают вас иным образом. Последствия ваших деяний ослабнут, если вы не будете позволять своему сознанию поддаваться их влиянию. Помните об этом. Вы также можете сопротивляться отрицательным эффектам с помощью хороших поступков, приносящих положительные результаты; таким образом вы предотвратите возникновение той среды, в которой могут прорасти семена вашей плохой кармы.

Но каким образом можно сломить оковы судьбы? Единственный способ *остановить* появление нежелательных последствий прошлых деяний — устранить его причины. Необходимо сжечь семена отрицательных последствий в своем сознании — только тогда не будет рецидивов в виде болезней или других несчастий, которые они с собой приносят. Сожгите их в пламени мудрости. Человек страдает из-за своих собственных ошибок, а первопричиной ошибки является невежество. Вот почему вы должны стремиться к мудрости, рожденной в медитации: она навсегда изгонит из вас тьму невежества. Кришна сказал: «О Арджуна, подобно тому как огонь обращает дерево в пепел, так и пламя мудрости обращает в пепел всю карму»[2]. Когда вы медитируете глубоко, свет Божьей мудрости сжигает семена дурной кармы, лежащие в глубоких впадинах вашего сознания.

Даже смертельной участи можно избежать

Иисус наиболее явственно продемонстрировал, что такой вещи, как неизменяемая судьба, не существует. Карма Лазаря предопределила день его смерти. Закон был исполнен, и Лазарь действительно умер — так было предначертано судьбой. Но даже смертельной участи можно избежать. Иисус искупил карму Лазаря и вернул его к жизни. Как он это сделал? Он не просто сказал: «Иди вон». Иисус видел, куда ушла душа Лазаря, которая покинула физическую форму, оставшись в астральном облачении; сначала он вошел с ней в контакт, чтобы призвать ее назад. Однако Иисус не мог призвать Лазаря в разлагающееся[3] тело. Сперва он должен был восстановить его, чтобы душа и жизнь вновь могли туда войти. Лишь после того, как физическая форма стала пригодной для жизни, Иисус смог призвать Лазаря обратно. Таким образом, Иисус сделал две вещи: во-первых, он вложил свою жизнь и божественную силу в тело Лазаря. Это позволило ему отработать карму Лазаря: он взял ее на себя. Во-вторых, избавив тело от причины смерти, он обновил его клетки, чтобы они вновь могли жить[4]. Вот так Иисус смог воскресить Лазаря из мертвых, хотя

---

[2] Бхагавад-Гита IV:37.

[3] Ин. 11:39.

[4] «Любой человек, осознавший, что основу мироздания составляет свет, может задействовать закон чудес. Настоящий мастер, используя свое божественное знание о световых явлениях, способен мгновенно превратить вездесущие частицы света в осязаемые предметы. Внешняя форма такой проекции (будь то дерево, лекарство, человеческое тело и т. д.) определяется желанием йога, силой его воли и способностью к визуализации». — «Автобиография Йога», глава 30, «Закон чудес».

по законам природы это было невозможно.

Перегоревшая лампочка не способна источать свет. Вы не сможете вновь увидеть его, пока не поменяете лампочку. Аналогично этому, если свет души оставил тело в момент смерти, воссиять вновь он сможет лишь в новой «лампочке» тела, то есть в новой инкарнации. Но великие мудрецы древности, равно как и Иисус, осознавали, что даже если судьба уготовила телу смерть, его еще могут воскресить те, кто знают, как это делается. Конечно, воскрешение мертвых — это крайний случай изменения судьбы, но он показывает, что потенциально человек имеет власть даже над так называемой неизбежной смертью.

Махаватар Бабаджи[5] также продемонстрировал силу воскрешать людей из мертвых. Однажды некий господин, пожелавший стать его учеником, разыскал его в Гималаях, где Мастер живет с несколькими духовно развитыми учениками. Незнакомец попросил принять его в это священное сообщество, угрожая в противном случае спрыгнуть со скалы. Бабаджи ответил, что не может принять его в текущей стадии его развития. Обезумевший верующий бросился со скалы на глазах у объятых ужасом учеников. Бабаджи повелел им принести тело. Повиновавшись, ученики положили безжизненную форму у его ног. Он коснулся изувеченного тела и исцелил его, вернув верующего к жизни. Благодаря своей абсолютной вере и преданности ученик отработал последние крупицы плохой кармы, которые не позволяли ему стать одним из духовно возвышенных последователей Бабаджи. Великий Гуру принял его в ученики.

В другой раз Бабаджи исполнил кармический закон, взяв на себя карму своего последователя; этим он спас его от предначертанной смерти. На такое способны только настоящие гуру. Махаватар сидел с Лахири Махасайей[6] и несколькими другими учениками у церемониального костра. Внезапно Бабаджи взял раскаленную головню и ударил им по голому плечу одного из учеников. Лахири Махасайя в изумлении спросил Гуру о причине столь ужасного поступка. Бабаджи посмотрел на него и сказал: «А ты бы предпочел увидеть, как он сгорит прямо на твоих глазах? Ему было кармически предначертано принять сегодня мучительную смерть от огня. Ударив его

---

[5] См. глоссарий.

[6] См. глоссарий.

горящим углем и взяв на себя его карму, я его спас». Такие благословения могут быть дарованы тем, кто сонастроен с истинным гуру — познавшим Бога мастером. Те, кто душой и правдой пребывают с богоподобными душами, сами становятся подобными Богу.

Чтобы избежать негативных последствий, всегда поступайте правильно

Теперь давайте поговорим о предотвратимых причинах. Вы должны контролировать свою склонность к неправильному поведению: преодолевать хроническое переедание, хроническую ревность, хронический гнев и подобные им склонности, которые то и дело к вам возвращаются. Вы должны постоянно контролировать каждую пагубную эмоцию. Все эти состояния излечимы, однако вы даже не пытаетесь от них избавиться.

Материалисты концентрируются на устранении симптомов и второстепенных причин. Они не верят в существование более глубокого закона, более глубоких причин. Они умозаключают, что если человек преступает нормы правильного поведения, то это происходит по двум причинам: из-за влияния дурной компании или неблагоприятных обстоятельств и из-за недостатка самоконтроля. Это правда.

Однако те, кто копают глубже, осознавая истинные причины человеческих страданий, добавят к этому, что степень вашей восприимчивости перед текущими причинами напрямую зависит от первопричин — тех внутренних семян, которые вы принесли с собой из прошлой жизни. Даже если врач вылечит вас от болезни, ее место могут занять другие недуги; это будет происходить, пока вы не преодолеете привычку, которая является первопричиной болезни. Если кто-то с помощью доктора излечил язву, но продолжает употреблять вредную пищу, у него вновь появится язва или даже что-то еще более неприятное. Духовно развитый человек узрел бы причину, которой в данном случае является чревоугодие — привычка из прошлого — и сильное желание есть все, что нравится, вместо того чтобы употреблять здоровую пищу. Духовный человек посоветовал бы устранить первопричину.

В нужное время и в нужном месте все хорошие и плохие деяния начинают приносить результаты, подобно тому как при соблюдении определенных условий в почве начинают прорастать семена. Это объясняет, почему так важно выбирать себе правильный круг общения. Вы не знаете, какие именно семена — болезни или же иные негативные склонности — покоятся внутри вас. Допустим, в вашем сознании таятся семена пристрастия к алкоголю. Вы никогда не пили в этой жизни; но однажды вы выпиваете бокал на вечеринке, и внезапно в вас просыпается сильное желание выпить еще. В конце концов вы пристраститесь к этому снова. Ваши склонности уже заложены в вас как результат вашего поведения в прошлом; своими действиями вы создаете благоприятные обстоятельства для пробуждения этих склонностей.

Таким образом, совершенно неблагоразумно общаться с людьми, которые поощряют ваши дурные привычки. Вы не знаете, какие семена дурных склонностей скрыты в вашем сознании. Лучше не давать этим семенам ни единого шанса прорасти.

Видите, как глубоки эти принципы? Преодоление судьбы или кармы — удивительнейшая философия. Эти методы доказывают, что человек может полностью управлять своей жизнью. И что жизнь прекрасна, если вы приходитесь ей хозяином, а не рабом.

Вредные привычки — ваши величайшие враги. Они будут следовать за вами из одной инкарнации в другую до тех пор, пока вы их не преодолеете. Чтобы освободить себя от влияния судьбы, необходимо избавиться от вредных привычек. Как? Хорошая компания — одно из лучших лекарств. Если у вас есть склонность к употреблению алкоголя, общайтесь с теми, кто не пьет. Если у вас слабое здоровье, находитесь в компании позитивных людей — тех, кто не думает о болезнях. Если вам кажется, что вы неудачник, вас должны окружать успешные люди. В этом случае вы начнете меняться.

Каждая ваша привычка создает особую бороздку, или тропу, в вашем мозге. Они и заставляют вас вести себя определенным образом, зачастую даже против своей воли. Ваша жизнь идет по накатанному пути, который вы сами же и проложили в своем мозге. В этом смысле вас нельзя назвать свободным человеком: в большей или меньшей степени вы являетесь жертвой вами же сформированных привычек. Эти глубокие бороздки делают вас марионеткой. Но вы можете *избавиться* от диктатов этих привычек. Как? Прокладывая в мозгу бороздки хороших привычек. И вы можете полностью *стереть* бороздки плохих привычек медитацией. Другого пути нет. Однако вы не сможете взрастить в себе хорошие привычки без помощи хорошей компании и хорошего окружения. И вы не сможете обрести свободу без хорошей компании и медитации.

Даже если бы вы сбежали в джунгли, ваши привычки все равно бы последовали за вами. Вы не можете от них скрыться, так что приложите усилия для их преодоления. Очистите джунгли своих плохих привычек, и вы станете свободны. В конфликтных семьях говорят: «О, если бы у нас был домик за городом, мы были бы так счастливы!» Получив желаемое, но не научившись ладить друг с другом, они не оставляют свою привычку конфликтовать, поэтому жизнь в новом доме превращается для них в такой же кошмар.

Так что не ждите — измените себя сами! Это может быть проще простого, а может быть и сложнее сложного: вам будет легко, если вы медитируете и пребываете в обществе хороших людей, и вам будет сложно, если вы не медитируете и общаетесь людьми, оказывающими на вас дурное влияние.

Никогда не оставляйте попыток измениться к лучшему

Никому не позволяйте говорить, что вы пропащий человек и что вы окончательно выдохлись. Почему вы должны сдаваться? Почему вы должны думать: «Я не могу измениться; я стар; для меня все кончено»? Вы можете меняться каждый день, каждый момент — стоит вам только пожелать. Я заметил, что некоторые люди не меняются год за годом. Я их называю психологическим антиквариатом. И я встречал людей, которые полны амбиций и постоянно меняются к лучшему, что бы с ними ни происходило. Это — правильный настрой.

В свое время я был знаком с пожилой супругой сенатора. Она была сильно пристрастна к алкоголю, но, когда ее муж скончался, она вынесла из дома все спиртное. Эта женщина стала энергичной. Она регулярно упражнялась, записалась на уроки танцев и активно занималась конструктивной деятельностью. Согласно ее взглядам, старость не является поводом для того, чтобы оставить все личные интересы и готовиться к смерти. Она прожила еще много лет, оставаясь полной энтузиазма, здоровья и счастья. Она была неординарным человеком, и я всегда восхищался ее духом.

Многие люди стареют преждевременно. Вы не должны сдаваться только потому, что вам семьдесят пять или восемьдесят лет. Никогда не говорите о своем возрасте и не позволяйте другим жалеть вас из-за того, что вы становитесь старше. Оставайтесь по-молодежному бодрыми. Ощущайте себя моложе своих лет. Мы молоды благодаря своему духу. Будьте полны энтузиазма. Многие молодые люди психологически стары и подобны мертвецам. У них нет ни амбиций, ни энтузиазма. Они не пытаются измениться. Вы иссякнете только тогда, когда будете про это говорить или об этом думать. Неважно, что думают о вас другие люди, — хуже всего, если вы сами признали свое поражение. Вот тогда вы сдались.

В тот момент, когда вы говорите: «Я пытался установить с Богом контакт, но так и не смог этого сделать», вы сдаетесь. Так вы не сможете достичь Его. Некоторые учителя говорят, что если человек не начал искать Бога до тридцати лет, то он не сможет обрести Его. Это не так. Бог придет к вам в любой момент, когда вы захотите приложить усилия. Вот это — правда. Однако чем раньше человек начнет настойчиво искать Бога, Истину, тем легче ему будет Его обрести, поскольку его привычки еще не сформированы окончательно. Тем не менее Кришна учил, что, даже несмотря на вредные привычки, человек может обрести Бога, если будет настойчиво искать Его: «Даже совершенного злодея, который отвернется от всего и будет поклоняться только Мне, можно считать благочестивым, поскольку его решение правильно. Он скоро станет праведником и обретет нескончаемый покой. Уверенно возвещай всем, о Арджуна, что преданный Мне никогда не погибнет!»[7] Так что, если вы примете твердое решение, сказав: «Я буду искать Бога, и неважно, настигнет ли меня смерть во время моих поисков», знайте, что вы непременно почувствуете Его присутствие; вы обнаружите, что Он вам отвечает.

Ангелами становятся на земле, а не на небесах

Не рассчитывайте, что смерть освободит вас от ваших несовершенств. После смерти вы остаетесь такими же, какими были до нее. Ничего не меняется — вы просто сбрасываете тело. Если вы были вором, лжецом или мошенником до своей смерти, вы не станете ангелом и после нее. Если бы такое было возможно, тогда нам всем стоило бы пойти и прыгнуть в океан, чтобы во мгновение ока превратиться

---

[7] Бхагавад-Гита IX:30-31.

в ангелов! Вы остаетесь теми, кого из себя сотворили. Когда вы перерождаетесь, вы берете свою сущность с собой. Чтобы измениться, вы должны прилагать усилия. Это необходимо сделать *здесь*. Человек приходит в этот мир с единственной целью: чтобы сломить оковы, сковывающие его душу. Болезни, неудачи, пессимизм, переедание, ревность, — разорвите эти оковы прямо сейчас. Вы обитаете в коконе дурных привычек, и вы должны выбраться оттуда собственными усилиями. Бабочка души должна быть освобождена, дабы расправить крылья прекрасных божественных качеств. Если шелкопряд не покинет кокон к моменту сбора, он окажется в ловушке, которую сам же себе и сплел, и погибнет в ней. Вот так же и вы плетете вокруг себя кокон из нитей дурных привычек; когда вы умрете, вы по-прежнему будете связаны этими нитями.

Будьте жизнерадостными до своего последнего дня; старайтесь не унывать. Даже перед самой смертью вы не должны думать: «Ну вот мне и конец». Вместо того чтобы себя жалеть, вы должны думать: «Все те, кто остался на этом пустынном берегу горевать и плакать — это я жалею вас!» Смерть будет совершенно беспроблемной, если у вас чистое сознание и вы уходите с мыслью: «Господи, моя жизнь в Твоих руках».

Как медитация меняет вашу судьбу

Если вы действительно хотите избавить себя от дурных привычек и избежать злого рока, приносящего вам страдания, то нет спасительного средства лучше, чем медитация.

Предположим, вы столкнулись с финансовыми, нравственными или духовными проблемами. Если в глубокой медитации вы будете утверждать: «Я и Отец — одно», вы поймете, что вы и в самом деле дитя Божие. Живите этим идеалом. Медитируйте, пока не почувствуете в своем сердце огромную радость, которая будет означать, что Господь услышал вашу молитву. Бог отвечает на ваши молитвы и позитивные мысли. Вот ясный и действенный метод:

Сначала медитируйте на мысль: «Я и Отец — одно», пытаясь почувствовать великий покой, а затем и великую радость в своем сердце. Когда она придет, скажите: «Отец, Ты всегда со мной. Я повелеваю Твоей силе внутри меня сжечь все дурные привычки и склонности прошлого в клетках моего мозга». И Божья сила сделает это для вас в медитации. Не ограничивайте себя, думая, будто вы мужчина или женщина, — *знайте*, что вы дитя Божье. Молитесь Ему: «Я повелеваю клеткам моего мозга измениться и стереть бороздки дурных привычек, делающих из меня марионетку. Господи, сожги их в Своём божественном свете». И если вы будете практиковать техники медитации Self-Realization Fellowship, особенно *Крийя-йогу*, вы сможете увидеть Божий свет, очищающий вас.

Но для этого необходима концентрация; вы должны глубоко общаться с Богом. Лучше всего делать это ночью. Как прекрасно искать единения с Господом, когда мир вокруг затихает! Величайшие переживания от Бога я получаю ночью, перед тем как ложусь спать. Я даже и не думаю о сне, когда сам того не желаю. Я хочу проводить ночи с Богом; и Он заботится обо мне.

Быть с Богом важнее всего

Я никогда не беспокоюсь о прошлом или будущем. Я просто проживаю каждый день для Бога — вот и всё. Я стараюсь делать всё наилучшим образом, при этом ни о чём не тревожась. В этом мире я работаю для Бога, и мне всё равно, что будет со мной. Что может увести меня от Бога? Когда я был в Индии, я написал сюда, в центр «Маунт-Вашингтон»: «Я никогда по вам не скучаю, поскольку я всегда есть и буду с вами. И когда эта волна уйдёт с поверхности океана жизни, я буду уже в другом месте; но, где бы мы ни находились, мы всегда будем пребывать в одном и том же океане жизни в Боге».

Так что, познав Бога, вы не будете горевать по вашим друзьям или близким, когда настанет пора расставаться. Я нашёл множество друзей, которых знал в прошлом. И со многими из тех, кто знает меня сейчас, мы встретимся и в будущем.

Когда я впервые попал в Америку, я увидел некоторых из вас в своём видении. Вот почему я написал: «Память спящая о будущих друзьях пришла ко мне, пока я плыл чрез океан»[8]. Мне было очень грустно, когда корабль прибыл в гавань; я был встревожен, потому что моя Индия затихла в глубинах тысяч миль. И тут в видении я увидел лица многих из тех, кого знал в предыдущих жизнях, и на меня низошла великая радость.

---

[8] Из сборника стихотворений *Songs of the Soul*, издаваемого Self-Realization Fellowship.

Я знаю, что был знаком с мадам Галли-Курчи[9] и ее мужем ранее. Однажды я услышал музыкальную запись и спросил: «А чья это запись? Поставьте-ка еще раз». Голос на ней принадлежал как раз Галли-Курчи. «Я с ней обязательно встречусь», — сказал я. Позже, уже в Чикаго, ко мне как-то вечером зашел мой друг и сказал: «Знаешь, мадам Галли-Курчи сейчас в городе. Я думаю, что вам нужно познакомиться». Мне дали рекомендательное письмо и пообещали устроить встречу. Но билеты на все ее концерты были распроданы. В конце концов ее менеджер отдал мне билет своего сына. Когда я и мадам Галли-Курчи встретились после концерта, она поприветствовала меня и сказала: «Я всех отругала за то, что вам не достали билет раньше». С тех пор мы дружим; она и ее супруг твердо встали на путь Самореализации.

Совершите побег из темницы судьбы

Хотя жизнь и кажется капризной, неопределенной и полной всяческих неприятностей, мы всегда находимся под направляющей, любящей защитой Бога. Мы находимся в темнице, в которую попали из-за последствий своих ошибочных деяний. Но в наших силах вырваться на свободу и вновь соединиться с Богом. Хотя мы и окружены тюремными решетками судьбы — злом, нравственными проблемами, слабостью, болезнями, финансовыми затруднениями, — мы все же обладаем внутренней силой, которая может их сломить.

В молодости вы полны сил, чтобы завоевать весь мир, но с возрастом вам начинает казаться, что вы их теряете. День за днем вы доказываете себе, что являетесь рабами своих привычек и окружения. Вместо этого день за днем вы должны повторять: «Мне все по силам. Я могу умереть, но я умру свободным — в объятиях Господа. Я не буду жить за тюремными решетками дурных привычек, за тюремными решетками судьбы». Такая свобода придет к вам, если вы будете медитировать каждый день и закалять силу воли. Не Господь, а вы сами загнали себя в темницу. Вы сами выковали эти тюремные решетки и вы же должны их разрушить. Вы должны стать беглецами — сбежать из темницы плоти. Вырвитесь из всех тюремных камер — камер дурных привычек, привязанностей, эмоций, желаний, жизни

---

[9] См. сноску на странице 8.

и смерти. Решетки тюрьмы, в которую заключена ваша душа, могут быть распилены мудростью: чем дольше вы их пилите в медитации, тем свободнее вы становитесь — благодаря силе Божией. В Нем вы осознаете, что эта жизнь подобна сну, это просто спектакль.

Дорогие мои, я получаю большое наслаждение от наших встреч, поскольку я не прихожу сюда читать лекции — я говорю с вами в сознании Духа, а не произношу заученные фразы. Я передаю вам то, что идет из моей души. Я ищу лишь тех, кто глубоко заинтересован в поисках Бога. Какие замечательные души присутствуют здесь и живут в нашем ашраме в центре «Маунт-Вашингтон»! Годы идут, а мир и гармония остаются. Я возношу благодарность Богу за Его величие.

Творить добро не всегда легко. Но величайшая вещь в этой жизни — это возможность жить в замке своей чистой совести, зная, что ты угождаешь Богу. Он есть единственный ответ на все вопросы, ибо в Нем лежит величайшее счастье. «Ища убежища во Мне и прилежно исполняя все свои обязанности, по Моему соизволению верующий обретает вечное состояние неизменности»[10]. Вы должны любить и благословлять всех и стараться видеть Бога в каждом человеке — даже в заблудших душах. И как бы сложно это временами ни казалось, вы должны следовать путем Истины; только так вы сможете сломить оковы судьбы.

---

[10] Перефразированный стих из Бхагавад-Гиты, XVIII:56.

Конец света

*Первый храм Self-Realization Fellowship,
Энсинитас, Калифорния, 26 мая 1940 года*

Учитывая сложившуюся в мире обстановку, нетрудно догадаться, почему сегодня я решил поговорить о конце света. Эта лекция поможет вам понять причину тех событий, которым еще только предстоит произойти.

Когда мы изучаем события прошлого или настоящего, наше видение обусловлено тем, насколько четко или, наоборот, искаженно они отражаются в нашем сознании. Люди выносят суждения согласно своему образу жизни и уровню интеллектуального развития. Эгоцентризм, предубеждения, ненависть и гнев не позволяют видеть события и тайны жизни такими, какие они есть. Только в общении с Богом мы можем постичь Его небесные законы, задействованные повсюду. Несмотря на скверные и жестокие вещи, которые человек привносит в Божье творение, мы все же видим, как зло разрушает само себя и сила Бога сияет на лицах тех, кто противостоит этому злу.

Понятие «конец света» можно трактовать по-разному. Буквальная интерпретация подразумевает два варианта развития событий: частичный упадок или полное исчезновение. Пройдет еще очень и очень много времени, прежде чем произойдет полное исчезновение. В то же время разные группы одержимых фанатиков периодически предсказывают скорое наступление конца света. Несколько лет назад в газетах писали о секте из Нью-Йорка, чей лидер, страдавший от разного рода фобий, то есть от собственного воображения, пугал своих последователей такими предсказаниями. Те, кто удерживает своих учеников запугиванием, не являются настоящими учителями. Мы всегда должны быть ведомы мудростью, а не страхом. Но вернемся к моей истории. Члены этой секты подготовились к приближающейся катастрофе. Расставшись со всем, что у них было, они удалились со своим учителем на вершину горы, чтобы встретить конец света там.

Они всё ждали и ждали. Прошло несколько дней, и их начал мучить голод. Увидев, что ничего не происходит, они оставили эту затею. В конечном итоге им пришлось инициировать судебные процессы по возвращению собственности.

Это лишь один из примеров того, как люди тревожатся из-за предсказаний войны или какой-либо катастрофы. Чаще всего такие предсказания лживы. Но нам в любом случае нечего бояться. Ведь что такое жизнь? Это лишь мимолетный сон. И смерть — такой же сон. Когда сон заканчивается, он прекращает свое существование. В этом смысле мне не жалко людей, погибающих на поле боя, поскольку их мучительный сон заканчивается. Но я скорблю по раненым, ибо их боль является *кошмарным* сном. Очень часто мое сознание находится не здесь, а на полях сражений в Европе[1]. Вы можете подумать, что это или другие мои переживания являются лишь игрой воображения, но это вовсе не так. Конечно, сложно поверить в существование подобных переживаний, если сам не проходил через них. Но если вы годами будете жить в мире мыслей, из которых Господь сотворяет сны мироздания, и упорно работать с божественными силами сознания, перед вами также раскроются все тайны Божьего творения.

Хорошие и плохие деяния влияют на баланс гармонии на земле

Частичный упадок происходит из-за злых деяний людей в целом. Если все мы начнем выяснять отношения при помощи взрывчатки, мы значительно сократим масштабы нашей цивилизации. И кто знает, может, если мы хорошенько «постараемся», то сможем уничтожить весь мир! Господь наделил человека равной способностью созидать и разрушать. Мы сделали этот мир прекрасным, но у нас достаточно сил и для того, чтобы его разрушить. Когда своими действиями мы оскверняем мир вокруг нас, окружающая среда подвергается серьезным изменениям, которые можно назвать частичным упадком. Такие случаи в истории нередки, Всемирный потоп был одним из них. Подобные катастрофы происходят из-за порочных деяний и невежественных ошибок человечества. Не думайте, что события этого мира происходят сами по

---

[1] Эта лекция была прочитана в период Второй мировой войны.

себе — Бог ведает о них. И не думайте, что действия людей не влияют на работу Его космических законов. Все, что когда-либо происходило, записано на страницах эфира. Вибрации зла, которые человечество испускает в эфир, нарушают баланс гармонии на земле. Когда земля переполняется злом и болезнями, эти эфирные вибрации начинают вызывать землетрясения, наводнения и другие природные бедствия.

Аналогично этому, если в течение длительного времени вы ведете неправильный образ жизни, в вашем теле нарушается гармония, что ведет к определенным заболеваниям. Болезнь — это не наказание. Это яд, который вы сами впускаете в свой организм, и Господь хочет, чтобы вы этот яд нейтрализовали. Но слишком часто человек решается что-то изменить, когда тело уже сильно повреждено и приходит пора умирать. Так же и с Землей: она страдает от дисгармонии и болезней, вызванных совокупными действиями ее обитателей. В этом нет ни малейшего сомнения. Плохие и хорошие кармические условия, созданные человеком, влияют на климат, на ветер и океаны, даже на саму структуру земли — вот почему периодически случаются землетрясения. Злоба и гнев, что мы посылаем в этот мир, и все страдания и негативные реакции, которые они вызывают, искажают магнитное поле Земли, подобно атмосферным помехам. В разрушении, которое несет эта война, мы наблюдаем частичный упадок: это уничтоженные жизни и потеря крова и средств к существованию. Во многом это хуже Всемирного потопа, ибо это потоп крови и пламени. Но одна вещь дает еще надежду: хорошая карма человечества сильнее плохой. Если бы все было наоборот, земля бы просто взорвалась от негативных вибраций. Несмотря на все происходящее, земля находится в восходящем цикле и добро восторжествует.

Жизненные циклы земли

Мир похож на живой организм, которому отведено определенное количество времени. Мы дети великой Матери Земли. Мы припали к ее груди, вкушая пищу, что она нам дает. Она насыщает нас кислородом, солнечными лучами и водой, которую дает ее атмосфера. Земля, подобно всем нам, проходит через юность, зрелость, старость, смерть и реинкарнацию. Земля-Мать бывает юной, зрелой и старой. В период частичного упадка земля «умирает», чтобы возродиться и принести человеческим существам новую жизнь, новые возможности и новую среду обитания, в которой они будут отрабатывать свою карму. Земля много раз проходила через период катаклизмов и возрождения. Но окончательная смерть земли наступит только тогда, когда она вновь растворится в Боге.

Вкратце расскажу о жизненных циклах земли[2]. Эти циклы длятся по 24 000 лет, и каждый из них делится на четыре *юги*, то есть эпохи. 12 000 лет из цикла земли приходятся на восходящее движение к просветлению, а другие 12 000 лет — на нисходящее движение к невежеству и материализму. Каждый из этих полуциклов называется *Дайва-югой*. Земля прошла через множество полных циклов с момента ее создания. Вот четыре эпохи, из которых состоит каждая *Дайва-юга*: *Кали-юга* — темная эпоха материализма; *Двапара-юга* — эра электричества, или атомный век; *Трета-юга* — эпоха умственного развития; *Сатья-юга* — век истины и просвещения.

Текущий цикл, Двапара-юга

Земля уже прошла через *Кали-югу*, эпоху материализма длительностью 1200 лет. Согласно вычислениям моего гуру, Свами Шри Юктешвара, прошло уже около 240 лет с момента начала второй эпохи, *Двапара-юги*, общая длительность которой составляет 2400 лет. Да, она кажется чрезмерно материалистической, тем не менее это восходящая эпоха электричества. Если вы задумаетесь над этим, вы осознаете, что человек сильно продвинулся вперед от простого восприятия грубой материи к пониманию и овладению энергией, которая лежит в ее основе. В этой эпохе человечество продвинется далеко вперед в областях науки, изучающих электричество и электромагнетизм.

По ходу развития *Двапара-юги* различные заболевания все чаще будут лечиться лучами. Вибрационная энергия может достичь электронов атомов — строительного материала вещества, в который не могут проникнуть грубые химические элементы. Когда эта война закончится, научные знания об электричестве получат серьезное развитие. Авиация также будет бурно развиваться. Люди все чаще будут путешествовать по воздуху. Многие сегодня смотрят на самолеты со страхом и недоверием — так, как когда-то смотрели на поезда; но самолеты уже одерживают верх, и поезда постепенно уходят в прошлое.

---

[2] См. *юга* в глоссарии.

Со временем и автомобили начнут восприниматься как телеги.

Проблема этой эпохи в том, что у людей нет чувства безопасности, поскольку наука играет роль доктора Джекила и мистера Хайда. Человек использует науку не только для созидания и добрых дел, но и для разрушения. Таким образом, развитие науки пока нельзя назвать безопасным. Эта война наглядно демонстрирует, что научные открытия могут использоваться для уничтожения человечества. Когда она закончится, мы начнем использовать больше научных изобретений для бытовых нужд. Но до тех пор, пока мы не разовьем в себе духовные силы, мы будем продолжать использовать науку в целях разрушения.

Эта война покажет людям, насколько губительны последствия использования технологий во зло. В Первую мировую войну и до нее считалось, что сражаться — дело благородное. Но идеи «рыцарского достоинства» больше нет. В этой войне никто уже не испытывает желания сражаться. После ее окончания страх перед разрушением мира будет столь велик, что если какая-нибудь нация попробует начать новую большую войну, то на нее накинется весь мир. Я говорю вам о вещах, которые произойдут в далеком будущем.

Без вооружения сегодня не обойтись. Всегда хорошо иметь оборонительный план, однако сам по себе он не приносит мира. Пока люди используют грубую силу, всегда будет находиться тот, кто сильнее остальных. Истинно сказал Христос, что «все, взявшие меч, мечом погибнут». Грубая сила будет обуздана только тогда, когда человечество уразумеет вечное послание Христа и других великих душ: лишь духовная сила может остановить все войны.

Окончательный мир воцарится, когда по общему согласию *все* страны на земле начнут участвовать в конференциях по миру и избавятся от оружия, приступив к борьбе с нищетой. Подумайте, насколько всем было бы лучше, если бы все страны и их лидеры использовали военные расходы на борьбу с бедностью. Однако, даже когда война закончится и поверженная сторона сдастся победителю, люди продолжат жить в страхе и бедности. Использованное вооружение будет утилизировано, и миллиарды долларов пропадут зря. Веря в торжество грубой силы, человек глубоко погружается в неведение. Сколько еще это будет продолжаться? Как изменить ситуацию? Только когда война хорошенько «даст по мозгам», люди осознают, насколько они близоруки.

Тем не менее, хотя это и неочевидно, текущая война ведется за свободу всех угнетенных наций. Кармические силы работают над тем, чтобы Индия и другие находящиеся под иностранным господством страны обрели свободу.

Все народы должны быть высокодуховными

Чего надо опасаться даже больше, чем настоящей войны, так это безбожия большевизма, ибо безбожие — величайший враг. Есть хорошая история о схватке льва и медведя за тушу оленя. Медведь в этой схватке погиб, а лев сломал позвоночник и не смог добраться до добычи. Лиса же, которая наблюдала за схваткой со стороны и выжидала нужного момента, просто пришла и забрала тушу. Безбожный коммунизм ждет своего часа, чтобы расширить свое влияние. Наша первоочередная цель — оберегать духовность на всей земле.

Как сделать так, чтобы одни люди не отбирали что-либо у других? Нужно, чтобы другие делились с ними тем, в чем они нуждаются, а также знанием, что Бог есть наш Отец и все мы дети Его — братья из единой вселенской семьи. Национального патриотизма недостаточно. Если в мире не будет идеала веры в Бога и всеобщего братства, то и смысла жить тоже не будет. Кто создал этот мир? Кто создал всех нас? Мы знаем, что Бог есть. Пусть ничто не сможет отобрать у людей это знание. Доктрина веры в Бога — это единственная доктрина, которая способна принести мир на землю. Никакая другая идеология не сможет этого сделать.

Верность своей стране

Вы должны быть верны той стране, в которой живете. Мы не должны позволять разрушительным элементам действовать в этой стране. На мой взгляд, предательство — это самое ужасное преступление, наиболее страшное из всех зол этого мира. Никогда не предавайте свою семью, своих соседей или друзей. И никогда не предавайте свою страну; тот, кто не предан своей стране, не может быть предан и Богу. Вспомните притчу о летучей мыши. Когда птицы и звери воевали друг с другом, летучая мышь вставала на ту или иную сторону в зависимости от того, кто на текущий момент был сильнее. Когда же был заключен мир, и птицы, и звери решили, что будут сообща воевать против летучей мыши.

Так что помните: очень важно быть верным своей стране. Если вы не приемлете ее идеалы, благословите ее и уезжайте. В этой стране ощущается сильный недостаток патриотизма. Я вовсе не имею в виду, что вы должны испытывать к Америке то чувство патриотизма, когда вам хочется уничтожить другие народы; любите Америку и ее идеалы, чтобы развить в себе любовь ко всему миру. Помните, что вы не так уж и долго будете жить в Америке: в других инкарнациях вы будете жить в иных странах. Если каждый человек сначала научится любить свою страну, а затем распространит свою любовь на другие страны, в мире больше не будет войн.

Так что не проявляйте терпимости к тем, кто не является настоящим патриотом. Тот, кто не любит эту страну, не имеет права здесь жить. Кусать руку, которая тебя кормит, неправильно. Я бы предпочел, чтобы меня избили или даже убили, чем предали. Предательство вызывает во мне отвращение; я никогда никого не предавал. Та любовь, которую я всем дарю, искренна. Нет человека, который мог бы встать сейчас передо мной и заявить, что я вел себя по-предательски. Когда я дарю любовь, я люблю всем сердцем. Это не значит, что я не ведаю о тех, кто со мной нечестен: перед прожектором божественной любви невозможно что-либо сокрыть. Поэтому, дорогие мои, никогда никого не предавайте; и если вы видите, что человек занимается предательством, поправьте его и откажите ему в поддержке его неправедных дел.

Господь знает, кто прав, а кто нет. Пусть все мы будем едины в свершении благородных поступков. Отстаивайте идеалы этой страны. Если бы в мире была развязана война с целью уничтожить эту страну и Америке понадобилась бы моя помощь, я бы предложил ее, ибо люблю людей и готов защищать нацию, на земле которой живу. Мы должны играть свою роль в деле защиты Америки и тех, кого мы любим, но в то же время мы не должны исполняться ненависти. Никогда еще мир не нуждался в любви так, как сейчас. Любовь будет могучим фактором в искоренении войны. Давайте же твердо решим, что всегда будем делать Господа путеводной звездой нашей любви и что мы будем посылать эту любовь всему человечеству. Мысленно помолитесь со мной: «Отец Небесный, Ты есть любовь; я сделан по Твоему образу и подобию. Я — сфера любви. Я расширяю эту сферу, дабы царство моей любви объяло все человечество».

Эта война не будет последней. Если победитель — кто бы это ни был — использует свою власть для наказания других народов, когда-нибудь те ответят с большей силой. Человеческий потенциал к разрушению стал гораздо мощнее, чем его созидательная сила. В эпоху электричества у людей не будет чувства безопасности. Грядут все более масштабные способы ведения войн. Хвала небесам, что *Двапара-юга* длится лишь 2400 лет.

Трета-юга

Далее нас ждет *Трета-юга* — третья эра, или эпоха, длительностью 3600 лет. Это эра интеллектуального развития; большая часть людей будет задействовать силу своего ума. Она будет раскрыта в большей степени, нежели сейчас. Практически все будет выполняться за счет этой силы. Люди сделаются мудрее, посему и мир станет более безопасным местом для жизни; они будут усерднее стараться находить мирные способы урегулирования конфликтов. Электричество будет использоваться гораздо реже, уступив место силе ума. Это вовсе не значит, что все будут способны читать мысли окружающих. Однако, подобно тому как существуют мощные радиоприемники, способные принимать слабые сигналы, и слабые приемники, принимающие только сильные сигналы, так и некоторые люди будут обладать большей силой ума в сравнении с другими.

В эпоху интеллектуального развития с помощью силы сознания мы будем способны лучше узнавать окружающих, так что людям будет сложно оставаться безнравственными. В мире будет куда меньше лицемерия, поскольку лицемерят лишь тогда, когда думают, что истинные чувства можно скрыть. В результате большего взаимопонимания люди научатся мирно сосуществовать. Сила ума будет применяться в лечении, она будет питать тело.

Сатья-юга

После этой эры наступит *Сатья-юга*, эпоха истины, при которой сознание человека будет способно постигать все тайны мироздания и жить в единении с Богом. Для людей этой эпохи не будет барьеров между материальным миром и астральными небесами: они будут способны входить в астральный мир и общаться с душами, перешедшими в ту сферу. Эта восходящая эпоха, *Сатья-юга*, продлится 4800 лет. Множество душ обретет освобождение во время этой *юги* — больше, чем в какую-либо другую эпоху[3].

Но даже окончание *Сатья-юги* не будет знаменовать собой конец света. Цикл будет продолжаться, нисходя и восходя через все четыре эпохи снова и снова. Периодически будут случаться катаклизмы, уничтожающие весь мир, но непрерывный цикл не прекратит свою работу. Эта земля была создана для того, чтобы направлять души к их божественной цели, так что она влачит на себе огромную ношу. Пока не завершится вся работа, то есть пока все души не эволюционируют настолько, чтобы вернуться к Богу, эта планета не подвергнется полному разрушению. Мир перестанет существовать только когда, когда перестанет быть нужным Богу для эволюции душ. Вот тогда наступит настоящий конец света. Так что не бойтесь, что Землю поглотит Солнце, которое настолько горячо, что способно растворить все за считанные секунды. Настоящий конец света произойдет очень нескоро. Мир должен еще хорошенько поработать.

Будьте выше эпохи, в которой живете

Вам вовсе необязательно ждать конца света, чтобы обрести свободу. Есть иной путь: будьте выше той эпохи, в которой живете. В материальную эру большинство людей настроены материалистически. Но вы также можете видеть и тех, кто в своем развитии опережает время; это христоподобные души. В эпохах электричества и умственного развития будут главенствовать соответствующие этим *югам* умственные способности. Однако во всех эпохах находятся люди, сознание которых развито в большей или же в меньшей степени. Это значит, что и в текущей эпохе электричества вы можете встретить людей, все еще живущих в каменном веке. Баланс присутствует всегда: есть люди, опережающие свое время, а есть те, кто отстают от своей эпохи.

Менее развитые личности будут постепенно развиваться во многих инкарнациях, пока не достигнут уровня своей эпохи и — со

---

[3] «Большинство антропологов считают, что 10 000 лет назад человечество жило в варварском Каменном веке, и решительно отвергают „мифы" о высокоразвитых древнейших цивилизациях в Лемурии, Атлантиде, Индии, Китае, Японии, Египте, Мексике и многих других местах». — Автобиография йога.

временем — более развитых эпох, которым еще только предстоит прийти. Циклы этого мира похожи на качели, которые то вздымаются, то опускаются. Но если мы ускоряем свою эволюцию правильным образом жизни и духовными техниками, такими как *Крийя-йога*[4], мы опережаем свое время и имеем шанс обрести свободу в Боге в этой инкарнации или всего лишь за несколько жизней.

Мир перестает существовать, когда мы сознательно отстраняемся от него

Мы переживаем конец света, когда наше сознание отстраняется от мира во сне, в сновидениях, при определенных психических расстройствах и в смерти. Эти состояния нам навязаны; очевидно, что нам необходимо проходить через подобные переживания «конца света». Их цель — показать нам иллюзорность материального мира и истинную природу нашего высшего «Я», то есть души. Нисходя на землю, душа запутывается в сетях иллюзии. Господь хочет, чтобы посредством страданий мы узрели несовершенство этого мира. Таким образом Он помогает нам ослаблять привязанность к земле. Бог пытается показать нам, что если мы не будем отождествлять себя с этим миром, то мы осознаем иллюзорность нашего бытия. Чем больше я исследовал мир и его недостатки, тем сильнее становилось мое желание познать Бога.

Мир перестает существовать, когда мы избавляемся от всех желаний

В метафизическом смысле конец наших земных желаний знаменует для нас конец света. Чтобы обрести счастье, вы должны стремиться избавляться от земных желаний. Если существует что-то такое, без чего вы не можете жить, вам еще предстоит пройти через болезненный урок. Представьте, что вы покинули эту землю с неудовлетворенными желаниями. Они подобны язвам в вашей душе. Вам придется возвращаться сюда много раз, переживая душевные страдания и разочарования снова и снова, пока вы не излечите себя от своих желаний.

---

[4] См. глоссарий и 26-ю главу «Автобиографии йога».

Гораздо лучше сказать Богу: «Господи, я не просил Тебя создавать меня. Я здесь лишь потому, что Ты направил меня сюда. Я буду делать все, что в моих силах, но желаю я лишь одного: исполнять Твою волю. Я не хочу, чтобы Ты вновь послал меня сюда страдать. Я не хочу без конца возвращаться сюда — иногда богатым человеком, иногда бедным, иногда с плохим здоровьем и болезнями, иногда лишь с проблесками счастья. Я не смертное существо. Я бессмертная душа».

Не волнуйтесь, устранение желаний не сделает вас черствым. Отсутствие желаний — это самое чудесное состояние сознания. Я наслаждаюсь всем, но при этом не испытываю никаких желаний, поэтому мне не знакома боль разочарования и неудовлетворенности. Что бы я ни делал и где бы ни находился, я всегда получаю удовольствие.

Так что для обретения счастья вы должны наилучшим образом исполнять отведенную вам Господом роль, не порождая при этом новых желаний. Тогда, какими бы ни были внешние обстоятельства, внутренне вы будете оставаться королем. Вы можете быть счастливее любого миллионера; на самом деле, если бы вы осознавали, сколько у миллионеров проблем, вы бы не хотели быть богачом. Страх перед потерей денег и здоровья, отсутствие чувства безопасности, вечные сомнения в надежности друзей, — это лишь некоторые проблемы тех, кто имеет слишком много. Я бы не хотел, чтобы меня любили из-за денег. Что же это за любовь?

Для меня величайшим из сокровищ является настоящая дружба. Я люблю дружбу, которая безусловна, дружбу во имя дружбы — когда нет желания получить что-либо взамен. Это та вещь, которую не дадут ни деньги, ни внешность, ни угрозы, ни власть. Такую дружбу нужно просто дарить. Если вам еще не доводилось так дружить, не отчаивайтесь. Если вы искренни, вы найдете истинные души, которые будут вас ценить.

Живите без привязанностей. Где бы вы ни находились, всегда носите в своем сердце частичку райского блаженства. Помните, что этот мир предназначен для вашего развлечения. Когда вы идете в кино и смотрите трагедию или комедию, или же драму, после вы говорите: «О, это был замечательный кинофильм!» Так же вы должны относиться и к жизни. Ничего не бойтесь. Если вы будете жить в страхе, вы лишитесь здоровья. Будьте выше болезней и неприятностей. Пытаясь выйти из затруднительного положения, оставайтесь внутренне неуязвимыми. Будьте сильными внутри и всецело полагайтесь на Бога.

Тогда вы преодолеете все ограничения этого мира и станете королем спокойствия и счастья. Именно такими я хочу вас видеть.

Бог дает вам эту свободу каждую ночь — во сне. Когда вы ложитесь спать, говорите Ему: «Господи, сейчас мир прекращает для меня существовать. Я отдыхаю в Твоих объятиях. Ты послал меня сюда, чтобы я смотрел Твои кинофильмы жизни: трагические события и комедии, здоровье и болезни, жизнь и смерть, богатство и нищету, войну и мир; все это есть не что иное, как сны, предназначенные для моего развлечения. Незатронутый ими, я пребываю в мысли о Тебе, единственной Реальности».

Осознание конца света наступает в *самадхи*

Последняя разновидность конца света наступает в *самадхи*, или божественном экстазе. Существует два вида *самадхи*. Когда вы садитесь медитировать в самом начале своего пути, ваши мысли разбегаются во все стороны. Вы думаете, что сосредоточиться невозможно. Но если вы будете сидеть неподвижно достаточно долго, со временем вы начнете чувствовать прекрасную Божественную тишину. Когда ваше сознание направлено внутрь и сконцентрировано на Нем, вы забываете об этом мире и находите в той тишине больше счастья, чем в любом мирском удовольствии. Состояние, в котором вы полностью поглощены внутренним осознанием Бога и не ощущаете этого мира, называется *савикальпа-самадхи*. Его можно назвать «частичным упадком мира», поскольку, когда вы возвращаетесь в привычное состояние сознания, иллюзии этого мира опять начинают в той или иной мере воздействовать на вас — если только вы не высокоразвитая душа, свободная от всех желаний и привязанностей.

Второе и высшее состояние *самадхи* — это когда вы в миру, но не от мира сего, то есть выполняете свои обязанности, осознавая Бога каждое мгновение своей жизни. Это состояние называется *нирвикальпа-самадхи*. Оно знаменует конец всех желаний и привязанностей, которые сковывали вас. Иллюзия покорена, и это — истинный конец света.

Мне бы хотелось, чтобы вы выучили наизусть мое стихотворение «Самадхи»[5], поскольку это состояние душевной свободы

---

[5] См. «Автобиографию йога», гл. 14 — «Опыт Космического Сознания»; а также книгу *Songs of the Soul*.

является целью каждой человеческой жизни, блуждающей по этой земле. Многие люди опасаются, что, погрузившись в *самадхи*, они не смогут вернуться к восприятию этого мира. При этом они не боятся каждую ночь погружаться в сон, где в подсознании забывают о своем отождествлении с телом и с этим миром. Думать так о *самадхи* просто абсурдно. Это не отключение сознания, а его расширение.

Покончите со своими иллюзиями в Боге

Пусть мир исчезнет для вас прямо сейчас — в общении с Богом. Не оскверняйте храм своей души беспокойными желаниями и бурными мирскими удовольствиями. Оставайтесь чисты в свете своего сознания и любви к Богу. Достигните этого состояния сейчас. Тогда, возможно, во время войны в эту эпоху электричества, или в эпоху умственного развития, или же в эпоху истины вы придете, как приходил Христос, чтобы принести на землю мир и сказать человечеству: «Я выучил уроки, данные мне Богом. Для меня больше не существует бед, болезней и смерти. Идите же за мной, мои братья и сестры, все еще страдающие от кошмарного сна жизни, смерти и бесконечной череды инкарнаций! Я покажу вам, что конец света — это на самом деле конец приснившихся вам земных иллюзий. Выучите этот урок, чтобы ваша душа смогла навеки воссиять в сердце великого Бога — подобно бессмертной звезде».

Помните, что ваша жизнь на земле мимолетна, а Божьим дитя вы будете вечно. Не сотрудничайте с силами невежества. В первую очередь вы должны познать Бога. Уже потом, о чем бы Он вас ни попросил — сражаться за свою страну, избрать путь бизнесмена или художника, или же духовного учителя, — все будет правильно для вас. Когда вы в действительности познаете Его, Он будет направлять вас. Вот почему Священное Писание говорит: «Ищите же прежде Царства Божия».

Если вы будете применять в жизни хотя бы некоторые принципы из тех, что я вам даю, вы преобразитесь. Следуя учению Self-Realization Fellowship, вы познаете Бога. Когда я пребываю с вами, я не хочу давать вам лишь чувство удовлетворения от услышанной истины — я хочу, чтобы вы самолично познали Бога. Я лишь рассказал вам, как вы можете покончить со своими недостатками, чтобы выйти за пределы этого мира — *прямо к Нему*.

Религия: все «как» и «почему»

Воскресное занятие, посвященное Йога-сутрам Патанджали[1], храм Self-Realization Fellowship, Голливуд, Калифорния, 17 января 1943 года

Афоризм — это краткое и точное суждение об определенном правиле или принципе. *Йога-сутры*, или афоризмы мудреца Патанджали, являют собой краткое изложение истин. Толкование восьмиступенчатого пути Йоги он начинает с фразы: «Итак, о наставлениях Йоги».

В индийской философии существует шесть основных школ[2], одна из которых — Санкхья — разъясняет все «как» религии, другая — Веданта — описывает конечную цель жизни; Йога же предоставляет методы достижения этой цели. Вместе эти концепции составляют истинную религию, которая преследует две цели: показать человеку, как он может избежать страданий, и научить его погружаться в блаженство Всевышнего — то непреходящее счастье, которое неподвластно влиянию болезненных или, наоборот, приятных переживаний[3]. Таким образом, религия подразделяется на два аспекта.

Философия Санкхьи имеет дело с первым аспектом; она указывает, что первоочередная цель каждого человека — избежать духовных, психологических и физических страданий. Тем не менее, даже живя без страданий, мы все равно можем не испытывать счастья. Множество людей страдают, и лишь малая их часть — нет; однако это необязательно означает, что все те, кто в данный момент не бедствуют, счастливы. Состояние отсутствия страданий — приятное, однако само по себе оно не приносит счастья. Чтобы достичь

---

[1] *Йога-сутры* Патанджали (также известные как «*Афоризмы Патанджали*») — древнейший из сохранившихся текстов о священной науке йоги, который в общих чертах излагает принципы йогического пути.

[2] Йога, Веданта, Санкхья, Миманса, Ньяя и Вайшешика.

[3] См. *санатана-дхарма* в глоссарии.

истинного, вечного счастья, которое Веданта называет вторым аспектом религии, необходимо полное понимание и практическое применение религиозных принципов. Другими словами, необходима Йога.

Люди, которые в данный момент не страдают, часто заключают: «Я абсолютно счастлив и без религии». Многие из них убеждены, что религии должны следовать только те, кто испытывают к ней тягу, а остальным она не нужна. Но вы не знаете, что принесет вам день грядущий. Вполне может случиться и так, что он принесет вам страдания. Простой обыватель никак не защищен от этой вероятности. Вот почему Санкхья говорит, что вы должны следовать тем божественным законам, с помощью которых можете навсегда избавиться от *причин* физических, психологических и духовных страданий, исключив возможность их возвращения.

Однако философия Веданты говорит, что этого недостаточно и это не конечная цель религии. Если вы пребываете в покое лишь потому, что не чувствуете боли, уныния или возбуждения, то со временем вы захотите сказать: «Стукните меня по голове, пожалуйста, чтобы мне не было так скучно!» Вы не хотите ограничиваться лишь покоем. Человек, насытившийся покоем и не испытывающий положительного воздействия счастья, уже даже не против погрузиться в печаль, лишь бы хоть как-то переменить свою жизнь. За состоянием покоя скрывается состояние божественного сознания — всегда новое блаженство, которое никогда не приедается. Религия не только освобождает вас от всех страданий, но и привязывает вас к этому вечному счастью — вселенскому счастью в Боге. Религия убивает микробы печали, они больше не в состоянии инфицировать счастье. Она разрушает сами причины страданий и позволяет достичь желанного состояния Блаженства.

Йога исполняет цель религии

Как же достичь этого состояния? Патанджали говорит, что после ознакомления с философией Санкхьи вы должны начать изучение Йоги. Другими словами, когда вы поймете, *почему* вы должны быть религиозны, вам необходимо будет выяснить, *как именно* можно стать религиозным. Вы должны узнать, как искоренить любые страдания, связанные с телом, умом и душой, а также как избежать вероятность возникновения страданий в будущем.

Пока вы находитесь во власти страданий, вы не можете избавиться от всех печалей. Наверняка вы думаете: «Возможна ли вообще такая свобода?» Что же, для Иисуса она была возможна, не так ли? Разве Иисус не задавался целью продемонстрировать, на что способны все мы? Свободы не достичь, просто лишь почитая Иисуса. Его жизнь предназначалась для того, чтобы воодушевить каждого из нас уподобиться ему. Обрести искупление могут все. Совершить побег из этой темницы жизни могут все. Бабаджи свободен. Лахири Махасайя и мой великий мастер, Свами Шри Юктешвар, свободны. Святой Франциск свободен. Патанджали свободен. Это свободные души! Вот для чего предназначается это учение Self-Realization Fellowship — чтобы освободить вашу душу от самой вероятности возникновения страданий.

Так что Йога указывает вам путь и дает определенный метод. А Веданта описывает конечное состояние — когда вы, найдя Бога, освобождаете себя от всех страданий и обретаете вечное счастье, вечную радость, вечную мудрость, вечное бытие. Какое это желанное состояние! Вы будете осознавать свое блаженное бытие и понимать, что вы бессмертны. Это переживание невозможно описать словами.

Когда вы говорите людям, что исповедуете индуизм или иную религию, отличающуюся от их религии, в их умах тут же рождаются предрассудки. Но Патанджали выходит за пределы каких-либо личностей и догматов. Он говорит, что Йога есть суть всех религий; что это *наука* религии, посредством которой все истинные принципы религии могут быть проверены на практике, принося точные и очевидные результаты. Йога исполняет цель религии — достижение единения с Богом, Который есть конечная потребность каждой души.

Универсальная наука религии

Индийские *риши* — древние мудрецы — расценивали религию как науку, практика которой способна разорвать оковы человеческих страданий и воссоединить сознание с космическим блаженством Господа, по образу Которого мы сотворены. И все же некоторые люди колеблются: «Нет, я не готов ступить на духовный путь». Это величайшая неправда, которую только может произнести человек. Почему? Потому что душа подобна цилиндрическому штифту, который не подходит для квадратного отверстия заблуждения. Мир не может дать вам ту единственную вещь, которую все ищут, — неподдельное счастье. Вот почему в мире тысячи несчастных людей.

Мне встречались люди, которые обладают всем, что, как мне казалось, я когда-то хотел; и тем не менее они не нашли счастья в удовлетворении своих желаний. Я же в первую очередь искал Бога — и обнаружил, что Его радость всеудовлетворяюща; эта всегда новая радость манит сильнее любого искушения.

Главная цель любого человека — быть счастливым и получать радость, делая счастливыми других; а так как Господь является источником всего счастья, Его просто невозможно избежать. Да и почему вы должны Его избегать? Все остальное предаст вас, окутав ложными обещаниями, ибо ничто, кроме Бога, не сможет дать вам неподдельную вечную радость.

В начале своей жизни, в середине ее и в конце ищите счастья Божиего, ибо лишь оно навечно избавит вас от всей печали. Если вы думаете, что счастье вам дадут деньги, вы тратите время впустую: они никогда не принесут вам счастья. Если вы ищете человеческой любви, в Боге вы обнаружите любовь во много миллионов раз сильнее. Найти Бога — значит обрести все, чего жаждет сердце. И все, в чем, как вам кажется, вы нуждаетесь, вы найдете в Боге. Быть духовным — значит распахнуть двери навстречу здоровью, счастью и успеху. Поэтому очень важно изучать научные основы бытия. Выучить, как устранить все страдания и достичь радости, которую у вас не отнять, — значит сделать кое-то действительно практичное. Если бы меня не учили этому с детства, я бы обрек свою жизнь на одну большую неудачу.

Настала эра логики

Человек живет в плену ограничений. Он не знает, что случится с ним в следующий момент: быть может, ему нанесут увечья или разобьют сердце. Истинное чувство безопасности испытывают такие души, как Христос. Обладать этим чувством и дарить его каждому — значит быть по-настоящему свободным и мудрым.

Эпоха заповедей уже прошла — настала эра логики. На каждое жизненное событие вы должны смотреть через призму проницательности, чтобы понять суть его — так вы не подвергнетесь заблуждению. Во всем есть логика. И в эту эпоху анализа вы должны стремиться к такому пониманию. Мальчик, которого заставляют ходить в воскресную церковную школу, не получит много пользы от такой дисциплины, ибо ему как следует не объяснили, почему это может быть полезно. В Индии я какое-то время наблюдал за воскресными школами христианской общины. Вместо прилежной учебы я видел лишь неугомонность детей и слышал сплошной шум и гам. Дети даже не понимали, как много они могли усвоить из этих занятий.

Современная религия окончательно отделила себя от жизни. Она превратилась в простую воскресную привычку: немного молитвы, песнопений и проповеди — и остальную неделю о религии можно не думать. В другие дни можно и с женой ругаться, и чувственными удовольствиями злоупотреблять, и врагов своих убивать. Забыта сама суть религии.

Религия должна расцениваться как практическая необходимость. Если священные писания или святые не советуют вам чего-то делать, вы должны использовать свой рассудок, чтобы понять, почему именно вы не должны делать этого. Например, почему было сказано: «Не прелюбодействуй»? Потому что злоупотребление мощной созидательной силой человека приносит огромное количество проблем. Неправильное использование этой священной силы губит нервную систему и здоровье в целом. Кроме того, такая эмоциональная нагрузка плохо влияет на сердце, которое является чувственным центром. Нельзя легкомысленно относиться к сердцам других людей.

Это немудро и даже жестоко — жениться, не будучи абсолютно уверенным, что вы хотите провести всю свою жизнь с человеком, которого избрали. Никогда не женитесь с мыслью, что, если семейная жизнь не заладится, всегда можно развестись. Если пара женится и уже через несколько месяцев или лет хочет развестись, значит, между ними на самом деле не было никаких уз любви — их удерживало лишь сексуальное влечение, которым быстро пресыщаются, если нет любви. Если брак основан лишь на удовлетворении похоти, а не на любви и высоких идеалах, то такие взаимоотношения также можно назвать прелюбодеянием; в конечном итоге они приносят лишь страдания. Если сексуальная связь мужа и жены не основана на любви, то со временем они начинают искать других партнеров. Подобных ошибок можно и нужно избежать: для этого необходимо воспользоваться проницательностью, прежде чем жениться.

Обретите радостное чувство удовлетворения в божественной любви

Верность и любовь между мужем и женой со временем освобождают ум от мыслей о сексе и возносят его к сфере божественной любви. Когда божественная любовь становится превыше секса, она преобразует жажду секса в прекрасные человеческие взаимоотношения. Удовольствие от секса само по себе не удовлетворяет сердце: без настоящей любви в сердце будет лишь пустота. Но если муж и жена делятся друг с другом искренней любовью своей души, они обретут радостное чувство удовлетворения.

Это удовлетворение также можно обрести и в совершенной любви Господа — причем в большей степени. Иисус не был женат. Многие великие святые не были женаты, потому что они ощущали великое блаженство в общении с Богом. Тот, кто осознает, что счастье — это высшая цель, и кто ищет счастья в Боге, следует пути мудрости.

Человек учиняет тысячи разных бед на этой земле, однако я не люблю говорить о самом человеке как о воплощении зла. Правильнее говорить, что он пребывает в неведении. Именно чувства уводят человека в сторону плохих привычек. Не будьте рабом своих чувств. Зачем злоупотреблять ими, если это лишает вас здоровья и покоя? Чтобы помочь вам избежать этой участи, религия дает вечные принципы самоконтроля и сдержанности, благодаря которым вы можете усмирить свои чувственные инстинкты. Взять, к примеру, ощущение вкуса. Почему вы не должны быть чревоугодником? Потому что переедание вредит вашему организму. Некоторые люди едят всякий раз, когда оказываются перед едой; однако огромное множество болезней возникает именно из-за переедания и неправильного питания.

Зло возвращается бумерангом

Я говорю сейчас о философии Санкхья, которая разъясняет все «почему». Я указываю вам на необходимость следования законам религии в повседневной жизни, а не только по воскресеньям.

Почему вы не должны произносить ложного свидетельства на ближнего своего? Потому что это ведет к злонамеренности. Предательство — величайший грех перед Богом. Говорить о ком-то ложь ради получения личной выгоды или в качестве возмездия — значит лжесвидетельствовать против его души. Если бы все были лицемерны, какой хаос бы тогда воцарился на земле! Предположим, вы говорите человеку, что идете медитировать, а на самом деле пытаетесь увильнуть от него, чтобы совершить какой-либо неблаговидный поступок по отношению к нему. Это предательство и лицемерие в худшей их форме. Кроме того, терпеливо выслушивать ложные свидетельства о другом человеке, поддерживая того, кто их говорит, — значит быть соучастником злодеяния. Это вызывает в человеке внутренний эмоциональный и психологический конфликт. Даже если такое поведение кажется оправданным, в итоге оно все равно вернется бумерангом, учинив серьезные душевные страдания.

Желать чужой собственности — значит навлекать на себя страдания, ибо воздается тому, кто дает. Дарите любовь и доброжелательность, и к вам вернутся любовь и доброжелательность; ежели будете жадным и эгоистичным — вы привлечете к себе жадность и эгоистичность.

Теперь о том, почему нельзя воровать. Представьте, каким был бы мир, если бы каждый промышлял воровством. Люди регулярно бы совершали ужасные преступления. Попытки защитить собственность и вернуть украденное привели бы к ожесточенным столкновениям и убийствам. Воровство — это антиобщественный поступок, который лишает человека прав. Он идет вразрез с законами существования. И у общества нет надлежащих методов борьбы с преступниками. В тюрьме дурные привычки воров лишь укрепляются; также они могут обзавестись новыми плохими привычками — в общении с другими преступниками. Когда такое происходит, из тюрьмы они выходят уже отъявленными ворами.

Ошибочные суждения заставляют нас поступать неправильно

Сын одних моих учеников угодил в тюрьму за кражу. Когда я пришел с ним увидеться, он пренебрежительно сказал:

— О, еще один любитель поучать. Ну давай, почитай мне нотации!

— Не торопись с выводами, — ответил я. — Почему бы нам просто не поговорить по душам?

— Хорошо, — согласился он. — Я изложу вам свою версию событий. Мой отец был довольно богат. Но кое-кто хитрыми приемами выманил у него все деньги. Я пошел к тому господину и сказал, что мне нужны деньги, чтобы помочь своей семье. Он знал, что на самом деле украл их у моего отца, и тем не менее он не стал мне помогать или предлагать подработку. Тогда я и решил, что не хочу быть частью этого «порядочного» общества. За две недели я совершил семнадцать краж. Но каждое ограбление я совершал с намерением вернуть ту украденную сумму. Вот почему я заключил, что по сути-то и не сделал ничего плохого.

— Знаешь, — ответил я, — если в одной комнате находится двадцать человек и один из них изъявляет желание медитировать, второй — играть музыку, третий — читать вслух стихи, четвертый — писать, пятый — спать и так далее, то все они будут друг другу мешать. Смогут ли они осуществить желаемое?

— Нет, — признал юноша.

Я продолжил:

— Случаев, подобных твоему, очень много. Но если бы каждый нуждающийся начал воровать, дабы получить желаемое — что бы тогда было? Согласно твоей логике, ты не совершал проступков. Но согласно фундаментальным законам бытия, твои деяния ошибочны.

Это заставило его задуматься. Завершая, я сказал:

— Твое желание помочь семье было благим. Но вместо того, чтобы заняться добрыми делами, ты принес своей семье большое несчастье. Ты потерпел неудачу потому, что использовал ложные методы.

Он расплакался. К счастью, позже он получил досрочное освобождение.

Как видите, ошибочные суждения заставляют нас поступать неправильно. Вот почему важна мудрость. Нет ничего более чистого и искупительного, чем мудрость.

Каждый закон обоснован

Каждое духовное предписание обоснованно. Именно эту обоснованность и разъясняет Санкхья.

«Почитай отца твоего и мать твою». Почему? Потому что отец и мать являются Божьими наместниками. Они — маски, за которыми прячется Верховный Родитель. Никогда не оскорбляйте Верховного Родителя, скрывающегося за материнским и отцовским обличьем.

Почитайте отца и мать, ибо в них пребывает Господь. Он дал вам их, чтобы они присматривали за вами. Но если отец и мать призывают ребенка оставить Бога и праведную жизнь, тогда в силу вступает уже другой закон. Ни у одного родителя нет права разубеждать ребенка искать Бога и следовать пути истины. Вот тогда отцу и матери можно не повиноваться, ибо мы верны в первую очередь Богу, Который любит нас через наших родителей.

«Не убивай». Почему? Одни думают, что заповедь касается только животных. Другие — что только людей. А если предположить, что умерщвлять нельзя в принципе, то получается, что мы вообще не должны употреблять пищу, ведь кушать овощи — значит отбирать у них жизнь. Беспричинное уничтожение *любой* формы жизни ошибочно; особенно это касается высших ее воплощений — животных и людей. Жизнь — это проявление Господа. Заповедь «не убивай» подразумевала в основном то, что нельзя убивать себе подобных, то есть людей. Нельзя отбирать жизнь у другого человека, ибо у вас нет права лишать кого-либо той же привилегии жить, которой наслаждаетесь вы. Вы не должны отбирать у других то, с чем сами не хотите расставаться. Больше всего человек любит самого себя, так что убивать неправильно: вы отбираете у ближнего то, что сами любите больше всего. Вторая причина, по которой нельзя убивать, заключается в том, что каждый индивидуум создан Богом по Его образу и подобию. Вы не сотворяете жизнь, поэтому у вас нет права уничтожать ее. Наконец, третья причина заключается в том, что Бог построил земную школу жизни, чтобы души могли в ней учиться; вы совершаете ошибку, если лишаете душу этой возможности. Убивая, вы нарушаете законы общества и законы Бога.

Война — это убиение. Она нарушает принципы Божии. Она идет в разрез с принципами христианства и других религий. И тем не менее посмотрите, сколько войн велось и ведется во имя религии или из-за политики! Война не решает никаких проблем. Говорили, что Первая мировая война положит конец всем войнам. Но она — ничто по сравнению с нынешней войной[4]. Эта война станет священной. Мир эволюционирует, и вы увидите, что он станет лучше. Эта война положит начало освобождению всех угнетенных наций. Но этого можно было добиться и без войны.

---

[4] Второй мировой.

В прошлом короли и правители отправлялись на поле боя вместе с воинами, а сегодня те, кто принимают решения ввергнуть нацию в войну, остаются за кулисами, в безопасности. В следующий раз, когда правители начнут говорить о войне, люди должны сплотиться и послать их самих на линию фронта. Отведите их на поле боя и дайте им мощное оружие, и война закончится за один день.

Какой человек захочет пойти с оружием на родного брата? И все же он сражается и убивает людей из других стран, не понимая, что они его братья. Каждого человека надо с ранних лет учить тому, что все мы — дети одного Отца. И что если мы научимся любить других людей, они научатся любить нас. Если бы всех обучали такому мышлению, на земле бы не было никаких войн.

Если человек берет в руки меч, его ближний берет в руки ружье. А если человек берет в руки ружье — его ближний вооружается уже пулеметом, и так далее. Человек придумывает все более масштабные и жестокие способы убивать. Воюя, материалистические нации будут разрушать сами себя; но божественный закон справедливости будет урегулировать все разногласия. Таинственные Божьи законы будут вершить правосудие — и необязательно так, как того хочет человек.

Истинное вооружение — покой и любовь

Конечно, есть разница между праведной и захватнической войной, но было бы лучше, если бы все нации сложили свое оружие и сказали: «Давайте же сплотимся и решим свои проблемы сообща, без эгоистических помыслов». Если бы все страны бескорыстно делились средствами и были открытыми для сотрудничества, тогда каждая нация обладала бы всем, в чем нуждается. Иисус говорил об истинном вооружении — покое и любви. Такому вооружению суждено прийти. Как бы далеко ни забрел сбившийся с пути человек, однажды ему придется вернуться к вечным истинам.

К сожалению, мир еще не научен вечным истинам и тому, что они абсолютно необходимы в жизни. Афоризмы Патанджали показывают, что законы праведности существуют не только лишь для церкви. Политика, общественная жизнь, нравственная жизнь, духовная жизнь — все должно подчиняться божественным законам. Я анализировал каждое из вневременных религиозных предписаний. Это высшие законы счастья.

Принципы праведной жизни, а также все нюансы нравственного поведения должны разъясняться дома и в школах — в том числе в воскресных, — чтобы дети с самого начала шли по правильному пути. Наши святые в Индии говорят, что дети должны вставать на религиозный путь, на путь йоги, в три года, потому что уже тогда начинают формироваться привычки.

Следование истинному гуру — самый надежный путь к мудрости

Неведение — заклятый враг человека. Поэтому направлять себя и других посредством мудрости — значит действовать в высшей степени мудро. Со всеми, кто меня окружает, я говорю не взвешивая свои слова. Если я вижу, что они в чем-то заблуждаются, я им говорю об этом прямо. Но я никогда не пытаюсь затуманить чей-либо рассудок.

Следование гуру — самый надежный способ найти Бога. Мастер [Свами Шри Юктешвар] сначала говорил мне, что делать, а затем объяснял, почему. Я обнаружил, что в своей мудрости он никогда не ошибался. Прислушиваясь к нему, я спас себя от многих инкарнаций блужданий и самостоятельных поисков истины. Гуру — это тот, кто познал Истину. Он служит вашим проводником в темном лесе жизни. Если вы последуете за ним, он вас выведет из тьмы. Если вы попытаетесь выбраться самостоятельно, вы можете потеряться в лесу на многие инкарнации. Так что следуйте гуру, и он благополучно выведет вас оттуда.

Внешние формы и догматы не должны контролировать религию. Религия должна основываться на обоснованиях, о которых нам говорит философия Санкхьи. Мы сбежали от Бога словно блудные сыновья, и мы должны воссоединить свои души с Ним. Единение души с Духом есть Йога; это воссоединение с тем великим Счастьем, которого ищет каждый. Разве это не чудесное определение? Во всегда новом Блаженстве Духа вы понимаете, что ощущаемая вами радость превосходит любое счастье, и ничто не способно вас лишить ее.

Если вы выдаете себя за религиозного человека, но не живете жизнью, о важности которой говорит Господь, вы должны пробудиться. Быть лицемером неправильно. Лучше всего становиться на путь религии, пока вы молоды и здоровы. Если жить вам осталось недолго, вы должны работать над духовным развитием усерднее. А если у вас еще вся жизнь впереди, значит, вы не должны растрачивать драгоценные возможности.

Все вы одиноки на этой земле. Вы всем обязаны лишь Божественного Духу. Человеческие взаимоотношения реальны только благодаря любви Небесного Отца, пронизывающей их. Он заботится о вас больше, чем вы о своих близких. Но помните: существует одна вещь, которой у Властелина Вселенной нет, и эта вещь — ваша любовь. На протяжении многих инкарнаций Он ждет, пока каждый из нас не вернется домой и скажет: «Отец, я ненадолго сбился с пути. Я совершил несколько ошибок, но в итоге обнаружил, что каждый ручеек желания впадает в Твой великий океан блаженства».

Какую же радость я испытал, когда во мне пробудилось осознание: «Когда я был маленьким, я думал, что это мой отец присматривает за мной, моя мать ласкает меня, моя сестра предостерегает меня, мой брат защищает меня; но я пробудился ото сна, дабы услышать, что на самом деле это Ты ухаживал за мной. Лишь Тебя я ищу, мой Господь!»

Дорогие мои, не питайте иллюзий, будто ваш сон, ваша цель и ваши устремления в жизни хоть чем-то отличаются от моих. Все мы ищем вечного неземного счастья, которое есть Бог.

Широта духовного сознания

Главный международный центр Self-Realization Fellowship, Лос-Анджелес, Калифорния, 1 и 3 августа 1934 года

Духовное сознание обширно; в нём лежат все возможности человеческого сознания.

Сознание по сути своей никогда не бывает запятнано. Оно участвует во всей деятельности — как хорошей, так и плохой, — но при этом остаётся незатронутым и неопорочненным. Меч может пронзить древесный лист и немного запачкаться, однако сущность его от этого не изменится. Так же и с сознанием. Меч, который был использован для убиения невинного, расценивается как орудие зла, а меч, которым был разбит порочный враг, — как инструмент добра. Аналогично этому, если сознание используют для совершения благих дел, то его называют духовным, а если для совершения злодеяния — порочным.

У реки сознания, так же, как и у земных рек, есть свой исток. Она вытекает из Космического Сознания — сознания Бога, которое пребывает за пределами всего мироздания. Космическое Сознание, поселившееся в материи — в каждом атоме, образующем планеты и острова вселенных, а также всевозможные формы растений, животных и людских жизней, — называется Христовым Сознанием. Христово Сознание, низошедшее в душу и чистый разум человека, называется сверхсознанием. Сверхсознание, спустившееся в сферу воображения, называется подсознанием. Подсознание, спустившееся в мышечную и чувственную сферы человека, называется людским, или бодрствующим, сознанием. Бодрствующее сознание, которое привязывается к чувственному опыту и материальным вещам, называется мирским сознанием; а когда оно используется для причинения вреда себе или окружающим — сознанием порочным. Однако если оно используется для совершения благих дел и синхронизации с Богом, оно называется духовным сознанием.

Вот те ступени, через которые проходит Космическое Сознание на пути к человеческому сознанию, нисходя из Духа в тело и наши материальные и духовные желания. Таким вот образом Космическое Сознание превращается в материальное сознание, направляясь вниз и наружу. Наши души подобны брошенным судам, дрейфующим в этой реке сознания, все сильнее отдаляясь от своего источника в Духе и приближаясь к скалам страданий. Единственный способ остановить этот эволюционный дрейф в нисходящем потоке сознания — начать плыть против этого течения обратно к источнику в Духе. Те, кто продолжает плыть по этому нисходящему течению, то есть к мирским склонностям, обладают материальным сознанием; а те, кто плывут вверх по течению, по направлению к Духу, обладают духовным сознанием.

Время от времени поток мыслей и сознания человека меняет свое направление, устремляясь преимущественно вверх, в сторону благодетели, либо вниз, в сторону материи. Это направление может доминировать в семье, в нации или же в мире в целом — равно как и в отдельно взятом человеке, — ибо через разные стадии сознания проходит не только индивидуум, но и семьи, нации и весь мир. Индия в свой золотой век была очень развита интеллектуально и духовно. Сейчас Америка — наиболее развитая в материальном плане страна, вступающая в стадию духовного развития.

В науке духовного развития Индия продвинулась дальше, чем какая-либо другая страна на этом земном шаре. Уровень ее духовного развития отражен на лицах святых, достигших Самореализации. Посмотрите на Махатму Ганди: этот маленький человек противостоит могучей Британской империи. Вы должны понимать, что за тем, кто способен править миллионами не железной рукой, а словом Истины — при этом живя самой Истиной, — стоит великая духовная сила.

Настоящая духовная сила страны или отдельно взятого человека различима по его научному познанию жизни и владению искусством жить в согласии с законами космоса, а также по его единению и божественному общению с Богом как Духом. Такое духовное развитие приходит не благодаря поглощению теологических идей, а благодаря усваиванию истины, которая стоит за теологией. Человек должен уметь отделять зерна истины от шелухи теорий и догм.

Что есть истина?

Отличительная особенность общества Self-Realization Fellowship состоит в том, что оно учит вас познавать истину через личный опыт. Истины не являются истинами, пока не познаны самолично, внутри себя. Вот почему как индивидуумы, так и целые страны, не развиваясь духовно, движутся по колее духовной подозрительности, вопрошая: «Что такое духовность? Почему она так необходима? Действительно ли она сделает меня счастливым? Что такое истина?» Сомнения можно устранить только через познание, реализацию. Так что лучшая лаборатория для экспериментирования с истиной — это ваша Самореализация, ибо духовное восприятие, духовное осознание, заключается не в смутных теологических идеях, а в обретении Самореализации. Знания каждого человека и каждой нации должны проходить проверку по этому критерию.

Слово «истина» уже настолько извращено, что используется для обозначения всего, чего только хочется, особенно при трактовке духовных идей. В повседневной жизни истина — это осознание, ведомое духовной мудростью, которое побуждает нас поступать тем или иным образом не потому, что кто-то попросил об этом, а потому что так правильно.

Группа людей или же отдельно взятый человек не могут присвоить себе истину. Каждый человек имеет право выражать истину в своей собственной жизни. Ее выражения могут различаться, но суть ее всегда будет одна и та же. Это и делает ее столь интересной. Истина не может быть обусловлена. Она вечна. Она будет проявляться вечно — через космический закон и просветленных людей, и неважно, принимает ее большая часть людей или нет. К счастью, абсолютные принципы космоса не зависят от человеческих верований или соображений.

Духовное сознание следует правилам, делающим жизнь совершенной

Обладать духовным сознанием — значит задействовать наивысшую мудрость, истину, чтобы совершать поступки, несущие исключительно благо вам и окружающим. Поразмышляйте об этом. Сюда относятся бескорыстное служение другим людям, правильное поведение, соблюдение правил гигиены и других законов жизни, а также спокойное исполнение всех своих обязанностей таким образом, чтобы одна обязанность не противоречила другой. Духовное сознание — это идеальное внутреннее выражение истины, которое проявляется как сбалансированная, гармоничная жизнь, дарующая истинное счастье, которым вы, в свою очередь, делитесь с другими.

То сознание, которое не следует правилам, делающим жизнь совершенной, нельзя назвать духовным. К примеру, некоторые люди становятся художниками, но в погоне за искусством забывают о других занятиях и духовных обязанностях. Безусловно, искусство — потрясающее выражение мысли, и оно также может нести в себе духовные идеалы; однако тот факт, что человек им занимается, еще не означает, что он духовен. Жить противоречивой жизнью — оправдываться, почему из-за исполнения одной обязанности можно избегать остальные — значит вести бездуховную жизнь. Если вы исполняете все свои обязанности с радостью, не позволяя ни одной из них нарушать ваш внутренний покой и счастье, и если вы не допускаете противоречий в своих обязанностях — противоречий, которые делают вашу жизнь несбалансированной, — то вы обретете истинное духовное счастье. Тогда ваши мысли и сознание устремятся в противоположную сторону — к своему источнику в Боге. Духовное сознание — это высшее сознание, которого необходимо достичь, чтобы прийти к мирному и гармоничному существованию. Без этого духовного баланса счастье недостижимо. Жить противоречивой жизнью — значит быть несбалансированным человеком, а несбалансированная жизнь — это верный путь к несчастью.

Внешний и внутренний мир

Ощущения — это корни материального сознания. Простой обыватель больше склонен ко всему мирскому и материальному, нежели к духовному, поскольку прожекторы его ощущений направлены на внешний мир. Он направляет пять лучей прожектора — зрение, слух, обоняние, вкус и осязание — на материальные объекты и удовольствия. Вот почему все материальное кажется таким красивым и приятным. Вы не сможете созерцать внутренний мир, пока не развернете эти прожекторы и не направите их внутрь. Только когда вы научитесь не поддаваться чувственному соблазну, вы сможете наслаждаться духовным сознанием.

Когда вы направите свой ум внутрь, вы начнете осознавать, что там гораздо больше замечательных вещей, чем во внешнем мире. Если вы думаете, что музыка этого мира прекрасна, вам еще только предстоит обнаружить, что астральная музыка более привлекательна. Во внешнем мире вы наслаждаетесь прохладой бриза, теплом солнца и другими приятными ощущениями, а направив свое сознание внутрь, вы будете чувствовать в высшей степени приятные ощущения, идущие от спинномозговых центров тела. Все прекрасное в этом мире является не чем иным, как грубой копией лучистого великолепия астрального мира. Ничто материальное не сравнится с чудесными видениями внутреннего мира. Духовное сознание приносит астральное восприятие мудрости и красоты, превосходящее все материальные восприятия.

Великолепие природы можно сравнить с фонтаном. Вы видите красоту брызг, но не видите всех чудес мельчайших капель. Астральный свет и цвет внутри каждого атома неописуемо прекрасен. В фонтане природного великолепия вы видите лишь грубую внешнюю — не внутреннюю — красоту; вы не видите Силу, которая наделяет природу этой красотой.

«О Господь, все вещи прекрасны, ибо их великолепие исходит от Тебя. Луна улыбается и звезды мерцают потому, что в них искришься Ты. Все вещи прекрасны потому, что прекрасен Ты; без Тебя ничто не прекрасно. О Безграничная Красота, Ты более великолепна, чем все, что исходит от Тебя. Природные красоты — лишь волны Твоей красоты, танцующие на лоне Твоем, о Незримый Дух Великолепия!»

Духовность охватывает обширную сферу деятельности

Быть духовным не значит быть ангелом с крыльями — это значит быть в контакте с Богом, что бесконечно более прекрасно. Вы не должны жить как обычный человек, ограниченный чувственным сознанием. Духовное сознание достигается полной победой над мирским сознанием. Духовность включает в себя не только медитацию — она охватывает обширную сферу контролируемого существования. И тем не менее медитация — это лучший фундамент. Это лучший способ стать духовным, простейший способ одухотворить сознание. Медитация привнесет в вашу жизнь все благое, о чем вы когда-либо мечтали. Но медитировать и одновременно быть гневливым или вести бесцельную жизнь — это все равно что поместить ноги в две лодки, направляющиеся в разные стороны. Вы должны не только медитировать, но и обучаться правильному поведению. Обладать духовным сознанием — значит быть способным делать те вещи, которые отвечают вашим высшим интересам. И я готов поспорить, что девяносто девять процентов людей не знают, что для них является настоящим благом.

Чтобы научиться отличать правильное поведение от ошибочного на практике, нужно заниматься самоанализом и подвергать себя критике. Каждый человек должен вести в своем уме дневник. Ментальные дневники куда лучше, чем материальные, ибо последние являются объектом любопытства для других людей. К тому же многие записывают в свои дневники красивые мысли и намерения, тут же забывая о них. Гораздо лучше вести ментальный дневник, в котором можно постоянно наблюдать за своими мыслями и поступками. Вы должны проводить «техосмотр» своей физической, умственной и духовной «машины» несколько раз в день, чтобы знать, в каком состоянии она находится. Это поможет вам развить духовное сознание.

Лишь Бог будет заглядывать в дневник вашего ума. Если вы наполните его правильными мыслями и поступками, он станет вашим пропуском в рай. Так что записывайте в свой ментальный дневник лишь хорошие вещи. Не выслушивайте негативные идеи, не говорите негативные вещи и не порождайте негативных мыслей. Пусть ни один ваш поступок не пробуждает негатива в других людях; если вы наносите вред окружающим, он вернется к вам бумерангом, причинив больше всего вреда именно вам. Грех — это не динамит, который можно взорвать на расстоянии без ущерба для себя. Его необходимо обезвредить прямо в своей душе.

Никогда не проявляйте низость. Не обижайтесь на кого бы то ни было. Я предпочту общаться с грешниками, обладающими добрыми сердцами, чем с так называемыми хорошими людьми, являющимися религиозными фанатиками и не знающими чувства сострадания. Быть духовным — значит обладать широтой сознания, понимать и прощать и быть другом для всех.

Если вы говорите, что являетесь другом для всех, вы и в самом деле должны быть таким. Если вы предлагаете человеку дружбу, вы должны быть серьезны в своих намерениях. Нельзя демонстрировать доброту или дух товарищества, а внутри чувствовать обратное. Духовный закон очень мощен. Не нарушайте духовные принципы. Никогда не обманывайте и не предавайте. Как друг вы должны понимать, когда не стоит вмешиваться в чужие дела; вы должны знать свое место. Когда это необходимо, демонстрируйте готовность помочь или же проявляйте нежелание сотрудничать.

Если вы дали людям почувствовать, что являетесь их другом; если они знают вас как человека, всегда готового прийти на помощь, это значит, что вы обладаете замечательной силой. Мне, например, доверяли всегда. Мой гуру, Шри Юктешвар, говорил мне: «Если я когда-нибудь поступлю неправильно, положи мою голову себе на колени и благослови меня». Такова была его смиренность и так блестяще он демонстрировал, что такое настоящая божественная дружба.

Помню, в моей школе в Индии был один проблемный мальчик, которого привели ко мне его родители. Обычно мы принимали на обучение только детей до двенадцати лет, но он был гораздо старше. Я поговорил с ним по душам и сказал, что никаких замков на школьных дверях нет, так что он может уйти, когда пожелает, а остаться должен только в том случае, если сам желает стать хорошим. Я порассуждал вместе с ним логически: «Ты сам принял решение курить — твои родители того не хотели. Ты смог одержать верх над своими родителями, но не смог одержать верх над своим несчастьем. Поэтому больше всего страданий твое поведение приносит тебе самому».

Мои слова взяли его за душу. Он расплакался, сказав: «Они постоянно меня бьют».

Я продолжил: «Посмотри, что ты с собой сделал. Я возьму тебя на обучение — при условии, что я буду твоим другом, а не детективом, который за тобой следит. Пока ты сам желаешь исправиться, я буду тебе другом; но если ты солжешь мне, я ничего не смогу для тебя сделать. Ложь разрушает дружбу». И добавил: «Если тебе захочется курить, не делай этого за моей спиной — просто обратись ко мне, и ты получишь свои сигареты».

Как-то раз он подошел ко мне и сказал: «Я ужасно хочу курить». Я дал ему деньги и сказал пойти купить сигареты. Он не поверил своим глазам. «Нет, заберите их обратно», — ответил он.

Я настаивал, чтобы он все же пошел, но он не стал этого делать. Когда «перетягивание каната» закончилось, он сказал: «Вы не поверите, но я больше не хочу курить». В итоге он стал праведным человеком. Я взрастил в нем духовное сознание.

Искренность и усердие — вот что имеет значение

Духовное сознание достигается теми, кто искренне и усердно пытается подняться вверх по течению к неподдельному вечному счастью. Многие люди говорят, что следуют праведным путем, но лишь ничтожное их количество прилагает подлинные усилия. Никто не требует от вас стать ангелом во мгновение ока. Вообще, совершенен один лишь Абсолют; рядом с Богом даже величайший из ангелов является грешником. Но святые — это грешники, которые никогда не сдавались. Неважно, через какие трудности вы проходите — если вы не сдаетесь, значит, вы делаете успехи, плывя против течения. Бороться — значит добиваться Божьего расположения. Вы должны прилагать максимальные усилия. Не будьте пассивны, позволяя жизни нести вас вниз по течению.

Вы не можете одурачить Бога, потому что Он видит ваши мысли. Он не будет считать, как долго вы работали для достижения духовности; ваше усердие — вот что имеет значение. Если ваша преданность и искренность достаточно глубоки для того, чтобы принять в сознание свет Божий, то тьма многих инкарнаций зла будет рассеяна.

Так что, даже если ваши грехи глубоки как Атлантический океан, это неважно — просто постоянно прилагайте умственные усилия, чтобы стать хорошим. Человеческое тело дается лишь на несколько инкарнаций, а Божьим дитя вы будете оставаться вечно. Никогда не думайте о себе как о грешнике, потому что грех и неведение — это лишь преходящие кошмарные сны. Когда мы пробудимся в Боге, мы осознаем, что мы — души, чистое сознание — на самом деле никогда не делали ничего плохого. Незапятнанные земными переживаниями, мы есть и всегда были чадами Божиими. Мы подобны золоту, измазанному в грязи: стоит нам очиститься от грязи неведения, и внутри мы видим блестящее золото души, сделанной по образу и подобию Божьему.

Духовного сознания можно достичь, если принять твердое решение в своем уме. Неважно, как ведут себя люди вокруг вас или же по отношению к вам — сами вы должны оставаться хорошими. Ваш величайший враг — это вы сами. Вы ленитесь быть хорошими. Бывало, в моем уме случался застой, из-за чего я месяцами не мог глубоко медитировать. Но я продолжал прилагать умственные усилия. Успех пришел, когда я внезапно осознал, что должен быть более решительным в вопросе контроля своих привычек и развития своей духовности. Вы также должны контролировать свое поведение и свое сознание. Делайте то, что вам велит здравый смысл, и не делайте того, что противоречит духовному сознанию.

Противоположность материального и духовного сознания

Духовное и материальное сознание в своем действии противоположны. Вы можете проверить, какое сознание пребывает внутри вас: материальное или духовное. Духовное сознание говорит вам, что в сферу своего счастья и процветания вы должны включать счастье и благополучие других людей. Материальное же сознание говорит, что каждый доллар вы должны заработать любой ценой, а затем оставить его себе. Эта депрессия[1] возникла именно из-за материального сознания. Материальное сознание говорит вам есть свое яблоко и печенье и ни с кем не делиться. Духовное сознание говорит, что было бы неплохо с кем-нибудь поделиться.

Если кто-то вас раздражает, знайте, что вы пребываете в материальном сознании. Если с вами нехорошо обходятся, вы должны быть готовы прощать. Если вы прощаете людей, вы находитесь в духовном сознании. Простить — значит дать своему врагу возможность развить понимание. Становясь сердитым или мстительным, вы лишь делаете своего врага еще более злым и безрассудным. Тем самым вы даже можете нажить себе новых врагов, ибо сердитый человек — это мишень для всех. Кроме того, гневаясь, вы начинаете искаженно смотреть на вещи. Вы подкрепляете свои нехорошие чувства утешительным теплом своей злости и ошибочного суждения. Никогда не позволяйте гневу управлять вами. Если у вас есть склонность гневаться, вырвите ее на корню. Это одна из наихудших склонностей, которая разрушает духовность. Гнев губителен для вашего счастья. Пусть столбик термометра вашего ума никогда не поднимается вверх.

Материальное сознание задиристое, а духовное ладит со всеми. Предпримите усилие стать хорошим, и вы увидите, как своим примером автоматически побуждаете других людей быть хорошими. Вот что такое духовное сознание. Будьте добры в своих речах и в своих мыслях. С самого детства я не проявляю недоброжелательства к людям. И не критикуйте других людей. Те кто, негодует на других людей, часто сами носят в себе обиду. Иисус говорил: «Не судите, да не судимы будете»[2].

---

[1] Имеется в виду Великая депрессия, начавшаяся в 1929 году.

[2] Мф. 7:1.

Если вы испытываете склонность кого-то осуждать, судите самого себя. Если вы хотите говорить о чужих недостатках, вместо этого скажите о своих собственных. Испытывайте ко всем лишь любовь. Чем больше добра вы будете видеть в других, тем больше добра вы будете носить в себе. Осознавайте только все хорошее. Чтобы сделать других людей добрыми, нужно видеть в них лишь добро. Не изводите их. Оставайтесь спокойными и безмятежными; всегда контролируйте себя. Тогда вы обнаружите, как легко ладить с окружающими.

Я проявляю оптимизм в отношении тех, в ком сомневаются другие, ибо я люблю их. Если вы любите всех людей, вы зрите в них Бога. Зная, что Бог выражается во всех людях, вы понимаете, что гневаться на кого-либо или быть к кому-либо недобрым — значит гневаться на Бога и быть недобрым к Нему. Когда вы сердиты, мелочны и не сострадательны, вы задергиваете занавес между своей и другими душами.

Заносчивость и высокомерие — недуховные склонности. Они порождены комплексом неполноценности. Предположим, я в этом ашраме занимаюсь приготовлением еды, и кто-то дает мне совет. Если я отвечаю: «Да я и так все это знаю», значит, я проявляю высокомерие. Высокомерный человек демонстрирует ограниченность своего понимания, а также отсутствие хороших манер. Если вы хотите произвести на людей приятное впечатление, зачем же своей заносчивостью и высокомерием демонстрировать комплекс неполноценности? Это говорит лишь об отсутствии интеллекта и манер и о необузданных эмоциях. Заносчивость и высокомерие являются разновидностями невежества; это недуховные привычки в своей начальной стадии развития.

Высшее благо заключается в духовном сознании

Осознайте, в чем заключается ваше высшее благо. Где бы вы ни находились, какие бы обязанности у вас ни были, ваше высшее счастье состоит в том, чтобы жить в гармонии с идеями, которые вы вбираете из этих учений о Самореализации. Добро и зло не сотворены человеком, а вот добродетель и порок сотворил он. Все зависит от того, какую сторону принимаете вы: сторону добра или же сторону зла. Если вы пребываете в духовном сознании — и неважно, какие у вас недостатки, — это значит, что ваш ум устремлен к добру, то есть к Богу. Запомните эти простые рекомендации:

Контролируйте свои ощущения. Направляйте пять прожекторов своих ощущений внутрь с помощью медитации. В этой внутренней тишине вы познаете Красоту и Блаженство, превосходящие все ваши земные мечтания, — вы познаете Бога. Чувственные ощущения обещают счастье, но слово свое не держат. Даже если вы будете обладать всем на свете, вы обнаружите, что по-прежнему желаете чего-то еще. Ваше счастье будет рабом вашей собственности. Чтобы быть в высшей степени счастливым и свободным, вы должны быть человеком самоотречения — тем, кто контролирует свои чувства и не привязан к своей собственности. Истинное отречение — это когда человек отрекается от материального сознания в пользу сознания духовного. Это значит не исключать, а наоборот — вбирать, ибо иметь духовное сознание — значит владеть всем, что дарует истинное счастье навеки.

Контролируйте свои привычки и свое поведение. Гармоничная духовная жизнь — личная, семейная, монашеская или же мирская — требует готовности к соблюдению правил правильного поведения, а также любящего понимания и духа товарищества в отношениях с другими людьми. Стандарты и законы духовной гармонии выше, чем таковые у материальной. Строго придерживайтесь их. Будьте судьей самому себе — предавайте себя военному трибуналу. Если в приговоре будет значиться, что вы ведете себя неправильно, исправляйте себя — иначе ваши дурные привычки и плохое поведение вернутся к вам бумерангом. А еще лучше в своих действиях руководствоваться внутренним голосом духовного сознания — так вы не поступите неправильно.

Живите сбалансированной жизнью. Это значит, что вы должны жить в гармонии с божественными законами, управляющими сферой материальных и духовных обязанностей (не позволяйте одной важной обязанности противоречить другой!), сферой здоровья (миллионы людей должны чаще внушать себе мысли о здоровье — ибо не Бог сотворяет болезни), сферой благополучия (делитесь своим счастьем с другими) и сферой человеческих взаимоотношений. Не обделяйте кого-либо своей любовью. Храните всех людей в своем сердце, и тогда они будут хранить вас в своих сердцах. Вы будете королем, восседающим на троне всех сердец, господствующим над любовью и направляющим людей в сторону добродетели — и не грубой силой, а силой любви.

Ум: вместилище безграничной силы

Главный международный центр Self-Realization Fellowship, Лос-Анджелес, Калифорния, 12 октября 1939 года

На Западе считается, что знания о Боге можно почерпнуть из книг. Но недостаток этого подхода в том, что каждое исследование должно сочетать теоретический и практический подходы. Вы можете понять идею, о которой прочитали, но вам еще предстоит проверить ее ценность на практике, в повседневной жизни. Слишком часто ум удовлетворяется лишь теорией о Боге. История о Божьем присутствии может быть величественной и прекрасной, но куда более величественен и прекрасен личный опыт соприкосновения с Бесконечностью. Я говорю только о том, что пережил лично, ибо личный опыт есть практический аспект религии.

Если вы будете практиковать хотя бы миллионную часть того, о чем я вам рассказываю на этих вечерних встречах, вы достигнете Бога. Вы добьетесь успеха, если будете не просто слушать мои проповеди, а практиковать то, о чем я вам говорю. Сегодня вы узнаете, каким образом взрастить семена врожденных способностей ума, которые вам дал Бог.

Наши малые умы — часть всемогущего Божьего разума

Божий разум создал все звезды и миры. Разум есть высшая движущая сила мироздания, которая удерживает клетки нашего тела вместе. И этот удивительный разум, пребывающий в каждой частичке материи, является продуктом божественного разума — разума, которому не нужны какие-либо средства, чтобы достигать своих целей.

Наши малые умы являются частью всемогущего Божьего разума. За волной нашего сознания скрывается океан Его сознания. Волна отделилась от океанической силы, позабыв, что является частью великого Океана. Вот почему материальные ограничения и испытания ослабляют наши умы. Ум перестает работать. Вы будете удивлены, когда узнаете, как многое он может, если отбросить навязанные ему ограничения.

Чистый ум ребенка, открытый для всего нового и одаренный богатым воображением — а также свободный от предрассудков и привычек, — в большей степени сонастроен с Божьим разумом. Но когда ребенок вырастает и сталкивается с преградами материальной жизни, его ум перенимает на себя ее ограничения, в связи с чем его умственные способности сужаются. Когда вы накладываете на свой ум ограничения, вы становитесь своим злейшим врагом. Работа со своим умом невероятно плодотворна. Вы вообще не пользуетесь его возможностями. Преодоление ограничений своего ума — вот к чему вы должны стремиться. Я всегда этим занимался, потому что не хотел быть как все. И когда я встретил своего гуру, Свами Шри Юктешвара, я увидел, насколько сильно он отличался от всех. Большинство людей — просто копии друг друга, повторяющие все, что делают остальные. Они не имеют своего мнения. Вы должны выделяться как личность, выражая лучшие черты своей натуры.

Почему бы вам не развить силу своего ума и использовать его для достижения любой вашей цели? Кругом бушуют штормы трудностей, и каждый думает о своем — никто не думает о вас. И в этом столпотворении личностей ваш слабый ум вот-вот будет разбит и отброшен в сторону. Но вы одержите победу, если будете размышлять подобным образом: «Бог любит меня точно так же, как Он любил Иисуса, Кришну и Будду. Он не может быть пристрастен; Он дал мне разум, в котором спрятан самородок безграничной силы, и я собираюсь взрастить эту силу!»

Семена успеха сокрыты внутри вас

Успех не приходит извне — он в вашем мозгу. Всякий раз, когда вам в голову приходит стоящая мысль, развивайте ее. У некоторых людей есть хорошие идеи, но им не хватает упорства, чтобы продумать и воплотить их в жизнь. Вы должны быть смелы и настойчивы, думая: «Я смогу реализовать свою идею. Возможно, в этой жизни у меня не получится добиться успеха, но я буду прилагать все усилия». Думайте и действуйте, думайте и действуйте. Вот так развивается сила ума. Каждая идея — это маленькое семя, которое вы должны взрастить.

Предположим, вы приняли решение заработать тысячу долларов.

Вы непрестанно об этом размышляете, предпринимаете определенные действия и в итоге зарабатываете их. По сути этого добивается не кто иной, как ум. Если бы в уме не было мысли о том, что вы хотите тысячу долларов, вы бы их не заработали.

Семена кажутся такими маленькими, но при этом в крошечном семени может скрываться огромное дерево с высоким стволом и массивными ветвями. Но сам по себе потенциал не порождает дерево. Вам необходимо посадить семя, обеспечить его водой и присматривать за ним. Уже потом, когда дерево вырастет, вы сможете сказать, что из маленького семени выросло могучее дерево. Так же и с успехом: это маленькое семя мысли, которое вы должны взрастить. Без вашей помощи оно не прорастёт, подобно тому как не прорастут и семена в почве, если вы не будете за ними ухаживать. Семена всевозможных сил сокрыты внутри вас; они ждут, когда вы их взрастите.

Мысль может быть материализована

Действительность более реальна, чем мысль или воображение; но о чём бы мы ни думали или что бы ни воображали в своём уме, всё может обрести воплощение в будущем. Жюль Верн написал несколько научно-приключенческих романов, которые в его время расценивались как обычные художественные произведения; но с тех пор многие его концепции получили реальное воплощение[1]. Воображение — очень важная составляющая творческого мышления. Но воображение должно созреть и стать твёрдым убеждением, а это невозможно без сильной воли. Тем не менее если вы, применив всю силу своей воли, вообразите что-либо в своём уме, вы сможете превратить объект своего воображения в твёрдое убеждение. И если вы, несмотря ни на что, сможете удержать в голове это убеждение, оно станет реальностью. Мастер [Свами Шри Юктешвар] любил говорить, что если воля сильна, то всё, что ты задумаешь, свершится. И это факт.

Вы можете развить такое воображение. Вы можете представить себе огромный дом, парящий в воздухе, — и если ваше воображение достаточно сильно, то вы его увидите. А если воображаемый образ превратится в убеждение, вы получите возможность материализовать

---

[1] Жюль Верн (1828–1905) с впечатляющей точностью предсказал многие будущие технологические разработки, среди которых подводные лодки, телевидение и космические корабли.

это строение или стать инструментом, через который оно получит свое воплощение. Это не просто мечты — все это возможно. В Кашмире, задолго до того, как я приехал в Америку, я несколько раз созерцал в видениях это строение, которое затем стало центром «Маунт-Вашингтон»[2]. Я нашел и выбрал это место самостоятельно, без чьих-либо подсказок. Это здание было построено именно для текущего его предназначения, потому что моя мысль уже витала в эфире.

Мысль действенна! Это изумительная сила. Верьте в силу мысли, которая исходит от Бога, и задействуйте всю силу своего сердца, своей воли, чтобы попытаться материализовать эту мысль. Помните, что Бог — с вами. Вы развиваете силу, которую позаимствовали у Него; а когда вы ее разовьете, Он станет еще ближе к вам; Он будет оказывать вам поддержку.

Многие вещи, о которых я помышлял, обрели свое воплощение. Давным-давно я думал о том, как сильно мы нуждаемся в новом месте для храма, который располагался бы ближе к Голливуду, чем центр «Маунт-Вашингтон». К своей мысли я приложил волевое усилие, и так у нас появился второй храм[3]. Я также хотел построить храм на берегу Ганга. Только благодаря благословениям Лахири Махасайи и Бабаджи мне удалось приобрести самое красивое место на берегу Ганга в Дакшинешваре — наш «Йогода-Матх»[4]. Это в двадцати минутах езды от Калькутты, и это ценное достояние нашей работы. Я очень счастлив лицезреть его.

«И все, чего ни попросите в молитве с верою, получите»[5]. Вы должны *верить* в это. Когда верующие отправляются в храм

---

[2] См. 21-ю главу «Автобиографии йога».

[3] В этом храме, находившемся по адресу 711 Seventeenth Street в Лос-Анджелесе, с декабря 1934 года по сентябрь 1939 года проводились службы общества Self-Realization Fellowship. Собственность этого храма позже перешла к властям Лос-Анджелеса, вознамерившимся построить через его территорию автостраду.

[4] Торжественное открытие состоялось в 1939 году. Слово «Йогода» было придумано Парамахансой Йоганандой в 1916 году; оно образовано от слов «йога» (единение, гармония, равновесие) и «да» (то, что дарует). Термин «матх», строго говоря, означает монастырь, но он часто используется для обозначения ашрама, то есть уединенной обители.

«Йогода-Матх» в Дакшинешваре является главным центром общества Yogoda Satsanga Society of India — под этим названием организация Парамахансы Йоганды известна в Индии. Для Запада Йоганандаджи интерпретировал это название как Self-Realization Fellowship (рус. «*Содружество Самореализации*»). Нынешним президентом Yogoda Satsanga Society of India и Self-Realization Fellowship является брат Чидананда. (См. глоссарий).

[5] Мф. 21:22.

Таракешвара, известный своими чудесными исцелениями, и отчетливо представляют, как Господь их исцеляет, Он их действительно исцеляет. Результатом такой веры становятся мгновенные исцеления. Если ваши молитвы или желания недейственны, это означает, что у вас нет силы воли и должной веры. Если вы, пребывая в сомненьях, попросите Бога излечить вас, Он вас не излечит. Если вы смиренно попросите: «Господи, могу ли я получить уединенную обитель на берегу Ганга? Я знаю, что это невозможно, но я бы хотел иметь ее», Он может ответить: «Нет, тебе нельзя». Но если вы скажете: «Я все равно получу ее! Я буду как бульдог, что вцепился в свою добычу» — и будете прилагать свою силу воли, чтобы добиться желаемого, вы достигнете успеха.

Достичь чего-либо — значит порадовать Бога

У каждого присутствующего здесь человека есть определенные идеалы — вот что мне нравится в Америке. Американский дух проявляется в попытках создать что-то новое и совершенное. В Вашингтоне, округ Колумбия, зарегистрированы миллионы патентов. Мне приятно лицезреть вашу творческую способность. В жизни обязательно надо предпринимать попытки сотворять что-либо. Если вы не натренировали свою силу воли, чтобы добиться чего-то сложного в жизни, значит, вы еще не достигли статуса чада Божиего. Вы оскорбляете образ Божий внутри себя. Вы должны применять Его творческий дар тем или иным образом. Начать никогда не поздно. Знаете, что такое старость? Это когда ваш ум костенеет, принимая ограничения, навязанные ему телесным сознанием, и закрывая свои двери перед творческим мышлением. Я обучаю людей всех возрастов, и некоторые из них уже очень немолоды, но при этом они рассказывают, сколько всего намереваются сделать и как много денег собираются заработать!

Лучше пытаться достичь чего-либо или создать что-либо стоящее, чем жить пассивно, причиняя себе ужаснейший ущерб из всех возможных. Вы не осознаете, что в жизни вы не можете стоять на одном месте. Вы либо идете вперед, либо пятитесь назад. И большинство из вас пятится назад, потому что ваша воля недвижима, пассивна. Поэтому вы должны следить за тем, чтобы не быть физически или умственно ленивым; кроме всего прочего, вы должны не имитировать других, а применять творческое мышление.

Если вы ничего не достигли в жизни, вы можете считать себя ходячим мертвецом, потому что вы направляетесь к долине смерти, словно зомби. Но всякий раз, когда вы применяете свою силу воли, Господь говорит: «Этот человек поступил правильно: он использовал данную ему свыше силу воли». Все, что вы делаете, «записывается» внутри. Результат каждого действия сохраняется в вашем мозгу, и этот умственный зачаток становится могущественным потенциалом, благодаря которому вы можете достичь всего, чего хотите. А достичь чего-либо — как на умственном, так и на физическом плане — значит порадовать Бога.

Куда лучше использовать эту силу ума, чем позволить ей зачерстветь и превратиться в окаменелость, которая лежит под солнцем миллионы лет и не меняется. Человек с таким умом уже не жилец. Он не может сделать свою жизнь успешной. Так что не будьте окаменелостью в своем уме — будьте живым деревом, постоянно дающим новые побеги. Храбрая душа говорит: «Мою жизнь освещает солнце, и у меня есть все шансы дать новые побеги и отрастить ветви достижений. Однажды я добьюсь своего: Властелин Вселенной придет благословить и восхвалить плоды моего успеха». Так что развивайте свой ум; применяйте творческое мышление.

Работайте над своим развитием вместе с Богом

Если в вашей жизни нет достижений, положите им начало. Начните следить за своим здоровьем, сменив, если необходимо, свой рацион; покончите с плохими привычками, связанными с питанием. Измените образ своих мыслей: забудьте о негативных, мрачных мыслях и станьте более позитивным, чтобы вы смогли обретать материальные вещи, когда сами того пожелаете. Но самое главное — работайте над своим развитием вместе с Богом. В творческом мышлении это важнее всего. Если у вас есть твердое духовное стремление, но ваша воля сломлена, вы должны что-то с этим сделать. Если вы действительно стремитесь к Богу, все вокруг будет вас соблазнять. Вас заставляют чувствовать, будто вы обретете счастье в земных развлечениях, но эти развлечения уводят вас от духовных устремлений и разрушают вашу силу воли. Когда я ступил на этот путь, я вообще не ходил в кинотеатры и не искал других развлечений. Мое отношение к Богу было действительно серьезным; теперь, когда я обрел Его, вся моя деятельность для меня подобна детским забавам. Он дал мне все; но нет ничего более интересного для меня, чем постоянное внутреннее общение с Возлюбленным моей Вселенной.

Полностью отдаться Богу — единственная цель, о которой я помышлял. Только с помощью Бога и только в Боге я могу созерцать то совершенство, которое искал; так что лишь Ему я всецело предан, ибо все остальное вводит нас в заблуждение. Если вы посмотрите на людей глазами мудрости, вы увидите, что всем им чего-то не хватает. Лишь Господь дарует полное удовлетворение. Он дал мне даже больше, чем я мог ожидать. Я отказался мыслить так, как мыслят другие. Я знал, что в жизни можно найти нечто большее. Нет ничего плохого в том, чтобы обладать материальными вещами, но у меня нет личного желания и нужды обладать этими вещами. Для меня существует лишь Он — Господь. Радость Его присутствия всегда при мне.

Я хочу, чтобы вы знали, что когда я рассказываю о своих переживаниях, я делаю это не для того, чтобы себя превознести, а для того чтобы поведать вам о радости свершения: это вас воодушевит на то, чтобы приложить собственные усилия. Вы разбиты только потому, что вы думаете, что вы разбиты; но, сколько бы раз вы ни склонялись под дубиной обстоятельств, всегда поднимайте свою голову! Говорите себе: «Мое тело может быть сломлено, но дух мой не сломить!» Вот как можно добиться успеха. Необходима сила ума, творческая сила. С ее помощью вы сможете познать радость свершения.

Используйте свои обстоятельства наилучшим образом

В Америку я приехал девятнадцать лет назад. Когда я смотрю, чего я достиг, я понимаю, что мне не на что жаловаться и не о чем сожалеть. Но даже малейшее свершение было достигнуто упорным трудом! Слабовольные существа не могут обладать таким духом. Им могут обладать только отважные люди. Так что будьте сильны. Пока болезнь и нищета не сразили вас, используйте свои текущие возможности наилучшим образом. Я всегда думаю о том, что я могу создать — но не для того, чтобы мир обратил на меня внимание, а для того, чтобы порадовать Бога. Каждый из вас может быть таким же. Вы можете сотворять благо сотнями тысяч способов. Богу не нужно от вас что-то непременно захватывающее, но Он определенно не хочет, чтобы вы были лентяями. Он хочет, чтобы вы задействовали всю силу, которой обладаете. Иначе вы опорочите Его имя. Какими бы ни были текущие обстоятельства, используйте их наилучшим образом. Сколько бы раз вы ни падали, всегда вставайте с твердым намерением быть победоносным. Какие бы цели я перед собой ни ставил, я всегда принимал твердое решение, что добьюсь своего — и у меня все получалось! Попробуйте такой подход. Вы увидите, какой большой силой обладаете, и поймете, что эта сила работает. Вы отлично проведете с ней время.

В жизни мы получаем то, что заслуживаем. Так что если вы хотите быть успешным, вы должны прийти к успеху сейчас. Ваш ум ничем не ограничен. В любой сфере работы, касается ли она религии или бизнеса, есть люди, которые делают все, что в их силах, чтобы придать своей жизни какой-то статус. Когда подобные люди сами протаптывают себе дорогу и становятся главой коммерческой или религиозной организации, они относятся с огромным уважением к своим подчиненным, помогающим организации достичь своих целей. Но менее успешные люди склонны удивляться, почему тот или иной человек занимает такую высокую позицию, и почему она не досталась им. Они забывают, что он применял творческое мышление и усердно работал. Некоторые могут подумать, что он получил свою позицию благодаря «связям»; но правда такова, что этот успешный индивидуум образовал вибрации успеха в этой или в прошлых жизнях. Иначе он бы не смог достичь своих текущих высот.

Где есть деньги, там есть и стервятники зависти и жадности. Какими бы бескорыстными вы ни были, всегда будут находиться те, кто завидуют вашим достижениям. Некоторые люди хотят праздно жить за счет чужого труда. Будьте достаточно сознательны, чтобы не сидеть на чужой шее. Вы — дитя Божье. У вас достаточно сил, чтобы оказаться там, где вы хотите. Мне пришлось прибегать к разным вариантам, чтобы поддерживать работу Самореализации своими силами. Никогда не выпрашивайте денег, я этого никогда не делал. Не думайте, что все обязаны вам помогать. Настоящее удовольствие — в том, чтобы делать свою жизнь успешной, а не добиваться всего легкими путями.

Никогда не признавайте неудачу

Вы живете в мире конкуренции. Если вы полны решимости, конкуренция не удушает вас — она делает вас сильнее. Каждый день и во всех обстоятельствах вы должны выкладываться по-полной — вот тогда вы станете успешным. Многие люди не усердствуют в своей работе. Некоторые постоянно думают, что у них все идет наперекосяк, что им вечно не везет. А почему у них все идет наперекосяк? Потому что они не уделяют время на проращивание семян успеха в своих умах; они вовлекают себя в бесполезные занятия. Многие из вас думают, что вообще не имеют этих семян; но они у вас *есть*. Вы можете добиться успеха. У вас все может получиться. Но если вы думаете: «Я совсем измаялся», то вы пропали, ибо уже вынесли себе пораженческий приговор. А если вы думаете: «Да, я достигну успеха!», и будете пытаться снова и снова — тогда вы придете к успеху.

Не предавайтесь грустным размышлениям о прошлых неудачах. Те, кто так делает, постоянно говорят, что все их начинания оборачиваются неудачей. Почему так происходит? Потому что они убедили себя, что потерпят неудачу. Я не раз оставался без гроша, пытаясь профинансировать эту работу, но в итоге мне всегда удавалось достать необходимые ресурсы. Для этого нужна стойкость, потому что ум непременно будет шептать: «Спустя столько лет ты опять начинаешь все с начала!» Но в таких случаях я отвечаю ему: «Молчать! Я заставлю тебя работать. Мы еще посмотрим, кто здесь босс». Вы должны работать, вы должны прилагать усилия, чтобы довести дело до конца. Каждая неудача дает вам уникальную возможность научиться чему-то новому: вы начинаете понимать, как избежать прошлых ошибок в будущем. Вы отказываетесь работать и становитесь слабым в тот момент, когда ослабевает ваш ум. Вот тогда вы обессилены — вы мертвец. Так что никогда не сдавайтесь.

Эта жизнь — одна большая игра. Предпримите усилия, чтобы победить в ней. Тысячи людей страдают; не у всех есть руки и ноги. Как можете вы, имея все возможности в своем распоряжении, признавать неудачу? Вы не должны так поступать. Когда вы пятитесь назад, ваше мировоззрение так затуманивается, что вы думаете, будто весь мир пятится назад. А если вы чего-то достигаете, вы всегда будете продвигаться вперед. Развивайте силу своего ума. Пусть весь мир будет в вашем распоряжении.

Ищите Божьего водительства

Распланируйте свою жизнь. Не тратьте времени зря. Если вы постоянно пребываете в обществе, из вас ничего не выйдет. Уединяйтесь. Отстраняйтесь от людей и глубоко погружайтесь в себя. Вопрошайте себя: «Каким образом я могу добиться успеха?» Что бы вы ни запланировали сделать, сперва поразмышляйте об этом; растворитесь в своих мыслях. Размышляйте, размышляйте и еще раз размышляйте; стройте планы. Затем немного подождите — не окунайтесь в дела сразу. Сделайте первый шаг и подумайте еще немного. Внутренний голос подскажет, что делать дальше. Научившись погружаться вглубь себя, вы сможете соединять свое сознание со сверхсознанием души; таким образом, используя безграничную силу воли, терпение и интуицию, вы сможете взрастить идейные семена успеха.

Пытаясь реализовать свою задумку, всегда испрашивайте водительства своего Отца. Если ваше эго ослепляет вас и говорит громогласно, оно может заглушить интуицию и направить вас по ложному пути. Но если вы хотите сделать что-то стоящее лишь для того, чтобы порадовать Бога, Он не даст вам ошибиться и направит по правильному пути. Надлежащий способ достичь успеха — попытаться доставить удовольствие Богу, делать все возможное и не беспокоиться о результатах своего труда.

В Божьей драме этого мира вам уготована определенная роль; но, если вы затеряетесь в этой драме, вы наделаете в своей жизни бед. Вы слишком поздно поймете, что растратили свое время. Почему бы вам не развернуть колеса вашей жизни, вместо того чтобы бросаться под них?

Вы сами делаете себя сильными или слабыми

Вы должны быть способны осуществлять все свои задумки. Как много людей становятся беспомощными из-за своих дурных привычек! Отдаляйтесь от тех, кто дурно на вас влияет. Вы сами навязали себе ту беспомощность, которую ощущаете. Ваш слабый ум влекут назад те самые нити, которые вы привязали к своим плохим привычкам. Многие люди гипнотизируют себя своим окружением и дурными привычками, а также наклонностями и эмоциями, которые они принесли с собой из прошлых жизней. Вы порочите свой ум и образ Божий внутри вас, если позволяете себе быть гипнотизированным этими ограничениями. Вы должны сломить свои привычки и развить силу ума, которая позволит вам управлять собственной жизнью.

Начните вести правильный образ жизни. Упражняйтесь, употребляйте полезную пищу и так далее. Не думайте, что неправильное питание и неправильный образ жизни сойдут вам с рук. Разрушительные последствия настигнут вас уже очень скоро. Я помню одну мою ученицу, которая весила девяносто килограммов и выглядела довольно немолодо и невзрачно. Она спросила, может ли она что-то сделать со своим здоровьем. «Разумеется, — ответил я, — но при условии, что ваша воля будет сильна. Вы думаете, что ничего не можете с собой поделать; вы гипнотизируете свою волю, чтобы она приняла эту установку». Я сказал ей заняться ходьбой, есть много фруктов, овощей и орехов и вычеркнуть из своего рациона всю крахмалистую пищу и сладости. Я предостерег ее, что вначале ум будет убеждать ее отведать чего-нибудь сладенького и она захочет поддаться искушению. «Но вы должны твердо решить, что собираетесь сбросить вес, а затем добиваться этого, задействуя силу воли», — добавил я. Встретив ее несколько месяцев спустя, я сказал: «А это точно вы?» — «Да, — ответила она. — Как же это замечательно!» Она сбросила вес и стала выглядеть намного моложе и счастливее.

Заглядываете ли вы в бухгалтерскую книгу своего ума, чтобы проверить, превышает ли доход от приятных переживаний расход в виде плохих деяний? Нет. Вы обнаружите, что затраты на плохие привычки «отъели» всю прибыль у счастья. Я постоянно занимался подобным самоанализом, чтобы сделать свою жизнь такой, какой хотел.

Проанализируйте свою жизнь. По утрам вы встаете и произносите коротенькую молитву, после чего завтракаете и идете на работу. Далее следует перерыв на обед, снова работа, затем ужин и пустое времяпрепровождение; и уже совсем скоро вы отправляетесь спать. Каждый день одно и то же! И каждый день ваша воля склоняется под диктатом ваших привычек и вашего окружения. Почему вы это допускаете? Вы пытаетесь оправдать себя и говорите: «Ну, когда-нибудь я обязательно начну делать то, что для меня правильно». Но этот день может никогда не настать. Зачем ограничивать свои способности фразой: «Не пытайся откусить больше, чем можешь прожевать»? Я считаю, что вы должны откусывать больше, чем можете прожевать — и жевать, жевать, жевать! Не будьте никчемным человеком. Сделайте свою жизнь стоящей.

Без Бога материальный успех не имеет ценности

В Америке все спешат. Вы все время чем-то заняты. Да, лучше пожинать плоды своего труда, чем быть ленивым, но вы также должны пожать самый ценный плод: Бога. Единственный способ обрести истинное счастье — это достичь чего-либо в этом мире *и* быть успешным в отношениях с Богом. Самая значимая ваша деятельность — это ежедневное общение с Богом. Требования этого мира постоянно ослабляют вашу решимость искать Его. Но что бы этот мир вам ни дал, ваше сердце будет жаждать Бога. Вы знаете, что, когда вы умрете, ни одна сила на этой планете уже не сможет вам помочь. Кто же вам поможет? Только Бог. Вот почему вы должны всегда помнить, что этот мир лишь промежуточный этап. Ваш дом — в Нем.

Даже если вы добились многого, эта земля все равно останется для вас пустым местом, потому что однажды вам придется покинуть ее. В один прекрасный день вам придется расстаться со всей своей материальной собственностью. Вы завидуете власти и богатству Генри Форда, но и ему придется оставить все, что у него есть — кроме силы воли и сознания успеха, развитых им самим. Он сможет их использовать в другой инкарнации, чтобы найти Бога, когда встанет на духовный путь.

Вы можете сказать, что ваша жизнь уже увядает и вы в любом случае умрете, так что, дескать, незачем пытаться идти к успеху. Отвечу я выдержкой из Гиты[6], которая говорит, что, если в момент смерти — даже за секунду до нее — вы проявите убежденность, что в жизни вы победоносны, — так оно и будет. Если вы уйдете с уверенностью, что будете с Господом, — вы получите свое. Но если в своем сознании вы будете внушать себе, что ваши силы иссякли, вы будете бессильны. Те мысли, которые главенствуют в вашем сознании как результат вашего образа жизни, определяют ваше посмертное существование и характер вашей следующей жизни. Запомните ли вы это? Вам нет оправданий, если вы говорите, что слишком стары или по какой-либо причине не можете добиться материального и духовного успеха.

Иисус показал, что такое настоящий успех. Он добился того, чего не смогли бы добиться миллионы бизнесменов. Почему? Потому что с ним был Бог. Так что более всего стремитесь искать Бога, быть с Богом, общаться с Ним и использовать свою силу воли, чтобы делать в жизни то, что должно делать, — и только лишь для Него. Если вы чувствуете, что не доставляете Богу удовольствие, спросите себя, как именно вы можете удовлетворить Его: как проявлять любезность ко всем, как углубить свою медитацию. Сначала думайте и только потом действуйте. Вот как нужно развиваться.

---

[6] Бхагавад-Гита II:72 и VIII:6.

Заставьте Бога нарушить обет молчания

Что бы ни происходило, если вы будете больше льнуть к Богу, вы обнаружите, что Он всегда пребывает с вами. Но приложите ли вы такое усилие? Вначале мой ум каждый день говорил мне: «Ты не сможешь познать Бога. Это было под силу только великим душам, таким как Кришна, Иисус и Будда». Тогда я начал размышлять: «Если бы Господь был благосклонен только к ним, то Он был бы пристрастен; но я знаю, что Он не пристрастен — Он не отдает Свое предпочтение каким-то определенным душам. Даже им пришлось пройти через великие испытания. Но они божественным образом добились успеха, а значит, и я смогу познать Его».

Предпримите попытку найти Бога, пытаясь убедить Его, что вы жаждете Его, и пытаясь упросить Его поговорить с вами. Вы должны заставить Бога нарушить обет молчания — только тогда Он с вами заговорит. Вот почему познать Его так сложно. От человека требуется религиозная настойчивость. Как много лет я внутренне взывал к Богу! Но сейчас я знаю, что уже никогда Его не потеряю, потому что Он больше не отделен от меня. Он всегда со мной. Когда волна растворяется в океане и становится с ним единым целым, она больше не может чувствовать себя потерянной и отделенной от океана. Аналогично этому, когда мы обретаем единство с Духом, мы больше не чувствуем себя отделенными от Бога.

Вот почему самое главное — находить время для Бога. Как бы сильно вы ни уставали к концу дня, когда все ложатся спать, вы должны простираться у Его ног. Не ложитесь спать, пока не установите с Ним связь. Молитесь Ему на языке своего сердца: «Господи, Ты важнее сна. Я твердо решил, что в храме ночи я буду отдавать всего себя любви к Тебе. Ты для меня все: Ты есть мой сон. Ты есть моя жизнь. Ты есть моя смерть — если на то будет воля Твоя. Я жажду лишь Тебя. В Тебе я найду все. Я возлагаю перед Тобой все свои силы, все свои мысли, всю свою любовь, чтобы получить возможность чувствовать Тебя, быть с Тобой, любить Тебя».

«Господи, не позволь мне стать духовным шутом»

Большую часть времени я теперь пребываю в уединении, вдали от людей. Я не общаюсь с теми, кто просто тратит мое время. Только так я могу быть с Богом. Если вы слишком много времени пребываете в обществе людей, вы теряете связь с Богом. Раньше я принимал приглашения на самые разные мероприятия, но теперь это в прошлом. Когда-то короли Европы держали при дворе шута, который мог бы их забавлять. «Господи, — молился я, — не позволь мне стать духовным шутом в этом деле Самореализации. Лучше мне сносить оскорбления, чем приклоняться перед теми, кто будет давать мне деньги на Твою работу, указывая при этом, что я должен делать. Лучше я буду жить в джунглях с отрешенными йогами, которые незримо благословляют весь мир, общаясь с Тобой». В отличие от священника, склоняющегося перед богачами, чтобы принести своей церкви процветание, эти святые являют собой истинных королей — великих духовных людей, властвующих над собой. Вы видите на их лицах радость: в ней кроются удовлетворение, покой и блаженство. Эту радость рождают не материальные обретения, а сила воли, ведущая к достижению Космического Сознания — сознания единения с Богом. Будьте внутренне свободны, подобно тем йогам. Будьте едины с Богом, чтобы вы могли смеяться над жизнью, когда она будет пытаться сбить вас с ног.

Моя жизнь окончена. Я сделал все, что планировал сделать. Но одно никогда не закончится: моя любовь к Богу. В святилище моей души всегда будет жить эта вечная радость. Я бы не смог работать для себя; я с удовольствием работаю для Бога, а также чтобы помогать другим людям. Жизнь дарит радость, когда стремишься к свершениям только лишь ради Бога. Просто задумайтесь: одна маленькая мысль в вашей голове может сотворить нечто замечательное, сделав других счастливыми и позволив вам оставить след «в песках времен»[7]. Медитируйте и привлекайте людей на этот путь Самореализации. Это высшая услуга, которую вы можете им оказать.

Доставлять радость Богу приятно

Это самые счастливые дни в моей жизни. Я счастлив по двум причинам: во-первых, мне удалось доставить удовольствие Богу, и во-вторых, я смог выполнить обещание, которое дал моему гуру,

---

[7] Жизнь великих призывает
Нас к великому идти,
Чтоб в песках времен остался
След и нашего пути.
(Г. Лонгфелло. Псалом жизни. Перевод И. Бунина).

Свами Шри Юктешвару. Я обещал ему выстроить работу Yogoda Satsanga Society of India/Self-Realization Fellowship, чтобы распространять послание *Крийя-йоги*. Мне постоянно противостоят силы зла, но Господь разрушает их всех. Эта работа продолжает шириться!

Каждый день я говорю: «Господи, все мои сны окончены. Теперь я знаю лишь любовь к Тебе». Такова радость в Господе. Это единственное, ради чего стоит жить. В Индии толпы молодых людей без ума от Бога, а здесь толпы без ума от денег и власти. Лучше играть в прятки с Господом, чем с блуждающими огнями материализма, ведущего к погибели. Под погибелью я имею в виду полное разочарование. Это тот момент, когда вы признаете поражение и сдаетесь. Вы должны покончить с неведением — незнанием своего божественного потенциала. Господь говорит: «Приди ко Мне *сейчас*. Возроди себя в могиле неведения». Когда вы откажетесь лежать под бетонными плитами своих слабостей, вы станете свободны.

Я обращаюсь ко всем, кто слышит это послание: начните прилагать усилия, чтобы найти Бога, прямо сейчас. Медитируйте каждый день и вырывайте все сорняки слабостей, чтобы сад вашей жизни мог стать прекрасным. Мир хочет сделать из вас раба. Вы должны выкрасть у него время, чтобы быть наедине с Богом. Представьте, что вы лежите с закрытыми глазами и отдыхаете. Приходит гость и кладет подле вас букет цветов, но вы слишком сонливы, чтобы открыть глаза. А когда открываете, цветов уже и нет. То же происходит и с людьми, которые ищут Бога вполсилы. Он приходит к ним, вот только их глаза закрыты — им снятся сны этого мироздания; когда же они открывают свои глаза, Бога уже и след простыл. Ищите Его всем сердцем, день и ночь, в медитации и во всей своей деятельности. Когда сны ваших желаний улетучатся, вы узрите Его повсюду.

Молитесь вместе со мной: «Отец Небесный, благослови меня, дабы я смог взрастить свои внутренние семена духовных сил и успеха, и дабы я смог использовать их для того, чтобы доставить радость Тебе — Дарителю, Которого я люблю больше всех даров. Пребывай со мной вечно».

Почему зло является частью Божьего творения

Храм Self-Realization Fellowship, Сан-Диего, Калифорния, 17 ноября 1946 года

Некоторые люди считают, что Бог не ведает о зле. Только так они могут объяснить, почему всеблагой Господь допускает грабежи, убийства, болезни, нищету и другие несчастья, которые постоянно случаются на этой земле. Безусловно, с нашей точки зрения эти несчастья — зло, но являются ли они злом с точки зрения Бога? Если да, то почему Бог допускает это зло? А если зло исходит не от Того, Кто является Творцом всего сущего, то откуда же оно произошло? Кто сотворил алчность? Кто сотворил ненависть? Кто сотворил ревность и гнев? Кто сотворил вредоносные бактерии? Кто сотворил искушение страстью и желание есть сверх нормы? Все это не было выдумкой человека. Человек никогда бы не столкнулся с такими вещами, не будь они сотворены до него.

Иные люди пытаются доказать, что зла не существует или что оно является чисто психологическим фактором. Но это не так. Присутствие зла в мире очевидно. Это невозможно отрицать. Если зла не существует, тогда почему Иисус молился: «И не введи нас в искушение, но избавь нас от лукавого»[1]? Он ясно дал понять, что зло все-таки существует.

Итак, мы действительно видим зло в этом мире. Откуда же оно исходит? От Бога[2]. Зло служит контрастом, который дает нам возможность узнать о добре и познать его. Не будь зла, не было бы мира как такового. Если написать что-либо белым мелом на белой доске,

---

[1] Мф. 6:13.

[2] «Я Господь, и нет иного. Я образую свет и творю тьму, делаю мир и произвожу бедствия; Я, Господь, делаю все это» (Ис. 45:6-7).

никто ничего не увидит. Поэтому без черной доски зла добрые дела никак не выделялись бы в этом мире. Можно сказать, что Иуда был лучшим «рекламным агентом» Иисуса. Своим злодеянием он прославил Христа в веках. Иисус знал о роли, которую ему надлежало сыграть. Знал он и о том, что ему суждено было ее сыграть, чтобы он смог продемонстрировать людям величие и любовь Бога. А для свершения этого необходим был злодей. Но для самого Иуды не было пользы в том, что он выбрал путь злодея, темное деяние которого высветило торжество Христа над злом.

Этот мир лишен совершенства

Трудно понять, где проходит грань между добром и злом. Конечно, это ужасно, что от бактерий каждые сто лет погибает два миллиарда человек. Но вообразите только, какой хаос и перенаселенность возникли бы на земле, если бы не было смерти! И если бы в этом мире все было хорошо и совершенно, никто по собственному желанию не захотел бы его покидать; никто не захотел бы возвращаться к Богу. Так что несчастья в каком-то смысле являются нашими лучшими друзьями, ибо они подталкивают нас к поиску Бога. Когда мы отчетливо увидим несовершенство этого мира, мы устремимся к Божьему совершенству. Бог использует зло не для того, чтобы уничтожить нас, а для того, чтобы мы разочаровались в Его игрушках, в забавах этого мира, и наконец обратились к Нему.

Именно поэтому Сам Господь допускает существование зла и несправедливости. И тем не менее однажды я сказал Ему: «Господи, Ты никогда не страдал и не страдаешь. Ты всегда был совершенен. Откуда Тебе знать, что такое страдание? И все же Ты подвергаешь нас всем этим испытаниям. Зачем Ты это делаешь? Мы не изъявляли желания появляться на свет, чтобы страдать и умирать». (Он позволяет мне спорить с Ним. Он очень терпелив.) Господь ответил: «Вам вовсе необязательно страдать. Я всем вам даровал свободную волю, чтобы вы могли выбрать добро вместо зла — если желаете вернуться ко мне».

Итак, используя инструмент зла, Бог проверяет, предпочтем ли мы Его дары или же Его Самого. Он сотворил нас по Своему образу и подобию и дал нам силу обрести свободу. Но мы пренебрегаем этой силой. По ночам, когда мы перестаем проявлять активность, все мы становимся богоподобными. Но днем мы становимся дьяволами

— не все, но большинство из нас. Почему бы нам не начать жить в сонастроенности с Богом и в дневное время? Ведь тогда мы не будем знать страха, мы не будем знать зла. Конечно, говорить об этом легко — куда сложнее практиковать.

Хотя мы и не желаем себе зла, оно, словно отравленный мед, кажется нам аппетитным. Когда мы за столом, мы хотим отведать лишнего и чего-нибудь вредного. Потом мы начинаем полнеть в разных местах — там, где мы полнеть явно не хотим. В ответ на наши ошибочные деяния Природа начинает нам мстить, словно подшучивая над нами. Мир воистину забавен. Вот только последствия наших действий совсем не кажутся нам забавными! Вот почему я все время спорю с Богом и журю Его: «Почему Ты сотворил все эти ужасные искушения, которым поддаются Твои дети? Почему Ты сделал их такими приятными?» Что же, такой прием избрал Господь; если вы ведете себя как идиот, значит, вы заслуживаете страдания.

Он отвечает: «Я сотворил людей по Моему образу и подобию, и вести они должны себя как боги». «Но Господи, они же не знают, что сделаны по Твоему образу и подобию!» — возражаю я. «Что же, — говорит Он, — Мои святые пытаются поведать им об этом. Я не собираюсь принуждать их к праведной жизни». — «Но почему Ты послал нас в этот беспорядочный мир? Сам Ты никогда не увяз в трясине иллюзии, так почему же Ты поместил сюда нас?» Улыбаясь, Бог отвечает: «Такие вот пироги — что есть, то есть».

Этот мир лишен совершенства. Зачем искать его здесь? Вы можете найти кратковременное удовольствие, но в конечном итоге оно принесет вам страдания и чувство несправедливости. Боль предназначается для того, чтобы вы могли знать, когда ваше тело не в порядке. Тем не менее страдающему от рака боль не кажется чем-то полезным. Он не испытывает облегчение от своей боли и не понимает, почему он должен страдать. И как много тех, кто нуждаются в деньгах, но не могут их достать, а также тех, кто в них не нуждаются, но легко зарабатывают еще и еще. Те, кто имеют много, хотят еще больше, а те, кто не имеют ничего, хотят совсем немного, не правда ли? Почему существует такая несправедливость? Некоторые люди предельно здоровы, а кто-то постоянно болеет. Однако здоровье и болезни необязательно делают вас счастливым или же несчастным. Святой Франциск страдал большую часть своей жизни, но при этом он исцелял больных и был исполнен

Божественной радости. Страдания приобретают иной оттенок, когда вы достигаете Божьей свободы. Но сначала ее нужно достичь.

Вы должны научиться работать не имея желаний и жить в этом мире без привязанностей. Попадаясь на крючок желаний или привязанностей, вы будете сталкиваться со всевозможным злом. Вот почему Гита говорит: «О Арджуна! Для Меня не существует непреодолимого; нет ничего, что не принадлежит Мне; во всех трех мирах Мне нечего стяжать! И при этом Я постоянно пребываю во всем»[3]. Все те, кто хочет достичь освобождения, должны быть такими же — они должны с радостью и без привязанностей исполнять свои обязанности в духе служения. Многие люди охотно надрываются, чтобы заработать побольше денег, но они не предпринимают ни малейшего усилия, чтобы заработать искупление. Мы должны работать для Бога. Это возможно, если не сотрудничать со злом и вести себя так, как того хочет Господь.

Любовь — самая мощная наступательная сила

Только представьте: сейчас в качестве потенциального оружия уже рассматриваются пары, кишащие опасными бактериями, которые способны вызвать медленную и мучительную смерть целой нации. Вот такие смертоносные инструменты разрушения создает человек, вместо того чтобы совершенствовать оружие любви, способное разрушить всю ненависть, низость и эгоизм в сердцах всех людей. Воюющие стороны всегда обвиняют друг друга в развязывании конфликта. Но помните: хлопать одной рукой невозможно — для этого нужны обе руки. Это правда, что временами некоторые люди или даже целые нации проявляют больше зла, чем другие; но те, кто исполнены благости, должны побеждать зло — и не ответным злом, а добром.

Вы должны любить людей. Знаю, иногда это трудно. Я люблю своих врагов, и я знаю, что сам никогда и никому не буду врагом. Я мог бы уничтожить их силой мысли, но никогда этого делал и не буду делать. У Иисуса была эта сила. Он вполне мог ее использовать, когда его враги язвительно насмехались над ним, спрашивая, почему тот не спасает себя от участи на кресте; он говорил: «Или думаешь, что Я не могу теперь умолить Отца Моего, и Он представит Мне более, нежели двенадцать

---

[3] Бхагавад-Гита III:22.

легионов Ангелов?»[4] Однако он завоевал их силой своей любви. Когда ударяют обычного человека, он испытывает огромное желание ударить обидчика в ответ. Поэтому Господь не дарует Свои божественные силы духовно слабым людям: они могли бы злоупотребить этими силами. Желание и сила прощать исходят от сонастроенности с Богом.

Меня как-то спросили: «Зачем вы проходите через такие большие трудности, поддерживая стольких людей[5] и разбираясь со всеми их проблемами, если вы уже достигли освобождения и вам необязательно это делать?»

На это я ответил: «А почему Господь так делает? Он поддерживает каждое существо на земле, хотя мог бы отстраниться от этого докучливого мироздания. Я делаю это потому, что знаю Его волю. К тому же мне очень приятно видеть, как совершенствуются восприимчивые души, а также воздвигать Его храмы в их сердцах».

Как мало в этом мире людей, которые искренне хотят дружить с вами, руководствуясь благими намерениями, а не желанием что-то от вас получить. Такие искренние души — самые приятные из всех. Истинная дружба превыше всех богатств. Если вы можете быть истинным другом для всех, вы найдете Бога. Если вы искренне любите людей, вы сможете видеть их изнутри, подобно тому как, смотря через прозрачное стекло стакана, вы видите, что находится внутри него. Но вы не сможете ясно понимать людей, пока не полюбите Бога и всех Его детей этой Божественной любовью.

«Ради праведной души я могу пожертвовать жизнью»

Ради праведной души я могу пожертвовать жизнью, но от лицемеров я держусь подальше. Я никогда не бываю неискренним; все мы должны жить именно так. Мы должны быть бесстрашными и искренними; мы должны окружать себя не только теми, кого можем вдохновить, но и теми, кто может вдохновить нас. Когда мы сильны, мы можем помогать тем, кто ступил на путь зла. Но не пытайтесь помочь им, если вы еще не стали сильнее их. В противном случае дурное

---

[4] Мф. 26:53-54.

[5] Имеются в виду монахи в ашрамах Self-Realization Fellowship/Yogoda Satsanga в Америке и Индии.

окружение может ослабить вас. Как много на свете тех, кто пытается преобразить других людей, но сам заражается их злом.

Если ваш ум подобен промокательной бумаге, вы должны держать его подальше от злого воздействия. Промокательная бумага, впитавшая в себя масло, больше не может вбирать в себя воду. Вот и ваш ум должен сначала пропитаться добром, прежде чем он станет непроницаемым для зла.

Будьте сильны в своей добродетели и старайтесь быть полезными для окружающих. Человек, который присматривает только лишь за собой и своей семьей, не обретет большого счастья. Если он не думает о страданиях других людей, он лишает себя радости помогать; посему его чаша удовлетворенности так мала. Мне деньги нужны лишь для того, чтобы использовать их во благо и помогать другим людям.

Космический кинофильм

Относительно двойственности, то есть добра и зла, я хотел бы объяснить вам еще кое-что. Если бы кинорежиссер снимал картины только об ангелах и ежедневно показывал их на утренних, дневных и вечерних сеансах, то ему вскоре пришлось бы оставить свое дело. Для того чтобы удержать интерес публики, он должен снимать разные фильмы. Ведь положительный герой становится намного привлекательнее, когда в сюжете есть злодей. Кроме того, мы же так любим динамичные сюжеты! Мы совсем не прочь посмотреть захватывающий фильм об опасностях и катастрофах, потому что знаем: это всего лишь кино. Я помню, как однажды меня повели на фильм, в котором главный герой умирает. Какая это была трагедия! Я остался на следующий сеанс только для того, чтобы снова увидеть героя живым. И только тогда я ушел из кинотеатра.

Если бы вы могли видеть, что происходит за «экраном» этой жизни, вы бы вообще не страдали. Жизнь — всего лишь космическая кинопостановка. И это кино, которое Бог показывает на нашем земном экране, ничего для меня не значит. Мое внимание устремлено на луч Божественного Света, проецирующий кинокадры на экран жизни. И я вижу, что картина всей Вселенной возникает именно из этого луча.

В другой раз я был в кинотеатре и смотрел волнующую драму. Заглянув в проекционную будку, я увидел, что киномеханика совершенно не интересовало происходящее на экране — он ведь уже не раз видел все это. Он просто сидел и читал книгу. Киноаппарат себе стрекотал, слышались звуки, луч света рисовал на экране реалистичные картины. А в зале сидела публика, целиком поглощенная разворачивающимся действом. И я подумал: «Господи, Ты как тот человек в кинобудке. Ты поглощен Своим собственным блаженством, любовью и мудростью. Твой киноаппарат космического закона рисует на экране Вселенной сцены ревности, любви, ненависти и мудрости, но Сам Ты остаешься за пределами написанных Тобою сценариев». Из века в век, от цивилизации к цивилизации на экране одни и те же сюжеты, только роли играют разные актеры. Я думаю, что Богу все это порядком наскучило. Он уже от этого устал. Удивительно, как Он еще не вытащил вилку из розетки и не остановил это кино!

Когда я отвел взгляд от луча света, который проецировал на экран захватывающие сцены, и посмотрел на публику в зале, я увидел, что люди испытывали те же эмоции, что и актеры в фильме. Они страдали вместе с положительным героем и негодовали на действия злодея. Для публики эти переживания были полны трагизма. Для киномеханика это были лишь картинки. Так же и для Бога. Из света и тени Он создает картины героев и злодеев, добра и зла, — а мы в них и публика, и актеры. И все наши беды оттого, что мы слишком сильно отождествляем себя с персонажами спектакля.

Без теней, равно как и без света, не было бы никакого фильма. Зло — это тень, которая превращает единый луч Божьего света в картины и формы. Зло — это тень Бога, благодаря которой возможна наша драма. Черные тени зла вкраплены в чистый белый луч Божьих добродетелей. Он хочет, чтобы мы не воспринимали эти кадры всерьез. Режиссер фильма относится к убийствам, страданиям, комедийным и трагическим сюжетам как к средствам, помогающим завоевать внимание публики. Он стоит в стороне от самого действа и только направляет его и наблюдает за ним. Бог хочет, чтобы мы относились ко всему отстраненно; чтобы мы осознавали себя лишь актерами и зрителями Его космического спектакля.

Бог имеет все, и тем не менее у Него есть одно желание: Он хочет знать, кого этот фильм не сможет напугать и кто из нас хорошо исполнит свою роль и вернется к Нему. Из этой Вселенной невозможно сбежать, но, если вы будете играть свою роль, устремившись умом к Богу, вы обретете свободу.

Я часто говорю Ему: «Господи, для Тебя этот мир лишь кинофильм, но для нас он оборачивается ужасом». На это Он отвечает: «Каждую ночь, когда ты засыпаешь, Я даю тебе осознать, что весь этот мир является лишь сном. Почему бы тебе не помнить об этом и днем?»

Однажды я вошел в свою комнату и увидел, как на кровати лежит мое мертвое тело. Тогда Господь сказал мне: «Ну, как тебе?» На минуту я впал в оцепенение, но затем ответил: «Господи, все в порядке, ибо я по-прежнему осознаю Тебя и говорю с Тобой». И все действительно было в порядке.

Для того, кто познал Бога, не существует зла

Путь к высшему блаженству не дано отыскать ни ученому, ни людям материалистического склада ума. Это под силу лишь тому, кто следует совету духовных учителей, которые говорят: «Вернись в кинобудку Бесконечности, и ты увидишь, как проецируются эти космические фильмы. Тогда Божий мир и Его спектакль не будут причинять тебе проблем».

Единственное, чего я хочу, — это помочь людям. И пока бьется мое сердце, я буду стараться помогать им, убеждая их воспринимать эту киноленту иллюзии отстраненно. Вы страдаете потому, что сейчас вы ее часть. Вы должны стоять в стороне и просто наблюдать — тогда вы не будете страдать. Когда вы станете наблюдателем, вы сможете наслаждаться всем этим спектаклем. Это то, чему вы должны научиться. Для Бога это всего лишь кинофильм, а когда душой вы с Богом, это становится кинофильмом и для вас.

Я расскажу вам одну историю. Как-то раз царю приснилось, что он бедняк. И сквозь сон он жалобно просил подать ему пару медяков на кусок хлеба. Наконец его разбудила царица и сказала: «Что с тобой? Твоя казна полна золота, а ты просишь подать тебе пару медяков!» Царь пришел в себя и облегченно вздохнул: «Фу-ух, какой вздор! Мне приснилось, что я бедняк и умираю от голода из-за того, что у меня нет и медяка».

В такой же иллюзии пребывают и те, кому снится, что они смертны, что их терзают ночные кошмары всевозможных болезней, страданий, бедствий и горя. Единственный способ пробудиться от этих кошмаров — стать более привязанным к Богу и менее привязанным к миражам этого мира. Вы страдаете именно оттого, что уделяете много внимания не тому, чему следует. Если вы привязаны к людям, алкоголю, деньгам или наркотикам, вы будете страдать. Ваше сердце будет разбито. Вы должны отдать свое сердце Богу. Чем больше вы будете искать утешения в Нем, тем скорее исходящие от Него мир и покой поглотят ваше беспокойство и страдание.

Вы страдаете оттого, что позволили себе стать восприимчивыми к порокам этого мира. Вы должны научиться быть духовно стойкими, духовно сильными. Делайте все, что должны делать, получайте от этого удовольствие, но в душе говорите: «Господи, я Твое дитя, сотворенное по Твоему образу и подобию. И мне ничего не нужно. Только Тебя жаждет моя душа, только Тебя!» Истинный верующий, который следует этому принципу и который достиг такого понимания, обнаружит, что в этом мире для него не существует зла.

Загадка Махатмы Ганди

Эта лекция была прочитана в 1932 году. В 1935 году Парамахансаджи посетил Махатму Ганди в его уединенной обители в индийском городе Вардха. Тогда Ганди попросил посвятить его в Крийя-йогу. За десять лет до этого Гандиджи посетил в Ранчи основанную Парамахансаджи школу для мальчиков, Yogoda Satsanga. Проявив живой интерес к сбалансированной учебной программе Йогоды, он сделал восторженную запись в гостевой книге.

К концу средневековой эпохи, в которую церковь оказывала огромное влияние на политическую жизнь, государство начало отгораживаться от религии. С тех пор правительства совершают большую ошибку, пытаясь поладить друг с другом без учета ведущих религиозных принципов.

Отстранившись от духовных принципов, которые управляют всеми сферами человеческой деятельности, политика отгородилась от самой истины. С тех пор политика ассоциируется с нечестными доходами и безнравственными методами достижения целей. Цель не всегда оправдывает средства, ибо все благие цели должны достигаться благими методами. Когда зло используется для достижения благого результата, его начинают принимать за добро.

Вера в то, что религия должна стоять в стороне от человеческой деятельности, непрактична. Проповеди, рассчитанные на то, чтобы подстегнуть чье-либо воображение или насадить традиционную систему верований, не избавят общество от испорченности в нравственном, социальном и политическом плане. Такая ограниченная духовность не может принести большой пользы человечеству. Некоторые духовные лидеры в пламенных обращениях к своим друзьям и последователям передают неверные представления о политике, лишенные настоящей духовности.

Религиозные принципы лежат в основе искусства правильной жизни

Истинная религия состоит из совершенных религиозных принципов, управляющих всеми социальными, политическими и духовными аспектами жизни человека. Религиозные принципы лежат в основе искусства правильной жизни и всех истинных стандартов поведения среди людей всех рас и национальностей.

Иисус говорил: «Отдавайте кесарево кесарю, а Божие Богу»[1]. Великий индийский пророк, Господь Кришна, являл собой яркий пример этого принципа: он одновременно был царем и искупителем человечества. Святой может жить в уединении в лесу, но его святость проявляется в большей степени, когда своими духовными силами он пытается помочь порочным зверям в человеческом обличье, которые наводнили джунгли цивилизации.

Кришна был не только пророком, но и святым, а царские обязанности подвергали его святость испытанию. Хотя он и был царем, он добился наивысшего успеха в достижении состояния непривязанности. Отрешенный человек, утаивающий в себе скрытые материальные желания, является духовным неудачником; Кришна же, обладая царскими богатствами, был человеком величайшего внутреннего отрешения.

Иисус не привлек бы к себе такого большого внимания, если бы не обладал достаточной отвагой для борьбы с первосвященниками и политической силой, во время которой он сохранял покой, исходивший от духовного познания. Своим молчанием перед первосвященниками он на самом деле громко заявил о заблуждении людей и порочных принципах политики. Мечом любви и своего победоносного высказывания: «Отче! прости им, ибо не знают, что делают» Иисус не только сразил своих политических врагов, но и показал людям всех эпох непревзойденный пример того, как духовность побеждает даже самого грозного противника. Политическая сила с обширными войсками, приговорившая безоружного и невинного Иисуса к распятию, чтобы разрушить его «еретическую» философию, обрекла себя на поражение в этом невежественном деянии. Иисус добровольно пожертвовал своим телом, понимая, что храм духовных устремлений и

---

[1] Мк. 12:17.

божественного развития нерушим. Иисус говорил: «Царство Мое не от мира сего». Царство Божие, управляемое истинными принципами духовного познания, должно прийти на эту землю, чтобы преобразить отягощенную ложной политикой атмосферу.

Политика должна быть реформирована, чтобы в ней можно было применять истинные религиозные принципы. В Бхагавад-Гите Господь Кришна учит, что, когда в мире преобладает грех и происходит упадок нравственности, человек должен спасать затонувшие религиозные принципы и высвобождать добродетель. Бог приходит на землю в обличье пророков, чтобы изгнать тьму из людских душ.

Махатма Ганди: политический искупитель раздираемых противоречиями наций

До Иисуса были Кришна, Будда и другие возвышенные души. После Иисуса были Свами Шанкара, Бабаджи, Лахири Махасайя, Свами Шри Юктешвар Гириджи и многие другие. И вот сейчас пришел Махатма Ганди[2]. Он стал искупителем не только для нескольких своих учеников и религиозных последователей, но и для раздираемых внутренними противоречиями наций.

Все великие религиозные лидеры и святые имели большое количество последователей в том или ином религиозном течении. Ганди оказал влияние не только на миллионы религиозных последователей, но и на тысячи политиков, а также практически на все страны и расы, населяющие эту охваченную конфликтами планету. В отличие от своих предшественников, Ганди отказался от религиозного водительства, ступив на политическое поле.

Ганди живет в миру, но он — не от мира сего. Согласно Бхагавад-Гите, неважно, мирской вы человек, зарабатывающий себе на жизнь, политик или бизнесмен, — главное, вы должны работать не ради достижения своих материальных целей, а лишь для того, чтобы доставить удовольствие Богу. Ганди является семьянином, у него есть дети, и он был обеспеченным юристом. Но он отрекся от всех своих богатств, ибо верит, что иметь больше, чем есть у ближнего, грешно. Ест он очень мало, потому что индийский народ сам по себе

---

[2] Его семейное имя — Мохандас Карамчанд Ганди. Сам он никогда не называл себя Махатмой («великой душой») — этим титулом его одарили миллионы последователей.

беден и миллионы людей не могут позволить себе даже маленькое крахмалистое блюдо в день.

Ганди носит набедренную повязку не для того, чтобы прославиться или кого-то впечатлить, а потому что миллионы людей в Индии не могут себе позволить что-то большее. Королю Георгу V и его супруге пришлось поступиться традиционными правилами дресс-кода и разрешить ему присутствовать на королевском приеме в набедренной повязке. Королевская «гора» пришла к «Магомеду» Ганди.

Живое воплощение духовных истин

Мы часто слышим о наставлениях священных писаний, но живут ими лишь немногие. Махатма Ганди скрупулезно практикует истины священных писаний в своей жизни.

Ни одно высказывание пророка или искупителя человечества не имело такого влияния на нацию, как слова Ганди, обращенные к Англии. Ни одного пророка никогда не приглашали на конференцию круглого стола. Индийские махараджи сохраняют обычай стоять и безмолвствовать, пока говорит вице-король Индии барон Ирвин; однако, когда с бароном Ирвином встретился Ганди, стоял уже вице-король, а Махатма сидел в позе лотоса и говорил с ним.

После последнего своего освобождения из тюрьмы Ганди сказал: «Я еще вернусь», и это пророчество получило воплощение в его текущем тюремном заключении. Ганди думал в первую очередь не о своей малой семье и детях, которых любил, а о том, чтобы вернуться в тюрьму и помочь тысячам других политических заключенных, которые по-прежнему остаются там. Он не хотел быть свободным, пока несвободны они. Поразмышляйте о величии его поступка.

Когда Махатма впервые встретился с бароном Ирвином после того, как тот заключил его в тюрьму, внутренне он не проявил чувства обиды. Барон Ирвин спросил его: «Как поживаешь, друг?» и угостил козьим молоком и финиками. Местный газетный репортер, будучи изумлен увиденным, позже написал о том, что на встрече с бароном Ирвином Ганди не проявил ни малейшего признака гнева.

В Южной Африке Ганди был ранен. Когда ему предложили предъявить к обидчику иск, он сказал: «Нет, вместо этого я пошлю ему свою любовь». Позже, узнав о такой реакции Ганди, потенциальный убийца стал его учеником. Многие люди рассуждают так: «Да, в

Библии написано, что если тебя ударят по левой щеке, то ты должен подставить правую, но это же нелепо. Если вы ударите меня, в ответ я ударю вас дюжину раз, добавлю к этому пинок и, может, даже пулю в лоб. И да, я все равно считаю себя христианином». Когда Ганди ранили и он был на пороге смерти, он продолжал благословлять своего обидчика; он не только простил его, но и проявил к нему любовь, добившись тем самым его расположения.

Идеальный пример для политиков

Хотя Ганди и занимается разнообразной политической деятельностью, он является идеальным примером для всех пристрастных и несправедливых политиков, которые используют данный им Богом разум ради эгоистичного стяжательства и не уделяют времени Богу. Соблюдая священный день отдохновения, а точнее, день молчания, в который он общается с Богом, Ганди демонстрирует, что обязанность перед Богом должна стоять на первом месте. Один день в неделю он уделяет молчанию. Ничто не в состоянии заставить его говорить. Всякий раз, когда наступает день молчания, Махатма оставляет конференции о самых насущных проблемах Индии и говорит барону Ирвину, чтобы тот продолжал переговоры на следующий день. Когда Ганди в последний раз арестовали посреди ночи, его жена и последователи плакали, а сам он оставался непоколебимым. Он благословил их и перед отбытием написал им кое-какие указания, так как это был день его молчания. Махатма никогда не нарушает свой день тишины. Он не забывает, что человеческие обязанности не могут быть исполнены с умом, если сначала не позаимствовать силы у Бога. Самая главная его обязанность — это регулярная ежедневная медитация на Бога, а также безмолвное общение с Богом в течение одного дня в неделю.

Ганди — строгий моралист, человек самоконтроля, взявший верх над своими чувствами.

Полагаю, Ганди одержал величайшую политическую и духовную победу, когда побудил свою жену принять его моральные установки. Современные мужья прекрасно понимают, о чем я сейчас говорю. В Южной Африке миссис Ганди две недели страдала и голодала в тюрьме вместе с Махатмой, борясь за свободу.

Ни одному человеку не удавалось собрать в бедной Индии столько денег на духовные и благотворительные цели, сколько собрал

Ганди. Своими призывами он собрал миллионы рупий. Ему это удалось потому, что люди полностью ему доверяют. Одна принцесса подарила ему дорогостоящий стул из серебра. Он тут же выставил его на аукцион, а вырученные деньги потратил на нужды общества. Он настолько разносторонний, что может отвечать на письма через секретарей, уделять внимание политикам и в то же время строго следить, на что тратятся все государственные деньги.

«Один за всех и все за одного»

Махатма Ганди верит в единого Бога и универсальное братство людей. Он не проводит различий между христианскими народами, индийцами или же изгоями. Он говорит, что каждый, кто следует истине и любит Индию, является индийцем. Всех своих последователей-христиан, индуистов и мусульман он называет индийцами. Он возглашает: «Долой патриотизм, пренебрегающий патриотической любовью к другим странам и свободой людей всех национальностей!»

Патриотизм должен включать в себя стремление к благополучию всех наций. Ганди верит в принцип «один за всех и все за одного». Его доктрина основательно отличается от коммунистических принципов. Политические методы достижения целей у коммунистов основаны на силе, в то время как Ганди учит, что низшую грубую силу нужно завоевать превосходящей силой духа. Он говорит, что ненависть лишь порождает ненависть, а вовсе не побеждает ее. Сильный человек может тиранизировать слабых, но не способен победить собственную ненависть, сокрытую внутри. Жертва, которой оказали поддержку, может отомстить сильному обидчику с удвоенной силой; но если она сожжет дух ненависти в пламени любви, такая победа будет великой и устойчивой, ибо она свободна от всех возможных вспышек гнева и сопутствующих им проблем.

Ганди говорит, что если у вас и вашего врага в руках по револьверу и вы в страхе спасаетесь бегством, говоря: «Я тебя прощаю», то вы являетесь трусом. Он говорит, что лучше использовать оружие, чем быть трусом, но вместо того, чтобы стрелять или убегать от вооруженного врага, одержимого злом, он советует использовать более мощное оружие — противодействие силой любви и ненасильственное сопротивление злу. Если вы будете практиковать этот принцип, вы станете поистине победоносным, духовным человеком.

Если в семье младший из десяти братьев в гневе возьмет в руки меч, чтобы убить остальных, а старший его обезглавит и сообщит матери: «Я убил своего младшего брата, чтобы спасти остальных твоих детей», мать разрыдается: «О сын мой, как ты мог убить моего младшего сына и своего дорогого брата?» В неистовом отчаянии она будет плакать и плакать.

Насколько будет лучше, если старший сын придет к ней и скажет: «О Мать, мой младший брат впал в бешенство и достал меч, чтобы убить всех своих братьев, а я встал прямо перед ним, сказав: „Я противостою тебе силой своей любви и умоляю тебя не убивать нас; но если ты все же решишься на это, убей сперва меня". О Мать, мой младший брат не ведал, что творит, пока не узрел мою искреннюю любовь: во мне не проснулись гнев и желание отомстить, даже когда его меч пронзил мою руку. После первого же удара он, будучи завоеван силой моей любви, сломал свой меч, перевязал мою рану и попросил прощения».

Если бы Господь использовал всю Свою силу, чтобы наказать человека, что бы сейчас с нами стало? Он не использует материальную силу, чтобы повлиять на нас, — Он использует преобразующую силу любви, чтобы изменить нас. Благодаря Своей любви Бог стал нам Отцом — самым желанным объектом наших устремлений.

Как идеалы Ганди изменили Индию

Ганди удалось снизить торговлю алкоголем и опиумом в Индии на восемьдесят процентов. Ни одна страна не должна получать прибыль от человеческой деградации и поощрять употребление наркотиков или алкоголя.

Ввиду того, что в Индии жаркий климат, ее народ нуждается в тонкой одежде из деликатной ткани. Но правительство приняло закон, запрещающий индийцам использовать тонкие нити при изготовлении одежды, чтобы индийский хлопок сначала отправлялся в Ланкастер, а оттуда в Индию возвращались уже готовые ткани. Таким образом, индийцев фактически лишили торговли и сделали зависимыми от импорта одежды из Англии. Ганди посоветовал народу Индии шить одежду из грубой нити, намотанной на дешевые прялки местного производства. Благодаря этому импорт хлопковых товаров из Англии упал примерно на восемьдесят процентов. Вот так [в

Индии] была возрождена отечественная промышленность. Не завися больше от работы в городах и на фабриках, люди начали полагаться на собственные силы и сейчас выращивают свою еду и делают одежду из хлопка, который собирают на своих полях.

Ганди использует поезда и автомобили, чтобы добраться из одного места в другое. Он вовсе не из тех, кто отрицает пользу современных технологий, но он предупреждает, что те могут поработить человека и заставить его тревожиться о создании и приобретении большого количества материальных вещей.

Возрождение христианской доктрины

Благодаря проповедям Ганди добился того, чего не смогли сделать ни индийские правители, ни британское правительство, используя законы. Индуисты проповедовали в мечетях, а мусульмане проповедовали в индуистских храмах. Часто индуисты и мусульмане ели из одной тарелки.

Подобно тому как темнокожее население в Америке уже долгое время сталкивается с притеснениями, так и в Индии есть проблема с предрассудками против темнокожих аборигенов, а также против париев и угнетенных. В Америке кастовая и клановая система почти так же сильна, как и в Индии. Темнокожие и индейцы здесь в таком же положении, в каком в Индии — темнокожие Санталы, Колы, Бхилы и низшие касты, являющиеся изгоями. Индия изолирует их, называя «неприкасаемыми». Сейчас на юге США у темнокожих отдельные залы ожидания на вокзалах и отдельные места в трамваях и поездах. Они выполняют в основном черную работу, и в этом они схожи с представителями касты неприкасаемых, которые работают в Индии прислугой. В столице, городе Вашингтоне, мне пришлось проводить отдельные занятия для моих темнокожих и светлокожих братьев. Это меня очень удивило.

Махатма Ганди возрождает в умах людей христианскую доктрину. Все люди — белые, черные, смуглые, желтые — произошли от общих предков, Адама и Евы, и поэтому в их жилах течет одна кровь. Ганди помогает угнетенным, которые уже начинают требовать соблюдения своих прав. Ганди также верит в то, что молодых вдов можно освободить от обязанности оставаться незамужними и зависимыми от посторонней помощи.

Ганди верит в равные права для женщин, он обучает равенству полов. Почему надо осуждать женщин и говорить, что они, наряду с деньгами и вином, вводят человечество в заблуждение? С таким же успехом и женщины могут говорить, что мужчины, наряду с деньгами и вином, являются искушением, которое ведет к погибели.

Ганди проповедует свободу для женщин. Вот почему среди учениц святого — дочь английского адмирала Мадлен Слейд, а также Сароджини Найду[3]. Он освободил индианок от «домашнего заключения», и они стали передовой силой в его великой духовной армии, сражающейся против политического зла. Мадлен Слейд сказала: «Ни за что на свете я не вернусь к прошлому образу жизни и не забуду, чему меня научил Махатма Ганди».

Сострадание Ганди включает в себя доброту и любовь ко всем животным. Он не хочет наносить вред кому бы то ни было, и при этом он не фанатичен в своем подходе, ведь он наказал убить корову, которая мучилась от заболевания.

Ганди говорил, что наибольшее влияние на его жизнь оказали Иисус Христос, Бхагавад-Гита и Лев Толстой. Иисус не дожил до того, чтобы увидеть результаты своей работы и своих страданий. Ганди повезло больше. Благодаря своему праведному поведению он становится все более популярным; Ганди войдет в историю как великий спаситель, изменивший судьбы не только индийцев, но и людей других стран. Даже его злейшие враги не критикуют его, а признают, что он порядочный человек и его нельзя подкупить ни деньгами, ни лестью, ни уступками, ни политической славой. Он никогда не идет на компромиссы со своими принципами.

Сопротивление злу силой любви

Доктрина Ганди о сопротивлении злу силой любви уже показала свою практичность. В эту эпоху машин и механизмов, когда человеческая способность разрушать затмила его способность созидать, Ганди показал обществу универсальное средство от всех его болезней. Для окончательного преодоления зла в обществе и политике мы должны использовать самое грозное оружие — сопротивление силой любви.

---

[3] Известная поэтесса, а также первая индианка, ставшая президентом Индийского национального конгресса и губернатором индийского штата.

Война порождает войну, и ее можно предотвратить только ненасильственным сопротивлением и превосходящей силой любви.

Когда Ганди отправился в Южную Африку работать юристом, он дал начало кампании гражданского неповиновения, объявив, что будет голодать, пока его требования не исполнят. Он, его супруга и примерно триста последователей голодали двадцать один день, после чего были отпущены; Генерал Смэтс и Бота пошли на уступки, и индийцы добились своего. Это была первая победа Ганди.

Во время Англо-бурской войны в Африке, когда Ганди был еще на стороне Англии, он получил две золотые медали за храбрость, так как возглавлял санитарный отряд и уносил раненых с поля боя посреди свистящих пуль.

Спустя какое-то время в Индии Генерал Дайер приказал солдатам стрелять по безоружной толпе из двух тысяч человек до тех пор, пока не кончатся патроны. Единственным правонарушением со стороны людей было то, что они собрались на протест, несмотря на запреты полиции. Это событие заставило Ганди изменить свою позицию и выступить против британского правительства. И с тех пор он говорит: «Я люблю британский народ, но впредь я буду злейшим врагом любой формы правления, навязанной Индии англичанами». Многие честные английские газеты осудили поступок генерала Дайера, и он был вызван в Британию.

Однажды Ганди остановил кампанию гражданского неповиновения, когда она вылилась в насилие. Но когда его в последний раз посадили в тюрьму, он сказал: «Кампания должна жить и дальше»; с тех пор тысячи известнейших индийцев, боровшихся за свободу, были приговорены к тюремному заключению [из-за их поддержки ненасильственного сопротивления]. Ганди также много раз бывал в тюрьме, но не как заключенный, а как святой, превративший тюрьму в храм свободы. Этот факт навсегда запечатлеется в умах людей. Ганди в тюрьме — это опасный Ганди. Если бы он умер в тюрьме, он бы все равно жил в сердцах людей как проповедник свободы и равенства.

Истинное равенство достигается любовью

Ганди не верит в достижение равенства грубой силой, а также в то, что у богатых надо отбирать власть. Он верит в непринужденное самоотречение и бескорыстный акт дарения, совершаемый от чистого сердца. Он пытается объединить людей, взращивая в их сердцах дух братства. Он проповедует любовь, чтобы все нации могли помогать друг другу, подобно тому как богатые люди помогают своим нуждающимся братьям.

Ганди одержал одну из величайших своих побед, когда его безоружная армия, его духовный батальон, противилась запрету добывать соль. Свидетели сообщали, как полиция, вооруженная палками и пулеметами, нападала на людей, и как храбрые мужчины с разбитыми головами и ранениями падали на землю, после чего вновь поднимались и возглашали: «Если хотите, убивайте нас, но мы не сдвинемся с места!» Много раз полицейские, уставшие убивать своих безоружных братьев, ретировались, оставляя свои средства убиения. Ганди добился перемирия, и он пообещал Англии, что Индия достигнет самоуправления. Оказывая сопротивление силой любви, Ганди добился в Индии большего успеха, чем Ирландия за семьсот лет использования насильственных методов.

Я верю, что Индия продемонстрирует, как правильно покончить с войной, когда добьется своей цели, не прибегая к насилию и убийствам в отношении англичан. Вот тогда политически распятая Индия станет победоносной и искупит народы мира. Как сказал епископ Фишер: «Махатма Ганди — наиболее выдающаяся фигура в христианском мире, ибо он учит страны совершенно иному способу ведения войны».

Если кто-то на земле и вносил ценный практический вклад в достижение мира, то это были Вудро Вильсон и Махатма Ганди. Президент Вильсон, просто лишь предложив проект по созданию Лиги Наций, продемонстрировал миру идеал свободы, к которому этот проект может в итоге привести. Это не так важно, что он не дожил до того, чтобы увидеть результаты своего труда, — главное, что его дело продолжит жить[4].

Уничтожьте ненависть, и на землю придет мир

Махатма Ганди дал миру в высшей степени эффективный метод не только прекращения войны, но и исключения вероятности ее

---

[4] Концепция межгосударственного взаимодействия, направленного на достижение мира и на то, чтобы сделать эту планету лучшим местом для жизни, позднее вылилась в создание Организации Объединенных Наций.

появления. Почему люди лезут из кожи вон, пытаясь решить разногласия способом, который еще никогда ничего не решал?

Ни один политик, кроме Ганди, еще не думал об интересах всех стран, пытаясь обеспечить благополучие своей собственной стране. Ганди хочет освобождения Индии и всех государств, находящихся под иностранным владычеством, чтобы мир стал более безопасным и счастливым местом для жизни всех людей. Сокрытая внутри нас взрывчатка ненависти — вот что является причиной войны. Уничтожьте ненависть, и на землю придет мир. Ганди — выразитель своей эпохи, реформатор, великий политический искупитель, который пришел на землю, чтобы завоевать мир неуязвимым оружием любви и понимания и основать Соединенные Штаты Мира во главе с Истиной. Своим страданием, отречением и всеохватывающей любовью он побуждает народы чувствовать, что все они братья, дополняющие друг друга своими различиями.

Политика, одухотворенная влиянием Ганди, а также священные алтари сердец, озаренных в медитации Богом, способны привнести райский покой в семейную, социальную, политическую и духовную жизнь человека.

Ганди пробуждает неземное чувство мира и братства в сердцах людей всех наций; вместе с тем, общество Yogoda Satsanga (Self-Realization Fellowship) привносит вечное блаженство Бога в души всех людей.

Пусть западные люди продолжают «завоевывать» своих восточных братьев материальными достижениями, а восточные люди продолжают «завоевывать» своих западных братьев любовью. Это позволит людям Запада и Востока развиваться сбалансированно — и материально, и духовно.

Махатма Ганди — современная духовная загадка. Его жизнь покажет способ решить сложные проблемы Востока и Запада.

Махатма Ганди был убит 30 января 1948 года. 1 февраля Парамаханса Йогананда провел поминальную службу в честь этого святого мученика. Издатель и журналист из индийского города Пуна, доктор В. М. Ноуле, который был давним другом Парамахансы Йогананды и знал о духовном родстве Ганди и Шри Йогананды, впоследствии прислал ему горстку праха Махатмы. Получив ее, Парамахансаджи провел вторую

Божественный роман

поминальную службу 27 февраля 1949 года[5]. Он заключил ее молитвой:

«Благослови душу Ганди и нас всех, дабы мы могли помнить о его духе — о том, как сражаться со злом не ответным злом, разрушающим мир, а созидательной силой добра и любви, как нас тому учил Христос и как нас тому учил Ганди. Пусть Ганди вечно живет в наших сердцах, в Боге, в Индии и в сердцах всех наций».

---

[5] 20 августа 1950 года Парамахансаджи провел торжественное открытие Мемориала мира Махатмы Ганди в Озерной Святыне SRF, находящейся в калифорнийском городе Пасифик-Палисейдс. 24 октября 1951 года доктор Ноуле написал Парамахансаджи:

«Относительно праха Ганди могу сказать, что он развеян над всеми значимыми реками и морями, и ни одна его часть не была выслана за пределы Индии, за исключением той, что я послал вам ценой весьма непростых усилий… Возведя Мемориал Ганди, вы заставили Индию и все остальные страны покраснеть, ибо вы первый, кто это сделал. Вы единственный за пределами Индии, кто получил частичку праха Ганди».

Магнетизм: врожденная сила души

*Первый храм Self-Realization Fellowship,
Энсинитас, Калифорния, 29 июля 1939 года*

Почему одна и та же речь, сказанная разными людьми, может либо пленить, либо вообще не вызвать интереса? Диктаторы, несмотря на все свои очевидные недостатки, обладают огромным влиянием. Что же это за секретная сила? Ее называют магнетизмом.

Каждый человек наделен магнетизмом свыше. Почему тогда одни люди его выражают, а другие — нет? Потому что лишь немногие знают, как его развить; в большинстве случаев эта сила бездействует. Многие способности, дарованные нам Богом, дремлют внутри нас, ибо мы их не используем. Некоторые из вас в своей жизни даже не пытались стать здоровее, выполняя надлежащие физические упражнения. И каков результат? Преждевременное старение и болезни. Когда вы решаете заняться своим физическим развитием, вы же не думаете о том, чтобы накачать одну руку, а остальное тело не трогать? Если у кого-то будет огромное тело, а голова с горошек, это будет смотреться непропорционально. Если вы будете развивать только умственные способности, данные вам Богом, но игнорировать при этом другие аспекты своей сущности, ваше развитие будет таким же несбалансированным.

Что такое магнетизм? Гипнотизм называют животным магнетизмом: это своеобразный психологический хлороформ, который гипнотизер «прописывает» человеку. Но духовный магнетизм — это кое-что совсем иное. Это способность души создавать или притягивать к себе все, что ей понадобится для достижения успеха и благополучия. Магнетизм большинства людей не особо развит; как правило, он находится на животном уровне или на уровне физического магнетизма, подверженного гипнозу *майи* (иллюзии мироздания), и действует в основном на уровне материализма.

Как питание воздействует на магнетизм

На развитие магнетизма влияет множество факторов. Во-первых, обратите внимание на то, что именно и в каких количествах вы едите. Переедание и неправильное питание опасны для развития магнетизма, потому что они неблагоприятно воздействуют на жизненные силы тела. Те, кто перегружают свой организм, например, мясом, ослабляют свой магнетизм. Это относится ко всей еде, неполезной для тела. А такая чистая пища, как свежие фрукты, напротив, повышает магнетизм. Что касается количества потребляемой пищи, то есть нужно столько, чтобы после еды чувствовать себя немного голодным. Не заполняйте свой желудок до отказа. Перегруженный желудок выкачивает из организма жизненную силу и становится причиной потери магнетизма. Те, кто постоянно переедают, не обладают притягательной силой, а те, кто регулярно голодают, свой магнетизм лишь повышают.

Не тело должно контролировать вас, а вы должны контролировать тело. Те, кто не голодает, часто тревожатся, что если они останутся без еды хотя бы на день, то обязательно умрут. Однако, длительное время воздерживаясь от пищи, вы в какой-то момент обнаружите, что больше не голодны и не испытываете привязанности к еде. Длительное голодание опасно для тех, кто не знает, как правильно голодать; но если вы знаете, что делаете, тогда ничего страшного не случится[1]. Жизненные силы тела порабощены перееданием, но благодаря регулярным голоданиям продолжительностью от одного до трех дней они восстанавливаются, повышая тем самым магнетизм тела.

Вы, душа, представляете из себя нечто большее, чем просто бренное тело из плоти. Благодаря голоданию вы обнаружите, что в действительности вас питает изнутри космическая энергия, *прана*. Иисус имел в виду именно это, когда говорил: «Не хлебом одним будет жить человек, но всяким словом, исходящим из уст Божиих»[2]. Под «устами Божиими» здесь понимается тонкий духовный центр в продолговатом мозге, через который из космического источника в тело входит божественная энергия жизни, «слово».

---

[1] Тот, кто недостаточно осведомлён в этой теме, перед длительным постом должен проконсультироваться со специалистом по лечебному голоданию.

[2] Мф. 4:4.

Голодая, не думайте, будто вы морите себя голодом, — знайте, что вас питает космическая энергия. Вы будете поражены, когда поймете, что эта космическая энергия входит в ваше тело без посредничества еды. Вы и знать не знали об этой силе — вот почему вы порабощены едой.

Предположим, вы набили желудок мертвого человека едой. Сможет ли он переварить эту еду и вновь наполниться энергией? Нет — тело так и останется безжизненным. А что происходит, когда еда попадает в желудок живого человека? Она переваривается. Этот пример демонстрирует, что не еда сама по себе дает жизнь, а *прана*, разумная энергия жизни, которая преобразует еду в энергию. Энергия жизни так сильно порабощена связью с телом, что думает, будто не может питать его без еды. Но Иисус напомнил нам, что это не так. Прана входит в тело вместе с душой во время зачатия, и в течение жизни она постоянно восполняется через «уста Божии». Голодание — это способ развития самоподдерживающейся силы этой внутренней энергии.

Голодание очищает вашу кровь и дает отдых вашим органам; восстановленная энергия начинает течь через ваши глаза и конечности. Таким образом, когда вы голодаете, вы можете передавать другим больше целительной энергии во время молитвы и исполнения техники исцеления Self-Realization Fellowship[3]. Как только вы начинаете понимать, что живете за счет космической энергии, а не материальной субстанции, ваше тело становится притягательным. К вам приходит совершенно иное качество магнетизма. Это великая вещь.

Через ваше тело проходят вибрации всего мира

Вы постоянно обмениваетесь магнетизмом с окружающим миром и людьми, с которыми контактируете. Например, встречая кого-либо, вы чувствуете, как с вами что-то происходит; вы принимаете от человека энергию. Чтобы получить от кого-либо энергию магнетизма, вы должны находиться рядом.

---

[3] Молитвы для исцеления от физических заболеваний, умственной дисгармонии и духовного неведения совершаются ежедневно Молитвенным собором Self-Realization Fellowship, который состоит из монахов Ордена SRF. Молитвы для себя или своих близких можно запросить по телефону или отправив письмо обществу Self-Realization Fellowship, Лос-Анджелес. Молитвы возносятся и Всемирным кругом молитвы Self-Realization Fellowship, состоящим из членов SRF и их друзей по всему миру. Они молятся за мир и покой, а также благополучие всего человечества. Буклет, описывающий работу Всемирного круга молитвы, доступен по запросу.

Пожимая человеку руку, вы образовываете магнитную связь и обмениваетесь магнетизмом. Если вы более сильны или жизнерадостны, вы поделитесь своими вибрациями; если же вы слабее, вы будете принимать вибрации у того, кто сильнее. Это объясняет, почему люди неосознанно любят пожимать руки известным мужчинам и женщинам.

Все действия, как позитивные, так и негативные, образуют вибрации в эфире. Эти вибрации присутствуют повсюду. Когда вы находитесь в среде этих вибраций, они проходят через ваше тело подобно радиоволнам. Если вы живете или общаетесь с людьми, поступающими неправильно, вы будете чувствовать магнетическую вибрацию их неправильных деяний, как бы вы ни пытались ее избежать. Слабовольные люди должны держаться в стороне от людей с дурными привычками. Только волевые личности могут общаться с такими людьми и помогать им меняться, не поддаваясь их негативному воздействию. Это закон. Если кто-то употребляет спиртное и магнетизм его привычки сильнее вашей воли противостоять подобному желанию, не общайтесь с этим человеком. Если вы находитесь в компании людей с дурными привычками, вы должны быть убеждены в том, что ваше стремление быть хорошим сильнее, чем их отрицательный магнетизм. Самозваные духовные учителя и реформаторы, не развившие прежде собственный духовный магнетизм, вероятнее всего, падут жертвой негативных вибраций тех, кому они пытаются помочь.

Когда я здороваюсь с кем-либо за руку или просто нахожусь в чьей-либо компании, я передаю свой магнетизм; иногда я могу и принять вибрации — по своему усмотрению. Если же я не хочу принимать чьи-либо вибрации, я просто не синхронизируюсь с ними — я нахожусь в зоне недосягаемости для них. Так как мой магнетизм развит в большей степени, мои вибрации сильнее окружающих, и я могу «заглушить» все остальные вибрации. Подобные загадки нашего существования я созерцаю постоянно. А люди думают, что они представляют собой лишь груду плоти!

Спокойствие защищает вас от негативных вибраций

Согласно исследованиям, у человека, живущего посреди шумных вибраций, то есть в излишне шумной обстановке, жизнь сокращается на шесть лет. Когда вы нервничаете, вы более восприимчивы к раздражительным вибрациям всех типов, и это лишь усугубляет отрицательное воздействие на нервную систему. Когда вы спокойны, раздражительные вибрации не могут причинить вам вреда. Они добираются до вас, когда вы проявляете слабость и нервничаете; но стоит вам стать спокойным и непоколебимым, и они уже не могут коснуться вас.

Измените и укрепите свои вибрации, внушая себе: «Я спокоен» или «Я счастлив». День за днем произносите такую аффирмацию в своем уме, и вы разовьете магнетизм покоя или счастья. Если вы считаете, что ваше окружение не соответствует вашим устремлениям, смените его на более благоприятное. Переключившись на хорошее окружение, вы поможете себе развить магнетизм и измениться к лучшему. Общайтесь с теми людьми, чье поведение вы считаете эталонным. Если вы хотите развить магнетизм предпринимателя, общайтесь с предпринимателями. Будьте чисты и опрятны телом и одеждой и, куда бы вы ни пошли, придерживайтесь мысли, что контролируете свое поведение. Если вы хотите быть писателем, общайтесь с теми, кто излучает «литературные» вибрации. А если вы хотите уподобиться святому — общайтесь со святыми.

Как «выкрасть» магнетизм у святых людей

Великие святые никогда не растрачивают свое время. Вы должны убедить их настойчивостью своего сердца — тогда вы привлечете их к себе и сможете «выкрасть» у них магнетизм. Вы будете автоматически принимать их вибрации, находясь возле них. Но вы можете чувствовать их магнетизм и на расстоянии тысяч километров, потому что их духовные вибрации вездесущи.

Я постоянно принимаю духовные вибрации от моего гуру, Шри Юктешвара, несмотря на то, что он переродился в ином мире. Когда он еще жил в Индии, я также чувствовал его вибрации. Вот почему я интуитивно знал о его намерении покинуть тело еще до того, как он написал мне письмо, в котором сказал, что ждет моего возвращения в Индию. Я сообщил мистеру Линну[4], что должен ехать к Гурудэве, который ждал меня пятнадцать лет; и я знал, что если бы не отправился к нему тогда, то в другой раз уже не застал бы его живым. Спустя три месяца после моего приезда в Индию Мастер покинул свое тело.

---

[4] Впоследствии известный как Раджарси Джанакананда; первый духовный преемник Парамахансы Йогананды на посту президента SRF (см. глоссарий).

Так что да — это правда, что вы можете принимать вибрации магнетизма от святых даже на огромном расстоянии, потому что они очень сильны. Если вы хотите быть художником, вы должны общаться с художниками, жить среди них. Но от духовных личностей вы можете принимать вибрации на любом расстоянии. Конечно, для этого уровень их духовного развития должен быть очень высок, а вы, в свою очередь, должны быть в достаточной степени восприимчивы, чтобы чувствовать вибрации их магнетизма.

Чтобы заимствовать магнетизм у духовных людей, вы должны чувствовать, что они находятся с вами, когда вы медитируете и молитесь. Мысль об этом мгновенно передает вам вибрации их магнетизма. Когда я молюсь о других людях между семью и одиннадцатью часами утра, вибрации моих молитв особенно сильны[5]. Эти вибрации исходят от меня постоянно, но особенно хорошо они чувствуются именно в этот временной период. Когда вы молитесь, представляйте, что я молюсь вместе с вами, и вы почувствуете большой прилив сил.

Кроме того, если вы будете посещать места, в которых жили мастера, это ускорит ваше духовное развитие. Вот почему паломничества в святые места имеют такую большую ценность. Когда я посетил Святую землю, я почувствовал большой прилив сил и познания. Иисус родился в беспокойном регионе во времена серьезных противоречий, чтобы продемонстрировать, что его магнетизм превыше всякого зла. Он до сих пор излучает божественные вибрации, и они так же сильны, какими были при его физическом воплощении. Те, кто сонастроены с ним, почувствуют его вибрации, когда посетят это место. Но прежде нужно подготовить себя к этому с помощью медитации.

Используйте время с умом

Большинство людей тратят свое время на бесполезные занятия. Постарайтесь делать что-то стоящее каждый день, чтобы у вас было ощущение, что вы вносите свой вклад в развитие мира и ваша жизнь имеет смысл. Сильный магнетизм можно развить, если делать каждый день то, что ранее казалось вам невозможным.

Следите за своими мыслями. Все ваши переживания просачиваются

---

[5] В это время Гуру имел обычай произносить особые молитвы от имени тех, кто просил его о духовном посредничестве.

через ваши мысли. Именно ваши мысли заставляют вас духовно развиваться или же деградировать. Видите ли, ваше тело — это повозка, в которую запряжены пять лошадей чувств. Вы, душа, являетесь хозяином этой повозки и кучером. Если вы не используете вожжи вашего ума для управления лошадьми, вы потеряете контроль над повозкой и попадёте в канаву болезней, страданий и неведения. Если вы хотите, чтобы эта повозка осилила дорогу жизни и доставила вас в Царство Божие — ваш конечный пункт назначения, — вы должны контролировать пять лошадей чувств. Управляя ими, вы достигнете самоконтроля, а следовательно, и счастья.

Зачем растрачивать своё время? Используйте его для медитации и изучения таких журналов, как *Inner Culture*[6], которые вдохновят вас на правильные мысли. «Убить» время очень легко — вся жизнь может быть растрачена таким образом. Вы хозяин каждого мгновения своей жизни. Используйте время с умом, чтобы оно могло дать вам спасение. Зачем тратить своё время на карты и бесполезные занятия? Я иногда встречаю людей, которые часами играют в карты в накуренных помещениях. Такая растрата жизненного времени является наиболее порочным деянием по отношению к своей душе. Столько времени уходит зря, а пользы от этого никакой. Если хотите расслабиться, лучше погулять и сделать какие-нибудь полезные упражнения.

Не будьте болтуном

А когда вы обретете личный магнетизм, не разговаривайте слишком много. Не будьте болтуном, который говорит без конца. Пустая болтовня растрачивает силу вашего магнетизма. Она опасна еще и потому, что любители много говорить часто могут «ляпнуть» не то. Небольшие фразы, выстреливающие из пушки человеческих уст, обладают силой разрушить целые империи или — если они исходят из уст мудрого человека — принести на землю мир. Человек, который говорит слишком много, является мелким мыслителем, обладающим слабым магнетизмом. Но когда говорит немногословный человек мудрости, люди прислушиваются к нему. Именно таким был мой Гуру. Когда он говорил, его слова были наполнены мудростью и силой.

Когда встречаются двое или несколько человек, все хотят

---

[6] В 1948 году Парамахансаджи сменил название этого журнала на *Self-Realization*.

говорить и никто не хочет слушать. Учитесь больше слушать, сидеть тихо и наслаждаться компанией других людей. Навещая какую-либо компанию, Эдисон имел обыкновение сидеть в тишине рядом с одним из своих друзей. Они могли не проронить ни слова, а когда приходило время прощаться, оба говорили: «Всего хорошего, мы отлично провели время».

Когда вы говорите, направляйте все свое внимание на человека, к которому обращаетесь, и говорите по делу. Когда вы начнете говорить от души, каждый будет хотеть вас выслушать. За вашими словами будет стоять сила всего мира, а также правда Божья. Своими словами вы сможете менять людей.

Если вы хотите развить магнетизм, вам, помимо прочего, нужно научиться анализировать себя, а также ежедневно вести в своем уме дневник, в который записаны все ваши поступки. Вы поразитесь тому, сколько времени вы тратите на безделье. Каждый, кто хочет стать великим, должен анализировать себя подобным образом. Каждую ночь неподвижно сидите в тишине и спрашивайте себя: «Какими делами я сегодня занимался?» Это поможет вам отчетливо понять, как можно использовать свое время более мудро. Если вы усвоите хотя бы одну эту истину, вы станете другим человеком. Стоит вам взять свою жизнь под контроль и начать делать то, что вам надлежит делать, как ваша сила воли, наряду с магнетизмом, начинает развиваться.

Сила воли — наш спаситель. Воля — это своеобразный переключатель, контролирующий все в этой Вселенной. Если вы не будете ее развивать, вы останетесь слабовольным существом, которое легко подвергается воздействию окружающей среды. Развитие своей воли — вот в чем кроется секрет обретения магнетизма. Успешные люди — это люди сильной воли. Сколько бы раз жизнь ни сбивала с ног волевого человека, он поднимается вновь и говорит: «Я успешен. Я способен одержать победу!»

Предположим, вы говорите себе: «Ну, сегодня-то я точно помедитирую». Просто возьмите и *сделайте* это. Помедитируйте в этот день как минимум несколько минут. На следующий день примите решение провести в медитации больше времени. В последующие дни прилагайте больше усилий. Добейтесь чего-либо с помощью силы воли. Вот так можно развить магнетизм.

Магнетизм бескорыстной любви

Взрастите в себе тот духовный магнетизм, которым обладали Христос, Кришна и великие мастера. Для этого вы должны покончить со своим эгоизмом; вы должны проявить бескорыстную любовь ко всем. Старайтесь всегда быть полезным людям. Будьте все более полезным для членов своей семьи, своего окружения, своих друзей. Изъявляйте готовность помочь, где бы вы ни находились. Это делает вас магнетическим человеком.

Если вы хотите иметь друзей, вы должны научиться любить всех бескорыстной любовью. Использовать кого-то ради своих целей неправильно. Лишь немногие любят вас просто за то, что вы есть; но если вы научитесь любить других безусловно, тогда вы сможете развить божественный магнетизм. Помните об этой истине. Муж должен любить жену как друга — не за ее физическую привлекательность. Вы должны любить своих друзей не за их богатство, привлекательность или власть, а просто потому, что любите их. Магнетизм бескорыстной любви ко всем людям развивается тогда, когда вы готовы помогать им только лишь с одним мотивом — быть другом.

Пусть Бог работает через вас

Среди тех, кто приходил ко мне на обучение, были и такие, которым я без раздумий говорил: «Вы пришли сюда с ложными мотивами. Перемените их». Некоторым это не нравилось, но все остальные действительно изменились. Лицемерие не приносит ничего хорошего. Даже умнейший из людей не сможет спрятать то, что источают его глаза. В них отражается история всей человеческой жизни. Если вы умеете определять характер человека по его глазам и всегда молитесь: «Господи, я хочу знать правду об этом человеке; я не хочу быть обманутым», тогда вы почувствуете характер человека прямо в своем сердце. Так вы никогда не ошибетесь.

Когда вы с кем-то говорите, смотрите собеседнику прямо в глаза и вещайте всей силой истины и любви Господа, которая стоит за вашими словами. И когда вы пожимаете кому-либо руку, делайте это с мыслью о том, что передаете магнетизм искренней дружбы. Постарайтесь быть полезным для этого человека. Будьте позитивны и развивайте свой духовный магнетизм — так вы обретете способность менять людей к лучшему. Вы можете передавать этот магнетизм через свои глаза. Просто посмотрите на того, кому хотите помочь, и подумайте: «Божье благословение льется через меня». Никогда не думайте о том, что вы — делатель.

Пусть Бог работает через вас постоянно. Тогда, куда бы вы ни пошли, вы будете подобны магниту. Вы можете изменить своего врага даже на расстоянии. Просто пошлите ему свою любовь. Один из моих учеников рассказывал мне, как практиковал этот принцип, узнав о нем из моей лекции. Приятель опорочил его репутацию и разрушил его бизнес, но мой ученик продолжал мысленно посылать ему любовь. Когда он вновь встретил своего обидчика, то общался с ним так, словно ничего и не произошло. Так получилось, что они встретились в лифте, а на улице мой ученик предложил его подвезти. В уме он все время посылал своему обидчику любовь.

Спустя пару недель тот навестил его и сказал: «Мне надо с тобой поговорить. Я не могу избавиться от мысли о тебе. Я был не прав. Сейчас мне приходится ходить от одного человека к другому, чтобы искупить все зло, что я сотворил». И он действительно это сделал.

Так что если кто-то ведет себя как враг, продолжайте быть добрым к нему. Проявляйте доброту от чистого сердца и ведите себя так, чтобы он понимал, что вы остаетесь дружелюбным. Если это не работает, просто безмолвно дарите ему свою любовь. Он изменится. Любовь — могучая сила, способная завоевать человека. Но это неправильно, если в своей любви вы преследуете цель властвовать над человеком. Никогда не злоупотребляйте силой любви — просто совершенствуйте ее, чтобы помочь другим людям.

Эго удерживает человека вдали от Бога

Я еще в детстве замечал, что людей тянет ко мне. В этой связи я вспомнил великий урок, который мне преподал мой Гуру. В его ашраме был один парень по имени Кумар, который очень завидовал тому, что все ходили ко мне за советами и Мастер назначил меня ответственным по делам ашрама. Однажды Мастер без каких-либо разъяснений сказал мне: «Отправляйся подметать пол — я назначаю ответственным Кумара». Я ответил: «Хорошо, Мастер!» Я вовсе не рассердился. Я принял это как должное, ибо верил в мудрость Мастера.

Спустя какое-то время Кумар начал меня тиранизировать, прося, помимо всего прочего, начищать его туфли! И я выполнял его поручения. Но даже несмотря на то, что он был назначен ответственным, остальные парни все равно тайком ходили за советами ко мне. Однажды я нечаянно услышал, как Кумар жалуется Мастеру на то, что я подрываю его авторитет, потому что ученики ашрама по-прежнему ходят ко мне, а не к нему. Мастер строго ответил: «Именно этот урок ты и должен был усвоить. Он делает свою работу с правильным настроем и не жалуется. Даже несмотря на то, что я дал ему самую незначительную работу, его желание быть полезным и хорошее поведение естественным образом сделали из него лидера. А так как ты не научился правильно себя вести, ты не можешь быть во главе других людей — пусть ты и был назначен ответственным». Мастер освободил его от должности и вернул ее мне.

Не идите на поводу у своего эго. Будьте скромны — это сделает вас привлекательным. Бог не придет к вам, пока внутри вас бушует эго. Он будет сторониться вас. Самовлюбленному человеку Он говорит: «Ты лишь крошечная искорка, а так себя возвеличиваешь. Я обладаю всей Вселенной, но при этом смиренно остаюсь в тени».

Имея Бога, вы имеете все. Миллионеры, миллиардеры — все они не могут заставить вас склониться перед ними. Мой старший брат Ананта любил говорить мне, как я безнадежен, потому что я прогуливал школу и проводил свободное время в медитации. Он часто говорил мне, что моя жизнь будет никчемной, подобно сухим опавшим листьям. А я отвечал: «Из опавших листьев может получиться неплохое удобрение, Брат!» Ананта устроился на хорошую высокооплачиваемую работу, однако рано ушел из жизни из-за болезни.

Божья любовь всепоглощающа

Когда я ступил на духовный путь, все думали, что я сошел с ума. Я любил обращаться к Богу в религиозных песнопениях, и некоторые члены моей семьи горевали, полагая, что я пошел по неверному пути. Всякий раз, когда я пел, они прятались от меня и унывали. Спустя какое-то время они и сами начали петь мои песни любви Богу и предпринимать попытки медитировать. Они стали моими учениками — прямо в моем доме. Это было весьма необычно, ведь, как говорится, «в своем отечестве пророка нет».

Божья любовь, любовь Духа, всепоглощающа. Стоит вам однажды ее испытать, и она начнет вести вас к сфере бесконечного — все дальше и дальше. Никто не сможет отобрать у вашего сердца эту любовь. Она будет пылать, и в этом пламени вы обнаружите великий магнетизм Духа, который будет притягивать к вам людей и все, что вы желаете или в чем истинно нуждаетесь.

Я искренне говорю вам, что получил ответы на все свои вопросы, и не от человека, а от Бога. Он *есть*. Он *есть*. Это Его дух говорит моими устами. О Его любви я говорю. Трепет за трепетом чувствую я! Его любовь окутывает мою душу словно нежный бриз. День за днем, неделя за неделей, год за годом она лишь усиливается — и нет ей конца. И это именно то, чего вы ищете — каждый из вас. Вы думаете, что хотите человеческой любви и процветания, но за всем этим стоит ваш Отец, Который призывает вас к Себе. Если вы осознаете, что Бог превыше всех Его даров, вы найдете Его.

Посредством науки йогической медитации Индия показала, как именно можно найти Его. Я странствовал по этой земле. Я сидел у ног истинного мастера. Я не просто убежден в том, что Бог есть, но и свидетельствую вам о Его присутствии. Если вы примете во внимание мои слова, однажды вы и сами будете возглашать, что Бог есть, ибо познаете Его лично. Вы поймете, что я говорил вам правду.

Каждая былинка, каждая искорка, каждая мысль в вашей голове свидетельствует о Его присутствии и Его разуме. Он есть Источник всего сущего, но вы не осознаёте Его. Индия специализируется на духовной науке, демонстрирующей, как человек может прийти к этому Источнику.

Господь вовсе не пристрастен. Каждый, кто взывал к Богу и искал Его, смог Его обрести. Все, что вы когда-либо желали в своем сердце, — в этой и всех предыдущих жизнях — вы найдете в Нем. Сконцентрируйтесь на этом Источнике всех сил. Индия показала, как это можно сделать: с помощью медитации. Когда вы читаете интересную книгу о науке или знакомитесь с каким-либо исследованием о строении тела или ума, вы осознаете, как много всего не знали о себе и о мире, в котором живете. Но если вы будете использовать это время на медитацию — на то, чтобы сонастроиться с Богом, творцом всего сущего, — вы приобретете куда больше знаний.

Ученые не совершают открытия благодаря слепой молитве — в своих исследованиях они применяют законы природы. Аналогично этому, Бог приходит к тем, кто следует законам науки медитации. Люди забрели в лес теологии, где заблудились окончательно. В поисках Бога я тщетно посещал один храм за другим; но когда я нашел храмы душ великих богоискателей, я узрел Его присутствие в них. Его невозможно подкупить величественными зданиями. Он посещает лишь омытые слезами алтари сердец, непрестанно взывающих к Нему. Бог реален. Мастера, уделяющие медитации многие годы, находят Его.

Слушайте то, что хочет сказать вам дух Божий

Я говорю вам о собственных переживаниях Истины. Вы не хотите слушать духовный граммофон — вы хотите слушать, что передает вам дух Божий. Все, что я вам говорю, исходит от Него и предназначается для вашего блага. Я не продаюсь, меня невозможно подкупить. Я пришел сюда лишь для того, чтобы служить. Когда Господь призовет меня, я просто уйду. Я здесь лишь для того, чтобы даровать вам истину. И я буду доволен теми, кто примет ее. Тысячи людей уже слушали мои речи, но вы должны знать, что я остаюсь здесь лишь для того, чтобы служить в таких храмах, как этот, и ради тех из вас, кто искренне жаждет искать Бога. Я вижу, кто из людей действительно стремится к Богу. Велика будет их награда.

Это мой долг и привилегия — быть с вами здесь, в этом саду цветущих душ, и говорить вам о Боге. Когда вы ступаете на эту землю, не говорите о зле, не слушайте о зле и не зрите ничего негативного, и тогда вы будете чувствовать священные вибрации, которые постоянно здесь присутствуют. Я никогда не говорил здесь о чем-либо негативном. Вот почему эти вибрации так чисты. И я хочу, чтобы вы все время были позитивны и чисты душой, ибо именно такие внутренние храмы любит посещать Господь.

Обучаясь и медитируя, каждый из вас сможет зарядить свою душу Его силой так, чтобы получить возможность говорить голосом Бога. Именно такого магнетизма вы хотите. Каждый день медитируйте все глубже и глубже, и вы обретете колоссальный магнетизм.

Некоторые люди по пришествию в этот ашрам тут же начинали нас чему-то поучать — хотя это *они* пришли сюда за тем, чтобы измениться. Такие люди не подходят для жизни в ашраме. Мы ищем тех, кто гармоничен и скромен; тех, кто всецело готов содействовать распространению работы нашей линии Мастеров посредством собственной Самореализации.

Самое большое мое желание — изменить души, направить их к Богу. Поэтому я когда-то занимался исцелением людей; но позже я начал замечать, что, получив исцеление для своего тела, ученики уходили прочь, так как их удовлетворяло только это. Я заинтересован лишь в тех, кто ищет исцеления от неведения — величайшей человеческой болезни. Жаждущие Бога люди, которые придут ко мне с восприимчивым сердцем, никогда не будут прежними. Они познают великую истину: «Когда это „я" умрет, только тогда я познаю, кем являюсь на самом деле». В этом теле больше нет никакого Йогананды — только Он.

Давайте же вместе помолимся: «Отец Небесный, заряди Своим магнетизмом мои тело и ум. И утвердись в душе моей, дабы я стал духовно притягательным. Любя Тебя, я привлеку Тебя; в Тебе я найду все, в чем истинно нуждаюсь. *Аум... Аминь*».

Психологическая мебель

*Главный международный центр Self-Realization Fellowship,
Лос-Анджелес, Калифорния, 30 мая 1940 г.*

Моя сегодняшняя лекция основана на всестороннем изучении поведения человека. Из моих наблюдений вы узнаете, почему человечество можно назвать «психологической мебелью». Эта концепция пришла мне в голову много лет назад в Индии после общения с хорошо эрудированным профессором, стоявшим во главе одной научной ассоциации. Проблема профессора была в том, что он любил лесть, да так сильно, что хотел, чтобы люди всегда с ним соглашались, не считаясь с собственным мнением. От нас он в первую очередь ожидал того, что мы склонимся перед ним и прикоснемся к его ступням. Я, надо сказать, сделал это с искренностью, так как с большим уважением относился к его познаниям. У профессора обучались два молодых человека, которые через его рекомендацию хотели получить грант для учебы в японском университете. Один из них обладал высокой квалификацией, но не склонялся перед профессором. В итоге профессор отказал ему в гранте, одобрив его для другого, менее квалифицированного ученика, весьма расчетливо ему льстившего. Таким образом, грант был получен не столько благодаря определенным заслугам, сколько потому, что студент хорошо знал о чертах характера профессора и о том, как можно воспользоваться таким типом психологической мебели для получения желаемого результата.

Прежде всего мы должны понять смысл словосочетания «психологическая мебель». Когда мы думаем о домашней мебели — креслах-качалках, столах, шкафах и так далее, — у нас в голове всплывают образы различных объектов, прочных и неизменных, каждый из которых служит определенной цели и имеет типичные характеристики. Для изготовления каждого из этих предметов мебели используется древесина: ее пилят, обрабатывают и лакируют. Мебель бывает разных стилей: испанского, американского колониального, французского и так далее. Есть и старинная мебель. Существует также мебель в стиле ультрамодерн — и в некоторых домах она выглядит весьма привлекательно. Дизайн мебели отражает индивидуальность ее владельца. Вы можете многое сказать о хозяевах дома, просто взглянув на их мебель. Людей с хорошим вкусом вы можете узнать по тому, как они обставляют свои дома. И дело здесь не столько в потраченных деньгах, сколько во вкусе, с которым они все выбирают и расставляют, делая свое жилище привлекательным.

Правильная меблировка может сделать дом притягательным, красивым и комфортным. Так что мебель — это больше, чем просто инертная вещь. Она «живая» — в том плане, что каждый предмет мебели выполняет свою функцию и имеет индивидуальность.

Люди на самом деле во многом похожи на мебель. Подобно тому как огромное разнообразие мебели сделано из одного материала — дерева, так же и все люди имеют одинаковый состав. Когда мы были только зачаты, мы представляли собой лишь одну маленькую клетку. Но через четыре дня в эмбрионе полностью сформировалась модель того, чем нам суждено было стать. Определенная разумная сила сформировала эту особую, отличную от других модель.

Большинство новорожденных очень похожи друг на друга. Конечно, вы сможете отличить китайского или индийского ребенка от американского, но в целом между новорожденными не так уж и много различий. Тем не менее по мере роста ребенка начинает проявляться уникальная модель того, кем ему суждено стать.

Когда мебельщик приступает к работе, он держит в уме определенный образ, например, стул, который приобретает свою форму по мере обработки древесины. Аналогичным образом из первоначально маленькой клетки тела ребенка начинает формироваться заранее установленная модель. Эта форма продолжает развиваться после рождения до тех пор, пока каждый отдельно взятый индивидуум, каждая отдельно взятая душа не продемонстрирует отличительные физические и умственные характеристики, уникальные для человека; подобным образом бесформенному бревну придается форма стула.

Какие инструменты формируют из нас психологическую мебель?

Какими же инструментами создается столь внушительное разнообразие психологической мебели человека? Наследственностью, семьей и, что еще более важно, кармой — последствиями наших действий в прошлых жизнях. Бог сотворил нас по Своему подобию, но мы решили сделать себя более самобытными предметами психологической мебели. Наши мысли, действия и желания в прошлых жизнях придали форму нашим сегодняшним телам. Неважно, верим мы в карму и перерождения или нет. Причинно-следственный закон не ждет нашего одобрения для того, чтобы работать. Вы наверняка любопытствовали, почему от одних и тех же родителей на свет могут появиться ребенок высокого интеллекта и психически неполноценный ребенок. Если оба новорожденных были созданы по образу Бога, а Бог справедлив, как такое могло случиться? Такие «загадки» легко объяснить кармическим законом причины и следствия, действующим в каждой человеческой жизни. Не одна лишь стамеска наследственности вырезает из индивидуума определенный предмет психологической мебели — его поступки в прошлых жизнях создают позитивные или негативные сдвиги в жизни текущей. Это именно карма создает модель, по которой инструменты влияния на текущую жизнь работают и формируют из нас тех, кем мы сегодня являемся.

Таким образом, наследственность и семья, влияние окружающей среды, климатические условия, реакция нашей свободной воли на кармические условия, принесенные из прошлого, и цивилизация, или эра, в которой мы родились, — все это формирует наши тела и образ наших мыслей. Например, знойное солнце и жара, характерные для Индии и Африки, больше повлияли на эволюцию людей с темной кожей, чем на тех, кто живет в умеренном климате Америки или чрезвычайно холодном климате России.

Дети — это «сырой материал». Если их «моделируют» в фабрике китайской семьи, они рождаются с узкими разрезами глазных щелей и плоскими носами; одеваться и вести себя они будут так, как это принято в китайской культуре. Предмет американской психологической мебели будет уже другим. Его легко распознать: он любит говорить «окей» или «вперед!»; также он одевается и ведет себя чисто по-американски.

Каждый предмет мебели приносит какую-то пользу — до тех пор, пока он не начинает разваливаться. Но и тогда он может оставаться ценным — если с ним связано какое-то важное воспоминание, как, например, в случае со стулом, на котором сидел Линкольн.

Так что все виды психологической мебели, произведенной разными нациями, приносят свою пользу и обладают уникальной ценностью.

Характерные черты человека

Эта концепция, сравнивающая человека с разными видами мебели, очень забавна, не правда ли? Почему женщины носят юбки, а мужчины — брюки? Видите, какая мы интересная и уникальная психологическая мебель! Индийская мебель говорит: «Посмотрите на американскую мебель. Она носит смешные брюки и ест вилками и ножами». А американская мебель говорит: «Посмотрите на индийскую мебель. Она расхаживает со скудно прикрытым телом и ест пальцами».

Индийская мебель, английская мебель, американская мебель, китайская, французская, российская, немецкая, — мы должны изучать и ценить уникальные качества каждой из них. Изучайте их особенности. У каждой нации есть какие-то преобладающие характерные черты. У любой национальности есть что-то, чему можно научиться или чем можно восхищаться. Возьмем, к примеру, еду: она служит отличительным признаком нации. Когда я приехал в эту страну, я так много слышал о яблочном пироге; мне страстно хотелось его попробовать. Когда я его попробовал, он мне понравился. Индийцы любят блюда, приправленные карри, и манго. Итальянцы любят спагетти. Китайцы любят вяленое мясо и рис. Эскимосы любят сырую рыбу. Видите, каждая национальность обладает характерными чертами, которые кому-то могут показаться странными, но людям этой национальности кажутся естественными. Они, словно мебель, сформированы для того, чтобы демонстрировать эти особенности.

В людях разных национальностей нам необходимо искать те качества, к которым нужно стремиться или которые можно перенять в нашем поведении. Например, мне нравится решительный нрав американцев. Несмотря на трудности, американцы проявляют энтузиазм и решимость двигаться дальше. Мне также нравятся упорство англичан и отсутствие у французов деления по национальному признаку. Мне нравится точность, присущая немецкому складу ума; ученые умы приходят в основном из Германии. Мне нравятся китайские основы морали и духовность индийцев. Индийский менталитет способен «отделать» или сформировать душу таким прекрасным образом, что она может произвести святых, которые сделают жизнь на этой земле лучше. Мы так устроены, что можем учиться у людей разных национальностей, отбирать их лучшие качества и перенимать их в своем поведении. Когда мы сочетаем эти идеалы с лучшим, что есть в нас, мы становимся ценной психологической мебелью исключительного качества. Только подумайте! Если бы люди перестали ненавидеть друг друга и научились ценить и перенимать у каждой нации лучшее, на земле бы воцарился золотой век.

Никогда не высмеивайте и не критикуйте представителя какой-либо национальности. Так вы можете побудить его думать о вас подобным образом. Помните: некоторые из ваших характерных черт кажутся людям другой культуры такими же забавными, как их черты кажутся вам. Кто-то даже может смеяться над представителем своей национальности из прошлого. Например, вы можете смеяться над огромными юбками, длинными усами и брюками в клетку из «беспечных девяностых». А люди того времени посмеялись бы над тем, как вы одеваетесь сегодня. Ваш современный стиль показался бы им таким же нелепым. Хотя мы и считаем свою цивилизацию развитой, у нас множество причуд!

Кстати, о причудах: вы когда-нибудь замечали, какие шляпы надевают некоторые леди?[1] Каждый из стилей говорит об особом образе мышления. Одни женщины носят привлекательные традиционные шляпы, другие предпочитают шляпы витиеватого стиля. Те, кто покупают такие шляпы, намеренно или неосознанно желают привлечь к себе внимание. И это работает!

Еще я видел совершенно безумные картины в стиле модерн. Но те, кто ими восхищается, ожидают такой же реакции и от всех остальных. Безобразные творения встречаются и среди мебели. В общем, есть вещи, непривлекательные для большинства людей, и есть вещи, которые привлекают большинство. Мы можем узнать что-то о своем уме по тому, что нам близко, по нашим вкусовым предпочтениям. Образ мыслей определенных людей кажется странным или вызывает отвращение у всех национальностей, даже у той, к которой эти люди принадлежат. Если большинство находит вас непривлекательным, проанализируйте себя. Какая-то особенность вашей натуры может казаться другим

---

[1] В то время женщина не рассматривала свой гардероб без шляпы. Так как в Индии женщины шляп не носят, эти «творения», которые американские женщины надевали себе на голову, казались Парамахансаджи настоящей диковинкой. Он часто добродушно шутил об этом — на радость публике. — Прим. изд.

отторгающей. Возможно, вы слишком много говорите или то и дело вмешиваетесь в чужие дела, или вы любите давать другим замечания, отторгая при этом конструктивную критику в свой адрес. Существуют примеры психологических черт, которые непривлекательны для других.

Опасная психологическая мебель

Наряду с непривлекательной психологической мебелью существует и опасная психологическая мебель. Особенности поведения могут сделать человека опасным для общества или даже для самого себя. Вы вряд ли захотите иметь дома ненадежную мебель; аналогично этому, люди избегают и боятся опасную психологическую мебель. Такую мебель необходимо починить, пока она не нанесла кому-либо вред.

Есть одна опасная черта, которую нужно избегать, — предательство. Психологическая мебель, склонная к предательству, обязательно подведет друзей, семью, — вообще всех. Ей не ведомо значение слова «верность». Я могу засвидетельствовать, что предательство — это самое наказуемое преступление на суде Божьем. Иисус молился за тех, кто его распял: «Отче! прости им, ибо не знают, что делают». Другими словами, Иисус умолял Бога простить тех людей, которые по вине своих заблудших умов неправильно интерпретировали его слова и идеи. Он также простил женщину, обвиненную в прелюбодеянии. Но что он говорил об Иуде и подобных ему людях? «Горе тому человеку, которым Сын Человеческий предается: лучше было бы тому человеку не родиться»[2]. Предательство — самый серьезный грех, потому что это сознательное действие, направленное на причинение вреда тем, кто доверял предателю. Это умышленное нанесение раны душе.

Предположим, какой-то человек притворяется вашим хорошим другом, и вы доверяете ему все свои проблемы. Если он, воспользовавшись вашим доверием, или же просто со злости, рассказывает о ваших проблемах и недостатках другим, он грешит против Бога, пребывающего в человеке. Тот, кто признает мастера своим гуру, а затем нарушает свою клятву верности и подводит его, повинен в предательстве. Нет большего греха перед Богом, чем отвернуться от посланника, данного самим Богом. Поэтому не притворяйтесь благонадежным другом, пока не станете им на самом деле. Другу

---
[2] Мк. 14:21.

лучше говорить то, что вы действительно о нем думаете. Никогда не говорите о друге плохие вещи за его спиной. Если же вы хотите что-то о нем сказать, сделайте это доброжелательно, в его присутствии, либо скажите ему в лицо; в других же случаях не говорите ничего.

Нож предательства вонзается глубоко в душу, и всякий, кто этим ножом воспользуется, будет оставлен и Богом, и человеком. Никогда не позволяйте себе становиться предательской психологической мебелью. Причин для предательства, равно как и оправданий ему, не бывает. Избегайте предателей. Вы можете открыто указать им на их ошибки и попытаться объяснить, почему предательство — это плохо, но если это только усугубит ситуацию, просто держитесь от компании таких людей подальше. Нанеся вам небольшой вред, предатель наносит вред и себе — но в куда большей степени. Его можно сравнить с ценным предметом старинной мебели, пораженным термитами. Прогнившую психологическую мебель, отвечающую на добро злом, а на любовь — ненавистью, сложно отреставрировать. Если вы когда-нибудь столкнетесь с предателем, вы вспомните это сравнение.

Дружба должна быть безусловной. Если вы дарите такую безусловную другим людям, не ожидая ничего взамен, и если ваши слова и поступки не вредят людям, вы удивитесь тому, как Господь придет к вам через истинных друзей.

Любопытные безделушки

Существуют и оригинальные предметы мебели — любопытные безделушки. Пользы от них мало, в основном о любопытных безделушках шутят. Есть такой тип психологической мебели, который никто не воспринимает всерьез. Что бы такие люди ни говорили, их особо не слушают, так как их считают смешными и несерьезными. В действительности никто не хочет, чтобы его все время считали смешным. Все люди хотят, чтобы их воспринимали всерьез. Более того, вечно шутящий и несерьезный человек лишает себя внутреннего покоя.

Постоянно увеличивайте свою ценность

Также не пытайтесь быть неизменным предметом мебели. Я встречаю людей, которые за десять или двадцать лет нашей разлуки ничуть не изменились: ходят все по той же проторенной дорожке, не делая никаких попыток изменить жизнь к лучшему. Всегда прилагайте усилия к самосовершенствованию. Качественная мебель, за которой правильно ухаживают, с годами становится более ценной. Психологическая мебель также должна с возрастом становиться лучше. Привязанные к своим привычкам люди — это неизменная психологическая мебель. Эгоисты могут думать лишь о себе до конца своей жизни. Есть и чревоугодники, которые, что бы вы им ни говорили, перееданием доводят себя до гробовой доски. Существуют сладострастные люди, так сильно привязанные к ощущениям, что всякий раз, когда они находятся рядом с противоположным полом, им хочется заняться любовью. До самой смерти они продолжают топить себя в чувственных удовольствиях. Зачем жить такой рабской жизнью?

Мы должны постоянно направлять усилия на самосовершенствование. Предприниматели и творческие люди — это прогрессивная психологическая мебель. Они меняют себя согласно своим идеалам, что позволяет им воплощать свои замыслы в жизнь. Это хорошо. Но мне очень жаль людей, которые не меняются с годами. Такие люди похожи на не имеющую ценности вещь: с годами они лишь становятся старше — но не лучше. Оставаться в оковах привычки — значит оставаться рабом. Конечно, полезно прививать себе хорошие духовные, эмоциональные, физические и умственные привычки и придерживаться их. Но не оставайтесь рабом какой-либо плохой привычки. Неважно, кем вы были или что вы делали в прошлом — не беспокойтесь и не думайте об этом. Просто продолжайте прилагать усилия к всестороннему самосовершенствованию.

Тех, кто с возрастом ничуть не меняется, оставаясь зацикленным на своих старых привычках, я называю «психологическим антиквариатом». Среди них бывает и духовный антиквариат, например, бабушка и дедушка, ведущие идеалистическую мирную жизнь, но не способные улучшить свое понимание, вследствие чего их взгляды и привычки не меняются. Они не могут понять потребностей, энтузиазма и интересов молодого поколения. В какой-то мере это естественно. Но если они слепо осуждают молодое поколение, то это явный показатель того, что они стали антиквариатом на уровне мышления. С другой стороны, многие молодые люди без какой-либо причины проявляют неуважение к такому духовному антиквариату, а это ошибка. Они думают, что идеалы бабушки и дедушки изжили себя, и поэтому не слушают их. Они порываются стать современными, они нарушают все «старые» правила. Но они должны помнить, что у антиквариата есть своя ценность. Он опытен в житейских делах, он многое видел и многому научился. Молодое и старшее поколения должны предпринимать попытки обучаться друг у друга чему-то новому, так как и антиквариат, и современная мебель имеют свое предназначение.

Старайтесь понять характерные черты окружающих людей

В отношениях с другими людьми особенно важно распознавать и ценить те характеристики, которые они в себе взращивают. Если вы будете изучать людей беспристрастно, вы станете лучше их понимать и сможете с ними ладить. Вы сможете быстро распознавать тип человека, с которым имеете дело, и так же быстро решать, какой подход к нему применить. Не говорите о скачках с философом и о ведении домашнего хозяйства — с ученым. Сначала выясните, что интересует человека, а уже затем говорите с ним об этом, даже если это вам не особо интересно.

Пытаясь понять человека или заговорить с ним, не будьте критичны по отношению к нему и не осуждайте его. Но вот по отношению к самому себе вы должны быть критичны. Каждый день смотрите на себя через зеркало интроспекции. Это куда более правдивое зеркало, чем то, которым вы пользуетесь для наведения лоска по утрам. Не проходит и дня, чтобы я не посмотрел на себя через свое ментальное зеркало. А я очень требователен к себе. Если в этом зеркале отражается мое действие, которое не сочетается с моими стандартами, я делаю себе строгий выговор. Таким вот образом вы можете стать безупречным в духовном зеркале своей души, живого актива Царства Божия.

Мудрость — это стамеска, любовь — шлифовальная бумага

Лучшие инструменты, которые вы можете использовать для превращения своей жизни в качественный предмет психологической мебели, — это стамеска мудрости и шлифовальная бумага любви. Человек должен обладать развитым интеллектом, но этот интеллект должен быть разбавлен любовью. Вырезая из дерева деталь мебели, вы должны сглаживать неровности шлифовальной бумагой, иначе деталь останется грубой. Любовь — та самая шлифовальная бумага, которая сглаживает излишнюю грубость интеллектуальности. Проявляя и мудрость, и любовь, вы становитесь как полезным, так и удобным предметом мебели, которым восхищаются люди и который любит Бог. Именно таким вы и хотите стать.

Вы не должны придавать себе форму малоценного психологического антиквариата. Напротив, всякий раз, когда вы смотрите на себя в зеркало — особенно если это зеркало интроспекции, — спрашивайте себя: «Развиваю ли я в себе хорошие привычки? Становлюсь ли я более позитивным? Стали ли мои улыбки более искренними? Становлюсь ли я с каждым днем лучше?» Вы должны стараться стать духовной психологической мебелью, которой можно будет украсить Царство Божие. Разве вам не хочется этого? Некоторые предметы мебели настолько красивы, что они не нуждаются в каком-либо изменении. Придет время, когда вы с Богом станете одним целым. Все великие святые, которые приходили на эту землю, превращали свою жизнь — с помощью мудрости, любви и медитации — в духовную психологическую мебель, которая будет вечно служить человечеству и вечно украшать Царство Божие.

Скрытый потенциал памяти

*Храм Self-Realization Fellowship в Голливуде,
Калифорния, 12 сентября 1943 г.*

Память — ценное свойство ума. Просто представьте, как тяжело бы нам жилось, если бы мы не могли что-либо запомнить! Мы бы тогда не помнили результаты своих деяний — как хороших, так и плохих. Мы бы не могли запомнить, как зовут людей, как ходить или как выполнять простейшие задания. Каждое действие и любая информация все время воспринимались бы нами так, как будто мы что-то делаем или узнаем впервые. Без памяти мы были бы похожи на маленьких детей.

Глагол *remember* («вспоминать») берет свое начало от приставки *re* («вновь») и слова *memorari* («помнить»). Воспоминание — это изначальная запись, состоящая из каждой мысли, каждого действия или переживания, когда они впервые появляются. Каждое воспоминание записывается в уме как определенная умозрительная модель. Вспомнить что-либо — значит пробудить в сознании одну из этих бесчисленных записей.

Весь наш опыт в прошлых инкарнациях — равно как и опыт этой жизни с самого нашего рождения — присутствует в нашем подсознании. При этом большая часть людей не помнят прошлую жизнь — кем они были и где жили, и что они делали — или даже ранние годы этой жизни. Но вы легко вспомните даже мельчайшие детали своего недавнего прошлого — например, какую еду и где вы вчера ели. Если бы вы так же подробно помнили каждое событие из текущей и прошлых жизней, вы бы не знали покоя. К счастью, память весьма разборчива, и это позволяет вам вспоминать только самые важные события без необходимости их полностью переживать в своем уме всякий раз, когда вы о них думаете. Воспоминания из прошлых жизней придут лишь тогда, когда вы максимально разовьете память.

Память духовно просветленных людей работает совершенно иначе, нежели память среднего обывателя. Приведу пример. Вы помните о каждой частичке вашего тела, не прибегая к воспоминаниям или не воспроизводя в уме это осознание. Вам просто не нужно запоминать, что у вас есть тело — вы и так это знаете, потому что ваше сознание бодрствует во всем вашем теле. Аналогично этому — только в широком масштабе — Бог есть все, и все пребывает в Нем. У Него нет памяти: Он не нуждается в ней, потому что присутствует во всех прошлых, настоящих и будущих событиях. В Его вечном сознании нет ничего «прошлого», о чем можно было бы вспомнить. Лично я обнаружил, что на смену моей угасающей смертной памяти пришло Божественное Сознание моей вечной вездесущей природы — души. В таком состоянии ко мне приходят все знания, а также понимание, — не через умственную деятельность памяти, а через интуитивное восприятие.

Память воспроизводит в уме тот опыт прошлого, который был забыт. Нам не нужна память, чтобы воспринимать текущие события. Если мы сейчас посмотрим вокруг, мы увидим окна, занавески и другие детали этого помещения. Но чтобы таким же образом «увидеть» другие помещения храма, нам придется прибегнуть к помощи памяти, чтобы вспомнить то, что мы уже видели до этого.

Ограниченность смертной природы человека

Из-за того, что в человеке господствует его смертная природа, он отрезан от вселенского сознания и не использует потенциал своего мозга полностью[1]. Ему неведомо божественное интуитивное сознание, и ему приходится полагаться на свою плохо развитую память, которая не в состоянии вспомнить даже события из этой жизни, не говоря уже о событиях из жизней предыдущих. Он может вспомнить дом, в котором жил в детстве, и еще несколько важных событий из прошлого, но все остальное им по большей части забыто. Конечно, какие-то люди помнят больше других, потому что они лучше развили способность удерживать в памяти детали прошлого.

Один священник, который много лет жил и проповедовал в

---

[1] «По некоторым подсчетам, человеческий мозг способен запомнить информацию, эквивалентную 100 триллионам слов, что поистине удивительно. Если бы человек непрерывно усваивал по слову в секунду, на запоминание такого количества слов у него ушло бы миллион лет. Естественно, никто не использует и малую часть этого хранилища. За 70 лет жизни человек может усвоить информацию, эквивалентную лишь триллиону слов» (Гордон Графф, статья *Chemical Memory for Instant Learning* из журнала *Science Digest* за сентябрь 1973 года).

Бостоне, внезапно потерял память. Не сумев вспомнить свое имя и свою профессию, он переехал в другое место, где жил три года, работая в бакалейной лавке. Однажды он ударился головой, и шок оживил участок мозга, который был связан с воспоминаниями. Таким образом он вспомнил, кем был в действительности.

Воспоминания из прошлых жизней

Похожим образом из вашей памяти исчезли воспоминания из прошлых жизней. Если бы вы пробудили все клетки вашего мозга, вы бы смогли вспомнить все. Я помню многие мои инкарнации. Это не просто убеждение — любой человек может удостовериться в наличии таких воспоминаний из прошлого, и я лично убедился, что они существуют. Многие люди слышали, как я рассказывал о своих воспоминаниях из прошлой жизни, значительную часть которой я провел в Англии. События той жизни отчетливо проявляются в моем уме. Моя память в подробностях воспроизвела некоторые детали Лондонского Тауэра, и, когда я посетил город в 1935 году, я обнаружил, что эти места были в точности такими же, как в моих воспоминаниях. С детства я также знал, что в одной из инкарнаций жил у берега океана. Будучи мальчишкой, своим духовным оком я периодически созерцал многие места и события из той инкарнации. Когда я рассказывал об этом, некоторые люди надо мной смеялись; сейчас же они не смеются. Я смог доказать им, что события из прошлых жизней, которые я видел в детстве, имели место. Если вы сможете успокоиться и глубоко сконцентрироваться, то освежите в уме даже самые нечеткие воспоминания прошлого, так как каждое из них было записано вашим мозгом.

В основном именно привычки, которые вы взрастили в прошлых жизнях, сформировали вашу текущую физическую, умственную и эмоциональную сущность. Вы забыли об этих привычках, но они о вас не забывали. Ваша карма следует за вами по многим столетиям событий ваших жизней. И когда бы вы ни родились в будущем, эта карма, состоящая из всех ваших прошлых мыслей, действий и привычек, сотворит вашу физическую форму — не только ваш внешний вид, но и характерные черты. Именно эти индивидуальные конфигурации прошлых жизней делают так, что один человек отличается от другого, и именно благодаря им существует огромное разнообразие человеческих лиц и характеристик. Сам факт, что вы являетесь мужчиной или женщиной, был предопределен вашими наклонностями, которых вы по своей воле придерживались в прошлых жизнях.

Большинство людей не анализируют себя, поэтому вообще не осознают, насколько сильно на них влияют их прошлые действия. Изо дня в день они идут по одной и той же физической и умственной колее. Вы говорите, что вам что-то нравится или не нравится по той причине, что определенные события прошлого создали склонности к одной вещи и отторжение от другой. В своем ашраме в Индии мой Гуру[2] учил нас руководствоваться мудростью, а не пристрастиями и предубеждениями. Больше анализируйте себя, чтобы понять, почему вы именно тот, кто вы есть. Вы наверняка замечали, что некоторые дети рождаются с определенными прихотями и привычками. Эти наклонности они принесли с собой из прошлого, ведь в этой жизни у них даже не было времени, чтобы сформировать ту или иную модель поведения.

С детства я проявлял интерес к строительству зданий. Моим первым опытом строительства в этой жизни была реконструкция мазанки в Калькутте; тогда я был еще юношей. Этот интерес так явно проявлялся по той причине, что я занимался строительством в Англии в своей прошлой инкарнации. До чего же много событий из былых времен я помню! Несмотря на то, что я вообще не обучался музыке в этой жизни, я играл на многих индийских музыкальных инструментах; мне говорили, что из меня получился бы неплохой музыкант. Эти способности — результат полученных когда-то в прошлом знаний. Если вы проанализируете себя, вы сможете вспомнить свои наклонности из раннего детства, которые охарактеризуют вашу прошлую жизнь.

Придерживайтесь лишь хороших привычек из прошлых жизней

Вы можете понять, какие привычки образованы вами в этой жизни, а какие — пришли из предыдущих. Большая часть привычек, образованных в этой жизни, являются результатом влияния привычек из предыдущих жизней. В этой инкарнации я культивировал в себе лишь хорошие привычки. Постоянно анализируя и исправляя себя, я смог отбросить плохие привычки из прошлого и стать свободным.

---
[2] Свами Шри Юктешвар.

Используя память правильно, мы можем оживить в уме опыт прошлых жизней, который пригодится для того, чтобы обогатить наши текущие знания. Помня о хороших или плохих последствиях прошлых событий, мы можем эффективнее распознавать и избавляться от тех привычек, которые причиняют нам боль и страдания в этой жизни. Все люди должны уметь это делать.

Хорошие и плохие привычки, созданные человеком, живут бок о бок в его памяти. Все они пребывают в его мозге, и неважно, помнит он о них или нет. Всякий раз, когда вы делаете кому-либо добро, ваш мозг создает в памяти запись об этом. И каждый раз, когда вы причиняете кому-то вред, информация об этом отправляется в хранилище вашего ума. Все, что вы сознательно делаете другим — хорошее или плохое, — будет запомнено. На ваши текущие поступки подсознательно влияют ваши действия в прошлом. Когда хороший человек с хорошими привычками из прошлого совершает благой поступок, влияние его доброты из прошлой жизни моментально превращает этот поступок в хорошую привычку. Аналогичным образом, когда безнравственный человек совершает плохой поступок, укрепляющееся влияние его дурных привычек из прошлого приводит к тому, что его поступок в тот же момент становится плохой привычкой.

Примите твердое решение избавиться от плохих наклонностей, принесенных из прошлого, а также от тех, что вы создали в этой жизни. Помните только о хороших своих деяниях. Даже маленькое доброе дело — вне зависимости от того, в какой из инкарнаций оно было совершено — никогда не скрывалось из вашего поля зрения. Используйте это хорошее воспоминание, чтобы оказать влияние на ваши текущие поступки. И другим вы тоже должны напоминать об их скрытой добродетели.

Забудьте о своих прошлых ошибках

Не зацикливайтесь на всех неправильных поступках, которые вы когда-либо совершали. Они не принадлежат вам. Забудьте о них. Привычки и воспоминания создаются вниманием. Граммофонная пластинка начинает играть тогда, когда вы кладете на нее иглу. Внимание — это игла, которая проигрывает записи прошлых поступков. Так что не «кладите» свое внимание на плохие поступки. Почему вы должны все время страдать из-за неблагоразумных поступков прошлого? Выбросьте из головы воспоминания о них и постарайтесь не делать подобных вещей впредь.

Бог одарил нас памятью не для того, чтобы мы помнили плохие вещи. Некоторые люди постоянно вспоминают обо всех страданиях, через которые они прошли, и о том, какую ужасную боль они испытывали после операции, которая была двадцать лет назад! Вновь и вновь они оживляют в памяти ту болезнь. Зачем они это делают? Намеренно вспоминать о болезненном или неприятном опыте — значит использовать память не по назначению и грешить против своей души. Если вы будете все время подкармливать свои неприятные воспоминания, они никуда не денутся и в будущем, а это плохо на вас скажется. Если какой-то человек вызывает у вас глубокое чувство негодования и вы постоянно думаете об этом, то и дело отвечая на его выпады в уме, у вас уйдут целые инкарнации на то, чтобы стереть из памяти эту ненависть. Очень опасно становиться рабом своих отвратительных воспоминаний. Развивайте в себе качество, которое позволит вам забыть о прошлых ошибках и желании отомстить, и вдохновляйтесь лишь воспоминаниями о хорошем.

Лишь немногие люди предпринимают сознательные попытки развить потенциалы тела, ума и души. Остальные же являются жертвами прошлых обстоятельств. Вновь и вновь их медленно толкают вперед дурные привычки, перед влиянием которых они не могут устоять, говоря в уме: «Я нервный», «Я слабовольный», «Я грешник» и так далее.

Каждый человек решает сам, будет он разрубать цепи своего рабства мечом мудрости или же оставаться в неволе.

Каждому человеку Бог дал право действовать согласно своей воле. Не навязывайте свою волю другому человеку. Если вы хотите убедить человека сделать то, что, на ваш взгляд, принесет ему пользу, повлияйте на него любовью. Когда Махатма Ганди находился в Южной Африке, его серьезно ранили, и он был при смерти. Когда власти, как и полагается в таких случаях, захотели возбудить уголовное дело на нападавшего, Ганди сказал: «Нет. Если я посажу его в тюрьму, он станет еще *большим* врагом. Я покорю его любовью». Когда нарушитель закона узнал о прощении Ганди, он стал его учеником.

Сконцентрируйтесь на истине и добре

Наверняка каждый из вас знаком с образом трех обезьянок, символизирующим принцип: «Не смотри на то, что неправильно; не слушай того, что неправильно; не говори того, что неправильно». Я же выделю позитивный подход: «Зри добро, слушай добро, говори добро». И обоняй, вкушай, ощущай добро; думай о добре, люби добро. Будьте королем в замке добродетели, и все ваши воспоминания станут прекрасными цветами в саду возвышенных мечтаний. Если вы будете постоянно копить свои воспоминания о хорошем, со временем вы вспомните величайшее добро, которое когда-то забыли, — Бога. В пробужденном воспоминании о Нем лежит ключ к свободе.

Используйте свою память, чтобы вспомнить, что вы — бессмертная душа, и забудьте дурное воспоминание о своей смертности. Вот почему путь Самореализации учит вас постоянно помнить истину: вы есть Дух. Каждое утро повторяйте себе: «Я не плоть; я хочу вспомнить свою истинную душевную сущность — невидимый и бесформенный Дух». В дневное время ваши привычки заставляют вас помнить об ограниченности вашей физической сущности, но ночью небесный ангел сна напоминает вам о вашем бесформенном божественном существе. Бог даровал вам сон, в котором вы пребываете в блаженном неведении тела и его формы, чтобы напомнить вам, что вы являетесь Духом, а ваша истинная сущность — Блаженство.

Как улучшить память

Несмотря на то, что умственные способности человека зависят от его прошлой кармы, память можно улучшить. Существует несколько способов это сделать.

Питание играет здесь важную роль. Свежее молоко и творог (йогурт) благоприятно влияют на память. Переедание же, напротив, влияет на память негативно. Если есть много жирного, пищеварение ухудшится, что в итоге не лучшим образом скажется на памяти. Жареную и жирную еду можно есть лишь время от времени и только в умеренных количествах. Не ешьте свинину или продукты, ее содержащие. Чрезмерное их употребление может нанести памяти большой вред. Возможно, вы думаете: «Я ем много свинины, но у меня по-прежнему хорошая память». Отвечу вам так: хорошая память пришла вместе с вами из прошлого. Регулярное потребление свинины ее в итоге испортит.

Холодный душ благотворно влияет на память и нервы. Холодные нервы — спокойный ум. Он превращается в инструмент, который может точно воспроизводить события прошлого.

Чрезмерная активность половой системы причиняет ущерб памяти, влияя на нее сильнее, чем любой другой фактор. Люди, обладающие самоконтролем, могут развить невероятную эффективность памяти, огромную силу ума. Хороший пример — выдающаяся память сэра Исаака Ньютона, у которого никогда не было жены.

Память также можно развить, делая сознательные попытки освежить в уме то, что вы изучали или знаете. Постарайтесь вспоминать детали прошлых событий. Также полезно складывать и вычитать в уме. К сожалению, многие люди не делают попыток развить свою память подобным образом.

Еще один способ развить память — мягко постучать сжатыми в кулак пальцами по макушке.

Учитесь делать все с глубокой концентрацией и вниманием, но не уподобляйтесь тем, кто настолько сильно концентрируется, что становится слишком придирчивым и ворчливым и волнуется по пустякам. Большинство людей выполняют свои обязанности, будучи рассеянными; иногда они даже не осознают, что делают!

Если человек пишет стихи или прозу, его память также развивается. Как правило, он может легко вспомнить, что писал, потому что вложил в свою работу много чувств и внимания.

Чувства, которые сопровождают некоторые события, помогают вам эти события запомнить. Если вы что-то делали или с чем-то сталкивались, испытывая глубокое переживание, вы можете легко об этом вспомнить. Даже человек с плохой памятью помнит о своих несчастьях.

И последнее: возьмите за правило всегда вспоминать только хорошие события из прошлого; никогда не используйте память для того, чтобы привлекать плохие мысли в храм вашего сознания. Пусть память о Боге поддерживает священную чистоту этого храма. Не позволяйте разбойникам дурных воспоминаний проникать в это внутреннее святилище. Открывайте его лишь для ангелов добродетели. В божественном храме вашей души живет счастье. Там живет добродетель, верность, надежда, отвага, покой и радость. Если вы будете помнить только о хорошем, вы сможете собрать все эти качества в вашем внутреннем храме.

Помните о своем единстве с Духом

Если ваш мозг, ваш ум и ваше тело будут наполнены лишь добрыми воспоминаниями, к вам придет величайшее добро из всех — Господь, и Он останется с вами навсегда. Вспоминая только о хорошем, вы со временем вспомните и о вашем единстве с Духом. Вы вспомните, что ваша плоть — ваша маленькая темница болезней и проблем — произошла от Духа. Забудьте о смертном сознании. Вспомните в медитации, что вы едины с безграничным Духом. Продолжайте вспоминать и расширять это осознание. Вашему сознанию нет границ; все вещи мерцают на небосклоне вашего существа словно звезды. В один момент вы обнаружите, что ваша память незаметно превратилась в интуицию — безошибочную проницательность души. Вам больше не придется предпринимать попыток что-либо вспомнить, потому что память трансформируется во всезнающую, вездесущую интуицию. В этом всеведущем свете божественного воспоминания вы не просто вспомните — вы *познаете*, что являетесь Бесконечным Духом.

Как сочетать физический, умственный и духовный методы лечения

Главный международный центр Self-Realization Fellowship, Лос-Анджелес, Калифорния, 4 января 1940 г.

Этим вечером я хочу поговорить с вами об исцелении, так как чувствую в себе наитие. Те, кто страдает от каких-либо проблем со здоровьем, чувствуют себя так, словно боль никогда не уйдет, в то время как те, кто здоров, думают, что они в полном порядке и болезнь не придет никогда. Если вы пребываете в добром здравии, будьте благодарны за это; когда же видите, что человек попал в беду, мысленно скажите себе: «По милости Божией меня эта участь миновала». Человеческий организм — самый несовершенный, а потому и ненадежный. Но посмотрите, как он при этом долго работает! Видели ли вы хоть один автомобиль, который остается на ходу так же долго, как живет человеческий организм? Тем не менее этот чудесный организм, созданный Богом, далек от идеала.

Мы должны знать свойства человеческого организма. Подобно тому как машина нуждается в воде, бензине и электричестве, так же и человеческое тело нуждается в определенных веществах для работы. Энергией нас снабжают твердая пища, жидкости и кислород. Извлекать из них пользу позволяет *прана* — энергия жизни, электричество. Без этого жизненного электричества вы не смогли бы переваривать пищу или усваивать кислород. Тело можно сравнить с автомобильным аккумулятором: оба нуждаются во внутреннем напряжении, чтобы производить «электричество», то есть энергию. Аккумулятор, конечно, лучше, потому что, когда он садится, его можно перезаряжать из внешнего источника. Но когда «садится», то есть умирает, ваше физическое тело, вы не можете вернуть его к жизни.

Желудок — самая слабая часть механизма тела; зачастую ему «достается» больше остальных органов. Нарушение пищеварения, связанное с перееданием или неправильным питанием, является источником самых разных проблем в организме. Когда вы смотрите в зеркало по утрам, вы, как правило, думаете, что вы в полном порядке. Вы не осознаете, что в вашем организме много ядов. Тело просто кишит ими. Когда вы не знаете, как от них избавиться, и организм не может с ними справиться, возникает болезнь. Если человек придерживается традиционной американской диеты, то организм чаще всего отравляют токсины из неусвоенного белка. На Востоке в питании часто не хватает белка, а вот диета западных людей переполнена им, так как вы потребляете слишком много мяса. Неусвоенный белок может привести не только к болезни сердца и раку, но и к усиленному воздействию токсинов на слизистую оболочку носа, что сделает вас восприимчивым к простудам.

Сильная простуда отрицательно влияет на весь организм и даже препятствует нормальному мышлению. Простуда невероятно губительна для медитации, так как она не позволяет правильно выполнять техники *пранаямы*[1]. Сатана, судя по всему, получает удовольствие, проникая в нос и горло. Те, кто остро нуждаются в голосе, например, певцы и лекторы, часто испытывают проблемы с горлом, так как они в той или иной степени беспокоятся о своем горле; благодаря их страху Сатане становится проще обустроиться в этой области. Поэтому, когда у вас в носу проявляются первые признаки простуды, тут же боритесь с ними. Если этого не сделать, простуда постепенно перекинется на горло и легкие. А знаете, почему? Потому что в организме нарушается тепловой баланс[2].

Позвольте мне дать вам несколько практических советов касательно простуды. Ежедневное полоскание горла стаканом теплой соленой воды — хорошее средство для профилактики простуды, равно как и правильное питание и упражнения, а также солнечные ванны, которые нужно принимать каждый день от десяти до тридцати минут (в зависимости от интенсивности солнечного света и

---

[1] См. глоссарий.

[2] *Прана*, или тонкая энергия жизни (см. глоссарий), поддерживает существование тела и его здоровье. В йогических трактатах она описывается как «жизненный воздух», тонкие силы, стоящие за всеми функциями тела. Если человек ведет несбалансированную жизнь, течение этих пранических токов нарушается; это негативно сказывается на физиологических процессах, что выливается в расстройства и болезни.

чувствительности кожи)³. Если же вы уже заболели простудой, ее лучше остановить, пока она не распространилась от носа к горлу и груди. Среди быстрых способов лечения лучшим является голодание⁴. Оно остановит течение болезни. Ничто не убивает простуду так же быстро, как голодание. После двадцати четырех часов голодания простуда, как правило, уходит. Но если заболевание хроническое, вам необходимо есть много овощей и фруктов, упражняться и часто гулять на свежем воздухе и солнце. Многие люди верят, что во время простуды нужно пить много воды. Это полезно, если у вас жар или скопление густой слизи. В остальных же случаях чрезмерное потребление воды может сильно повысить активность слизистой оболочки носа. Одна из самых неразумных вещей при простуде — постоянное употребление горячих напитков. Жар от этого лишь усиливается. Какое-то время жар может казаться нормальным явлением, но он расширяет клетки и негативно на них влияет. Охлажденные жидкости употреблять также нельзя.

Если у вас бронхит, окуните махровое полотенце в очень горячую воду, затем выжмите воду и разотрите полотенцем грудь. Затем вытрите область груди сухим полотенцем. Повторяйте это два-три раза в день по пять раз. После каждой процедуры держите область груди в тепле.

Существуют физические способы профилактики простуды.

Несмотря на предосторожности и предпринятые меры, простуда, как и некоторые другие заболевания, зачастую засиживается в организме, а иногда она уходит довольно быстро. Причины могут быть кармическими. Состояние организма предопределено кармой, причинно-следственным законом. Излечение от болезни во многом

---

³ Солнечные ванны разумно принимать лишь ранним утром или вечером. Чтобы защитить чувствительную кожу от чрезмерного воздействия солнца, необходимо предпринять и другие меры предосторожности. Если у вас есть какие-либо вопросы о воздействии солнца на кожу, обратитесь к своему доктору или к дерматологу и следуйте его советам. — Прим. изд.

⁴ Периодическое голодание на неподслащенных фруктовых соках, параллельно с употреблением натуральных послабляющих средств, оказывает заметный очищающий эффект на тело. Во время голодания при простуде лучше воздержаться от цитрусовых соков (в том числе от апельсинового), так как они ведут к образованию избыточного количества слизи, которая усугубляет течение болезни. Если вы планируете поститься более трех дней подряд, за вами должен наблюдать специалист. Люди, страдающие от хронического заболевания или проблем с каким-либо органом, могут голодать только после консультации с диетологом.

зависит от кармы человека — совокупности последствий его прошлых поступков, — а также от лекарства, принятого во время этой болезни. Некоторые люди думают, что если карма приговорила нас к страданиям, то мы должны сдаться и смириться с неизбежным. Этот путь ошибочен. Если вы пытаетесь помочь себе и сдаетесь, не дождавшись результатов, вы поступаете глупо, так как каждая предпринимаемая вами попытка позволит в итоге сломить нежелательную кармическую особенность. Помните: Бог помогает тому, кто помогает самому себе.

Три основных метода исцеления

Физический, умственный и духовный законы исцеления — это законы самого Господа. Они существуют не отдельно друг от друга, а как разные аспекты одного божественного принципа исцеления. Разделение, которое создали адепты каждого из методов, вызван невежеством. Каждый из этих методов при правильном применении приносит плоды. Зачем думать, будто врачи не могут лечить болезни или что исцеление невозможно с помощью силы ума? Почему нужно думать, что вера не может вернуть здоровье? Лахири Махасайя был таким великим потому, что он не был предвзятым. Он был рациональным. Он никогда не говорил о незначительности врачей, более того, среди его учеников было много врачей. Иногда Лахири Махасайя давал больному ученику травы, а иной раз говорил: «Ты в порядке». Временами он рекомендовал посетить доктора. Его решение зависело от конкретных особенностей больного человека.

Иногда я посылаю людей к врачу. Господь может работать через них. Необходимо трезво смотреть на вещи. В конце концов, кто создал все растения и химические элементы, из которых делают лекарства? Бог — единоличный создатель всего сущего; именно через Него работают Его физические, умственные и духовные законы.

Я также знаю, как можно использовать простые травы для эффективного лечения тела. Как видите, существуют разные способы исцеления, и ссориться тем, кто предпочитает умственный или физический метод лечения, не стоит. Невероятные возможности исцеления дарует нам медицина. Конечно, ученые не могут похвастаться тем, что познали все законы исцеления, но они разработали антибиотики, вакцины и другие препараты, излечивающие и уничтожающие многие болезни. Они находятся на грани открытия луча, который сможет разрушать некоторые типы раковых клеток. Мы должны отдавать должное медицине. Доктор знает механизм человеческого тела лучше обычного человека.

С другой стороны, не полагайтесь на одни только таблетки, напротив — учитесь все больше полагаться на силу ума. Отрицать влияние материальных средств на тело глупо, но так же глупо не признавать и не развивать возможности ума. Если вы будете слишком часто полагаться на материальные методы лечения, ум вам не поможет. Важнее научиться использовать более совершенную силу ума. Но если вы не знаете, как с этим работать, лучше использовать разумные материальные методы, параллельно развивая способности своего ума.

Последователи пути Самореализации не отрицают эффективность ни одного из трех методов лечения — физического, умственного или духовного. Мы принимаем истины, открытые медиками и психиатрами. Мы лишь говорим, что в одних случаях лучше работает медицина, в других — психиатрия. Все зависит от конкретного случая.

Духовный метод исцеления с помощью силы Бога — самый эффективный, к тому же его результат может проявиться незамедлительно. Но если ваша карма не так хороша, а вера не так сильна, духовным методам Господа понадобится время, чтобы достичь результата в вашем теле и уме. Даже если вы думаете, что духовно восприимчивы, это не обязательно приведет к какому-либо результату. Фермер может предположить, что его земля плодородна. Он посеет семена, но они не прорастут из-за того, что фермер не проверил качество почвы и не обработал ее. Недостаточно просто думать, что вы восприимчивы к лечению. Возможно, ваш подсознательный ум в этом сомневается. Только когда подсознательный, внутренний сверхсознательный и внешний сознательный умы будут убеждены в том, что целительное растение жизни прорастет, только тогда это и случится.

Все сущее — идея

По сути все сущее — идея. Ваше тело, дом, в котором вы живете, все, что вы видите, очки, которые вы носите, чтобы видеть лучше, — все это есть не что иное, как сконденсированная мысль. Представьте себе, что вы уснули и во сне гуляете в саду. Внезапно на вас бросается змея и кусает вас. Вы испытываете ужасный страх и сильную боль. Вас отводят к доктору, который дает противоядие, и со временем вы поправляетесь. Нет больше никакой боли. Итак, что случилось в царстве сна? Вы наслаждались видами прекрасного сада; вы испытывали страх и боль; вы почувствовали, как выздоравливаете после принятия противоядия, — и все это лишь плоды ваших мыслей во сне. Когда вы просыпаетесь, вы говорите: «Боже мой! На моей ноге нет укуса. У меня нет никакого противоядия. Что со мной случилось? Это был лишь сон!»

Змея, укус, боль, сад, противоядие, — во сне все казалось таким реальным. Чтобы исцелить приснившуюся боль, вам пришлось использовать приснившееся противоядие. Но какие различия между укусом, болью, противоядием и садом были во сне? Никаких. Это были лишь разные мысли. Но ваше воображение придало этим мыслям такую силу, что, когда вас укусила приснившаяся змея, вы почувствовали приснившуюся боль. И когда вы приняли приснившееся противоядие, вы почувствовали приснившееся облегчение.

Аналогично этому, вам снится ограниченный мир и физическое тело, и вам нужно признать, что все, что происходит, лишь относительно реально. Вы не можете сказать, что все это полная иллюзия, и стать неуязвимыми, пока вам снится этот космический сон. Тело существует в этом сне мироздания, и до тех пор, пока вы находитесь в вашем теле, вам придется мириться с его существованием. Вы не можете сказать, что материя нереальна. Она относительно реальна. Если бы она была полностью нереальна, человек смог бы выпить яда и ничуть не пострадать при этом. Для обычного же человека яд смертельно опасен. С его стороны было бы глупо думать, что материя нереальна. Это было бы заблуждением.

Как-то раз один джентльмен на Восточном побережье рассказал мне, как некая дама хвасталась перед ним своими убеждениями о нереальности материи. «Этот огонь лишь иллюзия, — сказала она. — Он не может мне навредить». Тот не ответил ничего, но спустя какое-то время не преминул ее проверить. Он незаметно подкрался к ней и коснулся ее спины раскаленной кочергой. Женщина вскрикнула: «Ай! Зачем ты это сделал?» Он спокойно ответил: «Ну, огонь же иллюзия. Твое тело — иллюзия. Боль — это иллюзия. Как же я мог причинить тебе боль раскаленной кочергой?» Она рассердилась не на шутку. И все же он подтвердил свою точку зрения: пока ты сам пребываешь в иллюзии, ты не имеешь права возвещать, что материя нереальна.

Пока мы чувствуем боль, нам будет сложно постичь, что человеческое тело — иллюзия. Так что мы не должны быть фанатиками. Мы должны действовать умеренно и постепенно развивать силу воли и способности ума, пока не достигнем того состояния, когда на самом деле познаем, что весь этот мир — Божий сон.

Ум работает, когда вы знаете, как его контролировать

Ум — странная вещь. Когда он прав — он прав, даже если весь мир считает иначе. И когда он не прав, все силы мирские не смогут убедить его в том, что он не прав. Если вы хотите узнать, как работает ум, вы должны взять его под свой контроль. Если вы этого не сделаете, вы не осознаете ничего из того, что я вам говорю. Для этого нужно последовательно развиваться. Сила ума — не такая уж и простая вещь. Работа ума очень сложна. Понимать искусность его работы — значит осознавать его силу. Ум работает абсолютно во всем. Если вы разгадаете секрет работы ума, вы поймете, что это правда.

Однажды на моем уроке в Миннеаполисе ученица попросила меня о помощи. Она попала в аварию. На ее покалеченной руке была гематома, а большой палец торчал в сторону: она не могла его согнуть. Врачи не сумели ей помочь. Я взял и дернул ее за большой палец прямо перед огромной аудиторией. После этого она смогла им пошевелить, рука была исцелена. Преисполнившись благодарности, на следующий день она сделала внушительное пожертвование этой организации. Как видите, сила ума работает, нужно лишь верить — а вера у нее была.

Бог не хочет, чтобы психиатр конфликтовал с ученым-физиком. Оба имеют дело с Божьими законами. Тело — не что иное, как ум в действии. Между телом и умом на самом деле нет различий, за исключением степени их проявленности. Тело — плотное проявление, ум — незримое. Элементы формулы H_2O нельзя увидеть по отдельности. Конденсируясь, эти газы становятся жидкостью, водой. Если воду заморозить, она станет льдом, твердым телом. Однако незримое соединение атомов кислорода и водорода, вода, а также твердый лед в сущности своей одинаковы. И как H_2O может проявляться в виде воды и льда, так же и ум может проявляться как жизнь и тело — электрическая, или «жидкая», жизнь и «твердое» физическое тело.

Ум[5] — невидимый человек, или душа; жизнь, или *прана*, — это ум в «жидком состоянии»; наконец, тело — это плотный, или «твердый» ум. Концепция проста, но постичь ее очень сложно.

Силой ума вы можете изменить жизнь своего тела, равно как и само тело. Кто, если не ваш ум, придает силы вашему телу? С помощью благотворной стимуляции тела вы можете улучшить состояние ума. С помощью стимуляции жизни вы можете улучшить состояние ума и тела. Они взаимосвязаны. Физическое состояние влияет на умственное, а умственное состояние — на физическое, потому что они взаимосвязаны. Следовательно, вы можете воздействовать умом на тело и наоборот. В связи с этим многие люди думают, что им нужно выпить, чтобы почувствовать себя счастливым — опять же, видна взаимосвязь тела и ума. Но и тысяча бутылок вина не сможет подарить ту опьяняющую радость, которую я могу создать одним лишь умственным усилием — без каких-либо разрушительных побочных эффектов.

С помощью ума можно сделать все, что угодно; однако, пока вы полностью не разовьете эту силу, экспериментировать можно лишь на незначительных вещах. Если вы не работаете над развитием силы мысли постоянно, не стоит на нее всецело полагаться. Никогда не сомневайтесь в возможности ума воздействовать на тело, но помните, что вы должны последовательно тренировать ум до тех пор, пока не узнаете, что его сила фактически работает. Люди, которые все время принимают лекарства, становятся зависимы от медицины и врачей. А фанатики, напротив, отказываются от медицинской помощи тогда, когда она действительно нужна, тем самым нанося себе огромный вред. За непризнание Божьих законов придется понести ответственность: вам придется страдать от соответствующих последствий. Руководствуйтесь здравым смыслом.

Если вы используете простые методы лечения, например, обрабатываете йодом порез на пальце, в этом нет ничего плохого. Зачем подвергать себя риску занесения инфекции, думая, что ум все исцелит? Когда вы ломаете свой палец, может ли ваш ум выпрямить его?

---

[5] В этой лекции термин «ум» используется в широком смысле — для описания сознания в человеке, то есть души, присущей ей силы разума, воли, а также ощущений. В другом же значении термин «ум» (санскр. *manas*) имеет следующий смысл: это чувственное сознание, которое, словно зеркало, принимает и отражает реакцию пяти ощущений, которая затем обрабатывается разумом, на которую реагирует чувство и отвечает воля.

Здравый смысл говорит вам, что нужно позаботиться о том, чтобы кости срослись правильно. В любом из случаев главную роль в исцелении играет ум; признанные лекарственные средства лишь взаимодействуют с законами, которые способствуют целительному процессу тогда, когда сила ума еще не совершенна.

Ум может производить как отрицательные, так и положительные результаты

Ум совсем непрост: он может производить как отрицательные, так и положительные результаты. Помню, однажды у моей сестры воспалилось горло. Я никогда прежде не сталкивался с такой ужасной инфекционной болезнью. Она не могла есть, не могла глотать. Она плакала, восклицая: «Делай все, что хочешь, только, пожалуйста, помоги мне!»

Я ответил: «Это твой ум сотворил в горле воспаление». Я принес еды и попросил ее поесть. Она даже не догадывалась, что я направил силу мысли к ее горлу. Но первое, что она заметила — это то, что она ест и не чувствует боли. Она была счастлива исцелению своего горла.

После того как я ушел, она встала и посмотрела на свое горло в зеркало. Когда она увидела, что там остались маленькие язвочки, ее горло вновь заболело и она завизжала.

Когда я вернулся и увидел, как ей плохо, я спросил:
— Что стряслось?
— Я посмотрела на свое горло, — ответила она.
— В Божьем свете я узрел, что твое горло в полном порядке — вот почему ты почувствовала себя хорошо. Но ты увидела там болезнь, посему и чувствуешь боль. Выпей воды.

Поскольку ее ум был восприимчив, она выпила воды и вновь поправилась. На сей раз она уже не смотрела на свое горло.

Как видите, умом можно сделать многое. При надлежащем применении умственной силы можно быстро вылечить нервные заболевания, которые появляются из-за плохих мыслей.

Был и такой случай. Жена моего близкого друга пришла повидаться со мной в Лонг-Бич. Ее глотка была парализована после аварии, и она нуждалась в моей помощи.

— Я не могу есть, — сказала она. — Из-за этого мне приходится

Как сочетать физический, умственный и духовный методы лечения

питаться через трубку.

— А можете ли вы пить молоко? — спросил я.

— Нет. Как только я пытаюсь пить жидкость, в глотке происходит спазм и глотать не получается.

— Но это же все проделки вашего ума, — ответил я. — Вы не уйдете отсюда, пока не выпьете стакан молока.

Она улыбнулась и попросила принести ей молока.

— А теперь пейте! — сказал я повелительным тоном.

Из-за ограничивающих силу ума мыслей, взращенных в ее голове врачами и ее прошлым опытом, она была убеждена, что не может пить. Но моя мысль оказалась сильнее. В конце концов, все клетки и нервы контролируются умом. Но ее ум был настолько сильно отравлен сомнением, что она твердо верила в свою неспособность глотать. Поэтому первые попытки оказались неудачными: она была уверена, что я неправ. На это я ей ответил:

— Я серьезно, вы не покинете эту комнату, пока не опустошите стакан молока.

— Но это же невозможно, — начала было спорить она.

Но я использовал свои мысли, которые были сильнее, чтобы противодействовать ее негативным мыслям. Она попыталась вновь, и на сей раз ей удалось-таки совершить глоток. Она была исцелена.

Человек загипнотизирован иллюзией

Видите ли, мы живем в мире *майи*, иллюзии, и человек находится под постоянным ее гипнозом. Ум убеждает нас, что в мире так много ограничений. Один человек говорит: «Мне срочно надо выпить кофе», другой восклицает: «Мне очень хочется сочного стейка!» и так далее. Я четко вижу, в каком сумасшедшем мире мы живем. Но я следую правилам по собственному желанию — до тех пор, пока не говорю себе: «Долой правила! Правила задает ум». И это работает.

Когда-то жизнь и смерть были для меня более чем реальны — но не теперь. Я никогда не рождался — пусть даже в моих снах о земной жизни я рождался много раз. И я никогда не умирал — пусть даже мне снились смерти моего тела в этом вымышленном мире. В одной лишь этой инкарнации мне может присниться, что я родился могущественным королем Англии. Затем я умираю и мне снится, что я родился набожным человеком. Затем я вновь умираю и рождаюсь успешным адвокатом. В очередной раз я умираю и рождаюсь Йоганандой. Но все это сны — вот что я хочу сказать. Раньше я получал удовольствие, изучая свои прошлые инкарнации. Но я быстро потерял к этому интерес. Это ведь просто набор разных снов. Когда я осознал, что все сущее — не более чем плод мысли, что это именно Божья мысль беспрестанно образовывает все эти вещи, все эти сны, — жизнь приняла для меня новое значение. В любой момент Господь может прервать все эти сны и вернуть их в усовершенствованном виде. Но ничто не стирается из памяти Безграничного Ума; каждый сон остается здесь навсегда.

Иллюзия настолько сильна, что вам сложно поверить в иллюзорность своих потребностей и важность денег для их удовлетворения. Сложно поверить в то, что этот мир — *майя*, когда вы болеете и страдаете. Но если ваш ум будет постоянно пребывать в Боге, вы осознаете, что этот мир есть лишь Его сон.

Вот почему в Индии мы уделяем больше внимания исцелению неведения души, нежели исцелению физическому. Исцеление души от неведения, то есть снятие с нее покрова иллюзии, — это величайшее исцеление из всех, поскольку оно перманентно. И когда вы исцелите душу, вы поймете, что ваше тело — не что иное, как вымышленная оболочка, в которой находится душа.

Ваше страдание может пойти на благо другим

Несмотря на то, что Святой Франциск исцелил многих людей, себя он от болезней лечить не стал, потому его тело не представляло для него ценности. Но это не означает, что его душа страдала. Он не заботился о том, чтобы бороться с кармическим состоянием своего тела, так как он с готовностью брал на себя карму других людей, дабы исцелить их и пробудить в них веру в Господа. Он не приписывал свою целительную силу или известность себе. Чем больше вы будете хотеть, чтобы люди знали, какой вы замечательный, тем менее замечательным вы будете. Чем больше вы будете желать демонстрировать силы своего ума и хвастливо раздувать вокруг них ажиотаж, тем меньше сил вы будете иметь. Вы должны быть абсолютно чисты перед своей совестью и всемогущим Богом, а также не починяться своему эго, и тогда Он даст вам чудесные силы и переживания.

Никто не может избежать страданий. Даже Иисус страдал. Хотя

ему и не пришлось бороться со страшной болезнью, он прошел через великие мучения на кресте, дабы расплатиться своим телом за грехи, то есть карму, других людей.

Врач, посвятивший себя лечению людей от болезней, не волнуется за здоровье своего тела. Например, мое тело подвергнется проблемам со здоровьем не потому, что я буду грешить, а потому что взял на себя карму многих людей. Прямо перед Рождеством я подвернул ногу и сильно повредил коленный сустав. Вдобавок к этому, вчера я наступил на камень и вывихнул ногу еще сильнее. Прошлым вечером колено болело так сильно, что я не мог ходить — меня переносили из одной комнаты в другую на стуле. Но при этом сегодня, как видите, я с вами, и боли в колене уже нет. Как так? Ответ прост: сила ума. Мой случай, однако, отличен от других. Не то чтобы я использовал силу ума, чтобы исцелить ногу. Я передал свое тело в руки Божьи, и, что бы Он с ним ни сделал, я буду рад. Пусть эта нога и тревожит меня с Рождества, когда приходит время проводить занятия, Бог снимает всю боль — я даже не прошу об этом. Ученики настаивали на том, чтобы я не приходил сюда сегодня, потому что мое колено было в плохом состоянии. Но я пожурил их за это. Страдаю я или нет — неважно, это происходит не по моей воле, но по Божьей. Сегодня, как видите, я здесь с вами. По Божьей милости я смог спуститься сюда через три лестничных пролета.

Пробудитесь в Боге, чтобы освободиться от иллюзии

В общем, в жизни нужно все больше зависеть от Бога — это правильный подход. Сила Господа не знает границ. Ключ к разгадке Его целительной силы лежит в вере в безграничность этой силы и в осознании, что ваше тело — это лишь сон и ему не нужно уделять слишком много внимания. Зачем проявлять к нему излишнюю заботу? Позаботьтесь о теле должным образом, а затем забудьте о нем. Именно это Иисус подразумевал, говоря: «Не заботьтесь для души вашей, что вам есть и что пить, ни для тела вашего, во что одеться». И всегда помните о Боге: вы должны постоянно думать о Нем, чтобы Он в свое время показал вам, что этот мир является лишь Его сном. Будьте благоразумны, не игнорируйте свое тело, а живите с мыслью, что Господь однажды сорвет покров иллюзии и вы поймете, что хрупкое тело, которое вы так боялись поранить, является лишь Его идеей и вам абсолютно нечего бояться. Так выглядит состояние совершенства. Вот почему Иисус мог сказать: «Разрушьте храм сей (тело), и Я в три дня воздвигну его». Он осознавал то, о чем я сегодня говорю, — что все сущее состоит из мыслей.

Большинство людей карма загипнотизировала так сильно, что они не могут понять этого божественного принципа. Но подумайте, как часто вы приходили на эту землю в физическом теле, заводили и одолевали плохие привычки, проходили через радости и страдания, удовольствия и болезни, старость и смерть. Как долго вы еще будете заниматься самогипнозом? Заканчивайте с этим. Кришна говорил Арджуне, что тот должен выбраться из океана страданий[6]. Станьте одним целым с Великим Господом. Пробудитесь в Боге. Проснувшись в Нем, вы больше не будете испытывать страха.

Тело, которое когда-то казалось мне таким реальным, теперь не значит для меня ничего. Иногда мое тело неподвижно лежит в безжизненном состоянии, я созерцаю один сон в другом: сон этого неживого тела во сне этого мироздания. Но как только я заглядываю внутрь себя и вижу там Дух, сон растворяется. Это реальный жизненный опыт.

Вы можете продолжать тренировать умственные способности ради небольшого исцеления, только чтобы потом обнаружить, что за старой бедой пришла новая. Не лучше ли предпринять духовную попытку забраться на колени к Господу, откуда можно увидеть, что тело лишь сон, который не может навредить нам идеями здоровья и болезни, жизни и смерти? Только когда ваша душа будет избавлена от иллюзии, вы осознаете вымышленную природу тела; вы также обнаружите, что Господь исцелил ваше тело. Вы больше не будете страдать, если, конечно, не пойдете на жертвы ради блага других людей, как это делал Святой Франциск.

Возможно, сейчас вам сложно все это уразуметь. Но вам точно будет понятна следующая аналогия. Представьте, что два человека видят не связанные друг с другом сны о том, что они лежат в больнице. Один уже выздоровел, а другой пока еще болен. Первый думает: «О, как я теперь счастлив! Как мне хорошо!» Второй же сокрушается: «Я

---

[6] «Для тех, чье сознание укореняется во Мне, Я вскоре становлюсь Искупителем, вызволяющим их из моря рождений и смертей» (Бхагавад-Гита XII:7).

серьезно болен, мне так плохо». Но когда они просыпаются, то оба осознают, что не были ни больными, ни здоровыми.

В действительности болезней или плохого здоровья не существует. Неведение — вот что заставляет нас думать, что они реальны. Как только вы постигнете, что все сущее — это лишь сконденсированные мысли Господа, Божий спектакль перестанет вас тревожить. Вы избавитесь от этой иллюзии двойственности, пробудитесь от этого сна о болезни и здоровье.

Чудесное исцеление

В молодости я много раз исцелял людей, и тогда я заметил, что люди хотят лишь физического исцеления. Выздоровев, они больше никогда ко мне не приходили. Лишь немногие заинтересованы в исцелении души — а оно бессрочно. Радость существования на материальном плане приходит и уходит. Радость же духовного бытия не угасает никогда. Я поведаю вам об одном уникальном случае из моей жизни. Когда я был в Индии в 1935 году, знакомый моего друга детства рассказал мне о серьезной болезни своей жены. Он хотел, чтобы я пришел к нему домой и осмотрел ее, на что я ответил: «Пожалуйста, не просите меня об этом. Просто сделайте то, что я вам скажу, и она поправится». Он продолжал настаивать, чтобы я пришел к нему, но Бог через мою интуицию говорил мне этого не делать. Поэтому я вновь повторил: «Пожалуйста, следуйте моим инструкциям и ждите результата».

Он пошел домой и выполнил мои инструкции, и от лихорадки его жены не осталось и следа. Но на следующий день лихорадка вернулась. Произошло это в три часа дня. И каждый последующий день она возобновлялась примерно в одно и то же время — в три часа дня. Однажды тот господин подошел ко мне и сказал:

— Пожалуйста, сделайте что-нибудь.

— Лишь Бог сможет ее вылечить, — ответил я. Но он продолжал настаивать:

— Стоит вам прийти лишь раз, и она поправится.

Я решил уступить. Но когда я пришел к ним домой, женщину охватил неистовый жар.

Двумя днями позже, когда я собирался уезжать по делам, ее муж прибежал ко мне со слезами на глазах, крича: «Моя жена умирает!»

Я спокойно сел в машину и погрузился в глубокую молитву. Сразу же по окончании молитвы я ощутил, что на нее последует ответ. Я зашел к нему домой. Там было порядка двадцати пяти человек. Женщина лежала в кровати, словно мертвая. Ее муж плакал и пытался трясти ее, думая, что это поможет вернуть ее к жизни. Меня разозлило то, что он не полагался на Бога.

Жаль, что вас там не было: вы бы поистине уверовали в силу Бога. Я положил свою руку на ее лоб. Затем я слегка коснулся ее груди. Со стороны казалось, что в ее теле отсутствовала жизнь. Но через некоторое время — пока я держал руку у нее на груди — ее ступня вздрогнула, а затем начало дрожать и все ее тело. Ее язык, который до этого свисал у нее изо рта, вернулся на свое место, и она открыла глаза. Она слегка шевельнулась и посмотрела на меня с робкой улыбкой. Это была одна из самых чудных вещей, что я видел в своей жизни. Бог исцелил ее Своей силой, и ее жар больше никогда не возвращался.

Я рассказал вам об этом, только чтобы вы узнали о величии Бога. Зная Бога, вы не приписываете Его величие себе. Ее муж слышал, что я обладаю способностью исцелять людей, но я пытался убедить его положиться на безграничные силы Бога. Для исцеления от болезни нужна вера. Без ума и веры исцеление невозможно. Когда он увидел, что жене не становится лучше, его вера пошатнулась. Я был удовлетворен, потому как хотел, чтобы он верил не в мои силы, а в силу Бога. Когда он увидел это чудесное исцеление, которое произошло благодаря Божьему благословению, он уверовал в силу Господа и понял, что Бог таким образом испытывал его веру.

Укрепляйте силу своего ума

Осознали ли вы всё, что я вам сегодня рассказал? Что жизнь и смерть суть сны? Какой же из всего этого можно сделать вывод? Укрепляйте свои умственные силы. Я хочу, чтобы сила вашего ума была настолько крепка, чтобы вы при любых обстоятельствах оставались непоколебимы и боролись с трудностями с высоко поднятой головой. Если вы любите Бога, в вас должна пребывать вера и вы должны быть готовы вынести любые невзгоды. Не бойтесь страдать. Оставайтесь позитивным и внутренне сильным. Ваши внутренние переживания наиболее важны.

Путь Самореализации предполагает, что для простой заботы о

теле можно использовать все здравые методы. Исход самолечения зависит от хорошей кармы, правильного питания, принятия солнечных ванн и выполнения упражнений, а также неугасающей убежденности, что безграничная целительная сила Бога лежит в вашем уме. Последовательно укрепляйте свой ум, чтобы вы могли все больше зависеть от его силы, и с каждым днем вам будет становиться все лучше. Думайте только о позитивных вещах, даже если обстоятельства совсем к этому не располагают. В тяжелые времена оставайтесь невозмутимы. Меньше потакайте прихотям своего тела, отдавая себе отчет в том, что вы не тело, но душа. Научитесь голодать — от одного до трех дней. Когда вам кажется, что вы не должны есть — не ешьте. Все это укрепляет силу ума. И самое главное: каждый день погружайтесь в глубокую медитацию. Посредством контакта с Богом вы сможете наяву осознать то, о чем я сегодня сказал: что иллюзию можно выдворить из своей души.

Если вы будете жить с Богом, вы будете исцелены от иллюзий жизни и смерти, здоровья и болезней. Пребывайте в Господе. Чувствуйте Его любовь. Ничего не бойтесь. Только в замке Божьем мы можем найти защиту. Нет более безопасного убежища, полного радости, чем Его присутствие. Ничто не может ранить вас, когда вы с Ним.

Сила ума поможет набрать или сбросить вес

*Первый храм Self-Realization Fellowship,
Энсинитас, Калифорния, 2 июня 1940 года*

Я выбрал эту тему по той причине, что один человек недавно отметил, как сильно я похудел: я сбросил 18 килограммов менее чем за 4 месяца; он спросил, не заболел ли я.

Некоторые причины возникновения проблем со здоровьем недоступны для понимания врачам и трофологам, которые, как правило, думают, что жизнь в теле поддерживается лишь биохимическими процессами. Тело можно рассматривать не только с позиции физиологии, анатомии, диетики и медицины. Все, о чем я вам сейчас расскажу — это мой личный опыт, и если вы все запомните, то определенно сможете извлечь из этого большую пользу.

Не думайте, что если человек предрасположен к полноте или к худобе, то он нездоров или это происходит исключительно по физиологическим причинам. Почему тогда некоторые худые люди могут есть пять раз в день и при этом не толстеть? В юношестве я хотел набрать вес, потому что в Индии, где так много людей страдает от недоедания, большой вес в почете. Я ел все, от чего можно потолстеть, но это не помогало. В один прекрасный день, благодаря величию моего гуру Шри Юктешварджи, мое мышление преобразилось, и тело начало подвергаться каждодневным изменениям. С тех пор я много вешу. До благословения Гуруджи я был настолько худым, что выглядел словно спичка с кокосом наверху!

Если у вас есть предрасположенность к полноте, не вините лишь свою диету. Многое зависит от ума. Вы должны так натренировать свой ум, чтобы исчезла и малейшая склонность к чрезмерной полноте или худобе. Хорошо быть гибким, то есть уметь набирать или сбрасывать вес по своему желанию.

Конечно, вы не должны пренебрегать правилами питания, пока не обретете совершенную силу ума. Если вы хотите сбросить вес или избежать его наращивания, нужно запомнить несколько ключевых вещей. Во-первых, никогда не запивайте еду водой, молоком или другими жидкостями. Жидкости лучше пить за полчаса до или через два часа после еды. Когда вес вашего тела увеличивается, клетки становятся очень охочими до еды. Забавно, что порой мы больше всего хотим то, что нас губит. Вода и соки, употребляемые в достаточно больших количествах, помогут предупреждать болезни. Просто не нужно пить их во время еды.

Между приемами пищи выпивайте стакан молока: это поможет вам оставаться здоровым, так как молоко снабжает тело всеми необходимыми ему элементами. При этом избегайте сливок — пейте только обезжиренное молоко.

Еще один важный момент: ешьте много свежих фруктов и овощей, предпочтительно сырых. Исключите из своего рациона сахар, крахмал и жареную еду. Вы вполне можете употреблять их время от времени, но это не должно войти в привычку. Запомните: чрезмерное употребление крахмала и жирной пищи вредит здоровью. Если вы хотите полакомиться какой-нибудь сладостью или снеком, лучше отведайте фруктов. Для большей питательности приправьте их соусом из тщательно перемолотых орехов и фруктового сока или соусом на иной основе.

Тело нуждается в белках, но чрезмерное их потребление опасно для здоровья. Не налегайте на мясо, так как содержащиеся в нем белки ведут к накоплению токсинов в организме. Также избегайте жиров; тем не менее ежедневно вы можете употреблять в пищу небольшое количество оливкового масла: это поможет сохранить суставы здоровыми.

В целом придерживайтесь простой диеты, которая содержит все необходимые для тела полезные элементы, и ешьте ровно столько, сколько требуется вашему телу. Таким вот образом правильное питание может нормализовать вес. Неприятен тот факт, что, когда люди переедают, они толстеют: женщины — сзади, мужчины — спереди. Так что ешьте меньше, а упражняйтесь больше, чтобы мышцы были в тонусе. Следите за тем, чтобы мышцы брюшной полости не были слабыми. Полезно ежедневно напрягать их, втягивая их внутрь.

Если вы пытаетесь похудеть, не нужно слишком сильно переживать по этому поводу. Нельзя прибегать к радикальным мерам, чтобы быстро избавиться от излишков жира: это опасно.

Лишний вес создает нагрузку на весь организм — от ступней до сердца. На каждый килограмм плоти приходится больше трех километров кровеносных сосудов. И вы удивитесь, когда узнаете, как ум умеет подстраивать организм под любые сложности. Трайланга Свами из Индии весил больше ста тридцати килограммов и был известен тем, что прожил триста лет[1]. Это стало возможным благодаря силе ума.

Вообразите себя худым

Ум может сделать для вас все. Вы должны не только правильно питаться, но и настроиться на нужный лад[2]. Когда-то я пытался сбросить вес, соблюдая строгие диетические предписания, но спустя какое-то время обнаружил, что мой вес не изменился. Я подумал: «Так, мистер Тело, вы решили одурачить меня! Некоторые люди склонны к худобе, иные — к ожирению. Если я хочу сбросить вес, почему бы не перенять соответствующую склонность? Почему я все время должен думать о диете?» Я начал раздражаться на самого себя. Я приказал себе: «Ешь!» — и начал регулярно есть. Ум мой был спокоен, при этом я внушал себе мысль: «Я сбрасываю вес». Я цепко держался за эту мысль — и это наконец произошло. Я начал ощущать, как теряю

---

[1] В «Автобиографии йога» Парамаханса Йогананда писал: «Трайланга так популярен, что лишь немногие индийцы сомневаются в достоверности поразительных чудес, им совершенных. Если бы Христос вернулся на землю и гулял по Нью-Йорку, являя свои чудеса, у людей это вызвало бы такое же благоговение, какое внушал Трайланга десятилетия назад, когда он проходил через людные улочки Варанаси... Трайланга хотел показать людям, что человеческая жизнь не зависит от условий внешней среды и мер предосторожности. Он доказал, что в течение своей жизни пребывал в божественном сознании: Смерть не могла оказать на него воздействия».

[2] В последние годы медики и ученые уделяют все больше внимания исследованию способности ума контролировать физиологические процессы в организме. Проведя исследование о спонтанной ремиссии рака, доктор Карл Саймонтон, онколог-радиолог из техасского города Форт-Уэрт, обнаружил, что все пациенты — вне зависимости от того, какой способ лечения они выбрали — постоянно подбадривали себя мыслью о том, что лечение идет или что оно имело место. Фрэнк Бруно в своей книге *Think Yourself Thin* (рус. «*Вообразите себя худым*») выдвинул основанное на собственном опыте предположение, что любой человек, используя данную ему природой возможность мыслить и задумываться о своем поведении, может сбросить вес буквально силой мысли.

вес. Несколько раз я даже употреблял пищу, от которой толстеют, но вес все равно неуклонно снижался. Мысль настолько прочно укоренилась в уме, что весь организм трудился над тем, чтобы сбросить враждебный моему здоровью вес. Я решил остановиться на оптимальных для меня восьмидесяти килограммах. Я нормально питаюсь, и при этом вес мой не поднимается выше этой отметки.

До тех пор, пока вы не научитесь сбрасывать вес, используя одну лишь силу мысли, вам нужно помогать этой силе упражнениями и правильным питанием. Но знаете, после того, как я задействовал силу ума, я перестал делать упражнения — за исключением Энергизирующих упражнений[3] — и начал есть все что хочу, а плоти во мне от этого больше не стало! Вес не менялся. И несмотря на то, что я сбросил так много веса, моя кожа осталась упругой. Как правило, если человек сбрасывает много килограммов за короткий период времени, его кожа становится дряблой. Но когда я задействовал силу мысли, плоть «стабилизировалась». В общем, ум действительно может оказывать большое воздействие на ваш вес. Самое главное — твердо внушить себе правильную мысль.

Некоторые люди едят сколько влезет, и при этом остаются худыми. Как же так? Дело в том, что их тела «стабилизировались» в связи с правильным питанием в прошлых инкарнациях. В результате они не становятся ни худыми, ни полными; при этом неважно, что они едят или не едят. Но это необязательно означает, что у них хорошее здоровье и высокий уровень жизнестойкости или что они могут игнорировать простые правила здорового образа жизни. Да, в прошлых жизнях вы могли обрести хорошее здоровье благодаря правильному питанию и упражнениям, но крайне важно продолжать придерживаться здорового образа жизни и правильно питаться также и в этой жизни. Если вы небрежно относитесь к своему телу и игнорируете физиологические законы сейчас, вы неизбежно заплатите за это в будущем.

Я испробовал разные методы, чтобы доказать, что сила ума работает. Одно лишь правильное питание мне не помогало. Я начал терять

---

[3] Уникальный комплекс упражнений для перезарядки тела жизненной силой, принципы которых были открыты Парамахансой Йоганандой в 1916 году и которым обучают в *Уроках Self-Realization Fellowship* (см. глоссарий).

вес лишь тогда, когда применил силу мысли. Теперь я могу быть полным или же худым — каким пожелаю. Этого можно достичь только с помощью силы мысли. И вы тоже должны научиться управлять своим весом. Для этого нужно правильно питаться, есть больше сырых овощей и фруктов и меньше жирной пищи, крахмала и сахара; пить много воды или другой жидкости, например, фруктовые и овощные соки, молоко и так далее — но не во время еды; но самое главное — быть твердо уверенным в том, что вы полностью контролируете свое тело. Каждым утром и вечером глубоко утверждайте: «Я властелин этого тела. Оно будет подчиняться моему уму вне зависимости от того, что я ем. Любая склонность к полноте или худобе должна исчезнуть!»

Не будьте фанатичным в еде

Смысл в том, что вы должны сбалансировать свое питание, а затем просто забыть об этом. Иногда даже полезно нарушать свою диету. Если вам захотелось отведать еды, которая для вас не слишком полезна, не упрямьтесь — съешьте ее. Но не делайте так слишком часто, так как это может превратиться в привычку. Многие люди постоянно озабочены тем, что едят. Какой смысл обладать телом, о котором постоянно приходится беспокоиться? Ваше тело должно быть вашим слугой, не позволяйте себе становиться его рабом. Думайте о силе своего ума, верьте, что он «ремонтирует» ваше тело. Живите этой умственной силой!

Почему корова остается здоровой и сильной, кушая одну лишь траву? Из этой простой еды она получает все необходимые ей элементы. И хотя в траве содержатся полезные элементы, ум коровы (а соответственно, и ее тело) был принужден к этому образу жизни эволюцией. У вас есть преимущество перед коровой: вы можете отдавать уму сознательные приказы. Ваше тело сделает все, что ему прикажет ум.

По сути, все, что кажется вам необходимым для тела, иллюзорно. Я совершенно точно знаю, что ум — высшая сила, он сотворит все, что нужно телу. Но до тех пор, пока у вас наяву не будет такого осознания, вы должны руководствоваться здравым смыслом. Соблюдать Божьи законы здоровья и твердо верить, что ум есть высшая сила — мудро. Вы тот, кто создал текущее состояние вашего тела, и в вашем уме есть сила, которая может поддерживать ваше тело в здоровом состоянии. Если в моем организме не хватает железа, я внушаю себе, что оно у меня в достатке — и мое состояние нормализуется. Когда тело переходит под ваш контроль, оно подчиняется каждому вашему слову, а все благодаря силе внушения.

Божья воля была достаточно сильна для того, чтобы сотворить целую Вселенную. Ваше маленькое тело есть продукт этой божественной воли. Ваш ум является выражением той самой воли, и каждый раз, когда вы уверенно внушаете себе что-то, что касается благополучия вашего тела или даже вашей судьбы — этому суждено осуществиться. Запомните: мысль — госпожа мироздания. Укрепив свои мысли, вы сможете достичь любой цели.

Как работать без утомления

28 марта 1940 года

Все люди мечтают работать без утомления. Кто-то работает много и почти не устает, а кто-то легко подвергается утомлению. Когда на то нет серьезных причин, можно предполагать, что энергичные люди уже рождаются такими сильными, а те, кто страдает от переутомления, наоборот — слабыми. В этом есть доля правды: уровень запаса энергии зависит от наследственных или природных факторов, которые сопровождают нас с рождения. Но когда мы начинаем понимать, что же представляет из себя человек, мы осознаем, что он не просто физический организм. Внутри человека таятся многочисленные силы, потенциал которых он использует в большей или меньшей мере, приспосабливаясь к внешним условиям этого мира. Этот потенциал куда более велик, чем обычному человеку кажется.

Человек учится работать с тем запасом сил, который ему доступен, как правило, не понимая, откуда эта энергия исходит. Единственное, что он знает, так это то, что ему хочется передохнуть или перекусить всякий раз, когда он утомляется — ведь эти меры приносят определенное облегчение. Обычно уставший человек действительно чувствует себя лучше после отдыха или еды, но по мере старения тела приближается то время, когда никакой отдых и еда уже не смогут восстановить силы. Очевидно, что с телом происходит что-то такое, из-за чего материальные источники жизни начинают нас подводить. Поэтому мы должны проанализировать и понять физиологию тела, чтобы узнать, каким образом оно восстанавливает силы и из каких источников берет энергию.

Главным источником энергии для тела считается еда, то есть твердая пища и различные жидкости. В желудке механизм тела расщепляет их на простые химические составляющие, а в итоге — превращает в энергию. Твердая пища может быть превращена в жидкость, жидкость — в газ, а газ — в энергию. Таким образом, любая еда, будь то твердая пища или жидкость, потенциально являет собой энергию. Утомление наступает, когда расходуется слишком много энергии; ее необходимо пополнять, и питательная еда — один из источников этой энергии.

Природа предлагает нам многообразие созданных Богом съедобных овощей, фруктов, зерен и других видов пищи, — все, что необходимо человеку. Человек не способен произвести даже пшеничное зерно, не говоря уже о новом растении или фрукте. Только Господь способен на это, и для этого Ему сначала нужно создать целый биологический вид. Человек же может лишь модифицировать то, что уже существует — как это делал Лютер Бёрбанк.

Различайте пристрастия и естественную потребность в еде

Бог дал человеку и воду в горных источниках, и молоко, которым его питает мать, а затем и корова. С самого рождения человек ищет эти естественные источники питания. Позыв голода пробуждает в нем желание есть. Если бы Бог не создал этот импульс, человек бы даже не испытывал желания употреблять пищу.

Чувство голода и вкусовые ощущения искажаются в понимании человека. Теория о том, что голод является причиной возникновения привычки к еде, верна как минимум по отношению к чревоугоднику. Чревоугодие — это голод ума. Если человек соблюдает законы природы, у него нет желания есть больше, чем положено; его вкусовые пристрастия тоже в порядке. Неумеренный же аппетит, вызванный чревоугодием, убивает бессчетное количество мужчин и женщин. Во времена Римской империи для богачей устраивались большие пиры; на таких мероприятиях предусматривалась комната, в которой можно было срыгивать, чтобы затем продолжать пиршествовать. Вот как унизительно чревоугодие!

Сколько же странностей обнаруживается в человеке, когда он преступно обходится со своим благополучием и неправильно использует свои ощущения! Когда человек забывает о конечной цели действия, приковывая свое внимание к самому действию, он делает серьезную ошибку. Голод и вкусовые ощущения были даны человеку для того, чтобы он мог выбирать себе правильную еду и отбирать нужное ее количество, чтобы поддерживать здоровье в своем теле.

Однако неправильные привычки в питании и в жизни исказили его потребности в пище, образовав пристрастия, которые не всегда приносят ему пользу. То, что вкусно и съедобно, не обязательно удовлетворяет потребности тела. Так как еда является важным источником энергии для тела, важно обеспечить поставки этой самой энергии посредством правильного питания. В вареной еде большая часть витаминов уничтожена; питаясь такой едой, вы будете быстро уставать. Свежая сырая еда лучше, так как витамины в ней еще присутствуют. Многие витамины уничтожаются из-за высокой температуры при варке и консервировании. Таким образом, диета, которая состоит в основном из такой пищи, не обеспечивает все потребности тела.

Желудочно-кишечный тракт извлекает из пищи химические вещества, которые потом распределяются по разным клеткам организма. Тело состоит из различных химических элементов, и ваш рацион должен пополнять их запасы каждый день. Хороший рацион предполагает содержание в еде максимального количества необходимых элементов. В ней должно быть достаточно белка, много витаминов и минералов, некоторое количество жиров, масел и натуральных углеводов, — но лишь небольшое количество крахмала и сахара.

Фрукты и овощи необходимы для поддержания здоровья

Белки, содержащиеся в мясе, не единственный жизненный источник энергии. Некоторые из минеральных солей, которые встречаются в свежих сырых овощах и фруктах, также являются важным источником энергии. Да, большая порция стейка дает достаточно много энергии, но если мясо долго преобладает в рационе, оно перестает придавать силы. Обильное потребление белка приводит к белковому отравлению, которое выражается в болезнях и усталости. Переизбыток белка столь же вреден, как и его недостаток.

Если вы хотите избавиться от утомления, нужно правильно питаться. Помните, что мясо может какое-то время придавать силы, но оно наполняет организм ядами. Кушая больше сырой пищи, вы будете меньше утомляться, следовательно, у вас будет больше энергии. Всякий раз, когда ваше тело устает, выпивайте стакан ананасового или апельсинового сока: это зарядит вас энергией. Цельные фрукты и овощи полезнее, чем их соки, однако многие люди не хотят тратить свое время на то, чтобы потреблять их целиком. Еще один превосходный источник энергии — апельсиновый сок с добавлением тщательно перемолотого миндаля. Орехи лучше усваиваются в сочетании с апельсиновым соком.

Запомните: важно пить много жидкости. Если у вас нет возможности пить воду надлежащего качества, пейте свежие фруктовые соки и кокосовое молоко и ешьте арбузы — все это станет отличной временной заменой. В будущем все больше людей будут пить соки, получая от этого пользу.

Не забывайте включать в свой рацион масло и молоко. Молоко необходимо употреблять отдельно от еды — еду им лучше не запивать. Молоко обладает полезными послабляющими свойствами, но оно может вызвать образование слизи, что не очень хорошо для тех, у кого проблемы со слизистой оболочкой носа или кто часто простужается. Многие из тех, кто страдает от подобных проблем, испытали облегчение, перестав постоянно пить апельсиновый сок по моему совету. Кстати, хотя лимон и обладает отличными дезинфицирующими свойствами, он также вызывает раздражение слизистой оболочки носа.

Нет ничего более сытного, чем свежий цельнозерновой хлеб. Хотя люди с избыточным образованием слизи и должны избегать крахмала, они могут есть хлеб из цельнозерновой муки, если он хорошо прожарен.

Запор — еще одна причина утомляемости, которая в данном случае возникает из-за скопления в организме токсинов либо из-за переизбытка энергии, даваемой едой. Если у вас запор, используйте слабительное, желательно натуральное. Если ваше тело будет свободно от токсинов, вы не будете утомляться. Именно яды в вашем организме заставляют вас чувствовать усталость.

Наркотики также ведут к утомлению. Например, опиум лишает желания работать. Те, кто его употребляют, хотят лишь спать да мечтать.

Лучший способ не допустить утомления — сберегать сексуальную энергию. Не состоящие в браке люди должны строго себя контролировать, а женатые пары должны быть умеренными в сексуальных отношениях. Огромное количество жизненной энергии — и на физическом плане, и на умственном — теряется из-за беспорядочных половых связей или злоупотребления сексом.

Упражнения снимают усталость

Делайте упражнения каждый день. Не будете упражняться — будете уставать; будете упражняться — уставать не будете. Упражняясь, вы расходуете какое-то количество энергии, однако взамен вы получаете гораздо большее ее количество — если, конечно, не переусердствуете. Умеренное количество упражнений придаст телу бодрость, а чрезмерное их количество и интенсивность — вызовет усталость. Тело нельзя зарядить энергией, которую оно не в состоянии принять. Например, если направить к лампочке ток с напряжением в две тысячи вольт, она перегорит. Так же и с упражнениями: умеренное их количество заряжает тело энергией, а чрезмерное — вызывает усталость, так как при этом токсины образуются быстрее, чем организм может с ними справиться.

После сорока вы не должны делать упражнений, к которым ваш организм не готов. Гулять на свежем воздухе полезно, а плавать — еще лучше, но интенсивных упражнений нужно избегать. Такие упражнения вызовут еще бо́льшую усталость, так как тело не сможет удовлетворить резко возросшую потребность в энергии. Постепенно укрепив свое тело, вы сможете наслаждаться активными упражнениями, но человек, которому знаком лишь сидячий образ жизни, не должен пытаться стать акробатом в шестьдесят — так он лишь подорвет свое здоровье.

Не слишком долгий и не слишком короткий сон придает телу энергию. Я считаю, что шесть-семь часов для сна достаточно. Все, что сверх того, оказывает на тело наркотический эффект. Вместо того, чтобы накапливать энергию, оно ее теряет. Поспите десять часов, и вы почувствуете нехватку энергии. Вам не захочется работать в этот день — вы будете просто волочиться туда-сюда.

Утомление также можно устранить с помощью насыщения кислородом. В случае появления усталости вы, вместо того, чтобы пойти на кухню за закуской, можете на десять-пятнадцать минут выйти на улицу и сделать несколько глубоких вдохов и выдохов. Проведя это время на свежем воздухе, вы устраните усталость. Если бы вы не ели целый день, но при этом каждый час выходили на свежий воздух на пять минут, чтобы выдыхать токсины и вдыхать кислород, вы бы даже не испытывали потребность в еде. Из-за ваших привычек вам, вероятно, поначалу будет сложно обходиться без еды, но привыкнув к такому положению дел, вы обнаружите, что получаете из кислорода всю необходимую вам энергию.

Лахири Махасайя и другие великие мастера знали, как управлять законом, который делает еду абсолютно ненужной для поддержания жизни в теле. Но он часто говорил, что употребление пищи служит благим целям, ибо Бог создал еду в изобилии и чувство голода является частью плана, согласно которому развивается действие космического спектакля.

Не растрачивайте свою энергию

Энергия постоянно растрачивается на бесполезные занятия, неконтролируемые эмоции и вредные привычки. Когда вы пребываете в спокойствии, вы тратите небольшое количество энергии, но когда вы сердиты, полны ненависти или же эмоциональны в ином плане, вы тратите много энергии. Сложный механизм требует аккуратного обращения; с механизмом тела тоже нужно обращаться осторожно.

В своей работе вы задействуете мышцы, нервную систему, разум, мысли, ощущения и духовное восприятие. Для всего этого требуется энергия — в любой работе. Когда вы бежите, вы используете около четырех-пяти «лошадиных сил» энергии. Если бы гравитация исчезла и вы не чувствовали веса своего тела, вы бы использовали совсем небольшое количество энергии при беге. Чем больше вес тела, тем больше энергии требуется для его перемещения. С практической точки зрения это хорошая причина избегать лишнего веса!

Заряда батареи инвалидной электроколяски с сидящим на ней человеком хватит на то, чтобы проехать примерно пятнадцать миль. Вы когда-нибудь задумывались над тем, что «батарея» вашего тела постоянно «возит» ваш физический механизм? Ее энергия не только питает мышцы в конечностях, но и отвечает за всю активность в целом. К примеру, когда вы разговариваете, вы используете как силу мысли, так и силу мышц, а мысли тоже требуется энергия. Без энергии вы не можете мыслить или преобразовывать мысли в речь. Когда вы погружаетесь в глубокие раздумья, вы сжигаете большое количество энергии, опустошая резервуары мозга. Допустим, каждую минуту у вас в голове рождается шестьдесят мыслей. За месяц вы бы могли произвести около двух миллионов мыслей — при условии, что вы бодрствуете восемнадцать часов в сутки. За шестьдесят лет жизни вы бы могли произвести более миллиарда мыслей. После умственной обработки такого количества мыслей большая часть людей бы просто умерла: хранящаяся в мозге энергия, получаемая из еды и космических источников, была бы израсходована. Удивительно, как долго мы живём, учитывая, сколько тратим энергии! Тем не менее, зная методы пополнения энергии, которую мы расходуем, мы можем жить дольше и быть при этом более продуктивными.

Существует два источника энергии для тела: пища (включая кислород) и продолговатый мозг, он же «уста Божии»[1]. Полученная из этих источников энергия распространяется по клеткам тела; все её излишки отправляются в мозг, где хранятся до их востребования.

Пища является лишь второстепенным источником энергии. Бо́льшую часть энергии тело получает от окружающей его разумной космической энергии, которая вездесуща. В хранилище мозга её «затягивает» продолговатый мозг. Эта разумная космическая энергия, или вибрация, является основной субстанцией всей материи. Научные эксперименты, проведённые доктором Крайлем[2], показали, что мозги мёртвых телят продолжают испускать ощутимый ток. Во время смерти космическая энергия покидает лишь физиологический канал нервной системы.

Секрет энергичности

У тела уходят целые часы на то, чтобы преобразовать пищу в энергию, но всё, что стимулирует вашу волю, генерирует энергию мгновенно. Воля получает энергию из электропротонных центров клеток тела и из резервуара мозга, в котором хранится энергия, извлечённая из пищи. Воля также черпает энергию из космического источника посредством продолговатого мозга.

Таким образом, секрет энергичности кроется в том, чтобы сберегать ту энергию, которая у вас уже есть, и черпать новую энергию силой воли. Как? Во-первых, вам нужно действовать с энтузиазмом. Если дело

---

[1] См. *продолговатый мозг* в глоссарии.

[2] Доктор Джордж Вашингтон Крайль (1864–1943) был военным хирургом, который посвятил себя поиску лучшего понимания феномена жизни. Будучи не удовлетворён простыми объяснениями, которые тогда давали физиология и биохимия, он основал Кливлендскую клинику, где в течение двадцати двух лет проводил биофизическое исследование, по окончании которого в 1936 году изложил свою «радиоэлектронную» теорию о жизненных процессах.

стоящее, значит, оно стоит того, чтобы действовать с энтузиазмом. Когда вы работаете с энтузиазмом, у вас появляется больше энергии, так как она поступает не только из мозгового резервуара, но и из космического источника, откуда ее черпает продолговатый мозг. Женщина, старательно готовящая ужин для своего возлюбленного, счастлива и энергична, но, если ее принуждают к готовке, она чувствует себя уставшей с самого начала. Запомните: *воля притягивает энергию*.

Система *Энергизирующих упражнений*[3], которым обучает Self-Realization Fellowship, основана на принципе использования силы воли для привлечения энергии из космического источника и распределения ее по триллионам клеток тела. Бо́льшую часть энергии, необходимой для нашей деятельности, мы получаем из физических источников питания батареи тела: еды, кислорода и солнечного света. Мы не черпаем достаточное количество энергии из невидимого космического источника сознательным волевым усилием.

Воля и энергия тесно взаимосвязаны

Существует разница между сознательно применяемой волей и воображением. Воображение — это когда человек представляет себе в уме то, что хочет заполучить наяву. Если вы день и ночь воображаете себе, что вы становитесь энергичнее, то вы можете обрести какие-то силы, так как воображение само по себе требует как минимум небольшого волевого усилия. Если же вы *проявляете волю*, чтобы стать энергичным, у вас тут же появляются силы. Если вы сильно ударите человека в порыве гнева, воля, возбужденная эмоцией, привлечет энергию на осуществление этого поступка; однако сразу же после удара вы лишитесь энергии и энергичности. Если же вы будете конструктивным образом снабжать тело энергией усилием воли и использовать принцип *Энергизирующих упражнений* Self-Realization Fellowship, сознательного управления жизненной энергией, вы сможете черпать неограниченное количество энергии из космического источника посредством волевого усилия. Так как тело представляет из себя простое скопление клеток, в случае нехватки энергии вы можете энергизировать его с помощью силы воли; клетки будут мгновенно и непрерывно перезаряжаться. Воля — это переключатель, с помощью которого

---

[3] См. глоссарий.

можно заносить в тело больше энергии из божественного источника.

Таким образом, воля — это могущественный фактор сохранения молодости и энергичности. Если вы убедите себя, что вы стары, ваша воля будет парализована, и вы действительно станете старым. Никогда не говорите, что вы устали: эта мысль парализует волю, *фактически* делая вас усталым. Говорите так: «Моему телу нужен отдых». Не позволяйте телу навязывать его ограничения душе. Душа должна править телом, потому что душа не появилась благодаря телу и не зависит от него. В воле души кроется вся сила. Бог проявил волю, и появился свет — космическая созидательная энергия, которая была сконденсирована в небеса, в наши тела и другие формы. Воля — это свет, так как свет — первое, что появилось в результате проявления Божьей воли. И Он увидел, что этот свет, или энергия, является подходящим элементом для создания форм жизни[4]. Ученые размышляют над тем, является ли материя светом или свет — материей. Вначале появился свет, и он является неотъемлемой структурирующей частью материи.

Вследствие этого, мы должны осознавать, что энергия и воля взаимосвязаны. Это очень простая формула. Мы так привыкли к идее, что энергия исходит только от материальных источников, что мы не в состоянии поверить в космический источник (и использовать его), который моментально отзывается на порыв воли.

Если вы изучите метод общества Self-Realization Fellowship, с помощью которого вы можете использовать свою волю для того, чтобы черпать энергию непосредственно из безграничного космического источника, вы больше не будете страдать от утомления. Те, кто хорошо знают меня, также прекрасно знают, что ночью я сплю лишь два-три часа, и даже когда я совсем не сплю, мне от этого не плохо. Я могу днями не спать и не чувствовать усталости. Когда я писал книгу *Whispers from Eternity*[5], я как-то не спал пять ночей подряд, и мое тело ни капли не утомилось.

Я просто обязан пробудить вашу волю. Когда вы начнете черпать энергию из Бесконечности, вам уже не нужно будет столько еды — равно как и сна. Вы будете постепенно возвышаться над материальными средствами существования. Вас не должны ограничивать

---

[4] «И сказал Бог: да будет свет. И стал свет. И увидел Бог свет, что он хорош» (Быт. 1:3–4).

[5] См. глоссарий.

материальные законы. Магический метод работы без утомления кроется в силе вашей воли. Когда вы научитесь черпать энергию из космического источника, вам уже будет неважно, позавтракали вы или нет — вы не будете испытывать какой-либо нехватки. Вы будете выше такого сознания.

Любовь — один из сильнейших стимуляторов воли

Во все, что я делаю, я вкладываю величайшую любовь, которая только есть во мне. Примените тот же подход, и вы вообще не будете уставать. Любовь — один из сильнейших стимуляторов воли. Под воздействием любви воля может сделать чуть ли не все что угодно. Вы сможете продемонстрировать это в своей жизни, если будете больше полагаться на силу воли. Ваше тело не будет нуждаться в восьми часах сна; вы обнаружите, что шести часов более чем достаточно — если при этом вы раз в день употребляете питательное блюдо и периодически выпиваете фруктовый сок. Божьей милостью вы всегда будете в порядке. Все девятнадцать лет, что я нахожусь в этой стране, я чувствую себя одинаково хорошо — думаю, я даже выгляжу так же, как и раньше! Я следую законам природы, я не ортодоксален и не фанатичен ни в чем. Но моя вера в силу воли непоколебима. Я уже не раз доказывал, что она работает.

Когда я нахожусь с людьми, умом я пребываю всецело с ними, будучи непомерно рад; когда же я один, я пребываю наедине с этой радостью. Когда я работаю, я работаю с невероятным энтузиазмом и счастьем. Неважно, над чем вы работаете — работайте с радостью и энтузиазмом. Если вы так не делаете, вы только лишаете себя жизненной силы. И всегда помните о том, что нужно быть искренним. Искренность позволит вам более гармонично работать с другими. Поэтому наряду с силой воли развивайте также искренность.

Каждый день выполняйте какую-нибудь творческую работу. Писательство хорошо развивает творческие способности и силу воли. Я никогда не имел желания делать лишь механическую работу. Я всегда нахожусь в поисках новых свершений. Творческая деятельность, конечно, сложнее механического существования, но когда ваша воля сталкивается с новыми идеями, она становится сильней. Когда она станет такой сильной, что сможет производить изменения не только в вашем теле, но и во Вселенной, тогда можно будет сказать, что она стала божественной. Именно эту божественную волю Иисус подразумевал, когда говорил: «Если будете иметь веру и не усомнитесь, не только сделаете то, что сделано со смоковницею, но если и горе сей скажете: поднимись и ввергнись в море, — будет»[6]. А почему бы и нет? Своей волей — божественной волей — Господь вращает в пространстве бессчетное количество вселенных. Не смотрите на себя как на слабого смертного. Колоссальное количество энергии сокрыто в вашем мозгу; в одном лишь грамме плоти её достаточно, чтобы снабжать энергией весь Чикаго в течение двух дней. И вы все еще говорите, что устали?

Вращающееся колесо производит энергию. Когда ваша воля вращается вокруг идеи, она также производит энергию, которую можно направить на исцеление, на материализацию объектов перед собственными глазами или на любое другое изменение атомной структуры Вселенной.

Когда ваша воля станет сильной, единой с божественной волей, вы воистину сможете, как сказал Иисус, поднять гору и ввергнуть ее в море. Наша воля является частью божественной воли, и когда мы разовьем ту волю, что пребывает внутри нас, мы сможем создавать вселенные и демонстрировать, что смерти и разложения не существует, так как вся материя есть вечная энергия. Тогда уже не будет никакого утомления.

Цель жизни — найти Бога. Ни при каких обстоятельствах не позволяйте себе погружаться в дебри смертных привычек и ограничений и других унизительных переживаний, навязанных иллюзией. Используйте свою решительность, дабы освободить свою волю и обрести власть над своим телом и Вселенной. Развитие воли — ключ к нахождению образа Божьего, сокрытого внутри вас.

---

[6] Мф. 21:21.

Как избавиться от беспокойного сознания

*Первый храм Self-Realization Fellowship,
Энсинитас, Калифорния, 12 мая 1940 года*

Беспокойство — психофизическое состояние сознания, в котором вас охватывает чувство беспомощности и тревоги, связанное с какой-либо проблемой, которую вы не можете разрешить. Возможно, вы сильно озабочены своим ребенком или своим здоровьем, или платой за ипотеку. Не найдя сиюминутного решения, вы начинаете беспокоиться о сложившейся ситуации. И что вы получаете взамен? Головную боль, нервозность, проблемы с сердцем. Из-за того что вы не анализируете четко себя и свои проблемы, вы не знаете, как взять под контроль свои чувства или ситуацию, в которую вы попали. Вместо того чтобы тратить время на беспокойства, начните размышлять о том, как можно устранить проблему. Если вы хотите избавиться от нее, невозмутимо проанализируйте свои трудности, записывая на бумагу все «за» и «против»; затем определите, какие шаги будут лучшими для достижения цели.

Если у вас нет денег, вы чувствуете себя оставленным, вам кажется, что все идет по наихудшему сценарию. Но беспокойство не решит проблем. Начните действовать и твердо внушите себе: «Я переверну весь мир с ног на голову, чтобы получить то, что мне причитается. Миру придется удовлетворить мою потребность, если он хочет, чтобы я успокоился». Каждый, кто выполнял какую-либо работу, даже если он просто вырывал сорняки, сделал значимое дело на этой планете. Так почему бы каждому не получить причитающуюся ему долю земных богатств? Никто не должен голодать, и ни о ком нельзя забывать.

Существующий сегодня денежный стандарт однажды прейдет — запомните мои слова. Деньги вызывают жажду власти, и слишком часто они делают человека безразличным к страданиям других людей. В накоплении богатств нет ничего плохого, если состоятельный человек желает делиться с теми, кто в этом нуждается. В руках неэгоистичных людей деньги становятся благом, но в руках эгоистов они становятся проклятием. Я знал одного человека из Филадельфии, который обладал состоянием в десять миллионов долларов, но деньги так и не сделали его счастливым — они приносили лишь страдания. Он был не в состоянии угостить человека и чашечкой кофе за десять центов. Золото было создано для того, чтобы мы его использовали, но принадлежит оно одному лишь Божественному Духу. Каждое дитя Божье имеет право пользоваться золотом Господа. Вы не должны признавать неудачу и отказываться от своего права.

Успехи и неудачи создаются умом

Бог сотворил вас Своим чадом. Вы же сделали себя попрошайкой. Если вы убедили себя в том, что вы беспомощный смертный, и если вы позволили остальным убедить вас в том, что вы не можете найти работу, значит, вы постановили в своем уме, что вы упали духом и сдались. Не Божье наказание и не злой рок, а ваше самомнение делает вас бедным или беспокойным. Успехи и неудачи создаются в вашем уме. Пусть даже вся общественность настроена против вас — если с помощью своей всепобеждающей, данной Богом воли вы выразите убежденность в том, что вы просто не можете быть оставлены в страданиях, вы почувствуете, как к вам приходит невидимая божественная сила; вы увидите, что магнетизм этой убежденности и силы открывает вам новые возможности. Не печальтесь о текущем своем состоянии и не беспокойтесь. Если вы откажетесь от беспокойства и будете должным образом прикладывать усилия, вы будете оставаться спокойным и непременно найдете способ достичь своей цели.

Запомните: всякий раз, когда вы беспокоитесь, в своем уме вы нажимаете на тормоз; борясь с этим сопротивлением, вы нагружаете сердце и ум. Вы же не будете пытаться ездить на своей машине с зажатым тормозом — так вы лишь повредите автомобиль. Беспокойство — это тормоз на колесах ваших усилий: оно не дает вам сдвинуться с места. В мире нет ничего невозможного — пока вы в этом уверены. Беспокойство может убедить вас в невозможности того, что вы хотите сделать.

Беспокойство растрачивает ваше время и энергию. Так используйте же вместо него свой ум, для того чтобы предпринять конструктивную попытку. Лучше быть предприимчивым материалистом и добиться чего-либо, чем быть ленивым: лентяй оставлен и человеком, и Богом. Многие инициативные люди стали богатыми, но не делайте деньги мерилом успеха. Зачастую не деньги, а творческие способности, развитые в процессе их зарабатывания, приносят удовлетворение.

Глупо убегать от своих тревог, ведь, куда бы вы ни пошли, ваши тревоги идут за вами. Вы должны научиться смотреть в лицо своим проблемам бесстрашно и с чистой совестью, как это делаю я. Сейчас я уже не молюсь о своей душе или о теле, ведь я получил вечное заверение от Господа. Этого достаточно. Для меня молитва уже означала бы сомнение. Моя совесть чиста, потому что я не сделал ничего плохого ни одному человеку. Я знаю, что это правда. Быть способным говорить себе: «Я никому не причиняю вреда» — значит быть самым счастливым человеком на земле.

Когда я думаю о многих замечательных душах, которые верят в меня (имеется в виду вера, ведомая не слепыми эмоциями, а разумом и рассудком), я осознаю, как я счастлив. Из всех обретений для меня наиболее ценна дружба. Будьте другом для всех. Даже если кто-то предал вашу любовь и доверие, не беспокойтесь. Всегда будьте самим собой; вы тот, кто вы есть. Это единственно верный способ жить. Хотя все и не могут быть вашими друзьями, вы должны относиться дружески ко всем, ничего не ожидая взамен. Я понимаю и люблю всех, но я никогда не жду от кого-то взаимной дружеской симпатии и понимания. Благодаря этому принципу я живу в гармонии с миром и с самим собой, и у меня никогда не возникает повода для беспокойства.

Мы пришли на землю, чтобы усвоить урок

Сокровище дружбы — самая ценная ваша собственность, потому что она останется с вами и после этой жизни. Всех своих истинных друзей вы вновь встретите в обители Отца, потому что настоящая любовь никогда не угасает. С другой стороны, ненависть тоже никогда не угасает. Все, что вы ненавидите, вы будете притягивать к себе снова и снова до тех пор, пока не преодолеете свою сильную неприязнь.

Любовь недолговечна — если это не божественная любовь. Подумайте обо всех тех влюбленных, которые на протяжении веков клялись и клянутся друг другу в вечной преданности, стоя под серебрящейся луной. Земля усыпана их черепами, и сама луна над большинством из них просто смеется, говоря: «Как же они лгали: их любовь оказалась вовсе не вечной». Но если любовь, которую вы чувствуете в своем сердце, не от мира сего, неземная; если ваша любовь ко всем основывается на божественной дружбе, а не на физической привязанности; если вы любите всех людей ради них самих, а не из эгоистических побуждений, — тогда вы достигли божественной любви Господа и выражаете ее. Мы пришли на землю, чтобы усвоить урок: необходимо развивать чистую и безусловную любовь между мужем и женой, между родителем и ребенком, между собой и всеми остальными.

Вы не должны ненавидеть даже своих врагов. Никто не является всецело плохим. Когда вы слышите, как кто-то играет на пианино, у которого неисправна одна из клавиш, вы склонны думать, что само пианино плохое. Но неполадка касается лишь одной клавиши. Устраните эту неполадку, и вы поймете, что пианино на самом деле в отличном состоянии. Бог живет во всех Своих детях. Ненавидеть кого-либо — значит отвергать Его в себе и в других. Эта земля — Божья лаборатория. Мы сжигаем себя в огне смертных переживаний, для того чтобы вновь явить нашу божественную бессмертность, которая погребена под бренностью нашего сознания. Любите всех, держите в секрете свои намерения и не беспокойтесь.

Вручите свои проблемы Господу. Вы хороните самого себя, когда беспокоитесь. Вы же не хотите быть погребенным заживо своими тревогами! Зачем страдать и погибать каждый день от своих тревог? Неважно, через что вы проходите — бедность, печаль, проблемы со здоровьем, — помните, что кто-то на этой планете страдает в сотню раз сильней. Относясь к себе как к неудачнику, вы уничтожаете себя и загораживаете всесильный свет Бога, Который все время пытается вам помочь.

Просто подумайте о том, что сейчас происходит в жизни европейцев, и вы поймете, как же вам повезло. Этой войне нет оправданий. Разве это прогресс? Разве это цивилизованность? День матери должен напомнить матерям об их божественной обязанности сопереживать человечеству всем своим сердцем. Мне жаль всех этих людей на поле боя. Если человека убивают в бою, он хотя бы получает освобождение от этого несчастного мира; но как же тяжело тем, кому приходится доживать свою жизнь с изувеченным телом! Видя руку или ногу, потерянную в безнравственной войне, ум теряет желание оставаться в искалеченном теле. В своих медитациях я видел стонущие души: какие-то пребывали на поле боя во вскрытых телах, другие — в госпиталях, страдая от рака и ожидая скорой кончины. До чего же трагичен этот мир! Это место неопределенности. Но что бы с вами ни случилось, если вы припадете к ногам Отца в поисках Его милосердия, Он поднимет вас и покажет вам, что эта жизнь есть не что иное, как сон. Я убедился в этой истине. Когда я полностью концентрируюсь на Центре Христа[1], я вообще не чувствую тела. Никакие ощущения или умственные муки не могут повлиять на вас, когда вас ум отделен от них и закреплен в покое и радости Бога.

Практикуйте равновесие ума

Невозмутимая стойкость на санскрите называется *титикша*. Я практиковал это умственное равновесие. Я садился и медитировал всю ночь напролет в ледяной воде в ужасно холодную погоду. В Индии я с утра до вечера сидел на раскаленном песке. Таким образом я развил огромную умственную силу. Когда вы практикуете такую самодисциплину, ваш ум становится невосприимчивым к беспокойным обстоятельствам. Если вы думаете, будто что-то вам не по силам, то ваш ум — раб. Освободите себя.

Я не имею в виду, что вы должны быть безрассудными. Постарайтесь возвыситься над всеми тревогами постепенно. Стойкость — вот чем вы должны обладать. Какой бы ни была ваша проблема, приложите все усилия, чтобы избавиться от нее без беспокойства; а до тех пор, пока она не будет решена, практикуйте *титикшу*. Разве это не практичная мудрость? Если вы молоды и сильны, то по мере того как вы будете укреплять свою волю и ум, вы сможете прибегать к более жестким методам самодисциплины, как это делал я.

Если вы думаете, что зимой вы обязательно простудитесь, вы определенно не укрепляете свой ум. Вы уже приговорили себя к слабости. Когда у вас появляется мысль о том, что вы восприимчивы к простуде, сопротивляйтесь ей в уме: «Уйди прочь, простуда! Я соблюдаю все профилактические меры, и я не позволю волнению навлечь на меня болезнь, ослабив мой ум». Это правильный умственный настрой. В своем сердце всегда прилагайте максимум усилий, но не тревожьтесь. Волнение лишь парализует ваши усилия. Если вы

---

[1] См. глоссарий.

будете прилагать все усилия, Бог протянет вам руку помощи.

Сон — это благословение, потому что, какими бы ни были ваши проблемы, вы освобождаетесь от них, когда спите. Научитесь быть свободным сознательно, когда вы бодрствуете. Если вы не пробовали сахар, вы не знаете, насколько он сладок; если вы не использовали весь потенциал своего ума, вы не осознаете его чудодейственную силу.

В Вашингтоне, округ Колумбия, ко мне подошла молодая леди и сказала:

— У меня хроническая проблема с сердцем. Я консультировалась со специалистом, но лучше мне не становится. Можете ли вы хоть как-то мне помочь?

Я заглянул в ее сознание и понял, в чем проблема. (Вы также можете развить эту интуитивную способность, если вы будете спокойны и если вы будете медитировать глубоко. Область применения этой врожденной силы, которую дал вам Бог, безгранична.) Я сказал даме:

— У вас нет проблем с сердцем. Из моих уст вы слышите правду. Если завтра у вас будут проявляться те же симптомы, можете смело назвать меня величайшим из лжецов и забыть обо мне. Но я знаю, что ваша болезнь уйдёт.

— Но как? — спросила она. Я задал ей встречный вопрос:

— Случался ли у вас в последнее время роман, который завершился на печальной ноте?

— Да, а как вы узнали? — удивленно спросила она.

— Не правда ли, — продолжил я, — что день и ночь вы думали об этих мучительных переживаниях?

Она склонила голову, признав: так оно и было.

— Перестаньте хандрить. Непоправимое уже произошло — чего теперь переживать? Найдите того, кто будет ценить вашу любовь. Нет смысла быть верным тому, кто не любит вас. Ваш бывший возлюбленный сейчас получает удовольствие в компании кого-то еще, а вы здесь чахнете из-за него.

Она сказала, что попытается забыть его.

— Не надо просто пытаться! — настаивал я. — Вы прямо сейчас должны выбросить этого человека из своей головы!

Эта женщина была восприимчива. Вскоре она пришла ко мне и рассказала:

— Вы были правы. В тот момент, когда я перестала думать о том мужчине и о своем несчастье, мой пульс нормализовался.

Если вы будете наставлять себя подобным образом; если вы не будете давать слабину перед лицом проблем; если вы откажетесь тревожиться о своих проблемах, — вы увидите, насколько вы более успешны, спокойны и счастливы. Я осознал это в своей жизни с помощью собственных усилий. И вы должны это сделать. Каждый день произносите следующую аффирмацию: «Я не буду ни ленивым, ни чрезмерно активным. Я буду прилагать все усилия к преодолению любых жизненных проблем, не тревожась о будущем».

Бог никогда вас не оставит

Помните, что ум не может страдать от боли, пока он ее не признаёт. Ум не может страдать от бедности, пока он не признаёт непривлекательность сложившегося положения. С Иисусом обходились жестоко, его жизнь была полна проблем, препятствий и неопределенности, но беспокойным он при этом не был. Помните: вы также являетесь Божьим чадом. Вы можете быть оставлены всеми, но Бог никогда вас не оставит, потому что Он любит вас. Вы никогда не должны волноваться, потому что Бог сотворил вас по Своему неукротимому образу.

Не печальтесь о том, чего у вас нет. Самый успешный в материальном плане человек может страдать от самых серьезных беспокойств и несчастья. В скромных же шалашах и пещерах Индии я видел истинных монархов. Земным «троном» одному из таких святых служил травяной коврик. Если бы я привел к вам этого человека, вы бы увидели истинного короля. Он носил одну лишь набедренную повязку, и у него даже не было миски для подаяний. Таковы истинные короли этого мира. Некоторых из них я видел в Гималаях; у них нет ничего, даже еды, но при этом они не нищие. Они богаче любых земных миллионеров, потому что они друзья всем; люди любят их, им нравится их кормить. В Гималаях я видел святого без какой-либо одежды, хотя было очень холодно. «А вы не простудитесь?» — спросил я. Он ответил: «Как мне может быть холодно, когда меня согревает Божья любовь?» Такие святые более велики, нежели любой из коронованных королей. Если без еды, без каких-либо внешних средств безопасности такие люди могут быть королями, спокойными и лишенными тревог, почему вы не можете?

Осознайте, что бесконечное присутствие Небесного Отца всегда пребывает внутри вас. Говорите Ему: «В жизни и смерти, в здоровье и болезни я лишён беспокойств, о Господь, ведь я вечно буду чадом Твоим».

Почему Бог свободен от кармы, а мы — нет?

*Храм Self-Realization Fellowship в Сан-Диего,
Калифорния, 18 ноября 1945 года*

Карма — это плоды деяний, то есть хорошие или плохие их последствия. Если вы проглотите яд, ваше действие принесет плоды смерти. Если вы будете есть полезную пищу, ваши действия принесут плоды более крепкого здоровья. Сегодня я буду говорить в основном о плохой карме — той, которая приносит боль и страдания. Если мы сотворены по образу Божиему, как утверждают священные писания, и если Бог свободен от кармических страданий, почему же и мы не обладаем этой свободой?

Плохая карма есть результат злоупотребления свободой выбора, данной нам Богом. Животные свободны от индивидуальной кармы. Они не творят зла как такового, ибо лишены проницательности. Их жизнями управляют инстинкты и массовая карма, воздействие их среды обитания. Хотя и в сексуальном плане они неразборчивы, наказания за это они не получают, так как они несамостоятельны в своем поведении: они связаны инстинктами. Таким образом, животные не страдают от последствий своих действий, чего не скажешь о человеке. Человек обладает даром рассудка, благодаря которому он сам может решать, как ему действовать; следовательно, он несет ответственность за свои поступки.

Тогда возникает вопрос: почему Бог вечно свободен от плодов деяний, а мы — нет? Давайте рассмотрим эту тему подробней, и вы поймете ее как никогда раньше.

О Боге говорят как о вечной сущности, вечном сознании, вечном блаженстве. Он никогда не страдает. Почему же Он замыслил страдания для нас? Не кажется ли вам это странным? Я знаю ответ, но по-прежнему спорю с Ним: «Господи, если Ты изволил создать этот маленький мир-спектакль, почему же Ты сделал страдание его частью? Что для Тебя игра, для нас — смерть. Почему Ты не создал этот мир с цветами, но без сорняков; с жизнью, но без смерти, боли или других страданий, вызванных кармой; и без массовой кармы, которая заставляет нас погружаться в ужасы войны? Почему, Господи, Ты не создал мир без заблуждений?» Что же Он может ответить кроме того, что мы *и так* свободны? Мы лишь не ведаем этого.

Тот факт, что Бог сотворил заблуждение, не должен делать нас пессимистами. Я, например, величайший оптимист. Быть оптимистом не значит быть счастливым, когда все вокруг хорошо, и становиться мрачным, говоря: «Господи, Ты жесток» — когда приходит боль, нет. Бог не имеет никакого отношения к нашим текущим страданиям. Когда Он сотворил нас, Он дал нам свободу выбора: мы можем страдать или же быть выше страданий. Оптимизм предполагает наличие умения смеяться и в наслаждении, и в страданиях, — на психологическом плане отстраняться от пагубного воздействия двойственности мира.

Три причины страданий

Страдание — величайшее проклятие души. Тем, кто его претерпевает, оно внушает ужас. Даже если сегодня у вас все хорошо, где гарантия, что однажды вы не будете страдать? Пока есть хотя бы малейшая вероятность возникновения страдания, вы должны пытаться устранить его причины на корню.

У человеческих страданий три причины: первая — неведение, вторая — последствия ошибочных поступков, наконец, третья — влияние массовой кармы, например, умерщвление хороших и плохих индивидуумов, как при бомбардировке Хиросимы.

Неведение приводит к тому, что человек отождествляет себя с плотью. С самого рождения ребенок думает о себе как о теле, что он и тело — одно целое. Вот почему он закричит, если его ущипнут, и вот почему ему понравится, если его нежно возьмут за руку. Заблуждение, приводящее к отождествлению с телом, появилось при сотворении человека, и потакание прихотям тела лишь усиливает его.

В Индии воспитание отличается от западного. Нас учат покорять плоть, умственно быть выше сознания тела. Если вы слишком сильно любите тело, вы становитесь чрезмерно чувствительным, вы страдаете всякий раз, когда телу некомфортно. Вас учат страдать, потому что вас учат всецело полагаться на физический комфорт для достижения счастья. Вот почему святые говорят, что нельзя ни к чему привязываться. Если вам подают простую еду, не думайте об аппетитном блюде, которое вы так любите. Никогда не привязывайтесь к чему-либо так, чтобы отсутствие этого вызывало у вас огорчение или неудовлетворенность.

Люди страдают, потому что они чувствуют общность со своим эго, то есть осознают себя физическим существом. Животные страдают куда меньше, потому что они не привязаны эгоистически к своим телам. Они не могут чувствовать общность со своим эго, подобно людям. Мы также чувствуем общность и с другими людьми — согласно степени отождествления с ними. Если вы увидите незнакомца со сломанной ногой, вы скажете: «Вот бедняга!» Вы сочувствуете ему, но вы отделены от его боли. Если же вы сломаете *свою* ногу, вы будете страдать от боли. Аналогично этому, если мать увидит убийство ребенка ее соседа, ей не будет так же плохо, как ей было бы, если бы убили ее сына. В каждом конкретном случае отождествление является причиной страдания. Вы отождествляете себя со своим телом больше, чем с телом кого-либо другого, и вы чувствуете больше общности с теми людьми или вещами, которые вам ближе и роднее, чем с теми, кто вам не близок.

Связь между вами и телесной болью существует лишь в уме

Если вы научитесь жить в своем теле, не допуская мысли, что вы — тело, страданий будет куда меньше. Связь между вами и телесной болью существует лишь в уме. Когда вы спите и не осознаете своего тела, вы не чувствуете боли. Аналогично этому, когда доктор или зубной врач применяет анестезию и совершает какую-либо операцию на вашем теле, вы не чувствуете боли. Ум отсоединяется от ощущений. С другой стороны, если вы четко представите в уме страдание другого человека, вы можете почувствовать его боль.

Лучшая анестезия против боли — сила вашего ума. Если в сознании своем вы откажетесь принять боль, она постепенно утихнет. Когда это тело подвергалось ранениям и я чувствовал ужасную боль, я сосредотачивался на центре Христа, то есть отождествлял себя больше с Богом, нежели с телом, — и боль исчезала. Поэтому, когда у вас появляется боль, концентрируйтесь на центре Христа. Отстраняйтесь от боли в своем уме, развивая его силу. Будьте жесткими внутри. Когда вы чувствуете боль, говорите про себя: «У меня ничего не болит». Если у вас появилась травма, относитесь к ней как к чему-то, что требует ухода, но не страдайте от этого. Чем больше вы концентрируетесь на силе ума, тем слабее становится осознание тела. И напротив, чем больше вы любите тело и чем больше вы о нем заботитесь, тем более ограниченной будет освобождающая сила ума.

Своим воображением вы усиливаете страдание. Если вы будете тревожиться и жалеть самого себя, вы не ослабите боль, наоборот — усилите ее. Предположим, что кто-то нехорошо с вами обошелся, и вы все время об этом думаете; ваши друзья говорят об этом и сочувствуют вам. Но чем больше вы об этом думаете, тем сильнее углубляете свою рану — и свои страдания. Того, кто с вами плохо обошелся, лучше духовно возлюбить и благословить; затем нужно забыть о том, что случилось.

Бог сознает наше страдание. Он определенно чувствует нашу боль и наши муки. Разве Иисус не говорил, что ни одна из птиц не упадет на землю без ведома Господа?[1] Когда ястреб убивает воробушка, Бог осознает чувства маленькой птицы. Он осознает и вашу боль. Думаете, Ему приятно видеть ваши страдания? Нет. Когда вы попадаете в проблему, это Его задевает. Поэтому Он не так счастлив, как вы думаете. Пребывая в Своем состоянии неограниченности за пределами всего сущего, Бог знает, что Он счастливее всех. Но стоит Ему почувствовать желания, печали и проблемы Его детей, уровень Его счастья падает. Вы можете сочувствовать страданию другого человека, не ощущая при этом его боли, но если вы полностью отождествите себя с ним, вы будете чувствовать его боль как свою собственную. Идея в том, что Бог ведает, что происходит в Его мироздании, но при этом Он свободен от иллюзии и отождествления с ней Себя. Так что, хотя Бог и чувствует ваши страдания и страдает вместе с вами, Его страдания не сравнятся с вашим заблуждением, потому что Он не отождествляет Себя со Вселенной двойственности, как это делаете вы. Он хочет, чтобы вы уподобились Ему. Другими словами, вы должны жить в своем теле, не поддаваясь его влиянию. Тогда вы

---

[1] Мф. 10:29.

поймете, что вы свободны от кармы. Не один лишь Бог свободен: вы как душа, сделанная по Его образу, тоже потенциально свободны. Уподобьтесь Богу, Который управляет мирозданием, не отождествляя Себя с его иллюзорной природой.

Во сне вы свободны от кармы

Как познать состояние, в котором вы не отождествляете себя со своими проблемами? Я вам скажу. Когда вы спите, вы внутренне свободны, вы свободны от кармы — даже если вы столкнулись с проблемой, которую не можете разрешить, или же проблемы появились у вашего тела. Понимаете? Просто закрыв глаза и отгородившись таким образом от мира и тела, вы можете в определенной степени отделить себя от отождествления с телом. Вы начинаете понимать, что вы есть сознание, вы есть мысль. Ощущения тела не смогут вторгнуться в мысль, пока вы им этого не позволите. Закройте глаза, и вы сможете почувствовать эту истину изнутри. Попробуйте. Это работает. Закрывая глаза и забаррикадировавшись внутри себя, не позволяя уму возбуждаться из-за телесных ощущений, вы становитесь свободны от кармы. Разве это не великолепная мысль?

Только посмотрите, как Бог вам сопереживает, ведь в течение восьми часов, что вы спите ночью, вы не чувствуете боли и страданий и не ведаете, что у вас нет денег в банке — вы лишены проблем. Так Он показывает вам, что, когда вы освобождаете свой ум, вы освобождаетесь от кармы. Многие пьют или употребляют наркотики, чтобы забыть о своих проблемах, но ведь это не выход из положения. Выпивка и наркотические вещества лишь усугубляют ваши проблемы. Поэтому, когда у вас возникает проблема, вы можете помочь себе избавиться от нее с помощью сна.

Смерть — это награда

Сон приятен, потому что вы забываете о дневных тревогах. Поэтому и более глубокий сон смерти кажется очень приятным, когда он приходит. Но не нужно относиться к смерти как к способу избежать тяжелых уроков в этой школе жизни. Это неправильно. Какими бы ни были ваши испытания в этой жизни, вы должны мужественно их преодолевать. Когда вы становитесь победителем здесь, смерть становится для вас наградой. Это конец страданий. Когда кто-то претерпевает страшные мучения, люди думают: «Как это ужасно!» И когда этот кто-то умирает, они очень сожалеют о его уходе. Собравшиеся друзья и близкие сокрушаются: «О, как же грустно…». Но они неправы. Смерть наградила его свободой от всех страданий. Ему там гораздо лучше, чем им — здесь. Ему больше не нужно претерпевать боль и дискомфорт. Он счастлив, он свободен. Поэтому, когда придет ваше время и вам скажут, что вы скоро умрете, улыбнитесь и ответьте: «И все? Отлично! Я освобожусь от всех страданий и ответственности!»

Я однажды написал о видении умирающего юноши, в котором Бог показал мне, как нужно правильно относиться к смерти. Юноша лежал в постели; доктора сказали ему, что жить осталось всего день. Он ответил: «Всего один день — и я встречусь со своим Возлюбленным! Когда смерть распахнет врата вечности, я сбегу из темницы боли. Не скорбите обо мне, оставаясь на этом пустынном берегу; это я должен о вас скорбеть»[2].

Нет причин бояться смерти; боль — вот чего мы боимся. Боль самой смерти ничтожна. Но почему Господь не дал нам возможности менять наше обветшалое тело, как мы меняем нашу старую одежду? Хотели бы вы обзавестись молодым телом, когда текущее станет старым или слабым, без необходимости умирать и рождаться вновь? Некоторые йоги на это способны. Однажды в Индии очень пожилой йог явился на церемонию кремации тела юноши. Старик воскликнул: «Стойте! Это тело нужно мне!» Только он закончил сию фразу, как тело молодого человека ожило и выпрыгнуло из погребального костра, а тело старика упало замертво. «Надев» новое физическое обличье, йог убежал прочь и затерялся в толпе. Пораженные близкие кремировали старое тело йога.

На некоем островке в Бенгальском заливе жил один святой. Однажды его ученики пришли к нему, когда он сидел на деревянных досках. Он рассказывал им об удивительных истинах. Когда святой закончил свою речь, они спросили:

— Почему вы сидите на деревянных досках?

— Чтобы избавить вас от хлопот по кремации этого тела,

---

[2] Отрывок из стихотворения «Божественный ответ умирающего юноши» из книги *Songs of the Soul*.

— ответил он. — Я пробыл здесь достаточно долго и принял решение оставить это тело.

Доставая спичку и разжигая погребальный костер, он сказал:

— Чтобы вы не подумали, что я сжигаю себя живьем, можете подойти и проверить, что это тело уже мертво.

И он сознательно покинул свое тело. Его ученики кинулись к нему и убедились, что жизнь в самом деле покинула его тело.

Лахири Махасайя покинул свое тело похожим образом: объявив собравшимся вокруг него ученикам, что он собирается покинуть этот мир, он вознес свои глаза и ушел из жизни. Святые утверждают, что именно так нужно относиться к своему телу — как к временному пристанищу. Не будьте привязаны к нему и ограничены им. Осознайте бесконечную силу света, бессмертное сознание души, которое скрывается за этим трупом, связанным ощущениями.

Как прекрасна жизнь после смерти! Вам больше не придется тащить за собой этот багаж костей со всеми присущими ему проблемами. Вы будете пребывать на астральных небесах, свободные от физических ограничений. Астральный мир находится не где-то там, в облаках, — это иное измерение бесконечной красоты и разнообразия, скрывающееся за грубостью этого физического мира. На внутреннем плане своего сознания я всегда нахожусь в астральном мире, так что я знаю, о чем говорю. Физический мир похож на сумасшедший дом, а в астральном мире вы можете получать желаемое. В своем астральном «автомобиле» вы можете путешествовать на любое расстояние во мгновение ока. Стоит вам захотеть цветы, и они уже перед вами — достаточно лишь изъявить желание. Если вы их больше не хотите, просто перестаньте о них думать. Вы делаете все это подсознательно в своих видениях. Вы можете делать это и на физическом плане, но для этого вам придется серьезно развить силу ума, чтобы обрести способность творить, как это делает Бог. Своими чудесами Иисус доказал, что он мог это делать. Он сказал: «Верующий в Меня (Христово Сознание, или разум Бога, пронизывающий все мироздание), дела, которые творю Я, и он сотворит, и больше сих сотворит»[3].

Так что помните: в смерти нет ничего страшного. Вы в кинотеатре Господа, и, когда этот фильм закончится, вы не должны плакать.

---

[3] Ин. 14:12.

Однажды я посмотрел кино, в котором убили одного из персонажей, и мне стало очень грустно. Потом я подумал: «Что ж, в следующем сеансе его покажут снова. Подожду, пока он оживет». И когда уже подошел момент его «убийства», я просто вышел из зала! Так же происходит и с душами, которые умирают и оживают на астральном плане. Они покидают физический киноэкран и вновь появляются на киноэкране астральном; по сути, они никогда не умирают. Многих, очень многих своих умерших учеников я видел вновь. Вот почему я не печалюсь. Когда вы познаете Господа, Он будет показывать вам все, вы больше не будете ни о ком горевать. Иногда астральная форма человека будет появляться прямо перед вами. Вы не будете видеть его, потому что вы не можете увидеть астральное существо двумя физическими глазами; однако я могу его видеть. Вам нужно «рентгеновское зрение» третьего глаза, духовного ока, чтобы видеть души в их астральном облачении. Вам нужно развивать это духовное око.

На этой земле вы живете во сне. Это мир Господа; только когда вы станете единым с Ним, этот мир будет принадлежать и вам. Будьте словно служанка, живущая в доме своего хозяина и присматривающая за его детьми. Она думает: «Это мой дом, это моя семья», но внутренне она знает, что это не так, потому что ее настоящая семья находится в другом городе. В этом мире у вас есть обязанности, которые нужно исполнять, но это не постоянное ваше пристанище. Когда вы умрете, вы больше не будете американцем, индийцем или англичанином. Живите со следующей мыслью в голове: «Господи, это Твой мир; я не привязан к нему и не хочу привязываться к этому телу или к другим своим инкарнациям. Я хочу прежде всего познать Тебя — вот почему я был послан сюда. И я хочу освободиться от кармы *сейчас*! Так как я сделан по Твоему образу, я не подвержен влиянию этого мира или этого тела. Я буду исполнять свои обязанности, не отождествляя себя с ними, подобно тому как Ты не отождествляешь Себя со Своей космической деятельностью. Я свободен».

Уничтожьте плохую карму правильными поступками

Не позволяйте себе думать, что вы навечно связаны кармой. Отрицайте это. Хорошая ли у вас карма, плохая ли, — не верьте ни в какие кармические ограничения. Дабы устранить плохую карму, нужна карма хорошая. А когда задача будет выполнена, станьте выше *всей* кармы.

Почему Бог свободен от кармы, а мы — нет?

Вручите свою карму Господу. Он поможет вам, если вы Его попросите. Речь не о том, что мы должны искать особых привилегий, но если у нас есть вера в Бога, то возможно все. Его милость — вот что имеет значение, и эта милость приходит, когда мы живем как Божьи дети. Всякий раз, когда вы обнаруживаете, что не можете обуздать свою боль или проблему, продолжайте прилагать усилия. Если вы не будете пытаться, вы ничего не добьетесь. Никогда не поддавайтесь боли и проблемам. Каждый раз, когда вас кто-то сбивает с ног, поднимайтесь и говорите: «Я в полном порядке». В тот момент, когда вы признаете, что не можете этого сделать, для вас все кончено. Вы выносите себе приговор, гласящий, что вы связаны кармой. Вы — судья. Неважно, какие у вас проблемы. Если вы говорите: «Я в полном порядке», вы можете их преодолеть. Но если вы говорите: «Я не могу этого сделать», вы остаетесь за тюремной решеткой кармы. Если вы обнаружили, что сделали ошибку, и твердо решили не повторять ее, тогда, даже если вы провалитесь, ваше падение будет куда менее болезненным, чем если бы вы вообще не пытались. Со временем вы обнаружите, что вы владеете собой и свободны от кармы, прямо как Бог.

Почему вас должна менять череда рождений и смертей, когда можно измениться сейчас? Зачем подвергаться воздействию дурного настроения, зная, что это плохо? Почему бы не избавить себя от гнева? Вы сердитесь только потому, что кто-то сыпет соль на рану вашего эго. Вы станете гораздо счастливее и совершеннее, если вы будете оставаться спокойным. Пусть другие дают вам пощечины или ненавидят вас, но никогда не отвечайте им на это гневом. Тогда вы увидите, что внутренне вас никто не может ранить. Это ключ к самообладанию. Таким был мой гуру Шри Юктешвар — чистым, словно маленький ребенок. Не испытывайте ненависть ни к кому. Не имейте пристрастий и предубеждений. Ни к чему не привязывайтесь. Ребенок, ломающий свою игрушку, вскоре забывает о ней. Если вы одержимы любовью к чему-либо, вы будете страдать.

Злые импульсы не всегда исходят от ваших склонностей: иногда это испытание от самого Бога. Молитесь Ему: «Господи, я знаю, что являет собой добродетель, но я не в состоянии быть добродетельным. Я знаю, что являет собой порок, но я не могу отстраниться от него. О Создатель всех ощущений, направляй меня! Ты создал добро и зло, оставшись при этом свободен. Я создан по Твоему образу и подобию.

Я окружен добром и злом, но я — Твое дитя, а потому я свободен!»

Справедливость Бога состоит в том, что Он дал нам меч рассудка, которым мы можем разрубить оковы этого мира иллюзии. Но вы должны применять данную Богом силу распознавания, чтобы избирать правильное действие вместо плохого и умственно возвышаться над своими проблемами. Никому не позволяйте говорить, что ваши страдания — это ваша карма. У вас нет кармы. Шанкара сказал: «Я един с Духом, я есть Он». Если вы *осознаете* эту истину, вы — бог. Но если вы будете мысленно утверждать, что вы бог, а на заднем плане думать: «Наверное, я все же смертное существо», тогда вы — смертное существо. Если вы *знаете*, что вы бог, тогда вы действительно свободны.

Помощь гуру

Гуру будет вам помогать. Бог говорит с вами и направляет вас через гуру — того, кто любит Бога день и ночь. Его единственная обязанность — сеять в вашем сознании любовь к Господу. Кроме вашего духовного усилия ему от вас ничего не нужно. Его не трогают ни ваши восхваления, ни ваши проклятия. А вот если вы мысленно настроитесь на него, он поможет вам сорвать покров иллюзии с вашего сознания.

Если вы будете следовать совету своего гуру, вы увидите, что вы свободны. Даже когда Мастер [Свами Шри Юктешвар] рассказывал мне о том, во что я абсолютно не верил, это тут же происходило. Он много раз предупреждал людей об опасности, которую могут повлечь за собой их сознательные действия. Жизнь тех, кто его не слушал, в итоге дребезжала от разочарований. Истинный гуру делает вам предупреждения лишь для того, чтобы помочь вам избежать ловушек на вашем пути. Некоторые так называемые учителя выходят из себя, когда их ученики не подчиняются их воле. Но Мастер в таких случаях говорил лишь одно: «Не кажется ли тебе, что это неправильно?» Лично я повторяю дважды, но Мастер говорил лишь раз. И те, кто не прислушивался к его совету, в итоге обнаруживали, что им стоило это сделать.

Три способа возвыситься над кармой

Если вы хотите возвыситься над кармой, попробуйте осознать эти три истины:

1. *Вы свободны, если у вас решительный ум и чистое сердце.* Это ум соединяет вас с болью в вашем теле. Если ваши помыслы чисты, а ум силен, вы не будете страдать от болезненных последствий зловредной кармы. Я нахожу это весьма воодушевляющим.
2. *В подсознательном сне вы свободны.*
3. *Когда вы пребываете в экстазе, отождествляя себя с Богом, у вас нет кармы.* Вот почему святые говорят: «Непрестанно молитесь». Непрерывно медитируя и молясь, вы вступаете в царство сверхсознания, где никакие проблемы не могут вас коснуться.

Вы можете освободиться от кармы прямо сейчас — с помощью следующих методов. Когда вас мучают кармические проблемы, ложитесь спать. Или прибегайте к целомудренному мышлению и закаляйте свой ум, словно сталь, говоря себе: «Я выше всего этого». Но лучше всего войти в божественное состояние сверхсознания в глубокой медитации. Блаженство этого сознания — естественное состояние вашей души, но вы позабыли свою истинную сущность, поскольку так долго отождествляли себя с телом. Это спокойное и блаженное состояние души надобно обрести вновь.

Обычно вы свободны от осознания своего тела лишь на восемь часов в сутки. Остальные шестнадцать вы делаете себя несчастным, ставя себя в зависимость от сознания тела. Оставаясь счастливым в уме и не зацикливаясь на своих проблемах, вы будете страдать куда меньше. Но если вы сможете оставаться в экстазе, вы увидите, что вы свободны от кармы все двадцать четыре часа в сутки.

Крийя-йога выламывает тюремную решетку кармы

Так что, дорогие мои, отстраняйтесь от этого мира. Для этого вам не нужно отправляться в гималайские пещеры — вы должны уединяться в пещере своего сознания, где вы свободны от тела и этого мира. Практикуйте Крийя-йогу, и вы непременно добьетесь успеха на духовном пути. Таков и мой жизненный опыт. Крийя-йога выламывает тюремную решетку кармы. Ни на Западе, ни на Востоке я не встречал столь же великой техники. Каждый адепт Крийи и пути Self-Realization Fellowship продвинется очень далеко. Медитируйте, и вы самолично узрите результаты через несколько лет. Дайте себе немного времени. Не ждите сиюминутных результатов. Вы не можете сразу же превратить деньги в здоровье. На это требуется время. На формирование привычки уйдет восемь лет. Если вы будете глубоко медитировать и практиковать Крийю восемь лет, вы убедитесь, что вы стоите на пути к самообладанию.

Каждую ночь, когда вы медитируете, делайте частью вашей медитации эту аффирмацию — повторяйте ее вновь и вновь: «Отец, Ты свободен от кармы. Я Твое дитя. Я свободен от кармы — сейчас и во веки веков». Я хочу, чтобы вы почувствовали это.

Сегодняшнее мое послание — одно из самых серьезных по части преодоления всех несчастий. Я не хочу, чтобы вы когда-либо забывали о нем. Материальные средства вроде лекарств, физического комфорта и человеческого утешения, безусловно, помогают в устранении боли, но величайшее лекарственное средство — это практика Крийя-йоги и аффирмация о единстве с Богом. Это панацея от всех проблем, тяжелых потерь и боли, путь к свободе от всей индивидуальной и массовой кармы.

Этот мир не наш дом, наш дом находится по другую сторону — в космическом сознании Господа. Там, за всеми атомами мироздания, мы целы и невредимы в царстве нашего Отца. Я молюсь за всех вас:

«Господи, Твой свет я созерцаю. Я глубоко молюсь обо всех душах на этом пути Самореализации, дабы Ты мог вскоре освободить их от ужасной иллюзии индивидуальной и массовой кармы. Несмотря на все наши ошибки, несмотря на все наши упущения и неведение, мы остаемся Твоими детьми. Напоминай нам об этом всегда; о том, что даже за тюремной решеткой кармы мы остаемся едиными с Тобой. Стоит нам закрыть глаза, стоит нам войти в состояние экстаза, как мы понимаем, что сделаны по Твоему образу и подобию. Мы свободны. О Господь, Твоя любовь безгранична! Мы склоняемся пред Тобой».

Йогическое искусство преодоления смерти и смертного сознания

Написано в 1923 году

Йога — наука, посредством которой душа обретает власть над инструментарием тела и ума и использует его для достижения Самореализации — вновь пробужденного осознания ее трансцендентной, вечной природы — единства с Духом. Душа как индивидуализированное «я» снизошла из просторов Духа и отождествила себя с ограничениями тела и его привязанностью к ощущениям. Бхагавад-Гита говорит: «Высший Дух, трансцендентный и сущий в теле, есть Беспристрастный Свидетель, Дозволяющий, Вседержитель, Вкушающий, Великий Господь и Высшее „Я". Хотя это „Я" и наполняет все тело, оно никогда им не загрязняется»[1]. То есть ничто не может поколебать или изменить душу, которая пребывает в заточении в теле. Однако из-за *майи*, или заблуждения, она будет отождествлять себя с изменчивостью и смертностью до тех пор, пока сознание не разовьется до определенной степени и, посредством Самореализации, вновь пробудится в своем бессмертном состоянии.

Йога — это самодостаточная наука, одухотворяющая все аспекты природы человека, состоящей из трех частей: тела, ума и души.

Йог видит человеческий организм как материальную конденсацию духовных сил, находящихся под контролем души.

Он осознаёт, что тело и жизнь, то есть сознание внутри этого тела, — это две отдельных сущности и что человек не есть смертное тело — он есть трансцендентное бессмертное сознание.

Он усваивает, что эфферентные и афферентные нервы являются средствами связи души с материей и что, одухотворяя эту связь, душа выражает в теле свой божественный потенциал.

---

[1] XIII:22, 32.

Йог усваивает, что посредством воображения, то есть визуализации, а также воли и *пранаямы* (контроля жизненной энергии) он может приглушать свет ощущений — зрения, слуха, осязания, обоняния и вкуса — всякий раз, когда он хочет, чтобы они не беспокоили его своими сигналами.

Он полностью контролирует состояние бодрствования, сна и глубокого сна (т. е. психологическое, подсознательное и сверхподсознательное), а также состояние сверхсознания, и в каждое из них он может войти когда пожелает.

Йог владеет искусством контроля ума. Он останавливает умственное беспокойство и воображение и избегает рассеянности, практикуя следующее:

   а) созерцательность, то есть невозмутимость при любых обстоятельствах;
   б) позитивную концентрацию (удерживание ума на одной конкретной мысли единовременно);
   в) негативную концентрацию (использование проницательности и воли для устранения нежелательных мыслей);
   г) перенос сознания от чувства к воли или идеям;
   д) перенос сознания от эмоций, таких как любовь и ненависть, к самообладанию или творческому мышлению, или же к чистому чувству;
   е) удерживание мысли на одном объекте чувственного восприятия (зрительном образе, звуке, запахе, вкусе или прикосновении) единовременно;
   ж) визуализацию картинки в уме, а также создание и прекращение снов по собственной воле;
   з) умственную анестезию (прием болевых ощущений в виде информации о боли, а не страданий).

Психологические методы достижения самообладания

Психологические методы, применяемые йогом для достижения самообладания, включают в себя следующее:

   а) внешнее расслабление и устранение физического беспокойства посредством обуздания скелета, нервов и мышц;

б) расслабление машинальных органов, таких как сердце и легкие;

в) голодание с целью очистить тело и сделать его более зависимым от *праны*, то есть жизненной силы — истинного источника жизни и энергии в теле;

г) обучение засыпанию и пробуждению волевым усилием.

Когда йог овладевает процессами жизни, он овладевает и смертью.

Смерть — это несчастье или завуалированное благословение?

Смерть — особый феномен, являющий собой остановку жизненных функций тела без возможности возврата его к жизни. Душа во время смерти покидает телесную форму, в которой пребывала.

Само слово «смерть» вселяет страх в сердца людей ввиду следующей реакции:

а) преобладания наводящей ужас мысли о мучительной телесной боли, которой, возможно, сопровождается смерть;

б) психологической боли из-за предстоящего расставания с семьей и друзьями, а также с радостями земной жизни и собственностью;

в) боязни прекращения существования.

Но в физиологической смерти нет ничего страшного. Живущая внутри человека душа бессмертна. Физиологическая смерть — это благословение, потому что она предоставляет душе возможность поменять свое ветхое и шаткое «жилье» на новое, прочное. Душе последовательно требуются инструментарии в виде новых, свежих организмов, для того чтобы полностью выразить себя. Если бы индивидуальная душа, окутанная иллюзией и посланная на землю, чтобы эволюционировать до той степени, когда она вернется к Богу, не имела возможности себя выразить (продемонстрировать свою истинную природу) посредством различных сменяющих друг друга тел, она оставалась бы в зачаточном, непроявленном состоянии. И представьте, что было бы, если бы душе пришлось вечно жить в старом искривившемся теле — бледном и сморщенном! Для великой души хуже наказания, чем созерцать и проявлять себя через ветхий организм вечно, и не придумаешь. Посему вместо этого организм проходит через определенную тренировку, пока душа над ним экспериментирует; и когда душа заканчивает свою работу над этой конкретной формой, она переходит к другой.

Материя подвержена изменениям, и дух, скрывающийся за ней, претерпевает внешние изменения, субъективно переживая этот феномен, — хотя сущность его остается неизменной. Так как субъективное осознание единообразия личности сохраняется с раннего детства до старости (за исключением, возможно, ранних стадий младенчества и поздних стадий глубокой старости, отмеченных меньшей восприимчивостью), то причин, по которым субъективное осознание не могло бы сохраняться также до рождения и после смерти, нет. Учитывая эту неразрывность осознания, смерть может по праву называться лучшим другом души, так как она дает ей бесчисленные возможности для сражения с материей и ее преодоления — даже после миллиона неудавшихся попыток. Этот верный друг учит душу проявлять свою неизменную природу, возвышаясь над осознанием перемен.

Человеческий ум склонен к смене окружения, вкусов, привычек и собственности, и не потому, что он не может придерживаться одной идеи, а потому что он постоянно обнаруживает, что его внимание направлено не туда, куда нужно. Его жажда чего-то нового не удовлетворяется обретением вещей в мире, где вещи подвержены изменениям. Посредством новых возможностей, предоставляемых смертью и переменами, душа ищет присущую ей неизменность, поэтому она не найдет удовлетворения до тех пор, пока не обретет и вновь не укоренится в своем естественном состоянии единения с Духом. Вот почему смерть, или смена обстановки, в которой душа находится временно, благотворна для роста и развития души.

Развитие и просвещение сигнализируют о том, что проявляющееся в материи сознание эволюционирует, чтобы в конечном счете выразить весь свой потенциал; впоследствии это позволит ему отделиться от материи, чтобы познать и освободить себя в виде независимой сущности, которая может существовать без посредничества материи. По мере обучения и до того, как старательно направляющая себя душа осознает свое превосходство и трансцендентную сущность, она остается сильно привязанной к инструментарию тела посредством мощных чувственных и эгоистических уз, образованных во время ее пребывания в теле. Поэтому душа лелеет очередное свое тело с той же заботой и с тем же чувством собственности, которые выказывает человек по отношению к только что купленному им автомобилю. Вследствие этого преждевременная смерть из-за болезни, вызванной ведением неестественного образа жизни или плохой кармой, или из-за так называемых несчастных случаев и других неприятностей, включает в себя психологическую и физическую боль, потому что душа сильно тревожится, когда видит, как механизм, через который она проявляет себя, у нее отбирают до того, как он отслужил свой естественный срок.

Духовная психология боли

Боль, возникающая в человеческом организме из-за укола, полезна: она уведомляет душу о том, что прокол в коже нужно «залатать». Ощущение предназначается не для того, чтобы досаждать душе, а для того чтобы служить ей теоретической информацией. Можно быть в курсе всех происходящих на физическом и психологическом плане вещей в нас самих и в других людях, будучи незатронутыми ими. Муки и страдания возникают из-за сильного воображения и плохой привычки души по преобразованию ощущения в боль. Если бы эта плохая привычка и воображение, а также результирующее беспокойство, или чувственное возбуждение, исчезли из человеческого сознания, телесные страдания человека уменьшились бы на сто процентов. Ему бы даже не нужна была анестезия во время хирургического вмешательства. (Однако человек не должен рисковать и воздерживаться от анестезии, если он не развил всю силу ума. Внезапно возникший в уме образ боли может вызвать реакцию, которая обернется смертью.)

В былые времена детей в индийских ашрамах с ранних лет учили наблюдать за изменениями тела с академическим интересом. И здесь не имеется в виду безразличие или небрежность по отношению к лечению заболевания: все дело в непризнании боли и отказе от страданий путем осознания, что страдания не назначены человеку природой или неким божественным декретом.

Телесная боль — это лишь ощущение, которое докладывает мозгу о состоянии, на которое нужно обратить внимание. Оно не должно вызывать страдания. Уделяйте телесной боли внимание, но не тревожьтесь и не плачьте из-за нее.

Человек сам навязывает себе страдания, связанные со смертью

Как правило, человеку, уподобившемуся животному (тому, кто ведет неестественный образ жизни, т. е. не состоит в гармонии со своей душой), преждевременная смерть представляется ужасной вещью; она вызывает у него сильные страдания. Но эти так называемые страдания вызваны плохой привычкой души усиливать и преобразовывать умственное восприятие в чувство. Например, страдания, вызванные верой в гоблинов и призраков из кошмарных снов, или страхи, которые приводят к травмам и припадкам, демонстрируют, что сильная боль ощущается в физическом организме только благодаря посредничеству ума.

Естественная смерть — смерть, наступающая в старости или же в любое другое время, когда душа выражает готовность сменить свою бренную форму — похожа на падение созревшего фрукта с дерева: он покидает его по своей воле, не сопротивляясь, как это обычно делает незрелый фрукт, когда его пытается сбросить шквалистый ветер или иная мощная сила. Но при преждевременной смерти — ввиду болезни, несчастного случая или иных обстоятельств — душа оказывает сильнейшее сопротивление, из-за чего в теле возникает предсмертная агония[2]. За этим взрывным возбуждением и борьбой сознания кроется великая печаль, чувство беспомощности; введенная в заблуждение сущность души становится бессознательной во время смерти — словно наступает глубокий сон[3]. Беспомощность во время смерти ошибочно воспринимается некоторыми людьми как Божье наказание. На самом же деле человек таким образом отрабатывает укоренившуюся привычку души (созданную ею же) отождествлять себя с переменами, вместо того чтобы относиться к переменам как к возможностям для самовыражения.

---

[2] Сегодня эти внешние симптомы минимизируются современными лекарствами, которые были недоступны в 1923 году, когда были сделаны эти записи.

[3] После смерти душа в астральном облачении, состоящем из света, постепенно осознает свое новое бытие в астральном мире (на «небесах») — на высшем или же низшем его плане, в зависимости от качества совершенных на земле деяний. Душа пребывает в астральном мире кармически предопределенный период времени, а затем она возвращается на землю в новой физической инкарнации. Этот цикл рождений и смертей продолжается до тех пор, пока душа не разорвет все связи со смертным миром и не освободится, вернувшись к Богу. (См. *астральный мир* в глоссарии.)

Следовательно, боязнь смерти, приобретенная социальным или наследственным путем, и агония преждевременной смерти (результат отождествления себя с телесными переменами, на которые надо смотреть лишь с позиции наблюдателя) навязаны человеком самому себе, что вызывает ужас и презрение. Болезненная смерть должна быть преодолена достижением Самореализации. В этом сознании йог:

 а) не испытывает страданий при естественной смерти;
 б) сохраняет сознание и самосознание после смерти;
 в) живет в истинной природе души, зная, что она всемогуща и бессмертна.

Почему после смерти обычный человек забывает о своей прошлой жизни

Насильственная смерть и смерть в состоянии привязанности к телу не только болезненна — она еще и замутняет память. Конечно, если человек не развит духовно, знать о своей прошлой жизни ему зачастую нежелательно. Утрата воспоминаний о прошлой личности после смерти позволяет ему забыть свои неудачи, боли и привязанности и начать жизнь с чистого листа. Единственный минус такого забвения состоит в том, что, если человек не понял, как губительны его ошибочные деяния, он может вновь вернуться к ним, игнорируя предупреждения об их последствиях. Он может уподобиться заядлому алкоголику, который продолжает пить «адское зелье», даже если осознаёт, что он может умереть от проблем с печенью.

Хотя чистое сознание души от жизни к жизни и сохраняет воспоминания, отождествленное с телом сознание этого не делает. Дело в том, что после смерти память не выживает, если:

 а) есть привязанность к телу;
 б) есть привязанность к собственности, семье и друзьям;
 в) наличествует сложная ситуация с плохой кармой, а также если человек не возвысился над последствиями как плохих, так и хороших поступков[4].

---

[4] В Бхагавад-Гите Господь говорит: «Никакие действия не вызывают во Мне привязанности, равно как нет у Меня и жажды узреть их плоды. Тот, кто отождествил себя со Мной, кто познал Мою сущность, тоже свободен от кармических пут деяний» (IV:14).

Если бы вновь рожденная душа помнила и была привязана к своему прошлому телу, собственности, семье или друзьям (как в случаях «а» и «б»), представьте себе, какие бы муки и разочарования она испытывала в новой инкарнации! Ей бы не понравилось вести совершенно другую жизнь в новой среде и семье и с новыми друзьями. Душа является родной для всех, для всего человечества. Представьте, какой бы ограниченной она была, если бы любила лишь небольшой круг людей. Она бы не смогла развиваться и не позволяла бы делать это другим душам, делая невозможным достижение конечной цели — единения. Мы должны осознать родство нашей и других душ в едином Духе, и это невозможно будет сделать до тех пор, пока душа не расширит свое понимание семьи и друзей, включив в этот список всех людей.

Касательно пункта «в» следует отметить, что душа была бы чрезвычайно обескуражена, если бы она помнила свою прошлую плохую карму, свои трудности и страдания; у нее не было бы желания предпринимать новые попытки прогрессировать. Она бы забыла о своей трансцендентной сущности. В конце каждой жизни смерть стирает все неприятные ощущения, воспоминания о неудачах и грехах и предубеждения, чтобы душа смогла вновь получить возможность выразить себя новыми путями и предпринять новые попытки возвыситься и освободить себя от оков материи.

Как разорвать оковы привязанностей души

Разорвать оковы привязанностей души и освободить ее можно следующими способами:

1. Практикуйте *титикшу* — искусство невозмутимости при наблюдении и анализе изменений в теле:

    а) во время необычайной жары;

    б) во время сильного холода;

    в) во время лихорадки;

    г) во время простуды (концентрируясь на носовой перегородке и слизистой оболочке носа);

    д) претерпевая боль, вызванную раной или телесным недугом (не пытайтесь игнорировать ее — относитесь к ней как к ослабевающему ощущению, проявляющемуся лишь как уведомление, а не боль как таковая. Вы обнаружите, что, чем глубже ваше знание о специфической природе этого ощущения, тем слабее будет боль, связанная с ним. Поэтому учитесь проводить различия между знанием состояния тела, о котором уведомляет ощущение боли, и ужасным страхом и мучениями, навязанными человеком самому себе идеей-привычкой боли);

е) в горестном состоянии ума;

ж) когда вы вне себя от радости по той причине, что стали обладателем вещи, о которой давно мечтали.

Все это учит выносливости и непривязанности к вещам, а потому производит сверхощущение — сверхсознательную фазу сознания, позволяющую следить за состоянием тела с академическим интересом и нейтрализовывать беспокойство, вызванное ощущениями.

2. Анализируйте и чувствуйте, как ощущения цвета и формы, звука, запаха, вкуса и прикосновения передаются по нервным каналам к зрительной, слуховой, обонятельной, вкусовой и осязательной зонам коры головного мозга. Наблюдайте, как импульс исходит от среднего уха в виде звуковой вибрации в нервах, или как вибрация вкуса исходит изо рта (как, например, при употреблении блюд, приправленных карри), либо наблюдайте за осязательными вибрациями — результатом воздействия внешних возбудителей на кожу тела.

3. Ощущайте движение диафрагмы, расширение и сужение легких, биение сердца. Чувствуйте кровообращение в теле. Оно четко ощущается, если затекла рука или нога. Почувствовать, как кровь хлынула к голове, можно в ярости и при других эмоциях. Человек с острым восприятием и хорошей концентрацией может чувствовать кровообращение во всем теле.

4. Научитесь напрягать каждую из мышц с помощью «мышечно-волевых» упражнений[5].

---

[5] Энергизирующие упражнения, разработанные Парамахансой Йоганандой, представлены в *Уроках Self-Realization Fellowship* (см. глоссарий).

5. Анализируйте чувство жажды, после чего выпивайте горячую или холодную воду и следите за ощущениями от ротовой полости до глотки, затем от пищевода (по всей его длине) до желудка. Следите за состоянием тела во время 24-часового голодания, а затем мысленно наблюдайте, как пища входит в организм. Чувствуйте, как закрывается надгортанник в то время, как еда проходит над ним, попадая в желудочно-кишечный тракт. Чувствуйте перистальтику желудка и кишечника.

6. Обращайте внимание на то, как сильно вдыхание нюхательной соли или парфюма влияет на обонятельный орган и «встряхивает» клетки мозга, а также на то, как нюханье преобразуется в восприятие и осмысление. Пробуйте делать это с различными ароматами и вкусами. Чувствуйте, как полученное восприятие мгновенно генерирует мысли. Проверьте, сможете ли вы различить ощущение, восприятие и осмысление. Попробуйте провести различия между чувством и памятью о нем посредством взаимодействия идей — другими словами, попробуйте отличить вкус только что попробованного яблока от вкуса тех яблок, что вы пробовали ранее. Не смешивайте два вкуса.

7. Анализируйте ощущения, вызываемые различными нотами музыкального произведения — от низких до высоких (абстрагируясь от хода мелодии); воздействие их вибрации на среднее ухо и на тело в целом; воздействие на дыхание и полости тела; наконец, их прохождение от среднего уха к мозгу.

8. Чувствуйте ощущения, которые появляются в ваших легких от вдохов и выдохов. Проследите, как ваше окружение, ваши мысли и ваши действия влияют на ваше дыхание. Подвергайте тщательному анализу мысли и чувства, произведенные сменой глубины и ритма дыхания.

9. Будьте осведомлены об идеальном состоянии и чувстве благополучия, когда вы здоровы. Перед тем как жаловаться на болезнь и вызванную ею боль, анализируйте ее причину. Стремитесь отделить физиологическое нарушение от умственного процесса, который преобразовывает ощущение в боль из-за привычки в виде боязни и воображения.

10. Величайший из методов состоит в сохранении спокойного, бездыханного, сознательного, стабильного состояния, которое приходит после длительной молитвы со сконцентрированным умом, либо глубокого позитивного мышления, либо повторения религиозных гимнов и аффирмаций, либо самого эффективного средства — медитации, а именно успокоения тела и ума посредством Техники концентрации Self-Realization Fellowship, сознательного погружения в звук *Аум* и намагничивания позвоночника посредством практики Крийя-йоги[6]. Когда сердце и дыхание замедлены; когда вес тела исчезает и вы чувствуете себя невесомым; когда ощущения устранены, а ум спокоен, — душа начинает познавать, что она существует отдельно от тела.

Цель всех вышеуказанных действий состоит в том, чтобы отделить душу от материи. Ощущения должны представлять интерес для ума, не вызывая при этом никаких привязанностей. Вы должны существовать и быть счастливым, будучи отделены от приятных или неприятных чувственных ощущений и состояний тела. Когда вы сместите центр своего сознания, восприятия и ощущения от тела и ума к душе — вашему истинному, бессмертному, трансцендентному «Я», — вы обретете йогическое господство над жизнью и победите смерть.

---

[6] Техника концентрации и Техника медитации на звук *Аум* даны в *Уроках Self-Realization Fellowship*. Крийя-йога, высшая техника медитации, дается ученикам, соответствующим определенным духовным критериям. (См. глоссарий.)

Как чувства затеняют душу

Воскресный полуденный класс по «Йога-сутрам» Патанджали, Главный международный центр Self-Realization Fellowship, Лос-Анджелес, Калифорния, 22 марта 1942 года

«Тогда созерцатель (душа) укоренится в своей сущности» («Йога-сутры» I:3)

Если бы вы сейчас полностью успокоили свое тело, мысли и эмоции, вы бы тут же осознали свое истинное «Я» — душу — и свое огромное тело-Вселенную, пульсирующее великой Божественной радостью. Душа бы «укоренилась в своей сущности». Не правда ли странно, что Божественная радость повсюду, а вы не можете ее почувствовать? Вы не знакомы с Его Блаженством потому, что вы одурманены *читтой*, восприятием собственного эго.

Если я поставлю перед собой ширму, я по-прежнему буду здесь, но вы не будете меня видеть. Уберите ширму, и вы увидите меня. Подобным образом и ширма чувств, исходящих от эго (*ахамкары*, или телесного сознания), прячет от вас Божественную радость. Уберите эту ширму с помощью медитации, и вы узрите сию радость.

Ваша истинная сущность — покой. Вы надели маску беспокойности — возбужденного состояния вашего сознания, стимулируемого чувствами. Вы не эта маска, вы чистый, пребывающий в покое Дух. Пора вам вспомнить, кто есть вы на самом деле, — блаженная душа, отражение Духа. Снимите эту маску чувств и узрите свое высшее «Я».

Всякий раз, когда вы сердитесь и вас наполняет ненависть, вы облачаетесь в одеяния зла. Человек, который сердится слишком сильно, хочет убивать. На самом деле он этого не хочет — то есть его душа этого не хочет, — но из-за того, что душа отождествила себя с чувством, гнев заставляет его думать иначе. Следовательно, пребывать в обычном состоянии человеческого сознания нехорошо, потому что это сознание подвержено влиянию бурных эмоций. Вы заключаете себя в тюрьму переменчивого настроения, и это корень всех ваших бед. Чтобы освободиться из этой тюрьмы, вы должны уничтожить чувства и эмоции, связанные с телесным сознанием. Это можно сделать с помощью медитации.

Чувства и эмоции затеняют душу

Как же давно вы думаете, что обладаете определенными характеристиками и связанными с ними чувствами и эмоциями! Патанджали утверждает, что вы облачаетесь в одежды бурных эмоций и желаний потому, что вы делали это так много инкарнаций, что вы напрочь забыли свою истинную сущность. Стоит вам осознать, что каждый день вы лишь примеряете на себя различные характерные особенности, которые находятся в зависимости от ваших изменчивых чувств, как вы станете другим человеком: вы сможете сбросить с себя эти иллюзорные состояния. Когда вы осознаете, что страсть и гнев не являются частью вашей истинной сущности, эти эмоции потеряют над вами всякий контроль. Каждый человек по своей природе изумителен, ему нужно лишь избавиться от маски эго-сознания. Помните об этом.

Если вы положите алмаз возле черной кошки, он будет отражать ее черный цвет. Но можно ли сказать, что сам алмаз черный? Нет. Стоит вам убрать кошку и позволить алмазу наполниться светом, как он начнет играть своим естественным блеском. Черная кошка здесь — это ваше беспокойство, которое затемняет ваше сознание эмоциями и затеняет свет и радость души. К тому времени как вы получите удовольствие от одной вещи, вы уже будете искать чего-то нового. Такова природа беспокойства. Это постоянная неудовлетворенность, возбуждаемая чувством. Но блаженство — Божественная радость, затаенная в вашей душе, — оно всегда новое, оно постоянно в вашем сознании. Так как оно дарует вам полное удовлетворение, у вас больше нет беспокойства. Я надеюсь, вы осознаёте значимость того, о чем я вам сегодня рассказываю. Это путь к свободе от всей печали.

Прихоти порабощают душу

Полный контроль над чувствами делает вас королем. Не имейте никаких пристрастий и не связывайте себя никакими привычками. Если вы пьете кофе, это еще не означает, что вы находитесь в рабской зависимости от него, но если вы чувствуете, что вам необходимо его выпить, тогда чувство в самом деле поработило вас. Скажите: «Нет, я в нем не нуждаюсь!», и пусть это утверждение ознаменует конец вашей привязанности. Я решительно не позволяю чему-либо овладевать мной. Я могу съесть или выпить что-нибудь вкусное, а затем просто устранить желание — мысль об этом пропадает тут же.

Для начала откажитесь от пристрастий и предубеждений. Обучите этому и своих детей. Вы балуете их, когда говорите: «Что бы ты хотел покушать? Тебе нравится шпинат? Ты можешь его не есть, если он тебе не нравится». Таким снисхождением вы делаете своих детей рабами чувств.

У вас может появиться вопрос: «Если мы покончим со своими чувствами, пристрастиями и предубеждениями, не превратимся ли мы в простой кусок материи, ненужной этому миру? Неужели *этому* нас учит Патанджали?» Нет. Он говорит, что, когда вы овладеваете своими чувствами, вы начинаете пребывать в своей истинной сущности. Истинная сущность вашего «Я», то есть души, — это блаженство, мудрость, любовь и покой; вы настолько счастливы, что получаете наслаждение от всего, что бы вы ни делали. Разве это не лучше, чем скитаться по миру как демон, не находя удовлетворения ни в чем? Сосредоточившись на своей истинной сущности, вы выполняете любую задачу и наслаждаетесь всем хорошим, чувствуя Божественную радость внутри. Наполненные Его пьянящим блаженством, вы с радостью выполняете любые действия.

Многие люди думают, что индуисты учат некоему истреблению ума, во что, как они полагают, выливается устранение всех желаний. Все ровно наоборот: цель, согласно индуистской философии, состоит в достижении неизменного блаженства. В прекращении бытия нет свободы или счастья. Сама мысль об этом уже приносит страдания. Радость, которая никогда не приедается, — вот чего вы хотите, и это то, что, согласно Патанджали, вы можете обрести, укоренившись в своей сущности.

Для осознания души нужен сбалансированный подход

Тогда возникает вопрос: будем ли мы проявлять интерес к чему бы то ни было, если нейтрализуем желания и чувства? Вы встречали тех, кто выполняет свою работу без энтузиазма. Это видно по их подходу к делу и результатам их труда. Таких людей не волнует результат, если они говорят, что просто выполняют то, что им приходится делать. Обратный пример: влюбленный мужчина много и добросовестно работает ради своей возлюбленной; он делает больше для той, кто ему дорог, чем для себя самого. Именно так нужно служить Богу, и именно так мы себя чувствуем, когда любим Бога. Мы с радостью и готовностью работаем для Него.

Пример одной крайности: есть люди, которые думают, будто, чтобы преуспеть в жизни, нужно работать без передышки, словно робот. Пример другой крайности не лучше: стоит этим людям проявить интерес к делам духовным, как они теряют интерес ко всему остальному. Это неправильный подход. Индия лишилась свободы по одной-единственной причине: она злоупотребила доктриной непривязанности. Она подумала: «Ну и что, что грязь будет скапливаться в этой уединенной обители. Ничего страшного. Зачем об этом беспокоиться? Ведь заниматься решением этой проблемы — значит слишком много концентрироваться на материальном. Лучше быть непривязанным. Нужно отречься от всей физической деятельности». Такой подход говорит об умственной лености, сокрытой под маской фальшивой духовности.

Я обнаружил, что истинно великие мастера живо интересуются этим миром, но не испытывают к нему никакой привязанности. Когда Мастеру [Свами Шри Юктешвару] дарили какой-нибудь замечательный подарок, он добросовестно заботился о нем. Но если что-то ломалось, он лишь смеялся. «Что ж, больше мне не нужно о нем заботиться. Сколько же внимания на него уходило!» Он воистину был человеком непривязанности.

Я чувствую то же. Я ценю все, что мне дает Бог, но я никогда не переживаю, если чего-то лишаюсь. Однажды мне подарили дорогую одежду — элегантное пальто и шляпу. И тут начались мои волнения и тревоги: как бы их не испачкать да не порвать. Мне это приносило неудобства, и я как-то сказал: «Господи, не было у меня заботы! Зачем же Ты меня этим одарил?» И однажды я должен был читать лекцию в Тринити-холл, что здесь, в Лос-Анджелесе. Когда я туда приехал и стал снимать пальто, Бог мне сказал: «Вытащи все из карманов». Я так и сделал. А когда после лекции я пришел к гардеробной, моего пальто там не оказалось. Я рассердился, и кто-то сказал: «Не переживайте, мы вам купим новое». Я ответил: «Я сержусь не потому, что остался без пальто, а потому что тот, кто его взял, забыл прихватить шляпу, которая так хорошо с ним сочетается!»

Не позволяйте эмоциям управлять вами. Как вы можете быть счастливы, если все время суетитесь и волнуетесь по поводу одежды и другой собственности? Надели чистую одежду — и не думайте об этом, убрали дом — и забудьте об этом.

Однажды меня пригласили на званый обед. Я получал от него большое удовольствие, но хозяева так волновались о том, чтобы все было в порядке, что это лишь портило мероприятие. Восприимчивые люди всегда чувствуют вашу нервозность. К чему волноваться? Сделайте все, что в ваших силах, а затем расслабьтесь. Пусть все идет своим чередом — не нужно ничего форсировать. Тогда каждый, кто вас окружает, тоже будет расслаблен.

Деятельность не есть жизнь — это лишь выражение жизни. Но некоторые люди постоянно активны, из-за чего несчастны и слишком эмоциональны. Средний обыватель похож на маятник, колеблющийся туда-сюда, от одной крайности к другой: он вечно в движении, вечно беспокоен. Это немногим лучше животного существования. Йог же, напротив, всегда спокоен, он укоренен в своей истинной сущности, словно недвижимый маятник. Когда он активен, он может быть очень быстрым, но когда он останавливается, он вновь укореняется во внутреннем и внешнем покое.

Работайте с пламенным энтузиазмом, но без привязанности

Так что мы должны научиться работать в этом мире с энтузиазмом, но расслабленно и без привязанности. Я не знаю, как бы я работал без радости энтузиазма. Быть заинтересованным в чем-либо — абсолютно естественно. Без этого у нас бы не было никакой мотивации. Проявляйте предельный энтузиазм, делая все ради Бога. Любите Его так сильно, чтобы вашим величайшим удовольствием была работа и планирование для Него. Работа для Бога — это очень личное переживание, приносящее высочайшее удовлетворение. Ремонт этого здания доставляет мне столько радости потому, что делается для Него. Но когда что-то идет не так, я не расстраиваюсь — ни капли. А разве должен? Я же делаю все, что в моих силах. Да, я буду пытаться делать лучше, но я не позволю неприятностям нарушать мой покой. Разве это не прекрасная мысль? Не вы создали этот мир — Бог создал. Почему же вы должны думать, что живете только для удовлетворения собственных нужд? Жить для себя самого — значит приносить себе только страдания.

> Было время,
> Когда я смотрел на цветок
> И вкушал его аромат:
> Он был мой и для меня.
> Я слушал зов ручья:
> Он был мой и для меня.
> Пробудившись ото сна, я отныне слышу:
> Это лишь Твое и для Тебя[1].

Йог всегда думает так: «Это лишь Твое и для Тебя». Он рассуждает: «В этом мире я лишь ненадолго. Зачем формировать сильные привязанности? Я не знаю, зачем я здесь — лишь Господь знает. Я буду работать для Него. Я буду делать не то, что велит мне моя воля, а то, что Он от меня хочет». Именно такое повиновение высшей мудрости позволило Иисусу сказать: «Отче! о, если бы Ты благоволил пронести чашу сию мимо Меня! впрочем не Моя воля, но Твоя да будет»[2]. Многие религиозные фанатики, прочитав эту фразу, приходят к выводу, что человек не должен задействовать собственную волю. Но если бы вы не использовали свою волю, вы бы просто умерли, так как воля управляет каждым умственным и физическим процессом. Использовать свою волю нужно, но руководствоваться при этом надобно Божьей мудростью и наставлением. Если же вы станете направлять волю не в то русло, вы впадете в неведение и будете страдать от неприятных последствий. Кришна сказал: «Те, кто овладели своим умом, теперь поглощены бесконечной мудростью; они более не проявляют интереса к плодам своих действий. Освобожденные от оков перерождений, они достигают состояния, которое превыше любой печали»[3].

Критерием правильного или неправильного действия является мотив

Следите за мотивами всех своих поступков. Пищу употребляет как чревоугодник, так и йог. Но станете ли вы говорить, что употреблять

---

[1] Перефразированное стихотворение *For Thee and Thine* из книги *Songs of the Soul*.

[2] Лк. 22:42.

[3] Бхагавад-Гита II:51.

пищу грешно, из-за того что это часто ассоциируется с чревоугодием? Грех кроется в мысли, в мотиве. Чревоугодник ест из жадности, в то время как йог ест из желания сохранять тело здоровым. Разница огромна. А вот еще пример: один человек совершает убийство, и его за это сажают, а другой — убивает множество людей на поле боя, защищая свою страну, и его за это награждают медалью. И вновь мотив здесь играет решающую роль. Моралисты создают строгие правила, а я лишь рассказываю вам, как вы можете жить в этом мире относительности, практикуя самоконтроль, не будучи при этом автоматоном.

Мастер любил приводить такой пример:

«Предположим, кто-то одалживает у меня полевой бинокль, обещая вернуть его через пятнадцать дней. Однако в обозначенный срок он его не возвращает. Я спрашиваю, где же мой бинокль, но в ответ слышу лишь упрек: „Вы же мастер, а при этом демонстрируете привязанность к полевому биноклю!" Ему я больше не буду одалживать бинокль. Теперь предположим, что уже другой человек просит одолжить ему бинокль, обещая вернуть его в прекрасном состоянии. Он вежлив и внимателен, заботится о вещи и возвращает ее своевременно. Ему я готов давать бинокль в любое время. Я не так уж и сильно беспокоюсь о бинокле, но если какое-то устройство принадлежит мне, именно я должен поддерживать его в исправном состоянии. Второй человек из этого примера понимает, что я стараюсь сохранить полевой бинокль в хорошем состоянии, чтобы он мог послужить другим людям, в том числе и ему. Первый же человек не осознаёт моего мотива, в результате чего лишает бинокля не только меня, но и всех, кому он может понадобиться. Я ведь не для себя хочу сохранить этот бинокль — я лишь думаю о том, как он может быть полезен для всех».

Непривязанность дает вам огромную внутреннюю свободу и счастье. Все вещи, которые были мне дороги, я раздарил. Я наслаждался ими, видя радость других людей. Радость, которую я получаю от того, что делаю, безлична — она не для меня. Ее источник кроется в Божественной радости и дарении счастья другим.

В Индии у меня одно время был мотоцикл. Я ездил на нем в самые разные места, но в основном — в Серампур, в ашрам моего Мастера. Я получал большое удовольствие от езды на мотоцикле, поэтому однажды я спросил у Мастера, не привязан ли я к мотоциклу. Он знал о малейшем трепете моей мысли и моего сознания. «Конечно же нет», — ответил он. Вскоре после этого я подарил мотоцикл тому, кто страстно его желал. И я никогда не скучал по нему. Это именно та свобода, которую вы, согласно Патанджали, должны обрести, чтобы всегда быть богом — единоличным правителем царства своего сознания. Не позволяйте темным силам входить в ваш внутренний рай. «Чрез железные врата моего ума злу не пройти никогда».

Спокойствие рождает правильное действие

Когда вы обретаете свободу от чувственного рабства, вы становитесь духовно чувствительны, однако ваша сверхчувствительность к материи пропадает. Вы чувствуете боль, но она не затрагивает вас. Вы видите этот мир, но понимаете, что это не конечная реальность. Укоренившись в спокойной сущности своей души, вы возвыситесь над любыми ограничениями тела и ума.

Вы и сами отлично видите, до чего же плохо влияет на нас этот мир. То отец сердится и «отыгрывается» на детях, то мать журит без причины. Какой пример подается детям! Какая картина перед ними вырисовывается! Лучше вообще не заводить детей, если вы не желаете давать им правильное воспитание. Пренебрегая правильным воспитанием, вы делаете их несчастными на всю оставшуюся жизнь. Они обретают привычки, которые не дают им быть самим собой, своим истинным «Я». Безусловно, хорошие привычки — это друзья, которые нам помогают, но вот плохие привычки делают из нас демонов. В одной семье вы можете встретить человека, который сохраняет спокойствие при любых обстоятельствах, и человека, который вечно вне себя от гнева, ревности и других губительных эмоций. Разве не лучше все время оставаться спокойным? Только подумайте, что бы случилось с этим миром, если бы Бог был нетерпелив! К счастью для нас, Он все время спокоен. Он полностью контролирует Свои чувства. Одна Его часть, Его абсолютная природа, никогда не подвергается беспокойству, хотя как Творец Он знает, что здесь происходит, потому что Он пребывает во всем. Такими же должны быть и мы — всегда спокойными в нашей душевной сущности, несмотря ни на какую суматоху.

Когда кто-то приходит ко мне, пылая от гнева, я вижу, что человек страдает. Что бы я ни говорил, он этого не понимает: ему мешает его возбужденное состояние. Но так как я обладаю самоконтролем, я могу какое-то время соглашаться с ним, пока не успокою его и не сделаю достаточно восприимчивым к моим доводам. Я никогда не терял этого спокойствия моей души. Если бы я потерял его — и неважно, какой бы повод для этого придумал мой ум, — я бы потерял и Бога. С Богом вы одержите победу. Внутренне вы всегда должны пребывать в совершенном покое. Если к вам подошел разгневанный человек, держите себя в руках. Внушайте себе: «Я не выйду из себя. Я буду излучать спокойствие, пока его чувства не изменятся». Вот тогда вы продемонстрируете совершенный контроль над *читтой*.

Быть спокойным не значит все время улыбаться и соглашаться со всеми вне зависимости от того, что вам говорят, — мол, я знаю правду, но не хочу досаждать этим людей. Это было бы крайностью. Если кто-то пытается таким образом всех ублажить — желая получить похвалу за свою добрую натуру, — это еще не значит, что он контролирует свои чувства. Быть вежливым и приятным хорошо, если вы при этом искренни. Но постоянно со всеми соглашаться из-за боязни вызвать у кого-то недовольство правдой — это никак не самоконтроль. Любой, кто контролирует свои чувства, делится истиной по мере возможности, не пытаясь раздражать людей, которые и так невосприимчивы. Он знает, когда говорить, а когда сохранять молчание, но он никогда не разменивается своими идеалами и внутренним покоем. Такой человек — мощный инструмент добра в этом мире.

Воспринимайте себя как душу, а не тело

На самом деле все мы сделались блудными сыновьями. Мы заблудились, идя по темным тропам плохих привычек, и забыли, как можно сохранять Божественную радость в своем сердце. Когда душа не пребывает в своем естественном состоянии, она облачается в одеяние переменчивого настроения, рожденного в человеческих чувствах. Но стоит нам научиться сохранять Божественное внутри, как мы станем жить и работать в блаженном состоянии нашей истинной сущности. В обычном сознании мы думаем, что мы смертные существа, но когда мы отделяем себя от эго, мы видим, что мы — Дух. Заблуждение заставляет нас воображать болезни, страхи и другие ограничивающие состояния тела и ума. Можете ли вы представить себе, что вы не мужчина и не женщина? А ведь это правда. В божественной радости души осознание пола полностью исчезает. Даже в детстве я часто наблюдал себя отдельно от своего тела. Помню, как однажды в детстве, будучи в состоянии экстаза, я вышел из ванной комнаты без одежды. Когда моя тетя это увидела, она меня отшлепала. Я не мог понять, за что она меня наказала, пока она не сказала прямо: я забыл надеть свою *дхоти*. Ничто из того, что создано Богом, не грешно. Человек создал грех своим ошибочным мышлением и злоупотреблением возможностями, данными ему Богом.

Средний обыватель думает: «Я и тело — одно. Во мне столько-то фунтов плоти, ощущений и чувств». Но Божий человек думает: «Я и Отец — одно». Он воспринимает свое тело как кадр из кинофильма. Картинка на киноэкране создается лучом света, проходящим через пленку. Так что Божий человек относится к своему телу как к продукту созидательного света Бога, который проходит сквозь пленку *майи*, иллюзии. Он знает, что он не есть тело — он един с Божьим светом.

Актер забывает о том, что он играет, и начинает буквально проживать свою роль. Мы ведем себя так же. Мы забыли, что мы из себя представляем и что мы лишь играем роли на земле. Когда индивидуум не помнит свое вездесущее блаженное «Я», он облачается в одеяние чувств и эмоций и думает, что он человек, ограниченный телом и подверженный страданиям и смерти. Только посмотрите, какое это ужасное преобразование! И всю свою жизнь он ищет счастье того блаженного «Я», которым он уже является.

Беспокойство мирского человека настолько сильно, что он никогда не пытается медитировать, никогда не пытается заниматься самоанализом, чтобы познать себя. Развивать свой ум куда лучше, чем просто действовать, есть и спать, как делают животные. Но все время пребывать на умственном плане — это тоже прегрешение против своего истинного «Я», потому что, хотя вы и можете добраться до двери реализации посредством своего ума, вы не делаете следующий шаг и не открываете дверь. Духовное развитие превыше всякого ума. Вы можете распахнуть двери реализации только посредством ежедневной глубокой медитации.

Практикуйте глубокую медитацию и удерживайте в себе ее положительное воздействие

И то, что вы чувствуете в медитации, вы должны все время носить в себе. Слишком часто люди медитируют словно по привычке, без энтузиазма; а когда они заканчивают «механически» медитировать, они тут же возвращаются в свое прежнее состояние. Вы должны проникнуть в глубину покоя и радости медитации, а затем удерживать в себе ее положительное воздействие. Только тогда вы измените себя. Тело реагирует на четыре переходных периода дня: утро (когда встает солнце), полдень, вечер (когда солнце заходит) и приближение ночи (между девятью часами и полуночью). Очень полезно медитировать в это время.

Глубокая медитация и полный контроль над эмоциями и чувствами с помощью сохранения умиротворенности, которую дает медитация, — вот что в конечном итоге приводит к *самадхи*, экстазу Самореализации и единения с Богом. Но экстаза *савикальпа-самадхи*, в котором вы наслаждаетесь блаженством внутри, но теряете осознание тела и мира, недостаточно. Вам нужно стремиться к *нирвикальпа-самадхи*, сознательному экстазу. Это наивысшее состояние, в котором вы остаетесь в сознании и внешне активны, при этом полностью осознавая свое единение с Богом. У меня ушло много времени, чтобы достичь этого уровня сознания. Лахири Махасая и Мастер всегда пребывали в этом состоянии. В *нирвикальпа-самадхи* вы выполняете все свои обязанности и проходите через испытания жизни, никогда не подвергаясь волнению.

Таким образом, успех в медитации станет единственным ответом на загадки обуздания человеческой природы; душа укоренится в своей сущности, освободившись от эго-раздражителей в виде чувств и навечно поселившись в Блаженстве.

Йогическое отречение подходит для всех

*Первый храм Self-Realization Fellowship,
Энсинитас, Калифорния, 18 января 1942 года*

Какова воля Божия в отношении человека? Должен ли он затеряться в джунглях, отрекшись от всего и освободившись от мирских забот, или же он должен жить в городе как семейный человек и затеряться в гуще мирских дел, сталкиваясь и борясь с проблемами?

Великие мастера продемонстрировали, что существуют разные способы познания Бога. Отречение — один из них. Его проповедовали Иисус Христос[1], Шри Чайтанья, Господь Будда. Однажды ученику Шри Чайтаньи в миску для подаяний положили фрукты. Он отведал немного в тот же день, а остаток отложил на завтра. Но из-за того, что он «заботился о завтрашнем дне» — Иисус предостерегал против такого воззрения[2] — Чайтанья сказал, что не желает больше его видеть. Обучение у моего мастера, Свами Шри Юктешварджи, было весьма похожим. «Живи день ото дня, — говорил он, — помня, что хлеб насущный приходит от Господа». Иисус сказал: «Все, что имеешь, продай... и приходи, следуй за Мною»[3].

Я жил этими идеалами. В Индии я какое-то время вел образ жизни воскрыленного бродяги, скитаясь то тут то там, будучи поглощен своей любовью к Богу. Не думаю, что я когда-либо в своей жизни был более счастлив и беспечен. Внутренне я всегда счастлив, но внешне, как Божий скиталец, я лучился радостью свободы, не

---

[1] «И всякий, кто оставит домы, или братьев, или сестер, или отца, или мать, или жену, или детей, или земли, ради имени Моего, получит во сто крат и наследует жизнь вечную» (Мф. 19:29).

[2] «Итак не заботьтесь о завтрашнем дне, ибо завтрашний сам будет заботиться о своем: довольно для каждого дня своей заботы» (Мф. 6:34).

[3] «Все, что имеешь, продай и раздай нищим, и будешь иметь сокровище на небесах, и приходи, следуй за Мною» (Лк. 18:22).

тревожась и не зная, когда и где я в следующий раз отведаю пищу. Такого рода «тренировка», когда человек всецело уповает на Господа, поистине изумительна. Однажды я отправился в Гималаи на пятнадцать дней в сопровождении нескольких людей. Запасов еды у нас практически не было. Я пребывал в своем естественном радостном состоянии[4]. Во время этого путешествия мне довелось встретить одного святого; я был настолько увлечен нашим с ним разговором о Боге, что не заметил, как быстро пролетело время. Мои компаньоны то и дело тихонько меня поторапливали: «Давай уже пойдем поедим, мы голодны!» Но я нисколько не был голоден. Я получал куда более питательную пищу для моей души. В Гималаях я встретил множество замечательных святых, здоровых и божественно удовлетворенных своими крошечными шалашами, простейшей едой и скудным одеянием. Они живут поистине чудесной духовной жизнью.

Больше полагайтесь на Бога

Мне ведом закон: Бог оказывает прямую поддержку тому, кто всецело полагается на Него. Если человек искренне следует отшельническому образу жизни, он узрит, как работает этот закон. Истинный отшельник знает, что все приходит от Бога и что Он — единственный Кормилец. У человека может быть много еды, но, если у него отказывает сердце, еда для него не представляет никакой ценности. Сила, Которая питает ваше сердцебиение, определенно знает даже о малейших ваших нуждах. Если вы живете исключительно для Бога и верите в Его силу, Он будет оказывать вам прямую помощь.

Поэтому некоторые верующие отказываются от всего ради любви к Богу, посвящая свои жизни поиску и служению лишь Ему одному. Иисус Христос, гуру западного мира, был ярким примером такого отречения. Он сказал: «Лисицы имеют норы и птицы небесные — гнезда, а Сын Человеческий не имеет, где приклонить голову»[5]. У него не было дома или своего укромного уголка, у него не было денег на еду или одежду — и тем не менее его обеспечивал Господь.

---

[4] Священные писания Индии учат, что Бог — это вечно сущая, вечно сознательная и всегда новая радость и что душа человека — это искра Божья. Таким образом, безграничная радость — естественное состояние человека.

[5] Мф. 8:20.

Отдав все Богу, он по-прежнему обладал всем. Он демонстрировал такое благосостояние, какое не смог бы продемонстрировать ни один богач, ведь он накормил пять тысяч человек несколькими буханками хлеба и двумя рыбками[6]. Многие его чудеса свидетельствовали о его сонастроенности с Богом и Божьей властью над всем сущим.

Многие относятся к отречению как к лишению. Это не так. Я отрекся от малых желаний ради величайшего Сокровища во всей Вселенной. Один ученик восхвалял святого Нагендранатха Бхадури[7] за то, что тот отрекся от богатств и материальных благ. На это учитель ответил: «Недальновидные миряне — вот кто поистине отрекается от всего. Я оставил горстку жалких рупий и презренных удовольствий ради космической империи бесконечного блаженства».

Бог ценит безусловную преданность

Кто-то возразит: «Если каждый станет отшельником, что же случится с миром?» Миру не придет конец из-за того, что вы ищете Бога. Это ошибочное мышление, ошибочное умозаключение. В мире всегда будет множество людей, которые будут поддерживать его существование — об этом не волнуйтесь! И все же в нем столько печали, ненависти и зависти, что ничего страшного бы не случилось, если бы его «закрыли» и полностью переделали! «Вкладывать» всю свою жизнь в этот мир и его вещи — воистину неудачная инвестиция.

На путь полного отречения с радостью встают те, кто хочет узреть Бога и только Его. Он являет Себя тем, кто живет согласно убеждению отшельника: «Бог есть моя жизнь. Бог есть моя любовь. Бог есть храм, призывающий мое сердце без устали поклоняться Ему. Бог есть моя цель. Ни одна из моих обязанностей не может быть исполнена без силы, которую я заимствую у Бога, посему моя высшая обязанность — найти Его». Без такой преданности и решительности человек не сможет найти Бога. В Бхагавад-Гите Господь говорит: «Думай только обо Мне, оставляя всю свою *дхарму* (обязанности); Я сниму с тебя все грехи [возникшие как результат невыполнения тех маловажных обязанностей]»[8].

---

[6] Мф. 14:17–21.

[7] См. седьмую главу «Автобиографии йога».

[8] XVIII:66.

Внешнее и внутренне отречение, которое обязательно для монаха, не подходит для всех; но в детстве я твердо решил, что не буду давать обет верности и повиновения никому, кроме Господа — и я не давал. В своем сердце я живу только для Него. Я не хочу, чтобы между мной и Богом что-то стояло. Такой идеал отречения великолепен. И отрекаться так ради Бога очень мудро, ведь Он ценит безусловную преданность.

Отречение воспринимается людьми в основном как отказ от брака, супруга или супруги. Иисус Христос и Свами Шанкара продемонстрировали такое отречение. Истории известен и Гаутама Будда, у которого была жена и ребенок, но он оставил их и отправился в лес искать Бога. Его испытание было куда тяжелее. Великий святой спрашивал тех, кто к нему приходил, состоят ли они в браке. Если они говорили «нет», он отвечал: «Что ж, вы себя уберегли!» Я знаю многих женатых людей, которые сказали бы точно так же! Те, кто так и не вступил в брак, иногда жалеют об этом, но и те, кто вступает в брак, тоже порой об этом жалеют. Если человек не состоит в браке и не чувствует сильной тяги к супружеству, он должен в первую очередь искать Бога — это важнее всего.

Как только вы осознали важность поиска Бога, не смотрите по сторонам — сосредоточьтесь на своей Цели. Если у вас появилась жажда познать Бога, утолите ее. Ищите Его настоятельно, ищите Его в первую очередь. Если Он направит вас в сторону супружества, следуйте этим путем. «Ищите же прежде Царства Божия и правды Его…»[9]. Таково наставление Христа людям. Установив связь с Богом, вы узнаете, чего Он от вас хочет. Это наиболее верный способ направлять свою жизнь.

Йога: золотая середина

Возникает вопрос: а как насчет тех людей, у которых уже есть определенные обязанности в миру? Каков их шанс найти Бога? Неужели у них нет никакого выхода? Ну конечно же есть! Йога — это золотая середина между полным отречением и исключительно мирской жизнью.

Термин «йога» означает «единение», путь йоги — это наука единения души с Богом. Йога не принуждает к определенному образу жизни. Ее цель может быть достигнута как тем, кто живет монашеской жизнью, так и домохозяином. Цель отречения состоит в достижении

---

[9] Мф. 6:33.

Бога. У йоги цель та же. На пути отречения упор делается на физическом отказе от всего, что мешает человеку искать Бога. Йога же указывает путь *внутреннего* преодоления таких препятствий. Иисус ссылался именно на это, когда говорил: «Если соблазняет тебя рука твоя, отсеки ее: лучше тебе увечному войти в жизнь, нежели с двумя руками идти в геенну, в огонь неугасимый»[10]. Иисус имел в виду, что лучше не иметь желаний, что позволит свободно войти в жизнь вечную, чем жить в «геенне» неудовлетворенных желаний, которые удерживают человека на пути страданий в этом мире. На этой земле не должно быть того, чего вы бы не хотели оставить ради Бога. Если вы не можете отказаться как минимум от нескольких плохих привычек, переменчивого настроения и материалистичности ради Него, тогда вы слабовольный человек — а слабовольный не может постичь Бога. Умственная сила абсолютно необходима для того, чтобы найти Бога.

Конечно, все без исключения люди никак не смогли бы оставить этот мир и уйти в лес искать Бога. В таком случае образовалось бы настолько большое сообщество, что им пришлось бы построить город, чтобы у каждого было жилище, вода и санитария. Но мы можем отречься от большей части роскоши и ненужных вещей и вести более простое существование. Так мы можем стать — и станем — более счастливыми. Если деньги расцениваются как критерий счастья, они фактически приносят несчастье. Они являются источником зависти и жадности, создавая разделение — даже внутри семьи. Простая жизнь намного приятнее. Поэтому йоги учат жить вдали от большого города, если есть такая возможность. У городского жителя нет индивидуальной свободы. Он вовлекается в городскую суматоху и становится очередным автоматом городской жизни. В Нью-Йорке я встречал людей, которые полностью уподобились зубчатому колесу в механизме. Человек чувствует себя более свободным и живым в менее населенных местах обитания. Проблема здесь в том, что если горожане не будут пытаться взращивать в себе духовную свободу, а также духовные интересы и понимание, то они могут обрести склонность к сплетничанию, критиканству и мелочности. Пока человек не привнесет в свою жизнь Бога, создавая активный динамический баланс, у него будут то и дело возникать трудности — вне зависимости от того, где и как он живет.

---

[10] Мк. 9:43.

Выполняйте все свои обязанности лишь для того, чтобы порадовать Бога

Прелесть Бхагавад-Гиты в том, что ее мудрость применима ко всем сферам человеческой жизни. Гита многократно и недвусмысленно утверждает: тот, кто выполняет свои обязанности не для себя, а для Бога, обретает спасение. Но как определить, какие деяния являются обязанностями, а какие — нет? Нужно следовать наставлению обладающего мудростью человека, потому что это качество отсутствует в том, кто только начинает свое духовное путешествие. Если человек хочет стать юристом, ему нужно найти хорошего специалиста в этой области и научиться его методам — тому, как тот натренировал свой ум, чтобы разбираться в правовых вопросах. Тот же подход применяется и в поисках Бога. Следуйте наставлениям божественного эксперта. В Индии мы называем такого эксперта гуру. Гуру — этот тот, кто прошел весь путь к самообладанию и потому способен вести других. Такой человек направляется Богом, и, если вы будете следовать ему, вы поймете, в чем заключается ваша обязанность. То, что вы *хотите* делать, не обязательно является тем, что вы *должны* делать. Легко делать все что хочется — но это рабство. Действовать согласно велению мудрости — это истинная свобода. Но даже это является лишь первым шагом на пути к становлению истинного йога. Вы также должны исполнять свои физические, умственные и духовные обязанности лишь для того, чтобы порадовать Бога. Вот тогда вы будете йогом.

Превосходство йоги в том, что она обращает свое внимание и на Цель, и на путь к ней. Она говорит, что вы должны быть отшельником, чтобы общаться с Богом, и не принимает никаких оправданий тех, кто полагает, что это невозможно. Йога учит, что, вне зависимости от того, живете вы в монастыре или в миру, *в своем уме* вы можете отречься от всего, чувствуя, что исполняете все обязанности лишь для того, чтобы порадовать Бога. Так что в йоге отшельники делятся на два типа: те, кто отреклись от всего как на физическом, так и на умственном плане, и те, кто пребывает в миру, чтобы исполнять свои обязанности, при этом мысленно отрекаясь от всех желаний, кроме одного: стать единым с Богом в медитации и благотворной деятельности.

Если вы внутренне следите за своими мыслями и поведением, вам будет гораздо легче отречься от всего ради Бога сначала умственно, а затем и физически — когда вы пожелаете это сделать. Вы можете отречься лишь внешне, сбежав в джунгли, чтобы искать там Бога, однако ваши необузданные желания отправятся туда вместе с вами. Если вы отречетесь от чего-то в своем уме, вам просто не нужно будет отказываться от этого внешне. Я наслаждаюсь едой, которую я ем, но внутренне я осознаю, что это Бог ест через меня. Поэтому я не чувствую никакой привязанности к еде. Если у меня есть еда — хорошо, если же нет — ничего страшного. Идея в том, чтобы связывать весь свой опыт с Богом. Такой метод отречения может практиковать каждый. Неважно, живет человек в миру или же ведет уединенную жизнь в монастыре — чтобы найти Бога, нужно отречься внутренне. Любой, кто исполняет свои обязанности не для себя, но для того, чтобы порадовать Бога, становится истинным отшельником и истинным йогом.

Добросовестно играйте свою роль в драме жизни

Стремиться во всем выполнять волю Божью — мудро, потому что это путь к обретению покоя и счастья. Если вы глубоко поразмышляете об этом, вы поймете, что это грандиозная мысль. Огромная система многообразных сил природы удерживается направляющей силой Бога. Все работает во взаимном согласии с Божественным Планом. Мы являемся частью этого замысла — такой же важной, как солнце, луна и звезды. Мы должны вносить в эту работу свою лепту, мы должны играть роль, данную нам Божественным, а не делать то, что мы просто хотим делать. Если вы упрямитесь, то вместо того чтобы исполнять Божью волю, вы лишь обезображиваете эту драму. Вы не вносите свой вклад в исполнение великого плана этой Вселенной. Почему бы вам не сказать: «Я буду делать то, что хочет Бог». Думаю, тогда вы будете куда более счастливы, умиротворены и состоятельны.

Если вы будете стараться радовать Бога, а не себя, в вашей жизни появится больше радости. Когда вы встаете по утрам, говорите: «Господи, я посвящаю этот день Тебе. Маленькое эго больше не имеет никакой власти в этом теле — лишь Ты один пребываешь в нем». Когда вы начнете зреть Бога внутри себя, вы также начнете видеть Его и в других. Тогда вы уже не сможете относиться к кому-либо плохо, потому что вы обнаружите, что Он таится во всех телесных храмах. Такая жизнь замечательна. Что бы мы ни делали, мы должны думать о Боге. Любя и служа своей стране, семье и близким, мы должны любить прежде всего Его. Он должен стоять на первом месте в наших сердцах и наших жизнях. Вот почему в Десяти заповедях Он провозглашает: «Да не будет у тебя других богов пред лицем Моим»[11].

Живите в этом мире, но будьте не от мира сего

Господь создавал этот мир не для того, чтобы мучить нас, а для того чтобы нас испытать. Цель этого испытания — проверить, сможем ли мы при выполнении материальных обязанностей удерживать свои мысли на Нем; сможем ли мы жить в этом мире, но быть не от мира сего — другими словами, сможем ли мы не затеряться в его материальности. Такой пример нам дали Господь Кришна, Лахири Махасайя и Царь Джанака[12].

Бхагавад-Гита говорит, что тот, кто отрекается лишь внешне, не является йогом — равно как и тот, кто отказывается от своих обязанностей[13]. Некоторые верующие отказываются от секса, денег и материальных желаний, чтобы пожаловать в монастырь или в ашрам, а затем изъявляют желание отказаться и от конструктивной деятельности. Однако в ашрамах моего гуру, Свами Шри Юктешварджи, нам приходилось делать больше работы, чем мы выполняли для своей семьи или для себя. В семейной жизни человек, как правило, работает в основном для себя и для нескольких своих близких, тогда как в уединенной обители человек работает только для Бога. Но и в миру человек может также жить лишь для Бога одного, если он сместит центр своего сознания.

---

[11] Исх. 20:3.

[12] Великий святой и царь Древней Индии. Он получил известность благодаря тому, что мудро исполнял свои внешние обязанности по управлению царством, оставаясь внутренне сконцентрированным на Боге.

[13] «Отказываться от своих обязанностей неправильно. Кто отказывается от действия из-за того, что оно по сути своей сложное, боясь нагрузки для тела, тот не в состоянии достичь награды отречения. Когда обязанность исполняется лишь потому, что она должна быть исполнена, и без привязанности к ней и ее плодам, — тогда эта обязанность *саттвична* (чиста)» (VIII:7–9). «Состояние бездействия не достигается простым отказом от действия. Тот, кто отрекается от работы, не достигает совершенства» (III:4).

Живите с мыслью о Боге

Йога — это искусство делать все с мыслью о Боге. Ваши мысли должны быть укоренены в Нем не только когда вы медитируете, но и когда вы работаете. Если вы работаете с мыслью о том, что желаете порадовать Бога, ваша деятельность соединяет вас с Ним. Поэтому не думайте, что вы можете найти Бога лишь в медитации. Важна как медитация, так и правильная деятельность, как нас тому учит Бхагавад-гита. Если вы думаете о Боге, исполняя свои обязанности в этом мире, вы будете мысленно едины с Ним.

Перестаньте думать, что вы работаете для себя. Найдите Бога, пытаясь отождествлять свои ежедневные деяния больше с Ним, чем с мыслями наподобие «это мне и это мое». Каждый из вас может чувствовать, что выполняет все свои обязанности с мыслью о Боге. Например, вы можете есть не для себя, а для того, чтобы храм вашего тела, в котором обитает Бог, был порядке, или вы можете выполнять свою работу не для себя, а в виде служения Господу — с мыслью о Нем. Почувствуйте, что обязанность по заботе о вверенных вам душах возложена на вас Божьей волей.

Если вы печалитесь не о своих несбывшихся мечтах, а о том, что вы сделали что-то, что не по нраву Богу, — вот тогда вы живете лишь для Бога одного. Я больше забочусь о чужих вещах, нежели о своих. И ввиду того, что я выполняю все действия для Бога, я делаю их с большей энергичностью и тщательностью, чем если бы я их делал для себя. И если что-то идет не так, я не страдаю, потому что я действую лишь для Него. Я прикладываю все свои усилия, и я буду пытаться действовать вновь — с большей радостью и решительностью, но без привязанности к своим усилиям и конечному их результату. Если бы я работал для себя, я бы все время волновался. Но так как целью моей работы является удовлетворение Господа, то и результаты ее принадлежат не мне, а Ему. Такой подход позволяет выйти за пределы кармы.

Хотя я и вынужден исполнять обязанности разного рода, я не испытываю ни малейшей привязанности к тому, что делаю, и, таким образом, не чувствую себя связанным чем-либо. Каждый человек должен жить именно так, чтобы понять, что этот мир не его дом — здесь мы лишь ненадолго. Не доверяйте жизни, иначе она вас разочарует. Доверяйте лишь Бессмертному, Который стоит за вашим временным земным бытием. Вы думаете, что здесь ваш дом, ваша страна, ваши близкие, но когда вы покинете этот мир, окажется, что даже тело — и то не ваше.

Вы были посланы на землю не для того, чтобы вас ограничивали ваши привычки и эмоциональность, и не для того, чтобы вас порабощало окружение, в котором вы находитесь. Если бы вы обладали полным контролем над своей жизнью, я бы сказал вам: «Продолжайте делать то, что вам нравится». Но у вас нет этого контроля. Только тот, кто стал мастером[14], обладает им. Вы были посланы сюда для того, чтобы найти Бога. Но Его невозможно познать, не входя в прямой контакт с Ним. Поэтому настоящее искусство жить заключается в том, чтобы быть йогом — тем, кто соединяет свою душу с Духом в медитации; тем, кто внутренне отрекся от всего; тем, кто практикует присутствие Бога и кто выполняет все свои обязанности с мыслью о Боге. Как видите, я не призываю избегать своих обязанностей. Заботьтесь обо всем, что вверено вам, потому что Бог дал вам эту обязанность, но при этом ни к чему не привязывайтесь. Осознайте то же, что и Иисус, который сказал: «Царство Мое не от мира сего»[15]. То, что лежит за тремя измерениями этого мироздания, и есть ваш истинный дом. Всякий раз, когда я возвожу свои глаза к духовному оку, я оказываюсь в ином мире. Думаете, это невозможно? Ошибаетесь! Прямо здесь и сейчас вы можете жить в том мире. Бога можно познать. Его можно убедить общаться с вами. Но чтобы слышать Его голос, нужно духовное усилие и самообладание.

Стойте непоколебимо посреди крушения миров

Мир периодически попадает в неприятности. Во времена войны он становится самой настоящей камерой пыток для миллионов людей. Истинное, нескончаемое счастье можно найти только в Боге, «Который превыше всех сокровищ»[16]. Он — единственная защита, единственное прибежище, единственное спасение от всех наших страхов. В этом мире у вас нет другой защиты, нет другой свободы. Единственно истинная свобода кроется в Господе. Поэтому прикладывайте максимум усилий в своем стремлении контактировать с Ним в медитации утром и ночью, равно как и в течение дня, при

---

[14] Тот, кто достиг Самореализации и единения с Богом. (См. глоссарий.)

[15] Ин. 18:36.

[16] Перефразированная часть стиха из Бхагавад-Гиты (VI:22).

исполнении всех своих обязанностей. Йога учит, что нет печали и страха там, где есть Бог. Успешный йог может стоять непоколебимо посреди крушения миров, он вне опасности в своем осознании: «Господи, где бы я ни находился, со мной всегда будешь Ты».

Если никакая боль этого мира, никакие адские муки не могут вас затронуть, вы — царь. И это то, чем вы должны быть. Вы должны проявить бессмертность, разрушив ограничения этого хрупкого человеческого тела. Великий святой Свами Рам Тиртха в своем стихотворении «Стремящийся свет»[17] написал: «В свою колесницу впрягу я богов; гласом громовым об этом всем скажи! Я свободен, я свободен, я свободен. Ом! Слушай меня, море, иссохни, расступись!». То есть стремящийся свет вашей души может заставить иссохнуть целое море — и даже переместить горы: «Уйдите, горы, с моего пути! Я в миг ваши склоны могу сокрушить!» Подумайте об этом. Только свобода души может быть всепобеждающей, и она также приносит полное удовлетворение и всегда новую радость.

Не бойтесь кинокартины Господа

Не бойтесь устрашающего сна этого мира. Пробудитесь в бессмертном свете Господа! В моей жизни было время, когда я словно беспомощно смотрел фильм ужасов: я слишком много значения придавал несчастьям, которые имели в нем место. Но потом во время медитации мою комнату озарил великий свет, и голос Бога сказал мне: «Почему ты зришь такие сны? Созерцай Мой вечный свет, в котором появляются и растворяются все кошмары этого мира. Они нереальны». Какое же огромное это было утешение! Кошмары, хоть они и ужасны, — всего лишь кошмары. Кинофильмы, увлекательные ли они или неприятные, — всего лишь кинофильмы. Нам не следует в наших умах так глубоко погружаться в грустные и пугающие трагедии этой жизни. Не будет ли более мудро сфокусировать наше внимание на той Силе, что неразрушима и неизменна? Зачем волноваться о неприятных сюжетных сюрпризах этой земной киноленты? Мы здесь лишь ненадолго. Усвойте урок жизненного спектакля и обретите свободу.

---

[17] Это стихотворение, переложенное на музыку, опубликовано в книге *Cosmic Chants* под названием "Swami Ram Tirtha's Song".

Сделайте Бога путеводной звездой вашей жизни

Сделайте Господа Пастырем вашей души. Пусть Он будет вашим Прожектором, пока вы движетесь по неосвещенной тропе жизни. Он есть ваша Луна на ночном небосводе неведения. Он есть ваше Солнце в часы вашего бодрствования. И Он есть ваша Путеводная Звезда, сияющая над темными водами смертного бытия. Ищите Его руководства. В мире всегда будут взлеты и падения. Как нам обрести умение ориентироваться? Нам его не дадут наши предубеждения, которые исходят от наших привычек и влияния нашей окружающей среды: семьи, страны и мира; лишь направляющий голос Истины внутри даст его.

Каждый миг своей жизни я думаю только о Боге. Свое сердце я поместил в убежище Господа. Я отдал свой дух на Его попечение. Свою любовь, свою преданность я возложил к Его ногам Бесконечности. Доверяйте одному лишь Ему. А затем, когда Он станет вас направлять, начните доверять тем, кто являет Его свет. Этот Свет — мой проводник. Этот Свет — моя любовь. Этот Свет — моя мудрость. И Он рассказывает мне, как Его добродетель побеждает и будет побеждать всегда.

Бог судит справедливо

Раньше я тревожился из-за этой войны[18]. Но мне стало гораздо легче, когда я помолился: «Господи, я не тот, кто имеет право судить. *Ты* судья человечеству и его нациям. Ты знаешь карму всех людей. Какова будет Твоя воля, таково будет и мое желание». Эта мысль сняла даже мое беспокойство об Индии, потому что я знаю, что Бог защитит ее. Мы должны научиться все больше зависеть от суждения Господа. И всякий раз это становится понятно только по окончании очередного акта этой земной драмы. Во время войны Его планы можно и не распознать, но со временем мы увидим Его влияние в этом конфликте. Мгновенный исход и то, что последует за ним, произойдет по Его суждению, согласно карме, которую заслуживает каждая нация и каждый индивидуум внутри нее. Из пламени этой войны родится новый, более великий мир. Запомните: насилие никогда

---

[18] Второй мировой.

не будет конечным победителем. Вы увидите это на примере данной войны. Победоносной окажется Божья добродетель.

Америка — благословенная земля, и она будет благословенна, даже несмотря на все проблемы, через которые она сейчас проходит, потому что в ее сердце нет духа агрессии.

Духовные идеалы Индии и идеалистическая материальная активность Америки разожгут великий свет завтрашнего дня. Индия призывает медитировать и контактировать с Богом, в то время как Америка призывает к конструктивной деятельности, которая направлена на развитие и помощь миру. Таковы силы подлинного йога. И эти идеалы Индии и Америки спасут мир. Они являют собой истинность пути обретения спасения для индивидуума и мира, в котором он живет. Если эти добродетели опустить с национального уровня до уровня индивидуума, можно узреть суть йоги, которая заключается в медитации, правильной деятельности и умственной непривязанности. Тот, кто так живет — вне зависимости от того, монашеское на нем одеяние или же одежда домовладельца, — является истинным отшельником и истинным йогом, идущим верным путем к просветлению.

«Всем имением твоим приобретай разум»[1]

Главный международный центр Self-Realization Fellowship, Лос-Анджелес, Калифорния, 23 февраля 1939 года

Разум, точнее разуме́ние, — важнейшее качество души. Это ваше внутреннее ви́дение, интуитивная способность, посредством которой вы можете постигать истину о себе и других, а также обо всех ситуациях, которые возникают на вашем пути, и использовать свои способности и действия соответствующим образом.

В этом мире наше разуме́ние зачастую близоруко. Если наше умственное ви́дение ослаблено, мы не можем заглянуть в будущее и узнать, что оно нам сулит. Ослепленные потенциальными результатами своих действий, мы часто поступаем не так, как должны. Чтобы успешно справляться с делами в этом мире, вы должны научиться четко распознавать обстоятельства и окружающую среду, а также понимать, в каком направлении вы должны двигаться в отдаленном будущем. Вы должны обладать глубокой и проницательной интуицией, которая позволит вам говорить, что будет через два года или даже десять лет.

Если у вас близорукость, вы видите четко лишь на коротком расстоянии. Если же у вас дальнозоркость, вы четко видите и различаете те вещи, которые находятся на расстоянии — но не те, что расположены прямо перед вами. В обоих случаях проблему решат корригирующие очки; если их не использовать, картинка в глазах будет размыта и вы не сможете видеть вещи такими, какие они есть. Так же и с вашим разуме́нием: если оно близоруко или дальнозорко, вам пора надеть ментальные очки сосредоточенности — способности фокусировать ум таким образом, чтобы его восприятие было четким и точным.

---

[1] Заголовок позаимствован из Книги притчей Соломоновых (4:7): «Главное — мудрость: приобретай мудрость, и всем имением твоим приобретай разум».

Таким образом, концентрация обостряет разумение.

Беспокойство же, из-за которого ум становится раздраженным и рассеянным, затуманивает ви́дение и приводит к ложному толкованию. Эмоции затуманивают ваше ви́дение. Переменчивое настроение затуманивает ваше ви́дение. Большая часть людей действует на поводу у своего настроения, а не разумения. Предубеждения также затуманивают ваше ви́дение: эти заведомо сформированные вами убеждения искажают ваше понимание и мешают вам видеть четко. Первое, что я извлек для себя после общения с великими мастерами Индии, — нужно очистить свое ви́дение от всех форм беспокойства и предвзятости, которые могут затуманить мое разумение.

Предвзятость часто формируется еще в детстве, под влиянием окружающей среды и обстоятельств. Искаженное понимание не позволяет четко вникать ни в одну ситуацию. Вы должны анализировать многие предубеждения, к которым склонно ваше разумение. Всякий раз, когда вы принимаете какое-либо решение или предпринимаете какое-либо действие, спрашивайте себя, управляет ли вами разумение или вы идете на поводу у ваших эмоций либо предубеждений. Ваше разумение будет затуманено до тех пор, пока вы склонны к жадности или гневу; пока на вас оказывает влияние ошибочное мышление других людей; пока на вас воздействует искаженное ви́дение других людей.

Ищите помощи у духовного учителя, который знает Бога

Из-за предубеждений, переменчивого настроения и эмоций вы не всегда можете видеть свой ум таким, какой он есть. Поэтому будет мудро найти духовного учителя или учения, которые могут показать вам, как можно анализировать и исправлять свои мысли. Реальным пониманием обладают те, кто обрел родство с Богом. Все божественные души очистили свое понимание, настроившись на Него. Связь с ними пробудит в вас свет. Я уважаю своего гуру, Свами Шри Юктешварджи, не только за то, что он был моим духовным учителем, но и за то, что он дал мне это понимание. Ясностью своего ви́дения я всецело обязан ему — не моей семье или кому-либо еще. Никто не любит своих родителей так, как любил я, но ясность ви́дения, которое даровал мне мой гуру, сделала меня непоколебимым на пути истины.

Я помню, как однажды покинул дом и отправился в Варанаси, дабы отречься от мира; я искал кое-что куда более великое, чем то, что можно купить за деньги. К тому времени я проанализировал жизни всех тех, кто имеет деньги: я не хотел жить как они. Я знал, что пожалею, если попытаюсь жить так же. Я видел, что у других людей было много вещей, которые мог бы захотеть и я, и представил, что могло бы со мной случиться, если бы я последовал их образу жизни. Я четко осознавал, что в таком случае я бы никогда не стал счастливым.

Когда я был в Варанаси, Бог направил меня к моему гуру. Однажды, будучи в его ашраме, я ему сказал:

— Меня зовут домой. Я должен ехать: мне надо увидеть отца, который меня очень любит.

Мастер знал, что семья попытается удержать меня дома.

— Тебе лучше не ехать, — посоветовал он. — Ты можешь и не вернуться.

Но я ответил:

— Гуруджи, обещаю, я вернусь!

Я знал, что для меня не существует другой жизни. Любовь к родителям и привязанность к ним — разные вещи. Привязанность затуманивает разумение, а божественную любовь невозможно ослепить. Я знал, что люблю своих родителей больше, чем кто-либо другой в семье, и что, посвятив жизнь Богу, я делаю для них куда больше, чем мог бы сделать в любом другом случае.

Когда я приехал домой, мой отец, который, к слову, неэмоционален[2], был так рад меня видеть, что даже прослезился. «Ну вот ты и вернулся, — сказал он. — Я так рад». Как многое он сказал этими несколькими словами! Его чувство было очень глубоким, но он не хотел показывать это внешне. Как сказал один великий святой: «В тот момент, когда ты выражаешь свою любовь словами, часть этого чистого чувства покидает сердце и перемешивается с нечистотой твоего рта; микробы и порочность твоих губ загрязняют его». Бог любит вас больше, чем кто-либо другой. Вот почему Он вам не говорит об этом. Он демонстрирует Свою любовь безмолвно, но наглядно. По мере своего развития на духовном пути я получал от Бога больше любви, чем мог бы получать когда-либо и от кого-либо здесь.

Но вернемся к моей истории. Я стоял перед своим отцом; он

---

[2] Отец Парамахансаджи на момент чтения этой лекции еще здравствовал. Он скончался тремя годами позднее.

попросил меня остаться дома и перенять обязанности моего старшего брата, который скончался ранее[3].

— Вот если я умру, — сказал отец, — кто присмотрит за твоими младшими братьями и сестрами?

— Отец, — ответил я, — я люблю тебя больше, чем кто-либо другой в этом мире, но Бога я люблю больше: это Он дал мне такого отца. Как я могу оставить Бога, Который одарил меня таким любящим родителем? Если бы Небесный Отец не вложил столько любви в его сердце, как бы мой земной отец вообще мог любить меня? Обязанность перед Богом превыше обязанности перед всеми остальными, потому что без Него у нас бы не было близких. Это — истинное понимание.

Отец не мог ничего добавить. Он все понимал. И когда я уходил вновь, напевая: «Реку иллюзии я пересеку; дабы не ослабнуть, я больше не вернусь» — все дома плакали. На мирском плане это кажется жестоким — покидать их, но отречение принесло величайшее благословение как мне, так и им. Служа в первую очередь Богу, я мог делать для них куда больше на духовном плане, чем мог бы делать с помощью каких бы то ни было материальных средств.

Несколькими годами позже, когда я вернулся с озарением, я повез отца смотреть мою школу в Ранчи, а он мне сказал:

— Я не достоин тебя.

— Нет-нет, — парировал я, — это я тебя не достоин!

Потом он мне сказал:

— Я рад, что ты не вернулся и не нанялся на ту работу на железной дороге, которую я тебе предлагал.

Жить без разумения — значит совершать духовный и материальный суицид

Благословенны те, у кого есть разумение. Это самая нужная вещь на духовном и жизненном пути. Разумение — это прожектор, который освещает ваш путь и приносит успех. Чтобы достичь высшей цели жизни, нужно сначала обзавестись этой важной способностью. Поэтому не будьте слепы, не подвергайтесь воздействию ошибочного суждения. Это духовный и материальный суицид.

---

[3] Ананта Лал Гхош умер в 1916 году, вскоре после того как Парамахансаджи вступил в Орден Свами.

Разумение должно быть вашей направляющей силой в любой ситуации. Через какие бы испытания вы ни проходили, старайтесь все осмыслять. Бог никогда и никому не причиняет вреда и не насылает страдания. Это мы помогаем или же мешаем себе своим правильным или ошибочным суждением. Молитесь Богу, чтобы у вас было разумение — какими бы ни были ваши испытания. Это единственная вещь, которая вас спасет. Когда я подвергаюсь серьезным испытаниям, я в первую очередь ищу понимания в себе. Я не виню обстоятельства и не пытаюсь делать замечания другим. Первым делом я погружаюсь внутрь себя. Я пытаюсь очистить цитадель моей души, чтобы устранить все барьеры, препятствующие выражению ее всесильной и всемудрой сущности. Именно это приносит успех в жизни.

Убежать от проблем очень легко. Но вы становитесь сильнее только тогда, когда боретесь с более сильным противником. Человек, у которого нет проблем — это человек, который не развивается. Когда у вас есть разумение, у вас нет страхов. Разумение — это ваша защита.

В жизни у меня было много, очень много испытаний. Самые тяжелые из них связаны с людьми, потому что они не обладают разумением. Я зрел неправильное понимание в тех, кого я любил, кого поддерживал. Но это не вызывало у меня чувство обиды. Если в вашем сердце будет появляться чувство обиды, связанное с неправильным пониманием других людей, вы лишитесь своего собственного разумения. Не обижайтесь, когда кто-то вас неправильно понимает. Вместо этого уделяйте больше внимания тому, чтобы помочь этому человеку. Если вы будете способны уравновешивать свои чувства в отношении тех, кто вас неправильно понимает, вы будете готовы помогать всем и всегда. А тот, кто следует этому пути Самореализации, должен проявлять ко всем исключительно добрую волю.

Разумение должно направляться и умом, и сердцем

Разумение — это ви́дение вашего внутреннего существа; это зрение вашей души; это телескоп вашего сердца. Разумение — это баланс спокойного разума и чистого сердца. Эмоция не есть любовь, эмоция — это искаженное чувство, которое понуждает вас совершать ошибки. И разумение, которое направляется одним лишь рассудком, хладнокровно; оно также приучает вас совершать неправильные действия. С некоторыми людьми невозможно говорить, прежде не пробудив в них эмоцию; а есть и такие, которых невозможно «расшевелить», не задействуя разум. Мужчины периодически черствеют рассудком, а женщины становятся безрассудными из-за эмоций. Ваше разумение должно быть сбалансированно. Если ваше разумение направляется и умом, и сердцем, тогда вы ясно зрите себя и других. Вы способны знать и оценивать, что о вас думают другие.

Истинное разумение говорит вам, правы вы или нет

Когда вы правы, кто-то может сказать вам, что вы неправы; а может быть и так, что вы неправы, а вам говорят, что вы правы. Но если вы обладаете разумением, в сердце своем вы знаете, правы вы или нет. Вы должны следить за собой и исправлять себя. Предположим, кто-то говорит вам, что вы неправы. Тогда вы должны отправиться во внутреннее святилище своего сердца и выяснить, заблуждаетесь ли вы. Проанализируйте свои мотивы. Если вы неправы, исправьте себя.

Мнению и водительству тех людей, у которых разумение развито в высшей степени, можно доверять. Вот почему я всецело доверял Мастеру. Я мог разговаривать с ним столь же открыто, как если бы говорил с самим собой. Чтобы развить такое разумение, учитесь держаться умом вдали от предубеждений, когда вы общаетесь с людьми. Если вы обладаете ясным разумением, вы можете любить и помогать, не обижаясь и не обижая других.

Любить всех живых существ и видеть их достоинства и недостатки, не имея никаких предубеждений, — это самое прекрасное чувство. Когда ваша любовь не будет зависеть от ваших желаний, вы научитесь любить каждого истинно. Если у вас есть такое разумение, никто не в состоянии вас обидеть.

Неудовлетворенное желание приносит печаль, а удовлетворенное — удовольствие. Таким вот образом наше счастье приходит и уходит. Вот почему Господь Кришна в Бхагавад-Гите призывает быть бесстрастным в радости и печали[4]. Он не говорит вам быть бесчувственным и грубым, словно камень. Он говорит вам учиться пониманию. Если вы будете жить в этом неприступном замке понимания, никакая печаль не сможет вас затронуть, никакая болезнь и никакие мучения тела не

---

[4] «Быть бесстрастным в радости и печали, в обретении и потере, в триумфе и поражении, — вот как следует встречать испытания жизни. Тогда не будет на тебе греха» (Бхагавад-Гита II:38).

смогут вас достичь. Задействуйте разумение, чтобы протоптать себе дорогу и развить свою душу. Оно позволит вам выбрать правильный путь, не подвергаясь воздействию каких-либо предубеждений. Если вы хотите сохранить свое разумение, любите и уважайте всех, но не подвергайтесь воздействию чьих-либо предубеждений или даже собственных мыслей, потому что для вас это будет губительно. Если мир может сбить вас с толку — вы потеряны. Если же вы обладаете чутким пониманием, то у вас всегда будет ясное ви́дение, вне зависимости от того, какие помехи будут пытаться создавать вам другие люди.

Наставничество моего гуру сделало меня проницательным

Разумение — это ваш спаситель. Я помню многих, кто приходил к Мастеру и позже покидал его по причине нехватки разумения. Но себе я сказал: «Приходить и уходить могут многие, а я останусь навсегда». Мастер был сторонником строгой дисциплины. От его пронзительной мудрости сбегали многие, но я ему как-то сказал: «Есть один человек, от которого вы не сможете отделаться, и этот человек — я». Я горд тем, что придерживался своего слова, потому что наставничество моего гуру сделало меня проницательным.

Лишь немногие люди знают, что есть благо, а что — нет. Из-за ошибочного суждения они делают те вещи, которые на самом деле приносят им вред. Когда я говорю что-либо с особенной строгостью, я делаю это не потому, что меня ранят действия других людей, а потому что я вижу, как своими действиями они могут себя ранить. Если вас ранит ошибочное суждение людей и ваше сердце оттого слепнет, значит, вы не можете любить их по-настоящему. Но если ваше разумение остается ясным, вы можете помогать людям, которых любите. Вы видите, где начинаются их действия, в каком направлении они движутся и к чему они приведут.

Одни люди с готовностью внимают тому, что я говорю, другие же реагируют иначе, потому что они не понимают, *что* для них благо. Всякий раз, когда я пытаюсь наставлять людей, я это делаю только потому, что искренне желаю показать им, что для них будет лучше. Я никогда не использую кого-либо в своих личных целях. Никогда!

Многие люди лишь думают, что обладают разумением, но их разумение не проходит проверку на прочность. Пройдите через многообразные неблагоприятные обстоятельства, побудьте объектом сплетен, насмешек и ненависти, а после проследите за своей реакцией. Если внутренне вы не встревожены и можете устранить в себе чувство обиды и несправедливости, а также удерживать в своем сердце одну лишь любовь, — тогда вы обладаете истинным разумением. В ашраме мой гуру постоянно возлагал на меня то одну обязанность, то другую. Он хотел добиться от меня полного понимания в любых обстоятельствах, дабы моя верность ему и мой умственный покой не зависели от условий, в которые он меня поставил. Когда я достиг этой уравновешенности понимания, оно принесло мне безграничное счастье. Такая жизнь просто замечательна.

Бо́льшую часть времени люди говорят и действуют, исходя из собственной точки зрения. Они редко видят — или даже пытаются увидеть — чужую точку зрения. Если вы, не обладая разумением, вступаете с кем-либо в конфликт, знайте, что вы оба заслуживаете одинакового порицания — вне зависимости от того, кто начал спор. Помните, как говорят: «Дураки спорят, мудрецы — обсуждают». Язвительная насмешка вызывает гнев. Если правда, высказанная доброжелательно, возжигает в ком-то гнев, ничего с этим не поделаешь. Те люди являются вашими лучшими друзьями, которые обладают истинным разумением и осмеливаются говорить вам правду, когда вы спрашиваете совета. Если ваши часы отстают или спешат, вы сверяете их с хронометром. Поэтому общайтесь с теми, кто мудр и кто не боится указывать вам на ваши недостатки. Вот в чем состоит ценность реальных друзей. Они наш хронометр.

Всегда будьте честны. Никогда не делайте вид, что вы согласны с кем-либо, если на самом деле вы не согласны. Если вы показываете людям свое внешнее согласие вместо того, чтобы высказать свои мысли, то вы лицемер. Идти против своей честности — грех. Всякий раз, когда вы умышленно кого-либо обманываете, вы затуманиваете свое разумение. Таким образом вы лишь привлечете к себе друзей-лицемеров.

Если вы хотите получать понимание от других, вы должны в первую очередь сами выражать понимание. Вы должны любить всех такой же любовью, какую вы дарите своим родителям, детям и другим близким. Эта всеобъемлющая любовь — самое чудесное осознание. Вот мы с вами даже не связаны одной кровью, но для вас я сделал и продолжаю делать больше, чем для своей семьи, — день и ночь думая о том, как много душ обретут счастье, если я со своей стороны буду прилагать к этому усилия. Я знаю, что моя работа уже успешна: многие, очень многие уже обрели спасение. Но это очень тяжелая работа, скажу я вам. Когда вы пытаетесь навязать свое водительство, никто не хочет вам подчиняться. Но когда вы приправляете его любовью и мудростью, оно становится величайшим проводником. Непоколебимое содействие, которое я вам оказываю, является прожектором на вашем пути. Его нельзя затемнять какими бы то ни было предубеждениями.

Не нужно колебаться, воплощая в жизнь благие намерения

Все благие намерения нужно воплощать в жизнь. Чем больше вы пытаетесь материализовать свои благие намерения, тем сильнее вы становитесь. Уподобьтесь тому святому, который рассказывал: «Я принял решение совершать прогулки каждое утро, но периодически в мои планы вмешивались обстоятельства. В таких случаях я все равно шел гулять — даже если был поздний вечер, — чтобы решительность моего ума не ослабла».

Перед тем как принять решение что-либо сделать, убедитесь, что дело стоящее. Не нужно колебаться, если вы уже приняли решение, потому что это ослабит вашу волю. Не нужно менять свое решение, если на то нет чрезвычайно серьезных причин. Иначе слабость вашего ума будет преследовать вас, куда бы вы ни пошли. Если вы уйдете в лес, сможете ли вы оставить свои слабости позади? Нет. Где бы вы ни были, вы должны одерживать победу. Вы не одерживаете победу, если убегаете или сдаетесь.

Если у человека отсутствует разумение, он запросто может стать несчастным. Я могу не без повода запричитать: «Мир не понимает меня. Почему я должен оставаться на этой материалистичной земле, когда я могу наслаждаться величайшей духовной свободой в Гималаях с Бабаджи?» Но если вы обладаете разумением, вы будете говорить: «Где бы я ни был, я должен побеждать». Когда вы победите самого себя и все слабости вашего ума, которые сбивают вас с ног, — тогда вы станете настоящим победителем. Вы никогда не должны признавать поражения. Вас можно считать побежденным только в том случае, если вы сами признали свое поражение.

Придерживайтесь истины

Мы пробудем на земле недолго. Не привязывайтесь ни к чему, пусть вас ничто не связывает. Когда меня впервые попросили стать гражданином этой страны, я отказался, потому что не хотел, чтобы меня называли гражданином какой-либо страны. Все государства являются моей страной, я гражданин мира. Мой Отец — Господь, моя семья — все человечество. Кто может лишить меня этого? Если я борюсь, я борюсь за справедливость. Я буду защищать Америку, когда она права, и я не буду бороться за нее, когда она неправа. Я буду защищать Индию, когда она права, и я не буду бороться за нее, когда она неправа. Всякий раз, когда ваша страна права, поддерживайте ее. Всякий раз, когда ваша семья права, поддерживайте ее. Всякий раз, когда правы ваши друзья, содействуйте им. Видите, как все просто? Вы не можете отрицать точность этого принципа. Это тот божественный дух, которому учили Кришна, Христос и все великие люди. Вот то, что может принести нескончаемый покой на эту землю.

Я расскажу вам небольшую притчу об одном судье-мусульманине, который твердо придерживался своей веры и был весьма предвзят. Однажды перед ним предстал селянин-индуист, и судья спросил его, по какому делу тот обратился.

— Ваша честь, хотел бы донести до вашего сведения, что ваш бык, борясь с моим быком, сломал ему рога, и из-за этого мой сейчас умирает.

Судья ответил:

— Ну вы же знаете, что животные просто боролись. Иск отклонен.

Услышав это, проницательный селянин сказал:

— Ваша честь, я все перепутал. Я имел в виду, что это *мой* бык сломал рога вашему; это *ваш* бык умирает.

Судья был в ярости: он оштрафовал мужчину на пятьдесят долларов. Когда оказалось, что это его бык умирает, его «суждение» изменилось. Мораль в том, что судить должен тот, кто честен и обладает разумением. В первую очередь судите себя и свои мотивы. Всякий раз, когда в вашем сердце появляется сомнение, судите себя на собственном внутреннем трибунале.

Обретите разумение, общаясь с Богом

Анализируйте себя каждый день, следите за тем, как вы развиваетесь. Когда вы научитесь анализировать себя беспристрастно, вы сможете понимать себя и других. Это — истинный путь. Если вы будете жить в разумении до гробовой доски, вы обретете бессмертие.

Я не преследую цели построить большую организацию. Я желаю выстраивать людские жизни вокруг учений Self-Realization Fellowship. Вот почему я даже не пытаюсь собирать в храмах много прихожан. Мы хотим видеть тех, кто будет общаться с Богом. Его нельзя познать, просто размышляя о Нем или слушая эмоциональные проповеди, которые создают лишь внутреннее возбуждение.

То, что кроется внутри, в высшей степени священно для меня. Я не говорю что взбредет в голову, я говорю лишь о том, в чем удостоверился посредством собственной реализации и жизненного опыта. Вот почему эти истины реальны для меня. Я прихожу сюда не для того, чтобы читать проповеди, а для того чтобы преподнести вам цветы истины, которые собрал в саду своего опыта. Я пришел сюда ветром с небес, несущим благоухание истины моего Отца. Мое единственное желание — принести вам это божественное благоухание, а затем вновь раствориться в Его глубинах. Я хочу, чтобы поведанное мною вы постигли в собственном общении с Богом. Ничто не сравнится с таким разумением.

Критика

Написано в период между 1928 и 1930 гг.

Если вас критикуют, проанализируйте себя. Подвергните свою деятельность тщательному анализу. Изучайте и критикуйте себя бескомпромиссными глазами своих внутренних цензоров. Если вы найдете в себе какой-либо недостаток, исправьте его; если же вы не нашли в себе недостатка, на который вам указывают другие, внутренне улыбнитесь и уверенно продолжайте идти своей дорогой с чувством собственного достоинства. Если гонители продолжают насмехаться над вами, ожидая вашей реакции, отвечайте им любовью, а не враждебностью.

Если вы находитесь в таком положении, когда другие ищут от вас света, отвечайте или даже сражайтесь за истину с любовью в своем сердце; делайте это не ради своей чести или из боязни дурной славы, а чтобы отстаивать истину. Пусть ваши слова и деяния будут использованы не для достижения победы, не для посрамления других и не для удовлетворения вашего тщеславия, а только лишь ради истины. Любовь к истине, тем не менее, всегда должна умеряться той любовью, что не дает обидеть другого человека. Диффамация других людей ради распространения истины или получения некой выгоды говорит о внутренней слабости и о слабости эго, о желании быть выше других людей путем их обезглавливания.

Если в вашем сердце нет любви, вам нельзя бороться даже за истину: ненависть нельзя победить ненавистью, и подлость нельзя победить подлостью. Если под предлогом защиты «истины» ненависть или мстительность, или же раздутое эго, разжигает в вашем сердце желание сражаться с вашими инсинуаторами, откажитесь от борьбы. В первую очередь взращивайте в себе любовь. Любовь — это ваша сила и ваш главный союзник. Целебная мазь любви вылечит раны, нанесенные ненавистью ваших врагов. Любовь невозможно победить. Даже смерть являет собой победу любви бессмертной души, потому что смерть пытается одержать верх над ненавистью.

Те, кто ненавидит и оскорбляет, не являются носителями любви. Прощайте их, ибо в своем неведении они не понимают, что делают. Раз уж вы с любовью прощаете себе все свои проступки, учитесь прощать и других с такой же готовностью. Сознательно дарите любовь тем, кто вас критикует и несправедливо обвиняет в чем-либо, и делайте это непоколебимо. Пусть будет стыдно тем, кому в ответ на желчь вы неизменно дарите подарок любви.

Никто из познавших любовь Бога не в состоянии ненавидеть или демонстрировать низость к Его детям. Как вы можете ненавидеть или обижать собственных братьев, пусть и ошибающихся? Любят ли они, ненавидят ли — они остаются вам родными. Братья, которые действуют из ненависти и недоброжелательства, не знают этот закон. Если вы будете отвечать им ненавистью, вы потопите их в ненависти. Вместо этого укажите им на маяк любви, чтобы они смогли доплыть до берега. Пусть ваша любовь укажет им на невежественность их ошибочного пути. Покажите им на своем примере, как можно отвечать любовью на ненависть.

Благословенны те, кого критикуют за добродетель. Рай вечного блаженства ждет тех, кто живет и умирает в праведных деяниях. Но горе тому, кто из-за зависти, враждебности или эгоистических интересов клевещет и пытается опорочить доброе имя того, кто занимается благородной деятельностью. Язвительные насмешки, злословие, мстительность, предвзятость и ложь являют собой отравленные стрелы зла, которые возвращаются словно бумеранг и причиняют серьезные кармические увечья душе хулителя.

Недобрая и несправедливая критика приводит к дисгармонии, необъективности, предвзятости и сопротивлению. Когда в такую критику вовлекаются любители посплетничать, она становится распятием для невинной души — более болезненным, чем распятие тела. Любить сплетничать — значит любить распинать души других людей. Но нужно знать, что, хотя сплетни, ложь и злословие ранят того, кто подвергается критике, критикующего они в конечном счет ранят еще сильнее. Тот, на кого клевещут, становится чище, чем когда-либо, а безнравственные хулители осуждаются безотказным кармическим законом причины и следствия. Вдобавок их осуждает собственная совесть, и они приговариваются к жизни в ими же созданной тюрьме болезненного отсутствия внутреннего покоя. Посеявшие ошибку пожинают плоды несчастья и заблуждения.

Судить себя, а не других, — это божественный путь. Пока вы не сделаете уборку в собственном доме, у вас не будет права говорить другим, что у них дома грязно. Если кто-то искренне просит вас выразить свое мнение, судите без предвзятости и эгоистических мотивов; судите с помощью беспристрастной любви, давайте советы с любовью. Не одобряйте ошибочные действия. Не говорите совершившему ошибку лишь слова жалости. Не прибегайте к недоброй критике. Напротив, наставляйте бездонной любовью. Скажите своему брату: «Мое сердце разрывается от страданий, которые ты себе причинил своими ошибочными деяниями. Исправься. Я буду рад видеть, как тебе хорошо». Правда может быть горькой и болезненной, поэтому посыпайте ее сахаром любви и доброжелательности, чтобы тот, кто поражен лихорадкой зла, мог легче ее «проглотить».

Но если человек не готов принимать ваши взгляды, оставайтесь безмолвны. Мысленно посылайте ошибающемуся конструктивные мысли, любовь и молитвы, не произнося ничего вслух: это тоже принесет свою пользу и поможет пробудить его.

Нельзя попирать того, кто пал. Такой человек нуждается в протянутой руке любви, которая поможет ему подняться. Думайте о чужих бедах как о своих собственных, и вы сможете проникнуться сочувствием ко всем. Недобрая критика — враг, который любит пытать и получает наслаждение от неудач других людей. Любовь же — это бережливый друг, который радуется счастью и благополучию других людей.

Предлагать кому-либо выслушать вашу критику — даже если она конструктивна — рискованно; быть же способным выдерживать критику очень полезно. Так вы проверяете и укрепляете свою броню истины, чтобы затем использовать ее в битве жизни. Те, кто критикует с любовью, — ваши лучшие друзья. Те же, кто хвалит вас за ваши недостатки, — ваши злейшие враги. Принимать справедливую критику — значит синхронизироваться с законом прогресса и развития. Но поддаваться лести — значит отравлять свое материальное и духовное развитие.

Не нужно постоянно говорить о чужих грехах, равно как и о своих: прощайте и забывайте прошлые ошибки. Не нужно оживлять и придавать форму собственным или чужим ошибкам. Не говорите о чужих ошибках. Никогда не пишите о них и не делайте их достоянием общественности. Не нужно повторять или распространять какие-то слухи и сплетни. Не делайте ложь вечной, говоря о ней и играя на трубе в оркестре инакомыслия. И не делайте собственных выводов — а также не озвучивайте их, — если вы не находитесь в том положении, когда можете понять все стороны.

Непрестанно улучшайте себя. Ваш собственный пример будет в миллионы раз громогласнее любых слов. Противодействуйте критике, скромно живя принципами истины. Реформируйте себя, и пусть другие, увидев ваш пример, захотят реформировать свои жизни. Вот чего хочет мир и вот в чем он нуждается, — в тех, кто критикует себя самого, а не других. Преодолейте порок добродетелью, ненависть — любовью, неведение — мудростью, страх — отвагой, ограниченность мышления — пониманием, слепой фанатизм — широтой взглядов. Пусть эти хорошие качества сначала появятся у вас. Будьте внимательны к «домашней уборке» своего ума, и вполне возможно, что другие вдохновятся сделать то же самое в отношении себя.

Где сейчас Иисус и чем он занимается?

Храм Self-Realization Fellowship в Голливуде, Калифорния, декабрь 1943 года

Счастливого Рождества всем вам. Желаю вам встретить лучшее Рождество в вашей жизни. Я знаю, что от ваших сердец исходит то же послание любви. Сегодня мы сконцентрируемся на Христе и его любви.

Христос существует в двух аспектах: как человек и как Дух в человеке. Поклоняться Христу в Духе куда важнее, чем рассматривать его рождение в материальном и социальном аспекте. Христос должен родиться внутри нас в Духе. Он должен возродиться в нашем сознании. Это и станет «Вторым пришествием Христа». Мы поступаем несправедливо по отношению к Христу, отмечая день его рождения лишь пиршеством да подарками. Конечно, в этом нет ничего плохого, но отсутствие глубокого и преданного общения с духом Христа в рождественские праздники — это существенное упущение в христианской практике. Вот почему я в очередной раз напоминаю вам о необходимости отмечать духовное Рождество двадцать четвертого декабря[1], медитируя в этот день много часов. А затем можно праздновать и светское Рождество — двадцать пятого числа. Я очень счастлив, что мое предложение чтить день рождения Христа духовно, посредством длительной глубокой медитации на него, с радостью принято таким большим количеством искателей Истины по всему миру. И этой традиции последуют миллионы, когда я уйду.

Иисус сказал: «Жатвы много, а делателей мало». Благословения, которые исходят от присутствия Бога и Христа, ждут тех, кто будет

---

[1] В 1950 году Парамахансаджи перенес длительную медитацию на 23 декабря, чтобы у верующих в этот день было больше времени наслаждаться миром и покоем, перед тем как они начнут готовиться к традиционному, внешнему празднованию дня рождения Христа 25 декабря.

пытаться общаться с ними в глубокой медитации. Если вы будете практиковать техники медитации, которым обучает Self-Realization Fellowship, вы узнаете о Христе больше, чем знают о нем миллионы прихожан церквей, почитающих его в проповедях и внешних обрядах; но не торопитесь с глубокой медитацией на него. Это движение Самореализации было послано миру с целью пробудить подлинный дух Христа внутри вас.

Где бы вы ни находились, пообещайте себе вначале отпраздновать духовное Рождество и лишь потом — светский праздник. Вы должны отмечать их всегда, и тогда вы узрите, какое пробуждение к вам придет. Стремясь общаться с Богом, Христом и великими мастерами в рождественские праздники, вы готовите себя к тому, чтобы правильно провести грядущий год. Это замечательный способ вступить в новый год. Посредством ежедневно возрастающего духовного усилия вы должны освободить себя.

Как освобожденные мастера следят за миром

Возможно, вы уже задумывались над тем, не стал ли этот мир безразличен для таких великих душ, как Иисус. Нисколько. Подумайте только, насколько сильно занят Бог: Он вечно пребывает в Своем экстазе, но при этом постоянно занят управлением этой Вселенной. И все святые и мастера, покинувшие эту землю, теперь заняты в другом месте — аналогично тому, как всем им приходилось постоянно что-то делать здесь. Когда Лахири Махасайя впервые попросил Бабаджи материализоваться, чтобы удивить сомневающихся друзей, Бабаджи это не понравилось. «Зачем ты позвал меня из-за пустяка? — спросил он. — Я очень занят»[2]. Когда такое говорит освобожденный мастер, он имеет в виду, что занят вместе с Богом, то есть выполняет Его поручения. Все великие души очень заняты; миссия некоторых душ состоит в том, чтобы упрочить добро в этом мире. Благодаря тому, что они делают в отношении восприимчивых умов в пределах своих возможностей, сила дьявола ослабевает, а сила Бога нарастает.

Если великий святой возрождается в Духе и при этом принимает форму в ответ за зов искренних, восприимчивых верующих, это значит, что он оказывает определенное влияние на судьбу этого мира. Я

---

[2] См. 34-ю главу «Автобиографии йога».

знаю, что Христос во плоти находится в контакте с Бабаджи в Индии. Вместе они следят за судьбой этого мира[3]. Они изо всех сил пытались предотвратить эту войну[4]. У них, как и у всех воскресших мастеров, есть задачи, которые они должны выполнять. Кто взращивает высокие мысли о покое в умах некоторых людей? Это Христос и другие великие души, ведь они сами сильно страдают из-за этой войны. Их ничуть не радует сложившееся в мире положение. Они пытаются установить на земле мир и гармонию, а также возвысить человечество на новый духовный уровень. Но они не могут этого сделать, пока им не позволяет человек.

Бог всемогущ. Он мог бы остановить войну и завтра, но, если бы Он это сделал, Он был бы диктатором. Я ранее любопытствовал, почему Он и Его великие святые не предотвратили эту войну. Ответ состоит в том, что для этого им пришлось бы применять чудеса, а Бог настолько велик, что Он не стал бы навязывать нам Свою волю. Он также не наказывает нас и не мстит нам. Он хочет изменить Своих детей не силой, а убеждением и любовью. Война создана человеком, а не Богом, и она должна научить нас важному уроку — уроку о нашей врожденной божественности. Но какой же это ужасный способ познать истину! Бог знает, что мы никогда не будем разрушены, ибо мы бессмертные души; но мы не сможем усвоить этот урок, если не будем страдать. И разве не страдает от этого Сам Бог? Вы думаете, Он не хочет, чтобы мы были счастливы? Мы страдаем от зла лишь потому, что должны усвоить самостоятельно: стоять нужно на пути добра.

Христос не ушел — он присматривает за вами

Если вы хотите познать Христа таким, каким он был на земле и являлся святым на протяжении веков, вы должны уподобиться ему. Он предстает перед верующими всякий раз, когда видит в том необходимость. И если вы сонастроены с ним и ваша жизнь хотя бы отчасти похожа на ту, о которой я вам рассказываю, вы познаете его. Христос не ушел. Он дал людям свои наставления, и он присматривает за теми

---

[3] «Бабаджи находится в постоянном контакте с Христом; вместе они посылают вибрации искупления и готовят духовную технику спасения для этой эпохи. Работа этих глубоко просветленных мастеров, один из которых пребывает в теле, а другой — нет, состоит в том, чтобы вдохновить народы отказаться от войны, расовой ненависти, религиозного раскола и зла материализма, которое возвращается бумерангом». — «Автобиография йога», глава 33.

[4] Вторую мировую.

душами, которые им следуют. Вы должны жить идеалами Христа и осознавать, что он постоянно присматривает за вами.

Почему вы не видите Христа и не слышите Его голос? Потому что ваши физические глаза и уши не приспособлены к этому. Вы даже не можете видеть телевизионную картинку или слышать песни, которые проходят через эфир этого материального мира, без помощи телевизионных экранов и радио. Помехи духовной беспокойности не дают вам воспринимать более тонкие вибрации, которые представляют собой едва различимые силы. Вот почему вы не увидите Христа и великих святых, пока не научитесь сонастраиваться с ними.

Христос находится прямо здесь; вы можете его увидеть, если заглянете внутрь своего лба в точку между бровями — центр сознания Христа, месторасположение «чистого» духовного ока. Если вы хотите увидеть Христа, концентрируйтесь на этом центре духовного зрения, вглядывайтесь в духовное око.

После смерти Иисус воскресил свое тело, и сотни людей увидели его. Сомневающемуся Фоме он позволил прикоснуться к себе. Зачем он материализовал свое тело? Чтобы другие смогли узреть его после воскрешения и понять, что каждый, кто с ним сонастроен, может его видеть и осознавать, что он жив. Святой Франциск сказал: «Я вижу Христа во плоти каждую ночь». Вы тоже сможете узреть его, если сонастроитесь с ним, подобно тому как я видел его уже много раз.

Есть лишь один способ призвать Христа. Ему не нужны восхваления, и его не подкупишь материальными ценностями, проповедью или притворным поклонением. Его может привлечь только алтарь вашей любви. Когда в вашем сердце будет достаточно любви и преданности, тогда и только тогда он придет к вам. Он даже может материализоваться во плоти.

Христоподобная жизнь сложна, но велика награда за нее

Так что помните: Христос постоянно работает для вас, и ваше духовное око — его трон. Когда вы сонастроитесь с ним в центре Христова Сознания, вы сможете чувствовать его присутствие и видеть его спящим на лоне звезд, танцующим на волнах ваших чувств, живущим на алтаре вашей преданности. Обитель Христа сокрыта в каждой хорошей мысли. Именно там он находится. Но он не явит себя до тех пор, пока с вами Сатана и пока вы не научитесь любить ненавидящих вас и жить остальными принципами жизни Христа.

Когда Иисус пришел на землю, он родился на Востоке. Есть информация о том, что, когда ему исполнилось пятнадцать лет, семья хлопотала о его женитьбе; но он решил покинуть дом и отправиться в Индию и в Тибет, где он провел пятнадцать лет в компании мастеров. Я уже говорил вам об этом. Вы, должно быть, помните, что трое волхвов с Востока пришли навестить Иисуса, когда он родился. Он нанес им ответный визит в тот период его жизни, который Библия не освещает. Затем он вернулся в Иерусалим, чтобы проповедовать. Но как мало людей ценило его! Лишь после его ухода некоторые люди осознали, *что* он из себя представлял, а последующие поколения начали возводить в его честь церкви. Однако совсем невелико число тех, кто на протяжении этих столетий жили и живут христоподобной жизнью. Вот почему миллионы людей, считающих себя христианами, несчастны или не удовлетворены духовно.

Узнать о Христе и его учениях довольно легко, а вот практиковать их в жизни уже сложнее. Говорю я это не из чувства гордости, а потому что знаю, что жил и живу, поступая как он, где это возможно. Поэтому я не ошибусь, если скажу, что христоподобная жизнь — единственный путь к истинному счастью. Многие люди думают, что жить таким образом сложно. Это действительно так. Но ведь стать богатым или знаменитым тоже непросто; и велики ваши страдания, когда вы обнаруживаете, что не можете исполнить свое желание даже после того, как приложили огромные усилия. И хотя у вас будут возникать проблемы с соблюдением наказов Христа, если вы будете настойчиво пытаться, вас ждет наивысшая награда.

Нерушимый памятник христоподобной любви

Иисус был настолько совершенен, насколько это вообще возможно для человека. А что же сделали для него люди? Вместо того, чтобы чтить его, они его распяли. Вам кажется недопустимым и малейшее оскорбление от другого человека, но представьте, как Иисус страдал лишь за то, что дарил людям любовь! Из всех чудес, которые он явил, величайшим является его фраза на кресте: «Отче! прости им, ибо не знают, что делают». Этому великому Христу — тому, кто возвел в наших сердцах нерушимый памятник любви — мы выражаем сегодня свое почтение.

То же мы должны говорить и в это военное время: «Прости их, Отче. Прости их, ибо они не знают, что делают. Ослепленные неведением, они убивают друг друга. Они не испытывали ненависти к тем, кого сегодня зовут врагами. Это политики сделали так, что они воюют и убивают друг друга». Что они обретут в итоге? Они вынуждены будут осознать, что война не приносит никакой пользы — вот и все. Война никогда не решит ни одну проблему. Бомбы не урегулируют никакие споры. Лишь любовь обезоруживает врага. Есть ли на свете сила, которая могла бы заставить меня взять в руки оружие и застрелить кого-либо? Нет. Я бы не брался за оружие ради кого бы то ни было[5]. Мы должны помнить о нерушимом памятнике Христа внутри нас — о его наставлении: «Любите друг друга». Ибо все мы дети одного Бога. Вот что нам необходимо выучить. И вселенская любовь Христа станет сильнее, чем когда-либо, когда нации осознают свое безрассудство.

Ни один политик или монарх не будет почитаться так, как почитается Христос, потому что в своем правлении они руководствуются ограниченными интересами или жаждой наживы, или же ненавистью. Лишь универсальные и вечные принципы, которыми жили и живут Христос и другие великие души, способны изменить ограниченные стандарты политиков. Человечество сошло с ума из-за того, что люди забывают или относятся с пренебрежением к примеру, который подавал своей жизнью Христос. Он не будет навязывать себя физически. Мы должны принять его духовно — лишь тогда он благословит нас.

Истинное значение учений Христа я узнал от своего индийского гуру

Живите идеалами Христа. О Христе и реальном значении его учения я узнал от своего гуру, Свами Шри Юктешвара, в его ашраме в Индии. И я никогда не забывал о нем. В жизни я добился своего потому, что я применял эти вневременные принципы.

---

[5] Христос сказал: «…ибо все, взявшие меч, мечом погибнут» (Мф. 26:52).

В другой раз — также во время войны — Парамахансаджи сказал: «Я благословляю тех, кто отважно жертвует своей жизнью и телами, противостоя злу и защищая идеалы свободы и справедливости. Убивать неправильно, применять силу — тоже, но грех кроется в самом пороке войны и в тех, кто пропагандирует насилие как средство урегулирования конфликтов. Мы должны работать над тем, чтобы изменить сердца людей, чтобы в итоге устранить саму причину войны».

В ашраме у нас жил один парень, Кумар, который стал учеником немногим позже меня. Я считал его любимчиком Мастера, потому что он был шустрым и смышленым, в то время как я — менее расторопным. Было очевидно, что он хотел занять мою должность надзирателя ашрама. Гуруджи назначил его вместо меня, а мне передал менее важные обязанности. Все начали выражать свое недовольство, жалуясь, что Мастер поступил несправедливо по отношению ко мне. Но вместо того чтобы встать на их сторону, я принял сторону Мастера. Я сказал им: «Мои отношения с Гуруджи не зависят от моей должности или работы, которую я делаю. Я обязался быть покорным ему. Я пришел сюда не за восхвалениями и не ради должности. Я пришел сюда усмирить свою гордыню».

В долине скромности собираются воды Божьего милосердия. Люди, которые льстят вам, часто преследуют личные цели. Никогда не пытайтесь подкупить кого-либо лестью, и сами не принимайте такую «взятку». Все, что с нами случается, является Божьим испытанием: Он хочет посмотреть, как мы себя поведем. И это было моим первым испытанием в ашраме. Если бы я не прошел все те испытания с Мастером, я бы не был Йоганандой сегодня. Я сказал другим ученикам: «Мастер прав. Я не знаю, почему он принял такое решение, но зато я точно знаю, что если бы оно вызвало у меня обиду или возмущение, то я был бы неправ».

Так вот, что же случилось дальше? Однажды, когда я был занят выполнением своих обязанностей, Кумар пошел жаловаться на меня Мастеру. Он сказал: «Вы назначили ответственным меня, но все идут к нему!» Мастер ответил: «Видишь ли, ты должен был усвоить один урок. Ты жаждал занять его должность, в то время как он ее совсем не желал. Они все идут к нему, потому он отлично для нее подходит. И зачем ты просил Йогананду чистить твои туфли — что он, к слову, и делал? Когда он был главным, разве он просил тебя чистить его туфли?»

Из всего этого я усвоил огромный урок. Я подвергся испытанию и одержал в нем победу. Я не стал поступать так же низко, как и Кумар. Я не только сказал: «Боже, прости его», но и научился любить его. И позже он последовал моему примеру. Этому и учил Христос.

Любите обижающих вас

Иисус сказал, что если кто-нибудь ударит вас по правой щеке, то вы должны подставить и левую, то есть отвечать лишь любовью. Это очень сложный подход, но я им жил и знаю, что только он и имеет силу. Подход Христа в первую очередь нужно практиковать в своей семье. Прямо у вас дома он проверяет, следуете ли вы его идеалам или же принципам зла. В семейной жизни духовное испытание заключается в том, чтобы всегда быть спокойным и чутким. Если кто-то хочет конфликтовать, оставайтесь спокойным. Может ли продолжаться ругань, если в ответ на нее вы молчите? Если вы состоите в браке и ваша половина совершила ошибку, любите ее еще больше. Проявляйте доброжелательность и любовь по отношению к тому, кто совершил ошибку. Если ваша любовь не была воспринята должным образом, дорогой вам человек может оставить вас, но при этом он до конца своих дней будет помнить, что поступил неправильно. Лучше жить в сердцах любимых как даритель безусловной любви, чем оставаться в их памяти ненавистником.

Вполне естественно любить тех, кто любит вас и добр к вам. Но Иисус наказывал дарить любовь даже тем, кто вас обижает. Я жил этим принципом. Я научился любить людей, не обращая внимания на их поведение. Это испытание становится проклятьем для тех, кто его не проходит. Проблема кроется в нас самих — не в других людях. Неважно, как тщательно вы пытаетесь сделать какое-либо место совершенным — всегда найдется тот, кто причинит вред. Это закон сего мира. Многие люди пытались поколебать меня и нарушить гармонию моей работы, но никому не удалось это сделать. Почему? Потому что я следую наказам Христа. Никто не может навредить мне против моей воли.

Своей силой Иисус мог уничтожить всех своих врагов. Я тоже обладаю этой силой. Я могу причинить боль одной лишь мыслью, но я никогда этого не делал. Я никогда не использовал эту силу для мести. На духовном пути ваша воля становится пылкой. Духовно развитым верующим Бог дает великую силу. Он не дает ее всем, потому что тогда люди бы просто уничтожили друг друга. По мере духовного роста человека укрепляется и его сила. Однако если у него появится соблазн использовать ее для причинения вреда, он уничтожит себя самого. Злоупотребление этой силой станет для него концом.

Иисус сказал, что он мог бы позаимствовать у своего Отца «двенадцать легионов Ангелов». Но какой же путь он избрал вместо этого? Он сохранил спокойствие. Он даже не пытался защищать себя. Таков божественный путь преодоления своих врагов. Если с вами неправильно обошлись в духовной организации, даруйте в ответ любовь. Таков мой образ жизни. Сохраняйте самообладание: стоит вам сказать одно враждебное слово тому, кто совершил ошибку, как вы тут же запятнаете свои мысли, вы подведете свои идеалы. В конфликте всегда участвует как минимум две стороны. Поэтому с вами никто не сможет конфликтовать, если вы просто откажетесь это делать.

Единственный способ преодолеть врага — следовать примеру Христа и его любви. Бог обладает силой уничтожить нас в мгновение ока, но Он не делает этого, хотя мы и даем Ему немало на то оснований. В обмен на ненависть Он дарит любовь. И Он ждет, что мы последуем этому примеру. Каждый из нас должен жить такой жизнью. Никто не в состоянии завязать ссору со мной — таково мое достижение. Если вы хотите познать Христа, вы должны одерживать победу во всех испытаниях; вы должны подчинять себе эго даже в незначительных ситуациях.

История о сварливом господине, который изменился

Жил как-то в Нью-Йорке один индийский писатель, который на дух не переносил людей. Он постоянно со всеми конфликтовал. Однажды он начал задирать и меня. Сначала он завязал ссору с моими друзьями, а затем ворвался в мою комнату и начал оскорблять меня. «Ну и как бизнес продвигается?» — спросил он, полагая, что я получаю много денег за свои лекции и занятия.

Деньги сами по себе не являются хорошими или плохими — это *дело*, на которое вы их тратите, может быть правильным или неправильным. Вы можете использовать их на благо или же употребить во зло. Все, что приходит ко мне, я направляю на Божьи дела.

Пока писатель осыпал меня грубейшими оскорблениями, мои друзья выражениями своих лиц как бы намекали: «Только скажите — и мы выпроводим его отсюда!» Я боялся, что они потеряют самообладание и буквально вышвырнут его за дверь. Поэтому на очередное его обвинение я ответил: «Возможно, вы и правы». Я не сказал, что он *фактически* прав.

Спустя какое-то время я попросил своих друзей покинуть комнату. Писатель тяжело опустился на стул и сказал:

— Меня впервые одолели таким образом.

— Не думайте, что я не собираюсь задать вам жару, — ответил я. — Ответьте лучше, почему такой интеллигентный человек ведет себя подобным образом? Своим плохим поведением вы лишь демонстрируете, что вы за человек. Я беспокоился за вас, ведь мои друзья могли вмешаться.

— Вы правы, — сказал он. — Продолжайте.

— Вы знаете, стервятники парят высоко в небесах, но их внимание полностью сконцентрировано на падали, что лежит на земле. Они ждут своего часа, а затем пикируют, чтобы подобрать мертвечину. Подобным же образом ведете себя и вы. Вам нравится появляться и подбирать кости именно там, где люди сплетничают и конфликтуют. Вы известны своим плохим поведением.

— Что же мне делать? — спросил он.

— Незамедлительно покидайте то место, где люди сплетничают или ссорятся, не вовлекая себя в конфликт. Оттого, что кто-то вас оскорбляет и называет дьяволом, вы таковым не станете. Тот, кто назвал вас дьяволом, сам стал инструментом дьявола. В таких обстоятельствах лучше всего сохранять спокойствие. Как же человек может вступить с вами в конфликт, если вы отказываетесь конфликтовать? И даже если этот человек заходит слишком далеко и ударяет вас — а вы не отвечаете, — этот удар будет обжигать ему руку всю оставшуюся жизнь. Но если вы ответите ударом на удар, он захочет ударить вас в двадцать раз сильней.

Вы не можете пахнуть розами, если водитесь со скунсами

Злые люди не хотят менять образ жизни. Поэтому лучше всего держаться от них подальше. В мире больше добра, чем зла, и добрых людей тоже больше, чем злых. Но вы не можете пахнуть розами, если водитесь со скунсами. Это лишь кажется, что зла больше — потому что его трудно забыть. Если кто-то вас сильно обидел, вы это помните. Но вместо того чтобы концентрироваться на этом, вы должны думать обо всем хорошем, что связано с тем, кто вас обидел, и обо всем хорошем, что есть в вашей жизни. Не обращайте внимания на оскорбления людей. И пусть ничто и никогда не побуждает вас принимать решение конфликтовать, и не давайте другим повода конфликтовать с вами. Если же вы даете такой повод, значит, вы сами участвуете в конфликте.

Много увечий мне нанесли лишь за то, что я делал добро. И если бы они имели для меня значение, меня бы сейчас здесь не было — я был бы в Гималаях. Но такие раны полезны, ибо они помогают вам духовно расти. Только тот, кто живет жизнью Христа и сталкивается с его испытаниями, находит его. Только тогда приходит Христос. Он бы никогда не пришел ко мне, если бы я потворствовал гордости или гневу, или если бы я отвечал ударом на удар, когда со мной обращались несправедливо. Люди *будут* несправедливы по отношению к вам — так уж устроен этот мир. Эта земля не является совершенным местом. Вот, к примеру, комар. Вы можете подумать, что он удовлетворится, напившись вашей крови, но нет — он еще введет в ваш организм немного яда. Кроме того, некоторые комары являются переносчиками паразитов, несущих, в свою очередь, заболевания и даже смерть. Некоторые люди ведут себя так же.

Душевные раны серьезнее боевых

В детстве у меня был кошмарный характер. Но однажды я сказал себе: «Если ты хочешь быть хорошим, ты не должен выходить из себя». Я пообещал себе, что уничтожу этого врага моей души, и с тех пор я действительно ни разу никого не обидел в гневе или из злого умысла. Душевные раны серьезнее боевых. Пусть вашу душу не ранят гнев и ненависть. Ужасно наблюдать за тем, скольких людей изувечивает и убивает эта война, но хотя бы утешает тот факт, что они увидят себя как бессмертные души — это лишь тела их были покалечены. Телесные раны уйдут вместе с телом, но вот раны, причиненные душе на духовном поле боя, ужасны. Муки от них более губительны. Если вы потерпите поражение в битве жизни, став жертвой ненависти и низости, вы потеряете самого себя. Эти шрамы останутся на душе, они уйдут с вами в мир иной и не будут заживать на протяжении многих инкарнаций. Если вы злы и полны ненависти, возможно, вы будете приходить на землю многие инкарнации, причиняя боль другим и получая то же в ответ.

Гнев и ярость ни к чему хорошему не приводят. Вознаграждает лишь любовь. Вы можете поставить человека на колени, но, когда он поднимется, он захочет вас уничтожить. Сможете ли вы тогда сказать, что покорили его? Нет. Лишь любовью можно покорить человека. А когда вам этого не удается сделать, оставайтесь безмолвны или уходите, а затем молитесь за того человека. Вот как вы должны любить. Если вы будете практиковать это в своей жизни, вы обретете неописуемый покой. И тогда вы познаете, что же представляет из себя Христос. Почему вы не должны быть победоносны в этом смысле? Покорите темные качества, которые вызывают огромные страдания и ранят душу. Избавьтесь от них, сокрушите их. Я уничтожил этих врагов, и сейчас я свободен. Посему их должны уничтожить и вы.

Не загрязняйте свою душу общением со смутьянами

Помните: вы не должны загрязнять свою душу общением со смутьянами. Благословляйте их. Дарите им любовь и научитесь не опускаться до их уровня. Отказывайтесь обижаться на кого бы то ни было. Просто оставайтесь спокойным. Бог мог бы заговорить и перевернуть этот мир с ног на голову, но Он не делает этого, потому что Он не стал бы применять силу с целью научить нас вести себя хорошо. Он дал нам свободу выбора: мы можем вести себя праведно или же неправедно, и Он молча ждет, когда мы изменим свое поведение. Таков путь всех тех, кто любит Господа. Они страдают безмолвно. Если кто-то причиняет им страдания, они говорят: «Что ж, если ты чувствуешь себя счастливым, причиняя мне боль, — хорошо, продолжай». Это изумительный идеал. Я никогда не получал столько радости, сколько получаю от этого подхода.

Аналогично этому, когда вас задевают, оставайтесь безмолвны. И внутренне не чувствуйте никакой злобы или ненависти. Если кто-то грубо с вами разговаривает, сохраняйте спокойствие или говорите: «Простите, если я вас чем-то обидел», а затем оставайтесь безмолвны. Что тогда сделает вам тот человек? Я практиковал все это в своей жизни. Никто не сможет заставить меня конфликтовать — даже если мне дадут пощечину. Вместо этого я встану на колени и буду просить прощения. Как человек может конфликтовать с вами, если вы сами не хотите конфликтовать? Тот, кто верит в Христа, не должен наносить ответный удар тому, кто пытается его рассердить. Назидание Христа состоит в том, что мы должны любить друга. Мы никогда не должны мстить обидчику. Вы даже не представляете, какая сила приходит от такого самоконтроля и любви. Вы созерцаете род людской как маленьких детей: они не знают, что творят.

Если вы хотите прийти ко мне, живите христоподобной жизнью

Всякий, кто хочет ко мне прийти, должен жить только лишь духом гармонии и любви. Те, кто сонастроен со мной, как некоторые души с самого начала, никогда не говорили мне злого слова. Миссис Р. — одна из них. Многие люди буквально затаптывали ее недоброй речью, но я никогда не видел в ней холода или злобы. И я никогда не видел ее без улыбки. Вот почему для нее уже уготовано место на небесах. Я живу точно так же, и я хочу, чтобы все те, кто сюда приходит, жили христоподобной жизнью.

Если я смогу спасти хотя бы одну душу из этой толпы, это будет кое-что куда более значимое, чем «обращение» тысяч людей. Я говорю сейчас с вашими душами. Я знаю, что многие из тех, кто сюда приходит, будут спасены сказанным здесь. Но вы должны практиковать эти идеалы в своей жизни. Вы должны *жить* идеалами Христа, а не просто говорить о них. Если вы будете жить идеалами Христа, вы сможете его узреть. Он словно благоухание, которое пронизывает все. Но он работает только через восприимчивых душ. Если вы будете взывать к Христу всем своим сердцем; если вы выучите урок, что в своей жизни вы должны быть устойчивы в смиренности и любви; если вы будете глубоко медитировать на Бога, — Христос придет к вам. Вы сможете увидеть его во плоти таким же, каким он приходит к Бабаджи и приходил к святому Франциску и другим настроенным на него душам.

Дорогие мои, таково мое рождественское послание для вас. Теперь вы знаете, где сегодня находится Христос и чем он занимается, и как вы можете познать его. В это Рождество я посылаю любовь Христа и гармонию всем вам. Пусть никто не сможет лишить вас покоя и любви.

И не забывайте перед каждым Рождеством уделять один день на празднование духовного рождения Христа. Я знаю, что миллионы людей последуют этому пути после того, как я уйду, потому что это истинное учение Христа.

Реинкарнируются ли души?

Главный международный центр Self-Realization Fellowship, Лос-Анджелес, Калифорния, 5 сентября 1940 года

Сегодня вечером мы затронем тему реинкарнации душ. Почему вообще нужно интересоваться реинкарнацией? Разве мы не должны заботиться лишь о текущей жизни? В каком-то смысле думать, что мы живем лишь один раз, полезно. И, если это так, вместо того, чтобы растрачивать свое время, мы должны проживать каждую минуту красиво и грандиозно — в духовном смысле. Да, ни один индивидуум не рождается на земле дважды как одна и та же личность. Такова воля Божья, и с начала времен Он этот принцип не менял. Шекспир писал о неведомой стране, «откуда ни один еще доселе путник не вернулся»[1]. Если рука судьбы подписывает приговор, в котором говорится, что вы должны уйти, то он окончательный: вы умираете, и этим знаменуется конец существования вашей текущей формы. И в этом смысле возврата действительно нет, потому что, вне зависимости от того, какой вы были личностью в предыдущей инкарнации, вы начинаете эту жизнь с чистого листа, не помня, кем были до этого. Из-за этого ограничения, наложенного на наше сознание, мы видим сию жизнь как начало и конец.

Вам может показаться, что я сейчас рассказываю о философии, отличной от индуистской. Но я говорю об истине Божьего мироздания. Я читаю книгу Бога, и из Его библиотеки я сейчас вещаю. Этому я научился у своего гуру [Свами Шри Юктешвара], а он, в свою очередь, научился этому у своего мастера [Лахири Махасайи]. Без прямого восприятия вы не можете знать наверняка, что истинно, а что нет.

Если предположить, что человек рождается лишь один раз, то механизм работы природы кажется разрушительным и нелогичным.

---

[1] *«Гамлет»*, акт III, сцена I.

Некоторые дети появляются на свет мертворожденными или умирают вскоре после своего рождения, не получив возможности вкусить жизнь. Людей всех возрастов поражают болезни, страдания и смерть. В жизни нет определенности. Каждый год на свет появляются новые модельные ряды автомобилей, среди которых обнаруживаются так называемые «лимоны», то есть машины с большим количеством дефектов. Можно ли здесь провести аналогию с жизнью? То есть может ли быть так, что природный технологический процесс производит одни души со здоровыми и крепкими телами и умами, а другие — по какой-то случайности — со слабыми телами и «бракованными» мозгами? Не являемся ли мы лишь продукцией некоего завода, не имеющей возможности контролировать то, что с ней происходит? Если бы эта жизнь была и началом, и концом, это было бы ужасно несправедливо и жестоко. Мы не хотим и думать о том, что Бог создал этот мир гигантским зоопарком, в котором мы — лишь экспериментальные животные, Его подопытные кролики. Если бы Бог намеренно создавал одних особей с большими талантами, а других — со слабыми умственными способностями; одних красивыми, а других — обезображенными, — в этом бы не было никакой справедливости, и в религии не было бы никакого смысла. И если бы эта жизнь была единственной и после нее не было бы никакого бытия, тогда мы бы могли вообще не работать и вместо этого лишь удовлетворять свои эгоистические капризы.

Мы устроили беспорядок в Божьем творении

Бог дал нам разум не просто для того, чтобы мы задавались вопросами и не находили удовлетворения. Сама возможность задавать вопросы уже свидетельствует о том, что существуют определенные процессы эволюции, которые позволяют нам обретать все больше знаний. Мы можем не понимать этого до конца, но мы инстинктивно полагаем, что должен быть некий закон справедливости, который создает бесконечное разнообразие людей. Есть ли ключ к разгадке этой тайны? Да — и находим мы его в законе реинкарнации, которая проистекает из кармы, причинно-следственного закона. Когда-то Господь создал души совершенно единообразными. Во всех нас было одинаковое количество добродетели и потенциала, но мы устроили на земле ужасный беспорядок и нарушили равенство и единообразие жизни, злоупотребив свободной волей и возможностями разума.

Вы не можете делать общие выводы обо всех людях, потому что каждому индивидууму Бог дал свободу делать собственный выбор. Неважно, кто мы и связаны ли мы кармой — последствиями наших прошлых действий, — в своем уме мы можем делать все, что захотим. В хранилище ума лежат и оковы рабства, и ключи к свободе. Все действия зарождаются в уме. Проблемы появляются по той причине, что у людей слишком много безумных мыслей — а ошибочные мысли приводят к ошибочным деяниям. В этой стране каждый хочет выделиться или иметь что-то отличное от того, что есть у других. Люди делают все, что приходит им в голову. Они женятся и разводятся так часто, как только пожелают; они делают все, что им нравится, совершенно не думая о ближнем или даже о собственном благополучии. Мир становится ошеломляюще диким: миллионы людей придерживаются идеалов, которые конфликтуют и противоречат друг другу. Один человек или группа людей хочет одного, а другой человек или другая группа людей — другого. Нас ограничивают многие традиции, нас сбивают с толку многие философские концепции. Я часто говорю, что все мы немного сумасшедшие и не знаем об этом, ведь *одинаково* сумасшедшие люди всегда общаются с себе подобными. И только когда *по-разному* сумасшедшие люди встречаются друг с другом, они обнаруживают, что они сумасшедшие.

Бог хочет сделать из этой планеты по-настоящему прекрасное место для жизни, но многое выходит из-под контроля, потому что мы злоупотребляем свободой, которой Он нас одарил. Мы устроили беспорядок в Божьем творении и мы же должны усовершенствовать себя и этот мир, используя данные нам возможности в этой и следующих жизнях.

Мы чувствуем себя смертными потому, что лишены непрерывности сознания

Мы настолько сильно отождествили себя с этой жизнью и ее страданиями, что нам кажется, будто мы смертны. Но смертно лишь тело. Наша истинная сущность, душа, бессмертна. Во времена перемен, которые называются смертью, мы можем на какое-то время уснуть, но уничтожить нас невозможно. Мы существуем, и это существование вечно. Волна омывает берег, а затем уходит обратно в море — она не пропадает. Она обретает единство с океаном или возвращается в форме другой волны. Это тело родилось и исчезнет, но его сущность — душа — никогда не прекратит своего бытия. Ничто не состоянии положить конец этому вечному сознанию.

Чтобы всецело познать реинкарнацию, вы должны обладать непрерывностью сознания в переходный период смерти, посмертного состояния и пренатального состояния в утробе матери, направляясь от одной инкарнации к другой. Это возможно. Я сознательно прошел через это. Из моей автобиографии[2], которая готовится к публикации, вы узнаете, как я себя чувствовал, когда родился: будучи ограничен телом младенца, я ощущал беспомощность, потому что моя душа уже была развита и бодрствовала даже в утробе матери. Моя душа бунтовала против ограниченности.

Когда память о прошлом приходит к душе, которая еще заперта в беспомощном теле во чреве у матери, душа чувствует сильное разочарование. Эта память заставляет ребенка активно двигаться: он хочет выбраться наружу. Душа чувствует бессилие, помня о дыхании, но не имея возможности дышать. Она борется за освобождение из темницы материнского тела. Когда уже подходит момент рождения, от души исходит сильнейшая мысль-молитва. Вот почему некоторые младенцы рождаются со сложенными словно в молитве ручками. Но стоит ребенку родиться, и он забывает свое прошлое. Воспоминания о прошлом будут храниться только в наиболее развитом сознании.

Если человек выйдет из своего дома и пойдет в другой, он все это запомнит, потому что он будет в сознании. Он может очень хорошо запомнить не только дома, в которых побывал, но и маршрут передвижения. Но предположим, что эскимос где-нибудь на Аляске получил травму головы, которая вылилась в потерю сознания и амнезию; его посадили на поезд и отправили на лечение в Лос-Анджелес. Если очнувшегося эскимоса спросят, откуда он, тот ответит: «Я не помню». Под воздействием гипноза человека также можно заставить почувствовать себя другой личностью — он может даже не вспомнить своего имени. Во время смерти наступает состояние комы, в котором вы забываете все. Но действительно ли это так — вот в чем вопрос. Ваш ум может ничего и не помнить, но вот душа помнит все. Если вы высоко развиты на духовном плане, ваша пробужденная душа сохраняет сознание при переходе от одной жизни к другой.

---

[2] «Автобиография йога» была опубликована в 1946 году.

Мы не хотим помнить проблемы прошлых жизней

Вы должны иметь в виду, что, пока вы не достигнете богопознания, вы не должны интересоваться своими прошлыми жизнями: вам незачем знать об ужасных событиях, которые имели место в предыдущих инкарнациях. Вспомните о проблемах и несчастьях, с которыми вы столкнулись в этой жизни, а затем подумайте о прошлых инкарнациях. Не стоит и полагать, что в прошлых жизнях у вас не было столь же болезненных или даже более неприятных переживаний. Хотели бы вы вспомнить, через что прошли с момента своего сотворения? Нет. Это бы вас так огорчило и обескуражило, что вы бы тут же лишись сил и воли.

Предположим, в прошлой жизни вы умерли от рака. Вы бы сейчас хотели оживить в памяти те страдания? Страх, вызванный теми переживаниями, может вновь навлечь на вас болезнь. Если бы у вас была неразрывная память и вы бы смогли вспомнить, что в своей прошлой жизни вы, будучи Джоном, были бедны и умерли от ужасного заболевания — а в этой жизни вы, Джек, опять страдаете от бедности и болезни, — вы были бы безнадежно обескуражены. Это бы парализовало вашу волю к успеху.

Мы не хотим помнить неприятные и плохие вещи. Вот почему природа затемняет нашу память от одной инкарнации к другой. Во время перехода от одного тела к другому случается что-то такое, что заставляет нас забывать наше прошлое бытие. В этом смысле Бог к нам милосерден.

Конечно, если бы мы были замечательны в своей прошлой жизни, мы бы хотели вспоминать об этом, особенно перед лицом каких-нибудь проблем в этой жизни. Люди, которые ходят к гадалкам или подобным личностям за информацией о своих прошлых жизнях, хотят на самом деле слушать слова лести. Они не хотят знать, что они были обычными или даже злыми людьми. Они хотят, чтобы им говорили, что они были великими королями, знаменитостями или святыми. Самозваные предсказатели говорят людям то, что те хотят слышать, потому что преследуют цель увеличить количество своих приверженцев и заработать побольше денег. На одном из моих занятий было три дамы, каждая из которых сообщила мне, что некий предсказатель увидел в ней инкарнацию Марии, королевы Шотландии. Я созвал этих трех «Марий» и попросил их рассказать мне, кто же из них настоящая Мария!

Живите праведно независимо от того, верите ли вы в загробную жизнь

Если допустить, что иная жизнь существует, то вы, будучи хорошим в этой жизни, перенесете свою добродетель и в следующую. Если же вы не были хорошим в этой жизни, то в следующей инкарнации вы будете пожинать плоды своих ошибочных деяний. Даже если предположить, что иной жизни нет, праведная жизнь все равно более привлекательна и приносит больше удовлетворения; жить ею лучше, чем влачить жалкое и несчастное существование из-за своих бесцельных действий и плохих поступков.

Однажды со мной пришел поговорить атеист. Он сказал, что не верит в жизнь после смерти; он был убежден, что смерть — это конец нашего существования. Я ответил: «А знаете ли вы наверняка? Можно просто *предположить*, что жизнь после смерти есть. Тогда не будет ли более практично жить праведно сейчас? А затем — если загробная жизнь все же есть — получить вознаграждение за свои правильные поступки. Вы в любом случае обретете внутренний покой и счастье, если будете жить правильно».

Мы появились на свет не по воле случая

Мы появились на свет не по воле случая, ведь мы в высшей степени разумные существа. Посему само собой разумеется, что нас создал некий великий разум. В этом нет никаких сомнений. И разумный Господь, конечно же, не посылал нас на землю такими разными, не дав нам прежде равные возможности для того, чтобы мы могли отвергнуть зло и выразить добродетель. Он дал нам время на то, чтобы практиковать эту добродетель и пожинать плоды благословения, которые приносит праведное деяние. Какой был бы смысл в священных писаниях или в следовании божественным законам, если бы эта жизнь была концом? Где же тогда была бы любовь и справедливость Бога, если бы после смерти вечный рай ждал бы лишь избранных, а совершивших ошибку людей ждали бы вечные муки в аду? Божий закон реинкарнации показывает, что, если человек злой, — тут надо отметить, что никто не может быть настолько злым, чтобы ему навсегда был закрыт вход в Божье царство — то ему дается шанс отработать это зло и обратиться к добру. Зло подобно привитому растению: оно не является постоянным человеческим качеством, ибо каждый человек есть дитя Божье. Каждую ночь, во сне, Бог напоминает вам, что вы не тело и не его привычки. Вы свободны, вы счастливы. Реинкарнация предоставляет человеку возможность всячески выражать себя и отрабатывать свои желания до тех пор, пока он не познает себя как Божье дитя и не поймёт, что истинным объектом его поиска было воссоединение с Богом, Целью всего человечества.

Мы обращаемся к религии потому, что хотим навечно избавиться от страданий. Мирские методы тут не помогут. Поможет лишь Господь, поможет истинная религия, которая приносит осознание Бога. Так что пора вам пробудиться ото сна, взять кинжал мудрости и разрубить им все свои плохие привычки. Большинство из вас знает библейскую историю о слугах, которые не работали в отсутствие своего хозяина. Только один из них продолжал выполнять свои обязанности. Когда хозяин неожиданно вернулся и увидел, что происходит, он прогнал всех рабочих и наградил того, кто продолжал преданно выполнять свои обязанности. Так что помните: Господь на какое-то время «отошел», сказав: «Я вернусь и проверю, выполняете ли вы свою работу. Я посмотрю, спите ли вы, сеете ли материальные мечты или же присматриваете за домом жизни, о котором Я наказал вам заботиться».

Текущие наклонности отражают нравы прошлых жизней

Вот самая важная вещь, которую нужно знать о реинкарнации: эта жизнь являет собой очередную данную Богом возможность уничтожить зло и культивировать добро, принесённое из прошлых жизней. Каждое хорошее качество, которым вы обладаете, — это наследие прошлого. И все плохие наклонности, которые кажутся вам неподконтрольными, — наклонности, которые преследуют вас, несмотря на все ваши попытки побороть их, — также пришли из прошлого. Иначе они бы не сковывали вас с самого начала вашей жизни. Конечно, в этой инкарнации вы обрели какие-то новые качества, но характерные черты вашей прошлой жизни пришли с вами и в эту. Вот почему вы находите себя беспомощной жертвой некоторых черт характера. Но вы можете преодолеть их. Вы должны освободиться от них сейчас, иначе они последуют за вами в следующую жизнь. Смерть не сделает вас ангелом, а вот ваше усилие — сделает.

Если у вас злой нрав, избавьтесь от него сейчас. Если вы раздражительный человек или легко поддаетесь перемене настроения, преодолейте эти наклонности сейчас. Некоторые люди сердятся без видимой на то причины, вне зависимости от того, насколько вы добры и чутки с ними. Другие подвергаются воздействию плохого настроения или негативного мышления по привычке. Самый практичный способ использовать данный нам Богом разум — проанализировать, какие аспекты нашей сущности мы принесли с собой из прошлого, и избавиться от всех плохих привычек прямо сейчас.

Совершенно очевидно, что плохие и хорошие наклонности, которые следуют за человеком с самого рождения, не были приобретены в этой жизни. Откуда же еще они могли взяться, если не из прошлых жизней? Если вы воспитываете детей, вы можете увидеть, что некоторые черты из прошлых жизней отражаются на их поведении. Почему одни так умны, а другие — менее сообразительны? Почему некоторые дети с рождения демонстрируют исключительные способности к музыке или математике? Они ведь еще даже не имели возможности приобрести эти способности в этой жизни. А дело все в том, что данные способности были высоко развиты в прошлой жизни. Некоторые дети ведут себя словно зрелые души, другие же весьма инфантильны и плачут по мелочам. Это значит, что в прошлых жизнях они были эмоционально незрелыми. Важно начинать воспитывать ребенка рано: так вы сможете распознать те наклонности, которые нужно развить или же устранить. Когда ребенку исполняется примерно пять лет, становится сложнее отличить наклонности из прошлых жизней от черт, приобретаемых под воздействием внешнего влияния и свободы выбора в этой жизни.

Когда я нахожу, что меня преследует какая-либо наклонность из прошлого, я тут же избавляюсь от нее. В детстве я имел весьма пылкий нрав. Поэтому в один прекрасный день я твердо решил, что избавлюсь от своей горячности. Я сказал ей: «Выходи вон!» — и с тех пор ни разу с ней не сталкивался. Я не говорю людям, что я не зол, но иногда делаю вид, что сердит, так как немного строгости порой не помешает. Однако внутренне я не могу быть сердитым — даже если постараюсь. Я никогда никого не ранил преднамеренно. Зачем жить с дурными привычками, которые отправятся с нами в следующую жизнь? Почему бы не преодолеть их? Для этого мы и пришли в этот мир.

Развивайте свою божественную сущность

Помните: вы Божье дитя. Развивайте свою божественную сущность. Не позволяйте своему счастью зависеть от чего-то материального. Это первый урок, который вы усваиваете в уединенных обителях Индии. Здесь, в Америке, вам хочется, чтобы все было комфортно и «как полагается». Вы должны быть способны отказаться от той или иной вещи без ущерба для своего счастья. Научитесь быть бесстрастным в любых обстоятельствах, с которыми сталкиваетесь каждый день.

Не ограничивайте себя даже осознанием своего пола, ведь вы — душа, сделанная по образу Божьему. Большая часть душ, рожденных женщинами в этой инкарнации, были женщинами и в прошлой. Однако если в этой жизни они явно выражают мужские наклонности, очень вероятно, что в прошлой жизни они были мужчинами. Если человек является мужчиной и явно выражает мужские наклонности, он вновь родится мужчиной. Если вы хотите быть мужчиной в следующей инкарнации, больше уповайте на рассудок и мужские интересы, а если вы хотите быть женщиной — культивируйте чувства и те интересы, которые больше присущи женщинам. Мудрее всего будет помнить такую мысль: «Я не мужчина и не женщина, я — Дух». Таким образом вы сможете избавиться от ограниченного сознания, присущего обеим полам; вы познаете свой наивысший божественный потенциал независимо от того, рождены вы мужчиной или женщиной.

Ищите разгадку тайны жизни и смерти

Особый интерес для нас представляют три категории перевоплощенных душ: наши друзья и близкие, великие души, такие как, Авраам Линкольн, и духовные гиганты. Ну и мы сами, конечно. Каждые сто лет умирает порядка полутора миллиарда человек. Все они потеряны и забыты — кроме тех, кого мы любим, а также великих мужчин и женщин, которые оставляют след в истории. Думая о них, мы «контактируем» с ними, так что в этом плане они для нас еще живы. Но где они находятся физически? Где познавшие Бога святые, а также великие люди прошлого? Бог показал мне будущие и прошлые инкарнации многих из них. Кто-то из них играет похожие активные роли на земле и сегодня. Но Бог не любит, когда об этих вещах слишком много говорят. Это лишает Его спектакль ауры чарующей таинственности, а также может привести к тому, что актеры будут играть свои новые роли неестественно.

Пожалуй, больше всего нас интересуют те, кто нам дорог. Где они? Почему они уходят от нас? Короткое «прощай» — и они исчезают за завесой смерти. Беспомощные и опечаленные, мы ничего не можем с этим поделать. Хотя все души и рождаются в незнакомых им доселе семьях, родители любят их — не зная при этом, почему. Были ли эти души посланы нам только для того, чтобы ранить нас, когда придет их время уйти? Если бы дело обстояло именно так, не глупо ли было любить в целом? Не глупо ли было привязываться к ним? Ведь вы не знаете, когда близкий вам человек уйдет или когда смерть отберет вас у него. Хотя умирающий человек и не может говорить, в его сознании выражается желание. Он думает: «Я теряю его. Будет ли он помнить меня? Встретимся ли мы вновь?» Это вполне естественно. Эти мысли не были бы даны нам, если бы не существовало ответа, который мог бы удовлетворить наши души. Вы не находите ответа потому, что эти истины познать очень трудно.

Когда я потерял мать в этой жизни, я пообещал себе, что не буду больше ни к кому привязываться. Я вручил свою любовь Господу. То первое переживание, связанное со смертью, было очень серьезным, но благодаря ему я усвоил многое. Месяцами и годами я стойко искал разгадку тайн жизни и смерти и реинкарнации душ — и нашел ее. Для вас это лишь мысль, вопрос верования — ведь у вас нет доказательств. Но я говорю не о простом веровании. Я нашел подтверждение теориям реинкарнации и жизни после смерти. Поэтому то, что я говорю, исполнено истины. Через все это я прошел сознательно. В этой жизни я нашел многих людей, которых знал прежде. Именно это я имел в виду в своем стихотворении *On Coming to the New-Old Land of America*[3], когда писал: «Память спящая о будущих друзьях пришла ко мне, пока я плыл чрез океан». Я узнаю те души, которые знал в предыдущих жизнях. Вы можете спросить, как Бог мог дать мне такую способность. Дело в том, что я искал в первую очередь Его. И я нашел Его.

---

[3] Из книги *Songs of the Soul*.

Как распознать души, которые вы знали до этого

Есть один способ распознать тех, кого вы знали до этого. Мы можем общаться с некоторыми людьми каждый день, но при этом так ничего о них не узнать или не ощутить чувство близости. Но есть и такие люди, с которыми мы начинаем гармонировать при первой же встрече. Это не физическое чувство. Это воспоминание из прошлого. Многих, очень многих людей, которых я встретил в этой стране и в Индии, а также в других местах, я знал до этого. Дружба с ними стала крепче прежней. Ей не настал конец в прошлой жизни, поэтому ей суждено было продолжить развиваться в этой жизни. Дружба — величайшая форма любви, и поэтому она должна развиться до степени божественного воплощения вечной любви Господа. Дружба — совершеннейшая форма взаимоотношений, потому что в ней нет элемента принуждения и она исходит от свободного выбора сердца. Посредством дружбы Бог призывает души воссоединиться с Ним. Если вы, не имея пристрастий, стали другом для всех, это значит, что вы проявляете божественную любовь.

Лишь немногие в этом мире находят настоящих друзей; простое знакомство не стоит путать с дружбой. В подлинной дружбе нет никакой привязанности, и она не рождается из эгоистического чувства человеческой любви. Это безусловные взаимоотношения между двумя или несколькими душами. Они могут быть неродными, а могут быть и членами одной семьи или супругами. Самая крепкая дружба образовывается между теми душами, которые ищут или нашли Бога. Такая дружба была между Христом и его учениками. В остальных же случаях взаимоотношения вызывают привязанность и остаются на уровне человеческой любви, отдаляя душу от высшей дружбы — с Богом.

Истинная дружба может образоваться между женщиной и женщиной, между мужчиной и мужчиной или между мужчиной и женщиной. Важно, чтобы она основывалась на духовных, а не мирских качествах, а также не на плотской привязанности. Вы придете к этому только тогда, когда перестанете осознавать себя мужчиной или женщиной.

Если вы ищете таких друзей, молитесь Богу: «Господи, приведи меня к моим прошлым друзьям, дабы я смог возобновить с ними отношения, что были прерваны смертью. Направь ко мне этих друзей, ибо я хочу помочь им своей мыслью о Тебе». Это замечательный идеал, не правда ли? Использовать дружеские отношения не для пустого времяпрепровождения, а для того, чтобы развить совершенную дружбу с Богом. Только на такой стадии развития искренней дружбы вы сможете обрести вечное счастье с любой другой душой.

Не посещайте слишком много светских мероприятий. Это, конечно, можно делать время от времени, однако частое пребывание в обществе отнимает слишком много ценного времени. Наслаждайтесь обращенными к Богу мыслями в компании друзей. Тратьте свое время на Бога. Если вы найдете души, которые разделяют такой идеал, вы сможете испивать Господа из чаши божественной дружбы. Развивать в себе Его осознание и помогать истинным друзьям делать то же самое — значит исполнять наивысшую обязанность, данную вам Богом. Пока ваша жизнь созвучна с Господом, она будет приносить вам и другим счастье. Поэтому друзья, которые духовно гармонируют с вами, очень важны для вас.

Неважно, какие у вас с ними разногласия — между вами всегда есть понимание и связь. В этих взаимоотношениях, не зависящих от разницы во взглядах, вы испытываете чувство взаимного уважения и цените вашу дружбу превыше всего. Истинная дружба, укрепленная в Господе, прочнее любых других взаимоотношений.

Как-то раз, когда я путешествовал поездом, мое внимание привлек мужчина, который выпивал и играл в карты. Ко мне пришло странное чувство, будто я должен с ним поговорить; я словно знал его до этого. Я сел неподалеку — и почувствовал зов его сердца. Когда я встал и пошел по проходу, он посмотрел на меня и тут же спросил: «Можно с вами поговорить?» Мы сели в маленькое пустое купе, где говорили в течение часа. В конце я сказал ему: «На вас нисходит Божье благословение». Он расплакался, пообещав: «Я больше никогда не буду следовать пути порока». Спустя несколько лет мы встретились в Канзас-Сити. Перед моей лекцией он представил меня публике и прослезился, сказав: «Тот час, что я провел в разговоре со Свами Йоганандой в поезде, стал величайшим благословением в моей жизни».

Этот рассказ был вовсе не обо мне, а о том, как сильна дружба прошлого. Поэтому всякий раз, когда вы знакомитесь с людьми, будьте бдительны: следите за своей первой реакцией. Она многое скажет о том, знали ли вы этих людей прежде. Это не эмоция. Если в своем сердце вы чувствуете глубокую гармонию, находясь рядом с другим человеком, это означает, что вы знали друг друга прежде.

Враги прошлого нуждаются в любви и сострадании

Конечно, я встречал и врагов прошлого, но в основном — друзей. Я помню, как много веков назад — в одной из прошлых жизней — человек, которого я очень любил, стал враждебен ко мне и ранил меня. Но я одержал над ним победу. Я вновь встретил его в этой жизни, и он опять стал вести себя предательским образом. Но в ответ я только попытался помочь ему. И больше он меня преследовать не будет.

Прощение более могущественно, чем месть. Я прощаю всех, кто намеренно или ненамеренно пытается ранить меня или досаждать мне. Мне больше ничего не нужно. Вручая все Господу и делая все для Него, я нахожу столько радости в своем сердце! Тот, кто делает зло, томится в собственном зле. Такие люди на самом деле не могут навредить вам, пока вы им этого не позволите. Даже наши враги являются частью наших жизненных испытаний. Если злой человек докучает вам, помните, что он, вероятно, делал это и в прошлом. Если вы будете думать о собственной обиде и о том, как ужасен тот человек, это будет большой ошибкой. Если от вас исходят ненавистные мысли о каком-либо человеке, он притянет их и станет ненавидеть вас в два раза сильней. Да, ненависть, как и любовь, также имеет свойство притягивать. А вы ведь не хотите, чтобы магнит вашей ненависти притянул к вам ваших врагов! Никогда не испытывайте ненависть к кому бы то ни было. Любовь и прощение оказывают целительное воздействие на вас и ваших врагов. И будьте благодарны за всех друзей, которых дал вам Господь.

Никогда не пытайтесь навязывать себя и свою дружбу кому-либо. Я дарю свою любовь всем, а сонастроенным со мной душам я дарю безусловную дружбу. Я радуюсь, когда получаю то же в ответ, потому что через такую дружбу проявляется Сам Бог.

Ищите Бога: Он пошлет вам мимолетные видения прошлого

Конечно, я также помню свои прошлые инкарнации. Например, в Лондонском Тауэре я обнаружил множество мест, которые помню из своей прошлой жизни; мест, о которых современные смотрители ничего не знают. В связи с тем, что я когда-то был англичанином, в детстве в Индии я предпочитал есть вилкой и ножом. Когда семья спросила, почему я использую приборы вместо своих пальцев, я ответил в духе индийских традиций: «Я помню, как делал это в прошлом». Они этого не поняли, но я знал, что уже ел таким образом. Такие мимолетные видения из прошлого будут даваться вам по мере вашего духовного развития. Бог покажет их вам. А когда вы утеряете интерес к таким вещам и начнете всецело погружаться умом в Господа, Он покажет вам даже больше.

Запомните: вы были посланы на землю для того, чтобы уничтожить плохие наклонности и привычки, которые вы принесли с собой из прошлых жизней, а также не допустить образования новых в этой инкарнации. Это позволит вам найти Бога. Тогда вы сможете уйти из этой жизни, говоря: «Господи, цель моей жизни исполнена. Мне больше не нужно сюда возвращаться — если только Ты не пожелаешь, чтобы я вернулся, дабы служить Тебе». Иисус сказал: «Побеждающего сделаю столпом в храме Бога Моего, и он уже не выйдет вон»[4].

Вы должны искать Бога сейчас. Не нужно ждать целые инкарнации, чтобы найти Его. Его можно познать в этой жизни — *сейчас*. И чем быстрее вы познаете Его, тем быстрее обретете свободу. Вы поступаете глупо, если не ищете Его, потому что нет другого способа обрести удовлетворение. Обладая Им, вы будете обладать всем.

Вы найдете Бога, если приложите усилия

Бога нельзя получить от кого-то в дар. Почему Он должен прийти к вам, если вы сами не ищете Его? Вы должны дарить Богу любовь всем своим сердцем, всем своим умом и всей своей душой. Вы должны показать Ему, что вы хотите только Его — и тогда Он придет. Стремление к Богу, которое вы чувствуете в этой жизни, было у вас и в прошлой. И я говорю это с полной уверенностью. Но это необязательно означает, что вы испытываете тот же энтузиазм и сейчас. Вы должны питать это желание, чтобы оно смогло «прорасти», осуществиться. Вы не знаете, когда смерть заберет вас; вам придется начинать все заново в теле беспомощного малыша. Годы пройдут прежде, чем вы снова почувствуете тягу к Бесконечному.

Многие ли из вас прилагают искреннее духовное усилие? Вы слушаете мои лекции, но пытаетесь ли вы *познать* Бога? Если вы будете искренне пытаться, вы найдете Его. Для этого нужны время и вера.

---
[4] Откр. 3:12.

Внутренне вы должны говорить: «Боже, я знаю, что Ты слышишь мою молитву». Если вы перестанете звать Его, думая, что Он не слышит, вы просто поставите на себе крест.

По этой земле вы ходите словно по сну. Наш мир — это сон внутри сна; вы должны осознать, что единственная цель, единственная задача, ради которой вы появились здесь, — найти Бога. Только лишь ради Него вы существуете. Вы обязаны найти Его. Для того чтобы познать Его, вы должны: неустанно искать Его; в своем уме сохранять непреклонность, а в жизни — гармонию; быть бесстрастным; искать недостатки не в других, а в себе; обретать опыт на пути мудрости; быть смиренным и верным своим друзьям и благожелателям; ценить искренность всех сердец; содействовать добру и противодействовать злу; помогать другим, даруя им силы и понимание на дороге жизни. Таков царский образ жизни — реальный путь, ведущий к Богу. Признание в миру не имеет никакого значения — ищите одобрения у своей совести, и в нем вы найдете одобрение Господа. Быть самодовольным и прилагать мало усилий для самосовершенствования — или вообще их не прилагать — значит быть бездеятельным. Вы должны непрестанно совершенствоваться до тех пор, пока не обретете ощутимое единство с Богом. Такой должна быть ваша жизнь.

Бог срывает покровы иллюзии

Эта земля — наиболее несовершенное место. Только мир начинает процветать, как приходит война, которая отбрасывает человечество на столетия назад. Но не принимайте взлеты и падения слишком близко к сердцу. Что бы ни случилось, говорите про себя: «Все в порядке. Я лишь сплю в Божьем сновидении; ничто не может ранить меня. Я счастлив. Ничто не сдерживает меня. Господи, я готов покинуть этот сон в любую минуту — или же я могу остаться здесь, дабы исполнять волю Твою». Тогда вы будете счастливы. Это прекрасная мысль.

Все, что вы делаете с мыслью о Боге, сильно отличается от того, что вы делаете, не думая о Нем. На днях меня взяли посмотреть кинофильм, но главное, что я осознавал, было то, что я пребывал в *самадхи*. Кто-то меня спросил:

— Вы что, не смотрите киноленту?

— Нет, — сказал я, — *все* это кинолента, один фильм в другом.

Весь кинотеатр, каждое движение, люди сидящие вокруг меня, — все это виделось мне картинкой на обширном экране космического сознания.

Что бы вы ни делали, когда приходит Бог, вы опьяняетесь Им. Он срывает покровы иллюзии, и вы получаете ответы на все свои вопросы. В этом состоянии сознания я вижу далекое прошлое и будущее. Обычно я на такие вещи закрываю глаза, но когда мне интересно — смотрю. Так что никто не может обмануть меня. Я досконально знаю каждого, но никогда не говорю об этом. Меня не интересует злая сторона человека — только хорошая.

Я не стремлюсь воодушевить толпы любопытных зевак, я стремлюсь воодушевить истинные души на роман с Богом. Это такая радость и такое счастье! Иметь любовь и защиту Божественного — это высшее достижение из всех, и вы обнаружите это сами, если приложите немного усилий.

«Я прихожу лишь для того, чтобы рассказать вам о Божьей радости»

Я решил посвятить себя служению вам. Наградой мне будут души, которые действительно любят Бога и сонастроены с делом Самореализации. Я ничем не связан и ни к чему не привязан; я могу уйти в любой момент, когда только пожелаю. Я могу сделать это, потому что я не питаю иллюзий относительно имени или славы — когда человека превозносят, а потом хоронят. Свое время и свою реализацию я дарю каждому, кто приходит ко мне. Я рад это делать, ибо знаю, как тяжело жить без Вечного Возлюбленного. Где бы я ни находился, вы будете получать от меня эту дружбу и помощь.

Тигр смерти гонится за вами, и вы должны успеть добраться до Дома. Если вы цените свою душу, вы будете прилагать усилия. Изучайте *Уроки Self-Realization Fellowship*, практикуйте техники, медитируйте глубоко; если в течение семи лет вы будете искренне упорствовать и концентрироваться достаточно сильно, вы обретете такое духовное удовлетворение, что уже никогда не оставите и не забудете этот путь.

Поэтому не медлите. Я прихожу лишь для того, чтобы рассказать вам об этой радости. И я ничего не прошу взамен. Вам нужно лишь сонастроиться со мной, чтобы я смог передать вам ту радость, которая пребывает во мне даже когда я говорю. Это радость Бога. Она настолько интимна и священна, что даже говорить о ней кощунственно. Но Он знает, что я говорю о ней не затем, чтобы превозносить себя, а для того чтобы помочь вам. Он знает, что я люблю Его больше всего на свете, и я знаю, что Он любит меня.

Удерживайте в голове мысль о том, что эта земля подобна кинофильму. Она нереальна. Думать, что она реальна — значит сомневаться в Боге и разрушать себя муками и смертью. В кинофильмах ведь нет настоящей жизни и смерти — лишь электрические тени, движущиеся то здесь, то там. Стреляная пуля и человек, которого застрелили — лишь электрические образы. Давным-давно я смотрел фильм об Аврааме Линкольне. Я смотрел на этого великого героя и восхищался его благородными поступками, как вдруг его убили. Мне стало грустно. Но потом я подумал: «Зачем печалиться? Я подожду следующего сеанса, и он „возродится"». Так вот, я вновь начал смотреть эту киноленту и получать вдохновение от его жизни. Немногим позже я сказал себе: «А сейчас я, пожалуй, пойду — пока его не убили».

Наша жизнь подобна этому. Многих, кого я любил и по кому скучал, Бог показал мне вновь. Так что я больше не печалюсь. Бог великолепен; вы должны знать Его так, как знаю Его я. Когда вы узрите эту жизнь как Божий сон или как космическую киноленту, вы скажете: «Нет никакой трагедии жизни и смерти. Я не боюсь иллюзорных перемен, сотканных из света и теней, ибо я Твое бессмертное дитя. Я видел жизнь и хорошо сыгранные роли в ее трагедиях. Это интересный спектакль, но какой бы ни была моя роль в нем, я все же Твое дитя, вечно единое с Тобой, Господь».

Где сейчас наши усопшие близкие?

*Первый храм Self-Realization Fellowship,
Энсинитас, Калифорния, 28 августа 1938 года*

Наука в действительности ничего не создает и не изобретает: ученые лишь открывают то, что уже имеет бытие в Боге. Если мы поразмыслим над этим, мы сможем разрешить загадки, о которых я сегодня буду говорить.

Я рассказываю вам не о прочитанном или изученном мною, а о прямом опыте восприятия Истины. Вам это может показаться странным, но в тот момент, когда я говорю, я вижу то, что описываю. Да, это возможно. С помощью рентгеновского аппарата вы можете видеть скелет и внутренние органы тела. А человеческое сознание обладает куда большими силами восприятия, нежели любая машина. Маленький радиоприемник, у которого нет мозгов, может «пронзать» эфир и получать радиосообщения, находясь на расстоянии многих миль от передатчика. Наше сознание становится куда более чувствительным, когда мы учимся точно его «настраивать». За телом и всеми отождествленными с ним мыслями скрывается тонкий внутренний мир, который вибрационно связан с этим миром. Если вы духовно развиты, вы можете созерцать этот внутренний мир.

Неосознанный мир мысли

Мы привыкли осознавать и реагировать в основном на грубые проявления, которые могут быть восприняты ощущениями. Мы практически не осознаем тонкие силы, окружающие нас. При этом каждая мысль, которую мы порождаем, вызывает тонкую вибрацию. Знаете ли вы, что из-за этого вы не можете скрыть от других вашу сущность? Если вы поступили неправильно, вы знаете это. Вы можете думать, что скрываете это, но осознание ошибки все еще присутствует в ваших мыслях. Люди все равно разоблачат вас, потому что вибрации мысли в определенной степени будут отражаться на вашем поведении. То же самое, конечно же, касается и добрых мыслей. Если вы мысленно произносите: «Боже», и продолжаете про себя повторять имя Господа, образуется вибрация, которая «притягивает» Его присутствие.

Мысль настолько тонка, что еще ни одному устройству не удалось ее зарегистрировать[1]. Вот почему нам дан голос: он позволяет нам передавать наши мысли. Но если вы будете духовно развиваться и культивировать в себе глубокое внутреннее спокойствие, вы сможете чувствовать и читать мысли других людей. Когда вы взволнованы или беспокойны, «радио» вашего ума настолько плохо настроено, что оно не может принимать чужие умственные сообщения. Если ваше сознание всегда сфокусировано на внешних вещах — на теле, на желаниях, на том, что имеет или делает кто-то другой, — оно никогда не будет чувствовать тонкую активность внутри и вокруг вас.

Пять человеческих ощущений невероятно ограниченны. Глаза могут видеть лишь некоторые вибрации света, а уши могут воспринимать лишь некоторые частоты звуковых колебаний — все, что выше или ниже, ими не воспринимается. Вся Вселенная посылает нам музыку, которую не слышит большая часть людей, — великий звук *Аум*, или *Аминь* (он же — Утешитель), который исходит от всего мироздания. «Они видя не видят, и слыша не слышат, и не разумеют»[2]. Так Иисус охарактеризовал ограниченную природу ощущений.

Человек изобрел инструменты, справляющиеся с поразительными задачами, — задачами, которые он не смог бы выполнить самостоятельно. Микроскоп дарует ему «сверхощущение», с помощью которого он может видеть многие вещи, которые невооруженному глазу не видны. Радио позволяет получать о мире больше знаний, чем любое другое современное изобретение[3]. Но помните: это человеческий ум обнаружил универсальные принципы, которые сделали возможным появление микроскопа и радио. Силу ума — вот что вы должны развивать. Когда вы духовно разовьетесь, ваши зрение и слух — каждое из ваших ощущений — станут настолько

---

[1] Зарегистрировать можно мозговые волны, исходящие от мыслительного процесса, но не мысли как таковые.

[2] Мф. 13:13.

[3] Лекция была прочитана в 1938 году. Последующее развитие телевидения значительно расширило возможности коммуникации.

восприимчивыми, что вы сможете ощущать все тонкие феномены, о которых я сейчас говорю. Вы будете воспринимать вибрации мысли — истинную сущность грубых вибраций, на которые настроены ограниченные физические чувства.

Вы сможете смотреть сквозь внешнюю маску других людей и воспринимать их мысли. Но это не повлияет на ваше отношение к этим людям. Вы не будете судить их, потому что вы будете понимать их. Бог знает мысли всех людей — как хорошие, так и плохие, и несмотря на это, Он все так же любит всех Своих детей. Если вы будете смотреть на мир через голубые очки, вам все будет казаться голубым. И если вы будете смотреть на мир через голубые очки предубеждений, ненависти или эмоций, вы не сможете воспринимать людей или обстоятельства такими, какие они есть. Когда такие чувства нарушают ваше спокойствие, ваш голос становится грубым и вы испытываете враждебность и недоброжелательность. Но когда вы спокойны и внутренне умиротворены, вы любите всех и чувствуете дружелюбность ко всем. Эта та гармония, которую Бог и замыслил для Своего творения. Вы должны культивировать в себе постоянство и невозмутимость в этом изменяющемся мире — тогда злые мысли других людей не смогут потревожить вас или повлиять на вас. Вы начнете чувствовать истинную утонченную человеческую сущность, а также сущность Вселенной, в которой мы живем, и будете больше осведомлены о четвертом измерении.

Где находится рай?

Четвертое измерение — это сфера жизнетронов[4], которую можно видеть только лишь через шестое чувство — интуицию. Когда ваши чувства духовно совершенствуются, они становятся интуитивными и вы начинаете осознавать тот мир. Так где же он находится? Многие люди думают, что он где-то далеко на небесах, но это не так. Четвертое измерение — астральный мир, он же «рай» — находится прямо за грубой вибрацией этой физической сферы. На астральных планетах жизнь не зависит от дыхания, пищи и кислорода. Это не фантазия больного воображения — это то, что я нашел посредством собственного исследования. Но чтобы испытать и постичь высшие силы и законы

---

[4] Астральный мир (см. глоссарий).

жизни, нужно развиться духовно. Одной из таких величественных и развитых душ был Трайланга Свами[5]. Он мог сутки напролет держаться на поверхности Ганга, а иногда он часами или даже днями пребывал под водой. Это возможно. Когда вы постигаете жизнь, вы понимаете, что это нечто большее, чем физические компоненты. Реализованные души могут управлять законами высших сфер — даже в своей физической инкарнации. Из-за того что вы не видите эти вещи, вы думаете, что они нереальны. Но вы должны осознать, что сфера вашего опыта есть не что иное, как бесконечно малая часть творения Господа.

Мы сотканы из Божьих мыслей, которые неподвластны смерти

Вы видите лишь середину жизни — вы не видите начало или конец. Неразумно даже полагать, что смерть — это конец, что мы, разумные и полные жизни существа, прекращаем свое существование в момент погружения в сон смерти. Все человеческое существо являет собой концентрацию сознания и мыслей Бога, которые неподвластны смерти. Если бы смерть была концом, тогда Бога бы вовсе не существовало, и реализованных мастеров тоже, — все это было бы сплошной ложью. Великие души не побуждали бы вас становиться лучше, ведь какой бы тогда был в этом смысл, если бы всех нас — хороших ли, плохих ли — «списывали в утиль»? Какова бы тогда была ценность священных писаний? Не было бы тогда никакой справедливости, независимо от того, живет индивидуум один или же много раз. А как насчет тех душ, которые живут лишь несколько лет или пребывают в незрячих или увечных телах?

Знайте правильный способ нахождения своих близких

Истинный спиритизм — это замечательная наука. Она позволяет нам знать, что за этим миром скрывается жизнь и что все наши близкие действительно продолжают жить, несмотря на то что они сбросили свои физические тела. Но современная практика спиритизма исказила смысл истинного поиска знаний о мире духов. Многие из тех, кто называет себя медиумами, даже не знают, о чем говорят. У иных

---

[5] Более подробно о жизни этого святого можно прочитать в 31-й главе «Автобиографии йога» Парамахансы Йогананды.

есть лишь немного понимания; но очень часто они просто становятся жертвами своего воображения или, что еще хуже, их подсознанием овладевают бродячие души[6], ищущие человеческую оболочку. Эти бродячие души вводят в заблуждение и дезинформируют медиума и — опосредованно — тех, кто ищет его совета.

Однажды я со своими учениками сидел посреди толпы, в которой присутствовала цыганка. Все живо интересовались этой гадалкой, я же наблюдал за ней невозмутимо. Вскоре я заметил, что она фактически не отвечает на вопросы — она просто с умом задает уточняющие вопросы. Ученики уговорили меня подойти к ней, чтобы узнать свою судьбу. В комнате было достаточно темно, так что цыганка не могла меня отчетливо видеть. Я писклявым голосом спросил: «Когда я разведусь со своим мужем?» Она живо ответила: «Сегодня же». Затем я встал, и она увидела брюки под моим монашеским одеянием. «Ты обманул меня!» — злобно воскликнула она. Все думали, что она читала мои мысли, но на самом деле это я читал ее мысли. Из-за моих длинных волос она подумала, что я женщина — вот почему я проверил ее таким вопросом.

Так что в спиритизме, как и в любой другой сфере, есть мошенники; а среди людей, действительно обладающих экстрасенсорными способностями, много тех, кто исполнен благих намерений, но чьи силы не ведомы мудростью и Самореализацией. Как бы то ни было, неблагоразумно — а зачастую и опасно — играться с миром духов посредством медиумов и спиритических сеансов. Со святыми контактировать такими способами у вас не получится, и даже если каких-то духов все же удастся призвать, они будут в основном из низших астральных сфер. Но если вы истинно чисты сердцем, благодаря медитации и духовному развитию вы сможете контактировать с усопшими близкими или великими святыми.

В астральном мире много сфер

Утром мы просыпаемся точно такими же, какими ложились спать. Аналогично этому, когда наши близкие и мы пробуждаемся в астральном мире после смерти, мы обнаруживаем, что совсем не изменились; однако внешне мы, как правило, выглядим моложе — и не болеем.

Мы не станем ангелами, просто лишь умерев. Если мы ангелы

---

[6] См. стр. 310.

сейчас, мы будем ангелами и впредь. Если же сейчас мы темные, недоброжелательные личности, после смерти мы будем такими же. В ином мире, как и здесь, есть и трущобы, и прекрасные места. В соответствии с тем, какой образ жизни вы вели на земле — то есть жили ли вы порядочной, чистой жизнью или же низкой и некрасивой, — вы отправляетесь в благополучный или темный регион астрального мира. Иисус говорил об этих разных регионах: «В доме Отца Моего обителей много»[7].

Астральные сферы различны по «атмосфере», то есть вибрациям, и каждая душа, которая покидает эту землю, притягивается к той атмосфере, с которой она гармонирует. Подобно тому как рыбы живут в воде, черви — в почве, человек — на земле, а птицы — в воздухе, так и души в астральном мире живут в той сфере, которая лучше всего подходит их вибрации. Чем благороднее и духовнее человек на земле, тем выше будет астральная сфера, к которой он будет притянут, и тем больше у него будет свободы, радости и красоты вокруг.

Жители астральных планет не зависят от воздуха или электричества в своем существовании. Они живут за счет разноцветных лучей света. В астральном мире больше свободы, чем в физическом. Кости тут не сломаешь, потому что здесь нет твердых веществ: все сотворено из лучей света. И все совершается благодаря силе мысли. Когда души в астрале хотят сотворить сад, они просто желают этого — и сад появляется. Он существует равно столько, сколько длится это желание. Когда душа утрачивает желание его видеть, он исчезает.

Общение с астралом — незримо охраняемая наука

Добиться общения с душами из астрального мира не так уж и просто. Это наука, незримо охраняемая природой. Бог не хочет, чтобы мы ограничивали себя любовью лишь к членам наших семей, Он хочет, чтобы мы научились дарить такую же любовь всему миру. Поэтому члены наших семей уходят один за другим: таким образом мы учимся обращать нашу любовь к другим людям. Но если наша любовь чиста и бескорыстна и мы развиваемся духовно, мы можем обучиться секретной науке сохранения связи с нашими близкими после смерти.

Человеческое сердце так сильно и зачастую так безрассудно! Вот, например, мальчик встречает девочку, и они влюбляются. Они

---

[7] Ин. 14:2.

вырастают, женятся, заводят детей и думают: «Все они — мои». Ощущение собственничества понуждает людей забывать, что до встречи они были чужаками; что смерть разорвет их текущие отношения; что дети, которых они называют своими, были даны им для того, чтобы они заботились о них в течение лишь одной определенной жизни. Когда их близких забирает смерть, они печалятся и погружаются в размышления о смысле жизни.

Человеческое чувство привязанности таково, что потеря близких вызывает в сердце сильную тоску — а зачастую и мятежные мысли в голове. Будучи еще маленьким ребенком, глубоко в своем сознании я задолго до кончины матери знал, что она умрет преждевременной смертью. Когда она ушла, я плакал без остановки. Я искал ее везде, но найти не мог. «Божественная Мать, — взмолился я, — если Ты здесь, Ты должна мне ответить. Зачем Ты заставляешь меня так сильно любить свою мать, а затем отбираешь ее? Это чтобы наказать и замучить меня?» Космическая Матерь ответила: «Кто дал тебе мать, кто дал тебе отца? Это Я дала тебе твою замечательную мать». Когда я осознал, что это Бог даровал мне такую чудесную мать, я подумал: «Лишь только у Бога есть ключи от тайны жизни» — и приступил к глубоким внутренним поискам и молитвам. Божественная Мать на них ответила и объяснила, почему забрала мою мать: «Это Я нежностью многих матерей приглядывала за тобой жизнь за жизнью! Узри в Моих очах те черные глаза, утерянные прекрасные глаза, которые ты ищешь!»

Найдя Божественную Мать, я нашел и мою земную мать в астральном мире, и я говорил с ней. Такое общение возможно. Вы можете превратить себя в инструмент радиовещания или радиоприемник. Если вы ищете близкого человека, который ушел, настойчиво и непрерывно медитируя на его душу, вы получите ответ. Но если ваше желание недостаточно сильно, ваши беспокойные мысли нарушат медитативную концентрацию. Если ваши мысли блуждают во всех направлениях, когда вы передаете послание своего сердца какой-то душе, это будет препятствовать вашему вещанию. У вас должно быть колоссальное желание и сильная концентрация, чтобы вы смогли контактировать с душой, которая ушла в мир иной. И этой душе вы должны непрерывно посылать свои мысли. Кроме того, тот, кому вы транслируете мысли, должен быть в достаточной степени развит, чтобы принимать их и отвечать на ваш зов. Проще всего контактировать с теми, кто находится на вашем плане сознания, к кому вы испытываете сильную тягу и с кем у вас были близкие отношения. Чтобы контактировать с высокоразвитыми душами, требуется куда более сильная концентрация.

Святые не приходят к духовно неразвитым людям

Вы не можете сонастроиться с великими святыми, если вы духовно невосприимчивы. Если человек, который пытается привлечь присутствие святого, духовно не готов к такой связи, этот святой не сможет с ним коммуницировать. Предположим, вы хотите призвать душу Иисуса Христа или Кришны, или же Будды. Такие божественные души не придут, пока ваше сознание не усовершенствуется посредством медитации до такой степени, чтобы принять их. Вибрационная сила их проявления настолько высока, что она может сжечь тело и мозг того, кто с ними не сонастроен. Я видел этих аватаров и многих святых, и вы тоже сможете их видеть, когда ваша духовная вибрация станет очень интенсивной. Все божественные души присутствуют в эфире — никто не исчезает после того, как покидает физическое тело. Они отвечают на ваши молитвы и благословляют вас. Они живут в астральном мире до тех пор, пока не реинкарнируются на земле или на более развитых планетах, где эволюция человека продолжается.

Так что вы должны развивать себя. Стремитесь все больше сонастраиваться с божественными душами, такими как Христос, Кришна и великие Гуру Self-Realization Fellowship. Если при глубокой сонастроенности вы внутренним взором видите одного из этих великих святых, это значит, что внутри вас — благодаря их благословениям — начинают происходить благотворные изменения. Мы говорим сейчас о вещах довольно сложных.

Вы никогда не должны быть негативны — другими словами, никогда не сидите без дела: этим вы опустошаете свой ум и делаете его открытым для посланий из иного мира. Такая привычка делает человека восприимчивым к бродячим душам, которые блуждают в эфире, ища человеческую оболочку для самовыражения и ощущения физического мира. Эти души — низкой природы; они имеют сильную привязанность к этому миру, что не дает им адаптироваться к лучшей жизни в астральном мире. Вместо того чтобы оставаться в астральном мире, они балансируют между астральным и физическим планом и иногда добиваются своего, овладевая теми, чьи умы слабы и кто пребывает на низком уровне сознания. «Бесы», которых изгонял Иисус[8], и были теми самыми бродячими душами.

Хикман — человек, убивший маленькую девочку много лет назад — был «одержим бесами». Я тщательно изучил его. В детстве он был хорошим мальчиком, но ненормальное половое влечение и насилие ослабили его ум, и бродячая душа завладела его телом. Вот почему он убил девочку таким жестоким образом. Душа, которую манит человеческая форма, не принадлежащая ей, обычно разрушает мозг, то есть личность того, кем она овладела. Вот почему многие медиумы ошибаются. Хорошие усопшие души не овладевают вами — они даже не приходят без соответствующего приглашения того, кто пребывает на высоком уровне сознания.

Для того чтобы привлечь хорошие души, вы должны обладать сильной концентрацией и возвысить свое сознание до чистого, духовного уровня. В состоянии сверхсознания вы можете сознательно изменять направление ваших ощущений. И если вы медитируете, вы находитесь на высоком уровне мысли; бродячие души — то есть злые души, которые живут в низших астральных сферах — не могут установить с вами контакт.

Тот, кто высокоразвит и подчинил себе все уровни сознания, может заглядывать во все сферы астрального мира — высокие и низкие, и он может духовно помогать пребывающим там душам отрабатывать часть их кармы. Иной мир для меня столь же реален, сколь и этот. Когда я сплю на левом боку, я иногда вижу все разновидности темных душ, танцующих вокруг меня. Я благословляю их, и они уходят. Я редко вижу такие души, когда сплю на правом боку, потому правый бок тела — это позитивная сторона. Сюда направляется более сильный божественный ток жизни, духовная вибрация которого служит ширмой, отталкивающей негативные силы. Вот почему во время практики *Техники медитации на Аум*[9], которую дает Self-Realization Fellowship, медитирующего учат концентрироваться на космической вибрации в *правом* ухе.

Когда вы думаете о Боге или медитируете на Бога, или же

---

[8] «Когда же настал вечер, к Нему привели многих бесноватых, и Он изгнал духов словом и исцелил всех больных» (Мф. 8:16).

[9] Представлена в *Уроках Self-Realization Fellowship*. (См. глоссарий.)

концентрируетесь на центре Сознания Христа в точке между бровями, ни одно астральное существо не может вторгнуться в ваше сознание. Даже низшие астральные существа, которые не переносят сильной духовной вибрации, уважают Бога в ином мире.

Техника передачи мыслей ушедшим душам

Чтобы послать свои мысли ушедшим близким, сядьте в своей комнате и в тишине помедитируйте на Бога. Когда вы почувствуете Его покой внутри себя, глубоко сконцентрируйтесь на центре Христа — центре воли, находящемся между бровями, — и начните посылать свою любовь усопшим близким. Визуализируйте в центре Христа того человека, с которым хотите установить контакт. Направляйте этой душе свои вибрации любви, силы и отваги. Если вы будете делать это непрерывно и если ваш интерес к близкому человеку не будет ослабевать, его душа непременно получит ваши вибрации. Такие мысли придадут вашим близким чувство благополучия, чувство, что их любят. Они не забыли вас — так же, как и вы не забыли их. В их сознании еще хранятся смутные воспоминания о близких, которых они оставили.

Если же вы хотите получить от таких душ ответ, концентрируйтесь на сердечном центре[10]. Если вы сосредотачиваетесь достаточно глубоко, они поначалу могут приходить во снах. У них есть такая способность. Иногда вам даже может сниться один и тот же важный сон. Так что не все сны бессмысленны. Если ваш ум спокоен и подготовлен, вы будете знать, что кто-то пытается связаться с вами в этом сне. По мере вашего духовного развития ваши близкие могут являться вам в видениях в медитации. А когда вы уже будете исключительно высокоразвиты, вы сможете созерцать эти души прямо перед собой. Святой Франциск видел Иисуса Христа во плоти каждую ночь. Но вы должны будете действительно серьезно развиться, перед тем как сможете испытать подобные переживания. Если вы будете глубоко медитировать на Бога, Он покажет вам все эти вещи.

Вместо того чтобы плакать и чувствовать утрату дорогих людей, всегда посылайте им свою любовь. Поступая таким образом, вы

---

[10] *Анахата-чакра* — тонкий дорсальный центр и местоположение чувства в теле. *См. сноску на странице 2.*

можете помочь их душам продолжить развитие — а они могут помочь вам. Не нужно ослаблять их неразумными чувствами эгоистической привязанности и печали. Просто говорите им: «Я люблю тебя».

Посылайте своим близким мысли любви и доброй воли всякий раз, когда вы чувствуете склонность к этому, но как минимум один раз в год — например, на какую-нибудь особую годовщину. Мысленно говорите им: «Однажды мы встретимся вновь и продолжим развивать нашу божественную любовь и дружбу». Если вы постоянно посылаете им любящие мысли, однажды вы непременно встретитесь. Вы поймете, что эта жизнь не конец, а лишь звено в вечной цепи ваших взаимоотношений.

Мы можем найти переродившихся близких

Обычные души пребывают в астральном мире кармически предопределенный отрезок времени, а затем реинкарнируются на земле. Высокоразвитые души могут оставаться в астральном раю так долго, как пожелают. Но что, если души некоторых ваших близких уже переродились на земле, пока вы их искали? Если вы будете продолжать посылать им свою любовь, они будут чувствовать ваши мысли. Когда они будут спать — то есть когда их сознательный ум будет спать, а подсознательный — бодрствовать, — они будут получать вашу любовь. Со временем эти души начнут воспринимать вибрации, которые вы им посылаете; они начнут вспоминать и понимать их. Более того, вы несомненно будете притянуты друг к другу и почувствуете близость ваших предыдущих взаимоотношений.

Если вы духовно разовьетесь, вы сможете сознательно узнавать души, которых знали прежде, подобно тому как я узнал своего мастера, Свами Шри Юктешвара, когда мы встретились в этой жизни. Он посылал мне сигналы. Вот почему Мастер так часто появлялся в моих мыслях, и вот почему я знал его задолго до того, как встретил его в этой жизни. Я видел его во сне и в медитации много раз. Когда я спал или медитировал, я получал вибрации, которые он посылал мне. Поэтому, когда я его встретил, я сразу же узнал его. Аналогично этому, если ваши близкие уже переродились на земле и если ваша любовь к ним сильна, они вернутся к вам. Они вновь будут вовлечены в вашу жизнь — в этой инкарнации или в следующей.

Как правило, в каждой новой инкарнации природа заставляет нас забывать конкретных личностей и взаимоотношения с душами, которых мы знали в предыдущих жизнях. Какое же это благословение! Представьте, как бы вас сбивали с толку все роли, которые вы и ваши близкие играли в предыдущих жизнях. Вы не знали бы, какую именно мать, какого отца, какую супругу или каких детей любить. Бог предотвращает появление хаоса, затемняя нашу память, что позволяет нам свободно совершенствовать взаимоотношения в нашей текущей инкарнации.

Истинная любовь жизнь за жизнью притягивает души друг к другу

Но даже если мы ничего особо и не помним о взаимоотношениях из прошлой жизни, любовь между душами — или даже сильная ненависть — притягивает их друг к другу жизнь за жизнью. Вот почему в этой жизни вы чувствуете сильную привязанность к определенным душам. Вы всегда чувствуете, что притянуты естественным образом к тем, кого знали раньше. Близкая дружба невозможна с теми, кого вы не встречали в предыдущих жизнях. Это факт. Вы считаете кого-то другом потому, что ранее вы уже знали эту душу и ваши предыдущие взаимоотношения побуждают вас чувствовать близость с этим человеком. Своим стремлением познавать и понимать других мы должны увеличивать сокровищницу наших друзей и близких от одной инкарнации к другой.

Если в этой жизни вы привязаны к душам, которые вам нравятся, но с которыми у вас часто случаются ссоры и недопонимание — как иногда бывает между членами семьи, — и если вы постоянно пытаетесь наладить отношения друг с другом, это означает, что в вашей прошлой жизни ваши взаимоотношения были наполовину дружескими и наполовину вражескими. Примером здесь может послужить Иуда, который предал Иисуса. Иуда знал его в прошлых жизнях, и ему было предначертано появиться в чудесной семье учеников Христа. Даже несмотря на то, что он предал Христа, Иисус любил его безусловно — как мать любит своего сына, даже если тот грешен. Иисус знал каждого из двенадцати учеников и раньше — а они знали его. Вот почему они мгновенно испытали тяготение друг к другу. Аналогичным образом Господь Кришна узнал своего любимого ученика: «О Арджуна, с тобой мы прошли через много рождений. Я знаю их все — но ты их не помнишь»[11].

Отношения между учеником и гуру наиболее важны, потому что они безусловны и вечны: они находятся в контакте друг с другом на протяжении всех инкарнаций. И во время смерти ученика гуру приходит, чтобы направить его при переходе из физического тела на астральные небеса.

В этой жизни я встретил много, очень много душ, которых знал до этого, и они также узнали меня. В предыдущих жизнях они принадлежали мне, а я — им. Бо́льшую часть тех душ, что пришли ко мне в этой жизни, я знал до этого.

Мы можем помнить не только людей, которых любили и знали в предыдущих жизнях, но и места. Когда я посетил Лондон на обратном пути из Индии, я объездил много районов, в которых был в предыдущей жизни. Память об этих местах сохранилась в моем сознании. Вы также могли сталкиваться с подобными переживаниями — когда новое место кажется вам таким знакомым и вы чувствуете уверенность в том, что уже были здесь раньше.

Душа и ее радость живут вечно

Жизнь представляет из себя нечто намного большее, чем то, что ощущается и воспринимается обычным человеком. Для меня жизнь и смерть больше не представляют собой загадки. Я знаю, что я и другие души есть бессмертные проявления одной Жизни — Бога. Физическое тело и его удобства и удовольствия не вечны, а душа и ее радость живут вечно. Меня больше не заботит мое тело. Когда вы заканчиваете есть свое блюдо, тарелка вам больше не нужна. Я заинтересован лишь в Духе, Который может сотворить и тысячу Йогананд, если пожелает. Тело, которым так дорожит обычный человек, перестает быть значимым, когда он находит Бога. Я никогда не молюсь о своем теле. Я вручил его обратно Господу. Его любовь настолько велика, что она устранила любую привязанность к этой физической форме. В Его любви все мои желания были удовлетворены многократно. Я больше ничего не хочу. В своем сердце я высказываю лишь одно желание: «Да будет Твоя любовь вечно сиять на алтаре моей преданности, и да сумею я пробудить Твою любовь во всех сердцах». Это мое

---

[11] Бхагавад-Гита IV:5.

единственное желание.

Дорогие мои, не тратьте свое время зря. Вы растрачиваете свое время, и я знаю это. Я говорю с вами открыто и откровенно, потому что я ничего не хочу от вас взамен, кроме вашего наивысшего духовного благополучия. Вы не сможете обрести Божье счастье, слушая чьи-то заверения. Вам нужно заработать его собственными усилиями.

Всякий раз, когда я встречаю восприимчивые души, я пытаюсь разговаривать с их умами. Тем, кто не проявляет интереса, я говорю немного, потому они вообще не хотят слушать. Но до тех, кто искренне ищет Бога, я пытаюсь «достучаться» посредством их мыслей, дабы обратить их к Нему. В Боге вы и ваше близкие имеете вечную радость и бытие.

Размышляя о любви

Написано в 1940-е

Любовь — это особняк из золота, в который Царь Вечности направляет семью из всех сотворенных Им существ. И по Божьему велению таинственный огонь любви может растопить грубую материю космоса, превратив ее в невидимую субстанцию Вечной Любви.

Словно река, любовь протекает через смиренные и искренние души; но она обходит камни эгоистичных, привязанных к чувственному опыту душ, потому что она не способна протекать через них.

Любовь — это вездесущий источник с бесчисленными резервуарами. Когда один из ее сердечных каналов перекрывается сором плохого поведения, мы обнаруживаем, что она начинает струиться из другого сердца. Но думать, что в каком-то сердце умерла любовь — значит заблуждаться о вездесущности любви. Человек не должен перекрывать канал любви своей души плохими поступками. Так он бесчисленными устами чувств души сможет испить из божественного источника любви, проходящего через все открытые сердца.

Любовь и страсть могут сосуществовать, но когда страсть ошибочно принимается за любовь, последняя улетучивается. Любовь и страсть — сладостно-горький напиток, который приносит небольшую радость, но в основном — послевкусие печали. Когда чистую любовь испивают большими глотками, склонность к страсти теряется в сладости истинного чувства.

Капельки любви искрятся в истинных душах, но только лишь в Духе можно обнаружить *море* любви. Ожидать совершенства от человеческой любви глупо — если только человек не стремится усовершенствовать ее, внутренне чувствуя, что это Божья любовь. Ищите в первую очередь Божью любовь, а затем Его любовью любите кого или что хотите.

Не ограничивайте свою любовь лишь одним живым существом (пусть даже привлекательным), исключая остальных. Напротив, такой же любовью любите всех и вся, включая то любимое вами живое существо. Если вы попытаетесь заключить Вездесущую Любовь в обличье одной души, она обязательно сбежит оттуда и будет играть с вами в прятки до тех пор, пока вы не найдете Ее в каждой душе. Усовершенствуйте духовное качество и силу любви, которую вы испытываете к одной или нескольким душам и начните дарить ее всем. Тогда вы познаете любовь Христа.

Любовь удивительно слепа, ибо она не зацикливается на недостатках того, кого любят; она вечно безусловна. Когда дорогих друг другу людей разлучает смерть, их земная память может позабыть произнесенные ими клятвы верности; но истинная любовь никогда не забывает, равно как она и не умирает. На протяжении инкарнаций она покидает одно сердце и входит в другое, преследуя любимого человека и исполняя все свои обещания до тех пор, пока эти души не достигнут освобождения в Вечной Любви.

Не печальтесь об утерянной любви, вне зависимости от того, потеряна ли она из-за смерти или переменчивой человеческой натуры. Сама по себе любовь никогда не исчезает: во многих сердцах она играет с вами в прятки, чтобы вы, ища ее, смогли обнаружить еще более великие ее проявления. Она будет прятаться от вас и разочаровывать вас до тех пор, пока вы, посредством долгих поисков, не найдете ее обитель в Том, Кто живет в тайниках вашей души и в сердце всего сущего. Тогда вы скажете: «О Господь, когда я обитал в жилище смертного сознания, я думал, что люблю своих родителей и друзей; я воображал, что я люблю птиц, зверей, свою собственность. Но сейчас, поселившись в особняке Вездесущности, я знаю, что люблю лишь Тебя — Того, Кто воплощался в моих родителях, друзьях и обретениях. Любя лишь Тебя, мое сердце расширяет свою любовь ко всем. Будучи верен в своей любви к Тебе, я верен всем, кого люблю. И я буду любить всех живых существ вечно».

Жизнь на земле видится мне лишь сценическими декорациями, за которыми после смерти скрываются близкие мне люди. Подобно тому как я люблю их, когда они находятся перед моими глазами, так и мысленный взор моей любви следует за ними и тогда, когда они перемещаются в другое место за ширмой смерти.

Я бы никогда не смог возненавидеть тех, кого люблю, — даже если бы они сделались мне неинтересными из-за своего некрасивого поведения. В моем музее воспоминаний я могу и сейчас созерцать те их качества, которые побудили меня полюбить их. За временными смертными масками тех, чье поведение мне не нравится, я вижу совершенную любовь Моего Великого Возлюбленного, подобно тому как я вижу ее и в достойных душах, которых люблю. Я буду любить до тех пор, пока каждая душа, каждая звезда, каждое оставленное живое существо, каждый атом не найдут приют в моем сердце, ибо в безграничной любви Бога мое лоно вечности достаточно велико, чтобы удерживать в себе всех и вся.

О Любовь, я лицезрю Твой сияющий лик в самоцветах. Я созерцаю Твой робкий взгляд в цветении. Я прихожу в восторг, когда слышу Твое пение в птицах. И в экстазе я погружаюсь в сон, когда мое сердце постигает Тебя во всех сердцах. О Любовь, я встречал Тебя везде — лишь часть Твою и ненадолго, — но в Вездесущности я заключаю Тебя в объятия прочно и на века, и я буду ликовать в Твоей радости вечно.

Изведанное и неизведанное

Написано в начале 1920-х годов

Сполна воспользовавшись и насладившись знаниями обо всем изведанном, мы переходим к исследованию неизведанного, ибо то, что известно, не способно удовлетворять нас постоянно. Если бы оно нас удовлетворяло, мы бы не смогли так долго существовать на этой планете. Неизменная удовлетворенность тем, что известно, — без мыслей о будущем, попыток улучшиться, желания исследовать и побуждения к раскрытию замыслов — означала бы стагнацию человеческой расы и, как следствие, полное ее исчезновение.

Термины «изведанное» и «неизведанное» относительны. То, что варвару представляется неизведанным, известно нам. Изведанное и неизведанное — это звенья в цепи жизни. Цепь, намотанная на катушку, представляется «неизведанной». Если же размотать катушку и вынуть из нее цепь, она станет «изведанной». То, что мальчику представляется неизведанным, становится изведанным, когда он вырастает. То, что среднему обывателю было неизвестно двадцать веков назад, для современных людей является общеизвестным. Человек может познавать все больше и больше потому, что на каждой ступени знания остается что-то такое, о чем не было известно. Если бы мир не был извечно наполнен неизведанным, словосочетание «прогрессирующее знание» противоречило бы самому себе.

Как развить свои таланты

Подумайте над тем, как бездонна человеческая личность. Словно пузыри, многие грани нашей сущности вздымаются к поверхности земли откуда-то из глубины. У годовалого малыша практически нет координации движения пальцев. Он практикует игру на скрипке и становится Крейслером[1]. Может ли каждый в аналогичных условиях стать

---

[1] Фриц Крейслер (1875–1962) — известный скрипач и композитор.

Крейслером? И да, и нет. Да, потому что каждый человек в сущности своей похож на всех остальных и в действительности может стать таким же квалифицированным, как и любой другой человек. Безграничные способности души одинаковы во всех личностях. И нет — потому что на то, чтобы превратить возможность в реальность, требуется время. Если после многих лет занятий человек по-прежнему играет на скрипке плохо, ему может понадобиться несколько жизней, чтобы стать Крейслером.

Талант — это «темная лошадка» характерных черт, с которыми рождается человек. Они необязательно являются созревшими. Занятия выявляют таланты, которые уже сокрыты внутри нас. Занятия не только способствуют превращению семени в растение — они полезны еще и тем, что улучшают качество культуры. А улучшенное семя затем может совершенствоваться дальше. Таким образом, когда талант улучшается посредством занятий, он порождает дальнейшие свершения. Тот факт, что талант можно развить, показывает, что у таланта есть скрытый потенциал, а также доказывает важность занятий, позволяющих ему проявиться полностью.

Таким образом, у таланта есть несколько стадий выражения, которые можно наблюдать в развитии личности до тех пор, пока он не проявится полностью. В каждом человеке, приходящем в этот мир, хранится схематичная карта его жизни, детали которой он наносит в течение жизни. Главные магистрали и некоторые второстепенные дороги появляются здесь еще до его рождения. Это те черты, которые он принес с собой из предыдущих инкарнаций. Он относится к ним как к своей сущности, а затем соединяет их с аллеями и наносит на карту дополнительные второстепенные дороги. Иногда — если он в реальности обладает динамической движущей силой — он продлевает магистрали далеко за их первоначальные пределы. Если ему не хватает динамизма, он движется по в основном по лабиринту из тех троп, что уже были нанесены на его карту до его рождения, а также нескольких тропинок, нанесенных им в текущей повседневной жизни. Он не продвигается дальше этого. Он — обычный человек.

Но он не может оставаться таким ограниченным вечно. Он не может быть обычным постоянно. Ему придется расширить свои границы. Ему нужно будет отправиться за новыми перспективами. Космический закон эволюции не позволит ему отдыхать. Какое-то время он может быть инертным, однако закон развития души постоянно активен. Бог постоянно занят деятельностью — Его бездействие или сон обернулись бы смертью для всей Вселенной. Используя материальный аспект действия Своего закона, Он подготовит обстоятельства, которые поначалу будут побуждать апатичного индивидуума повернуть свой взор в нужном направлении и двигаться вперед, предпринимая конструктивные действия. Если он не обратит на это внимания, Богу придется позволить ему блуждать по зловонному кладбищу собственных глупостей, пока он всю свою жизнь не поставит на то, чтобы выбраться из этого ужасного положения и принять твердое решение встать на правильную дорогу развития и истинного счастья.

Распознайте наклонности, которые делают вас уникальным

«Но главное: будь верен самому себе». Это утверждение является кульминационным в перечне советов, данных Полонием в пьесе Шекспира «Гамлет». В узком смысле слова это означает быть честным перед самим собой, не совершать то или иное действие, если внутренне вы чувствуете, что оно неправильно. Несомненно, иметь чистую совесть, даже если весь мир в вас сомневается, — значит обладать радостью и силой, которые ценнее любых сокровищ Вселенной.

Но в словах Полония на самом деле куда больше смысла. Совесть — не единственный спутник, о котором мы должны беспокоиться. Есть и другие. Серия прорастающих желаний, группа полусонных наклонностей, общество энергичных стремлений — все они образуют собой целое множество. Если мы хотим быть верными самим себе, мы не можем отстраняться от наших спутников, с которыми мы путешествуем с самого начала нашей жизни. Мы должны быть как минимум внимательны и к ним тоже, если не хотим проиграть в игре жизни. Кого-то из этого множества нужно будет сковать цепями — например, разного рода аппетиты, зависть и то, что имеет свойство подавлять наше развитие и вредить другим. Такие спутники, как эгоистичные желания, требуют лечения и больших порций советов. Есть и другие компаньоны, которые достаточно надежны, чтобы на них полагаться, или как минимум позволительны, как, например, инстинкт самосохранения и социальный инстинкт. Некоторые особые спутники нуждаются в сознательной стимуляции: склонность к сочувствию, дух почтения, служение другим, любовь к правде. С каждой наклонностью мы должны обращаться надлежащим образом. Это правильная подготовка своего внутреннего существа.

Другими словами, мы должны быть верны самим себе не в том смысле, что должны возлагать цветы перед каждой своей склонностью — даже основными, — а в том смысле, что мы должны осознавать, какое место каждая из них занимает на карте нашей жизни, а также ставить их себе в подчинение и проверять, то есть руководить и направлять каждого из многочисленных спутников таким образом, чтобы они вносили свой вклад в наше благосостояние и счастье в целом.

Хотя некоторые склонности были уже перечислены и обобщены выше, они являются лишь малой частью всего потенциального множества, из которого каждый индивидуум собирает свой набор склонностей. В детстве его коллекция находится на «заднем дворе» личности в виде «темной лошадки». Прогрессирующее выражение его личности — это результат того, что эти склонности становятся познанными либо прибавляются к уже имеющимся склонностям или изгоняются из его жизни.

Таким образом, каждый индивидуум сам по себе уникален. Хотя каждая личность является частью единого человеческого рода, одна личность похожа на другую не более, чем одежда бирманца похожа на одежду американца. Фабрика может быть одна — и ткань может использоваться одна, — но исполнение и стиль значительно отличаются.

Массовое образование должно допускать и индивидуальное развитие

Видеть различия так же важно, как и находить сходства. Издание закона или заключение договора — это очевидная попытка стандартизировать взаимоотношения людей с учетом общности человеческой натуры. Если бы все люди разительно отличались друг от друга и если бы у них не было ничего общего, тогда бы законы, которые распространяются на всех или на большую часть общества, не могли быть приняты, равно как не существовало бы справедливости в обязательных договорах. Отмечать схожие черты — это нормально, ибо взаимодействие людей было бы невозможно без общей основы; но нужно учитывать и различия.

Современная цивилизация с ее изобретениями, открытиями и

глобальным сообщением; с ее формами государств и средствами для популяризации культуры посредством книг, газет и радио; с ее обширными артериальными сетями грузоперевозок и торговли склоняется к стандартизации человеческого ума. Равенство имеет большее значение, чем индивидуальность; среднее имеет большее значение, чем исключительное.

В Средние века и более ранее время индивидуальность затмевала равенство; исключительное заслоняло среднее. Общий интеллектуальный уровень людей был ниже, чем сегодня; но во все времена были выдающиеся личности, такие как Ньютон и Мильтон в свое время. На одного Соломона или Шекспира приходилось много безграмотных и необразованных людей. Сейчас предпринимаются как никогда серьезные попытки поднять культуру среднего человека до высокого уровня, но вместе с тем всегда наличествует опасность стеснения гения смирительной рубашкой заурядного человека.

В каждой точке зрения по вопросу о преобладании среднего или исключительного есть доля истины. Одна точка зрения говорит о культурном и интеллектуальном подъеме заурядных людей, другая — побуждает людей почитать выдающегося человека. Золотая середина — лучший вариант. Пытаться делать всех людей одинаковыми — каким бы высоким уровень их схожести ни был — и не обращать внимания на выдающихся, одаренных людей столь же глупо, как подготавливать почву для выращивания чего-то исключительного в ущерб обыкновенной культуре.

Возвращаясь к сути темы, отмечу, что наблюдать схожести может быть полезно, и стандартизировать человеческий ум — если только стандарт этот высок — может быть отчасти допустимо. Но стандартизация методов обучения или воспитания путем игнорирования индивидуальных различий обучающихся была бы тяжким психологическим преступлением. Что касается системы образования, то, ввиду имеющихся у людей схожих черт, можно в разумной степени использовать определенные наборы стандартов. Но если образование по таким наборам стандартов выходит за эти рамки, получается, что мы подавляем человека, чтобы спасти эти стандарты.

В попытке подогнать «слабых» детей к среднему уровню учитель может затормозить «рост» способных учеников. То, что касается светского обучения, применимо и к внутреннему, психологическому воспитанию. Шаблонных путей активизации духовного роста не существует. Нет такой духовной мельницы, которая своим вращением может перемолоть недуховных людей в души, достигшие Самореализации. Каждый человек должен самостоятельно заработать спасение согласно своим внутренним указаниям, после того как он начал свой истинный путь со стереотипных рекомендаций и стандартных духовных советов наподобие «выражай почтение», «будь терпелив», «будь удовлетворен», «контролируй себя», «предавайся размышлениям» и так далее. Группа склонностей, с которыми рождается человек, в случае с разными людьми нуждается в разных подходах. Какие-то склонности нужно обуздывать, какие-то терпеть, какие-то развивать, какие-то подкармливать, а иные — брать измором. Таким образом, тактика, примененная каждой отдельно взятой личностью, будет непременно различаться в зависимости от набора характеристик, которым обладает эта личность.

Прошлые желания формируют текущие склонности

Откуда берет свое начало человеческая склонность? Из осознанного желания, которое он питал в этой жизни или в предыдущей инкарнации. Если вы не верите в реинкарнацию (к слову, если вы не верите, то вам будет действительно трудно дать удовлетворительное объяснение несходству человеческих талантов и положения людей в обществе), тогда вам придется винить желания, которые питали ваши предки и которые кристаллизовались в вас как наследственные склонности. Вторая причина определенно не является всецело удовлетворительной.

Тренировка врожденных талантов или склонностей расширяет границы их воздействия. Если у человека есть врожденные дипломатические способности, то нет разницы, является ли он рядовым тружеником, общающимся с коллегами по цеху или с членами семьи, или же избранным членом законодательного собрания штата или полномочным представителем страны на международных переговорах по миру. Обучение, то есть соответствующее политологическое образование, а также разные возможности, будут лишь оттачивать его врожденные навыки и расширять границы их использования. Следовательно, различия в масштабе таланта в разных людях, даже если эти таланты усовершенствованы тренировкой, связаны не только с тренировкой, но и с врожденными навыками и предыдущей степенью развития.

Если бы у нас не было возможности изменить себя внутри — там, где сокрыты семена личности, которой нам суждено стать, — мы были бы не способны изменить неизведанную часть нашей сущности. Но у нас *есть* возможность повлиять на то, кем мы станем. Ранняя подготовка связана в основном со стимуляцией или ослаблением роста этой неизведанной части. Пока семена прорастают, мы должны заниматься удобрением, очисткой земли от сорняков, рыхлением почвы, поливкой и огораживанием. Мы также должны заниматься подрезанием и выкорчевкой нежелательных растений. Плоды сада нашей жизни будут большими, маленькими, средними, здоровыми или больными в зависимости от того, как мы относимся к их выращиванию. Вот сколько всего лежит в рамках человеческой свободы. Если мы будем лучшим образом использовать свободно выбранную нами деятельность, внешний результат будет хорошим; кроме того, в неизведанной части нашей сущности будут посажены новые, более качественные семена, и это, в свою очередь, предопределит будущее *изведанное* выражение жизни.

Сколько у нас свободной воли?

Хотя человек и сотворен по образу Божьему, в его облике так или иначе в больших количествах наличествует то, что ему придется заменить или преобразовать, перед тем как он получит право даже приблизиться к Божьему трону. Наши склонности имеют инородный характер. Они вынуждают нас жить в определенном окружении и обстоятельствах. Если бы причина была не в этих склонностях, то не существовало бы никакого объяснения тому, почему каждый человек притягивает к себе различные обстоятельства. Благодаря неизменно действующему закону в основном именно наши склонности притягивают к нам спутников жизни и окружающую среду. Закон общности является причиной соответствия между тем, чем мы потенциально и фактически являемся, и миром.

Сигнал нашему поведению всегда исходит от изведанного и неизведанного внутри. То, чем нам суждено стать, на семьдесят пять процентов предопределяется нами же. Этот «гороскоп» склонностей из прошлых инкарнаций привлекает к нам наши наследственные условия, равно как и обстоятельства будущего. Фаталисты и некоторые некомпетентные астрологи, которые пытаются рассчитать то, что им неизвестно, сильно ошибаются, думая, что жизнь на сто процентов предопределена и может быть астрологически распланирована. Они даже не допускают, что у индивидуума есть свобода выбора — возможность так или иначе изменить себя, возможность выбора между двумя образами действия. Тем не менее в большинстве случаев свободная воля человека является не более чем рабом в обличье свободы, но в оковах склонностей.

При этом каждый знает, что существует такая вещь как окончательное решение, которое мы принимаем, рационально взвесив все «за» и «против». Принимая подобные решения, — при условии, что мы тренируем свою волю — мы можем изменить в наших жизнях многое из того, что нам казалось неизменяемым или что было предсказано как неизбежное. Такое проявление воли — это свобода воли. Свободная воля действительно существует. Если бы это было не так, никто бы не смог покинуть порочный круг своей судьбы, однажды втянув себя в него. Наш рост был бы ограничен. Новые каналы деятельности были бы заключены в тесные рамки. Эволюция человека едва ли перевалила бы за черту первобытности.

Концепции новых социальных порядков, прогрессивные идеи в политике, продвинутые методы научного исследования, новые отделы по научно-исследовательской работе, литературная активность, — все это подтверждает способность человека развивать свободу выбора в любом роде деятельности с помощью силы воли.

Как уже было сказано, с самого рождения ваша жизнь предопределяется вашим прошлым на семьдесят пять процентов. Оставшиеся двадцать пять процентов восполняете вы. Если вы сами, используя свободу выбора и волевое усилие, не определите, какими будут эти двадцать пять процентов, те семьдесят пять процентов сделают это за вас — и вы превратитесь в марионетку. Другими словами, вами целиком и полностью будет управлять ваше прошлое; на вас будут воздействовать ваши прошлые наклонности. Вот почему духовное воспитание жизненно важно. Оно не только имеет дело с семьюдесятью пятью процентами нашей жизни и тем, чем мы являемся, но и устанавливает методы формирования совершенно иных двадцати пяти процентов, которые мы самостоятельно создадим, используя данную нам свободу.

Космический Закон приводится в действие нашими решениями

Не Космический Закон является вершителем всего, а эволюционный режим действия закона причины и следствия. Этот закон производит изменения, когда активируется при посредничестве наших решений, которые в свою очередь определяются либо нашими прошлыми склонностями, либо нашей текущей свободой выбора. Движущая сила Вечной Добродетели взаимосвязана с Космическим Законом в каждом атоме, в том числе и в нас. Это то, что по сути побуждает нас учиться на своих ошибках и использовать нашу волю и свободу выбора для того, чтобы инициировать появление позитивных причин, которые будут всегда производить благоприятные последствия.

То, что мы делаем машинально, находится в границах предопределенности закона причины и следствия. То есть когда привычка — психологическая или физическая — предопределяет наше поведение, она являет собой причину, а соответствующая реакция — следствие. То, что мы делаем с определенным мотивом, руководствуясь свободой выбора, находится в границах «конечной причины». Когда мы действуем, заранее обдумав конечный результат (им может быть осознание цели или получение объекта), и контролируем свои привычки и инициированные волей действия, которые служат средством достижения цели, — тогда мы действуем согласно «конечной причине». Каждый наш мотив — это «конечная причина», и каждая «конечная причина» рождает серию «обычных» причин и следствий. Президент Вильсон хотел мира на земле. Он сел на корабль, переправился во Францию и предложил свои «Четырнадцать пунктов». Мысль о мире на земле — это «конечная причина», или мотив; подготовка к путешествию, использование судна и пересечение Атлантики с целью произнести речь и так далее, — все это уже серия «обычных» причин и следствий, инициированная «конечной причиной».

Все наши импульсивные и обусловленные привычками действия, а также действия, вызванные мотивом (т. е. действия, инициированные «конечными причинами»), являются колесницами, которые везут волю Божью, Космический Закон, Божественную Конечную Причину. Другими словами, все происходит согласно воле Божьей, которая выражена в Его Космическом Законе. Мы являемся инструментами исполнения этого Закона. Наша роль состоит в том, чтобы делать правильный выбор, чтобы наше посредничество могло приводить к благоприятным последствиям в противовес неблагоприятным, которые вызывают страдания, имея цель научить человека избегать неправильные деяния. Когда наши колесницы опрокидываются в кювет из-за того, что в них были запряжены неправильные деяния, их нужно вызволять активным усилием нашей воли и воли Божьей, выраженной в Космическом Законе.

Вообще, согласно высшей метафизической точке зрения, Космический Закон участвует во всём, что мы делаем или собираемся делать. К счастью, мы этого не осознаём. Если мы попытаемся постичь своим незрелым умом эту великую тайну, которая управляет Вселенной, мы будем парализованы от фаталистического удара, который нанесем по своему психологическому облику. Не разрушайте сон своей жизни фатализмом, если еще не пришло ваше время пробудиться в свете Господа. Вы запутаетесь в неправильных суждениях о путях Господних. Первый шаг к пониманию — использовать свою волю, чтобы делать правильный выбор, который гармонирует с Вечной Добродетелью Космического Закона.

Живите для Господа

Когда вы живете не для Господа, а для себя, у вас набираются долги перед Ним. С каждым днем их становится все больше и больше. Займите деньги в малоизвестном банке Бога — Вселенском Духе, и погасите все свои долги перед Ним. Вы можете получить кредит — стоит лишь попросить. И никто не будет заставлять вас платить проценты. Это единственный банк, который предоставляет кредиты и не беспокоит заемщиков процентами, потому что Вселенский Банк всегда готов инвестировать в повышение ценности своей собственности — мироздания — и соблюдать интересы арендаторов этого мира. Такие банковские услуги не предоставляет никто, кроме Бога. Если вы не закроете свои долги, которые вы набрали, живя посреди материи и изолируя себя от Бога, вы получите тюремный срок в виде страданий.

За каким кредитом вы должны обращаться? За кредитом духовной мудрости: вы должны видеть каждое событие жизни таким, каким зрит его Бог; чувствовать каждую деталь жизни такой, какой чувствует ее Он; проживать каждое мгновение так, как проживает его Он. Когда вы просите у Бога эту мудрость, Он списывает ваши долги по займу.

Каждое событие, каждый факт, каждое действие или мысль в жизни богоподобных людей, таких, как, например, Иисус или Кришна, являются точками соприкосновения той самой мудрости, которая исходит с двух сторон — от Бога и от богочеловека, живущего в Боге. Это как точка на окружности, к которой можно прочертить линию с любой стороны. Бог исполняет Свою цель через посредничество богочеловека, а богочеловек со знанием дела исполняет волю Божью.

Мы не знаем, что Он работает через нас, поэтому мы страдаем и горюем в связи с несостоятельностью нашей свободы. И это не узкий детерминизм — это самый настоящий идеализм. Мы становимся абсолютно свободными, когда достигаем Абсолюта. А до тех пор мы лишь относительно свободны, и не использовать мудро нашу относительно свободную волю — значит грешить и создавать причины для страданий. Прокладывая себе путь посредством относительной свободы, мы придем к Абсолютной Свободе. И все Неизведанное тогда станет Изведанным, и нам больше нечего будет познавать: наше постижение будет всегда новым и всеудовлетворяющим.

Как контролировать свою судьбу

Энсинитас, Калифорния, 1 января 1938 года

Я хочу, чтобы в наступившем году мы вступили в новую эру наших жизней с твердым намерением и духовной решительностью. Пожалуйста, помолитесь вместе со мной:

«О Отец, чрез врата Нового года мы входим в новую, лучшую жизнь. Да будет сей год годом величайшего общения с Тобой, Подателем всех даров. Будь же единственным Царем, восседающим на троне всех наших желаний, направляющим наши жизни через наш разум. В прошлые годы наши желания часто сбивали нас с пути. Благослови нас, дабы впредь все наши устремления были созвучны и гармонировали с волей Твоей. Благослови нас, дабы каждый новый день был для нас новым пробуждением в Твоем сознании — физическим, психологическим, моральным и духовным. Мы благодарим Тебя, Отец, и тех великих святых, что благословляют и манят нас в Твое царство. *Аум. Аум. Аминь*».

Вот мое вам пожелание на Новый год: достичь того царства, которое находится за пределами ваших мечтаний и где вечно царит покой и радость. Пусть вы познаете исполнение любого благого желания, которое направляете в эфир.

Давайте поразмышляем: подумайте обо всех прекрасных событиях прошлого года. Забудьте плохое. Посейте добро, которое вы сотворили в прошлом, в свежую почву Нового года, чтобы эти семена жизни проросли наилучшим образом. Вся прошлая печаль ушла. Все прошлые недостатки забыты. Почившие близкие обрели вечную жизнь в Господе. Мы теперь живем Вечной Жизнью. Если мы постигнем это, мы никогда не познаем смерти. Волны вздымаются и растворяются в океане; исчезая, они по-прежнему остаются едины с океаном. Даже при этом все вещи пребывают в океане Божьего присутствия. Бояться нечего. Все состояния вашего ума отождествляйте с Богом. Только когда волна отделяется от океана, она чувствует себя обособленной и утерянной. Непрестанно думайте о своей связи с

Вечной жизнью, и вы осознаете свое тождество с Вечным Верховным Существом. Жизнь и смерть есть не что иное, как различные фазы бытия. Вы часть Вечной Жизни. Пробудите и расширьте свое сознание в Боге, чтобы ваше представление о самом себе перестало ограничиваться маленьким телом. Размышляйте об этом. Осознайте это. У вашего сознания нет пределов. Посмотрите на миллион миль вперед: нет ему конца. Посмотрите налево, направо и вниз: конца нет нигде. Ваш ум вездесущ, ваше сознание неограниченно.

Помолитесь со мной: «Отец Небесный, меня больше не сковывает мое прошлогоднее сознание. Я свободен от ограниченного сознания тела. Я вечен. Я вездесущ в бездне вечности, которая простирается подо мной, слева и справа, спереди, сзади и вокруг. Ты и я — одно.

Мы кланяемся Вам, о Господь, наши Гуру и святые всех религий. И мы кланяемся душам всех наций, ибо они сотворены по Твоему образу и подобию. На Новый год мы желаем мира всем государствам планеты. Да осознают они свое братство под Твоим отцовством. Благослови их этим пониманием, дабы они перестали воевать и жили мирно друг с другом, чтобы эта земля стала раем. И благослови нас всех, чтобы мы смогли помочь Тебе обустроить здесь Твой рай, духовно перестроив наши жизни и вдохновив своим примером других, чтобы они поступили так же. Мы любим Тебя, наш Отец, и мы любим людей всех рас как своих братьев. Мы любим всех существ, ибо они отражают Твою жизнь. Мы кланяемся Тебе — Тому, Кто пребывает во всем.

Отец Небесный, в наступившем году сделай нас сильнее; пусть нас всегда направляет Твое постоянное присутствие, чтобы в теле, в уме и в душе мы могли отражать Твою жизнь, здоровье, процветание и счастье. Будучи Твоими детьми, пусть мы станем такими же совершенными, как и Ты. *Аум. Мир и покой. Аум*».

Делайте немного добра каждый день. Жертвуйте на благое дело или помогайте кому-нибудь. Бог следит за вами, чтобы проверить, сочувствуете ли вы людям, в которых Он страдает. Примите решение быть полезным кому-либо каждый день. Часто вы можете помочь человеку, дав ему лишь немного понимания. Никогда не радуйтесь ошибкам заблудших братьев и сестер, если вы хотите их преобразить. Зрите Бога в каждом, как это делаю я. Никогда не смейтесь над человеком, совершившим ошибку. В той душе дремлет Господь, вы должны нежно Его пробудить. Мысленно ставьте себя на место других, и тогда вы сможете с предельной добротой понять их и помочь им. Нет большей радости, чем это. Подобно тому как я постоянно пытаюсь улучшить себя, так я и разделяю чувства тех, у кого есть стремление стать лучше.

Медитация и передача другим возвышенного божественного сознания, которое мы ощущаем, — это то, что устранит мирские страдания эффективнее, чем деньги, дома или любая другая материальная помощь. И тысяча диктаторов не смогли бы уничтожить то, что я имею внутри. Излучайте Его сознание каждый день. Постарайтесь осознать Божий план для человечества, заключающийся в том, чтобы вернуть все души обратно к Нему, и работайте в гармонии с Его волей.

Самое большое богохульство — создавать разделения в Божьей церкви. Если бы существовало сотни Богов, тогда могли бы существовать и сотни религий; но существует лишь один Бог, одна Истина. Мы следуем не догмам или «церкворианству», а духу истину и реализации, который заключен в каждую душу.

Наши прошлые и текущие деяния выковывают цепи нашей судьбы

Представьте себе Новый год как сад, за озеленение которого вы отвечаете. Сейте в этой почве семена хороших привычек и вырывайте сорняки тревог и ошибочных деяний прошлого. Если вы не очень хороший садовод, вам придется вернуться на землю, чтобы попытаться вновь.

Вы не сможете найти счастье, пока зависите от своей судьбы. Под судьбой я не подразумеваю предопределенность. Такого понятия, как предопределенность, не существует. Судьба образуется из сотворенных вами забытых причин текущих следствий. Вы можете сказать: «Мне было суждено стать чревоугодником». Но нет, вам не было суждено стать таким. Вы не были чревоугодником, когда употребляли пищу в первый раз. Вы создали эту привычку. Пьяница не был пьяницей, когда впервые попробовал алкоголь. Когда вы неосмысленно повторяете действие, вы обнаруживаете, что оно начинает узурпировать ваш ум и вашу волю и заставляет ваше тело подчиняться своему диктату. Тогда вы начинаете говорить, что вам было суждено стать слабовольным человеком или неудачником. Вы сами ковали цепь, которая сейчас сковывает вас, — звено за звеном. Вам суждено стать лишь тем, кого вы сами из себя сотворили. Вы сами предопределили, будете ли вы хорошим или плохим, когда повторяли в прошлом определенные благие или ошибочные действия.

Таким образом, каждая душа контролируется и судьбой, сотворенной ею же, и текущими деяниями, инициированными свободной волей. Вам будет полезно знать, какая часть вашей жизни контролируется судьбой, а какой частью управляете вы по своему желанию. Пробуждаясь утром, вы, как правило, принимаете решение что-то сделать, но вы не делаете того, что запланировали. Современная жизнь представляет собой несбалансированное существование. Каждый гонится за тем, чего при обретении уже не желает. Перед тем как изъявить сильное желание, тщательно обдумайте его. Если вы управляете лошадью, которая понесла, вы первым делом должны попытаться взять лошадь под контроль.

Проанализируйте свою жизнь и выясните, является ли ваша жизнь такой же неконтролируемой, уносят ли ее к неминуемому краху дикие лошади ваших чувств. Если у вас есть вредная привычка, которую вы еще не обуздали, научитесь контролировать ее прямо сейчас. Потворство привычкам, таким как пьянство или влечение к сексу, разрушит вас. Начните преодолевать их. Оступиться и пойти неверным путем в жизни — это лишь мимолетная слабость. Не считайте себя безнадежно потерянным. То самое место, где вы споткнулись и упали, способно послужить вам опорой, с помощью которой вы можете подняться вновь — при условии, что извлекаете уроки из своего опыта. Но оставаться лежать на земле — значит демонстрировать ужасную слабость. Ваша душа в конечном счете должна быть спасена, и единственный реальный грех — это перестать стремиться к этой цели.

Индуистские священные писания утверждают, что каждая душа индивидуальна и независима. Она не контролируется наследственностью, напротив — это душа привлекает определенную семью и наследственность из-за отождествления с собственным эго, псевдосущностью, или в связи с другими факторами, образованными прошлыми привычками и желаниями. У вас может быть мягкий характер или жестокий нрав, но это не Бог сделал вас таким. Если бы Он своевольно сделал вас таким, вы бы не были ответственны за то, что вы делаете. Существующая правовая система неполноценна в том смысле, что она не берет в расчет внутреннего человека. То или иное наказание может быть справедливым для определенного преступления, но пока оно не учитывает кармическую сущность внутреннего

Парамаханса Йогананда и всемирно известная оперная певица мадам Амелита Галли-Курчи, Вашингтон, округ Колумбия, 1927 год. Гуру-наставник Парамахансаджи, Свами Шри Юктешвар, заверял своего ученика: «Куда бы ты ни направлялся… ты повсюду будешь встречать своих друзей». Мудрость Гуру и его практические наставления по искусству правильной жизни и в самом деле привлекли к нему учеников и друзей самых разных профессий, в том числе видных учёных, предпринимателей и деятелей культуры. Мадам Галли-Курчи писала: «Учения Йогананды привносят в жизнь смысл, радость, счастье и блаженство. Это настоящая наука жития, и мы можем применять её в повседневной жизни, а также для разрешения всех наших проблем». См. стр. 62.

человека, преступник не будет раскаиваться в содеянном и не будет изъявлять желание исправиться.

Неважно, каким человек является сейчас, — он может измениться к лучшему посредством самоконтроля и дисциплины, а также правильного питания и соблюдения законов здоровья. Почему вы думаете, что не можете измениться? Умственная леность — скрытая причина всей слабости. Умственно ленивый человек — самый безнадежный. Он даже не хочет предпринимать попытку стать успешным.

Человек должен изменить свою инертную умственную привычку и перестать думать, что его текущее состояние было предопределено. Даже осознание себя мужчиной или женщиной может быть полностью устранено. Во сне это осознание исчезает — вы становитесь свободной личностью. Каждое утро Бог пробуждает в вас осознание свободы, но стоит вам начать ваш день, как вы вновь «надеваете» на себя все сковывающие привычки мирского сознания.

Не живите день за днем в одном и том же жалком состоянии. Если вы молитесь и верите в то, о чем молитесь, вы получите благословение и помощь от Бога. Если у вас есть плохая привычка, создайте ментальное противоядие и непрестанно применяйте его до тех пор, пока ядовитая привычка не будет нейтрализована. Твердо внушайте себе, что вы станете другим; что сейчас вы, может, и слабы, но вы *будете* сильным. В ту самую минуту, как вы *примете твердое решение* исправиться, вы изменитесь, вы станете другим. Допустим, вы чревоугодник. Если в своем уме вы полны решимости, то всякий раз, когда вы внушаете себе самоконтроль, вы фактически контролируете себя. Пока вы думаете, что вы сильны, вы можете умственно сопротивляться искушению. Если вы легко впадаете в гнев, твердо решите, что сегодня вы не будете гневаться. Даже если поначалу вы сможете контролировать свой гнев в течение лишь нескольких минут, вы одержите победу, если будете упорствовать.

Пример великих людей показывает, что судьбу можно изменить

Постарайтесь помнить и концентрироваться на всем хорошем и позитивном, что есть в вашей жизни, и не говорите, что вам чего-то не хватает. Ваш величайший враг — это вы сами. Если вы не можете побороть привычку, которую сами же и создали, никто, кроме вас, не

Свами Шри Юктешвар и Парамаханса Йогананда на религиозной процессии, Калькутта, 1935 год. Парамахансаджи посетил Индию, чтобы в последний раз навестить своего Гуру, чье духовное водительство подготовило его к важной всемирной миссии.

несет за это ответственности. Вы должны принять твердое решение побороть ее. Никто не привязывает вас к судьбе, кроме вас самих. Пример великих людей должен побудить вас перестать верить в то, что судьбу нельзя изменить. Они стали великими благодаря тому, что изменили свое отношение. Вы можете сделать то же самое. Обычно те, кто добиваются больших высот в жизни, проходят и через большие неудачи. Но они отказываются сдаваться. Те, кто многого добиваются, одерживают множество побед и претерпевают поражения, но они не винят во всем «судьбу».

Когда я был юношей, я страдал от хронического несварения желудка. У меня был целый ящик лекарств от этой болезни. Когда я впервые рассказал об этом своему гуру, Свами Шри Юктешвару, он ответил: «Почему бы тебе не попробовать божественную терапию? Тебе вовсе не обязательно так страдать». Ранее я был убежден, что мне ничто не поможет, но своей уверенностью он убедил мое сознание. В тот же день я был исцелен.

Вы сочувствуете себе, веря, что ваши слабости и трудности непреодолимы. Смените образ мышления. Отвергайте мысль о том, что вы смертный нищий. Всегда помните, что вы дитя Божие. Я знаю, что могу пожелать все что захочу, и Природа подчинится моему желанию.

Умственно отстранитесь от ограничений тела

Начните контролировать свои физические привычки. Они появляются в результате влияния привычек вашей семьи, ваших предков и всего мира. Сопротивляйтесь этому влиянию. Пытаясь избавить себя от материальной привычки или состояния, не поддавайтесь ей даже в уме. Не позволяйте своему уму принимать какую-либо ограничивающую установку от тела. Ухаживайте за своим телом, но будьте выше его. Знайте, что вы существуете отдельно от своей смертной формы. Возведите большой мысленный забор между вашим телом и умом. Утверждайте: «Я отделен от тела. Жара, холод или болезнь не могут коснуться меня. Я свободен». Ограничений будет становиться все меньше и меньше. Но когда тело убеждает ум в своей слабости, страдания лишь удваиваются. Если вы запускаете свое тело и не укрепляете свой ум, вы можете приобрести хроническое заболевание. Не позволяйте телу контролировать ваш ум — это чрезвычайно важно. Примите твердое решение не признавать навязанные вашим телом болезни. Но простого отрицания недостаточно. Вы должны обучать свой ум полностью отстраняться от осознания тела. Это вовсе не означает, что вы не должны обращать внимания на сломанную руку, утверждая, что руки нет. Принимайте надлежащие физические меры для излечения, но пусть физический дискомфорт не тревожит ваш ум. Умственно отстраняйтесь от всего, что с вами случается. Тогда вы обнаружите, что никакая боль не сможет вам навредить.

Здоровье и болезни являются лишь снами вашего ума. Вы есть Дух. Вы выше всего этого. Хотя вы временно и заключены в тюрьму своего тела, умственно возвышайтесь над сковывающими мыслями о здоровье и болезнях. Постоянно тревожась о болезни, вы концентрируетесь на ней и притягиваете ее к себе. Сделайте свой ум стойким ко всем телесным ощущениям. Мне даже сон не нужен, когда я напоминаю себе, что я Дух и Дух не спит.

Всесильная власть заключена в уме

Ум — это самая чудесная вещь, которую только сотворил Бог. Поистине невежественных людей не существует, но человек может казаться таким, если он глубоко погружен в сон иллюзии. Мы не видим утонченных механизмов ума, а в нем ведь заключена всесильная власть. Мы можем осознать это с помощью гуру — того, кто обрел эту умственную силу. Если вы хотите быть акробатом, общайтесь с акробатами. Если вы хотите быть сильным умом, общайтесь с теми, кто обладает силой ума. Держитесь подальше от плохой компании, от тех людей, чье влияние парализует вашу волю и ум. Тишина и уединение — вот в чем секрет успеха. Есть только один способ оградиться от нескончаемых требований активной современной жизни: время от времени брать отдых. Только слабовольные люди поддаются влиянию окружающей среды. Вы есть царь и создатель своей судьбы.

Будьте ангелом внутри. Это самая простая вещь. Всякий раз, когда вы чувствуете злость, обращайтесь вовнутрь и говорите: «Я миролюбивое дитя Бога. Я есть тот, кем решил быть в своем уме. Звезды, ангелы и все мироздание должны подчиняться моей воле». Испытайте свою силу ума сначала в незначительных вещах, и вы подготовите его для более серьезных свершений. Если вы обладаете сильным умом и сеете в нем семена твердой решительности, вы сможете изменить свою судьбу. Я знаю о том, что уже давно должен был умереть, и болезнь, от которой должен был умереть.

Сила достичь успеха лежит в уме. Вы осознаете эту истину, если будете придерживаться этого убеждения, даже если весь мир в него не верит. Возьмитесь за какое-либо хобби или за проект, с которым вы, по мнению других, не справитесь, — и добьетесь в нем успеха. Начните с умеренных целей, и постепенно сила вашего ума будет развиваться. Окружающий мир и ваша семья навешивают на вас определенные ярлыки, но вы должны постоянно работать умом, чтобы измениться к лучшему. Сила вашего ума не имеет границ. Сконцентрируйтесь на этой мысли. Наполните свой ум решительностью и прилагайте усилия, чтобы добиться успеха, используя конструктивные действия. Не переставайте направлять свой ум в сторону более высоких достижений. Заполучите духовное благополучие, и все остальные виды благополучия будут подневольны вам. Моя жизнь — свидетельство этому.

Всякий раз, когда вы сидите в неподвижности — в отсутствие задач, требующих к себе внимания, — отстраняйтесь в вашем уме, конструктивно используя его каждое мгновение. Великие вещи создаются сначала в уме. Я держу свой ум постоянно занятым и пускаю свои созидательные мысли в действие сразу же, как мне предоставляется возможность. *Тогда* приходят результаты. Каждый день вы должны стараться делать что-то созидательное. Усовершенствуйте свою судьбу. Возьмитесь за свое здоровье либо за моральную или духовную жизнь — но не за все сразу, — и измените это так, как вы сами желаете. Чего бы я ни пожелал добиться в этой жизни, я добился. Материя произошла от ума, из чего следует, что у него нет физиологических ограничений. Таким образом, если вы сможете контролировать ум, весь мир будет тянуться к вам. Все, чего я хотел, я получил. Одна вещь, которую я жаждал больше всего, — это неувядающая радость Бога. «Распустив» все остальные желания, я также исполнил и это.

Не будьте беспомощным неудачником. Возьмите свою судьбу под контроль, изменив свои мысли. Делайте все то, что твердо решили сделать. Вам ничего не стоит концентрироваться таким образом. Внутренне примите решение изменить себя, и вы сможете изменять свою судьбу так, как пожелаете.

Гости — хорошие и плохие

Приблизительно 1930 год

Человечество погрязло в дурных привычках. Их постоянно подкармливают, в то время как хороших привычек морят голодом. Вы сами позволяете нежелательным гостям в виде плохих привычек занимать места в аудитории вашего ума, тогда как хорошие привычки едва ли получают аудиенцию, из-за чего впадают в уныние и уходят прочь.

Чтобы взрастить хорошие привычки, их нужно подкармливать благими поступками; чтобы этого добиться, необходимо искать хорошую компанию. Окружающая среда — в особенности ваша компания — крайне важна, так как она оказывает большее влияние, нежели сила воли. Большая часть людей путешествует по материалистическому маршруту и побуждают вас следовать их примеру. Умственный прожектор таких людей постоянно светит наружу, хотя луч его должен быть направлен вовнутрь. Люди вечно куда-то бегут, но не существует такого места, куда они могут сбежать, чтобы обрести свободу. В конечном счете каждый человек должен будет обратиться к самому себе — вот почему вы должны искать общества святых и друзей, которые направят ваши мысли в сторону Самореализации и уведут их от тлетворного влияния плохих привычек.

Молиться о духовном или материальном успехе, но допускать при этом мысль о возможной неудаче — это все равно что посылать человека куда-либо с поручением лишь для того, чтобы на него напали бандиты. Воры, крадущие ваш успех, — это ваши дурные привычки. Вы направляете Богу свое дитя, молитву, без какой-либо защиты, а по дороге ее подстерегают грабители в виде беспокойства и сомнения. Конечно, Он слышит ваши молитвы, ибо Бог вездесущ и всеведущ, но при определенных условиях Он не отвечает этим молитвам так, как вы Его просили.

Я расскажу вам одну историю. Жил-был на свете король, который заверил своего подданного, что повесит его, если тот не сумеет ответить на определенный вопрос. Подданный сказал: «Ну что же, задавайте». Вопрос короля был таким: «Где восседает Господь и в какую сторону Он смотрит: на север, юг, запад или же восток?» Подданный отправился домой, чтобы поразмышлять над ответом, и сообщил своему слуге, что его казнят, если он не ответит в течение двух недель. Слуга сказал своему господину: «Позвольте мне пойти вместо вас. Я отвечу на этот вопрос».

Слуга отправился к тому королю и начал давать разъяснения:

— Во-первых, — сказал он, — позвольте мне сесть на ваш трон, ибо, пока я отвечаю на ваш вопрос, я являюсь вашим учителем.

Король уступил свой трон слуге, а затем спросил:

— Где восседает Господь и в какую сторону Он смотрит: на север, юг, запад или же восток?

В ответ слуга выразил просьбу:

— Приведите мне корову.

Когда ее привели, слуга продолжил:

— Где у нее молоко?

— В вымени, — ответил король.

— Нет, ваше величество, — возразил слуга, — молоко не просто в вымени, а в корове в целом, ибо молоко — это сущность коровы.

Затем слуга попросил принести чашу с молоком. Когда ее поставили перед ним, он спросил короля:

— А где масло?

— Я не вижу никакого масла, — отрезал король.

— Масло пребывает в молоке. Стоит вам сбить молоко, и масло отделится. Таким образом, подобно тому как молоко присутствует в корове в целом, так и масло пребывает в молоке повсюду.

Вот так мудрость слуги спасла жизнь его господину, потому что король получил верный ответ на свой вопрос.

Если вы зададите себе тот же вопрос, вы получите похожий ответ, ибо вы должны «выдоить» молоко Божьего присутствия из необъятности всего творения. И, сбив это молоко, вы должны отделить Его от погруженного в материю ума страстным желанием своего сердца и вдохновением в глубокой медитации.

Письмо Богу

Богопознание не является уделом одних лишь йогов и свами. Бог пребывает в душах и сердцах всех живых существ. И когда вы обнаружите в своем сердце сокрытый храм, вы сможете читать книгу жизни всеведущей интуицией своей души. Тогда и только тогда вы сможете общаться Богом наяву. И вы ощутите Его как основу своего существа. Без этого чувства в своем сердце вы не получите ответа на свои молитвы. Вы можете привлечь к себе то, что вам полагается согласно вашим благим действиям и хорошей карме, но, чтобы получить ощутимый ответ от Бога, вам прежде нужно будет достичь божественной сонастроенности с Ним.

Когда я был ребенком, я написал письмо Богу. Я был так мал, что едва мог писать, но мне казалось, что я попросил у Него достаточно много. Я не просил ничего для себя — я хотел, чтобы это Он поведал что-нибудь о Себе. Каждый день я ждал, что почтальон принесет мне ответ, ничуть не сомневаясь, что он придет. И однажды ответ действительно пришел — в видении. Я увидел ответ Бога, начертанный сияющими золотыми буквами. Читал я тогда еще с трудом, но значение понял. Он сказал: «Я есмь жизнь! Я есмь любовь! Я присматриваю за тобой в телах твоей матери и твоего отца!» И потом я осознал: я *почувствовал* Бога!

Если благодаря вашей искренности и преданности ваши молитвы достигнут Бога, то даже если ваши грехи глубже океана и выше Гималаев, это уже не будет иметь никакого значения. Он разрушит эти кармические препятствия. Да, возможно, вы временно увязли в иле тьмы, но вы по-прежнему являетесь искрой Вечного Пламени. Вы можете упрятать эту искру, но вы никогда не сможете ее уничтожить.

Бог есть всё. Обладая Им, вы обладаете всем. Чего бы я ни пожелал, я сразу же обретаю это, поэтому мне приходится быть осторожным в своих желаниях. В первую и в последнюю очередь я желаю только Бога. Когда я изъявляю желания за других людей, я борюсь, ибо мне приходится сражаться с их кармой[1]. Ища Бога, вы должны быть осторожны, не желая на заднем плане своего ума чего-то еще, думая: «Я буду желать Бога — тогда я точно получу автомобиль, который так хочу». Это неправильно. Вы не сможете одурачить Бога.

Мы должны стремиться к единению нашего сознания с Божьим сознанием. Когда мы к этому придем, наши молитвы не будут

---

[1] Познавшие Бога гуру, такие как Парамаханса Йогананда, помогают другим душам, смягчая или беря на себя кармические последствия их ошибочных деяний (см. *карма* в глоссарии).

«ограблены» по пути к Богу. Мы не попрошайки — мы чада Божии.

Никогда не молитесь о чем-либо в этом мире, пока не свершится ваша молитва о познании Бога. Молитесь до тех пор, пока не обретете Бога; когда это случится, ваши молитвы будут направляться мудростью, а не привычками. Не обманывайте себя. Пробудитесь и скажите Ему: «Я оставлю все свои малые желания, я страстно хочу лишь одного: познать Тебя». Конечно, вы должны молиться и о тех, кто страдает, но не молитесь о «вещах» этого мира, пока посредством глубокой медитации и любви вы не обретете ощутимое единение с Ним. Он знает о ваших нуждах. Ищите Его, пока не найдете Его, пока все ваше существо не будет пульсировать Его силой и блаженством.

Просите Его явить Себя. Не успокаивайтесь, пока Он не ответит. Просите всем сердцем, снова и снова: «Яви Себя! Яви Себя! Звезды могут разбиться вдребезги, земля может кануть в Лету, но душа моя по-прежнему будет взывать к Тебе: „Яви Себя!"». Его молчание будет нарушено нескончаемым градом ваших настойчивых молитв.

В конце концов Он внезапно явит Себя, словно незримое землетрясение. Стены молчания, удерживающие резервуар вашего сознания, затрясутся и падут, и вы почувствуете, что вы, словно река, впадаете в Могучий Океан. Вы скажете Ему: «Теперь я един с Тобой; все, что есть у Тебя, есть и у меня».

Тогда вы сознательно встретитесь лицом к лицу со своим высшим «Я». Аудитория вашего ума будет до отказа заполнена почтенными гостями ваших возвышенных мыслей. Такие попрошайки, как печаль, разлад и боль, не смогут туда войти, и их причитания и вздохи потонут в гармонии вечно поющего и никогда не устающего хора радости и покоя.

Как избавиться от плохих привычек

*Храм Self-Realization Fellowship, Сан-Диего,
Калифорния, 1 июня 1947 года*

Все то время, что я отсутствовал в храме, я скучал по вам всем; но мне удалось написать множество работ. Это моя радость, ибо своим пером я могу передавать вам то, что Бог передает мне. Уединение — цена, которую придется заплатить, чтобы найти Бога. Порой я ближе к вам в Боге, когда нахожусь вдали, чем когда пребываю рядом с вами. В этот период уединения я был поглощен чудесным живым присутствием Бога. Вся моя комната сияла Его присутствием. Вы даже не представляете, какой захватывающей может быть ночь, когда вы в одиночестве практикуете Его присутствие. Будучи вездесущим, Он движется в космосе словно огромный сияющий туман — Свет, из которого было сотворено все сущее. Вы должны предпринимать собственные попытки познать Его.

Святой Франциск учил простой преданности, однако когда его монахи начали отклоняться в сторону формализма, они стали думать, что для общения с Богом им необходимо не только взращивать в себе преданность, но и изучать богословскую литературу и знакомиться с искусством и наукой того времени. Он часто предупреждал их, что учеба не приведет их к Богу, что вместо этого они должны культивировать любовь к Нему[1].

Господа невозможно найти с помощью философских абстракций. Если вы любите Бога, практикуете *Крийя-йогу* и медитируете глубоко, вы найдете Его. Не ждите, ибо ожидание опасно. Хорошее здоровье может пробудить в вашем сознании приятное чувство

---

[1] «Братия, братия мои! Господь призвал меня путем простоты и смиренности, и этот путь Он воистину указал мне и всем, кто изъявляет желание последовать за мною. Но разумом своим вы не достигнете своей цели и будете возвращаться к своим занятиям за все свои осуждения, хотите вы того или нет». — Рене Фюлёп-Миллер. *The Saints That Moved the World* (рус. «Святые, изменившие мир»).

самоуспокоенности. Но кто знает, может быть, вас ожидает скорая смерть? Кришна говорил: «Покинь же этот океан страданий и невзгод»[2]. Он имел в виду, что мы должны идти туда, где мы можем найти неподдельное счастье. Его можно получить только из Божьих рук. Но самое большое препятствие на нашем пути — это наши привычки. Привычка одновременно наш лучший друг и худший враг. И этой теме посвящена сегодняшняя служба.

Определение привычки

Привычка — это приобретенная склонность или предрасположение к определенному действию, привитое благодаря повторению. Привычка может препятствовать совершению действия, уменьшить его силу или же облегчить его свершение. Умственный механизм привычки был дан нам для того, чтобы упростить процесс совершения наших действий. Если бы он нам не помогал, нам приходилось бы каждый день учиться делать одни и те же вещи. Например, писатель ежедневно работает над своим произведением до тех пор, пока он не сможет выразить свои мысли ясно и выразительно. Если бы эта привычка не была у него установлена, ему пришлось бы многократно заново учиться основам сочинительства. Подобно этому, если бы у вас не было такой силы привычки, тогда вам пришлось бы ежедневно заново учиться всему, что вы делаете, даже произношению собственного имени. Другими словами, вы бы всегда были словно беспомощный младенец.

Привычки необходимы, но мы злоупотребляем их силой. Привычка подобна попугаю: если вы учите его петь хорошие песни и говорить хорошие слова, он будет повторять их снова и снова. А если вы учите его сквернословить, он также будет делать это — хотите вы того или нет, — смущая вас и других. Аналогичным образом, дурные привычки заставят чувствовать себя неловко не только вас, но и всех, кто вас окружает, в то время как хорошие привычки будут приносить радость и вам, и другим людям. Таким образом, разумно делать выбор в пользу хороших привычек и разрушать плохие.

Привычки формируются постепенно — повторением действия. Говорят, среднему человеку на окончательное укоренение привычки

---

[2] «Того я скоро спасу из океана горя и смерти, чья душа крепко льнет ко Мне. Будь же верен Мне!» (Бхагавад-Гита XII:8, перевод интерпретации сэра Эдвина Арнольда).

нужно восемь лет. Но процесс установления привычки можно ускорить. В детстве ум более податлив, поэтому хорошие привычки формировать проще. Однако в Древней Индии учителя, которые специализировались на обучении молодых людей, осознавали важность понимания предрасположенности детской натуры — помимо надлежащего обучения и окружающей среды. Они выбирали детей согласно хорошей карме и привычкам, которые они принесли с собой из прошлых инкарнаций. Наверняка вы встречали детей, которые уже с ранних лет категорически отказываются быть хорошими. Это связано с тем, что они развили плохие привычки в прошлых жизнях. Многие дети, напротив, имеют естественную склонность к правильному поведению — а все благодаря хорошим наклонностям, развитым в предыдущих инкарнациях.

Пожилые люди, подобно детям, отражают внутреннее влияние привычек из прошлых жизней. Когда люди, имевшие в прошлом духовные наклонности, встают на духовный путь, они идут до самого конца с пламенным энтузиазмом. Людей же, принесших с собой недуховные привычки, на духовный путь не привлекут и постоянные увещевания, пока в этой жизни они не пробудятся и не начнут осознавать, что Бог — единственный источник счастья.

Берегитесь плохих привычек из прошлых жизней

Так как вы не знаете, какие хорошие или плохие привычки вы развили в предыдущих жизнях, в своих текущих действиях вы должны быть осторожны, чтобы даже легкий импульс не стал опорой какой-либо плохой привычке, которая преследует вас на протяжении инкарнаций. Это объясняет, почему случается так, что человек может сделать лишь один глоток, и его старая привычка из прошлых жизней пробуждается и порабощает его; уже совсем скоро он становится алкоголиком. Поэтому вы не должны даже пытаться пробовать алкоголь или наркотики, которые не только не несут в себе пользы, но и вредоносны. Не играйтесь с непродуктивными, опасными привычками.

Слово «карма» означает действие, а также последствия действий. Характер этих последствий определяет, хорошую карму вы пожинаете или же плохую. Говоря «это моя карма навлекла на меня это плохое событие», вы на самом деле не различаете хорошую или плохую карму. Хорошая карма приводит к хорошим последствиям и склоняет вас к хорошим поступкам. Плохая карма приводит к плохим последствиям и является плодородной почвой для большего числа плохих поступков. Если у вас есть плохая привычка или кармическая склонность, не общайтесь с теми, кто располагает подобной привычкой. Если вы склонны к чревоугодию, избегайте компании чревоугодников. Если у вас есть желание выпивать, держитесь подальше от пьющих людей. Люди, которые одобряют ваши плохие привычки, не являются вашими друзьями. Они заставят вас отказаться от радости вашей души. Избегайте компании людей, поступающих неправильно, и общайтесь с хорошими людьми.

Развивайте в своих детях расположение к хорошим привычкам

В наше время каждый нуждается в строгой дисциплине, поскольку вокруг слишком много искушений. Все родители должны прививать своим детям расположение к хорошим привычкам. Подойдите с большей ответственностью к воспитанию своих детей. Как много плохих привычек навязывается им в школьном окружении! Попав под влияние других детей, они думают, что у них нет выбора; если кто-то не примыкает к толпе и не начинает курить или пить, его считают слабаком. Вот так молодежь становится жертвой неправильного поведения. Я знаю так много мальчиков и девочек, пристрастившихся к алкоголю и курению — и даже к более нехорошим вещам. К тем детям, что я беру на воспитание в ашрам, я отношусь как к своим, и, когда они попадают в атмосферу общеобразовательной школы, я говорю им: «Не будьте „тряпками". Осмельтесь быть другими и говорите „нет", когда вас пытаются склонять к ошибочным действиям».

Совместное обучение лиц обоего пола — это провальная затея. Однажды вы это поймете. Совместное обучение в студенческом возрасте уже не столь критично. Я как-то собирался написать об этом, но потом подумал: «Зачем? Кто обратит на это хоть какое-то внимание?»

Сама основа вашей семейной жизни разрушается из-за отсутствия нравственного и духовного обучения как дома, так и в школе. Вы должны вносить свой вклад, обучая своих детей сопротивляться злу. Ваша нация — великая, но злоупотребление свободой есть путь к разрушению. В Индии, когда я был ребенком, нас строго обучали моральной и духовной культуре. Мать говорила мне: «Никогда не желай богатства». Я спрашивал: «Почему?», и она отвечала: «Это сделает тебя рабом». Нам даже не разрешалось говорить слово «вино», потому что употребление алкоголя расценивалось как порочная привычка. Беседуйте со своими детьми. Напоминайте им, что, развивая плохие привычки, они падают в омут ошибок. Если они продолжат идти по такому пути, потом будет слишком поздно искать выход. Вся радость жизни для них будет окончена.

Я знаю молодую пару, которая поженилась всего четыре недели назад, тем не менее, они уже несчастны; они приходят ко мне за советом. Одно лишь традиционное образование не делает людей счастливыми. Обучение принципам правильной жизни — тому, как развить гармоничную, нравственную жизнь, силу воли и духовное понимание — вот что приносит счастье. Женщины в этой стране очень набожны и имеют духовные наклонности, но как матери лишь немногие из них правильно воспитывают эти идеалы в своих детях. Мальчики здесь были бы просто замечательными, если бы их учили развивать в себе силу говорить «не буду!».

Будьте серьезны, говоря искушению «нет»

Когда вы говорите искушению «нет», вы должны действительно это подразумевать. Не сдавайтесь. Мягкотелый человек все время говорит «да», в то время как великие умы полны всяческих «нет». Слабовольные люди становятся половыми тряпками, о которые все вытирают ноги; они заслуживают такого отношения, так как поддаются своим слабостям. Запомните: вначале может казаться, что искушение обещает что-то очень приятное, но оно ведет к беспокойству, постоянному поиску чего-то нового, новых острых ощущений. Сопротивление искушениям не означает отказ от всех удовольствий в жизни — это означает иметь бескрайний контроль над тем, что вы хотите делать. Я показываю вам путь к истинной свободе, а не к ложному чувству свободы, которое на деле принуждает вас делать то, к чему вас склоняют привычки.

Не угождайте своим пристрастиям и предубеждениям

Избегайте и того, чтобы угождать своим пристрастиям и предубеждениям. Они тоже являются взращенными привычками. Когда я приехал в эту страну и впервые попробовал маслины, мне они не понравились, но все говорили, как же они хороши; так что я ел их до тех пор, пока не научился любить их. Делать то, что вы *должны* делать, не завися от пристрастий и предубеждений, — вот что приносит постоянное счастье.

Часто мы не любим те вещи, которые должны нам нравиться, ведь они приносят нам пользу. Это особенно применимо в отношении наших предпочтений в еде. Если вы смешаете песок с водой и заштукатурите им стену, эта смесь будет держаться какое-то время; но когда она высохнет, песок спадет. Аналогично этому, то, что доставляет удовольствие вашим вкусовым ощущениям, не всегда удовлетворяет потребности вашего тела. Если бы вы могли увидеть сложную работу организма и как на него воздействует то, чем вы его питаете, вы бы не глотали кофе и пончики каждое утро вместо сбалансированного завтрака.

Многие люди едят очень много мяса и пренебрегают свежими фруктами и овощами в своем рационе. В результате их почкам и кишечнику наносится ущерб, и у них развиваются разные болезни. Мясо не является необходимым условием для здоровья — на самом деле оно вредно. Корове служит пищей одна лишь трава. Слон и лошадь получают силу и энергию из вегетарианской пищи. Почему же разумное существо, человек, культивирует такие плохие привычки в еде? Почему вы продолжаете неправильно питаться, даже понимая, что для вас лучше? Потому что вы не начинали с хороших привычек. Вне зависимости от того, что говорят другие, вы хотите есть то, что вредно, потому что вы установили привычку любить такую еду. Это неправильное использование силы привычки. Если вы с самого начала сформируете привычку есть полезную пищу, вы не будете жаждать белого хлеба, обилия сахара, крахмала и жареной еды; вы не будете приучены к ним.

Плохие привычки подобны осьминогу

Плохие привычки подобны осьминогу: у них много щупалец, которые зажимают вас в тиски. Однажды ухватив вас, эти осьминогообразные привычки будут питаться вашими силами; в итоге они разрушат вас. Но если вы находитесь во власти хороших привычек, они будут вас питать.

Никогда не позволяйте вашему уму говорить вам, что хорошим быть тяжело, а плохим — легко. Гораздо проще быть хорошим, чем страдать от последствий ошибочных действий. Иногда бывает немного тяжело сопротивляться искушению, потому что чувства пытаются заманить вас в ловушку. Но стоит вам обрести привычку быть хорошим, как стать плохим уже будет очень сложно, ибо вы понимаете, что внутри и вовне вы получите наказание за совершение того, что, как вы знаете, плохо. Иметь плохие привычки совсем не весело: зло разрушает все веселье. Оно так пресыщает ум, что переедание, сексуальная гиперактивность и чрезмерное увлечение любыми чувственными удовольствиями вскоре перестают приносить какую-либо радость. Если вы в чем-либо заходите слишком далеко, помните, что вы находитесь под влиянием и в тисках плохих привычек. Например, если у вас есть язвы в желудке, а вы по привычке продолжаете поедать мясо или горячую и жареную еду, которая раздражает желудок и уничтожает рубцы, образованные природой для заживления язв, ваше состояние ухудшится и может перерасти в рак или кровоизлияние. Вместо этого вы должны есть пюреобразную и мягкую пищу, которая не раздражает слизистую оболочку желудка. Почему привычка должна заставлять вас есть ту пищу, которая, как вы знаете, нанесет вам вред?

Плохие привычки, подобно преступлению, ничем не вознаграждаются, потому что они разрушают ваше здоровье и счастье, а также умственный покой; кроме того, они подают плохой пример тем, кого вы любите. Вы должны стремиться побороть вредоносные привычки прямо сейчас. Не будьте слабаком. Держитесь подальше от вещей, стимулирующих ваши плохие привычки. И всегда выбирайте хорошую альтернативу, которая даст вам умственный покой и крепкое, здоровое тело.

Искушения обаятельны и сильны, но вы сильнее их, ведь внутри вас находится образ Божий. Сколько бы раз вы ни упали, вы всегда можете подняться вновь. Если же вы признаете поражение — вы пропали. И пропадает также ваш покой и ваше счастье.

Учите свою волю не раболепствовать

Святого Игнатия де Лойолу называли волевым святым. Его не удовлетворяло ожидание того, что на него снизойдет Божья благодать. Он натренировал свою волю на общение с Богом в любое время. Он сказал: «Я могу находить Бога в любое время, когда пожелаю, и все люди доброй воли могут делать это. Подобно тому как тело можно натренировать ходьбой, прогулками и бегом, так и человеческая воля может быть натренирована на поиск Божьей воли». Вот во что я верю — в тренировку своей воли, в обретение полной власти над своей волей, для того чтобы делать то, что нужно делать, используя волю, не скованную плохими привычками.

У человека должна быть свобода даже перерезать собственную глотку, если он того хочет, однако он, конечно же, не должен использовать свою свободу, свою *свободную* волю подобным образом! Тем не менее во имя свободы человеческая сущность хочет делать именно те вещи, что для нас не полезны. Скажите своенравному человеку сделать что-либо полезное для себя, и он сделает все ровно наоборот. Люди, которые ведут себя подобным образом, незрелы и подобны детям. Когда человек созревает в мудрости, он воистину зрелое существо. И возраст здесь совершенно ни при чем.

Раб — он и есть раб. Как бы он ни старался, он не может обойтись без вещи, рабом которой он стал. Никогда не позволяйте себе становиться рабом чего-либо. Вы обладаете всей волей мира, чтобы разрушить свою привычку. Сила божественной воли всегда с вами, и ее невозможно разрушить. Но вы позволяете своим плохим привычкам и дурному влиянию затемнять ее.

Если вы твердо решили что-то сделать или чего-то не делать, никогда не сдавайтесь — если только не осознали, что вы ошиблись; тогда быстро измените свое решение. В противном случае не сдавайтесь, потому что ослабление воли забирает у вас самое ценное сокровище. Люди, с которыми вы общаетесь, могут захотеть, чтобы вы были как они, но именно вам придется иметь дело с последствиями того, чем вы являетесь, — не им.

Есть одна история про лису, которая, попав в капкан, лишилась хвоста. Она созвала совещание с другими лисами и рассказала им, как это замечательно — быть свободной от хвоста. Но одна мудрая лиса поднялась и сказала: «Госпожа бесхвостая лисица, а вы бы советовали нам отрезать наши хвосты, если бы у вас по-прежнему был ваш собственный?» Тогда все остальные лисы поняли, в чем здесь дело. Мораль в том, что, если другие хотят, чтобы вы переняли их дурные привычки, просто скажите «нет». Например, если кто-то хочет, чтобы вы выпили, потому что он сам любит пить, будьте тверды: «Нет, спасибо. Я очень счастлив и хорошо провожу время и без этого». Нет ничего веселого в том, чтобы быть пьяным и вести себя как дурак, а протрезвев, даже не помнить, как плохо ты себя вел.

Кроме того, выпивка может навсегда разрушить ваши нервы, умственный покой и счастье.

Так что никогда и никому не позволяйте ослаблять вашу волю. Люди будут испытывать вас, но, когда вы принимаете твердое решение, вы должны держать свое слово. Самое главное — сдерживать данное себе слово. Если вы находите себя безрассудным, это уже другое. Тогда вы должны быть способны немедленно измениться и сделать то, что правильно.

История о силе говорить «не буду!»

Если мне нравится какая-то еда, я ем ее до тех пор, пока не принимаю решение отказаться от нее. Я не создаю в себе отвращение к ней — я просто перестаю ее есть. Например, в Индии в детстве я очень любил маленький овощ под названием парвал. Я ел его утром, днем и вечером. Один мой друг как-то спросил: «Тебе он не надоел?» «Нет, — ответил я. — Когда я хочу, чтобы он мне нравился, он мне нравится». Он сказал: «Тогда ты порабощен им». И я подумал: «Что же, может, он и прав». Посему я дал себе обещание, что не притронусь к нему целый год — и я не притрагивался. Вы должны развивать в себе эту несгибаемую силу говорить «не буду!», благодаря которой вы даже не пошевельнетесь, как бы вас ни увещевали. Спустя несколько месяцев после того, как я принял это решение, мой друг пригласил меня и других своих товарищей на ужин. К столу, помимо прочего, подавали парвал; я поел все, кроме этого овоща. Мой друг сказал: «Нам жаль, что ты не отведал его». Я ответил: «Во-первых, вы решили испытать меня. С моей стороны было бы глупо поддаваться и ослаблять свою волю. И во-вторых, я говорил, что не притронусь к этому овощу в течение трехсот шестидесяти пяти дней, и, как результат, я не испытываю к нему тяги. Я наслаждался парвалом раньше, но теперь желание его есть пропало».

Запомните: вы должны избавиться от каждой порабощающей вас привычки. И не общайтесь с теми, кто, сотрудничая с Сатаной, под видом дружбы пытается сбить вашу волю с толку. Те друзья, что вдохновляют вас, — ваши ангелы-хранители. Те, кто любит Бога, — ваши покровители. Если вы хотите быть художником, общайтесь с художниками. Если вы хотите полюбить Бога, общайтесь с теми, кто любит Его.

С помощью концентрации можно устанавливать привычки волевым усилием

Подобно тому как слабовольные люди легко могут пасть жертвой вредных привычек, так и сильные умом люди могут научиться устанавливать хорошие привычки волевым усилием. Как? С помощью концентрации. Я приведу вам пример.

Много лет назад меня пригласили на званый ужин в Бостоне. Я получал большое наслаждение от еды, пока к столу не подали сыр Рокфор. Темные пятна на этом сыре совсем не вызывали у меня доверия. Но я видел, что все остальные ели и наслаждались им. Я положил кусочек сыра себе в рот, и вдруг меня затошнило; все содержимое моего желудка сказало: «Если ты позволишь мистеру Рокфору войти, мы мигом отсюда сбежим!» Я давился, но про себя сказал: «Тихо! Я здесь босс!» Один из гостей посмотрел на меня и спросил: «Все в порядке?» Я не осмелился открыть рот. Я видел, как все наслаждаются этим сыром, и сказал себе: «Я приказываю своему уму немедленно установить привычку кушать сыр Рокфор!» После этого я обнаружил, что ем этот сыр и наслаждаюсь им. Я и по сей день очень люблю этот сыр. Позже кто-то предположил, что я установил привычку есть сыр Лимбургер, но я сказал: «Ничего подобного». Я не видел ни одной причины, чтобы навязывать себе или другим его ужасный аромат.

Занимайтесь самоанализом, чтобы познать себя таким, какой вы есть

Относитесь к своей жизни более серьезно. Чтобы обрести власть над собой, каждую ночь занимайтесь самоанализом с целью увидеть, уничтожаете ли вы поток плохих привычек, развиваете ли свою волю и силу говорить «не буду!».

У святого Игнатия был замечательный метод. Он говорил своим монахам ежедневно отмечать все свои хорошие и плохие привычки, делая таблицу из точек и прочерков. Многим из тех, кто думал, что никогда не сможет преодолеть свои плохие привычки, этот совет помог. Наблюдая за таблицей своего ума, вы можете видеть, прогрессируете ли вы день ото дня. Вы не хотите прятаться от самого себя. Вы должны знать себя таким, какой вы есть. Ведя дневник интроспекции, вы следите за своими плохими привычками и лучше подготавливаетесь к их уничтожению.

Но вне зависимости от того, как сильно вы грешили в прошлом, никогда не называйте себя грешником, ибо это величайший грех против образа Божьего внутри вас. Лучше все время утверждать про себя, что вы дитя Божье, потому что таковым вы и являетесь. Стоит вам сказать, что вы грешник, и ваш ум принимает это постановление, воля сдается и вы губите себя. Господь ищет волевые сердца, которые хотят быть свободными, и если вы волевой человек, то все годы ваших прошлых ошибок не смогут воспрепятствовать вашему возвращению к Нему.

Неувядаемый покой и радость находятся внутри, а не вовне

Ваша истинная природа как Божьего дитя — это счастье; вас никогда не удовлетворит нечто меньшее, чем истинное счастье. И оно не будет зависеть от каких-либо внешних ваших условий. Выпивка и наркотики дадут вам ложное ощущение того, что вы хорошо проводите время, в то время как в действительности они разрушают ваше тело и ум и подавляют вашу душу. Священное писание говорит нам о том, что в день Пятидесятницы все ученики Христа были пьяны. Но их опьянило не вино, а экстаз Господа. Именно этот божественный экстаз, это божественное счастье ищет ваша душа.

Вы тратите так много времени, украшая свой дом или зарабатывая на новую машину, — и в этом нет ничего плохого. Но вы должны быть способны внутренне отречься от всего. Почему? Потому что это дает свободу от порабощения собственностью. Просто задумайтесь об этом. Не имея того, что есть у других, вы горюете. Вы не знаете, что такое быть свободным. Противоположное счастье, которое кроется внутри вашей души, перевешивает все удовольствия, которые вы можете получить от чувственных ощущений. Так что не тратьте слишком много времени, ища обретений или заботясь о них. Да, чистоплотным быть хорошо, но не будьте чрезмерно брезгливы — вещи становятся грязными уже вскоре после чистки. Будьте незапятнанным внутри. Сделайте свое внутреннее «я» Божьим храмом. Сделайте его храмом таинственной вселенской жизни. Вот тогда вы станете королем всего и вся, непривязанным ни к чему. Такое внутреннее отречение есть величайший путь — более великий, чем путь внешнего отречения, когда человек подвергается вынужденной дисциплине, в то время как его внутреннее «я» по-прежнему привязано к телу и собственности.

Измените свое сердце, ибо внутри него вы вольны возвести алтарь как для дьявола несчастья, так и для Небесного Отца. Неувядаемый покой сокрыт внутри, а не во внешних обретениях или условиях.

Только лишь Бог приносит удовлетворение, ибо в Нем кроется вся любовь, вся жизнь, все счастье, вся радость, весь покой, — все, что вы могли себе представить даже в своих самых дерзновенных мечтах. Совершенствуйте отношения с Ним. Практикуйте присутствие Бога каждый день и никогда не ложитесь спать, не попрактиковав прежде *Крийю* и не исполнившись этой радости. Обретите этот вечный покой внутри и вовне; тогда каждый, кто вам встретится, почувствует ваш покой и духовно возвысится. Вы же не хотите быть человеческим скунсом, отгоняющим своим отвратительным поведением и плохими привычками всех, кто находится вокруг. Вы хотите быть человеческой розой, цветком блаженства, райской птицей. Как только вас коснется Господь, благоухание каждого цветка проявится внутри вас. Вся добродетель и чистота Бога — внутри вас. Вот почему об Иисусе было сказано: «Никогда человек не говорил так, как Этот Человек»[3]. Вы не сможете постичь истинную природу тех, кто знает Бога, ибо она бездонна. Мой гурудэва Свами Шри Юктешвар был таким. Он был отстранен от всего. Учение о единении с Богом и, как результат, непривязанности ко всему остальному, называется Йогой.

Формировать духовные привычки надо прямо сейчас

Так как на формирование привычки может уйти восемь лет, то, если вы хотите быть духовным, вы должны начать взращивать хорошие привычки прямо сейчас. Всю свою жизнь вы тревожились о вещах этого мира. Садясь медитировать, вы становитесь еще более беспокойными. Тогда вы говорите: «От медитации нет никакого толку». Но это неблагоразумное умозаключение. Вам в любом случае придется прожить эти восемь лет, так почему бы не использовать это время для того, чтобы усовершенствовать свою практику медитации? Чем больше вы концентрируетесь, тем быстрее вы разовьете эту привычку. Тогда ваш ум пропитается привычкой к покою. И когда эта привычка разовьется, вы будете чувствовать стремление уже не к миру, а к Богу.

---

[3] Ин. 7:46.

Неважно, какая у вас работа или какие обязанности — главное ваше обязательство состоит перед Богом, в медитации, ибо все вас предаст, если вы предадите Его. Вот почему я никогда не пропускаю встречи с Ним, особенно ночью. Не ложитесь спать, пока не почувствуете Божью радость внутри и вовне, — тогда Он будет с вами в течение всего дня. Ничто не сравнится с этой радостью.

Взращивайте привычку общения с этой великой радостью, которая лежит за пределами состояния сна. Глубокий сон без сновидений — это бессознательный способ связи с покоем и радостью Господа, а медитация — путь сознательный. Удовлетворение и от десяти миллионов снов даже близко не сравнится с блаженством, которое вы испытываете во время сознательного общения с Богом. Оставайтесь в этом состоянии блаженного покоя внутри вашей души. Когда все земные вещи и мирские хлопоты полностью растворятся в свете Духа, вы узрите Его.

Не откладывайте изменение своих привычек на потом. Промедление будет способствовать развитию большего числа плохих привычек, пока воля окончательно не станет пленницей и вы не станете думать, что не можете измениться. Не позвольте себе прийти к такому состоянию. До тех пор, пока вы проявляете волю, Бог будет помогать вам.

Техника формирования и разрушения привычек

Если вы хотите сформировать хорошую привычку или разрушить старую, сконцентрируйтесь на мозговых клетках — вместилище механизмов действия привычек. Чтобы сформировать хорошую привычку, помедитируйте, а затем, концентрируясь в центре Христа, месторасположении воли между бровями, глубоко утверждайте хорошую привычку, которую хотите сформировать. Если же вы хотите уничтожить плохие привычки, концентрируйтесь на центре Христа и глубоко утверждайте, что все «бороздки» плохих привычек стираются.

Я вам расскажу одну реальную историю об эффективности этой техники. Как-то в Индии ко мне пришел господин с плохим характером. Он был специалистом по части поколачивания своих боссов, когда он выходил из себя, поэтому он терял одну работу за другой. Он был настолько неконтролируем в своем гневе, что бросал в потревожившего его человека все, что оказывалось у него под рукой. Он попросил меня о помощи. Я сказал ему: «В следующий раз, когда вы рассердитесь, посчитайте от одного до ста, прежде чем действовать». Он попробовал этот способ, но вернулся ко мне со словами: «Я сержусь еще сильнее, когда делаю это. Пока я считаю, я переполняюсь гневом оттого, что мне приходится ждать так долго». Его случай выглядел безнадежным.

Тогда я попросил его попрактиковать *Крийя-йогу* со следующим распоряжением: «После того как вы попрактиковали *Крийю*, представляйте, что Божественный Свет входит в ваш мозг, умиротворяя его, успокаивая ваши нервы и эмоции, стирая весь ваш гнев. И однажды ваши приступы гнева пройдут». Через некоторое время он пришел ко мне вновь, и на этот раз сказал: «Я свободен от привычки гневаться. Я так вам благодарен!»

Я решил испытать его. Я попросил нескольких парней найти повод для ссоры с ним, а сам спрятался в парке, через который он обычно ходил, чтобы понаблюдать за происходящим. Парни вновь и вновь пытались подстрекнуть его к ссоре, но он не отвечал. Он сохранял свое спокойствие.

Ложные удовольствия не смогут заменить Божье блаженство

Лучше вам желать тысячи миллионов смертей, чем опутывать себя сетями плохих привычек, из которых вы не можете себя освободить. Деньги, секс и вино были созданы как ложные удовольствия. Они никогда не смогут заменить Божье блаженство. Даже если вы просто искренне молитесь Ему, Его радость со временем снизойдет на вас. Разумеется, Господь хочет испытать вас чувством искушения и соблазном плохих привычек, чтобы проверить, действительно ли вы хотите Его больше, чем заманчивых псевдоудовольствий тела. Если вы поддадитесь, вы ничего не достигнете. Если вы будете постоянно наполнять сосуд водой, вы не можете рассчитывать на то, что он обезводится. Вы должны иссушить воду плохих привычек на солнце хорошей компании, благоразумной деятельности, самоанализа, силы воли и — самое главное — медитации и общения с Богом. Никто не сможет помочь вам, пока вы сами того не пожелаете. Как я уже говорил, если вы проявляете волю, то Сам Бог будет вам помогать.

Когда Иисус молился Небесному Отцу: «Не введи нас в искушение, но избавь нас от лукавого», — он имел в виду следующее: «Не оставь нас в яме искушения, в которую мы попали из-за злоупотребления Твоим даром разумения». Искушения не могут управлять нами, если мы не злоупотребляем Божьим даром разумения. Однажды почувствовав Божью сладость в медитации, вы уже не будете затронуты искушением. Вы отбросите свои плохие привычки и последуете за Ним. Если вы искренне ищете Бога, вы Его найдете.

Сад цветущих качеств

Вдохновенное послание[1] перед воскресной службой, первый храм Self-Realization Fellowship, Энсинитас, Калифорния, 3 мая 1942 года

Я созерцаю цивилизацию как сад, в котором я вижу все разновидности цветущих человеческих качеств. Подобно пчеле, мой ум ищет цветение хороших качеств. Так много людей ведут себя словно мухи, сосредоточенно «жужжа» о Боге до тех пор, пока что-либо другое не привлекает их чувства; они перелетают с места на место, даже если соблазн губителен в духовном плане. Пчела ищет только те цветы, которые позволят ей произвести чистый мед. Вы должны быть божественными пчелами, которые вкушают исключительно сладость и высокие качества Божественного меда. Помните об этом и старайтесь впитывать только хорошие качества других людей. Почитая и вкушая человеческую благодетель, мы сможем найти Бога. Он есть мед, и в медоносных качествах других людей мы сможем вкушать Его присутствие повсюду.

Все хорошее есть Бог. Неважно, проявляется ли оно в природе или в благородных людских качествах, — мы созерцаем в этом самого Бога. Прекрасный Господь проявлен в упорядоченном пейзаже природы. Его дыхание вздымается на ветру; Его божественность улыбается нам в цветах. Качества любви, покоя и радости, произрастающие в садах человеческих сердец, отражают Его благость, Его красоту. Тот, кто ищет зла, видит зло повсюду. Тот, кто ищет добра, всюду видит лишь добро. Пусть ваши глаза созерцают лишь прекрасное, чтобы неприглядность зла исчезла из вашего сознания.

Ища зла, будучи пессимистом и внушая себе плохие мысли, вы

---

[1] Во время открывающих воскресные службы медитаций Парамахансаджи часто получал наитие от Господа — иногда в ответ на чью-то духовную потребность, — которым он делился в своих вступительных словах, перед тем как говорить о теме дневной проповеди.

видите этот мир как лес ужасов. Ища добра, будучи добрым и внушая себе хорошие мысли, вы видите мир как прекрасный сад. Бхагавад-Гита учит, что тот, кто мыслит отрицательно и созерцает в мире зло, является врагом своего «Я», а его «Я», в свою очередь, тоже ведет себя как враг. А тот, кто созерцает лишь добро, является другом своего «Я», и его «Я» ведет себя как друг[2]. Если вы приходитесь самому себе врагом, всюду находящим зло, то ваше истинное «Я» будет вашим врагом. А если вы будете относиться к себе дружески, отовсюду вбирая в себя хорошие качества, то ваше истинное «Я» будет вашим другом. Так что ищите в этом мире лишь добра и делайте добро. Постоянно ищите Бога, вместо того чтобы предаваться плохим мыслям и действиям, и вы обретете умственный покой и счастье в своей жизни. Когда-нибудь вам все равно придется избавить себя от зла. Почему бы не сделать это сейчас?

Неважно, насколько глубоко вы были погружены в плохие мысли и плохое поведение — эти неправильные привычки не смогут поработать вас вечно. Мы думаем, что не можем избавить себя от губительных чувственных искушений и ревности с гневом, но нет такой эмоции, которая способна вечно удерживать вашу душу. Поэтому, дорогие мои, пусть никто не называет вас грешником. Вы Божьи дети, ибо Он сделал вас по Своему образу. Отрицать этот образ — значит совершать величайший грех против себя самого. Вместо этого скажите себе: «Даже если грехи мои глубоки как океан и высоки как горы, я по-прежнему несокрушим, ибо я есть Дух». Тьма может царить в пещере тысячи лет, но внесите туда огонь, и тьма рассеется так, словно ее никогда и не было. Аналогично этому, неважно, какие у вас были недостатки — когда вы впустите в себя свет доброты, от недостатков не останется и следа. Свет души настолько велик, что многие инкарнации зла не в состоянии разрушить его. Но вами же сотворенная тьма делает душу несчастной, потому что вы страдаете в этой тьме. Вы можете развеять ее, открыв свое духовное око в глубокой медитации и наполнив свое сознание светом, раскрывающим все истины.

---

[2] «Пусть человек одухотворит свое „я" (эго) своим же „я" (активным сознанием); пусть его „я" не увядает. Для того человека, эго которого побеждено высшим „Я" (душой), высшее „Я" становится другом его „я"; но истинно говорю вам: высшее „Я" ведет себя как враг с тем „я", которое не покоряется» (Бхагавад-Гита VI:5-6).

Никто другой не может вас спасти. Вы обретете искупление, когда осознанно заявите: «Я есмь Свет. Тьма никогда не была моей сущностью, ей вовек не спрятать свет моей души».

Восточное и западное христианство

Лекция для учеников Self-Realization Fellowship, 1926 год

Дух — это безграничное вместилище мудрости. Каждая человеческая жизнь являет собой канал, по которому непрестанно течет эта божественная мудрость. Какие-то каналы шире, какие-то уже. Чем шире этот канал, тем мощнее поток Божьей силы в нем.

Мы каналы уникальные, ибо обладаем способностью как сузить, так и расширить свое сознание. Нам дана свобода воли и сила выбора. Некоторые люди забивают канал своей жизни илом накопленного невежества, не позволяя драге знаний «промыть» их изнутри. Попытки океана истины просочиться через такие узкие проливы тщетны.

Но есть и такие люди, которые продолжают «копать», расширяя и углубляя каналы своих жизней самодисциплиной и культурой, позволяя большему объему Божьей мудрости проходить через них. Иисус Христос был одним из величайших каналов, через которые протекала космическая мудрость. Мы должны помнить, что каждый канал имеет свои рамки и ограничения. Я осмелюсь сказать, что на свете никогда не появится пророк, который сможет вобрать в себя или исчерпать весь океан истины за короткий промежуток жизни. На землю всегда будут приходить разные пророки, чтобы выразить истину по-новому. Хотя необъятная истина и будет ограничена величиной личностей пророков, эти возвышенные души будут служить человечеству, расширяя каналы малых жизней, наводняя их берега своей безграничной мудростью.

Истинное христианство

Истинное христианство (божественные принципы, которым учил Христос) нельзя путать с некоторыми его формами, которые затеняют его. Истинное христианство не является восточным или же западным, равно как не является оно учением только лишь Христа и его святых. Его вечные принципы принадлежат каждой душе, ищущей истину. Иисус, будучи сыном человека, возвысился до состояния сына Божиего. Другими словами, он поднялся над мирским сознанием и вошел в космическое Христово Сознание — чистое отражение Бога, пронизывающее все мироздание. Когда святой Иоанн сказал: «А тем, которые приняли Его, верующим во имя Его, дал власть быть чадами Божиими»[1], он имел в виду, что каждый, кто сможет достичь Христова Сознания, кто сможет расширить свое сознание, чтобы удерживать в нем океан истины, сможет, подобно Иисусу, стать чадом Божьим, единым с Отцом.

Это дает надежду каждому ищущему сердцу, ибо в следовании примеру Христа не было бы никакого смысла, если бы мы не могли уподобиться ему. Иисус был послан нам не для того, чтобы символизировать недостижимую цель. Он пришел как вдохновитель, демонстрирующий, что все мы можем с успехом искать и находить. Если Господь создал всех людей по Своему образу, как о том говорит Библия, Он не мог дать одному больше, чем другим. Его нельзя обвинить в пристрастности, которая сделала бы Его менее великим. Все мы Его дети, сотворенные Его силой и наделенные силой стать Его истинными «сынами».

Бог также не делал Иисуса единственным духовным гигантом, каким он и был. Если бы Бог делал пророков уникальными созданиями, изготовленными на духовной фабрике, тогда мы могли бы справедливо полагать, что внутренняя борьба не имеет смысла, и надеяться, что Он Сам нас изменит и разовьет наше духовное мышление за нас. Дары разумения, выбора и свободы воли присущи человеку, и этого достаточно, чтобы продемонстрировать: мы должны достичь духовного роста собственными усилиями и свершениями. Иисус боролся, голодал, молился, обуздывал себя во всем. Мы еще больше восхищаемся Иисусом потому, что, будучи человеком, он стал богоподобным.

Духовная истина одна; истолкованная христианами, она зовется христианством, истолкованная индуистами — индуизмом и так далее. Слепая приверженность ограничивает религию обрядами в храмах и церквях или определенными верованиями, ошибочно принимая форму за суть. Истина претерпевает стеснение во всех толкованиях,

---

[1] Ин. 1:12.

ограниченных или же расширенных. Мы должны прийти к прямому познанию истины, в котором созданные человеком толкования нас больше не будут ограничивать.

Цель Йогоды[2] (Самореализации) — обучить практическим методам, точным техникам расширения человеческого сознания, дабы истина могла струиться внутри непрестанно и непрерывно, не встречая препятствий в виде догматов или непроверенных верований. Йогода обращает внимание не только на слова и личности святых и пророков, но и на путь концентрации на практической системе. Она учит поступенному продвижению от простого верования к личному осознанию и достижению божественности.

Условия жизни на Востоке были иными

«Продай имение твое и раздай нищим»; «Не заботьтесь о завтрашнем дне... что вам есть и что пить, во что одеться»[3] и другие духовные предписания Иисуса невозможно практически применить на Западе сегодня.

То, что проповедовал Иисус, можно постичь только посредством развития внутреннего осознания, одухотворения внутреннего «я». Первоначально христианство делало меньший упор на внешние формальности религии. Иисус обучал восточных[4] людей в восточных условиях и обстоятельствах. Истины, которые он говорил, были истолкованы окружающими его людьми с восточным складом ума. Если бы Новый Завет был написан самим Христом, а не его учениками, он был бы совершенно другим. Духовные переживания библейских личностей — трансцендентные ли, интуитивные ли, — запечатленные восточными умами и стесненные терминологией, несут в себе восточный оттенок. Переживания души невозможно полностью выразить словами, человеческий язык накладывает на них характерный индивидуальный отпечаток.

---

[2] Слово «Йогода», которое Парамахансаджи использовал в этой статье, известно по названию его организации в Индии — *Yogoda Satsanga Society of India*. Он также использовал этот термин в ранние годы его работы в Америке (См. глоссарий).

[3] Отсылка к Евангелию от Матфея 19:21 и 6:25, 34.

[4] Говоря о Востоке, Парамахансаджи имеет в виду Восточное Средиземноморье. По этой причине он называет Иисуса и апостолов восточными людьми.

Отказ от всей материальной собственности, которому учил Иисус, был применим и возможен главным образом в то время и в тех условиях. Если бы Иисус проповедовал перед американцами сегодня, суть его послания была бы той же, но выражено оно было бы иначе, нежели две тысячи лет назад на той земле, где условия жизни и климатические и социальные факторы позволяли жить в целом куда более просто, чем сегодня. Тогда, чтобы приобрести предметы первой необходимости, достаточно было небольших усилий. В теплом климате вопросы одежды и жилищных условий не стоят так остро. Материальная сторона жизни требовала к себе меньше внимания. Христианство Востока учило простой жизни, жизни вне дома, медитации на лоне Матери Природы. Иисус не проповедовал тот образ жизни, который был далек от повседневной жизни тех дней. И в наши дни он также не стал бы выступать за радикальные перемены в образе нашей жизни.

Сейчас совершенно иная эпоха; замысел Творца требует того, чтобы мир в своей эволюции проходил через новые и постоянно меняющиеся условия жизни. Поэтому Иисус не стал бы сегодня концентрироваться на серьезном отклонении от практических формул и условий нашей жизни. Сейчас, как и тогда, он бы подчеркивал, что формальности жизни второстепенны; что единственная значимая перемена, единственное неувядаемое достижение — это внутреннее развитие человека в сторону духовного совершенства. Внешние условия жизни никогда не станут совершенными, пока нет совершенства внутреннего состояния. Следствие не может предшествовать причине. Поэтому учение Христа, истолкованное и адаптированное для западных людей, имеет отличия, и его мы можем называть западным христианством.

Из-за ложного толкования учений Христа его ранние последователи чувствовали презрение и неуважение к прогрессу материальной жизни. Они не пытались превратить внутреннее развитие во внешние свершения. Такое происходило на всем Востоке. Но Божьи законы не признают человеческих толкований. Где бы и когда бы человек — будь то христианин или индуист, либо верующий любой другой религии — ни нарушил физические, умственные или духовные законы Бога, управляющие духовными, умственными, социальными, индустриальными и материальными условиями жизни, он получит наказание в виде войн, бедствий, голода, материальной бедности и духовного неведения. История учит, что если человек хочет достичь совершенства,

Парамаханса Йогананда, 1951 год

он должен развивать свою жизнь всесторонне, не игнорируя ни физический, ни умственный, ни духовный аспекты.

Почему христианство изменилось на Западе

При этом следует признать: благодаря тому, что Восток в целом и Индия в частности уделяют особое внимание духовности, они стали благодатной почвой для становления величайших пророков и святых этого мира: Иисуса, Будды, Кришны, Шанкары, Чайтаньи, моего Мастера и моих парамгуру, а также многих других. Удивительно, но на Западе мы не находим ни одного пророка такой величины. Если бы мы могли собрать статистику о человеческом складе ума, мы бы обнаружили, что в целом восточные люди больше склонны к духовному, а западные — к материальному и индустриальному. Вот почему восточное христианство, которое проповедовали Иисус и его ученики, заметно преобразилось, придя на Запад. Наставление, которое Христос дал народам Востока — «Ищите же прежде Царства Божия», — из чисто практических соображений на Западе сменилось на такое: «Ищите же прежде хлеба, а затем уже Царства Божия». Фраза «Пойди, продай имение твое и раздай нищим» теперь выглядит так: «Купи по себестоимости все, что сможешь, затем продай подороже, а выручку инвестируй с умом».

Но даже если бы люди сегодня пожелали в точности следовать тем наказам, что Христос давал своим современникам, они бы не смогли делать это с чистой совестью. В большинстве случаев семейные обязанности не дали бы человеку продать все свое имущество и раздать деньги нищим. Если бы он «не заботился о завтрашнем дне» и не думал, «что есть и что пить, во что одеться», он бы поступал неправильно по отношению к тем, кто от него зависит и у кого есть право рассчитывать на его защиту и поддержку. Но тот факт, что люди в более сложном современном мире не всегда могут в точности следовать наставлениям Иисуса, не мешает им быть во всех отношениях истинными христианами, преданно следующими учениям и истинной сущности христианства. Они могут одухотворить свои амбиции и материальные ценности, используя их на благо других людей. Они могут избегать жажды роскоши и удовлетворять только насущные потребности.

Иисус мог проповедовать широким народным массам на вершине горы или в других местах на природе. Новости о встречах с ним распространялись лишь устами, ибо в то время люди не зависели от газет.

Административное здание Главного международного центра SRF, учрежденного Парамахансой Йоганандой в 1925 году. Он располагается в холмистом районе Маунт-Вашингтон, откуда открывается вид на деловую часть Лос-Анджелеса. Из административного здания SRF наука Крийя-йоги распространяется по всему миру.

Вид с воздуха на уединенную обитель в Ашрам-центре SRF, Энсинитас, Калифорния.

Но такая блаженная свобода от аренды помещений и публикации объявлений сегодня уже невозможна. Учитель может захотеть проповедовать на заснеженной вершине горы, до которой метро и автобус не доедут, и аудитория не захочет добираться до того места, чтобы выслушать его. На Западе люди предпочитают для собраний большие помещения с обогревом, расположенные в центре города. Так что учитель, который искренне жаждет посеять семена духовности в сердцах широких масс, также должен учитывать условия жизни в стране и особенности эпохи, в которой он живет. Как заметил Брюс Бартон в своей замечательной книге «Человек, которого никто не знает», Иисус мог бы использовать методы успешного бизнесмена: он мог бы, например, активно использовать колонки газет как средство коммуникации, если бы проповедовал сегодня в Америке. Сами средства не имеют большого значения, главное — донести послание до людей.

Сегодня приходится строить большие дорогостоящие церкви, вмещающие в себя широкие массы прихожан — с последующей концентрацией на финансовых проблемах. Однажды после моей первой лекции в этом городе ко мне подошел мужчина и сказал: «Свами[5], я много раз ходил на разные местные лекции и сидел в аудиториях на этих жестких, неудобных стульях; из-за дискомфорта мне приходилось уходить уже через полчаса. Но я рад вам сообщить, что сегодня вечером ваша проповедь полностью стерла осознание жесткого стула из моего ума на целых два часа. Тем не менее вы должны всегда предоставлять своим слушателям комфортабельные стулья, иначе американскую аудиторию не удержать!»

Необходимо реальное общение с Богом

Церкви на Западе творят неописуемое добро своими попытками напомнить людям об их духовных обязанностях и законах Божьих. Но сегодня церкви связаны формальностями; в них недостает духа глубокой медитации и настоящего общения с Богом, который так отчетливо был проявлен в жизни Иисуса и его учеников. В наши дни тела прихожан находятся в церкви, а умы их зачастую в другом месте. Во

---

[5] В 1935 году Шри Юктешвар даровал своему возлюбленному ученику Йогананде духовный титул *Парамаханса*. До этого времени он был известен как Свами Йогананда (см. *свами* в глоссарии).

время проповеди или молитвы так много людей думает о цыпленке, который их ждет на ужин, или о какой-нибудь коммерческой сделке! Такая непокорность ума не является виной прихожанина, ибо его никогда не учили искусству контроля ума, отводу внимания от сферы отвлекающих чувств и фокусированию его на Боге. Более того, средний человек даже не знает или не верит, что личное общение с Богом возможно. С Богом можно контактировать с помощью практики особых техник концентрации и медитации на Космическую Вибрацию[6]. Он станет таким же реальным и близким, как собственные мысли и тело человека. Йогода была послана сюда, чтобы учить искусству этого общения, личного общения с Богом, сознательного соприкосновения с Источником всего света, всей силы и всего блаженства.

Религиозные фанатики ограничивают истину, монополизируя ее и называя друг друга язычниками. Многие христиане думают, что индуисты и буддисты — язычники, а те индуисты и буддисты, которые фанатичны и не владеют духовной учтивостью, думают то же о христианах. Но истинная религия не является эксклюзивной. Ее сущность двойственна. Во-первых, и это самое главное, она включает в себя определенные внутренние принципы сонастройки с Богом, которые делают жизнь прогрессивной, вечно радостной и прекрасной во всем. И во-вторых, она содержит физическую и умственную практику и дисциплину, которая необходима, чтобы проявить эти внутренние принципы в материальной жизни человека. Религиозные обычаи и обряды подобны шелухе, которая необходима, чтобы защитить зерно истины. Но если под шелухой нет семени жизни, то от нее нет никакой пользы. Причастия, морские раковины, церковные колокола, кресты, полумесяцы, — такие внешние формы необходимы, чтобы символизировать определенные духовные истины. Но со временем людские умы стали концентрироваться на форме проповеди или обряда, личности проповедника или священника и его манере подачи, архитектуре и размерах церкви или храма, числу последователей и их социальном статусе и состоянии. С другой стороны, люди, разделяющие иконоборческие идеалы, хотят уничтожить все внешние формы. Их проблема в том, что

---

[6] *Аум*, Святой Дух, Слово; незримая божественная сила, являющаяся внешним проявлением вездесущего Христова Сознания. *Аум*, блаженный Утешитель, слышим в медитации; он открывает верующему конечную истину, которая «напомнит все» (Ин. 14:26). (См. *Аум* в глоссарии.)

их рвение покончить со внешними формами уже само по себе является концентрацией на форме, на внешних правилах. Так что символы и внешние формы религии действуют как красные тряпки, раздражающие быка религиозного фанатизма.

Йогода предлагает действенное средство, решение. Она учит людей разных религий жить вместе в гармонии, концентрируясь на единой Реальности, стоящей за внешней формой; на Истине, являющейся сутью каждой религии. Йогода пришла не для того, чтобы объединить все церкви и религии в одну церковь или одну форму, и не для того, чтобы разрушить характерные особенности религии, а чтобы показать научные техники, с помощью которых можно подтвердить и продемонстрировать пользу и истинность церкви и религиозных убеждений. Смена религиозных традиций, то есть слияние всех форм в одну общую форму, не изменит сущностного религиозного подхода. Ничто, кроме доказанной истины — религиозной истины, которая была проверена и испытана на себе, — никогда всецело не удовлетворит ум человека и не покончит с религиозным фанатизмом и неведением.

Запад и Восток нуждаются в равновесии

Из-за отсутствия научных методов прямого восприятия истины на Западе нет неодолимого интереса к духовному исследованию. С другой стороны, мы видим, что в Индии, где множество святых и людей, обладающих познанием и провозглашающих истину о том, что все люди могут познать Бога посредством определенных мер и методов концентрации и медитации, религия всегда была заметной частью повседневной жизни. Однако и Запад, и Восток одинаково страдают от избыточного развития одного аспекта жизни и недоразвитости других аспектов. Индия в своей религиозной однобокости нарушила Божьи законы, управляющие материальной стороной жизни, и, как результат, ей приходится страдать от голода и эпидемий болезней. На Западе поклонение богу благополучия и незнание Божьих законов породило нации, лишенные внутреннего покоя, что внешне проявилось в ужасах Второй мировой войны. Таким образом, в одном отношении Запад и Восток терпят неудачу, а в другом — преуспевают. Мудрецы Востока обладают богатством духовного понимания и покоя, которое никакие внешние страдания не в состоянии разрушить. А ученые

Запада побороли голод и эпидемии. Они нуждаются в помощи друг друга, чтобы достичь совершенства.

Западные люди не должны разрушать свои фабрики, оставлять свои банки и бизнес и уходить в джунгли, чтобы стать духовными. Но они могут принять научные методы внутренней реализации от Востока и продолжать заниматься своими мирскими делами на благо других людей — не ради эгоистических целей. Индии также не нужно без разбору принимать индустриальные материалистические методы Запада. Все, что нужно, — это принятие западного духа прогресса и развития в отношении улучшения материальной жизни. Таким образом, каждая из сторон может получить пользу, следуя примеру и учениям друг друга. Восток должен узреть Вседержителя в полезных передовых материальных вещах жизни, а Запад не должен забывать о духовной Цели в своем стремлении к мирской деятельности. Нужно достичь баланса.

Неважно, какой вы следуете религии, просто спросите себя: «Счастлив ли я? Делаю ли я других счастливыми? Нашел ли я ответ на главный вопрос в жизни? Какова моя наивысшая обязанность? Как мне найти покой и блаженство?» Йогода (учение общества Self-Realization Fellowship) дает практическую технику познания Бога, одухотворения клеток тела посредством определенной системы физического развития, поддержания связи с Верховным Источником космической энергии, Который управляет всеми сторонами нашей материальной и духовной жизни. Это практическое послание, которого жаждали те западные люди, которые не удовлетворены слепой верой и стремятся проверить истину на собственном опыте. Это послание о реальном общении с Богом вновь наполнит пустующие церкви. В наши дни люди часто посещают кинотеатры, в то время как церкви относительно пусты. Почему? Потому что в первых есть нечто ощутимое, то, что может привлечь сознание. Наука медитации Йогоды пробудит такой же интерес и к последним. Она покажет каждому искателю, что самая интересная вещь в мире — это Божье Блаженство внутри. Она даст ему ключ к сфере бесподобной радости. Все устремления в жизни могут даровать лишь неполное счастье, даже если они увенчаны предельным чувством удовлетворения. Но, найдя Бога, мы обретаем резервуар вечного, неувядаемого, не приедающегося блаженства, ибо Он может дать то, чего не сможет дать и целая Вселенная. Он есть Всё, а Вселенная лишь Его часть.

Научное познание Бога

Когда западные люди научатся общению с этим великим Божьим Блаженством, их отношение к религии и церкви изменится. Тогда уже ни одна проповедь не покажется скучной, а церкви не будут пустовать. В руках у искателей будет ключ к подтверждению истины о Его существовании. Они будут слушать слова о Том, Кого они ощутили и познали как реального, близкого, живого. Они будут Божьими ревнителями не потому, что им кажется, что в теории такое Существо есть и Его нужно почитать, а потому что они встретили Его.

Ничто и никогда не сможет всецело удовлетворить человеческое сердце, кроме живого доказательства. Йогода доставляет это доказательство прямо до ваших дверей. Подобно тому как астроному необходимо смотреть в телескоп, чтобы видеть далекие звезды, так и тому, кто задается вопросом существования Бога, необходимо искать Его посредством инструмента научной медитации. Если кто-то провозглашает или отрицает существование далекой звезды, не посмотрев в телескоп, чтобы удостовериться в своей правоте или неправоте, его мнение не несет в себе никакой ценности. Он не сможет отстоять свою точку зрения, пока не подтвердит ее с помощью доступных инструментов познания. Аналогично этому, никто не вправе отрицать или категорически утверждать, что Бог существует, не попрактиковав методы сближения с Ним.

Медитация Йогоды — это телескоп, через который вы можете видеть Господа. Без этого телескопа вы непременно будете строить свою веру в Бога лишь на непроверенных убеждениях. А с ним вы сможете доказывать ошибочность мнения того, кто опровергает возможность познания Бога.

Контролировать ум посредством психофизиологических методов, направлять его в сторону Бога, быть господином ума, а не его рабом, — вот что такое Йогода («то, что дарует йогу»). И неважно, как вы это называете. Вся работа в жизни напрасна, если вы не знаете, как перенести свое внимание от неудачи к успеху, от тревоги к невозмутимости, от беспорядочных мыслей к концентрации, от беспокойства к покою, от покоя у Божественному Блаженству внутри. Когда вы обретете этот контроль, цель вашей жизни чудесным образом исполнится.

(Парамахансаджи заключил свою речь следующим своим стихотворением:)

Заточен ли я в темницу одиночества,

Пребываю ли в раю блаженного уединения,

Закован ли в кандалы труда

Или праздно наслаждаюсь покоем давно заслуженного отдыха,

Это неважно —

Если Ты со мной.

В мечети, в церкви или в храме я,

Неважно —

Если я люблю Твою обитель и символ веры

Не больше, чем Тебя.

В перестуке фабричных колес

Хочу я чувствовать Твою пульсирующую жизнь.

Если Ты на фабрике той есть,

Я выберу ее вместо того Рая, в котором нет Тебя.

В пещерах гималайских,

В загруженном метро,

В джунглях Индостана —

Куда бы ни пошли мы,

Научи нас находить Тебя

Во всех Твоих укромных уголках:

На севере, на юге, на западе, востоке, —

Всюду.

Мир без границ

*Вступительная речь на банкете во втором храме[1]
Self-Realization Fellowship, Лос-Анджелес, Калифорния,
26 февраля 1939 года*

Там, где разные умы живут в духе товарищества, мы находим великую гармонию, мир, счастье, понимание и содействие в жизненных обстоятельствах. Учитывая, что так много проблем изводит нашу землю, — в том числе миниатюрная мировая война в Европе, когда нация набрасывается на нацию, — мир еще никогда не был востребован так, как сейчас.

Я верю, что войны не будут прекращаться до тех пор, пока мы не станем такими духовными, что эволюцией своей сущности сделаем войну ненужной. Если бы такие великие умы, как Иисус, Кришна, Будда и Мухаммед сошлись вместе, они бы ни за что не использовали инструмент науки, чтобы уничтожить друг друга. Где есть понимание, там правит мир. Почему люди должны считать необходимым сражаться? Сила оружия не пробуждает мудрость, и она никогда приносила прочного мира.

Война подобна яду в организме. Когда в нашем теле появляются токсины, нам необходимо их выводить — иначе появляются болезни. Аналогично этому, в организме международных отношений слишком много эгоизма, поэтому яд приводит к болезни войны. Погибает множество людей, а затем ненадолго наступает временное затишье. Но война приходит снова — и будет приходить, пока на земле есть невежество и пока каждый человек не станет идеальным гражданином мира.

Бог дал нам разум, и Он поместил нас в среду, в которой мы обязаны этот разум использовать. Вселенная похожа на скорлупу, а мы подобны цыплятам, которые ерзают внутри нее. Но что находится за этой скорлупой материи? Что находится за ее тремя измерениями? Мы должны пронзить пространство и познать, как функционирует

---

[1] См. прим. на стр. 103.

тот мир, из которого появился этот мир. Мы должны задействовать разум, чтобы анализировать тайны жизни и изучать секреты, которые Небесный Отец спрятал за маской природы. Насколько лучше было бы использовать разум таким образом, чем производить все более крупные и разрушительные орудия войны! Мы должны использовать наш разум, чтобы на земле воцарился мир.

Понимание необходимо очистить от предрассудков

Почему бы нам не последовать тому процессу обучения, в котором мы, вместо того чтобы культивировать в себе ненависть к другим нациям, будем пытаться взращивать понимание любовью? Понимание невероятно важно. Однако, подобно тому как одни люди являются близорукими, а другие — дальнозоркими, так и понимание одних людей противоположно пониманию других. Оно часто затуманено многими предрассудками. С самого рождения наше видение замутнено семейными, расовыми и национальными предубеждениями. Предрассудки — это основная причина войн между братскими народами. Мы не сможем понять себя или других, пока не укроем свое понимание от тумана предрассудков.

Мы так сильно любим собственные мысли, что не всегда можем понять, о чем думает другой человек. Мы заперты в тюремной камере собственных представлений — прямо как та маленькая лягушка, которая жила в колодце. Когда одна лягушка, обитавшая в огромном озере, упала в колодец и рассказала маленькой лягушке о своем безбрежном доме, та, не поверив, лишь усмехнулась. Она никогда не видела, что находится за пределами колодца, и была твердо убеждена, что ее дом — самое большое вместилище воды, какое только может существовать. Таков ограниченный подход наций, равно как и отдельных людей. Каждая нация думает, что ее взгляды самые правильные.

Мы должны учиться беспрестанно даровать понимание всем — даже тем, кто неправильно понимает нас. Я приведу вам пример. «В» может хорошо понимать «Г», в связи с чем думает, что понимает всех остальных. Но «В» ничего не знает о «Б», которая стоит перед «В» и «Г» и думает, что понимает этих двоих. А перед «Б» стоит «А», которая видит «Б», «В» и «Г», из-за чего думает, что понимает вообще каждого. Это в человеческой природе — думать, что мы знаем что-то лучше всех остальных. Но единственный способ познать все лежит в развитии божественного понимания.

Любите мир так, как любите свою нацию и семью

Межнациональное понимание сильно затемнено отсутствием осознания того, что личное счастье входит в состав семейного счастья, семейное счастье входит в состав счастья общества, счастье общества входит в состав национального счастья, а национальное счастье — это часть международного счастья.

Любовь к семье сильна от природы. В семейной любви Бог стал отцом, чтобы любить вас через посредство мудрости; и Он стал матерью, потому что Он хочет дарить вам безусловную любовь. Бог стал влюбленным и возлюбленным, чтобы объединять души в расширяющейся любви. Он стал другом, чтобы соединить души в чистой, беспристрастной любви, которая не предъявляет никаких требований. В дружбе нет принуждения — она исходит от свободного выбора сердца. Такая дружба должна существовать между мужем и женой, ребенком и родителем, — во всех человеческих взаимоотношениях. Дружба — огромный фактор мира в многонациональной семье мира.

Никто не сможет полюбить свою нацию, пока не научится первому уроку любви, а именно — любить свою семью. Поначалу ребенок жаждет лишь молока, но уже совсем скоро он окутывает любовью свою мать и отца. Затем, когда он взрослеет, он учится любить свою страну. Когда эта душа становится христоподобной, она начинает любить весь мир.

Вы являетесь частью всемирной человеческой расы. Не забывайте об этом. Вы должны любить весь мир так, как любите свою нацию и семью. Этому трудно научиться, и задача Self-Realization Fellowship — показать вам, как это сделать. Мы учим, что именно с помощью союза с Богом можно обрести союз с человеком, потому что, только когда вы знаете Бога и видите Его во всем, вы можете любить еврея и христианина, мусульманина и индуиста одинаково. Меня этому учили в детстве, но это было в определенной степени навязанной идейной концепцией. Это не было внутренним пониманием. Я пытался любить весь мир, но это было нелегко. Всякий раз, когда я смотрел на свою семью, она поглощала всю мою любовь. Но один за другим многие из моих близких умирали. Я думал, что природа очень жестока. Уже потом я начал осознавать, что моя любовь подвергается испытаниям; что я должен расширять свою любовь, а не ограничивать ее своей семьей. Бог показал мне, что это Его я любил в своих близких. Затем моя любовь стала расширяться ко всем изнутри. Я больше не мог относиться к своей семье с пристрастием. Когда я вернулся в Индию в 1935 году, я убедился в том, что это правда. Даже несмотря на то, что отец окружил меня любовью, в семейном доме я чувствовал себя незнакомцем.

Поэтому, благодаря жизни в семье, а затем и в обществе, Бог обучает каждого человека понимать свою интернациональную семью, чтобы в итоге мы смогли образовать Соединенные Штаты Мира во главе с Истиной.

Межнациональное понимание стирает разделяющие нас границы

На этой земле все мы лишь чужаки. Ни одна территория не принадлежит какой-либо стране. Могучее время со временем сотрет с лица земли все нации. Их границы непостоянны, так как они созданы грубой силой. Я верю в то, что придет время, когда, благодаря более широкому пониманию, у нас больше не будет границ. Нашей страной мы должны называть Землю, и посредством правосудия и международной ассамблеи мы должны распределять блага этого мира в соответствии с потребностями людей. Но чувство равенства невозможно установить силой — оно должно исходить от сердца. Величайшим благословением будет развитие межнационального понимания, благодаря которому мы сможем осознать эту истину.

Этим идеалам нужно обучать во всех школах. Грешно учить детей любить свою семью и равнодушно относиться к тому, что происходит со страной; столь же грешно и учить их любить ту страну, которая не позволяет им любить свою большую общемировую семью. Когда любви к своей стране придают чрезмерное значение в школах, это сеет семена неправильного понимания и даже ненависти к другим нациям. Как мы смеем портить детей, обучая их патриотизму, в котором сокрыты семена ненависти? Пока вы не полюбите свою страну, вы не сможете полюбить весь мир; однако детей, помимо прочего, нужно учить любить все страны так же, как они любят свою. Это божественный принцип.

Мир воцарится тогда, когда мы научимся видеть Бога во всех

Таким образом, мы должны изолировать свою мудрость от любого воздействия окружающей среды. Если мы научимся понимать других людей и освободим свой ум от всех предрассудков, вызванных окружающей средой, мы начнем отражать совершенный образ Бога, который находится внутри нас, и находить его во всех. «А тем, которые приняли Его, верующим во имя Его, дал власть быть чадами Божиими»[2]. Солнце светит и на алмаз, и на уголь, но лишь алмаз — благодаря своей прозрачности — отражает его в большей степени. Бхагаван Кришна учил, что из-за того, что мудрость в человеке погребена под невежеством, он не отражает образ Божий, сокрытый внутри. Но во всех тех, кто использует силу ума для того, чтобы быть хорошим, проявится сила Духа. Если мы сможем *принять* эту силу Духа, мы станем истинными Божьими сыновьями. И мы должны научиться видеть, что свет Божий в равной степени освещает Его хороших и плохих детей. Мир воцарится тогда, когда мы обучим свои сердца видеть Бога во всех, а не только в тех, кто любит нас или кого мы считаем своими близкими.

Мир не есть то, что вы и я или несколько великих душ могут сотворить в одно мгновенье, по команде. Даже миллион Христосов или Кришн не смогли бы сделать этого. Как бы Господь Кришна ни старался, он не смог бы предотвратить войну между Пандавами и Кауравами, которая описана в Махабхарате[3]. Все человечество должно стать христоподобным, чтобы на земле воцарился мир. Когда каждый из нас перестроит свою жизнь в соответствии с мудростью и примером Христа, Кришны и Будды, тогда мы сможем обрести мир — не раньше. Начинать нужно с самого себя и прямо сейчас. Мы должны постараться уподобиться божественным душам, которые приходят на землю снова и снова, чтобы указывать нам правильный путь. Мир сможет воцариться лишь тогда, когда мы начнем любить друг друга и держать свое понимание в чистоте, как этому учили нас они своим собственным примером.

Мир начинается дома и в школе

Каждый индивидуум в семье и обществе должен стремиться жить в мире с окружающими. Мир должен начинаться дома и в школе. В школьных классах нам необходимо обучать детей международному патриотизму — любить весь мир так, как учили Иисус, Кришна и великие мастера, и не делать того, что может привести к затруднениям

---

[2] Ин. 1:12.

[3] Индийский эпос, восемнадцать глав которого образуют священное писание — *Бхагавад-Гиту*, «Песнь Господню». См. *Бхагавад-Гита* в глоссарии.

в международных отношениях. Мы должны гордиться не национальностью или цветом кожи, а степенью своего понимания. Мы должны взращивать свое понимание и использовать его для того, чтобы определять, что будет лучше для семейного счастья, национального счастья и международного счастья. Международное счастье должно включать в себя благосостояние нации, общества и семьи. Закон должен обращать внимание на поведение, а не на цвет кожи или классовые различия. Это те идеалы, которым нужно обучать детей.

Пока Божьи дети устанавливают между собой различия, говоря: «Мы индийцы, а вы американцы; мы немцы, а вы англичане», — они будут скованы иллюзией, а мир будет разделен. Множество войн, страданий и разрушений будет предотвращено, если мы перестанем придавать особое значение различиям и научимся любить всех непредвзято и не проводя различий. Гордитесь тем, что вы сотворены по образу Божьему, а не своей национальностью, ибо американцы, индийцы и другие национальности — это лишь внешнее одеяние, которое мы через определенное время сбросим. Вы вечно будете Божьим дитя. Разве не лучше учить своих детей такому идеалу? Устанавливать истинные идеалы мира в школах и самому жить подобающим образом — это единственный путь к миру.

Войн не будет, если не будет эгоизма

Если мы проанализируем особенности характера каждого человека, мы обнаружим, что все люди проходят через одну из четырех стадий. Когда желание исполнено, мы счастливы. Когда желанию противоречат, мы несчастны. Между двумя этими состояниями лежит безразличие — когда нет и счастья, и несчастья. За пределами этих трех состояний — покой. Когда мы сможем очистить наше понимание от эгоистических предрассудков — индивидуальных, семейных и национальных, — тогда мы сможем достичь состояния покоя.

Только подумайте: если бы Гитлер и другие диктаторы и мировые агрессоры не имели личного или национального эгоизма, как много войн было бы предотвращено! Я бы хотел увидеть хотя бы одного президента, который на своем посту работает не для себя, а только лишь ради страны. Линкольн был таким человеком. Я не могу думать о нем, не беря в расчет его стремление помочь всему человечеству. Но большая часть политиков хочет занимать должности ради собственной выгоды, а также ради выгоды тех групп людей и дел, которые им близки. Любовь Линкольна или Ганди к своей стране основывалась на мудрости. Амбиции слабых политиков наносят огромный урон положению этой или любой другой страны.

Так что патриотизм не должен влечь за собой войны и проблемы. Какой толк от патриотизма, который разрушает жизни, который убивает невинных мужчин, женщин и детей? Война должна обнажать любовь нации к своей стране. Но это неверный способ ее показывать. Правильный способ демонстрировать истинный патриотизм — вести себя как Божье дитя и даровать понимание всем людям. «Ибо все, взявшие меч, мечом погибнут»[4]. Божественная Любовь превыше силы меча. Понимание сильнее всех мечей в мире.

Сегодня Америка является лучшей страной для жизни. Я говорю это не для того, чтобы польстить вам, а потому что это правда. У вас есть свободы, материальные преимущества и возможности, недоступные многим другим нациям. Не злоупотребляйте этими привилегиями и благословениями. Единственное, что может оправдать человеческое существование, — это поиск Бога. Господь надеется, что вы научитесь любить Подателя благ больше, чем Его материальные блага.

Йогическая медитация раскрывает нашу божественную сущность

Почерпывая информацию из космических томов истины, Индия разработала систему Йоги — науку единения души с Богом; науку единения с принципами вечной праведности, со Вселенной и со всем человечеством. Мудрец Патанджали выработал восемь ступеней йогической системы для достижения цели:

1. Избегайте неправедного поведения (*яма*);
2. Следуйте определенным нравственным и духовным предписаниям (*нияма*);
3. Учитесь сохранять тело в неподвижности и ум — в спокойствии, ибо, где прекращается движение, там начинается восприятие Бога (*асана*);

---

[4] Мф. 26:52.

4. Концентрируясь на состоянии покоя, практикуйте контроль энергии жизни *(пранаяма)*;

5. Когда вы овладеваете своим умом, то есть когда он находится под вашим контролем благодаря *пранаяме*, вы можете вручить его Богу *(пратьяхара)*;

6. После этого начинается медитация; для начала концентрируйтесь на одном из космических проявлений Бога, таких как любовь, мудрость, радость *(дхарана)*;

7. За этим в медитации следует расширение осознания бесконечной природы Бога *(дхьяна)*;

8. Когда душа сливается с Богом, Который есть вечно сущее, вечно сознательное, всегда новое Блаженство, достигается конечная цель *(самадхи)*.

Радость Бога невозможно исчерпать. Он удовлетворяет все потребности, Он есть цель и суть существования. Истинное понимание приходит тогда, когда мы чувствуем Бога как великое блаженство медитации. А покой — это первое проявление Его присутствия.

Чтобы обрести покой, мы должны больше любить; но мы не сможем любить людей безусловно, пока не познаем Бога. Душа абсолютно совершенна, но, когда она отождествляется с человеческим телом как эго, ее выражение искажается человеческим несовершенством. Если бы люди были просто несовершенными телами и умами, предрассудкам и разделениям было бы хоть какое-то оправдание. Но на самом деле мы души, сотворенные по образу и подобию Божьему. Поэтому Йога учит нас познавать нашу божественную природу в нас самих, а также в других людях. С помощью йогической медитации мы можем познать, что мы — боги.

Когда каждый научится общаться с Богом, на земле воцарится мир

Я верю, что, когда каждого жителя планеты обучат общению с Богом, а не простому знанию о Нем, на земле воцарится мир, — не раньше. Когда в упорной медитации вы познаете Бога через общение с Ним, ваше сердце будет готово объять все человечество.

Я не являюсь индийцем или американцем. Моя национальность

— род людской, и никто в мире не заставит меня думать иначе. Предрассудки и исключительность — это так несерьезно. Здесь мы лишь ненадолго, в какой-то момент мы будем выдворены отсюда. Мы должны помнить лишь то, что мы дети Божьи. Я люблю все страны так, как люблю мою Индию. И вот моя молитва для вас: любите все страны так, как вы любите Америку. Бог создал такой разнообразный мир, чтобы вы могли забыть о физических различиях с другими расами и вывели свое понимание из дебрей непонимания и предрассудков, направив его на попытку познать Господа как нашего единого Отца.

Поэтому, друзья мои, примите решение, что вы будете любить весь мир как собственную нацию и свою нацию — как собственную семью. Этим пониманием вы посодействуете строительству всемирной семьи на нерушимом фундаменте мудрости.

Следуйте путями Господними. Каждый день уделяйте время медитации на Него. Когда вы начнете общаться с Богом, вы будете чувствовать, что каждый человек вам родной. Никто и никогда не заставит меня почувствовать, что он мне неродной, ибо все люди — Божьи дети, а Он — мой Отец.

Знать Бога — значит любить всех

Заключительная речь на банкете во втором храме
Self-Realization Fellowship, Лос-Анджелес, Калифорния,
26 февраля 1939 года

В названии нашего общества слово *Self-Realization* обозначает познание своего «Я» как души, сотворенной по образу Божьему. Под словом *Fellowship* подразумевается союз с Богом и обретенный благодаря ему союз с человеком. Когда в медитации мы научимся любить Бога, мы полюбим все человечество так, как любим свою семью. Только тот, кто нашел Бога посредством собственной Самореализации — тот, кто в действительности познал Бога, — *может* любить всех людей — и не отчужденно, а как родных братьев и сестер, детей одного Отца. Таков мой опыт. Благодаря союзу с Богом и, как следствие, со всем человечеством мы не различаем людей по расам, положению в обществе или религии. Когда Сам Бог становится нашей религией, ошметки догматизма исчезают из нашего сознания и мы зрим Истину, которая есть в каждой душе и каждой религии[1]. Я надеюсь, все вы будете помнить об этом союзе, об этой божественной дружбе со всеми искателями Истины, и будете практиковать такую дружбу во взаимоотношениях друг с другом. Мы хотим дать вам это духовное вдохновение.

Нет никаких оправданий тому, чтобы проповедовать разделения в храме Господнем. Церкви должны быть местом для общения с Богом. Когда мы познаём Отца, все религиозные разногласия исчезают. Все Божьи пророки и аватары заявляют, что Бог един, и Самореализация придает этой истине особое значение. Религия куда выше основ

---

[1] «В чем счастье? — В том, чтоб разумом стремиться
К союзу с вечным — и преобразиться,
Времен, пространств одолевая сферу.
Взгляни на небеса, пойми их веру!»
(из поэмы Джона Китса «Эндимион»)

правильного поведения, религия — это общение с Богом. Восхвалять Господа и поощрять верующих общаться с Ним — единственная задача церкви или храма. Если религия упускает из виду общение с Богом, она не исполняет свой долг. Но я думаю, что мы приближаемся к тому времени, когда люди будут хотеть все больше и больше воистину осознавать присутствие Бога и чувствовать братство всех людей.

Бог любви, мудрости и красоты

Настало время приложить усилия для познания Бога. Вновь и вновь сбрасывайте бомбы вашего глубокого стремления на крепость тишины, пока ее стены не падут и Бог не будет обнаружен. *Почувствуйте* Божью любовь, и тогда в каждом человеке вы будете зреть лик Отца, свет Любви, пребывающий во всех. Вы обнаружите волшебную живую связь между деревьями, небесами, звездами, всеми людьми и всем сущим, и вы почувствуете единство с ними. Таков принцип божественной любви.

Небесного Отца можно познать как космическую любовь, космический свет, космическое блаженство. Он также является безмерной красотой. Когда мы смотрим на розу, мы не должны много думать — напротив, мы должны концентрироваться на ее красоте. Если наши мысли поглощены химическими и ботаническими характеристиками розы, мы теряем из виду ее прелесть. Вместо этого мы должны омывать наш дух в глубоком чистом чувстве, что бурлит внутри нас, когда мы созерцаем великолепие Его творения. Таков способ познания Бога как красоты. И Бог — это поэтичность. Это еще одно проявление Его красоты. Он есть Бесконечная Поэма и Радость, которую мы ощущаем, когда слышим вдохновляющие поэмы. Поэзия сама по себе — это «радость без конца, без края». Если мы любим Бога, мы любим и поэзию.

Чтобы принести на землю Божье царство, мы должны следовать пути мудрости, красоты и любви. Мы должны взращивать мудрость и с ее помощью учиться любить Божью красоту во всех душах и во всех вещах.

Общение с Богом дает ответы на все вопросы

Это прекрасно, когда люди разных взглядов собираются вместе для того, чтобы находить точки соприкосновения, а не ставить акценты на разногласиях. С этой вечерней встречи вы должны унести с собой что-то стоящее. Каждый выступающий подчеркивал, что мы должны думать не о войне, а о мире, и жить этим принципом. Мы можем познать истинный покой, когда познаем Бога. Когда мы познаем Небесного Отца, мы найдем решение не только наших проблем, но и тех проблем, что осаждают мир. Зачем мы живем и почему умираем? Почему происходят эти события и происходили те? Сомневаюсь, что на землю когда-либо придет святой, который сможет ответить на все вопросы человечества. Однако каждая тайна жизни, которая будоражит наши сердца, будет разгадана в храме медитации. Когда мы войдем в контакт с Богом, мы получим ответы на загадки жизни и найдем решение всех наших проблем.

Жизнь очень коротка, и за малый промежуток времени мы должны постараться пожать ценнейшие плоды познания. Все, что нам нужно, — ежедневно прилагать усилия в медитации и практиковать присутствие Бога. Если в наших жизнях нас сопровождают благие мысли, значит, мы пытаемся быть лучше. Усилия — это все, чего от нас ждет Бог. Без сомнений, помнить Бога под гнетом сильной занятости сложнее всего. Но Бхагавад-Гита говорит: «Кто видит Меня везде и все видит во Мне, тот никогда не теряет Меня из виду, и Я никогда не теряю из виду его»[2].

Видите, как Господь нас убеждает! Он говорит: «Тот, кто всегда помнит обо Мне и ищет Меня в свободный час; тот, кто высматривает Меня в сердцах цветов; тот, кто исследует Источник бесконечных кинокартин через крошечную звезду в духовном оке в Центре Христа; тот, кто ищет Меня в дружбе, в родственных отношениях и в божественной любви, — тот найдет Меня. Я всегда пребываю с Ним. Он никогда не потеряет Меня из виду, и Я не потеряю из виду Его».

Бога находит тот, чей ум непобедим

Разрешение собственных проблем — ваша первостепенная важность, ибо, улучшив собственную жизнь, вы поможете разгадать головоломку этой жизни другим людям: пример говорит лучше слов. Вы должны так сильно любить Бога и иметь такую твердую веру в Него, чтобы, даже если мир будет считать вас никчемной душой из-за ваших неудач или физической слабости, вы смогли сказать: «Отец, хотя мои ноги и парализованы, я хочу войти в Твой храм. Хотя я и глух, Господь,

---

[2] VI:30.

я хочу услышать Тебя. Хотя я и нем, я хочу говорить о Тебе. Боже, я не сдался. Мой ум и мое сердце мчатся к Тебе».

Нет ни одной причины, по которой ваш ум не может быть с Богом. Разрубите иллюзорные кандалы материалистической привязанности, которые вы сами же и сотворили и которые приковывают ваши мысли к мирскому сознанию. В сердце своем стойте в стороне — будьте в миру, но не порабощены им. Молитесь Отцу: «Я так сильно хочу познать Тебя и разгадать загадку жизни! Хотя моя плоть и слаба, дух мой силен. В своем сердце я испытываю всепоглощающую тоску по Тебе. В свете моей любви я хочу узреть Тебя». Тогда Космический Возлюбленный ответит: «Хотя мир и говорит, что ты потерян, ты по-прежнему Мое дитя». Так что помните: в храме своего сердца Бога находит тот, чей ум непобедим.

Какие бы препятствия ни стояли на вашем пути, в потайном святилище своего сердца вы можете искать Бога и любить Его всей душой. Всякий раз, когда у вас освобождается немного времени посреди дневных обязанностей, удаляйтесь во внутреннюю пещеру безмолвия. Вы не найдете покоя посреди толпы. Находите время для уединения, и в пещере внутренней тишины вы найдете неиссякаемый источник мудрости.

В общении с Богом вы найдете сад истины

Я искал истину во всей Индии — и обнаружил ее цветение во всех учениях. Но целый сад истин можно найти лишь в общении с Богом. Только когда вы услышите истину из Его уст, вы будете полностью удовлетворены. Когда вы будете общаться с Ним, вы поймете, как решить любые проблемы, и вы сможете воистину сказать: «Я знаю волю своего Отца» или «За всем, что со мной происходит, я созерцаю любовь моего Отца». Чувствуя любовь Господа и следуя за ней, вы придете к тому, что будете испытывать любовь ко всем и ко всему. Вы сможете переступить через пределы всех ограничений, ибо любовь Бога — это ключ к решению проблем жизни, войн, трудностей.

Я видел и чувствовал эту Божью любовь в истинных мастерах, которых повстречал в Индии. Я помню как, будучи мальчишкой, впервые встретил великого святого Мастера Махасайю[3]. Он медитировал, пристально вглядываясь в пространство иного мира. Он еще даже не начал говорить со мной, а я уже впал в оцепенение, потому что понимал, что в нем было что-то истинное: я видел, что он был един с Богом. Я промолвил слово, а он повернулся ко мне и сказал: «Пожалуйста, присаживайся. Я говорю со своей Божественной Матерью». Когда я услышал эти слова, что-то внутри меня изменилось. Я осознал, что стою перед тем, кто в действительности общается с Богом. В тот момент любовь, которую я чувствовал к Божественной Матери, стала в тысячу миллионов раз сильнее той, что я испытывал к своей земной матери — самому близкому мне человеку. Эта любовь переполняла меня.

Я попросил святого: «Пожалуйста, ну пожалуйста, сэр, спросите Божественную Мать, любит ли Она меня. Она вам точно скажет — Она же вас слышит сейчас». День и ночь эта молитва не давала покоя моему сердцу. Но в тот момент я *должен* был узнать ответ. Он согласился задать вопрос от моего имени.

Следующим утром я побежал к Мастеру Махасайе и спросил его, не поведала ли чего Божественная Мать. Он посмотрел на меня и сказал:

— Вот озорник!

Я упорствовал:

— Спросили ли вы Божественную Мать, что Она думает обо мне?

Он вновь сказал:

— Озорник!

Затем он добавил:

— Зачем ты меня испытываешь? Ты уже знаешь ответ. Разве Она не приходила к тебе прошлой ночью и не сказала, что любит тебя?

Слова подтверждения наполнили радостью мое сердце, ибо так оно на самом деле и было: Божественная Мать явилась мне в глубокой медитации и сказала о Своей любви ко мне. Я никогда не смогу забыть это переживание — великий свет и Ее божественное присутствие. Даже самый яркий свет этого мира лишь тьма по сравнению с

---

[3] Рассказанная здесь история, а также другие эпизоды встреч с Мастером Махасайей описаны в девятой главе «Автобиографии йога».

великим светом Духа. «И свет во тьме светит, и тьма не объяла его»[4].

После своей первой встречи с Мастером Махасайей я сразу направился домой и приступил к долгой и глубокой медитации. Тьма этого мира рассеялась и пространство разверзлось. В ярком блеске внутреннего божественного света я увидел очертания женщины с самым красивым лицом, какое я только видел. В свете ее глаз передо мною открылась вся Вселенная. Я спросил:

— Вы — Божественная Мать?

— Да, это Я, — ответил Ее сладкий голос. Я заплакал:

— О Мать, любишь ли Ты меня?

— Я всегда любила и буду любить тебя.

О, какую радость, какой великий экстаз я испытал! Я почувствовал единство с Любовью, пребывающей во всем сущем.

Я вернулся к Мастеру Махасайе следующим утром только лишь для того, чтобы услышать, что мое видение было истинным. Он назвал точное время, когда я пережил этот опыт, и в точности передал слова, которые я услышал от Божественной Матери. Как он мог знать об этом? Эта сила могущественней, чем телепатия. Это единство с вездесущностью Господа. Такие тайны можно понять только благодаря общению с Богом. Когда вы с помощью собственных усилий начнете чувствовать к Богу ту же любовь, что скупец чувствует к своим деньгам, а влюбленный — к своей возлюбленной, тогда Бог придет к вам.

Ищите духовного богатства

Вы не птица и не зверь, вы — человек, чадо Божие, и вы должны выразить свое истинное «Я». Помните об этом. Вы здесь для того, чтобы сломить оковы иллюзии, приподнять завесу Природы и утвердить свою божественную силу как чада Божиего.

Время ускользает от вас. Почему вы позволяете себе забывать о Господе? Зачем покидать эту землю, не разгадав тайну того, почему вы здесь и куда вы уйдете? Когда я вернулся в Индию в 1935 году, я посетил Бодх-Гаю и сел под деревом в том месте, где Будда сидел в медитации до тех пор, пока не получил просветление. Я мог в точности чувствовать его ощущения, его мысли, его экстаз. Когда приходит реализация, какая наступает свобода, какая радость!

---

[4] Ин. 1:5.

Вся жизнь есть школа опыта, которая направляет человека к Богу. Ищите, пока не найдете Его, ибо, пока вы не сделаете этого, вы не сможете разгадать тайну жизни и освободиться от страданий, которые являются частью смертного существования. Не ложитесь спать, пока не почувствуете связь с Богом в медитации. Вы знаете, что именно неугомонный младенец, который плачет громче всех, первым привлекает внимание матери. Так что будьте подобны неугомонному ребенку и плачьте о Боге. Не удовлетворяйтесь ничем, кроме Бога. Любить дары мироздания больше, чем их Дарителя, глупо. В своем сердце отрекитесь от всего; ищите Бога, вручите Ему всего себя.

Помните, что однажды даже самый близкий вам человек будет у вас отобран — и не для того, чтобы вас наказать, а чтобы напомнить: надобно дарить свою любовь всем существам как своим родным. И — самое главное — чтобы помочь вам осознать, что это именно Бог любит вас через ваших близких. Цель жизни — найти Бога и получить всеудовлетворяющую, вечную любовь непосредственно от Него.

Поэтому, дорогие друзья, в ночное время, когда вы свободны от своих материальных обязанностей, ищите духовного благополучия. Медитируйте и молитесь — снова и снова. Практикуйте техники медитации учения Самореализации, чтобы обуздать беспокойство ума. Следуйте за великими Гуру этого пути — с помощью этих учений они нашли Бога. Все, чему учат уроки Самореализации, — это познание Бога. Я пришел сюда лишь с одной целью: дать вам любовь Господа.

Как стать ближе к Богу

Специальная Ассамблея, проведенная 26–27 декабря 1937 года, второй храм Self-Realization Fellowship, Лос-Анджелес, Калифорния

Ответ Парамахансы Йогананды на комментарии тех, кто выступал со вступительным словом

Я благодарю каждого, кто посодействовал тому, чтобы сегодняшнее мероприятие прошло успешно. Я молюсь, чтобы все вы получили пользу от тех слов, что Господь сказал этим вечером устами любящих Его.

Того, кто не способен отвечать на любовь, нельзя назвать человеком. Те же, кто отвечает на любовь, получают послание от Бога, которое передается им через слова других людей. Я чувствую это очень отчетливо. Господь благословил нас словами, сказанными сегодняшним вечером. Адресованная мне доброта — это большая честь для меня. От похвалы мне не становится лучше, и от порицания мне не становится хуже. Я знаю лишь то, что Бог отражен во всех. Чувствуя себя счастливым в радости Духа, я хочу делиться Его любовью со всеми, кто приходит ко мне, и я буду делать это в течение всей своей жизни. Это самое большое мое желание, ради которого я и живу.

Совсем немногие понимают, как можно преуспеть в своих попытках установить связь с Богом. Многие размышляют так: «Что же, думаем мы о Нем или нет, Он дает нам жизнь, Он дает нам еду и другие предметы первой необходимости в этом мире. Так зачем же беспокоиться о том, чтобы искать Его сейчас? Этим можно заняться потом, в загробной жизни». Иные люди думают так: «Я молюсь, но не знаю, слышит ли Он меня. Я не получил того, о чем молился, так зачем же мне тратить на Него силы?» А некоторые говорят: «Когда мы умрем, вот тогда мы и станем ангелами». Но помните, друзья мои: если вы ложитесь спать, не будучи ангелом, то и пробудившись, вы не обнаружите себя ангелом. Аналогично этому, вам не дадут крылья и нимб только лишь на основании того, что вы погружаетесь в сон смерти, — до тех пор, пока вы не заработаете их здесь. Каким бы вы ни хотели быть, вы должны быть таким сейчас. Вы должны работать над этим сегодня.

Подобно тому как материальный успех требует методичного подхода, так и в духовных вопросах мы должны быть практичными. Практический аспект учений Самореализации изменил жизни тысяч людей. Истинная Самореализация преобразила святого Линна[1] больше, чем любого другого жителя Запада, которого мне доводилось встречать до сих пор. Между нами происходит чудесный взаимообмен духовными вибрациями, который обычному человеку и не снился. Поскольку в самом выражении его лица отражается Господь, один лишь взгляд на него отправляет меня во внутренний духовный экстаз Божьего присутствия. Если вы живете Господом, вы способны передавать другим ощущение Его присутствия, подобно тому как вы можете заставить других людей чувствовать вашу неприязнь к ним. Вы должны задействовать свою внутреннюю силу, дабы стать инструментом в руках Бога. Искренность — это прозрачный бриллиант, через который Бог освещает наши жизни.

Но как стать ближе к Богу, когда в мире столько религий, каждая из которых утверждает, что отправит вас в рай? Вы уже вставали на один или несколько путей, но чувствуете ли вы себя в раю или хотя бы близко к нему? Ваше собственное познание истины, а не слепые догматы, должно иметь обязательную силу в вашей духовной жизни.

Я не хочу удерживать кого-либо своей личностью, ибо, если я так поступлю, смерть перережет эту нить, и цветочная гирлянда этих душ рассыплется и будет затоптана временем. Я здесь, чтобы служить душам, и единственная приманка, которую я буду использовать, — это моя любовь. Я никогда не буду льстить. Каждый, кто будет искренне практиковать методы этого пути, останется со мной, связанный собственной Самореализацией. Это в ваших же интересах — открыть свои очи интуитивного понимания и следовать истине, а не догматам или религиозному надувательству. Испытывайте доброжелательность ко всем религиям, любите их в своем сердце, но будьте преданны тому

---

[1] Раджарси Джанакананда (в миру — Д. Д. Линн) — первый преемник Парамахансы Йогананды на посту президента и духовного главы Self-Realization Fellowship/Yogoda Satsanga Society of India (см. глоссарий).

пути, на который вас направил Бог. Не впечатляйтесь моими словами или словами других людей, спросите Отца — Он вам расскажет. Молитесь Ему: «Отец Небесный, веди меня, дабы я не впал в заблуждение». Если вы искренни, вы обнаружите, что Он ведет вас, и сможете проверить истинность моих слов на собственном опыте.

Обезьяний процесс — и его продолжение

Это ужасно, что мы, люди, унижаем себя многообразными способами. Как-то в штате Теннеси имел место известный судебный процесс над учителем, который преподавал своему классу теорию эволюции Чарльза Дарвина[2]. Дело породило большие дебаты о том, был ли человек создан Богом или произошел от обезьян. Одна сторона говорила: «Предположим, мы произошли от обезьян. Мы далеко продвинулись — и это прекрасно!» Другая восклицала: «Мы не примем абсурдную идею о том, что наши предки свисали с веток деревьев на своих хвостах!» Говорят, пока этот процесс продолжался, верховная обезьяна этого мира отправилась со своими делегатами в рай, чтобы повидать Бога. Она сказала Ему: «Ваше Превосходительство, мы пришли, чтобы заявить протест. Человеческая раса, как известно, промышляет всеми видами зла: ложью, обманом, прелюбодеянием, убийствами, ведением войн. А теперь у них появилась секта, которая пытается доказать, что эти существа — наши родственники. Мы оскорблены!»

Не всегда у нас находится причина гордиться собой как представителями рода людского, но и наши ошибки не должны удручать нас. Всегда ищите что-то хорошее в любом опыте, учитесь на своих ошибках и думайте о Боге, что бы ни происходило.

Если вы верите словам о том, что вы можете без труда попасть в рай, вы будете горько разочарованы. Вы должны знать метод, с помощью которого вы можете найти Бога; с помощью которого вы можете угодить Ему и стать ближе к Нему. Существуют молитвы, аффирмации, нравственные предписания, концентрация и медитация. Путь *Крийя-йоги*, который я вам преподношу, вбирает в себя все вышеперечисленное.

Если бы ученые собирались вместе и просто молились об

---

[2] Знаменитое дело Скоупса 1925 года. Более подробно Парамаханса Йогананда рассматривает теорию эволюции на стр. 22.

изобретениях, разве они бы их получили? Нет. Они должны задействовать Божьи законы. Как же тогда храм или церковь могут дать вам Бога в слепой молитве или церемонии? Вы должны ходить в храм или церковь не ради встреч, красивой музыки или возвышенных проповедей, а ради Господа и собственного духовного развития, которое принесет вам осознание Бога.

Я не пытаюсь удержать или приманить кого-то наживкой в виде ложных обещаний. Если вы пришли сюда за Господом и будете преданно практиковать учение, которое получаете, вы обнаружите истину посредством собственной Самореализации.

Иисус учил, что главная заповедь — любить Бога «всем сердцем твоим, и всею душою твоею, и всем разумением твоим, и всею крепостию твоею»[3]. Ученик Христа, святой Павел, обобщил это наставление: «Непрестанно молитесь»[4]. Будда учил: «Медитируйте на Бога». Бхагаван Кришна утверждал: «Тот обретает Светозарного Господа, о Арджуна, чей ум, укрепленный йогой, неотступно удерживает мысль о Нем»[5]. Заратустра и все другие пророки истинных религий на самом деле преподносили одни и те же учения.

Доказательство существования Бога

Доказательство существования Бога, как заявляли великие мира сего, нужно искать не в книгах и не в словах. Оно внутри вас самих. Если вы сидите в тишине и молитесь, а ничего не происходит, это значит, что вы не контактируете с Богом. Слепая молитва и молитва с ложным мотивом не действенны. Если бы вы с сегодняшнего дня начали молиться по пять часов в день о том, чтобы стать вторым Генри Фордом, молитва не была бы исполнена. Но если вы будете молиться Богу: «Я Твое дитя. Я сделан по образу и подобию Твоему. Даруй мне единство с Тобой», эта молитва будет исполнена.

Волна не может сказать: «Я — океан», потому что океан может существовать и без волны. А вот океан может сказать: «Я — волна», потому что волна не может существовать без океана. Правильно говорить, что океан стал волной, а не наоборот. Аналогично этому, говорить:

---

[3] Мк. 12:30.

[4] 1Фес. 5:17.

[5] Бхагавад-Гита VIII:8.

«Я есмь Бог» — значит сильно заблуждаться. Вы должны познать воистину, из собственного опыта, что вы едины с Ним и можете творить Его чудеса. Когда вы сможете почувствовать свое сознание в каждом атоме, во всем пространстве, а также за пределами мироздания, тогда вы сможете со знанием дела сказать: «Я и Господь — одно», — не раньше.

Когда вы восстановите свои отношения с Богом, вы будете обладать всем. Разве Иисус не был богаче Генри Форда? У него было все, что есть у Отца. Его домом была вся Вселенная. Его сознание было вездесуще. Вот почему он сказал: «Сын Человеческий не имеет, где приклонить голову»[6]. Иисус продемонстрировал, что он был един с Богом. Он сказал: «Или думаешь, что Я не могу теперь умолить Отца Моего, и Он представит Мне более, нежели двенадцать легионов Ангелов?»[7] Но он не стал использовать свои силы для того, чтобы уничтожить тех, кто распинал его тело. Вот где он проявил свои божественные качества. Ибо Бог не наказывает нас за наши заблуждения — это мы себя наказываем, пожиная плоды, которые сами же и сеем. Когда Иисус говорил: «Отче! прости им, ибо не знают, что делают»[8], своей смиренностью и нежеланием использовать свои колоссальные силы для того, чтобы наказать других, он олицетворял Бога.

Способ познания Бога

Каким же способом можно познать Бога?[9] Вы должны следовать тем нравственным принципам праведной жизни, которые одинаковы во всех истинных религиях. Первое — это то, что нельзя делать: красть, лгать, убивать, прелюбодействовать, совершать какое-либо зло. Во всем есть смысл, и вы должны понимать, что подразумевает каждый нравственный принцип. Например, если вы одержимы желанием секса и злоупотребляете им, а также забываете о его божественном предназначении — сотворении потомства, — вы будете терять

---

[6] Мф. 8:20.

[7] Мф. 26:53.

[8] Лк. 23:34.

[9] С этого места Парамахансаджи говорит об основных принципах восьмеричного пути йоги Патанджали: *яма* (нравственное поведение), *нияма* (соблюдение религиозных предписаний), *асана* (правильная поза), *пранаяма* (управление *праной*, тонкими токами жизни), *пратьяхара* (отведение чувственного восприятия от внешних объектов), *дхарана* (концентрация), *дхьяна* (медитация) и *самадхи* (сверхсознательные переживания). См. *йога* в глоссарии.

энергию и разрушите свое физическое и психическое здоровье.

Второе — следовать также и утвердительным правилам: быть добрым, искренним, честным; любить своих собратьев, практиковать самоанализ и самоконтроль.

Но первых двух ступеней недостаточно, чтобы познать Бога. После того как вы усвоите принципы праведной жизни, вы должны научиться успокаивать тело и ум, а начинать нужно с правильной позы. Всегда сидите прямо, с прямой спиной. Это особенно важно в медитации. Обуздание беспокойства тела дарует великую умственную силу.

Четвертая ступень — «отключение» жизненной энергии в теле, в процессе которого ваше внимание освобождается для внутреннего созерцания Бога. Вы не можете общаться с Богом эмоционально или физически. Когда жизненная энергия отключена от мышц и пяти чувств, ощущения не могут достичь мозга и нарушить внутреннюю концентрацию человека. Почему вы чувствуете покой при полном успокоении тела и ума? Откуда берется покой, который вы ощущаете во сне? Ничто не может исходить из ниоткуда. Ответ кроется в том, что за состоянием сна находится Бог. Покой, ощущаемый во сне, во время мышечного и сенсорного расслабления, исходит от Бога. Поэтому мастера говорят, что мы должны практиковать *пранаяму*, то есть методы контроля жизненной энергии в теле.

Пранаяма приносит результаты гораздо быстрее, чем обычная молитва или иные методы отвлечения ума от чувственного сознания. Вы можете достичь Божественного сознания с помощью техник Самореализации за одну жизнь. Медитация, которая возможна только после достижения самоуглубления, — это сознательное и контролируемое умом переживание состояния божественного покоя и радости, которые вы чувствуете во сне подсознательно. Поэтому мастера учат, что, отключая пять чувственных телефонных проводов зрения, обоняния, вкуса, осязания и слуха посредством *пранаямы*, вы можете достигать этого сознания в любой момент, усилив его тысячекратно. Так как любое состояние ума согласуется с физическим состоянием и наоборот, для достижения Самореализации практика *пранаямы* должна сопровождаться правильным питанием, правильным мышлением, правильным поведением и правильными упражнениями, насыщающими организм кислородом.

После успешной практики *пранаямы* ваше сознание погружается внутрь. Самоуглубление — это пятая ступень. Вы обнаружите, что ваш ум полностью активен и сконцентрирован внутри, готовый наслаждаться божественным покоем и присутствием Бога в глубокой концентрации и медитации, которые представляют собой шестую и седьмую ступени соответственно. Когда вы научитесь отстраняться от отвлекающих чувственных ощущений подобным образом, вы окажетесь у алтаря Божьего.

Испытайте это на себе. Неважно, каким путем следует верующий, в итоге ему все равно придется проложить свой путь обратно к Богу этими последовательными шагами.

Я могу удерживать свой ум полностью сконцентрированным на чем пожелаю. Если вы можете по своему желанию «отключать» беспокойные мысли и целиком концентрировать свое внимание на Боге, это начало реального общения с Богом. Вы не достигнете Бога, пока не научитесь это делать.

Те, кто любит Бога, всегда думают о Нем. Если ваша любовь к Нему достаточно глубока, вам не нужно убегать от этого мира. Вы можете выполнять любые свои обязанности, думая при этом о Нем. Подобно тому как пианист постоянно думает о музыке, так и ревнитель Бога постоянно думает о Нем. Божественная радость питает мозг, сердце и душу. Эта радость — Сам Бог, Он есть всегда новая Радость.

Я помню, как Мастер [Свами Шри Юктешвар] сказал мне: «Даже если бы весь мир оказался у твоих ног, тебе бы это быстро наскучило. Никакая власть и чудеса не сравнятся с радостью Бога. Это неувядаемое счастье — то, что ищет каждый человек. Бог есть всегда новая радость на протяжении всей вечности. Если ты обладаешь этой радостью, она тебе никогда не надоест». С того самого дня эта радость не покидает меня ни на миг. Неважно, проявляю ли я внешнюю радость или грусть под воздействием внешних обстоятельств; неважно, смеюсь я или плачу, — безмолвная река Божьей радости непрестанно течет в песках моих мыслей и всех переживаний жизни. Я не просто говорю об этом — я чувствую это. Меня не привлекает и целая Вселенная, ибо, когда я созерцаю эту обширную реку радости внутри себя, я обретаю удовлетворение.

Эти истины доказаны Индией. Так много говорить о Боге могут только те великие мастера, которые проверили эти истины на себе. Вы тоже должны это сделать.

Я могу просто сказать: «Боже, Боже, Боже!» — и уже от этого

войти в состояние экстаза. Также я могу войти в это состояние и медитируя либо смотря на прекрасный пейзаж или видя, как чей-то лик сияет Божьим присутствием. Когда вы достигаете вершин мастерства во всех ступенях, ведущих к высшему состоянию *нирвикальпа-самадхи*, вы можете возвращаться к нему в любой момент и любым из способов. Проверьте эти истины в собственной медитации. Но не обманывайте себя. Многие люди попадаются в ловушку эго и думают, что они уже обрели это состояние. Но им я отвечаю: «Если вы сломаете свою руку, сможете ли вы ее вы исцелить в один миг, подобно тому как Иисус восстановил целостность своего распятого тела?» Если вы на это не способны, не думайте, что вы достигли Христова единения с Богом. Вам по-прежнему нужно его заработать.

Истинно верующим Бог иногда являет Себя в образе великого света или космического звука *Аум* (Аминь), или же как безграничную радость, любовь и мудрость. Крылья Своего света Он расправляет по всей вечности; в этом свете я иногда вижу землю как сон. Этот мир и есть сон.

Бог присутствует в разумном, созидательном, вибрационном звуке *Аум* (Аминь), который слышит верующий. Он часто говорит со мной через эту вибрацию. В ней я чувствую Его творческий разум и силу.

Бог есть любовь. Если вы чувствуете безусловную любовь ко всем, вы чувствуете Бога. Вы, конечно, видите, что в истово верующих людях любовь к Богу проявляется сильнее, но все равно любите всех, потому что, хотя Он и скрыт от взора, Он пребывает во всех.

Если вы постоянно общаетесь с Ним, все остальное просто исчезает. У меня нет осознания национальности, нет осознания Индии и Америки. Я люблю вас всех так же, как люблю собственную семью. Я одинаково люблю и хороших, и плохих людей, ибо они мои братья и сестры. Непослушные мы или благочестивые, мы все же Его дети.

Мы должны проявить эту любовь сейчас; мы должны практиковать эту любовь сейчас. Учить любить все нации как свою собственную — это правильная форма патриотизма. Но патриотизм, который учит, что для проявления любви к своей стране нужно быть врагом другим странам — тот патриотизм, что поддерживает агрессивную политику и кровопролитие, — ложен.

Тот, кто не любит всех как Божьих детей, не испытывает настоящее чувство патриотизма, ибо, как я написал в стихотворении «Моя

Индия»[10], «Бог сотворил этот мир, а человек сотворил разделенные страны, в уме обнеся их стенами».

Если вы испытываете гордость за цвет своей кожи, расу или религию, вы оскорбляете себя. Я предсказываю: однажды народы Европы станут темнокожими, а азиаты — белыми. Будьте горды тем, что скрывается под кожей, плотью и костями, а именно образом Бога внутри вас. Будьте горды лишь этим. Это удивительный парадокс: вы на Западе приняли Христа, который был восточным человеком. Он родился на Востоке, посреди угнетаемых наций, чтобы показать, что вы должны одинаково любить все нации и расы.

Последняя, восьмая ступень, — это *самадхи*, то есть единение с Богом как со Светом или Космическим звуком *Аум*; или как с Радостью, Любовью или Мудростью, — и не просто единение, а расширение единения от ограниченности тела до сферы вечности. Если вы достигли этого союза с Богом, я склоняюсь перед вами. Я сижу у ног каждого, кто всецело познал Бога, и это делают все души, ощутившие Бога.

Будьте верны учениям, которые вы получаете, и настойчиво практикуйте их. Иначе вы никогда не узнаете о чудесных благословениях этого духовного пути. Человек не может добраться до цели пятью машинами, каждая из которых едет в разные места. Выберите один метод, который вы считаете истинным, и следуйте ему. Вы должны самолично познать Бога. Он единственный настоящий Друг, любовь Которого безусловна и вечна. Еще до того, как вы родились, когда никого с вами не было, Он был с вами. Когда земные друзья похоронят вас, Он по-прежнему будет с вами.

Каждую ночь, когда вы садитесь медитировать, непрестанно молитесь Богу. Пронзите тишину своим страстным рвением. Воззовите к Богу так, словно взываете к своей матери или к отцу: «Где же Ты? Ты сотворил меня, Ты дал мне разум, чтобы я мог искать Тебя. Ты пребываешь в цветах, в луне, в звездах, — почему же Ты продолжаешь прятаться? Приди ко мне. Ты должен прийти, Ты должен прийти!» Всей концентрацией своего ума, всей любовью своего сердца пронзайте завесы тишины снова и снова. Подобно тому как, непрерывно сбивая сливки, вы получаете из молока масло, так и, «сбивая» эфир маслобойкой своей преданности, вы получаете Бога.

---

[10] Из книги *Songs of the Soul*.

Космический Возлюбленный

Написано приблизительно в 1930 году

Я никого не расцениваю как чужака. Я счастлив любить всех чистым чувством человеческой привязанности. Мне неважно, как много святых голосит: «Не будьте привязаны ни к кому!» Я привязан ко всем. Непривязанность необходима в том случае, если чья-то любовь охватывает лишь одного или нескольких людей, исключая всех остальных. Моя привязанность никогда не будет исключительной: сфера моей любви распространяется на всех.

Любить всех подлинной привязанностью, как близких людей, — значит испытывать прекрасное, приятное, волнующее, пробуждающее сердце переживание. Это Он, Космический Возлюбленный в образе Великого Космического Комбинатора, приходит к нам в облике тех, кого мы любим: отца, матери, ребенка, второй половины, знакомого. Обучая нас дарить любовь посредством родительской, супружеской и дружеской привязанности, Космический Возлюбленный, будучи в этих человеческих формах, тайно впитывает любовь наших сердец, в то же время даруя нам благоухающую привязанностью любовь в облике родителя, ребенка, второй половины и друга.

Почему же тогда Он так жестоко разбивает наши сердца, играя с нами в прятки и побуждая нас любить Его в облике наших близких, а затем заставляя их исчезать за непроницаемой пеленой кончины? Он думает, что мы обижаемся на Его игру. Он не желает ранить нас болью утраты — Он хочет, чтобы мы любили Его, не ограничиваясь плотью одного или двух смертных тел, а посредством всеобъемлющей привязанности к Его бесконечному разнообразию форм всех воплощений и возрастов. Он ищет нашей прочной любви — чистой, духовной, беззаветной, совершенно непринужденной, — в то время как Он показывает Свои новые занимательные облики на сцене жизни. Он призывает нас любить Его разнообразные формы безусловно — в здоровом или же больном теле, как богатого отца или бедную мать, доброго друга или коварного неприятеля, короля или слугу, покровителя или врага, поклонника или язвительного критика, брата или возлюбленного, сына или дочь, доктора или министра; как птичку, зверя, цветок; как усеянную звездами небесную красоту, что над нами, или как укрытые волнами голубые воды океана, что под нами.

Бесконечный Развлекатель не позволяет нам вечно любить Его лишь в нескольких выбранных нами формах, чтобы мы смогли понять значение спектакля, в котором Он появляется в бесконечном разнообразии постоянно изменяющихся форм. Для того чтобы научить нас любви, Космический Возлюбленный вначале предлагает нам любить Его так, как мы сами того пожелаем, пока наша любовь не очистится от пятен эгоистичности, личностной привязанности, слепого чувства, предельности, смертных ограничений, боли утраты, бренности, низости, эмоциональности, непостоянства, человеческого безразличия и забывчивости, проклятия смерти и забвения.

Мы не должны бояться любить наших близких, неразумно опасаясь потерять их за пеленой смерти. Любите их так нежно, так искренне, так чисто, не печалясь даже при временной разлуке, разжигающей огонь любви, — чтобы вы смогли найти в них вечную, истинную любовь Бога. Найдя Божественную Любовь, под Ее сенью вы найдете каждого, кто вам был дорог на протяжении всех инкарнаций; и своей безграничной любовью вы окутаете не только их, но и всех тех, кого вы прежде и не видели, — все формы Космического Возлюбленного.

Бог в личном и безличном аспекте

*Главный международный центр Self-Realization Fellowship,
Лос-Анджелес, Калифорния, 21 декабря 1939 года*

Сегодняшняя беседа доведёт до вашего сознания важность пришествия Иисуса Христа на землю. Хотя у людей есть сомнения насчёт того, что случилось двадцать веков назад, его присутствие в этом мире было реальным, и многие общались с ним лично. Одни люди признавали его величие, другие по своему неведению посодействовали его распятию. В спектакле этой жизни Иисус показал нам, каким был бы Сам Господь и как бы Он Себя вёл, если бы Он пришёл на землю во плоти. В Иисусе, как и в других божественных инкарнациях, мы можем созерцать видимого Бога.

Некоторые писания изображают Бога мстительным Существом, всегда готовым наказать нас. Но Иисус показал нам истинную природу Бога. Он мог воистину провозгласить: «Я и Отец — одно»[1]. Дух внутри него был един с Бесконечным Духом. Тот, кто един с Богом, сам является Богом. Иисус доказал это на примере своей жизни. И хотя он и был един со Всемогущим Господом, он смиренно позволил невежественным людям распять его, вместо того чтобы отомстить им. Как Божий сын, отражение Космического Сознания, Он имел власть над всеми силами природы, но он никогда не использовал свою силу против людей. Тот, кто мог воскресить мёртвого, тот, кто осознавал, что его тело было не материальным, а бесплотным, конечно же, мог спасти себя от участи на кресте. Он говорил: «Или думаешь, что Я не могу теперь умолить Отца Моего, и Он представит Мне более, нежели двенадцать легионов Ангелов?»[2] Но вместо этого он утаил своё всемогущество и позволил распять своё тело. Его деяния продемонстрировали

---

[1] Ин. 10:30.

[2] Мф. 26:53.

высшую любовь Бога и то, как себя ведут единые с Ним люди.

Разве вам не мил Господь, Который с чувством бесконечной любви может сказать: «Я прощаю тебя, ибо ты не знаешь, что делаешь»? Вас может беспокоить ваш неправильный поступок, но Бога он не беспокоит. Что было, то было. Вы Его дитя, и какой бы нехороший поступок вы ни совершили, это произошло потому, что вы не знали Его. Он не обижается на зло, совершенное вами под влиянием неведения. Все, чего Он просит, это чтобы вы не повторяли плохих деяний. Он лишь хочет выяснить, искренны ли вы в своем намерении быть хорошим.

Господь демонстрирует нам Свое любящее всепрощение каждый день. За наши ошибки Он мог бы наказывать нас адскими муками, но Он не делает этого. Наказание адскими муками — это плод воображения мстительных людей, которые приписывают свои негативные качества Богу. Но Бог не использует месть. В Своем величии Он всегда с любовью относится к Своим детям. Мы никогда не должны бояться Его. Мы должны бояться только себя, наших собственных порочных деяний: эти действия совершаются против веления совести. На трибунале своей совести злой человек сам выносит себе приговор. Иисус сказал: «Покайтесь, ибо приблизилось Царство Небесное»[3]. Он имел в виду, что нужно покаяться за совершенное вами зло, и тогда вы достигнете Царства Небесного. Так что помните, что Бог не осуждает вас — вы сами выносите себе приговор своими ошибочными деяниями. Вы наказываете или же награждаете себя кармическими плодами ваших деяний.

Самая большая проблема в том, что Бог знает о нас слишком много! Я часто говорю Ему: «Господи, это нечестно, что Ты знаешь о нас все, а мы о Тебе — ничего». Если бы вы знали, что Бог пребывает с вами все время, вы бы не делали многих вещей, которые делаете сейчас. Но Он не хочет служить препятствием свободной воле, которой Он вас одарил. Он хочет, чтобы вы любили Его без принуждения. Он дал вам свободу быть добрым или же злым, отторгнуть Его или же принять Его на алтаре своего сердца. Вы можете делать что пожелаете — Он не вмешивается. Но те, кто по собственной воле выбирают хорошие поступки, находятся на пути к превращению в Божьих ставленников, подобно Иисусу, который был образцовым ставленником Бога.

---

[3] Мф. 4:17.

Иисус сказал: «Ибо истинно говорю вам, что многие пророки и праведники желали видеть, что вы видите, и не видели, и слышать, что вы слышите, и не слышали»[4]. Великие души посылаются Богом на землю для исполнения особой миссии — провозглашения Его величия — лишь время от времени, в разных эпохах. Их жизни отражают разные аспекты Бога: жизнь Кришны отражала аспект любви; жизнь Иисуса отражала аспект преданности и служения; Свами Шанкара отражал мудрость Бога; Чайтанья[5] — также любовь; Будда продемонстрировал сознание милосердия, активное в *дхарме*, космическом законе. Поэтому, хотя Бог Сам по Себе невидим, Он может проявляться в телах великих мастеров.

Это показательно, что, когда мы думаем о Боге в человеческом обличье, в своем уме мы обрисовываем Его согласно тем представлениям, что близки нам. Например, китайцы изображают Будду с приплюснутым носом и миндалевидными глазами; индусы изображают его с орлиным носом. Такова нужда человека: он нуждается в олицетворенном Боге в том обличье, к которому ему будет проще взывать.

Бог проявляется одновременно в личном и безличном аспекте

Многие верующие, почитающие олицетворенный аспект Бога, избегают безличного Его аспекта, а верующие в Непроявленного иногда отрицают идею личного аспекта Бога. Но я заявляю, что Бог проявляется одновременно в личном и безличном аспекте. Он есть Абсолют вне форм, но Он также проявляет Себя разными способами. Если бы на свете не существовало голубого неба, обширного космоса, прекрасных пейзажей, луны или мерцающих звезд на небосклоне, мы бы и вовсе не подозревали о существовании Бога. Чудеса, которые мы созерцаем во Вселенной, указывают нам на имманентность Бога. Его можно узреть повсюду — во всем, что Он сотворил, — а также в работе Его разума, который управляет всем мирозданием.

Когда мы видим кадры трагедии, драмы или комедии на киноэкране, мы забываем о том, что все персонажи и их характерные

---

[4] Мф. 13:17.

[5] Шри Чайтанья был выдающимся индийским мудрецом. В 1508 году он испытал духовное пробуждение и загорелся любовью к Богу, Которого он почитал как *аватара* Господа Кришну. Его слава как *бхакта* (почитателя Бога) распространилась Индии в XVI веке.

особенности являются не более чем электричеством, вибрационными формами света. Аналогично этому, когда мы смотрим вокруг — на землю, небо, деревья, других людей и мириады существ, — мы забываем, что они не представляют из себя ничего, кроме Бога, Космического Электричества. Мы должны осознать, что каждый из нас играет в спектакле добра и зла в этом мире и что наша плоть, лампочка и электричество, которое зажигает ее; что обширный океан, дерево, железо, — все это сделано из Господа. Не забывайте об этом. Все сущее состоит из тонкой вибрационной энергии Бога.

Таким образом, видимая Вселенная — это личностное отражение невидимого Духа. Все есть часть Него — даже крошечная пылинка. Дерево, которое кажется бездушной материей, состоит из живого света Господа.

В кажущемся пустым пространстве лежит единое Звено, единая вечная Жизнь, которая объединяет все во Вселенной — одушевленное и неодушевленное, — одна волна Жизни, текущая через все сущее.

Волна имеет тот же состав, что и океан, но она не есть весь океан. Аналогично этому, каждая волна творения — часть вечного Океана Духа. Океан может существовать без волн, а вот волна без Океана существовать не может.

Так что, как видите, Бог проявляется и в личном, и в безличном аспекте. Он есть Несотворенный Абсолют, и при этом Он проявляется в творении и смотрит на нас в мерцающих звездах, благоухая Своим сладким ароматом в цветах и разговаривая с нами устами Своих святых.

Даже конечное является бесконечным

Прямо за пределами Вселенной находится бесконечное существо Бога. И так как Бога нельзя уместить ни в какие формы, даже Его личный аспект во Вселенной тоже бесконечен. Так что то, что мы называем конечным и бесконечным, находится прямо перед нашими глазами. Но наши глаза обманывают нас, так как они не видят все, что здесь находится. То, что мы называем конечным, по сути своей бесконечно. Поэтому мы не можем постичь всю глубину небес и пространства. Протяженность этой комнаты в пределах ее границ составляет восемнадцать футов, но само пространство нельзя увидеть или измерить. Если вы стоите на вершине горы и смотрите на ясное ночное небо, вы можете увидеть лишь пару тысяч звезд. Но при этом триллионы звезд

— бессчетное количество — находятся за пределами вашего поля зрения. Если вы посмотрите в телескоп, вы можете увидеть некоторые из них; вы также можете видеть спутники таких планет, как Сатурн и Юпитер. Свету отдаленных звезд требуется неисчислимое количество лет, чтобы достичь Земли. И что находится за самой отдаленной звездой? Человеку это неизвестно. Пространство бесконечно. Обыкновенный человеческий разум не способен постичь эту истину.

Если вы проследите за рождением и концом материи, вы обнаружите, что она на самом деле вечна. Посмотрите на рождение и смерть человека, и, опять же, вы обнаружите, что он вечен. Вы можете сказать: «Меня зовут Джон. Я конечен». Но кем были ваши родители? И кем были их родители? Задайте этот вопрос каждому предыдущему поколению, и вы в итоге дойдете до Адама и Евы. А кто же породил их? Бог, Который вечен. Мироздание было вечным в прошлом, и в будущем оно также будет вечным. В данный момент вы находитесь в середине, в проявленном состоянии этих бесконечных перемен. Следовательно, и вы тоже бесконечны; у вас нет начала и конца.

В этом смысле ничто не является конечным и ничто не проявлено в личном аспекте. Все по сути есть бессмертный Абсолют, Который проявился в личном аспекте и на время стал видимым для нас в этом космосе. Это Его жизнь пронизывает всю Вселенную, вращая солнца, луны и звезды с математической точностью. Бог видим как эти сотворенные формы, и в то же время эта самая видимость делает Его невидимым: грубые вибрации прячут Его бесконечную натуру, Его вездесущую невидимость, в которой все сущее берет свое начало и переживает конец. Например, пар может быть невидим, но когда он конденсируется, то становится видимой водой, а если эту воду замораживают, она становится льдом. Пар — это газообразное вещество, а лед — твердое; какие они разные и в то же время одинаковые! Аналогично этому, Бог в безличном аспекте — личный, а в личном — безличный. Вся материя пребывает в Духе, и это Дух стал материей. Существенной разницы между ними нет. Если мы будем размышлять подобным образом, нам будет проще постичь, что невидимый Бог может иметь видимый аспект.

Абсолют неописуем

Безличного Бога невозможно описать или даже постичь интеллектом. Единственный способ познать Абсолюта — стать единым с

Духом. Человек может поклоняться и думать только о личном Боге. Какого бы человека я ни попросил описать Бога, не апеллируя к личному аспекту, он бы не смог этого сделать. Когда вы размышляете о Божьей любви, вы думаете о человеческой любви, которую уже испытывали в своем сердце, и представляете Божью любовь как нечто большее. Так как добродетель, любовь и мудрость проявлены в людях, которых вы знаете, и — в большей степени — в жизни святых, вы можете относиться к этим качествам как к Божественным и говорить, что Он добр, благонравен и прекрасен; что Он мудр и любвеобилен. Разве вы не видите, как Он ощутим? Но без человеческого примера Божественных качеств мы бы вовсе не имели о Нем никакого представления. До тех пор, пока мы отождествляем себя со своим телесным сознанием, Бог будет реален для нас больше в личном аспекте, чем в безличном. Так что поначалу будет проще стремиться познать Его в личном аспекте[6]. Более того, мы *должны* идти к Нему как к чему-то зримому, так как это делает Его более реальным для нас. По этой причине великие души, такие, как Иисус, посылаются на землю. Хотя они и едины с Богом, они располагают телом из плоти и костей. В этом смысле Сам Бог обретает тело, чтобы направлять и вдохновлять Своих детей. Но Его нельзя вместить в рамки одного тела, потому что это бы означало, что Он рождается и умирает; это бы означало, что Он ограничен, а не безграничен. Он бы не был Богом в таком случае.

Бог воплощается в человеческих инкарнациях

До начала творения Господь был невидимым, но Он захотел стать видимым и насладиться Своей бесконечной природой во многих формах. Электричество витает в воздухе вокруг нас, но вы не видите его. Будучи непроявленным, оно безлично. Но когда электричество питает лампочку, оно становится видимым, хотя по сути остается тем же. Точно так же и с Богом. Все вы являетесь богами[7] — Божественным Электричеством, видимым в «лампочке» плоти, — хотя и не знаете об этом. Поэтому мой Господь остается одновременно невидимым за пределами звезд и сокрытым в небесах, и в то же время видимым прямо передо

---

[6] «Сложнее приходится тем, кто стремится достичь Непроявленного; труден путь воплощенных существ к Абсолюту» (Бхагавад-Гита XII:5).

[7] «Не написано ли в законе вашем: „Я сказал: вы — боги"?» (Ин. 10:34).

мной — в обличье более чем миллиарда людей. «Разве не знаете, что вы храм Божий, и Дух Божий живет в вас?»[8] Однако, хотя Он и получил индивидуальное воплощение в каждом человеке, одни люди отражают Его свет больше, чем другие. Я имею в виду святых и *аватаров*.

Если вновь обратиться к примеру Христа, его тело, которое было распято и которое он воссоздал, то есть воскресил, было проявлением невидимого Господа. И эта воскрешенная форма не умерла второй раз, а растворилась в Духе, после того как Иисус явился своим ученикам. Это доказывает, что Бог может делать Себя видимым и появляться в любой форме и в любое время. Так как Бог не может быть ограничен лишь одним воплощением, вы можете мысленно представлять Его себе в любом обличье, которое ближе всего вашему сердцу. Он явится вам в форме носителя одного из Своих божественных качеств, воплощенных, например, в божествах индуистских писаний; или же как любой из *аватаров*, святых или великих душ, которые вам нравятся. Первое, что нужно для привлечения ответа от Бога, — это представлять в медитации, с закрытыми глазами, образ божества или святого. Если ваша медитация глубока, а усилия упорны, вы привлечете к себе Бога.

На протяжении двадцати веков Бог, воплощенный в Иисусе, является многим истово верующим, включая святого Франциска Ассизского. И так как святой Франциск так сильно отождествлял себя с Иисусом, он переживал распятие Иисуса в своем собственном сознании, а на его теле появлялись стигматы. Я лицезрел подобное чудо в Терезе Нойман[9]: на ее руках и ступнях отчетливо проявлялись раны от гвоздей. Таковы свидетельства Господни.

Гуру — Божий эталон

В Индии мы особо подчеркиваем, что Бога можно познать только через посредство Его истинного духовного ставленника. На Западе акцент делается на том, чтобы наполнить церкви — не уделяется особого внимания духовным качествам священников. В Индии мы повсюду ищем того, кто в действительности является Божьим ставленником, то есть тем, кто знает Бога и общается с Ним. Когда мы находим такой эталон, когда мы зрим в нем воплощение Бога, мы называем

---

[8] 1Кор. 3:16.

[9] Католическая стигматика из Баварии (1898–1962). См. 39-ю главу «Автобиографии йога».

его *гуру* и преданно следуем ему. Гуру — это тот, кого Бог назначает, чтобы направлять вас из тьмы неведения в царство Его вечного света. У искателя до этого может быть много духовных учителей, но гуру у него может быть только один. Когда он находит своего гуру, он преданно следует только лишь ему. Бог очевидным образом проявляется в жизнях тех, кто любит Его и сонастроен с Ним. Следовательно, тот, кто сонастраивается со своим гуру, находит Бога. Понимаете ли вы, как важно следовать тому, кто может показать путь к Богу на своем собственном примере? Если вы сонастроены со своим гуру — истинным ставленником Бога, — Он придет к вам в этой форме во время вашей медитации. Тогда вы познаете, что Бог реален и Он работает через посредство гуру.

Перед своей кончиной мой гуру, Шри Юктешвар, наказал мне носить определенный браслет — как оберег. Веря в то, что в этом браслете — его благословение, я надел его. Когда я посетил Бомбей прямо перед возвращением в Америку, я осознал, что сатанинская сила пытается разрушить мою жизнь — воспрепятствовать осуществлению миссии, данной мне Богом и моим гуру. Я не боялся, ибо знал, что Бог со мной, и помнил о защите, обещанной Мастером. Я немного осветил комнату, так как злые силы не любят свет. Я ненадолго сел помедитировать, внимательно наблюдая за своим духом, после чего почувствовал сонливость. Открыв глаза и посмотрев на стену справа от меня, я увидел Сатану в черном обличье — ужасного, с кошачьим лицом и хвостом. Он прыгнул на мою грудь, и мое сердце остановилось. Я сказал про себя: «Я не боюсь тебя. Я есть Дух». Но мое сердце по-прежнему не билось. Внезапно я увидел монашеское одеяние охрового цвета: здесь стоял Мастер. Он приказал Сатане убраться прочь, и тотчас же злая фигура исчезла, а мое дыхание восстановилось. Я вскрикнул: «Мой Мастер!» Он сказал: «Сатана попытался уничтожить тебя. Не бойся — я всегда буду с тобой». Я даже почувствовал слабый естественный аромат, исходящий от обличья Мастера, — такой же, какой был у его земной инкарнации.

Такие переживания доказывают вам, что силы добра и зла существуют, подобно тому как радиоволны присутствуют в пространстве. Если вы приметесь исследовать эфир с помощью радиоприемника, вы тут же услышите песни, которые транслируются из другой точки пространства. Подобным же образом и святые, настраивая свои умы на Бога, «извлекают» Его из безмолвного пространства. Он и Его святые находятся прямо здесь; они скрываются за эфиром. Сонастроиться с ними не так уж и просто, но, пока вы не научитесь этого делать, как вы убедите себя в том, что Бог есть?

В великих инкарнациях проявляются шестнадцать качеств Бога. Кришна и Христос, а также Бабаджи, Лахири Махасайя и Шри Юктешвар, обладают всеми шестнадцатью качествами: способность к вездесущности, способность проецировать свой образ, всемогущество, радость и так далее. В менее великих пророках проявлений, соответственно, меньше. Если все шестнадцать качеств Бога полностью проявлены в человеке, он един с Самим Господом.

Тот, кто един с Богом, может являться во плоти в любое время

Мастер, единый с Богом, может являться во плоти в любое время, какое он только пожелает, подобно тому как мне являлся мой гуру, а Иисус являлся святому Франциску Ассизскому каждую ночь. Только подумайте, какой стала бы ваша жизнь, если бы вы прошли через подобное переживание! Вы бы весь этот мир увидели таким, какой он есть на самом деле. Но вы не желаете предпринимать попытки исследовать глубины медитации. Там Бог изобилует Своим присутствием, но вы не трудитесь, вы не используете свой разум и данную Богом свободную волю, чтобы искать Его. Когда я начал поиски Бога в этой жизни, я обнаружил, что слова великих учителей истинны, поэтому я целеустремленно искал Его.

Как-то ночью я и один ученик решили помедитировать на Кришну, захотев узреть его. Спустя несколько часов мой товарищ сказал мне: «Да ну, давай лучше пойдем спать». Мысли его целиком были поглощены сном, потому что он не верил, что Кришна может прийти к нам. Но я сказал: «Ты иди спать, если хочешь, а я не потерял надежду. Я продолжу медитировать». Только я это сказал, как комнату озарила ослепляющая вспышка света, в котором я узрел божественный лик Господа Кришны. Я закричал: «Кришна здесь!» Я коснулся моего друга, и он тоже узрел Кришну.

Так что, как видите, с одной стороны, Бога найти очень трудно, а с другой — проще простого, если вы искренны и полны решимости. Бога не впечатляют большие храмы или хорошо продуманные обряды; Он не переступает врата гордыни и материальной роскоши; Его нельзя познать, поддерживая с Ним искусственные взаимоотношения. Господь отвечает только на искренний зов сердца. «Манящий зов смиренья, шепот у ручья, алтарь из травы незатейный — вот где прячусь Я»[10]. Таким был мой храм еще в детстве. Я любил искать укромный уголок, где мог молиться до тех пор, пока не созерцал былинки как Божьи жилы и воду как Божий свет; пока в хохоте ручья я не слышал Его голос.

Чтобы познать Бога, нужна несгибаемая решимость

Но большинство из вас не прилагает нужных усилий, чтобы пройти весь путь к Богу. Одни произносят небольшую молитву и приходят к выводу, что за темнотой закрытых глаз нет ничего; другие говорят, что они ощущают Бога через искусство — играя на пианино или скрипке либо рисуя. Но Бога не так легко заполучить. Только если вы сидите в медитации с несгибаемой решимостью, взывая к Нему день за днем, ночь за ночью, вы познаете Его — не раньше. Чтобы познать Бога, требуется это огромное усилие. «Кто видит Меня везде и все видит во Мне, тот никогда не теряет Меня из виду, и Я никогда не теряю из виду его»[11]. То есть Господь говорит: «Я играю в прятки со Своим верующим. Пока он созерцает Меня, Я созерцаю его. Я сокрыт в человеческих устремлениях. Но когда верный Мне говорит: „Господи, даже гонясь за своими устремлениями, я созерцаю в них Тебя, и однажды Ты попадешься в сети моей преданности", — тогда Я отвечаю».

Ускользнуть от Бога в пучине занятости мира так легко. Но если вы праздно ленивы, Он и в этом случае не придет. Он хочет, чтобы вы работали конструктивно, в духе служения, но при этом все это время думали о Нем. И Он хочет, чтобы вы также думали о Нем в тишине глубокой медитации. Работайте усердно, но, когда приходит время тишины, полностью отдавайтесь Богу в медитации.

Так что начинайте действовать. Глубина вашей концентрации и продолжительность времени, проводимого в медитации, одинаково важны. Короткая молитва не принесет ответа от Бога, равно как и молитва, произнесенная с другими мыслями на заднем плане. Господь никогда не придет, если мы будем молиться Ему вполсилы. Когда вы медитируете, концентрируйтесь на центре Христа между бровями и

---

[10] Фрагмент стихотворения Парамахансы Йогананды *Where I Am* из книги *Songs of the Soul*.
[11] Бхагавад-Гита VI:30.

не думайте о времени или о чем-либо другом — думайте только об объекте вашей медитации. Не уподобляйтесь тем, кто по воскресеньям ходит в церковь, с рассеянным умом слушает там проповедь и терпеливо ждет окончания службы, чтобы поскорее пообедать. Страстно стремитесь познать Бога. В Индии мы со сконцентрированным умом сидим у ног гуру: он говорит — мы слушаем. Когда он не говорит, мы тихо сидим и медитируем.

Необходимы надлежащие техники медитации

Самая серьезная борьба в медитации — это борьба с беспокойными мыслями. Вы можете контактировать с Богом только тогда, когда ваши мысли успокаиваются в медитации и вы концентрируетесь целиком на Нем. «Радиоэфир» обыкновенного ума полон шумов; но когда этот шум будет устранен посредством концентрации и преданности, Бог придет. Обрели ли вы способность «отключать» свои беспокойные мысли во время медитации? Нет? Вот почему учения Self-Realization Fellowship бесценны. Как только вы отключите беспокойство с помощью этих научных техник, Бог в Своем личном аспекте придет к вам. Первый признак получения Божьего ответа в вашем искреннем поиске — это покой, свет либо звук *Аум*, или же чувство великой радости в вашем сердце. Вы можете увидеть духовный глаз или услышать голос Бога или одного из Его святых. И вы осознаете, что Бог с вами.

Люди с чрезмерным воображением или очень слабой нервной системой могут быть восприимчивы к галлюцинациям. Практикуя техники общества Self-Realization Fellowship, человек избегает галлюцинаций и получает благословение в виде истинных духовных переживаний. Вот почему я особо настаиваю, чтобы вы обучились этим техникам и практиковали их прилежно. Приступите к делу. Недостаточно просто читать описания техник и думать, как они хороши, а затем откладывать их в сторону. Вы должны ежедневно применять их в медитации.

Не откладывайте поиск Бога

Пока вас еще не унесла смерть, сделайте Бесконечность ощутимой прямо сейчас. Не откладывайте поиск Бога до старости и не надейтесь так или иначе достичь Его, просто лишь умерев. Вор остается вором как перед сном, так и при пробуждении. Аналогично этому, мы не становимся ангелами и не знакомимся с Богом, просто лишь умерев. После смерти мы остаемся такими же, какими были до нее. Сделайте Бога ощутимым в этой ощутимой жизни. Когда Он придет, вы познаете такую радость, такую любовь, такую мудрость, такое понимание!

Целью жизни является не отрицательное состояние отсутствия желаний, а вечное удовлетворение всех желаний. Проблема только в том, что вы позволяете своим незначительным желаниям мешать вам осуществить единственное значимое желание — обрести Бога. Найдя Его, вы удовлетворите все свои желания.

Если вы будете использовать ночи для медитаций, пока все остальные спят, вы найдете Бога. Никогда не ложитесь спать, не приложив такое усилие. Что с того, если вы немного недоспите? Великий сон смерти в любом случае настигнет вас в будущем. Поэтому есть смысл в том, чтобы достичь состояния бессмертия до того, как смерть с косой схватит вас.

Уединение — плата за величие. Чтобы познать Бога и узреть Иисуса и других святых, у вас должно быть время оставаться наедине с самим собой. Вы не достигнете общения с Богом, если будете все время общаться с людьми. Но когда вы достигнете единения с Ним, для вас уже не будет разницы, где вы находитесь или с кем общаетесь, ибо вы будете опьянены присутствием Господа.

Внутренне я всегда опьянен этой Радостью. Но на Западе я редко демонстрирую свои внутренние духовные переживания. Многие здесь бы не поняли этого. В Индии люди понимают такие вещи лучше. Там мое тело много раз падало, когда я, будучи в экстазе, терял осознание этого мира в великом внутреннем блаженстве Бога. Но если бы такое происходило здесь, в Америке, люди бы говорили: «Что происходит?» На Западе я слышал от некоторых учителей, что они могут войти в состояние Космического Сознания, однако, якобы пребывая в этом состоянии, они дышали, словно воздуходувные мехи. В *самадхи* дыхание останавливается; оно улетучивается, а тело питает Космическая Жизнь. Когда Божья симфония вливается в человеческое сердце, мысль об осознании тела также растворяется. Тело и все его процессы полностью успокаиваются, когда с вами Господь.

Практикуя учения Самореализации, вы можете испытать истины, о которых я говорю. Но никто не сможет дать вам эти переживания

— вы должны сами приложить усилия.

Так что начинайте действовать прямо сегодня! Молитесь всей преданностью своего сердца, и вы узрите Господа; вы узрите Иисуса или Кришну — или святых людей. Но, чтобы созерцать их в медитации, вы должны приложить высочайшее усилие, иначе вы не сможете достичь этого божественного состояния. Я надеюсь, что вы все же приложите усилия. Когда человек играет на пианино равнодушно, результат получается соответствующим — не вдохновляющим. Но когда на пианино играет человек, который занимался, занимался и еще раз занимался, все говорят: «Ах, как это прекрасно!»

Если обычный человек вкладывает достаточно много времени и энтузиазма в медитацию и молитву, он становится богоподобным. Мой Мастер говорил: «Маленький котенок, отправившийся в джунгли, становится дикой кошкой». Маленький человек с маленькими мыслями, отправляющийся в джунгли книг, погружается лишь в размышления о Боге — он не находит нектар Богопознания. Но маленький человек, который медитирует, постоянно думает о Божьей радости и молится Ему, обретает единство с Бесконечностью.

Если вы однажды уже услышали голос Божий, вы находитесь на пути к высшим состояниям сознания. Вы познаете Бога как имманентного и трансцендентного, личного и безличного. Вы будете поклоняться Ему как Духу и любить Его в проявленной форме — как Самого Близкого из всех близких.

Как отыскать путь к победе

*Главный международный центр Self-Realization Fellowship,
Лос-Анджелес, Калифорния, 16 февраля 1939 года*

Эту землю, которая когда-то казалась мне такой большой, я теперь созерцаю как крошечную, согретую солнечным светом сферу атомов, вращающуюся в пространстве и окруженную газами туманностей, — крошечную глиняную сферу, на которой произрастают разнообразные формы жизни. Слово[1] Бога, Голос Духа, — проявление Бесконечного — пронизывает все. Разрушительные бедствия, которые случаются на этой смертной сфере, порождаются человеческим эгоизмом и отсутствием гармонии как между людьми, так и между человеком и Духом, Который пребывает в нем и во всем творении. Из-за того, что человек не усваивает уроки из этих катастроф, земля продолжает страдать от разрушительных штормов, землетрясений, наводнений и — что еще хуже — угроз войны.

Существует возможность покорить этот мир, то есть одержать верх над природой и бедностью, болезнью, войнами и другими проблемами жизни. Мы должны обучиться одерживать победу. Великие правители, такие как Наполеон, Чингисхан и Вильгельм Завоеватель, установили господство над большими территориями и многими людьми. Однако их победы были только временными. Победа, которую одержал Иисус, вечна. Как достичь такой победы, которая вечна? Начать нужно с себя. Вы можете подумать, что покорить ненависть и вдохновить человечество на христоподобную любовь невозможно, но необходимость в этом еще никогда не была так сильна, как сейчас. Атеистические идеологии бьются за то, чтобы выбить религию из колеи. Мир продолжает переживать драму неуправляемого существования. В своих попытках остановить разбушевавшийся ветер

---

[1] Разумная Космическая Вибрация, которая структурирует и оживляет все мироздание (см. *Аум* в глоссарии).

мы похожи на муравьев, барахтающихся в океане. Настоящая победа заключается в обуздании себя самого, как это сделал Иисус Христос. Его победа над самим собой дала ему власть над всей природой.

Наука приближается к обретению власти над природой и жизнью особым путем. Однако научные открытия, на которые поначалу возлагаются большие надежды, часто не приносят долговременных результатов. Благотворный эффект чувствуется лишь недолгое время, а затем происходит что-то еще более разрушительное — то, что угрожает человеческому счастью и благополучию. Нельзя одержать полную победу, если полагаться лишь на науку, потому что ее методы имеют дело лишь с внешними проявлениями — со следствием, а не теми едва уловимыми причинами, что его порождают. Несмотря на появление в будущем новых болезней, мир будет продолжать существовать, а наука будет одерживать новые победы. Но лишь духовная наука может научить нас полной победе.

Ум должен оставаться непобедимым

Согласно положениям духовной науки, настрой ума определяет все. Преодолевать сильную жару с помощью искусственного источника холода и наоборот разумно, но, пытаясь преодолеть дискомфорт внешними средствами, обучайте ум оставаться уравновешенным в любых условиях. Ум подобен промокательной бумаге, которая принимает цвет чернил, в которых вы ее погрузили. Большинство умов перенимают цвет своего окружения. Но нет оправданий тому, чтобы внешние обстоятельства одержали верх над умом. Если ваш умственный настрой постоянно меняется под бременем испытаний, вы проигрываете битву жизни. Вот что случается, когда человек с хорошим здоровьем и крепким умом выходит в свет, чтобы заработать себе на жизнь, и тут же сдается, столкнувшись с парой препятствий. Вы становитесь неудачником только тогда, когда вы *признаете* неудачу. Неудачником является не тот, кому мешают болезни и кто, потерпев множество поражений подряд, продолжает пытаться, а тот, кто физически и умственно ленив. Человек, который отказывается думать, либо применять свой рассудок, либо духовно распознавать, либо использовать свою волю или творческую энергию, уже мертв.

Научитесь применять психологию победы. Некоторые люди советуют вовсе не говорить о неудаче. Но только лишь это не поможет.

Во-первых, проанализируйте свою неудачу и ее причины; усвойте урок такого опыта, а затем устраните все мысли о неудаче. Человек, который потерпел множество неудач, но при этом продолжает пытаться, — тот человек, что внутренне непокорим — воистину победоносен. Неважно, считает ли мир его неудачником, — если в своем уме он не сдался, в лице Господа он не побежден. Эту истину я узнал из своего общения с Духом.

Вы постоянно сравниваете себя с другими. Некоторые люди более проворны и успешны, чем вы, и это заставляет вас страдать. Это парадокс человеческой природы. Не оплакивайте свою судьбу. В тот момент, когда вы с завистью сравниваете свое с чужим, вы наносите поражение самому себе. Если бы вы только знали, что творится в умах других людей, вы бы не хотели быть никем, кроме себя самого!

Мы никому не должны завидовать. Пусть другие завидуют нам: никто не является тем, кем являемся мы. Гордитесь тем, что вы имеете и что из себя представляете. Ни у кого нет похожей личности. Ни у кого нет похожего лица. Ни у кого нет похожей души. Вы есть уникальное творение Господа. Вы должны так этим гордиться!

Все, что препятствует познанию Бога, является злом

Говорить, что зла не существует, значит не быть реалистом. Мы не можем сбежать от зла, просто игнорируя его. Что же такое зло? Все, что препятствует познанию Бога. Ему известны все наши нехорошие мысли и деяния, а также наши проблемы. Если бы Он не знал о существовании зла, Он был бы весьма невежественным Богом! Добро и зло — положительное и отрицательное — сосуществуют в этом мире. Пытаясь сохранить позитивный настрой ума, многие люди начинают необоснованно бояться негативных мыслей. Бесполезно отрицать, что плохие мысли существуют, но и бояться их вы тоже не должны. Применяйте свое духовное распознание для анализа плохих мыслей, а затем избавляйтесь от них.

Стоит яду негативной мысли взять над эго[2] верх, и от него становится очень трудно избавиться. Есть притча о человеке, который хотел

---

[2] Человеческое сознание, отождествленное с телом и, как следствие, со смертными ограничениями. Божественное сознание души отождествлено с Богом и невосприимчиво к негативному воздействию.

изгнать злого духа из женщины. Он посыпал ее зернами горчицы, которые, как считалось, могут изгнать духа из ее тела. Но злой дух лишь расхохотался: «Я проник в эти горчичные зерна еще прежде, чем ты бросил их на нее, так что они не причинят мне вреда». Аналогично этому, когда ваш ум пропитывается ядом пессимистических мыслей, он теряет свою силу. «Злой дух» пессимизма проникает в «горчичные зерна» силы вашего мышления. Например, когда вы болеете целый месяц, вам начинает казаться, что вы будете болеть всегда. Почему какой-то месяц болезни может заставить вас забыть о былых годах здоровья? Думать так — несправедливость по отношению к своему разуму.

Серьезные метафизики внимательно исследуют сознание души и с помощью ее божественной силы стирают все следы зла из своих жизней. Таков йогический способ устранения всех препятствий на пути к единению души с Богом; он не воображаемый — научный. Йога есть высший путь к Богу. Посредством йоги вы оставляете позади все негативные мысли и познаете высшие состояния сознания. Йога — это путь духовного ученого. Это чистая наука — от начала и до конца; это совершенная наука. Йога научит вас честно смотреть себе в глаза и определять, кто вы есть, а затем всей силой своей души искоренять в себе зло. Вы не можете просто отрицать зло. Неважно, сколько настойчивости духовному ученому придется применять, — он никогда не опустит руки. Он знает, что не существует проблемы более могущественной, чем та сила, которой его одарил Господь.

Величайшая победа — это покорение своего «я»

Учитесь анализировать себя, учитывая как положительные, так и отрицательные свои стороны, — как вы стали тем, кем являетесь сейчас, какие у вас есть хорошие и плохие черты и как вы их приобрели — а затем приметесь за уничтожение плохого урожая. Вырвите сорняки плохих черт из своей души и посейте больше семян духовных качеств, чтобы пожать хороший урожай. Распознавая свои слабости и устраняя их научным путем, вы становитесь сильнее. Поэтому вы не должны позволять вашим недостаткам приводить вас в уныние; делать так — значит признавать себя неудачником. Вы должны уметь помогать себе конструктивным самоанализом. Слепы те, кто не развивают свою способность к проницательности; истинная природа их душ затемнена неведением. Вот почему люди страдают.

Бог дал нам силу устранить неведение и раскрыть свою внутреннюю мудрость, подобно тому как Он дал нам силу открывать свои глаза и видеть свет. Занимайтесь самоанализом каждую ночь и ведите дневник в своем уме; в течение дня уделяйте минутку для полного успокоения и анализа того, что вы делаете и о чем думаете в данный момент. Те, кто себя не анализируют, никогда не меняются. Не становясь ни хуже, ни лучше, они переживают застой. Это опасное состояние существования.

Вы начинаете переживать застой, когда позволяете обстоятельствам брать верх над здравым смыслом. Очень легко забыть о Царстве Божьем и растрачивать свое время впустую. Из-за этого вы уделяете слишком много времени маловажным вещам и не имеете времени подумать о Нем. Анализируя себя каждую ночь, следите за тем, чтобы вы не погрузились в застой. Вы пришли в этот мир не для того, чтобы потерять себя, а для того чтобы найти свое истинное «Я». Бог послал вас сюда как Своего солдата, чтобы вы одержали победу над своей жизнью. Вы Его дитя, и самым большим грехом будет забыть или отложить свою высшую обязанность — покорить свое маленькое «я» и вновь обрести свое законное место в Царстве Божьем.

Чем серьезнее ваши проблемы, тем больше у вас шансов продемонстрировать Богу, что вы духовный Наполеон или духовный Чингисхан, покоритель самого себя. Внутри нас так много несовершенств, которых нужно преодолеть! Тот, кто становится властелином самого себя, — истинный завоеватель. Вы должны стараться постоянно одерживать внутреннюю победу, как это делаю я. И в этой внутренней победе я обнаруживаю, что весь мир — в моем распоряжении. Стихии, которые кажутся такими загадочными, священные писания, которые кажутся такими противоречивыми, — все вещи проясняются в великом Свете Бога. В этом Свете все становится понятным и подконтрольным. Обрести эту мудрость Господню — вот то, ради чего вы были посланы сюда; и если вы ищете чего-то другого, вы наказываете себя. Найдите свое высшее «Я» и найдите Бога. И чего бы жизнь от вас ни потребовала, делайте это так хорошо, как умеете. С помощью духовного распознания и правильных поступков научитесь преодолевать любые препятствия и достигнете самообладания.

Пока вы задаетесь вопросом, будете вы побеждать в битве жизни или же проигрывать, вы будете проигрывать. Но если вы опьянены счастью Бога внутри, вы становитесь более оптимистичным — и более смиренным. Не пятьтесь назад и не стойте на месте. Большая часть людей либо стоит на месте, либо вовлечена в ожесточенную борьбу между хорошими и плохими наклонностями. Какие из них победят? Искушение — это шепот Сатаны в вашем уме. Сатана постоянно пытается досадить вам. Поддаться слабости не грех, но если вы отказываетесь прилагать усилия, чтобы ее преодолеть, вы пропали. Если вы продолжаете пытаться, если вы продолжаете вставать всякий раз, когда спотыкаетесь и падаете, вы сможете достичь успеха. Не сама победа приносит удовольствие, а сила и удовлетворение, которые приходят, когда вы преодолеваете слабость.

Изучите жизни святых. Посылать легкие испытания — это не Божий метод. Посылать сложные испытания — вот Его метод! Святой Франциск имел больше проблем, чем вы можете себе представить, но он не сдавался. Силой своего ума он преодолел все препятствия — одно за другим — и стал Властелином Вселенной. Почему бы и вам не обрести такую решимость? Я часто думаю о том, что самое большое прегрешение в жизни — признать поражение, ибо, делая это, вы отрицаете величайшую силу души, образа Божьего внутри вас. Никогда не сдавайтесь.

Научитесь любить те устремления, которые помогут вам обрести бо́льшую власть над собой. Истинная победа — воплотить в жизнь свои хорошие намерения, несмотря на все препятствия. Пусть ничто не сломит вашей решительности. Большинство людей размышляют так: «Пусть сегодня все останется, как есть, а завтра я попытаюсь вновь». Не обманывайте себя. Такой образ мышления не приведет к победе. Если вы приняли решение и никогда не перестаете пытаться воплотить его в жизнь, вы добьетесь успеха. Святая Тереза Авильская сказала: «Святые — это грешники, которые никогда не сдавались». Побеждает тот, кто никогда не сдается.

Будьте уверены в своей врожденной праведности

Однажды вы уйдете из этого мира. Кто-то будет вас оплакивать, кто-то может сказать пару неприятных слов о вас. Но помните, что все плохие мысли, которые вы имеете, равно как и хорошие мысли, отправятся с вами. Так что это важная обязанность — следить за своими мыслями, поправлять себя, прилагать максимум усилий. Если вы искренне стремитесь делать то, что правильно, не обращайте внимания на плохие слова или поступки, которые против вас совершаются.

Я никогда не пытаюсь враждовать с кем-либо, и в своем сердце я знаю, что делаю все возможное, чтобы быть добрым ко всем. И меня не заботит похвала или осуждение. Бог со мной, а я — с Ним.

Я не хвастаюсь, но в своем сознании я испытываю великую радость, твердо чувствуя в душе, что никто не сможет спровоцировать меня на месть. Я лучше ударю себя, чем поступлю подло по отношению к кому-то. Если вы сохраняете решимость быть добрым, то неважно, как сильно люди пытаются нарушить ваше спокойствие, — вы остаетесь при этом победителем. Подумайте об этом. Если вам угрожают, а вы остаетесь спокойным и не боитесь, знайте, что вы одержали победу над своим маленьким «я». Ваш враг не может добраться до вашего духа.

Я не могу и в мыслях представить себя недобрым даже к своему смертному врагу. Это бы навредило мне. Я вижу так много недоброжелательности в мире, что для меня нет никакого оправдания добавлять к ней еще и свою. Если кто-то поступает плохо по отношению к вам, подумайте, как вы можете отнестись к нему с любовью. А если он все равно отказывается быть тактичным, отстранитесь от него на время. Спрячьте свою доброту внутри, но не позвольте недоброжелательности влиять на ваше поведение. Одна из величайших побед, которую мы можем одержать над своим маленьким «я», — обрести уверенность в своей способности быть чутким и любвеобильным; обрести уверенность в том, что никто не может заставить вас поступать иначе. Практикуйте это. Римские власти при всем своем желании не смогли лишить Иисуса доброты. Даже за тех, кто распинал его на кресте, он молился: «Отче! прости им, ибо не знают, что делают»[3].

Если вы уверены в том, что владеете собой, ваша победа сильнее победы диктатора: эта победа не запятнана перед трибуналом вашей совести. Ваше сознание — это ваш судья. Пусть ваши мысли будут присяжными, а вы — ответчиком. Каждый день подвергайте себя испытанию, и вы обнаружите, что всякий раз, когда вы безропотно принимаете наказание от руки своей совести и приговариваете себя к тому, чтобы быть оптимистичным — быть откровенным перед своей божественной природой, — вы будете одерживать победу.

Преклонный возраст — не оправдание тому, что мы не пытаемся себя изменить. Победа — вопрос не молодости, а настойчивости.

---

[3] Лк. 23:34.

Развивайте в себе такую настойчивость, какая была у Иисуса. Сравните его состояние духа в час расставания с телом с состоянием духа любого внешне преуспевающего свободного человека с улиц Иерусалима. До самого конца, во всех испытаниях, даже когда его бросали в темницу и распинали на кресте, Иисус оставался непобедимым. Он обладал властью над всей природой, и он играл со смертью, чтобы ее покорить. Тот, кто боится смерти, позволит ей одержать победу. Но тот, кто честно смотрит себе в глаза и каждый день стремится стать лучше, встретит смерть бесстрашно и одержит настоящую победу. Важнее всего именно победа души.

Для меня больше не существует завесы, отделяющей жизнь от смерти, поэтому смерть совсем не пугает меня. Душа, облаченная в тело, подобна волне на поверхности океана. Когда человек умирает, душа-волна низвергается и растворяется в океане Духа, из которого она появилась. Правда о смерти скрыта от понимания заурядных людей, которые не прилагают усилий для познания Бога. Такие люди не могут постичь, что царство Бога, изобилующее Его чудесами, находится в них самих. В этом царстве ни боль, ни бедность, ни тревоги, ни ночные кошмары не могут обмануть душу. Стоит мне открыть мое духовное око, как передо мной исчезает земля и предстает новый мир. В нем я созерцаю бесконечного Бога. Такое состояние возможно благодаря уравновешенному сочетанию деятельности и медитации. Необходимо действовать с пламенным энтузиазмом, но не с желанием служить себе, а с желанием служить Богу. И так же необходимы ежедневные усилия постичь Его посредством глубокой медитации.

Не пренебрегайте Богом ради работы и не пренебрегайте работой во имя Бога

То, что вы очень занятой человек, нисколько не оправдывает того, что вы забываете о Боге. У тех, кто следует духовному пути, испытаний даже больше, чем у тех, кто избрал материалистический путь, поэтому не пытайтесь оправдаться тем, что из-за мирских обязанностей вам некогда думать о Боге.

Вы не должны пренебрегать Богом ради работы и пренебрегать работой во имя Бога. Нужно научиться сочетать одно с другим. Медитируйте каждый день и думайте о Боге, когда исполняете свои мирские обязанности. У вас должно быть чувство, что вы делаете все дела только для того, чтобы угодить Ему. И если вы трудитесь только для Бога, тогда, чем бы вы ни занимались, ваш ум всегда будет устремлен к Нему.

Лучший способ поддерживать равновесие между медитацией и мирской деятельностью — постоянно пребывать в осознании Бога. Все, что я делаю с осознанием Бога, становится медитацией. Те, кто частенько выпивает, вполне могут работать, находясь под влиянием винных паров. Поэтому, если вы постоянно опьянены Духом, вы способны работать, не нарушая своего внутреннего единства с Господом. В состоянии глубокой медитации, когда ваш ум ни на что не отвлекается и вы едины с сознанием Бога, никакие случайные мысли не переступят порог вашей памяти. Вы будете пребывать с Богом за крепостными воротами концентрации и вдохновенной любви, за которые не посмеют проникнуть ни идолы, ни чудовища. Это совершенно дивное состояние победы!

Время от времени отдаляйтесь ото всех просто для того, чтобы побыть наедине с Богом. Ни с кем в это время не общайтесь. Погружайтесь в себя, углубляйтесь и медитируйте. Ночь — лучшее время для уединения. Возможно, вы думаете, что вы не в состоянии изменить свои привычки и найти время для подобного уединения, потому что уж слишком много у вас обязанностей. Но в вашем распоряжении вся ночь, и поэтому нет никаких оправданий тому, что вы не ищете Бога. Не бойтесь навредить своему здоровью, если чуть-чуть недоспите. Благодаря глубокой медитации вы станете намного здоровее.

Ночью мое сознание за короткое время покидает этот мир. Я мысленно отстраняюсь от всего. Сон мало что значит в моей жизни. По ночам я, как и все, пытаюсь уснуть. Я убеждаю себя, что усну, но приходит великий Свет, и все мысли о сне улетучиваются. Если мне не удается поспать, я никогда не жалею об этом. В бодрствовании Вечности не бывает сна. Сознанием овладевает радость Божественной мудрости. Я воспринимаю эту Божественную драму так, как могут воспринять ее только те, кому Бог явил Себя. Я частичка этой мировой драмы, и в то же время я вне ее. Я вижу всех вас актерами в этой поставленной Господом космической пьесе. Да, вам отвели в ней определенную роль, но Он не сделал вас роботом. Он хочет, чтобы вы играли осознанно, сосредоточенно и с пониманием того, что играете не для кого-то, а для Него. Именно так вы и должны думать. Бог избрал вас для выполнения определенной работы в этом мире, и, будь вы бизнесмен, домохозяйка или служащий, играйте свою роль, ища только Его одобрения. Тогда вы победите страдания и ограничения этого мира. Тому, в чьем сердце пребывает Бог, помогает все воинство ангелов. Его победе невозможно воспрепятствовать.

Бог дает знания не через загадочные явления, а через просветленные души

Если вы бредете по жизни вслепую, спотыкаясь в темноте, вам нужна помощь видящего. Вам нужен гуру. Следовать за просветленным — это единственный способ найти выход из дебрей, сотворенных этим миром. Я не мог найти истинное счастье и свободу, пока не встретил своего Гуру — того, кто был духовно заинтересован во мне и кто обладал мудростью, необходимой для того, чтобы направлять меня.

В своей душе постоянно взывайте к Богу. Когда вы убедите Господа, что жаждете Его, Он пошлет вам гуру, который покажет вам, как можно Его познать. Только тот, кто знает Бога, может показать другим, как Его можно познать. Когда я нашел такого человека, своего гуру Свами Шри Юктешварджи, я осознал, что Бог дает знания не через загадочные явления, а через просветленные души. Бог невидим, но Он становится видимым в разуме и духовной проницательности того, кто пребывает в постоянном общении с Ним. В жизни человека может быть много учителей, но гуру может быть только один. В отношениях между гуру и учеником находит свое исполнение божественный закон, который был проявлен также и в жизни Иисуса, распознавшего в Иоанне Крестителе своего гуру[4].

Только тот, кто познал Бога и кому Бог повелел освободить души, является гуру. Человек не может быть гуру, просто лишь думая, что является им. Иисус продемонстрировал, что истинный гуру исполняет волю Божью, когда сказал: «Никто не может прийти ко Мне, если не привлечет его Отец, пославший Меня»[5]. Все свои заслуги он приписывал Богу. Если в учителе нет эгоцентризма, вы можете видеть, что один лишь Бог восседает в его телесном храме; и если вы сонастроены

---

[4] Иоанн же удерживал Его и говорил: мне надобно креститься от Тебя, и Ты ли приходишь ко мне? Но Иисус сказал ему в ответ: оставь теперь, ибо так надлежит нам исполнить всякую правду. Тогда [Иоанн] допускает Его» (Мф. 3:13-15).

[5] Ин. 6:44.

с ним, вы сонастроены и Богом. Иисус напоминал своим ученикам: «Кто примет одно из таких детей во имя Мое, тот принимает Меня; а кто Меня примет, тот не Меня принимает, но Пославшего Меня»[6].

Учитель, который присваивает восторженность учеников себе, а не вручает его Богу, лишь поклоняется собственному эго. Чтобы понять, какой духовный путь истинен, используйте силу духовного распознания, изучая личность учителя и то, ведомы ли его действия Богом или эго. Лидер, не достигший познания, не сможет показать вам Царство Божие, сколько бы последователей у него ни было. Все церкви делают добро, но слепая вера в религиозные догматы делает людей духовно невежественными и бездеятельными. Я много раз видел, как большое количество церковных прихожан воспевает имя Божье, но Бог был так же далек от их сознания, как звезды. Никто не может обрести спасение, просто лишь посещая церковь. Реальный путь к свободе лежит в Йоге, в научном самоанализе и следовании тому, кто преодолел чащи теологии и сможет благополучно привести вас к Богу.

Успех кроется в самом искателе

Так что изучайте Уроки Self-Realization Fellowship со всей серьезностью. Они были посланы для того, чтобы озарить вашу жизнь. Многие души уже были спасены от тьмы духовного неведения благодаря этой работе. Те же, кто не прилагали усилий, отклонились от этого пути, и я знаю, что некоторые из них духовно пали у обочины дороги. Если человек не преуспевает на этом пути, проблема кроется в нем самом. Если человек предпринимает искреннюю попытку измениться и непоколебимо практикует учения Самореализации, он найдет выход из безжизненного леса теологии и бесконечных несчастий этого мира.

Прямо сейчас примите твердое решение применить огромное усилие, чтобы познать Бога. Я пришел не для того, чтобы давать лекции о философских и теологических идеях о Боге, а чтобы воодушевить вас *познать* Его. Вот почему я не заставляю себя проводить эти встречи. Я бы не приходил сюда, если бы не чувствовал наитие от моего Отца. Божественное наитие не имеет начала и конца; я сейчас чувствую тот же всплеск вдохновения, который чувствовал, когда только начинал. Сколько бы капелек у океана вы ни забрали, он

---

[6] Мк. 9:37.

останется все тем же. Бог — это духовный океан. Возьмите у Него все, и Он по-прежнему останется неизменным — безначальным, бесконечным, безграничным. Его невозможно опустошить.

Все, что я вам говорю, я говорю ради моего Отца — не ради моей воли или моего эго, — чтобы помочь вам на пути к искуплению. Self-Realization Fellowship продолжает ступать на новые земли. Я знаю, что это Бог говорит моим голосом. Голос Самореализации — это голос Бога. Следуйте за ним. Великие души, жаждущие Бога, следуют этому пути и пьют нектар Его присутствия. Практикуйте эти учения, и вы также увидите, какой прекрасной станет жизнь.

Торжествуйте в Божьем блаженстве и служите другим

Я желаю создать не огромную организацию, полную бюрократии, а улей, наполненный духовным медом Господа. Священник никогда не должен пытаться привлечь огромное количество прихожан лишь для того, чтобы заполнить скамьи церкви. Желание видеть толпы и большие храмы растаяло во мне как снег. Я торжествую лишь в Божьем блаженстве и служении тем нуждающимся в помощи, которых Он ко мне направляет. Делайте то, что от вас требуется. Распространяйте дело Самореализации своими устами и своим примером; своей преданностью. Нет, я вовсе не сгибаюсь под тяжестью собственной работы — я лишь стремлюсь помочь всем кто, страстно нуждается в помощи, и это также и ваша обязанность — распространять эти учения посредством собственной духовной вибрации, чтобы другие люди также могли принять эту истину. Я вижу огромную лавину истины, которая проходит через это смиренное «я», и очень благодарен Богу за то, что Он удостоил такого незначительного человека, как я, обязанностью распространять это послание. Те, кто искренне следуют этому пути, непременно обретут искупление.

Самореализация — это работа Христа и Бабаджи. В своем сердце Иисус печалится, когда видит, что в его церквях Сатана переключает внимание людей на занятия, не связанные с познанием Бога. «Церк-ворианство» со своим разделением по социальному статусу и слепым фанатизмом отдаляет их от духа Христа. Мы должны ходить в церковь лишь с одной целью — чтобы общаться с Богом. Вот почему вы приходите сюда. Если вы привыкнете к глубокой медитации в тишине дома и в церкви, вы однажды осознаете, как сильно это повлияло на вашу жизнь. Для общения с Богом необходимы тихие места. В этом состоит истинное предназначение церквей и храмов.

Обретение Бога — истинная победа

Помните: вы не должны думать, что не можете измениться и стать лучше. Каждую ночь анализируйте себя и глубоко медитируйте, молясь: «Господи, я так долго жил без Тебя. Я уже наигрался со своими желаниями. Что же теперь со мной станет? Я должен обрести Тебя. Приди ко мне на помощь. Наруши Свой обет тишины. Направь меня». Десять раз Он может вам ничего не ответить, но Он придет к вам, когда вы меньше всего этого ожидаете. Он не сможет оставаться в стороне. До тех пор, пока вы будете просить из праздного любопытства, Он не придет. Но если вы искренны, Он будет с вами, где бы вы ни находились. Поверьте, это стоит всех ваших трудов.

Уединение — плата за величие. Не стоит часто бывать в людных местах. Шум и бурная деятельность постоянно держат нервы в эмоциональном напряжении. Этот путь не ведет к Богу. Он ведет к разрушению, ибо то, что разрушает ваш покой, уводит вас от Бога. Когда вы спокойны и безмятежны, вы с Господом. Большую часть времени я стараюсь быть наедине с собой, и неважно, один я или в толпе — я нахожу уединение у себя в душе. О, как глубока эта пещера! Все земные звуки затихают и сам мир перестает для меня существовать, когда я вступаю в эту обитель покоя! Если вы еще не открыли в себе это царство, то почему же вы растрачиваете свое время? Кто принесет вам искупление? Никто, кроме вас самих. Поэтому больше не теряйте времени зря.

Даже если вы инвалид, слепой, глухой, немой, если вы оставлены миром — не сдавайтесь! Если вы будете молиться: «Я не могу войти в Твой храм из-за немощи глаз моих и ног, но всем сердцем своим я думаю о Тебе», — Господь придет к вам и скажет: «Дитя Мое, от тебя отрекся мир, но Я возьму тебя в Свои объятия. В Моих глазах ты победитель». Таким осознанием Его присутствия я живу каждый день. Я ощущаю удивительное бесстрастие ко всему остальному. Даже когда я пытаюсь пожелать чего-то особенного, я обнаруживаю, что мой ум бесстрастен. Дух есть мой хлеб, Дух есть моя радость, Дух есть мои чувства, Дух есть мой храм и моя паства, Дух есть хранилище моих мыслей, в которых я черпаю вдохновение, Дух есть моя любовь и мой Возлюбленный. Дух Божий утоляет все мои желания, ибо в Нем я нахожу всю мудрость, всю любовь, всю красоту и все, что есть на свете. У меня не осталось иных желаний и иных устремлений. Все, к чему я стремился, я обрел в Нем. Вы это тоже обретете.

Не упускайте возможность искать Бога

Не растрачивайте свое время, ибо, когда настанет час сменить телесную обитель, вам придется долго ждать очередной возможности устремиться к Богу всем сердцем. Ведь вам надо будет родиться вновь и пройти через мучительное детство и беспокойную юность. Зачем тратить время на бесполезные желания? Глупо растрачивать жизнь в погоне за тем, с чем вам придется расстаться в смертный час. Так вы никогда не найдете счастья. Но каждая ваша попытка приблизиться к Богу во время медитации несет вам благодать. Начинайте прямо сейчас — я обращаюсь ко всем тем, кто по-настоящему любит Бога и ищет не своей славы, а славы Божией.

Каждый из вас должен одержать свою собственную победу. Поставьте себе цель стать величайшим победителем. Для этой триумфальной победы вам не понадобятся ни армия, ни деньги, ни какая-либо другая материальная поддержка, — только непоколебимая решимость победить. Все, что вам нужно сделать, — это спокойно сесть, углубиться в медитацию и мечом распознания остановить продвижение беспокойных мыслей — отсечь их одну за другой. И когда все они будут сражены, Божье царство спокойной мудрости станет вашим.

Каждый из вас, кто услышал эту проповедь и кто делает искреннее усилие изменить себя, обретет более глубокое единение с Богом, а в Нем — полную и несокрушимую победу духа.

Для меня благословение — созерцать Его

Главный международный центр Self-Realization Fellowship, Лос-Анджелес, Калифорния, 3 января 1937 года

[Эта речь была дана на банкете, которым завершилась Ассамблея SRF, организованная в честь возвращения Парамахансаджи из длительного путешествия в Индию, а также в честь двенадцатилетия основания Главного международного центра Self-Realization Fellowship в районе Маунт-Вашингтон]

Словами не выразить, как я ценю все те добрые вещи, которые вы мне сказали этим вечером. Я глубоко признателен за вашу преданность и силу духа, а также за слова, которые были сказаны вами от чистого сердца. Я молюсь, чтобы вы благословили меня, тем самым сделав меня достойным служить вам. Я горд быть с вами, и я всегда счастлив, когда мне напоминают о моей огромной обязанности перед вами и всеми моими братьями и сестрами в этом мире.

То, что было сказано здесь о Йогананде, было сказано не мне, а Тому, Кто пребывает во мне. Я знаю лишь то, что все вы — образы Христа. Когда вы наблюдаете за одной волной, вы не видите океан; но когда вы наблюдаете за океаном, вы видите, что это океан становится волнами. За всеми волнами стоит один и тот же океан. Я вижу этот океан Духа за всеми вашими жизнями. Я кланяюсь вам.

Я не достоин тех чудесных слов, что вы сказали обо мне. Я ведь так незначителен; поэтому я могу лишь сказать, что это проявление благословения Бога, делающего меня таким дорогим в ваших глазах. Моя жизнь на земле не была напрасной. Пусть Господь благословит вас за ваши слова, и пусть я буду становиться все более и более достойным тех вещей, что вы обо мне сказали.

Я исполнен вдохновения этого события, принесшего нам чувство божественной радости, божественного понимания и божественного общения, в котором мы забываем обо всех ограничениях и различиях. Я молюсь, чтобы такое общение в атмосфере понимания, праздничности и доброты господствовало на всей земле, чтобы на алтаре единства нашли свое выражение вездесущность Бога и Его Царство. Киркомотыга таких событий пробивает бесполезную каменистую корку вашей души, и из-под этой корки начинает бить ключом Божественный Родник, который приносит нам новую чистоту, новую радость и новую любовь.

Свежее начало нового года

В новый год мы вступаем с чистым сознанием. Пусть у нас каждый день появляется желание вытеснять плохие привычки и склонности хорошими привычками и деяниями. Пусть все мы осознаем радость таких событий, как это собрание, и благодаря этому опыту испытаем такой духовный подъем, чтобы свет этой радости навсегда рассеял тьму неведения. Для меня благословение созерцать Его в этот день и видеть Его вдохновение во всех вас. Я безгранично благословен тем, что мне довелось услышать Его слова, сказанные устами таких возвышенных душ.

Это Бог высказал мне эти одобрительные слова. Все вы боги — если бы вы только знали об этом!.. За волной вашего сознания скрывается море Божьего присутствия. Вы должны заглянуть вовнутрь. Не концентрируйтесь на волне вашего тела и его слабостях — посмотрите, что скрывается за ним. Закройте свои глаза, и вы увидите безграничную вездесущность прямо перед собой — куда бы вы ни посмотрели. Вы находитесь в центре этой сферы, и когда вы сознательно возвыситесь над телом и его переживаниями, вы обнаружите, что эта сфера наполнена великой радостью и блаженством, которые зажигают звезды и питают силой ветры и шторма. Бог — источник всех наших радостей и всех проявлений природы.

Бога не нужно зарабатывать. «Ищите же прежде Царства Божия… и это все приложится вам. И не беспокойтесь»[1].

Пробудитесь ото тьмы неведения. Вы закрыли свои глаза во сне заблуждения. Пробудитесь! Откройте свои глаза, и вы узрите славу Господню — бесконечную вереницу Божьего света, озаряющего все

---

[1] Мк. 6:33, Лк. 12:29.

сущее. Я говорю, что вы должны быть божественными реалистами, и вы должны найти ответы на все вопросы в Боге. Медитация — единственный способ это сделать. Убеждения и чтение книг не принесут вам познания. Только медитация в действительности может дать вам великое познание и радость. Если вы будете следовать этому пути, вы поймете, что Бога не трогают слепые молитвы или угодничание — Его трогает преданность и любовь вашего сердца. Вы должны не только практиковать медитацию, но и вручить Богу всего себя. Вы должны заявить о своем божественном праве по рождению. Своими постоянными мольбами, своей безграничной решимостью, своей неизменной жаждой по Богу вы заставите Его нарушить великий обет молчания, и Он ответит вам. Более того, в храме тишины Он вручит вам подарок в виде Себя Самого, — тот подарок, который навечно останется с вами в загробной жизни.

Кинодрама жизни

Если вы знаете сюжет кинофильма или спектакля, вам будет неинтересно его смотреть. Это хорошо, что вы не понимаете жизнь, потому что Бог разыгрывает кинодраму в вашей жизни. Нам было бы неинтересно знать будущие события перед тем, как они свершатся. Не тревожьтесь о том, что будет в конце, вместо этого всегда молитесь Богу: «Научи меня играть в этой драме жизни в духе бессмертности — силен я или слаб, здоров или же болен, высокого ли я сословия или низкого, богат или же беден, — чтобы в конце этой драмы я смог понять ее мораль».

Не тратьте свое время попусту. Вы есть величайшее творение Господа — более великое, чем все остальное. Вы благословлены силой мысли и рассудка. Бог говорит: «Я дал вам волю, Я даровал вам волю и свободу выбора. Возможно, вы оставите все вещи и полюбите Меня — Того, Кто вручил вам эти дары». В конце концов я обнаружил, что все серебристые ручьи моих желаний впадают в великий Океан Сознания. Многие из вас плывут по направлению к этому Океану, но останавливаются у берегов. Если вы будете продолжать следовать пути добродетели в жизни, река вашего желания впадет в океан Божьего сознания. Все жизненные «реалии», с которыми вы сталкиваетесь, станут нереальными. Сегодня мы есть, а завтра нас уже нет. Мы должны помнить о нашей важнейшей обязанности перед этой великой Силой, которая стоит за всеми нашими жизнями. Играя свою роль в этой драме, мы не должны забывать о своей высшей обязанности перед Ним. Если мы хотим понять эту жизнь, мы должны распознать тонкую работу Бога в цветах, мы должны распознать пламя Его сознания, горящее в наших мыслях; Его жизнь, которая течет через наши души, и миры — один за другим, — которые раскинулись в необъятности пространства. Бог безграничен, и все же мы чувствуем Его в нашем сознании. Наши жизни — это отражение Духа. Ни одна волна не может существовать без океана, поэтому мы должны познать великий Океан Жизни, трепещущий за нашими жизнями.

Кто дает познание: горы или живые души?

Только возвышенные души своим живым примером могут дать вам осознание Господа. Давным-давно я хотел сбежать из ашрама с его обязанностями, чтобы искать Бога в удаленных местах Гималаев. Мастер (Свами Шри Юктешвар) пытался объяснить мне, что горы не дадут мне познания, которое я могу получить в медитации под его руководством. Но я не прислушался к этому недвусмысленному намеку и ушел. Однако уже через короткое время я вернулся к своему гуру. Я думал, что он будет очень недоволен мной — и это было бы справедливо. Однако, увидев меня, он лишь сказал: «Давай отведаем чего-нибудь». «Разве вы не злитесь на меня, сэр?» — спросил я. Он ответил: «Как я могу злиться на тебя? Я же не использую тебя в личных целях. Ты вернулся, а моя любовь к тебе все та же. Когда ты ушел, ты поступил согласно своему желанию, и я чувствовал к тебе не меньшую любовь». Тогда я понял, что означает безусловная божественная любовь, и что это Господь в обличье моего земного гуру дарил богоискателям Свою любовь.

Как-то раз, уже после своего возвращения, я пытался погрузиться в глубокую медитацию, но меня позвал Мастер. Я не хотел вставать. Он позвал меня снова. Я ответил: «Мастер, я медитирую!» Он ответил: «Знаю я, как ты медитируешь. Подойди ко мне». Когда я пришел к нему, он пристально посмотрел на меня взглядом божественного сочувствия. «Бедный мальчик, — сказал он, — горы не смогут дать тебе то, чего ты ищешь». Тут он внезапно коснулся моей груди. До этого я уже слышал о передаче божественного восприятия, но с помощью тех переживаний, что мне даровал Мастер, я познал это на собственном опыте. Все вокруг растворилось — все стало светом. Мое дыхание ушло, а тело словно вросло в землю. Я почувствовал, что свободен от тела, — я стал Духом. У меня были тысячи глаз. Я мог видеть все впереди и позади меня на мили вокруг. Я мог смотреть сквозь твердые вещества; я видел, как в корнях деревьев течет сок, и я видел здания, стены и все остальное насквозь. Я захотел проверить, реально ли это переживание, и убедился в том, что оно было реально, ибо я видел все вокруг как с открытыми, так и с закрытыми глазами. Ту радость, которую я жаждал годами, Мастер передал мне простым прикосновением. Я почувствовал неизмеримое блаженство божественного общения; словами не описать ту радость и то счастье, что пришли ко мне. (До этого я не до конца осознавал величие моего мастера. Я был так уверен в нем. Я не осознавал, что он мог дать мне столько возвышенных благословений в жизни.) У Бога нет глаз. Он смотрит через поры пространства — так же, как я видел все вокруг без посредства глаз. Все во Вселенной одновременно происходило во мне.

Спустя полчаса блаженства и чудесных видений Мастер вновь прикоснулся ко мне, и я в очередной раз обнаружил, что ограничен пределами тела. Горы и в самом деле не дали бы мне того, что дал мне Бог через посредство моего Мастера. Для меня он был воплощением Бога на земле. Затем он сказал: «А теперь пойдем прогуляемся». Но перед этим он наказал мне подмести балкон. Какой контрастный урок сбалансированной духовной жизни! После этого мы с ним прошлись по берегу Ганга. Он демонстрировал скромное бесстрастие всякий раз, когда я пытался выразить ему благодарность за духовное видение, которое он мне дал. Таким был мой великий Мастер.

Воскресение Шри Юктешвара

Мастер свободен словно радиоволны, которые блуждают повсюду[2]. Его присутствие все время ненавязчиво следует за мной. Я часто вижу, как он стоит возле меня. Все, что он мне говорил, сбылось. Он предсказывал: «Я покину тело, когда ты вернешься в Индию». Я никогда этого не забуду. Он годами ждал моего возвращения. Я так много лет (с 1920 года. — Прим. изд.) был в Америке, а он терпеливо

---

[2] Свами Шри Юктешвар покинул свое тело 9 марта 1936 года — в тот временной период, когда Парамахансаджи совершал свой визит в Индию.

ждал меня и лишь два года назад призвал вернуться. Тогда я написал святому Линну: «Мастер зовет меня. Он не сможет долго ждать. Мне надо ехать». Святой Линн обладал большим духовным пониманием и интуицией; он сразу же помог мне щедрым денежным пожертвованием, чтобы у меня была возможность отправиться в Индию. Я прибыл туда, и Мастер отправился на встречу с Вечностью. Он покинул свое тело, а позже, к моему огромнейшему удивлению, пришел ко мне, воскресив свой прежний облик[3]. И это не было игрой воображения, друзья мои. Столетие назад теперь уже привычный нам феномен радио, и не только он, был бы воспринят со скептицизмом. Бог может показать вам множество чудесных явлений, если только вы сонастроитесь с Ним, чтобы увидеть эти проявления. Усилия стоят того. Вы должны вложить все свое сердце и душу в медитацию. Если вы будете уделять медитации пару часов утром и вечером, вы найдете великого Бога, Который скрывается за всем сущим.

«Среди тысяч людей едва ли один стремится к духовным свершениям, а из благословенных истинных искателей, усердно стремящихся достичь Меня, едва ли один постигает Меня»[4]. Если человек встал на духовный путь, это еще не значит, что он найдет Бога; благословение получат те, кто будут стоять на духовном пути до самого конца.

Бог более заманчив, чем искушение

Я обнаружил, что Бог более заманчив, чем искушение. Я сравнивал Его со всеми материальными желаниями и обнаружил, что Он более желанный, чем что-либо еще. Я укоренен в Духе. Я чувствую себя как дома везде, и неважно, нахожусь ли я в районе Маунт Вашингтон, в машине, в Индии, в Америке или где-либо еще. Радости материальных вещей угасают, а Божья радость никогда не утеряет своей силы. Это вечный роман с Духом. Это неописуемая радость. Хоть вы уже и видите проблески Божественного, вы не должны этим удовлетворяться — погружайтесь глубже в себя, и тогда однажды вы будете сидеть на самом краю вечности перед ликом Господа. Там, в царстве за пределами всех ваших мечтаний, где вечно бьет ключом Божий родник, в сердце и почве вашей души, вы можете войти в ковчег

---

[3] Подробно об этом рассказывается в 43-й главе «Автобиографии йога».

[4] Бхагавад-Гита VII:3.

тишины. Господь ждет вас. И вам лишь снится этот сон. Переключите свое внимание с этого мира на Царство Божие, которое находится внутри вас. Я живу в этом царстве, в этой сфере радости, где звезды и планеты проплывают в безграничности моего сознания.

«О Господь, я виду, как Ты пишешь Свою красоту на холсте небосвода, на холсте природы и моего сознания. О, как же я благословлен! Я ведь даже недостоин произносить Твое имя».

Я созерцаю Его в медитации, когда мои глаза закрыты; я вижу Его и с открытыми глазами. Вы также должны найти эту вечную свободу. И вы найдете ее, если будете прилагать усилия. Лучше увечному войти в жизнь — отсечь все маловажные желания, — нежели жить без Господа[5]. Пробудитесь! Укоренитесь в Божьем Духе, в осознании Вечной Сущности, Которая словно океан течет через все мироздание. В этот короткий временной промежуток жизни стоит сделать усилие познать Бога. Радость будет непрестанно литься рекой. Я чувствую этот великий Океан Жизни и говорю: «О Господь, Ты благословил это незначительное существо Своей радостью. И теперь я понимаю, почему Иисус возжелал пролить свою кровь за всех людей и отдать за них свою жизнь: он был укоренен в Твоей радости».

Каждый из вас должен взять под контроль тело, ум и душу и молиться Богу всей своей силой и преданностью. Если вы последуете пути медитации, которому обучаем мы, однажды, когда вы меньше всего того ожидаете, вы обнаружите, что Господь опустил обе Свои руки, чтобы поднять вас наверх. Хотя вы и занимаетесь поисками Бога, Он при этом тоже вас ищет — даже активнее, чем вы. Но Он дал вам свободу отвергнуть Его, если вы сами того пожелаете. Вы должны помочь своему Отцу. Вернитесь Домой, и тогда Он, как в той библейской притче о блудном сыне, заколет откормленного теленка мудрости, вечного блаженства и божественного понимания, чтобы устроить пиршество в вашу честь. И вы обнаружите, что Он с вами навечно.

Господь, мой Гуру, мои Парамгуру и богоискатели: я кланяюсь вам всем. Я кланяюсь в ноги всему человечеству, ибо все мы дети Божьи.

---

[5] См. Мк. 9:43.

Пусть Господь всегда будет с вами

Фрагменты лекции в Главном международном центре Self-Realization Fellowship, Лос-Анджелес, Калифорния, 17 августа 1939 года[1]

Все существует благодаря Богу. Вы существуете благодаря Ему. Вы обладаете материальным благополучием, удобствами и удовлетворением благодаря Богу, так что вы должны быть очень благодарны Ему. Почему же тогда вы не помните о Его первостепенной важности? Как вы можете каждый день засыпать в неведении о Нем? Этому нет никаких оправданий. Зачем придавать излишнюю важность материальной жизни? Уделяйте внимание своим земным обязанностям, но все это время думайте о Боге. Каждый день демон судьбы уносит людей с этой бренной земли; вас могут забрать в любой момент.

Исполняйте свои обязанности в этом мире добросовестно, но никогда не забывайте о своих обязанностях перед Богом. Я работаю, чтобы служить всем, но когда я медитирую в одиночестве, я никому не позволяю тревожить меня. Другие дела могут подождать — от исполнения обязанности перед Богом никогда нельзя увиливать. Один святой в Индии не прерывал богослужений даже из-за срочных сообщений. И в своей жизни вы также должны придавать первостепенное значение ежедневному общению с Ним. По-другому вы не сможете исполнять свои обязанности перед Ним.

Великие учителя никогда не будут учить вас небрежному отношению — они будут учить сбалансированности. Безусловно, вам необходимо работать, чтобы добыть себе пропитание и одежду. Но если вы позволяете одной обязанности противоречить другой, то это вовсе не истинная обязанность. Тысячи бизнесменов так заняты

---

[1] Во время лекции Парамахансаджи иногда надолго отступал от темы — часто в связи с вопросами аудитории или чтобы разъяснить невысказанные мысли. Представленный здесь материал — это как раз то, что было сказано при отступлении от темы. Сама лекция вошла в книгу «Вечный поиск» под названием «Смотрите на мир зрячими глазами».

накоплением богатств, что не замечают, как накапливают множество проблем с сердцем! Если необходимость процветать заставляет вас забывать о необходимости следить за здоровьем, то не такая уж это и необходимость. Человек должен развиваться гармонично. Нет смысла уделять особое внимание внешнему развитию тела, если в нем «куриные мозги». Ум также нужно развивать. И если у вас отличное здоровье и ум и вы процветаете, но при этом несчастны, это значит, что вы еще не добились успеха в жизни. Если вы можете искренне сказать: «Я счастлив, и никто не сможет отобрать у меня мое счастье», — значит, вы царь, нашедший внутри себя образ Божий. Будьте горды этим образом внутри себя. Если вы ведете праздный образ жизни, часто впадаете в ярость, легко раздражаетесь из-за всего подряд, смотрите на всех свысока, и если вы умираете в таком состоянии сознания, это значит, что вы еще даже не начали осознавать, что Бог находится внутри вас, что Он есть ваше высшее «Я».

Однажды некий индийский святой купался вместе со своими учениками в Ганге. Тут к реке прибыл незнакомец, который начал мыть свою лошадь прямо перед святым. Наводя лоск на животное, незваный гость намеренно брызгал водой на святого. Рассерженные ученики хотели было ударить обидчика, но гуру сказал им: «Нет, не трогайте его». Внезапно лошадь лягнула своего хозяина, выбив ему несколько зубов. Святой пришел ему на помощь и добродушно помог раненому человеку. Обидчика наказали неумолимые законы природы, а вовсе не святой. Космические законы Господа работают на благо тех, чьи деяния гармонируют с ними, а страданиями они пробуждают тех, кто не верен своему божественному «Я».

Человек сотворен по образу Божьему

Вы есть образ Божий, поэтому и вести себя вы должны как бог. Но что же происходит на самом деле? С утра вы первым же делом выходите из себя и жалуетесь, что ваш кофе остыл! Почему это должно иметь хоть какое-то значение? Почему такие вещи должны вас раздражать? Обретите то равновесие ума, в котором вы абсолютно спокойны и свободны от гнева. Это именно то, чего вы хотите. Не позволяйте ничему и никому раздражать вас. Пусть ничто не сможет отобрать у вас покой. И в своем несчастье вините не кого-то другого, а только лишь себя. Если кто-то плохо с вами обходится, ищите причину в себе, и тогда вы обнаружите, что вам станет проще ладить со всеми. Иисус относился к своим врагам как к маленьким детям. Если вас ударит ребенок, вы же его не возненавидите за это. Осознавая, что он еще не понимает каких-то вещей, вы его простите. Если люди подвергают вас гонениям, не оскверняйте образ Божий внутри вас — не желайте отмщения. Если вы хотите познать Его образ внутри себя, *всегда* помните, что вы бог, и ведите себя подобающе.

Большая часть людей — жертвы переменчивого настроения; пока человек не возьмет свое настроение под контроль, оно будет контролировать его. Человек, который не контролирует себя, является «ненормальным», и он даже не понимает этого! Тот, кто одерживает верх над своим настроением, становится сбалансированной личностью. Забавный феномен: ни у одного человека нет искушения сознательно делать то, что идет наперекор его интересам, однако при этом он, под воздействием переменчивого настроения, прихотей или привычек, делает множество вещей, которые фактически губительны для его благополучия.

Всегда в первую очередь *думайте* о том, что вы собираетесь сделать и как это повлияет на вас. Действовать в порыве эмоций — не значит быть свободным, ибо вы будете связаны неприятными последствиями ошибочных деяний. Делать то, что ваше духовное распознание считает правильным, — вот что несет освобождение. Такая деятельность, которая направляется мудростью, благоприятствует божественному существованию. Так вы найдете и начнете отражать образ Божий внутри вас. Если вы принимаете твердое решение что-либо сделать или чего-то не делать и приводите это решение в исполнение, не подвергаясь негативному воздействию переменчивого настроения или плохих привычек, тогда вы действительно свободны.

Учения великих мастеров Индии — это не то, чем занимаются лишь по воскресеньям. В остальные дни недели о них также нельзя забывать: практиковать их нужно ежедневно. Простого верования здесь недостаточно — необходима также самодисциплина, контроль над своими эмоциями. Обучение, которое дают индийские мастера, демонстрирует ученику, как быть безусловно счастливым, не подвергаясь воздействию страданий и перемен. За это обучение и понимание я глубоко признателен им.

Бог не станет навязывать Себя

Если человек искренен в своем поиске Истины, Бог поможет ему найти книгу или учителя, чтобы вдохновить и воодушевить его. Когда же у искателя появляются по-настоящему серьезные намерения, Господь посылает ему гуру. Гуру — познавший Бога человек, которому свыше было велено взять искателя в ученики и вести его из тьмы неведения к свету мудрости. Бог обучает верующего посредством чистого духовного распознания гуру. Так как Бог принял обет молчания, Он не будет обращаться к ученику напрямую, пока верующий не достигнет высокого уровня духовного развития. То, что Бог молчит, не означает, что Он суров или безразличен. Напротив, ввиду Своей скромности и любвеобильности, Он дал человеку свободу самостоятельно распоряжаться своей судьбой. Бог не желает чинить препятствия этой свободе выбора. Он хочет, чтобы мы искали Его по своей собственной воле, и Он не собирается Себя навязывать.

Так как мы злоупотребляем самостоятельностью, которую дал нам Господь, мы отстранились от Него. Пока вы не познаете Бога, пока вы не услышите Его голос — и неважно, каким духовным путем вы следуете, — вы не достигнете реального общения с Ним. Его голос *можно* услышать. Его *можно* познать. Он более реален, чем все, что вы воспринимаете пятью чувствами. Но вы должны *заниматься* Его поисками.

Гуру посылается Богом

Для того чтобы достичь успеха в духовном поиске, необходимо следовать Божьим законам — как и в случае с любым другим жизненным начинанием. Чтобы школьный предмет стал вам понятен, вас должен наставлять учитель, который знает этот предмет. С духовными истинами так же: чтобы их понять, необходимо иметь духовного учителя, то есть гуру, который знает Бога. Даже если у вас нет возможности находиться в его присутствии — или даже если его инкарнация на земле подошла к концу, — вы должны следовать его учению, если хотите найти Бога. Первый попавшийся учитель здесь не подойдет. Каждому Богоискателю необходим подходящий гуру. Но если вы отворачиваетесь от посланника Бога, Он безмолвно спрашивает: «Что же случилось с тобой, если ты так неблагоразумно отвергаешь того, кого Я послал помочь познать божественную науку души? Теперь тебе придется долго ждать и демонстрировать серьезность намерений, перед тем как Я вновь отвечу тебе». Тот, кого мудрость и любовь гуру, посланного Богом, ничему не учат, не найдет Господа в этой жизни. Пройдет как минимум несколько инкарнаций, прежде чем у него вновь появится возможность искать Бога.

Вам необходимо понимать божественный закон взаимоотношений гуру и ученика. Нас обучают этому в Индии. Он очень прост, но крайне важен: первым делом вы должны найти гуру — только после этого начинается реальный духовный рост. Я вовсе не намекаю на то, что вы должны проявить лояльность конкретно ко мне; я лишь констатирую тот факт, что, если вы хотите заполучить Бога, вы должны быть преданны тому, кого Бог посылает вам на помощь.

Помимо сонастроенности с гуру у вас должна быть всепоглощающая жажда по Богу. Он должен вызывать в вашем сердце любовный пыл тысячи миллионов страстей, и вы должны осознавать, что Бог вам крайне необходим. Подобно тому как скупец ищет деньги, влюбленный скучает по возлюбленной и тонущий человек испытывает нужду в воздухе, так и вы должны жаждать Бога. Постоянно взывайте к Нему: «Найду ли я Тебя? Лишь Ты один мне нужен!» Если вы будете непрестанно молиться, вы, возможно, увидите небольшой проблеск света, который воодушевит вас. Но Бог хочет знать, будете ли вы настойчивы и не ослабит ли искушение вашу волю. Ошибки, которые вы совершили в прошлом, уже не имеют значения. Если ничто не изменит вашу любовь к Богу, Он придет к вам.

Но многие ли из вас погружаются в медитацию достаточно глубоко, чтобы обрести Его? Если это на самом деле так — если в своих чувствах к Богу вы серьезны и хотите угождать лишь Ему, — тогда вы найдете Его и Он будет говорить с вами через вашу совесть и пробужденное духовное восприятие.

Ответ Бога истово верующему

Где-то семь месяцев назад я полностью погряз в работе, читая лекции каждый вечер и беседуя с людьми днями напролет. У меня не было времени на уединение с Богом, и мне начало казаться, что Он так далеко. Это сильно меня угнетало. «Господи, что же это такое? — взмолился я. — Как же мне думать о Тебе? Может, мне бросить все эти занятия?» (Я постоянно спрашиваю Его, хочет ли Он, чтобы я все оставил и думал только о Нем.) Я чувствовал, что моя душа и мой мозг уже буквально разрывались от тоски, когда я молился: «Мне неважно, что Ты сделаешь со мной. Люди гибнут из-за денег и женщин. А я готов умереть за Тебя, Господи! Но я должен знать, что Ты со мной. Как мне узреть Тебя? Как я смогу жить без Тебя? Я люблю работать, я люблю помогать людям, но я не хочу делать это ценой потери Тебя. Господи, моей единственной мыслью было служить Тебе в Твоей работе, так почему же я иногда чувствую, что теряю связь с Тобой?» Отказавшись сдаваться до тех пор, пока Он не ответит, я получил самый потрясающий ответ. Господь сказал: «Когда ты не медитируешь, разве в своих мыслях ты не тоскуешь по Мне и не желаешь медитировать? Когда ты медитировал, ты думал обо Мне, а когда не медитировал — тосковал по Мне. Получается, в твоем уме всегда царят мысли обо Мне».

С того самого дня я нахожусь в духовном экстазе, который длится вот уже семь месяцев! Даже общаясь с людьми на своих занятиях или выполняя другую работу, я каждую минуту чувствую блаженную связь с Богом. Это неземное состояние не покидает меня все эти месяцы. Что бы я ни делал, я обнаруживаю, что стрелка компаса моего ума всегда указывает на Бога. Таково сознание истово верующего.

Подобным же образом должны молиться и вы — до тех пор, пока не получите Его ответ. Он ответит вам так же, как ответил мне. В вашем сознании всегда таится какое-то определенное желание. Выясните, что стоит на первом месте в вашем уме. Может быть, это деньги? Или здоровье? Или же это любовь? Возможно, вы нездоровы и на заднем плане своего ума постоянно жалуетесь: «Господи, вот бы я снова стал здоровым!» Почему бы вам так же не возжелать Бога? Помня, что Он всегда с вами и что в Нем вы нуждаетесь больше всего на свете, в своем уме вы сможете удерживать Его на первом месте.

Любовное послание Америке

В Индии о Боге помнить легко, потому что там о Нем говорят все. Здесь же, если вы говорите о Боге не в церкви и не по воскресеньям, к вам относятся как к фанатику! Но Америка с большой скоростью духовно развивается. Здесь больше понимания и желания познать Бога, чем в большинстве других мест в мире. И я верю, что на вас снизойдет великое благословение. Вы должны взращивать те качества своей души, которые побудят другие нации смотреть на вас с почтением.

Вот две важнейшие заповеди, которым нужно следовать: «Возлюби Господа Бога твоего всем сердцем твоим, и всею душою твоею, и всем разумением твоим, и всею крепостию твоею... Возлюби ближнего своего, как самого себя»[2]. «Ближний» здесь — это любой человек, который вам повстречается. Если вы будете следовать этим двум заповедям, все остальные заповеди будут исполняться автоматически.

Тот, кто кроток и любит Бога, является величайшим человеком. Придумывать оправдания и говорить, что у вас нет времени на Бога, легко, но в своем сердце и на заднем плане своего ума вы всегда можете непрестанно молиться: «Яви Себя, приди ко мне! Ты для меня всё». Что бы вы ни делали, удерживайте в голове эту мысль. Неважно, бьетесь ли вы над решением проблемы или же наслаждаетесь каким-либо свершением — всегда говорите Богу на заднем плане своего ума: «Лишь Тебя я люблю. Лишь Тебя я ищу. Яви Себя». Тогда Бог придет к вам.

Мысли можно сравнить с медовыми сотами, а Божью любовь — с медом. Если вы действительно искренни, Бог придет отведать мед вашей преданности, который сочится из медовых сот ваших мыслей.

Бог — пункт нашего назначения

Желание познать Бога не приходит само собой — его нужно в себе взрастить. И без этого желания жизнь не имеет смысла. Когда вы спите, вы прощаетесь с этим миром, со своей семьей, со своей личностью — со всем. Забывается даже ваше тело. Вы не знаете, когда вам придется попрощаться с этим миром уже на более длительный срок. На самом деле вы путешествуете, останавливаясь здесь лишь на короткое время. Жизнь — это огромный караван, проходящий мимо вас. Вы прежде всего должны хотеть узнать, какова цель этого путешествия и каков пункт его назначения. Этим пунктом назначения является Бог.

Господь приходит к тому верующему, который живет ради Него и умирает в Нем. Он касается этой души и говорит: «Дитя Мое, проснись. Все это лишь сон. Смерть не коснулась тебя». Тогда верующий познаёт, что все его земные переживания предназначались не для того, чтобы мучить его, а чтобы явить ему истинную природу его души.

---

[2] Мк. 12:30-31.

Душу нельзя сжечь. Ее нельзя потопить, разрушить или пронзить[3]. Верующий осознаёт: «Я не тело. У меня нет формы. Я есть Сама Радость». Каждое утро при пробуждении напоминайте себе: «Только что я пробудился от внутреннего восприятия своего высшего „Я". Я не тело. Я невидим. Я есть Радость. Я есть Свет. Я есть Мудрость. Я есть Любовь. Я пребываю в иллюзорном теле, в котором мне снится эта земная жизнь; сам же я вечно буду бессмертным Духом».

Боль спадает, если ум находится под контролем

Всякий раз, когда вы физически или умственно страдаете, внушайте себе эти духовные мысли. Во время сна вы не чувствуете даже сломанной ноги. И если в состоянии бодрствования ваш ум будет находиться под полным контролем, вы будете чувствовать лишь четверть своей боли, ибо нет другого связующего звена между болью и телом, кроме ума. Когда больно незнакомцу, вы не тревожитесь так, как бы тревожились, если бы это был ваш брат. За свое страдающее дитя мать переживает больше, чем за страдания чужого дитя. Аналогичным образом, физические страдания вашего тела обостряются потому, что, отождествляя себя с ним, вы чувствуете с ним общность — более сильную, чем с телом другого человека. Вы должны научиться лучше отделять ум и чувство от тела. Вот почему Иисус сказал: «Не заботьтесь для души вашей, что вам есть и что пить, ни для тела вашего, во что одеться»[4]. Любовь к телу и чувственным удовольствиям пагубна для вашего духовного развития.

Если вы хотите достичь духовного озарения, практикуйте эти истины. Они настолько благотворны, что каждый человек просто обязан применять их в своей жизни. Время от времени старайтесь обходиться без еды и других удобств повседневной жизни. Голодайте в течение одного-двух дней[5], лишайте себя некоторых удовольствий и удобств, к которым вы привыкли, и посмотрите, так ли вы счастливы без них. Истинно свободнорождённый человек — это тот, кто

---

[3] «Оружие не может рассечь душу, огонь не может ее сжечь, вода не может ее поглотить, ветер не может ее иссушить... Душа неизменна, вездесуща, всегда спокойна и невозмутима — вечно та же» (Бхагавад-Гита II:23–24).

[4] Мф. 6:25.

[5] См. сноску на стр. 172.

обуздал себя. Его направляет внутренняя мудрость души, на которую не оказывают влияния другие люди или диктаты его собственных привычек или эмоций. Для достижения такой свободы нужен жесткий самоконтроль и глубокое понимание своего «Я», но достичь ее не так уж и сложно — это ведь ваша истинная сущность.

В своем уме человек должен постоянно хранить верность Богу. Я пробовал заниматься всевозможными видами деятельности, однако, что бы я ни делал, мой ум всегда устремлен к Богу. Вы должны наслаждаться этим мирозданием, не привязываясь к нему. Я по своему личному опыту знаю, что самое приятное из удовольствий — это нахождение Бога. Тем не менее люди так увязли в иллюзии, что они даже не пытаются познать Его. Вместо этого они вовлекаются в земные занятия или ищут Его пассивно, читая книги или блуждая от одной религии к другой. Люди не следуют истинным путем постижения Бога, потому что этот путь заключается в том, чтобы постоянно молиться Ему, искать Его днем и ночью и обуздать все силы, которые отвлекают ум от Него.

Йога — самый прекрасный путь, потому что она предлагает пошаговые методы, ведущие к Богопознанию. Вы можете отучиться в колледже и стать доктором богословия, оставаясь при этом доктором заблуждения. Важна именно практика религии, а не просто лишь ее осмысление, — практика постижения Бога.

Успех некоторых религиозных учителей, словно духовные грибы, может «вырасти» внезапно, но не иметь прочного основания. По-настоящему квалифицированные учителя обладают божественным восприятием, их направляют Божье благословение и познавший Бога гуру.

Вы не можете спасти другие души, если еще не спасли свою. На Востоке истинные искатели стремятся обрести сначала собственное искупление — они не обращают в свою веру других. На Западе же, напротив, многие учителя стремятся спасти чужие души, не позаботившись сначала о том, чтобы спасти свою. Мне однажды повстречался такой человек. Он был мирским человеком до мозга костей, однако при этом был «духовным учителем» с большим числом последователей. Он притворялся тем, кем на самом деле не является, — глубоко духовным человеком. В связи с тем, что я уроженец Индии, он относился ко мне как к язычнику и, считая себя «примерным христианином», считал своим долгом поведать мне, что я ничего не знаю об Истине. Но когда я попросил его описать, что он почувствовал, когда вошел в духовный экстаз и общался с Богом, он не смог дать ответа. Его величие было таким же низким, как и его самообольщение. Затем я «надавал» ему: «Ваше знание Бога и истинной природы своего „Я" предельно ограничено, потому что вы слишком сильно отождествляете себя со своим чувственным сознанием; это не дает вам развиваться духовно. Низкопоклонство многих последователей не является мерилом познания. Если другие считают вас великим, это еще не значит, что это так. В такой лести нет искренности и пользы. Если же вы сконцентрируетесь на том, чтобы получать истинную любовь от людей, которых привлекли ваши достоинства, вы больше никогда не будете подвергаться обольщению: вы будете видеть его насквозь. Лесть губительна, ибо она искажает истину и потому вводит в заблуждение. Пока вы будете проводить время со сборищем льстецов, у вас не будет настоящих друзей».

Некоторые люди хотят слышать слова лести и от меня, но я никогда их не говорю. Я не могу быть неискренним по отношению к Богу, Которого созерцаю во всех, даже в тех, кто пребывает в иллюзии.

Каждый день проверяйте, гармонирует ли ваше поведение с истинной природой вашей души. Не опускайте руки, думая, что Бог не слышит ваших молитв или не знает о вашем стремлении. Если вы начнете изучать жизни мастеров и святых, вы увидите, что у них было гораздо больше проблем, чем у вас. Они не только должны были овладеть собой, но и решать проблемы других людей. Каждый, кто приходит к гуру, думает, что духовный учитель должен приглядывать лишь за ним одним. Он хочет, чтобы гуру отвечал ему согласно его ранее приобретенным желаниям. Помимо прочего, в этой стране расходы на содержание организации и помощь ученикам так высоки, что духовному учителю нужно быть также и духовной машиной, выписывающей чеки! Но Господь благословил меня: Он послал мне на помощь обладающие пониманием души, чтобы я смог довести до конца дело, ради которого Он привел меня сюда.

Следуйте за теми, кто нашел Бога

Следуйте теми духовными путями, которые получили признание у познавших Бога мастеров. Если вы будете практиковать йогические методы Самореализации, вы достигнете Бога гораздо быстрее, чем если будете путешествовать пустынными тропами теологии. Индия сосредоточена на поиске Бога. Если вы будете следовать истинно великим индийским мастерам, вы достигнете Цели гораздо быстрее. В своем раннем поиске я испробовал разные методы; я знаю, какой из них быстрее. Кто-то однажды сказал мне: «Каждый утверждает, что его духовный путь — лучший. Как же мне узнать, какой лучше?» «Проверьте их на себе, — ответил я. — Только выпив воду, вы можете сказать, что ваша жажда утолена. Жажду невозможно утолить, просто лишь думая о воде». Молитесь, чтобы Бог направил вас. Если вы искренни, Бог покажет вам правильный путь.

Поэтому, дорогие мои, помните: день и ночь вы должны искать Бога. Не позволяйте привычкам или переменчивому настроению контролировать вас — напротив, используйте свою свободную волю, чтобы всегда поступать правильно. Что бы вы ни делали, постоянно молитесь Богу в своем уме. Не будьте рассеянны; делайте все сконцентрированно, но на заднем плане своего ума всегда взывайте к Нему: «Господи, яви Себя. Приди ко мне. Твоя любовь удовлетворяет все желания. Лишь Тебя я хочу!» И не забывайте медитировать по ночам; практикуйте техники, которым обучают Мастера Самореализации, и вы не потерпите неудачу в поисках Бога. Давайте же все вместе примем твердое решение:

«О Господь, в своих сердцах мы торжественно клянемся не погружаться в сон иллюзии и всегда быть пробужденными в Тебе; прилагать все усилия, непрестанно молясь Тебе на заднем плане своего ума до тех пор, пока мы не найдем Тебя; следовать йогическому пути Самореализации и своим благим примером помочь другим прийти в Царство Твое. Отец, помоги нам найти Тебя, ибо Ты нам родной».

Полярное сияние блаженства

Написано в начале 1920-х годов

Блаженство — это путеводная звезда, которая указывает путь суднам душ, попавшим в штормовые волны волнующей печали и возбуждающего удовольствия.

Блаженство — это Божье сознание, Его высшее качество, Его вечная жизнь. Чувство непрестанно усиливающегося блаженства — это самый верный признак Его присутствия. Чем выше блаженство, тем глубже контакт с Богом.

Блаженство можно испытать в двух состояниях: *савикальпа-самадхи* и *нирвикальпа-самадхи*.

В состоянии *савикальпа-самадхи* медитирующий богоискатель так глубоко погружен в блаженство, что его мысли, чувства, воспоминания и восприятие мира отделены от сознания. Подобно тому как человек, всецело поглощенный чтением интересной истории, не видит и не слышит, что происходит вокруг, так и богоискатель, погруженный в наслаждение внутренним блаженством, не осознает, что происходит вовне. Это не бессознательность и не состояние наркоза, в котором одновременно отключается внешнее и внутреннее сознание, — это неземное состояние возросшего внутреннего божественного восприятия.

В состоянии *нирвикальпа-самадхи*, или полного единения, йог наслаждается одновременно трансцендентным блаженством Абсолюта, пребывающего за пределами мироздания, и блаженной вездесущностью Духа во всех внешних проявлениях — другими словами, непроявленным океаном Духа и Его волнами творения, проявляющимися во Вселенной. В этом состоянии богоискатель — и не важно, закрыты его глаза или открыты, находится ли он в движении, говорит ли, спит ли, медитирует ли — контактирует со всепроникающим блаженством, величайшим благом — одновременно трансцендентным и имманентным во всем мироздании. Он осознаёт, что блаженство — сознательная, разумная, вечная, всепроникающая, всегда новая радость — приобрело формы в первичном каузальном, световом астральном и грубом физическом творении.

По мере своего погружения в блаженство безмолвной медитации человек находит фонтан благодати, бьющий из пор его сознания, мыслей, чувств и ощущений.

Я помню тот день, когда впервые, совершенно неожиданно, из-за облаков изнуряющей повседневной медитации на мое сознание снизошло полярное сияние блаженства. Оно превзошло все мои ожидания. Это неописуемая радость. Свет блаженства озарил все темные уголки моего сознания, рассеяв тени всех сомнений; словно рентгеновские лучи, он пронзил грубые материальные объекты и показал мне вещи, находящиеся за пределами смертного взора — на севере и юге, на западе и востоке, спереди и сзади, сверху и снизу, внутри и вовне, вокруг, — повсюду.

В свете этого полярного сияния я увидел весь кинофильм космоса. Ушедшие воспоминания былых эпох воскресли. Блаженство озарило чертоги Вселенной, и внезапно я узрел в нем все родное мне в прошлом, настоящем и будущем: скопление далеких звезд, драгоценные камни, цветы; я узрел птиц и зверей, матерей и отцов, сестер и братьев, святых и седовласых мудрецов[1].

После такого пробуждения йог безмолвно говорит:

«Всматриваясь в темные ночи бесплодных медитаций, непоколебимо смотря в сторону мудрости, я наконец узрел, как внезапно мое сознание наполнило полярное сияние блаженства. Его великолепие, которое едва заметно мерцало в облаках бесчисленных инкарнаций, заискрилось в моих неосуществленных желаниях.

О, этот нескрываемый блеск! Прекрасные пейзажи на холсте небосвода написаны разными цветами блаженства. Музыка скрипок, птиц, небесных светил и атомных вибраций теперь звучит одновременно в симфонии блаженства. Запахи цветов наполнены благоуханием блаженства; их лепестки созданы из красоты блаженства. Все радости наполнены блаженством. Вино богов, облегчающие жажду охлажденные напитки из прозрачных ручьев, цветочный мед, фруктовые нектары, — все это вытекает из-под давильного пресса блаженства.

---

[1] См. *каузальный мир* в глоссарии.

Мои мысли с разинутым ртом ищут напиток блаженства во всех мирских занятиях. Мои дикие фантазии погружают свои иссохшие от любопытства губы в золотую реку блаженства. Мои чувства плавают в волнах всегда нового блаженства. Моя интуиция, простирающаяся повсюду, словно вездесущий эфир, смешивается со всепроникающим блаженством, текущим внутри.

Я слушаю завораживающую музыку блаженства. Я обоняю, вкушаю, храню в мыслях и ощущаю очарование блаженства, превосходящее все чувственные удовольствия. Я созерцаю блаженство повсюду — во всех вещах. Я воспринимаю блаженство в каждой форме и частичке мироздания. Из блаженства я пришел, ради блаженства живу и в блаженстве растворюсь. Блаженство — это океан, в котором все мои волны желаний, грез, амбиций, чувственных пристрастий, деяний, преданности и мудрости растворились в едином море удовлетворения.

Прошлое, настоящее и будущее откинули свою вуаль. Я созерцаю сияющие лучи вечно переливающегося, вечно сущего полярного сияния блаженства, проходящие сквозь секстиллионы мыслей, струящихся в мозгу каждого из бесчисленных существ, которые когда-либо жили, лелеяли надежды и умирали. Это полярное сияние пронизывает темный космос света каузальных мыслеформ[2], сокрытых за стенами материальных солнечных и лунных лучей и обитаемых планет. Из этого чрева мыслей блаженная кровь стекает по артериям мыслей всех живущих ныне людей. Астральное электричество блаженства сияет во всех живых и бездушных лампочках бытия. Все мечты об искусстве, литературе, науке, религии и священных писаниях; все мечты о мыслях, деяниях и изобретениях будут появляться в умах будущих земных поколений, ожидающих, когда всеведущее блаженство поможет им соткать легендарные гобелены.

В чертогах благодати, в эфемерном особняке полярного сияния космоса я созерцаю горы, звезды и жителей обетованных лесистых джунглей; я созерцаю все законы физики; я созерцаю людей, зверей, мысли, духовное восприятие, — все они в идеальном консонансе исполняют песню вселенского братства».

---

[2] См. также песню *My Kinsmen* в книге *Songs of the Soul*.

Откликнитесь на зов Христа!

*Рождественская однодневная медитация,
Главный международный центр Self-Realization Fellowship,
Лос-Анджелес, Калифорния, 24 декабря 1939 года*

Христос не был зачат традиционным способом — его зачатие было непорочным. Поэтому мы празднуем день его рождения особенным образом, зная и чувствуя, что непорочным зачатием Иисуса Отец наш Небесный готовил рождение совершенного существа[1]. Истинное празднование Рождества заключается в осознании рождения Христова Сознания в собственном сознании.

Покончите со всеми блуждающими мыслями и почувствуйте свое единство с духом Христа. Я призываю духи Христа и Мастеров, единых с ним в Духе, чтобы совершенный человек, родившийся девятнадцать столетий назад, проявил свое сознание внутри вас прямо сейчас. Нежным пылом своей души я искренне молюсь об этом. Молитва способна на все. Иисус сказал: «Все, чего ни будете просить в молитве, верьте, что получите, — и будет вам»[2]. Верьте в то, что ваша молитва о его приходе будет исполнена, и так оно и случится. Любовь Христа начнет проявляться в вас не благодаря покою ума или даже страстному религиозному пылу, а благодаря праведному стремлению стать лучше. «О Христос, приди к нам! Яви нам себя. Плохие мы или хорошие, мы все же принадлежим тебе. Освободи нас от рабства беспокойств и прими нас такими, какие мы есть».

Да будут все те, кто сонастроен с нами сегодня (чей поток мыслей

---

[1] В Бхагавад-Гите (IV:7–8) Господь говорит о пришествии на землю Божественного Сознания в обличии великих святых таким образом: «Всякий раз, когда добродетель (*дхарма*) ослабевает и господствует порок (*адхарма*), Я воплощаюсь на земле как Аватар. В зримой форме Я появляюсь снова и снова, когда надо защитить добродетель и разрушить зло для того, чтобы восстановить праведность».

[2] Мк. 11:24.

я чувствую)³, благословлены присутствием Христа и его осознанием. «Отец Небесный, Ты исполняешь молитвы, исходящие из наших сердец; вот моя искренняя молитва: я хочу, чтобы каждый из нас ощутил Твое присутствие, Твое чудесное присутствие. О Бесконечный Свет! Мы зажгли все свечи нашей преданности. Приди! Приди к нам!»

Любовь Бога невозможно описать. Но ее можно почувствовать, очистив свое сердце и сделав его преданным. Когда ум и чувство направлены вовнутрь, вы начинаете чувствовать Его радость. Чувственные удовольствия длятся недолго, а радость Господа нескончаема. Ее ни с чем нельзя сравнить! Сегодня вы можете почувствовать духовную пользу, которую получили в результате долгой медитации с нерушимой преданностью. Вы уже помедитировали четыре часа, и для большинства из вас они показались лишь минутами. В сознании некоторых из вас я вижу проблеск Божьего ответа, а в некоторых случаях Божественное полностью поглотило наживку преданности.

Забудьте обо всем остальном! Просто падите ниц перед Божьими стопами. Лучше всего вручить себя Ему прямо сейчас. Вначале Он дарует вам лишь проблеск радости, ненадолго приходящей после короткой медитации. Именно в это время большинство людей совершают ошибку и встают, вновь погружаясь с головой в западню этого мира. Но великую радость и счастье можно обрести, если вы будете продолжать до тех пор, пока не познаете дух Христа и не ощутите блаженную связь с Великими Душами. Ни одно чувственное удовольствие никогда не даст вам такое же расслабление и счастье. Даже большое разнообразие развлекательных кинофильмов может быстро надоесть, а Бог не надоест никогда. Когда вы доберетесь до Бога и почувствуете Его блаженство, Он станет для вас более реальным, чем все остальное; общение с Ним принесет вам больше радости, чем любые чувственные переживания, ибо Он манит больше, чем любое искушение. Пока вы не почувствовали Его радость, вы не можете постичь Его великолепие; вы не можете осознавать, что счастье состоит в том, чтобы быть королем всех королей — принцем света.

Вот почему всей силой своей души вы должны искать Бога. Он не принадлежит кому-то одному и Его нельзя чем-то подкупить. Бог не

---

³ Имеются в виду ученики SRF со всего мира, также уделявшие Рождественской медитации целый день.

нуждается в нашей похвале; такой подход требует напряженного усилия, сравнимого с усилием юноши, воздающего хвалу возлюбленной лишь для того, чтобы она была довольна. Бог не хочет иметь такие взаимоотношения с вами. Однако божественная, безусловная любовь так прекрасна! Любовь — это единственный дар, который вы можете преподнести Ему. Если бы Господь и молил нас о чем-либо, то только лишь о нашей любви. Если Ему что-то от нас и нужно, так это наша любовь. Между Ним и нами появилась дымовая завеса иллюзии, и Ему жаль, что мы потеряли Его из виду. Он вовсе не рад видеть, как много страдают Его дети, умирая от сброшенных бомб, ужасных болезней и вредных привычек. Он сожалеет об этом, ибо любит нас и хочет, чтобы мы вернулись к Нему. Если бы вы только делали усилия в ночных медитациях, чтобы быть с Ним! Он думает о вас так много. Вас не забыли. Это вы забыли свое высшее «Я». Вы совершаете самое большое прегрешение против своего счастья. Бог никогда не бывает безразличен к вам.

Сегодня вы медитировали глубоко. И так же глубоко вы должны медитировать каждую ночь. Но вместо этого вы растрачиваете свое время на глупости, упуская возможность быть с Богом. Забудьте о бесполезных устремлениях. Пренебрегайте незначительными делами, если возможно, но никогда не пренебрегайте Господом. Бог — это не просто лишь слово. Бог — это жизнь, которая бушует внутри нас; жизнь, благодаря которой мы можем видеть и любить друг друга. Лишь недолгое время мы созерцаем друг друга здесь. Сегодняшний день — это не что иное, как Божья мысль, краткий миг вечности. Снова и снова Господь показывает мне, что это мироздание состоит лишь из Его мыслей-снов.

Мы пребываем в состоянии сна. Единственный способ пробудиться — отказаться признавать реальностью все, кроме Бога. Иначе вы будете вновь и вновь погрязать в трясине вами же сотворенных страданий — до тех пор, пока не осознаете, что счастье и несчастье нереальны — реален лишь Он один. Тогда все земные иллюзии — болезни и здоровье, радость и страдания, жизнь и смерть — уйдут. Так много людей приходило на эту землю и покидало ее, и все же мы живем так, словно будем жить вечно. Мудр лишь тот, кто всегда помнит о Боге. Постоянно думать о Нем — значит обрести свободу от этого земного сна рождений и смертей.

Да будет каждый из вас полон Божьей любви, чтобы в своем сердце вы не чувствовали ничего, кроме Его покоя и радости — днем и ночью.

Снова и снова я говорю с Богом, и снова и снова я корю Его за то, что происходит с этим миром. Ибо нас более всего искушает Сатана. Если бы нас более всего искушал Господь, мы бы не испытывали желания следовать пути Сатаны. Каторга — вот как можно назвать этот мир со всеми его страданиями и заблуждениями. Разве в этом есть хоть какое-то счастье? Нет, счастье приходит лишь в осознании того, что кошмарный сон этого мироздания нереален; что один лишь Бог реален.

Пусть те, кто хотят лишь этого мира, боготворят его. А вы продолжайте искать высшую радость Духа. Любовь Господа нескончаема. Когда вы найдете Его, ваш ум будет постоянно устремлен к Божьей любви — словно стрелка компаса, которая всегда показывает на север, как его ни поверни. Эту любовь невозможно описать словами.

Ни одна радость не имеет реального существования, кроме радости Духа. Но если ваше сердце не взывает к Богу, вы не сможете познать Его. Сердца мирских людей становятся сухими как пыль. Почему? Потому что они желают чего угодно, но только не Господа. Вы должны взывать к Богу! Взывайте к Тому, Кто — если бы вы только осознавали это — уже принадлежит вам. Единственное предназначение этого мира — побудить вас разгадать его тайну и увидеть, что за всем сущим стоит Бог. Он хочет, чтобы вы забыли обо всем и устремились лишь к Нему одному. Обретя убежище в Боге, вы утратите осознание жизни и смерти как реальности. Все двойственное будет для вас не более чем сновидениями, приходящими и уходящими в вечном бытии Бога. Не забывайте этих наставлений, которые Он дает моим голосом. Не забывайте! Он говорит:

«Я так же беспомощен, как и вы, ибо Я, будучи вашей душой, вместе с вами привязан к вашему телу. Пока вы не освободите свое истинное „Я", Я вместе с вами буду томиться в темнице. Так не тратьте же время напрасно, ползая в болотной тине страданий и неведения. Придите! Омойтесь Моим Светом!»

Только потому, что Бог жаждет вас, я нахожусь здесь, с вами, и призываю вас вернуться домой — туда, где мой Возлюбленный, и где живут Христос, Кришна, Бабаджи, Лахири Махасайя, Шри Юктешварджи и другие святые. «Придите, — говорит Господь. — Все они торжествуют во мне. Ни одна мирская радость — ни вкус еды, ни красота цветов, ни преходящее удовольствие земной любви — не сможет сравниться с неземной радостью Моего дома. Придите!

Придите! Придите! В медитации вы каждую ночь должны проживать со Мной в нескончаемой любви. Помните обо Мне! Помните о Моей любви!» Вот так Господь зовет вас. Существует лишь одна Реальность — Он. Забудьте обо всем остальном.

Каждый день изучайте Уроки Self-Realization Fellowship и каждую ночь медитируйте. Не ложитесь спать, пока не пообщаетесь с Богом. В безмолвии ночи, в приюте своего сознания — там, где шум ощущений не может вас достичь — возобновляйте свой роман с Богом. В приюте Необъятности, под залитой лунным светом Радостью пребывайте в вечном общении с Возлюбленным всей Вселенной.

Лик Божественной Матери ярок словно молния. Она сегодня с нами. Как же мы счастливы! Как же радостны! «И каждый день, о Мать, будь с нами, чтобы мы выполняли свои обязанности, благоухая ароматом Твоего Присутствия; чтобы Ты смогла отвести нас от зловонного растения чувственных удовольствий. Отец, Мать, Друг, возлюбленный Господь, Иисус Христос, Бхагаван Кришна, Махаватар Бабаджи, Лахири Махасайя, Шри Юктешварджи, святые всех религий: мы кланяемся вам всем. Придите к нам, дабы мы смогли омыться в вашем величии!»

[Парамахансаджи исполнил песнопение «Послушай песнь моей души»[4]; за этим последовала медитация, после которой он продолжил свою речь]

Господь ближе биения наших сердец, ближе наших мыслей. Полюбите Его! Когда блудный сын, сбежавший в мир материи, возвращается к Богу, в Раю устраиваются торжества; откормленный теленок мудрости уже готов к началу празднеств в честь возвращения души в Царство Божие. Если бы вы только заглянули вовнутрь, вы бы обнаружили, что Бог — замечательный хозяин, предлагающий гостям все виды развлечений! В Нем нет времени, пространства или любых других ограничений.

«Иисус и Мастера, пребывайте с нами! Вдохновляйте нас своим величием! Мы недостойны Тебя, о Дух! Наши губы растрачивают время в мирских разговорах. Сейчас наши нечистые уста говорят лишь о Тебе. О Божий Дух, благослови нас, чтобы в наших сердцах мы всегда говорили лишь о Тебе. Какие бы слова мы ни произносили

---

[4] Из книги Парамахансы Йогананды *Cosmic Chants*.

нашими устами, наши сердца всегда будут повторять Твое имя. Возлюбленный Господь, Ты принадлежишь нам. Благослови всех, кто присутствует здесь, чтобы все испили Твоей радости и восторжествовали в Твоей радости, напрочь забыв этот земной сон. Мы лишь во сне. Мы можем работать и полностью проживать преходящие события жизни, но все это не имеет реального существования. Мы пробуждаемся в Реальности лишь тогда, когда чувствуем радость Твоего Бытия. *Аум*, блаженство. *Аум*, блаженство. *Аум*, Христос. *Аум*, Христос».

[За этими словами вновь последовала медитация, после которой Парамахансаджи рассказал о следующем своем переживании:]

Я узрел огромную голубую долину. Горы в ней были подобны сверкающим драгоценностям. Вокруг этих переливчатых гор искрился туман. С них стекала серебристая река тишины, яркая, как бриллиант. И тут я увидел, как из глубины гор рука об руку выходят Иисус и Кришна: один Христос, певший у реки Иордан, и другой Христос, певший у реки Ямуна. Кришна со своей флейтой и Христос со своей песней, держась за руки, подошли ко мне и крестили меня в реке. Душа моя растворилась в ярких, как пламя, водах. Сияющие горы, река и небо начали источать пламя. Мое тело и тела Христа и Кришны, опаловые горы и светящиеся воды превратились в танцующие огни, и отовсюду начали струиться атомы пламени. Наконец, остался лишь мягкий свет. Я узрел, как в этом Свете трепещет все мироздание. Вы есть этот вечный свет Духа, в котором смешались все формы. Вы есть Он. *Аум*.

[Далее последовала медитация]

Божью любовь можно обрести лишь одним путем: полностью вручив себя Ему. Обуздайте свой ум, чтобы вы смогли вручить его Богу. Существует четыре стадии, или состояния, сознания. Обыкновенный человек пребывает в состоянии беспокойства все время. Если он практикует медитацию, время от времени он становится спокойным; однако большую часть времени он беспокоен. По мере того как он продолжает практиковать медитацию, покой и беспокойство в равной степени заполняют его жизнь. Если же он глубоко и регулярно практикует медитацию, он спокоен большую часть времени, а беспокоен лишь время от времени. В конечном счете он достигает состояния, в котором спокоен всегда и не беспокоен никогда.

Проблема в том, что вы недостаточно долго медитируете и поэтому не можете достичь состояния полного покоя. Но если каждую ночь, когда все остальные уже спят, ваш ум посылает Ему непрерывный поток молитв, Господь отвечает вам. Молитесь Ему: «Господи, эта жизнь принадлежит Тебе. Я не могу жить без Тебя. Ты должен прийти ко мне». Какой смысл молиться, если вы неискренны? Молитва, которая является лишь привычкой, бесплодна и ложна. Сегодня вы были так погружены в Него, что даже не заметили, как миновали семь часов медитации. А такое ощущение, что мы только начали. Вот так вы должны молиться всегда. Днями и ночами, а иногда даже неделями я не осознаю этот мир. Это правда. Я всегда опьянен радостью Вечного Духа. «Ибо кто хочет душу свою сберечь, тот потеряет ее, а кто потеряет душу свою ради Меня и Евангелия, тот сбережет ее»[5]. Вы должны возжелать отдать душу ради Бога.

Пусть это Рождество будет величайшим священным праздником, который у вас когда-либо был. Не желайте ничего, кроме Божьей любви. Лишь она реальна. Никогда не ложитесь спать, пока не почувствуете это божественное сознание. Я не могу уснуть, пока не обрету эту связь. Дорогие друзья, не ждите 365 дней, чтобы вновь погрузиться в такую же глубокую медитацию, как сегодня. Ибо за это время некоторые из вас уже покинут эту землю. Жизнь подобна кораблю. Вы находитесь на этом корабле и наблюдаете за сменяющимися пейзажами, а затем внезапно слышите звук заглохшего двигателя — и на этом ваше путешествие заканчивается.

Весь мир пульсирует силой Божьей — неописуемым, безграничным счастьем, волна за волной. Ваше сердце подобно берегу: Океан Безграничной Любви бьется о берег вашего сердца. Я надеюсь, что все вы сознательно чувствуете это. Подумайте о миллионах людей, напивающихся сегодня вином, чтобы «отпраздновать» рождение Христа. Какое богохульство! Сатана пытается удерживать внимание человека на всем чем угодно, только не на Божественной Радости. Но на вашем календаре встреча с Богом должна быть отмечена как самое важное дело.

---

[5] Мк. 8:35.

В самом начале своего духовного обучения под руководством Свами Шри Юктешварджи я часто становился беспокойным во время наших вечерних медитаций, потому что мне нужно было покидать серампурский ашрам, чтобы успеть на нужный поезд до Калькутты. Не обращая внимания на состояние моего ума, Мастер не отпускал меня так рано, как я того ожидал. Каждую ночь мне приходилось быстро бежать, чтобы успеть на поезд вовремя. Обнаружив, что моя тревога о расписании поездов не оказывала влияния на Мастера, я взял себе за правило, что устраню беспокойные ощущения, которые мне так досаждали. Мой Гуру сразу же начал отпускать меня раньше, чтобы у меня было достаточно времени сесть на поезд.

Шри Юктешварджи дал мне чудесное духовное обучение! Надеюсь, и в этой стране церкви со временем начнут давать такое же обучение. Если бедняге священнику приходится развлекать вас каждое воскресенье, то забывается само предназначение церкви, ибо Бог начинается там, где прекращается всякое движение. Мне необходимо было поговорить с вами сегодня, чтобы помочь вам почувствовать то, что чувствую я. Но Мастера в Индии учат не разговорами. Ученики приходят к ним для совместной медитации.

Сделайте каждую свою ночь рождественской, медитируя до тех пор, пока не наполнитесь божественным сознанием, которое вы почувствовали сегодня. Вместо того чтобы удостовериться в существовании Бога, вы удостоверяетесь в том, что зарабатываете деньги. Уже завтра вы можете покинуть эту землю, так и не обретя нетленного богатства. Но если вы уделяли время Богу и ощутили Сознание Христа, то, когда придёт смерть, вы сможете воистину сказать: «Я властелин жизни и смерти. С великой радостью я погружаюсь в Бесконечность!»

Некоторые люди думают об Америке как о стране материалистов, но я нашел здесь множество замечательных душ. Я рад видеть, как многие из них сегодня исполняют песнопения и медитируют со мной. Это вы, и души, вам подобные, являетесь настоящими спасителями этой страны. Своей преданностью Богу вы приносите благословения всей стране.

Единственный способ обрести спасение души — быть всецело преданным Богу. Однажды этот земной сон для вас закончится; единственная реальность — это Божья любовь, и только она. Все остальное — ложные сны. Отстранитесь от них. Каждую минуту я осознаю, как это необходимо. Но Он привязал меня к работе с SRF, и поэтому я говорю Ему: «Я буду работать лишь для Тебя». После этих слов я чувствую Его высшую радость.

Как же Он добр к этому недостойному верующему! Я бы никогда и не подумал, что могу обрести Бога. На самом деле я даже принижал себя, говоря: «Господи, Ты любишь Своих святых, но почему Ты не любишь меня?» Затем я обнаружил, что Он равно любит всех. Но сначала вы должны доказать Ему, что в своем сердце вы отреклись от всего остального. Пока вы не перестанете испытывать жажду жить в комфорте, спать, а также все остальные желания, вы не сможете познать Его. День и ночь вы должны думать о Небесном Возлюбленном. Вот тогда ваше сердце будет постоянно петь. Следуйте учениям SRF. Практикуйте присутствие Бога. И медитируйте.

Мой самый большой подарок вам на Рождество — это сегодняшний день; мы провели много часов, вкушая вместе любовь и радость Господни. Извлеките максимальную пользу из этого времени. Испытайте радость и прощение ко всем людям. Танцуйте в Божьей радости. Проповедуйте Бога. Благословляйте Божьей любовью Америку и весь мир.

Мое тело уйдет, но работа моя не прейдет. И дух мой продолжит жить. Даже когда я уйду из этого мира, я продолжу работать со всеми вами ради спасения мира Божьим словом. Будьте готовы принять величие Божье. Преобразите себя сиянием Духа. Устраните порабощенность перед чувственными желаниями плоти. Пока вы духовно не овладеете своим телом, оно будет вашим врагом. Всегда помните об этом! Желайте только одного: прославлять Его имя, думать и петь о Нем все время. О, какая это радость! Могут ли деньги дать нам радость? Нет! Она исходит только от Бога.

Господь хочет, чтобы мы спаслись от иллюзии этого мира. Он плачет о нас, ибо знает, как нелегко нам обрести свободу в Нем. Но помните одно: вы Его дитя. Не жалейте себя. Вы так же любимы Богом, как Иисус или Кришна. Вы должны искать Его любви, ибо в ней вы найдете вечную свободу, нескончаемую радость и бессмертие. Вы должны искать Его любви, ибо она окутает вас вечной свободой, вечной радостью и бессмертием. Испытав Божье блаженство, вы поймете, что такой вещи как время вовсе не существует и вы никогда не умрете. Я наслаждаюсь таким осознанием каждый день. Я не люблю показывать это внешне. Более того, я и не хочу этого делать, ибо это то, что мне очень близко и ценно. Я поймал Его в сети любви. Я надеюсь, каждый из вас почувствовал присутствие Иисуса Христа так, как сегодня почувствовал его я. Иисус явился мне как маленький мальчик, но потом уже не появлялся в форме — лишь как бесформенная вечная Радость, вечный Свет.

Я рассказываю вам об этих переживаниях, чтобы воодушевить вас, но вы не должны рассказывать о своих священных переживаниях другим людям. Храните их в своем сердце. Используйте ночи, чтобы общаться с Богом. Забудьте о сне — он не имеет большого значения. Не беспокойтесь «о завтрашнем дне». Каждую ночь и в течение всего дня носите с собой ту радость, что почувствовали сегодня. Ленивые люди никогда не войдут в Царство Божье. Не бойтесь тяжелой работы. Умом одержите верх над своим телом. И постоянно медитируйте. Пока вы работаете, всегда мысленно говорите: «Господи, я не должен забывать о Тебе». Возжелайте Его так сильно, чтобы от тоски по Нему вам хотелось кататься по земле. Взывайте к Нему. И не следите за временем. Если Он вам не отвечает, не беспокойтесь об этом, ибо этим вы покажете, что ваша любовь к Нему чем-то обусловлена. Он знает о каждой вашей мольбе, и когда вы отдадитесь Ему всем своим сердцем и кармический танец смерти завершится, Он сожжет для вас Свою вуаль *майи*... И где же окажется смерть? Где старость? Где печаль? Ничего не останется — только лишь Его свет. Это истина.

Я обращаюсь ко всем, кто слышит эти слова: не нужно больше медлить. Следуйте истине, которую Господь посылает через общество Self-Realization Fellowship, и вы обретете вечное благословение. Бог непрестанно манит вас флейтой моего сердца. Я призываю вас: не забывайте о Нем! Тела наши умрут, но души наши пусть вечно сияют в сердце Господа, словно бессмертные звезды.

Примите твердое решение вместе со мной: «Блаженный Христос, Кришна, Бабаджи, Лахири Махасая, Шри Юктешварджи, святые всех религий, мы отдаем свои жизни ради собственной Самореализации, чтобы через свое высшее „Я" мы смогли познать безграничного Христа, безграничное Присутствие Бога. Отец Небесный, не забудь нас, как мы забываем Тебя. Помни о нас, хотя мы и не помним о Тебе. Не будь к нам безразличен, как мы бываем безразличны к Тебе. Благослови нас, пока мы возносим Тебе этот обет: „Мы непрестанно будем прилагать усилия, чтобы переживать духовное Рождество каждый день и каждую ночь". Не бросай нас в челюсти смерти, в яму нами же сотворенного неведения. Позволь нам осознать, что самая важная наша обязанность — это наша ночная обязанность перед Тобой. Держи нас в стороне от лени и заставь нашу плоть ежесекундно работать на благо искупления всего мира, чтобы Твое сознание снизошло на каждого. Будьте с нами, о Христос и Мастера! Всем пылом своих сердец мы молимся о том, чтобы никогда не забывать о Тебе. Будь с нами вечно. О Христос! Завтра мы отпразднуем твое рождение в празднествах с друзьями, которых любим. Но сегодня мы отпраздновали твое рождение в духе истинной памяти о тебе. *Аум. Мир и покой. Аминь*».

Весь мир обязательно должен отмечать Рождество именно таким образом. Я надеюсь, что, где бы ни находилось мое тело, вы будете отмечать такой священный праздник каждый день, особенно за день до Рождества, когда вы должны медитировать целый день. Тогда вы осознаете, что настоящее Рождество заключается в достижении Христова Сознания.

Да будет каждый из вас ежедневно и еженощно пребывать в вечной славе Христа. На вас будет нисходить благословение всякий раз, когда, пылая любовью к Богу в медитации, вы будете забывать свое тело. Тело будет очищаться. Будьте опьянены Богом. Примите твердое решение изучать уроки Self-Realization Fellowship с глубоким интересом. Тогда вы сможете сделать что-то действительно стоящее в этом мире. Какой смысл быть простым уличным оратором? Ваши слова должны исходить от познания Бога и Христа. Я хочу видеть учителей, которые будут говорить о Боге и Христе лишь после того, как они в действительности почувствовали Их присутствие и увидели Их. Помолитесь со мной:

«Отец Небесный, наполни мое тело Твоей силой. Наполни мою жизнь Твоей жизнью. Наполни мою душу Твоей вечной любовью. Мы вручаем себя Тебе. Пусть Христово Сознание родится в колыбели нашей плоти, в колыбели наших душ. Небесный Отец, Мать, Друг, Возлюбленный Бог, пребывай с нами вечно. Это наша самая искренняя молитва: „Пребывай с нами вечно"».

Божественное общение с Богом и Христом

Духовный экстаз Парамахансы Йогананды во время медитационной службы, часовня Главного международного центра Self-Realization Fellowship, 24 декабря 1940 года

Парамаханса Йогананда обращал свое внимание на то, что каждое Рождество на Западе отмечается внешне, с праздничным настроем ума, в котором зачастую недостает глубины истинного духовного чувства. Поэтому в 1931 году он учредил в Self-Realization Fellowship новую традицию: накануне светского Рождества, которое отмечается 25 декабря, устраивать духовное празднование Рождества, проводя медитационную службу, длящуюся целый день. Подобные празднования устраиваются в Self-Realization Fellowship также и в дни рождения Бхагавана Кришны и всех Гуру SRF, так как эти дни очень благоприятны в духовном плане: сердца восприимчивых людей получают особые благословения от Великих Душ.

Во время этих длительных медитаций Парамахансаджи (который их и проводил) часто входил в *самадхи* — экстатическую связь с Богом и Великими Душами. Иногда он говорил с Богом вслух, даруя всем присутствующим переживание Божественной Любви. Сейчас у вас есть возможность почувствовать то же вдохновение, лившееся из его сердца, пылавшего любовью к Богу и человечеству, когда он молился и беседовал с Господом во время этой медитации в 1940 году. Следующие слова были сказаны им во время сокровенного общения с Богом, когда он находился в Безграничном Христовом Сознании и созерцал Бесконечного Христа в милой его сердцу форме Иисуса.

Сделайте сегодня все возможное, чтобы призвать Бога и Иисуса Христа в уединенную безмятежную обитель своего сердца. Оставьте в стороне все беспокойные и праздные мысли, изгоните из себя раздражительность и погрузитесь в Бесконечность. Глубокая медитация восстанавливает силы гораздо лучше, чем сон. В нашей сегодняшней медитации мы должны сознательно сблизиться с Христом; мы должны почувствовать его присутствие; мы должны увидеть его! Не удовлетворяйтесь меньшим.

Давайте же вместе помолимся:

«Отец Небесный, Иисус Христос, Бхагаван Кришна, Махаватар Бабаджи, Лахири Махасайя, Шри Юктешварджи, Гуру-наставник: мы кланяемся вам всем.

Отец Небесный, всем своим сердцем мы молимся о том, чтобы сегодня Ты одарил нас видением Христа в форме и в Духе.

О Христос, прими послание наших пылающих сердец; приди к нам; явись нам. Господь Иисус Христос — Господь миллионов людей и всего мироздания — яви себя в нашем сознании, в колыбели нашей преданности. Яви свое присутствие в телесном обличье, в котором ты жил на земле, и яви себя как Дух — невыразимую радость, неописуемый покой, безмятежность, вездесущность и вечную благодать.

Возлюбленный Господь, почему мы вымаливаем разные вещи у этого мира, когда в наших душах заключено столько радости и нескончаемого счастья? Приведи нас к безграничным берегам полного удовлетворения в Христовом Сознании. *Аум. Мир и покой. Аминь*».

[После долгой глубокой медитации и исполнения религиозных песнопений Парамахансаджи продолжил молиться один. С детской непринужденностью благословенный Мастер, полностью поглощенный божественным общением, страстно обращается к Богу на «Ты» в сладостном благоговении и чувстве связи с Ним.]

«Как много часов, дней и лет ушло у нас на материалистичные устремления и привязанности! О Господь, сломи тюремные стены тщеславия и эго. Разрушь нашу жажду репутации, славы и власти. Возлюбленный Бог, к Твоим стопам мы возлагаем все, что у нас есть, ибо мы пришли на эту землю лишь для того, чтобы славить Твое имя. Какой смысл нам жить, если Ты не приходишь к нам? Многие инкарнации были растрачены нами впустую — пусть так не будет в этот раз! Благослови нас, помоги нам сделать величайшее усилие, чтобы найти Тебя в этой жизни.

О Господь! В Твоих силах зажечь огонь божественной любви во всех сердцах. Ты можешь благословить преданных Тебе, день и ночь пробуждая в них стремление к Тебе. Одари нас Своей любовью, чтобы нам больше не пришлось умоляюще взывать к Тебе; чтобы в тот миг, как мы подумаем о Тебе, наши сердца и души переполнялись Твоей божественной любовью.

Я молюсь за всех преданных Тебе людей, чтобы утром, днем и ночью они воспевали Твое имя, Твое священное имя, а не что-либо другое. Какое же великое благословение мы получаем, когда поем о Тебе даже недолгое время. В свете Твоего имени растворяются все наши грехи, и мы больше не видим сновидения в смертном сне иллюзии. Мы — Твои дети. Родимые пятна бесконечности присутствуют на наших душах. Поцелуй вечности — на наших челах. Благословение Твоих протянутых рук вечно покоится на нас.

Позволь нам осознать единство с Тобой. Пробуди нас навечно ото сна иллюзии, чтобы мы могли помнить, что являемся Твоими бессмертными детьми. Хотя кошмары смерти и иллюзии устраивают вокруг нас пляски, они не могут нас коснуться.

Пусть Сатана не сможет ввести в заблуждение тех, кто ищет Тебя. Он силен, но Твоя любовь сильнее — она всемогуща. Одно прикосновение Твоего милосердия может прогнать Сатану из всех сердец. Отец, некоторые из тех богоискателей, что Ты направил ко мне, погрязли в трясине иллюзии. Я молюсь за них. Пусть ни один человек не поддается влиянию Сатаны. Я молюсь, чтобы для многих присутствующих здесь людей эта длительная глубокая медитация ознаменовала смерть Сатаны в их жизнях.

Сложив ладони, мы кланяемся Тебе с полными радости сердцами. О, какая это радость! Возлюбленный Бог, что же я такого сделал, чтобы заслужить это великое блаженство, которое наполняет мое существо? Я хочу жить лишь для того, чтобы испивать Твоего имени из чаши всех сердец. Я жажду только лишь Тебя. Я отрекся от всех остальных желаний. Я возлагаю к Твоим стопам все — лишь ради Твоей любви. Благослови меня, чтобы я мог дарить Твою любовь всем, чтобы они тоже смогли познать Твою любовь и мою благосклонность к ним.

Я отрекся от мира и своей семьи. И я не хочу больше иметь учеников, ибо это я — Твой ученик, Твой поборник. Я здесь лишь для того, чтобы говорить о Твоей любви, о важности помнить Тебя. О, какая благодать! Какая радость!

Почему, Господи, почему мне приходится заниматься этой организационной работой? Я не хочу иметь должность или репутацию. Я не хочу ничего, кроме Тебя и пребывания с богоискателями, напоминающими мне о Тебе. Я не хочу учить кого-либо или обижать кого-либо своей дисциплиной. Лишь себя я хочу дисциплинировать. Но это не я — это Ты любишь и говоришь с ними; это Ты благословляешь всех через меня. Это Ты Тот, кто думает, чувствует, двигается, любит через меня, о Божественный Дух, о Возлюбленный Бог, о Милостивый Господь, Гуру всех гуру.

Что скрывается во всем, Господи? Все сущее есть не более чем сон для меня. Где мое тело? Его я тоже созерцаю лишь как материальный сон. Все мои желания испарились. У меня больше нет желаний даже относительно этой организации — лишь Тебя я желаю. Все, что я делаю, я делаю для того, чтобы доставить Тебе удовольствие. Я могу трудиться и в канаве, если того захочешь Ты, но Ты должен пообещать мне, что всегда будешь со мной и со всеми богоискателями, любящими Тебя.

Ты возложил на меня ответственность работать в земле[1]. Я чувствовал Тебя в песках и в солнце. Я чувствовал Твою ласку в легком ветерке и Твою силу в рукоятке лопаты, которой я рыл землю. Ты был повсюду вокруг меня и нежно дарил мне благословение. Через каждую мою мысль Ты говорил со мной.

О Возлюбленный Бог, Отец, Мать, Друг! Материнская любовь всех инкарнаций слилась в Твою единую любовь. Ты Возлюбленный, скрывающийся за всеми возлюбленными, Влюбленный, скрывающийся за всеми влюбленными, Друг, скрывающийся за всеми друзьями, Родственник, скрывающийся за всеми родственниками. Ни одни взаимоотношения для меня не велики так, как взаимоотношения с Тобой. Все человеческие взаимоотношения мертвы без Тебя. Позволь нам познать, что Ты есть единственная любовь, единственная реальность.

Я стою на краю вечности, готовый сорваться из этого мира иллюзии прямо в Тебя. Но я хочу взять с собой весь мир. Пусть все лица, которые я вижу, отражают мысли о Тебе и любовь к Тебе, мой возлюбленный Бог. Я люблю всех, даже тех, кто открыто называет себя моим

---

[1] Здесь Парамахансаджи имеет в виду свое обыкновение работать совместно с обитателями ашрама: очищать почву, сажать деревья, руководить строительством новых зданий. Он учил, что, служа Богу, нельзя расценивать какую-либо обязанность большой или, напротив, незначительной. Он жил теми же принципами, которым обучал.

врагом, ибо я вижу Тебя в каждом существе. Благослови меня, чтобы мои руки и ноги, моя речь и мои чувства всегда работали для Тебя. Да смогу я говорить о Твоей любви ко всем, когда на то будет Твоя воля.

Не позволь мне отдалиться от Тебя даже на мгновенье. Погуби меня, если я забуду о Тебе, — тут же. Я не хочу жить без Тебя. Не введи меня в заблуждение чем бы то ни было. Я не буду этим обладать. Я не буду этим обладать!

Божественный Дух, Ты есть великая благодать, великая радость и всеведение! Одна лишь крупица Твоего милосердия может развеять тьму неведения и всех плохих привычек. Спаси нас всех. В Твоем величественном присутствии я лишь малое дитя. Я не хочу быть учителем — лишь смиренным дитем у Твоих стоп, Господь. Возлюбленный Бог, к Твоим стопам я возлагаю все.

О возлюбленный Христос, не один ли день — несколько коротеньких часов — мы провели в этой глубокой радости медитации? Сладостная память о твоем присутствии пребывает со мной. Я молюсь о том, чтобы все люди смогли тебя почувствовать. Пусть все они приложат величайшее усилие, чтобы сдернуть вуаль иллюзии и беспокойства, скрывающую тебя, чтобы хотя бы раз в году, на Рождество, они могли насладиться блаженством твоего присутствия. Для меня каждый день — Рождество, полное радости. Каждый день, вне зависимости от того, еду ли я в машине, нахожусь ли в уединении в ашраме, работаю ли, медитирую ли, — твое бесконечное сознание заново рождается во мне. О вечно новая радость!»

[Созерцая Христа и Шри Юктешварджи, Парамахансаджи обращается к присутствующим:]

Иисус Христос здесь — он благословляет всех вас! И я созерцаю моего Гуру, сокрытого в эфире. Гуру, Гуру, Гуру!

[Парамахансаджи продолжает свое божественное общение с Богом и Христом:]

«О Вселенский Христос, какой же радостью Ты нас одарил! Почему человечество не может осознать Твое величие? Ибо без Тебя, Христово Сознание, не может жить ни один человек. О Безграничный Христос, в Тебе я созерцаю всех святых, сияющих в отражении звезд. Ты есть небеса, в которых они мерцают. Ты есть Тот Самый

— Единственный. О, какая радость!

О Христос, сегодня мы взывали к тебе своими сердцами, и ты пришел, благословив нас всех. Для нас ты родился в физической форме и в Духе, в колыбели нашей преданности. Какую же радость я испытываю — радость вечного счастья! О Христос, мы кланяемся тебе.

Возлюбленный Бог, мы молимся о том, чтобы каждый истово верующий получил такой опыт божественного общения. Мы не можем жить без Твоего присутствия, без Твоего водительства. Ты есть сила в наших руках и в нашей речи. Ты пребываешь в каждом уголке наших мыслей и чувств. И при этом как же Ты любишь прятаться от нас! Мой возлюбленный Господь, Ты исполнен сочувствия, поэтому понимаешь, почему я журю Тебя за то, что Ты прячешься от нас, ибо в этом кроются все наши несчастья. Яви Себя нам, будь с нами. Возлюбленный Господь, не прячься больше от нас, не прячься. Сложив ладони и преклонив головы и сердца, мы стоим перед Тобою. Прими нашу смиренную преданность. Приди к нам в любой форме, какой только пожелаешь, чтобы мы ощутили Тебя наяву. То короткое время, которое нам осталось в этой жизни, мы должны провести в сознательном восприятии Тебя.

В уме своем я отрекся от всего. Я не придаю важности меньшим обязанностям; все мое внимание направлено на Тебя — на любовь к Тебе и служение Тебе. Я люблю не толпы людей, а толпы душ, любящих Тебя. Не приведи ко мне тех, кто не любит Тебя, кто не хочет любить Тебя. Приводи ко мне лишь те души, что ищут Тебя, или те души, в которых можно разжечь огонь тоски по Тебе. Я ничего не хочу от других людей — я хочу лишь говорить с Тем, Кто пребывает в них, и испивать Твоей любви из кубков их сердец. Я молюсь, чтобы каждый, кто придет в Маунт Вашингтон или Энсинитас, искал лишь Тебя, знал лишь Тебя, любил лишь Тебя.

Мы благодарим Тебя, о Дух, за то, что Ты послал на землю Иисуса Христа; за то, что ты послал Кришну, Бабаджи, Лахири Махасайю и Шри Юктешварджи, ибо через них Ты зовешь нас. Каждый, кто будет сонастраиваться с духом общества Self-Realization Fellowship, обретет Тебя и благословения этих Великих Душ. Примите нас, о Господь и Гуру, чтобы мы могли восторжествовать с вами в раю, свободные от болезни и смерти, печали и неприятностей, проблем и ненависти, войны и страданий. Пусть все эти привидевшиеся иллюзии растворятся в свете нашего общения с Тобой. Отец, Мать, Друг, Возлюбленный

Бог, зная Тебя, очарованные вечной радостью в Тебе, мы больше не тянемся к искушениям и не боимся Твоих испытаний. Божественная Мать, хорошие мы или плохие, мы все же Твои дети. Ты любишь нас безусловно, и так же безусловно мы любим Тебя. Ты взываем к Тебе не как попрошайки, но как Твои дети, и мы требуем, чтобы Ты явила Себя нам. Яви Себя… Яви Себя!

Разорви кармические оковы, что связывают нас. Ничто не может удержать нас, ибо мы Твои дети, идущие домой к Тебе. Благодаря Твоей милости и благословениям, в конечном итоге мы сможем найти Тебя своими усилиями. Перед Тобою мы обещаем побороть все маловажные желания, чтобы мы смогли сконцентрировать свое внимание на любви к Тебе, проливая слезы радостного ожидания у Твоих стоп. Благослови нас желанием взывать к Тебе в тишине ночи, чтобы Сатана, убоявшись нашей мольбы и Твоего ответа, ушел от нас прочь.

Укрой нас в замке Своего присутствия. Не позволь Сатане когда-либо ввести нас в заблуждение. Развей сатанинскую силу проблеском Своего величия, изгони его прочь навеки. Наши сердца принадлежат Тебе. Это есть не что иное, как начало нашего знакомства с Тобой, о Господь, — начало во времени вечном. Мы любим Тебя всем своим сердцем, всем своим разумением, всей своей крепостью, всей своей душой.

Мы вручаем себя Тебе, чтобы наши тела, умы и души были очищены Твоим присутствием. Не забудь нас, хотя мы и забываем Тебя. Помни нас, хотя мы и не помним о Тебе. Не будь к нам безразличен. Освободи нас от всепоглощающей иллюзии и очаровывай нас лишь Твоей любовью. Посади нас к Себе на колени, о Мать. Не выставляй нас за дверь смерти.

Все иллюзорные сны закончились. Для меня этот земной сон подошел к концу. Господи, Ты есть единственная реальность, стоящая за этим привидевшимся миром. Ты есть единственное устремление моей души, единственная цель моей жизни. Ты есть Гуру, Мастер, Доброжелатель, Друг и единственный Возлюбленный, Которого я ищу.

Пусть величие Вселенского Христа снизойдет на вас. Да почувствуем все мы это Присутствие, изливающееся из наших сердец, просачивающееся через наши умы, руки и ноги. О Вечный Свет, да сможем мы созерцать Бесконечного Христа внутри и вовне. Мы превозносим этого Христа в Духе и молимся, чтобы каждый день был Рождеством божественного ликования. *Аум. Мир и покой. Аминь*».

Вечный роман

*Храм Self-Realization Fellowship, Голливуд,
Калифорния, 10 января 1943 года*

Когда я молюсь, я всегда обнаруживаю, что Господь со мной. Иногда Он говорит мне изумительные вещи. Все сложности бытия ушли. В простоте чистого знания я нахожу Его Присутствие.

Мысли — это реки, текущие из резервуара Духа. Соединить свою жизнь с Духом — важнейшая обязанность человека. Когда вы говорите с Богом на языке своего сердца — языке, который исходит из глубин вашего существа, — Бог прислушивается к вам. Люди думают, что Бог не отвечает на их молитвы, потому что они не понимают, что Бог иногда отвечает иначе — не так, как они того ожидают или просят. Он не будет всегда отвечать согласно их желаниям, пока они не удовлетворят Его желание узреть их совершенными.

Однажды, когда я ехал в машине, Бог показал мне будущее, в котором все обитатели близлежащих домов были мертвы. А ведь они так уповали на эту жизнь! Бог сказал: «Я не создавал этот мир для того, чтобы люди потворствовали эмоциям. Я сотворил искушения, чтобы посмотреть, будут ли Мои дети вместо них искать Меня, их Создателя». Это переживание принесло такое удовлетворение! Я узрел, что вся ответственность — на Боге. Он знает, что вверг нас в эти проблемы!

Мы думаем, что Бог невидим. Когда мы смотрим на часы, мы понимаем, что они были сделаны определенным человеком и в определенном месте. А кем и как были сотворены «часики» этой Вселенной, включая Солнце, Луну, звезды, Землю и так далее? Вы лишь пережевываете свою еду, но при этом некий разум в теле преобразует ее в элементы, необходимые вашему телу. Кто дал вам воздух, которым вы дышите, и кто создал взаимосвязь между воздухом, жизнью и телом? Бог. Как вы можете сомневаться в Его существовании? Он скрывается за всем сущим. Того, Кого я искал в облаках и всюду вокруг, я нашел в каждом движении своего тела, воцарившимся на троне спокойствия моего ума.

Всякий раз, когда я хочу что-либо узнать, мне об этом рассказывает Господь; Он направляет меня и передает, что я должен сказать. А когда люди говорят мне какие-то вещи, я, бывает, тут же осознаю, что это Он говорит мне их устами. Когда я проводил службу в прошлое воскресенье, Он явился мне как великий Свет в тот самый момент, как я помолился. Говорят, тогда я прочитал одну из лучших своих лекций[1]. После этого днем я провел урок, а вечером выступил с еще одной лекцией. Все думали, что я устану и уйду, однако в итоге мы промедитировали до часу ночи. Я был так свеж и бодр, словно только что хорошо выспался. Я почти не сплю уже пятнадцать дней подряд. Меня питает Его свет.

Бог стоит у дверей вашего сознания

Я прохожу через разные переживания. Они реальны, и они начинают умножаться, когда вы знаете, что Господь с вами. Он не даст вам такие переживания лишь для того, чтобы привлечь вас; Он даст их, когда вы убедите Его в том, что отреклись от менее значимых вещей, нежели доказательство Его присутствия. Не думайте, что Он расположен именно ко мне. Он будет делать чудесные вещи и для вас, если вы просто будете любить Его. Он любит всех. Он стоит у дверей вашего сознания, но вы не впускаете Его. Я все больше осознаю, что Он ищет нас куда активнее, чем мы Его. Он не безразличен к нам — это мы безразличны к Нему. Так что вы должны искать Его, приложив огромное умственное усилие. Вы можете подумать, что Он вам не отвечает — и именно в этот момент большая часть людей опускает руки и останавливается. Но это именно Он помог вам продвинуться так далеко, и вы не должны сдаваться. Когда к вам приходит сомнение, говорите: «А как же я двигаю своими руками? Как работает мое пищеварение? Как я осуществляю вдох и выдох? Он определенно пребывает во мне. Да, Он *пребывает во мне*». И если вы так сильно зависите от этой Силы, почему бы не обратиться к этой Силе? Если вы каждый день настойчиво показываете Ему, что любите Его больше всех вещей, тогда каждое ваше желание будет сбываться.

---

[1] Лекция *Remolding Your Life* из книги *Journey to Self-Realization*, издаваемой обществом Self-Realization Fellowship.

Бог жаждет нашей любви

Я спрашивал Бога, почему Он сотворил это мироздание; было ли это так необходимо для Него. «Нет, — ответил Он, — но не было никого, с кем бы Я мог разделить Свою радость». И так Он стал Творцом — но с одним нюансом: Он наделил Себя той же жаждой и тем же стремлением, какими наделил Своих существ. Все люди находятся в поисках чего-то, что, как они надеются, дарует им счастье. Но люди не находят истинного счастья, потому что каждый путь материальных обретений ведет в непроходимую аллею. Вы хотите какую-то вещь ровно до тех пор, пока ее не заполучите. Когда же вы получаете ее, удовлетворение постепенно затухает — до тех пор, пока радость не уходит окончательно. Большая часть людей думает, что жизнь состоит лишь из рождения, женитьбы, произведения потомства, зарабатывания денег, получения мимолетных удовольствий и смерти. Но это не так. Бог говорит: «Я возложил на Себя то же бремя трудностей, что и на Своих детей. Пока они не находят удовлетворения, не нахожу желаемого и Я». Так чего же хочет Бог? Нашей любви. Нашего внимания. Он сильно усложнил Себе задачу, потому что дал людям свободную волю, чтобы они могли искать Его или же отвергнуть Его. Он говорит: «Я добиваюсь расположения каждого сердца, ожидая, что Мои дети отстранятся от Моего творения и обратят свое внимание на Меня». Какая это важная мысль — осознавать, что Он отправил Себя в ту же «ссылку», что и нас; что Бог тоже ищет чего-то, а именно нашей любви.

Когда мы говорим о Боге, многие люди представляют себе почтенное Существо, сидящее на троне где-то далеко на небесах. Они размышляют: «Как я могу возлюбить Бога, Которого я даже не знаю? Давайте лучше пиршествовать, пить алкоголь и веселиться, пока мы здесь!» Но за каждым розовым кустом удовольствий прячется змея несчастья. В мире нет удовольствия, которое будет длиться вечно. У вас может быть красивое тело, но потом его внезапно одолевает неизлечимая болезнь. Вы можете быть богатым, но потом случается крах на фондовой бирже и вы теряете все, что имеете. Почему мы должны страдать от этих разочарований? Что же, Господь разочаровывается в той же степени, потому что Он жаждет нас, а мы отказываем Ему в своей любви. И Он тоже страдает, ведь это Он отделил нас от Себя. И пока мы не сделаем сознательный выбор в пользу возвращения к Нему, Он не сможет освободить нас от страданий — равно как и Себя.

Желание, стоящее за всеми желаниями

Земные вещи могут приносить вам радость какое-то время, но внутри вы все равно будете ощущать пустоту. Со временем надоедает все. Я осознал это еще в детстве. Я представлял себя в любых возможных условиях. А когда я не мог рисовать картину в своем воображении, я смотрел, как другие люди живут той жизнью, которая ранее казалась мне приятной, и я видел печаль и неудовлетворенность. Вот почему я не попался ни в одну из этих ловушек.

Я видел, как Некто наслаждается вещами и любит других через наши сердца. Но затем Он отбирает у нас объект нашей любви — как бывает при смерти — или же любовь внезапно черствеет и уходит. Где же эта любовь? Это Бог играет с нами в прятки; это Он Тот, Кого мы должны искать.

Я склоняюсь не перед тем Богом, Которого мы должны бояться. Я говорю Ему: «Ты есть самый родной из всех родных, самый любимый из всех любимых, самый близкий из всех близких». Я говорю Ему обо всем, что есть в моих мыслях, и Он отвечает мне. Кто еще может так любить? Он всегда стоит за мной, стучась во врата моей жизни в ожидании того, чтобы войти. Я обнаружил, что, чего бы я ни искал в этом мире на протяжении всех инкарнаций, на самом деле я искал Его. Всякий раз, когда я удовлетворял желание, в нем больше не было никакой радости. «О слабый и слепой, Я тот, Кого твой дух измученный зовет!»[2] «Я» здесь означает вечную радость, которой является Бог.

Желая денег, секса и человеческой любви, люди на самом деле ищут лишь одного — счастья; а счастье есть Бог. Это Счастье опьяняет меня день и ночь. Это не абстрактное состояние ума; это Счастье может говорить с вами. Оно скрывается прямо за эфиром, из которого появилось все мироздание. Это счастье есть Бог, и глупо искать чего-то еще и ограничивать свою любовь чем-то другим. Я бы никогда не смог отдать всю свою любовь матери, которую я так нежно любил, потому что понимал, что за ней прятался Тот, Кто через нее выражал Свою любовь ко мне.

---

[2] Из поэмы Фрэнсиса Томпсона «Гончая небес».

Пребывать в неведении — значит не использовать данную Богом силу

Влачить беспомощное существование — значит пребывать в заблуждении. Всякий раз, когда вы говорите: «Это все без толку», — оно таковым и становится. Призрак неведения прячется внутри вас. Пребывать в неведении — значит не использовать данную Богом силу. Почему вы говорите и делайте одни и те же плохие вещи каждый день? Думать, что вы не можете измениться, когда пожелаете, — значит заблуждаться. Вы *должны* быть способны измениться, изгнать из себя вредоносные привычки в тот момент, когда захотите это сделать.

Большинство людей ведут себя предсказуемо, характерным образом, потому что они связаны привычками. Но если человек внутренне перенаправляет «бороздки» своих привычек, другие это замечают и говорят: «А он изменился!» — даже если внешность его не претерпела изменений. Не оставайтесь одним и тем же человеком день ото дня. Загляните вовнутрь и проверьте, не связаны ли вы по-прежнему своими старыми привычками, которые годами замечают в вас люди. Если это так, возьмите меч мудрости и отсеките эти привычки. Затем используйте данное вам Богом духовное распознание, чтобы переделать свою жизнь во что-то более стоящее.

Накануне Нового года я принял несколько решений относительно некоторых мелочей, которыми пренебрегал, и относительно изгнания из особняка своей жизни ненужных удовольствий, которые отнимают ценное время. Я никому о них не говорил. Тяжелее всего было в первые восемь дней после принятия этих решений: казалось, все вокруг пытается принудить меня поступать иначе. Но первого января, с Божьей помощью, я изгнал все эти намерения из своего ума, поэтому ничто теперь не сможет сломить мою волю. Вы становитесь своим же величайшим врагом, когда говорите: «Это невозможно сделать». Вы будете удивлены, когда узнаете, сколько свободы дал вам Бог для того, чтобы изменить свою жизнь. Не ждите того момента, когда тело будет усеяно болезнями; пока оно не сделает ваш ум слабым — ибо тогда борьба становится сложнее. Вы не являетесь плотью и кровью. Вы есть Свет в этих телах. Бессмертность заперта в этой малой форме и хочет вырваться наружу. Недавно позади меня стояли два ученика, и внезапно я увидел их словно через рентген — их плоть, кости, органы, все; от них исходил великий свет. Когда с вами Бог, вся материя представляется электрическими тенями. Вся становится неземным. Эти переживания не являются игрой воображения. Это проявления истины.

Бог — самое любезное Существо

Никогда не думайте, будто Бог не отвечает на ваши молитвы. Каждое слово, которое вы Ему нашептываете, Он вырисовывает на Своем сердце; и однажды Он вам ответит. Если вы продолжите наблюдать за Ним и за тем, какими разными путями Он дает вам ответ, вы обнаружите, что на самом деле Он отвечает вам все время. Если вы по-настоящему жаждете Его ответа, Он ответит в еще более величественных проявлениях. Только настойчивостью можно убедить Его прийти.

Бог — самое любезное Существо во Вселенной. Все, что вы хотите, содержится в Нем. Искать что-либо другое — великая ошибка. Я не трачу зря ни минуты своего времени. Я оттеснил все, что отводило мое внимание от Него. Такого счастья я бы не нашел никогда и нигде. Я живу в состоянии Богоосознания, и я хочу, чтобы вы пришли туда же, где сейчас нахожусь я. Я хочу ответить взаимностью тем людям, чью любовь я получил, приведя их к любви моего Отца.

Когда я был еще очень молод, моя семья какое-то время пыталась убедить меня жениться. Когда я увидел свою потенциальную жену, я подумал, что ее лицо было самым восхитительным из тех, что я когда-либо встречал. Я услышал, как Бог спрашивает меня: «Почему ты не женишься?» Я ответил: «Разве Ты не более прекрасен? Мне не нужно то лицо, мне нужен Ты — Тот, Кто скрывается за этим лицом!» С годами ее красота ушла — а моя радость в Боге увеличилась тысячекратно.

Брак подходит тем, кто внутренне не чувствует отшельнической убежденности в том, что Господь — единственная необходимость. Однако и тем, кто женат, никто не мешает искать Бога: цель божественной дружбы, которая устанавливается в браке, состоит в том, чтобы как раз помогать друг другу в этом. На самом деле ни один брак не может быть полностью благополучным без Божьей любви. Чтобы привнести гармонию в супружеские отношения, необходима безусловная любовь. Какой же ад сотворяют из своих жизней мужья и жены, не проявляющие такую любовь и не доверяющие друг к другу!

Даже в самых близких взаимоотношениях пары бывают очень скрытны и необщительны. Поначалу они делятся всем, но когда у них появляются разногласия и начинаются ссоры, они отстраняются друг от друга и строят вокруг себя невидимую стену. Куда делась их любовь? Двое молодых людей могут сказать, что жить не могут друг без друга. Но если бы внезапно кто-то из них постарел и поседел, какая бы тогда была любовь? Душу ли они любят? Нет, они любят лишь лицо.

Я хочу сказать, что вашей первой целью должно быть познание Бога. Когда вы Его найдете, когда ваше сердце будет сонастроено с Ним, все, что Он будет вам говорить, будет истинно. Но если вы опутываете себя, не найдя прежде Бога, вы избрали путь ошибок.

Вы на этой земле одиноки: никто, кроме вас, не будет расплачиваться за ваши ошибки. Так почему же вы должны повторять ошибки других людей? Вы должны жить так, как вам надобно жить. Не подкармливайте свои плохие привычки очередными укрепляющими их деяниями. Слабый человек говорит: «Я курю и сейчас я не могу бросить». Но ведь до того, как он начал курить, он никогда не испытывал в этом нужды. Будьте свободны. Когда приходит безграничная Божья радость и Его умиротворяющий свет, все остальное уже не имеет значения. И внешние переживания также подтвердят вам, что созерцаемое вами внутри истинно.

Внешние проявления — это еще не вся жизнь

Это великое заблуждение — думать, что жизнь состоит лишь из внешних проявлений. Ваша истинная жизнь — с Богом, и вернуться обратно к Нему — та задача, ради которой мы здесь. Он взял на Себя труд создать этот мир для нашего с вами развлечения, и Он хочет, чтобы мы относились к этому как к Его спектаклю. «Все предает того, кто предает Меня»[3]. Погнаться за мирскими наслаждениями и забыть Бога — значит взять курс на несчастье. Зло обещает счастье, а приносит лишь печаль. Разве вы бы сорвали цветок, если бы знали, что прикосновение к нему отравит вас ядом? Нет. Вечное счастье можно найти только лишь в Боге. Сидите неподвижно и молитесь глубоко, искренне. Говорите с Ним. Не бойтесь Его. Его нельзя познать иным путем, кроме как в медитации. Вы никогда не должны пропускать ее. В

---

[3] Также из поэмы Фрэнсиса Томпсона «Гончая небес».

конце дня вы уставший и хотите лечь спать, но вместо этого вы должны садиться и сосредоточенно медитировать. Вы узрите, как это изменит вашу жизнь. После глубокого общения с Богом четырех или пяти часов сна будет достаточно. Если вы будете спать больше этого, вы будете отравлять себя. Используйте оставшееся время для медитации.

В эти дни я практически ни с кем не встречаюсь. Я хочу быть лишь с теми, кто общается с Богом. Чем меньше вы занимаетесь пустой болтовней, тем лучше. Чем меньше вы встречаетесь с теми, кто лишь растрачивает ваше время, тем лучше будет для вашей духовной жизни. Уединение — плата за величие.

Этот короткий промежуток жизни пройдет быстрее, чем вы успеете это осознать. Пожните урожай божественного счастья, который никто не сможет у вас отобрать. Это не является чем-то невозможным — вы лишь заставляете себя думать, что это невозможно. Внутри вас пребывает Божья сила, поэтому когда ваш ум говорит вам, что вы не можете что-либо сделать, отвечайте этой мысли: «Уйди прочь! Это *возможно*». И это действительно будет возможно, если вы примете твердое решение. Зачем тратить свое время на ложные удовольствия? Отправьтесь к Источнику всего сущего. Если вы будете пребывать в этом Счастье постоянно, вы будете счастливы и в миру; вы узрите, что все болезни и страдания являются лишь мимолетными кошмарными снами этого тела.

Каждый день — это битва, и вы должны сражаться. Святые проходят через величайшие сражения, но их трудности со временем уже ничего не значат для них, потому что они нашли Бога. Подумайте о жизни святого Франциска. Лишь немногие святые страдали так, как он. Мучительно больной и слепой, он тем не менее исцелял немощных; и даже после своей смерти он сумел воскресить мертвого.

Господь всегда с нами

Господь вовсе не удален от Своего творения — Он всегда с нами. Вы не видите ветер, но вы знаете, что он есть. Тот, Кто сотворил этот ветер, а также нас, тоже здесь. Каждый раз, когда я шевелю своими руками и ногами, я вижу, что это Он приводит их в движение. Вся Вселенная трепещет Его присутствием. Не существует иной реальности.

Эта жизнь есть космический кинофильм. В тот момент, когда приходит Бог, все становится светом и танцует в Его свете. Когда вы смотрите фильм и забываете, что это лишь развлечение, вы относитесь к происходящему на экране как к реальности. Но когда вы понимаете, что это лишь кинофильм, изображение страданий, жестокости и смерти не мучает вас. Именно Божья игра света и тени заставляет нас видеть это мироздание таким, какое оно нам представляется. Когда вы осознаёте это, вы видите мир как привидевшуюся кинокартину. Но горе тем, кто не осознает этого: они будут страдать и чувствовать себя одинокими и забытыми. Пробудитесь! Познайте, что Господь с вами и что, когда придет смерть и никто не сможет вам помочь, с вами будут Бог и Гуру.

Люди, имеющие земные богатства, но не обладающие богатствами Господними, по сути не имеют ничего. Когда они умрут, они не смогут забрать с собой ни одной материальной вещи. Но те, кто взрастил в себе благие качества, поистине богаты, ибо они возьмут эти сокровища с собой в загробную жизнь.

Многие люди думают, будто не подходят для духовной жизни, но это величайшее заблуждение Сатаны. Сатана есть неведение. Господь говорит мне, что единственный путь, который нам подходит, это путь, ведущий обратно к Нему! Вот почему ничто иное нас не удовлетворяет. Так что вы заблуждаетесь, говоря, что пока не готовы к Богу. Каждое сердце страдает и каждый, кто страдает, готов к Богу.

Квадратный штифт не подходит для круглого отверстия. Эту землю можно сравнить с круглым отверстием, а вашу жизнь — с квадратным штифтом. Однажды вы поймете, что подходящим «квадратным отверстием», в которое вы сможете войти, является Бог. Вы были ввергнуты в заблуждение о том, что вы принадлежите своей семье и своей стране. Для меня не существует «моей» Америки или Индии — все страны я считаю своими, потому что они принадлежат Богу, и все семьи я считаю своими, потому что они также принадлежат Богу. Я никогда не позволял никому и ничему «присваивать» меня. Я говорю Богу: «Свою любовь я вручу лишь Тебе одному. Я не собираюсь вручать ее тем, кто будет ограничивать ее эгоистической привязанностью, лишь потому, что они об этом просят; и я не отдам ее кому-либо или чему-либо. Я буду бежать прочь от всего, что поработит мою любовь, и буду беречь ее для Тебя». Всецело отдав свою любовь Богу, я вручил ее всем.

Не унывайте. Обратитесь к Богу. Разве существует более великое обещание, чем то, которое Он дал мне: «Я буду отвечать на каждый твой шепот»? Я бы никогда не подумал, что, имея столько обязательств по организации, я буду внутренне пребывать в этой Божьей радости.

А все потому, что я никогда не забываю об одной вещи — медитации. Все, чего я желал — это быть с Богом, поэтому я постоянно спрашивал Его: «Когда же Ты освободишь меня от такого большого количества работы?» Сейчас уже неважно, работаю я или нет, — по милости Его я наслаждаюсь величайшей внутренней свободой и блаженством.

Отсеките щупальца привычек и умертвите осьминога ума, который говорит вам, что вы не можете чего-то сделать. Просто скажите: «Это возможно!», — и сделайте это. Избавьтесь от своих плохих привычек. Преобразовывайте себя каждый день. Пусть ваши обязанности не подавляют вас. Земная жизнь нам была для того, чтобы мы нашли Жизнь Вечную. Земной покой нам был дан для того, чтобы мы нашли Вечный Покой. Земное желание нам было дано не для того, чтобы мы искали материальных вещей, а чтобы мы смогли удовлетворить нашу жажду Бесконечности. Если вы будете искать Его немного настойчивее, вы найдете Его. Не сомневайтесь!

Перед тем как я отправился в Америку, в один из дней я непрерывно молился Богу, пока не почувствовал, что мозг чуть ли не разрывается. Я взывал к Нему: «Я не знаю, что меня ждет в Америке, но если что-нибудь уведет меня от Тебя, тогда я потеряю желание жить! Дай мне знак, что все будет хорошо!» Тут кто-то постучал в дверь. Открыв ее, я увидел святого. Он сказал: «Бог поручил передать тебе: „Следуй указаниям своего Гуру и отправляйся в Америку. Не бойся — ты будешь защищен"». Когда святой увидел, что я хочу пойти за ним, он сказал: «Не пытайся следовать за мной». Я все же попытался, но обнаружил, что не могу сдвинуть ноги с места. Слова святого про Америку оказались правдой. Я по-прежнему люблю Бога сильнее всего, и благодаря этой преданной любви Он всегда пребывает со мной[4].

Однажды в Бостоне, в те времена, когда я был поглощен делами, в ночной молитве я сказал Богу о том, что хочу оставить все, чтобы не потерять Его посреди всех обязанностей, которые взвалились на меня. Но Бог сказал мне: «Конечно же, ты должен продолжать свою работу — ты делаешь ее для Меня. Когда ты занят, ты постоянно говоришь себе, что растрачиваешь свое время попусту, если не пребываешь со Мной. Но ведь ты со Мной!» После этого я пребывал в духовном экстазе семь

---

[4] Этим святым был Махаватар Бабаджи. Рассказанная здесь история более подробно изложена в книге Парамахансы Йогананды «Автобиография йога», над которой он работал в то время.

месяцев подряд; все шло своим чередом — но я был в Божьем экстазе.

Ужасные муки одолевают вас, когда вы чувствуете, что Он отдалился от вас, — посерьезнее, чем страдания миллионера, внезапно обнаружившего, что потерял все до последнего цента.

Роман с Богом вечен

Я вам даю не просто проповеди, а истину, которая освободит вас. Я хочу, чтобы вы помнили: вы должны следовать Урокам Self-Realization Fellowship, ибо они содержат величайшее послание эпохи. И по ночам непрестанно молитесь в пещере тишины. Никогда не ложитесь спать, не помедитировав. Поспать вы можете в любое время, чего нельзя сказать об обретении Бога. Всякий раз, когда люди оставляют вас наедине с собой, садитесь в тишине и молитесь Ему: «Яви Себя. Ты здесь, Ты не сможешь уйти от меня. Ты внутри меня и повсюду вокруг меня. Лишь Тебя я люблю». Он явит вам Себя — в облаках, в свете, в лицах людей — всеми возможными способами. Бог говорит с преданными верующими через интуитивное чувство, через друзей, через световые письмена и через Голос, слышимый внутри[5].

Прошлой ночью в медитации передо мной разверзлись небеса. Все, что я вижу в Его свете, становится явью. Вы познаете, что Он лишь прятался от вас. Величайший роман, который вы только можете иметь, это роман с Богом. Человеческая любовь увядает скоро, а роман с Богом вечен. Ни один день не должен проходить без встречи с Ним. Вот почему я писал: «Бесчисленные жизни я молвил Твое имя, ища Тебя у родников сребристых грез»[6]. Я всегда говорю Ему, что Он несет ответственность за то, что послал меня сюда, однако, в конце концов, я понимаю, что жизненные иллюзии предназначаются для того, чтобы побудить меня ценить Его еще больше; чтобы побудить меня искать его. Это именно Его — Отца, стоящего за всеми отцами, Мать, стоящую за всеми матерями, — я искал на протяжении

---

[5] В брошюре «Как говорить с Богом», издаваемой обществом Self-Realization Fellowship, Парамаханса Йогананда уточняет, как Бог общается с верующим через вибрацию *Аум*: «Космическая вибрация, которую вы слышите в медитации, — это голос Божий. Эта вибрация преобразуется в понятный вам язык. Когда я слушаю вибрацию *Аум*, я время от времени прошу Бога сказать мне что-либо; тогда эта вибрация начинает давать мне определенные указания на английском или бенгальском языке».

[6] Песня *Divine Love Sorrows* из книги *Songs of the Soul*.

всех инкарнаций. Он — Тот, Кто любит, а наши души — Его возлюбленные; и когда душа встречает величайшего Возлюбленного всего мироздания, начинается вечный роман. Вы наконец обретаете ту любовь, которую искали на протяжении всех инкарнаций в человеческой любви. Вам больше никогда не захочется чего-либо еще.

Священная книга любви

Преданный ученик Парамахансы Йогананды, Раджарси Джанакананда, называл своего гуру Премаватаром — воплощением божественной любви. В этом эссе Парамахансаджи говорит сначала о своем персональном поиске этой божественной любви, а затем о своем единении с Богом как с Любовью.

Я искал любовь во многих жизнях. Я проливал горькие слезы разлуки и сожаления, чтобы понять, что же такое любовь. Я пожертвовал всем — всей своей привязанностью и всем своим заблуждением, — чтобы наконец осознать, что влюблен только лишь в Главный Объект Любви, в Бога. После этого я начал испивать любви из всех истинных сердец. Я узрел, что Он есть Единственный Космический Возлюбленный, Единственное Благоухание, пронизывающее все разнородные цветения любви в саду жизни.

Многие души с тоской и растерянностью размышляют о том, почему любовь сбегает от одного сердца к другому; пробужденные же души осознают, что сердце не переменчиво в своей любви — на самом деле оно любит единую Любовь Бога, пребывающую во всех сердцах.

Господь постоянно безмолвно нашептывает вам:

«Я есть Любовь. Но чтобы ощутить процесс дарения и сам дар любви, Я разделил Себя на любовь, того, кто любит, и возлюбленного. Моя любовь прекрасна, чиста, вечно радостна, и Я вкушаю ее многими способами и в обличье многих форм».

Как отец Я испиваю полной почтения любви из родника сердец моего дитя. Как мать Я испиваю нектар безусловной любви из кубка души малого младенца. Как ребенок Я испиваю беспричинной любви из Святого Грааля материнской привязанности. Как хозяин Я испиваю благожелательной любви из склянки внимательности слуги. Как слуга Я отведываю почтительной любви из чаши одобрения хозяина. Как гуру-наставник Я наслаждаюсь чистейшей любовью из потира безграничной преданности ученика. Как друг Я испиваю из журчащих фонтанов непринужденной любви. Как божественный друг Я большими глотками пью кристально чистые воды космической любви из резервуара преклоняющихся перед Богом сердец.

Я влюблен лишь в Любовь, но Я позволяю Себе ввергаться в заблуждение, когда в теле матери или отца Я думаю и переживаю лишь о ребенке; когда в теле того, кто любит, Я забочусь лишь об объекте Своей любви; когда в теле слуги Я живу лишь для хозяина. Но так как Я люблю лишь Любовь, в конце концов Я разрушаю эту иллюзию Своих бесчисленных человеческих «Я». Вот почему Я переношу отца в астральный мир, когда он забывает, что это Моя любовь, а не его, защищает дитя. Я отрываю младенца от материнской груди, чтобы она могла осознать, что именно Мою любовь она лелеяла в нем. Я увожу возлюбленную от того, кто воображает, что любит ее, а не Мою любовь, откликающуюся в ней.

Моя любовь играет в прятки во всех человеческих сердцах, чтобы каждый смог научиться искать и почитать не бренное человеческое вместилище Моей любви, а саму Мою любовь, перелетающую от одного сердца к другому.

Человеческие существа настойчиво просят друг друга: «Ты должен любить лишь меня», — вот почему Я охлаждаю их уста и закрываю их навечно, чтобы они больше не произносили эти ложные слова. Так как все они — Мои дети, я хочу чтобы они говорили конечную истину: «Ты должен любить Единую Любовь во всех нас». Говорить человеку «я люблю тебя» ошибочно, если вы еще не осознали эту истину: «Бог, пребывающий во мне как любовь, влюблен в Свою любовь, пребывающую в тебе».

Луна надсмехается над миллионами влюбленных людей, не осознающих, как в порыве чувств они лгут своей второй половине, говоря: «Я буду любить тебя вечно». Их черепа усеяны по опустошенным ветрами пескам вечности. Нет у них больше дыхания, которое позволяло им говорить: «Я люблю тебя». Они уже не смогут ни вспомнить, ни исполнить свое обещание любить друг друга вечно.

А Я всегда любил и буду любить вас безмолвно. Лишь Я могу сказать вам: «Я люблю тебя», ибо Я любил вас еще до того, как вы были рождены; Моя любовь дарует вам жизнь и питает вас в этот самый момент, и лишь Я один смогу любить вас за вратами смерти, где никто — даже тот человек, который любил вас больше всего на свете — не сможет вас достичь.

Я есть любовь, которая нитями эмоций и инстинктов управляет человеческими марионетками, чтобы разыгрывать спектакль любви на сцене жизни. Моя любовь прекрасна и бесконечно приятна, когда вы любите лишь ее; но линия жизни вашего покоя и вашей радости обрывается, когда вместо этого вы вовлекаетесь в человеческие эмоции и привязанности. Осознайте, дети Мои, что на самом деле вы жаждете Моей любви!

Те, кто любит Меня лишь в теле одного человека, или кто любит Меня в людях недостаточно сильно, не ведают, что такое Любовь. Только те могут познать Любовь, кто любит Меня мудро, безукоризненно, всецело, с полной преданностью, — те, кто любит Меня совершенно и одинаково *во* всех, и те, кто любит Меня совершенно и одинаково *как* всех.

Парамаханса Йогананда, йог в жизни и смерти

Парамаханса Йогананда вошел в *махасамадхи* (окончательный уход из тела, сознательно совершаемый йогом) 7 марта 1952 года в Лос-Анджелесе, Калифорния, после того как произнес речь на банкете в честь посла Индии в США Биная Р. Сена.

Великий мировой Учитель продемонстрировал ценность йоги (научной техники постижения Бога) не только своей жизнью, но и смертью. В течение нескольких недель после кончины лицо его сияло божественным светом нетленности.

Гарри Т. Роув, начальник морга в лос-анджелесском мемориальном парке Форест-Лоун, куда было временно помещено тело великого Мастера, послал в общество Self-Realization Fellowship нотариально заверенное письмо, где, в частности, говорится:

«На теле Парамахансы Йогананды не наблюдается никаких признаков разложения, и это уникальный случай в нашей практике... Никаких свидетельств физического распада не было даже через двадцать дней после смерти... Никаких видимых следов тления на коже, никаких признаков высыхания тканей. Как работник морга, по долгу службы изучавший специальные архивы подобных заведений, могу заявить, что это — совершенно беспрецедентный случай... Когда тело Йогананды было доставлено в морг, наши работники ожидали увидеть привычные признаки физического распада. Но с каждым днем наше изумление росло: никаких видимых изменений не происходило. Становилось очевидно, что мы имеем дело с феноменальным случаем: тело Йогананды не подвергалось тлению... Не исходил от тела и запах тлена... 27 марта, когда мы закрывали гроб Йогананды бронзовой крышкой, его тело выглядело точно так же, как и 7 марта — в ночь его смерти.

Итак, 27 марта у нас не было оснований говорить о том, что на теле этого человека проявились хоть какие-то признаки распада. Таким образом, повторяю, случай Парамахансы Йогананды не имеет прецедентов в нашей практике».

Коммеморативные марки и памятные монеты, выпущенные в честь Парамахансы Йогананды и Лахири Махасайи

Правительство Индии дважды выпускало коммеморативные марки, чествующие жизнь и деятельность Парамахансы Йогананды: в 1977 году, на двадцать пятую годовщину его *махасамадхи (слева)*, и в 2017 году, в честь столетия со дня основания общества Yogoda Satsanga Society of India *(справа)*.

В 2019 году, к 125-летию со дня рождения Парамахансы Йогананды, правительство Индии выпустило памятную монету номиналом 125 рупий. К монете прилагается буклет, где, помимо прочего, говорится: «Несектарные и научные йогические учения Парамахансы Йогананды одинаково привлекают представителей всех верований и профессий».

В 2020 году индийское правительство приурочило выпуск еще одной монеты достоинством 125 рупий к сто двадцать пятой годовщине махасамадхи Лахири Махасайи — первого распространителя *Крийя-йоги*.

Учение Парамахансы Йогананды о Крийя-йоге: дополнительные ресурсы

Крийя-йога и другие научные техники медитации, которым обучал Парамаханса Йогананда, а также его руководство по всем аспектам сбалансированной духовной жизни представлены в серии уроков для домашнего изучения — *Self-Realization Fellowship Lessons*. Если вы желаете запросить бесплатный ознакомительный материал по *Урокам SRF*, пожалуйста, посетите веб-сайт www.srfbooks.org.

Self-Realization Fellowship
3880 San Rafael Avenue
Los Angeles, CA 90065-3219
+1 (323) 225-2471

Уроки
Self-Realization Fellowship

Личные наставления и инструкции Парамахансы Йогананды по техникам йогической медитации и принципам духовной жизни

Если вы чувствуете тягу к познанию духовных истин, описанных в книге «Божественный роман», мы предлагаем вам подписаться на *Уроки Self-Realization Fellowship (Self-Realization Fellowship Lessons)*.

Парамаханса Йогананда разработал эту серию уроков для домашнего обучения с той целью, чтобы искренние искатели имели возможность самостоятельно изучать и практиковать древние йогические техники медитации, которые он представил Западу, — включая науку *Крийя-йоги*. Уроки SRF содержат, помимо прочего, практическое руководство по обретению сбалансированного физического, психологического и духовного благополучия.

Уроки Self-Realization Fellowship распространяются за символическую плату, чтобы покрыть расходы по печати и отправке материалов по почте. Все обучающиеся могут рассчитывать на бесплатную консультацию по практическим аспектам уроков со стороны монахов и монахинь общества Self-Realization Fellowship.

Если вы желаете знать больше…

Пожалуйста, посетите веб-сайт www.srflessons.org, чтобы запросить брошюру с исчерпывающей информацией по *Урокам SRF*.

Цели и идеалы
Self-Realization Fellowship

как их сформулировал его основатель Парамаханса Йогананда

Брат Чидананда, президент

Распространять среди народов мира знание об определенной технике обретения прямого личного контакта с Богом.

Учить, что цель жизни состоит в эволюции сознания — расширении ограниченного человеческого, смертного сознания до Божественного Сознания путем работы над собой. С этой целью создавать во всем мире храмы Self-Realization Fellowship для общения с Богом и поощрять создание личных Божьих храмов в домах и сердцах всех людей.

Раскрыть полную сочетаемость и сущностное единство изначального христианского учения, каким его принес в мир Иисус Христос, и изначального учения йоги, каким его принес в мир Бхагаван Кришна. Показать, что истины, изложенные в этих учениях, являются общей научной основой всех истинных религий.

Указать людям единую божественную дорогу, к которой в конечном счете ведут пути всех истинных религий, — дорогу ежедневной, научной и вдохновенной медитации на Бога.

Освободить людей от тройного страдания: физических болезней, дисгармонии ума и духовного неведения.

Поощрять «простую жизнь и возвышенное мышление»; распространять дух братства среди всех людей и народов, раскрывая им вечную основу их единства — их родство с Богом.

Продемонстрировать превосходство ума над телом и превосходство души над умом.

Преодолевать зло добром, печаль — радостью, жестокость — добротой, неведение — мудростью.

Воссоединить науку с религией путем осознания единства

принципов, лежащих в их основе.

Всячески способствовать культурному и духовному взаимопониманию между Востоком и Западом и поощрять взаимный обмен их наилучшими достижениями.

Служить человечеству как своему высшему «Я».

Из изданий общества Self-Realization Fellowship

Парамаханса Йогананда
«Автобиография йога»

Эта знаменитая автобиография представляет собой блестящий портрет одного из величайших духовных деятелей нашего времени. Подкупая своей искренностью и неподражаемым чувством юмора, Парамаханса Йогананда ярко описывает вдохновляющие события своей жизни: неординарные переживания детства; встречи с мудрецами и святыми в пору юношества, когда он ездил по Индии в поисках просветленного учителя; десять лет духовного обучения в ашраме под руководством глубоко почитаемого мастера йоги и тридцать лет духовного наставничества в Америке. Он также запечатлел свои встречи с Махатмой Ганди, Рабиндранатом Тагором, Лютером Бербанком, католической стигматисткой Терезой Нойман и другими знаменитыми духовными личностями Востока и Запада.

«Автобиография йога» представляет собой одновременно увлекательнейший рассказ о совершенно необыкновенной жизни и основательное введение в древнюю науку йоги с ее освященной веками традицией медитации. Автор четко объясняет тонкие, но неизменно действующие законы, стоящие как за обыкновенными событиями повседневной жизни, так и за необыкновенными, которые принято называть чудесами. Захватывающее повествование об удивительной жизни перетекает в проникновенный и незабываемый экскурс в глубочайшие тайны человеческого бытия.

Впервые книга была опубликована в 1946 году, а в 1951 году Парамаханса Йогананда обогатил ее новыми материалами. «Автобиография йога», переведенная уже на пятьдесят языков, по сей день издается обществом Self-Realization Fellowship и широко используется в колледжах и университетах в качестве авторитетного справочника. Неизменный бестселлер со дня своего появления в печати, она нашла свой путь к сердцам миллионов читателей во всем мире.

———————————————————————

«Исключительно ценная работа»

–The New York Times

«Очаровательное, снабженное исчерпывающими комментариями исследование»

– Newsweek

«Ни на английском, ни на каком-либо другом европейском языке йога еще не была представлена подобным образом»

– Columbia University Press

«Истинное откровение… рассказанное с неподражаемым остроумием и подкупающей искренностью… столь же увлекательно, как любой роман»

*– **News-Sentinel**, Fort Wayne, Indiana*

Книги Парамахансы Йогананды на русском языке

Издательство Self-Realization Fellowship

«Автобиография йога»

«Закон успеха»

«Вечный поиск»

«Как говорить с Богом»

«Почему Бог допускает зло»

«Метафизические медитации»

«Высказывания Парамахансы Йогананды»

«Научные целительные аффирмации»

«Божественный роман»

«Быть победителем в жизни»

«Жить бесстрашно»

«Религия как наука»

«Внутренний покой»

«Там, где свет»

В издательстве «София» (www.sophia.ru) можно приобрести следующие книги:

«Автобиография йога»

«Бхагавадгита: Беседы Бога с Арджуной»

Другие издания Self-Realization Fellowship на русском языке

«Только любовь»
Шри Дайя Мата

«Как найти радость внутри себя»
Шри Дайя Мата

«Отношения между гуру и учеником»
Шри Мриналини Мата

«Проявление Божественного сознания в повседневной жизни»
Шри Мриналини Мата

Книги Парамахансы Йогананды на английском языке

доступны напрямую у издателя:

Self-Realization Fellowship
3880 San Rafael Avenue • Los Angeles, California 90065-3219
Тел. +1 (323) 225-2471 • Факс +1 (323) 225-5088
www.yogananda.org

Autobiography of a Yogi

The Second Coming of Christ:
The Resurrection of the Christ Within You
Комментарий-откровение изначального учения Христа

God Talks with Arjuna;
The Bhagavad Gita
Новый перевод и комментарии

Man's Eternal Quest
Первый том избранных лекций, эссе и неформальных бесед Парамахансы Йогананды

The Divine Romance
Второй том избранных лекций, эссе и неформальных бесед Парамахансы Йогананды

Journey to Self-Realization
Третий том избранных лекций, эссе и неформальных бесед Парамахансы Йогананды

Wine of the Mystic:
The Rubaiyat of Omar Khayyam — A Spiritual Interpretation
Вдохновенный комментарий, проливающий свет на мистическую науку общения с Богом, на которую указывают таинственные образы «Рубайята»

Where There Is Light:
Insight and Inspiration for Meeting Life's Challenges

Whispers from Eternity
Собрание вдохновенных молитв Парамахансы Йогананды и его запечатленных переживаний во время общения с Богом в высших стадиях медитации

The Science of Religion

The Yoga of the Bhagavad Gita:
An Introduction to India's Universal Science of God-Realization

The Yoga of Jesus:
Understanding the Hidden Teachings of the Gospels

In the Sanctuary of the Soul:
A Guide to Effective Prayer

Inner Peace:
How to Be Calmly Active and Actively Calm

To Be Victorious in Life

Why God Permits Evil and How to Rise Above It

Living Fearlessly:
Bringing Out Your Inner Soul Strength

How You Can Talk With God

Metaphysical Meditations
Более трехсот вдохновенных медитаций и одухотворенных молитв и аффирмаций Парамахансы Йогананды

Scientific Healing Affirmations
Парамаханса Йогананда дает здесь глубокое объяснение принципу действия целительных аффирмаций

Sayings of Paramahansa Yogananda
Короткие истории, в которых запечатлены искренние, пронизанные любовью советы и наставления Парамахансы Йогананды всем тем, кто обращался к нему за духовным руководством

Songs of the Soul
Мистическая поэзия Парамахансы Йогананды

The Law of Success
В этой книге Парамаханса Йогананда объясняет динамические принципы достижения целей

Cosmic Chants
Слова и музыка к шестидесяти духовным песням на английском языке; также прилагается вводная статья о том, как духовное пение благоприятствует общению с Богом

Аудиозаписи Парамахансы Йогананды

Beholding the One in All

The Great Light of God

Songs of My Heart

To Make Heaven on Earth

Removing All Sorrow and Suffering

Follow the Path of Christ, Krishna, and the Masters

Awake in the Cosmic Dream

Be a Smile Millionaire

One Life Versus Reincarnation

In the Glory of the Spirit

Self-Realization: The Inner and the Outer Path

Другие издания Self-Realization Fellowship на английском языке

Каталог всех печатных изданий, а также аудио- и видеозаписей Self-Realization Fellowship доступен по запросу.

The Holy Science
by Swami Sri Yukteswar

Only Love:
Living the Spiritual Life in a Changing World
by Sri Daya Mata

Finding the Joy Within You:
Personal Counsel for God-Centered Living
by Sri Daya Mata

God Alone:
The Life and Letters of a Saint
by Sri Gyanamata

"Mejda":
The Family and the Early Life of Paramahansa Yogananda
by Sananda Lal Ghosh

Self-Realization
(журнал, основанный Парамахансой Йоганандой в 1925 году)

DVD (документальный фильм)

Awake: The Life of Yogananda
Фильм производства CounterPoint Films

Глоссарий

Аватар (avatar). Божественная инкарнация, или воплощение; от санскритского слова *avatara* (*ava* — «вниз», *tri* — «проходить»); тот, кто обретает единство с Духом, а затем возвращается на землю, чтобы помогать человечеству.

Авидья (avidya). Букв. «незнание, неведение»; проявление *майи* (космической иллюзии) в человеке. По сути, *авидья* есть незнание человеком своей божественной природы и единственной реальности — Духа.

Арджуна (Arjuna). Благочестивый искатель истины, которому Бхагаван Кришна передал бессмертное послание *Бхагавад-Гиты*; один из пяти принцев Пандавов — протагонистов великого древнеиндийского эпоса *Махабхарата*.

Астральное тело (astral body). Тонкое тело человека, состоящее из света и *праны* (жизнетронов); вторая из трех оболочек, или тел, в которые заключена душа (каузальное тело, астральное тело и физическое тело). Силы астрального тела наполняют физическое тело жизнью, подобно тому как электричество зажигает свет в лампочке. Астральное тело состоит из девятнадцати элементов. Ими являются: разум, эго, чувства, ум (чувственное сознание), пять инструментов познания (тонкие силы, питающие органы зрения, слуха, обоняния, вкуса и осязания), пять инструментов действия (силы, активизирующие функции деторождения, секреции, речи, а также способность двигаться и выполнять физическую работу) и пять инструментов жизненной силы, активизирующие кровообращение, метаболизм, ассимиляцию, кристаллизацию и выделение.

Астральный мир (astral world). Тонкая сфера Божьего мироздания; мир света и цвета, состоящий из вибраций энергии жизни (жизнетронов), которая по своей структуре тоньше атомной энергии (см. *прана*). Каждое существо, каждый предмет, каждая вибрация в физическом мире имеет своего астрального двойника, поскольку астральный мир («небеса») содержит в себе энергетическую копию физического мира. Когда человек умирает, его душа в астральной оболочке восходит в высшие или низшие (согласно его заслугам) астральные сферы для продолжения своего духовного развития в условиях большей свободы того неземного мира. Там душа пребывает кармически обусловленный период времени, после чего снова рождается в физическом теле.

Астральный свет (astral light). Тонкий свет, исходящий от жизнетронов (см. *прана*), структурной основы астрального мира. Благодаря всеобъемлющему интуитивному восприятию души человек, медитирующий в состоянии глубокой сосредоточенности, может видеть астральный свет, в частности, как духовное око.

Аум (Ом) (Aum, Om). Санскритское корневое слово-звук, символизирующее тот аспект Всевышнего, который творит все сущее и поддерживает в нем жизнь; основа всех звуков; Космическая Вибрация. У тибетцев ведический *Аум* стал священным словом *Хам*; у мусульман — *Амин (Аминь)*; у египтян, греков, римлян, иудеев и христиан — *Аминь*. Мировые религии утверждают, что все сотворенное рождается в космической вибрационной энергии *Аум* (Аминь, Слово, Святой Дух). «В начале было Слово, и Слово было у Бога, и Слово было Бог… Все чрез Него начало быть, и без Него ничто не начало быть, что начало быть» (Ин. 1:1, 3).

Амен на иврите означает «несомненный, достоверный». «Так говорит Аминь, свидетель верный и истинный, начало создания Божия» (Откр. 3:14). Подобно тому как вибрационный звук говорит о работе мотора, так и вездесущий звук *Аум* является достоверным свидетельством работы «Космического Мотора», который своей вибрационной энергией поддерживает всю жизнь и каждую частицу мироздания. В *Уроках SRF* (*Self-Realization Fellowship Lessons*) Парамаханса Йогананда обучает техникам медитации, практика которых позволяет услышать Бога как *Аум*, или Святой Дух. Это благословенное общение с невидимой Божественной Силой («Утешитель же, Дух Святый…» [Ин. 14:26]) является истинно научной основой молитвы.

Ашрам (ashram). Духовная обитель, часто — монастырь.

Бабаджи (Babaji). См. *Махаватар Бабаджи*.

Божественная Мать (Divine Mother). Аспект Бога, который активен в мироздании; *шакти* (сила) Трансцендентного Творца. Этот аспект Божественного имеет и другие имена: Природа (*Пракрити*), *Аум*, Святой Дух, Разумная Космическая Вибрация. Кроме того, это личностный аспект Бога, олицетворяющий Его любовь и сострадание. Индуистские писания учат, что Бог имманентен и в то же время трансцендентен, Он Существо и личное, и безличное. Он может восприниматься как Абсолют, или как одно из Его непреходящих качеств, таких как любовь, мудрость, блаженство, свет, или как *ишта* («божество»), или как Небесный Отец, Божественная Мать, Божественный Друг.

Брахма-Вишну-Шива (Brahma-Vishnu-Shiva). Три аспекта имманентности Бога в мироздании. Они олицетворяют триединую функцию Христова Сознания (*Тат*), которое руководит процессами творения, сохранения и разрушения, присущими Космической Природе. См. *Троица*.

Брахман, Брахма (Brahman, Brahma). Абсолютный Дух.

Бхагавад-Гита (Bhagavad Gita). «Песнь Господня»; древнее священное писание Индии, состоящее из восемнадцати глав шестой книги («Бхишма-парва») эпического сказания «Махабхарата». Представленная в форме диалога между *аватаром* Господом Кришной и его учеником Арджуной накануне исторической битвы на Курукшетре, Бхагавад-Гита является глубоким трактатом о йоге — науке единения с Богом — и вечным рецептом счастья и успеха в повседневной жизни. Гита — это одновременно аллегория, история и духовный трактат о внутреннем сражении между хорошими и дурными наклонностями человека. В разных контекстах Кришна олицетворяет гуру, душу или же Бога; Арджуна воплощает собой образ преданного богоискателя. Об этом универсальном писании Махатма Ганди сказал: «Тот, кто размышляет о Гите, всегда найдет в ней новый смысл и новую радость. Нет такого духовного „запутанного клубка", который Гита не смогла бы распутать».

Если не указано иное, цитаты из Бхагавад-Гиты, содержащиеся в этом сборнике, взяты из перевода Парамахансы Йогананды, осуществленного с санскрита на английский язык. Порой он переводил текст иносказательно, а иной раз и буквально — если того требовал контекст. Исчерпывающий перевод Парамахансаджи обрел воплощение в книге «Бхагавадгита: Беседы Бога с Арджуной. Царственная наука Богопознания».

Бхагаван Кришна (Bhagavan Krishna). *Аватар*, живший в Древней Индии за много веков до рождения Иисуса Христа. В индуистских писаниях слово «Кришна» имеет несколько значений, и одно из них — «Всеведущий Дух». Поэтому «Кришна», как и «Христос», — это духовный титул, обозначающий божественное величие *аватара*, его единство с Богом. Титул «Бхагаван» означает «Господь». Действие Бхагавад-Гиты происходит во времена, когда Господь Кришна правил царством в Северной Индии. В свои ранние годы Кришна был пастухом, который очаровывал окружающих мелодиями своей флейты. В этой роли Кришна воплощает собой образ души, играющей на флейте медитации и направляющей разбредающиеся мысли обратно в загон Всеведения.

Бхакти-йога (Bhakti Yoga). Практика преданной любви к Богу как основной способ достижения единения с Ним. См. *йога*.

Веданта (Vedanta). Букв. «окончание Вед»; философия, берущая свое начало в Упанишадах, последней части Вед. Ведущим толкователем *веданты*, утверждающей, что Бог — это единственная Реальность, а сотворенный мир по сути своей иллюзия, считается Шанкара (приблизительно VIII — начало IX вв.). Согласно Веданте, человек, будучи единственным существом, способным воспринять Бога, сам по себе божественен, и поэтому его высший долг — познать свою истинную природу.

Веды (Vedas). Четыре священных текста Древней Индии: «Ригведа», «Яджурведа», «Самаведа» и «Атхарваведа». По сути это сборники песнопений, ритуалов и стихов, призванных оживить и одухотворить все аспекты человеческой жизни. В огромной сокровищнице индийских текстов Веды (от санскритского корня *vid* — «знать») являются единственными писаниями, которым не приписывается чье-либо авторство. «Ригведа» повествует о божественном происхождении ведийских гимнов и о том, что они пришли из «древних времен», облаченные в новый язык. На протяжении веков Веды передавались *риши* (провидцам) через божественное откровение, и считается, что они отмечены *нитьятвой*, «вневременной законченностью».

Гуру (guru). Духовный учитель. Зачастую так называют любого учителя или инструктора, что само по себе ошибочно. Истинный, просветленный гуру — это тот, кто обрел власть над самим собой и осознал свое тождество с вездесущим Духом. Только такой гуру обладает надлежащей духовной квалификацией для того, чтобы направлять богоискателя в его поисках Бога.

Когда верующий созревает для поисков Бога, Господь посылает ему гуру. Бог наставляет ученика через посредство мудрости, разума, Самореализации и учений такого мастера. Следуя учениям и наставлениям своего гуру, ученик утоляет душевное желание вкусить манну Божьего восприятия. Истинный гуру, избранный Господом для помощи искренним богоискателям в ответ на их глубокий душевный зов, не является обычным учителем. Бог использует его тело, речь, ум и духовность как инструмент, чтобы притянуть к Себе заблудшие души и вернуть их в Дом бессмертия. Гуру — живое воплощение духовной истины, это посредник спасения, посланный Богом в ответ на зов того верующего, который жаждет сбросить с себя оковы материи.

«Быть со своим гуру, — пишет Свами Шри Юктешвар в книге *The Holy Science*, — значит не столько физически находиться возле него (что иногда невозможно), сколько носить его в своем сердце, быть с ним единым целым в принципе, быть сонастроенным с ним». См. *мастер*.

Гурудэва (Gurudeva). «Божественный учитель»; широко распространенный санскритский термин, используемый при уважительном обращении к духовному наставнику или его упоминании. В английском языке эквивалентом этого термина иногда выступает слово «Мастер».

Гуру-наставники общества Self-Realization Fellowship/Yogoda Satsanga Society of India. Иисус Христос, Бхагаван Кришна и Великие Мастера современной эпохи: Махаватар Бабаджи, Лахири Махасайя, Свами Шри

Юктешвар и Парамаханса Йогананда. Раскрытие гармонии и сущностного единства учений Иисуса Христа и йогических наставлений Господа Кришны является неотъемлемой частью учений SRF. Вышеназванные Гуру своими духовными учениями и божественным посредничеством способствуют осуществлению миссии Self-Realization Fellowship — донесению практической духовной науки постижения Бога до всего человечества.

Джи (ji). Окончание, которое прибавляют к индийскому имени или титулу, когда хотят выразить свое уважение, например: Гандиджи, Парамахансаджи, гуруджи.

Джняна-йога (Jnana Yoga). Путь единения с Богом через преобразование проницательной силы интеллекта во всеведущую мудрость души.

Дикша (diksha). Духовная инициация; от санскритского глагольного корня *diksh* — «посвятить себя». См. *ученик* и *Крийя-йога*.

Духовное око (spiritual eye). Единый глаз интуиции и вездесущего восприятия (*аджна-чакра*) в центре Христа (*Кутастха*), расположенном в межбровье. В глубокой медитации духовное око можно узреть в виде сияющего золотого кольца, обрамляющего темно-синюю сферу, внутри которой светится белая пятиконечная звезда. Микрокосмически эти формы и цвета символизируют соответственно вибрационную сущность мироздания (Космическую Природу, Святой Дух), Сына (Божий Разум в вибрационном мироздании, Христово Сознание), и Недвижный Дух за пределами мироздания (Бог Отец).

Духовное око — это врата в наивысшие состояния божественного сознания. По мере того как сознание глубоко медитирующего йога проникает в духовное око, он испытывает последовательно следующие состояния: сверхсознание, или всегда новую радость осознания души и единение с Богом как *Аум* (Святым Духом); Христово Сознание, единение со вселенским Божьим Разумом, пронизывающим все сущее; и Космическое Сознание, единение с вездесущностью Бога как внутри вибрационного мироздания, так и за его пределами. См. *сознание, сверхсознание, Христово Сознание*.

Истолковывая стихи из Книги пророка Иезекииля (43:1, 2), Парамаханса Йогананда писал: «Через божественный глаз во лбу („восток") йог направляет свое сознание в вездесущность и слышит Слово *Аум*, божественный звук „вод многих", вибрации света, которые составляют единственную реальность мироздания». Слова Иезекииля: «И привел меня к воротам, к тем воротам, которые обращены лицом к востоку. И вот, слава Бога Израилева шла от востока, и глас Его — как шум вод многих, и земля осветилась от славы Его».

Иисус также говорил о духовном оке: «Светильник тела есть око; итак, если око твое будет чисто, то и все тело твое будет светло... Итак, смотри:

свет, который в тебе, не есть ли тьма?» (Лк. 11:34, 35).

Душа (soul). Индивидуализированный Дух. Душа есть истинная и бессмертная сущность человека и других форм жизни; она лишь временно скрыта за одеждами каузального, астрального и физического тел. Душа является частицей Духа — вечно сущей, вечно сознательной, всегда новой Радости.

Дхарма (dharma). Вечные законы праведности, подпирающие мироздание; естественная обязанность человека — жить в гармонии с этими законами. См. также *Санатана Дхарма*.

Дыхание (breath). «Дыхание связывает человека с мирозданием, — писал Парамаханса Йогананда. — Через дыхание бесчисленные космические токи наводняют человека и вызывают в его уме беспокойство. Для того чтобы избавиться от печалей, связанных с преходящестью всех вещей, и войти в блаженную сферу Реальности, йог учится успокаивать свое дыхание путем научной медитации».

Жизненная энергия (life force). См. *прана*.

Жизнетроны (lifetrons). См. *прана*.

Журнал Self-Realization (Self-Realization Magazine). Журнал, издаваемый Self-Realization Fellowship, в котором публикуются лекции и эссе Парамахансы Йогананды, а также актуальные статьи духовного, практического и информационного характера, имеющие непреходящую ценность.

Зло (evil). Сатаническая сила, затмевающая вездесущность Бога; проявляется в человеке и в природе как дисгармония. В более широком смысле этот термин обозначает нарушение божественного закона (см. *дхарма*), ведущее к утрате осознания своего единства с Богом и препятствующее богопознанию.

Интуиция (intuition). Всеведение души, дающее человеку способность воспринимать истину прямо и непосредственно, без посредничества органов чувств.

Йог (yogi). Тот, кто практикует йогу. Любой человек, практикующий научную медитативную технику постижения Бога, является йогом. Он может быть как женатым, так и холостым, жить как в миру, так и в монастыре.

Йога (yoga). От санскритского слова *yuj* — «единение». Йога означает единение индивидуальной души с Духом, а также методы, с помощью которых достигается это единение. Йога, наряду с *ведантой*, *мимансой*, *санкхьей*, *вайшешикой* и *ньяей*, является одной из шести ортодоксальных систем индийской философии. Существуют различные методы йоги: *Хатха-йога*, *Мантра-йога*, *Лайя-йога*, *Карма-йога*, *Джняна-йога*, *Бхакти-йога* и *Раджа-йога*. *Раджа-йога* — «царственная», или совершенная, йога; это метод, которому обучает общество Self-Realization Fellowship и который восхваляет Господь Кришна в своих наставлениях принцу Арджуне: «Считается, что йог более велик, чем аскеты, занятые обузданием плоти, и даже более велик, чем последователи пути мудрости или пути действия. Будь же, о Арджуна, йогом!» (Бхагавад-Гита VI:46). Мудрец Патанджали, выдающийся толкователь йоги, выделил восемь ступеней, ведущих практикующего *Раджа-йогу* к *самадхи* (единению с Богом), а именно: (1) *яма*, нравственное поведение; (2) *нияма*, соблюдение религиозных предписаний; (3) *асана*, правильная поза для достижения неподвижности тела; (4) *пранаяма*, контроль над *праной*, тонкими жизненными токами; (5) *пратьяхара*, самоуглубление; (6) *дхарана*, концентрация; (7) *дхьяна*, медитация; (8) *самадхи*, состояние сверхсознания.

Йогода Сатсанга (Yogoda Satsanga). См. *Yogoda Satsanga Society of India*.

Карма (karma). Последствия действий в этой или прошлых жизнях; от санскритского *kri* — «делать». Уравновешивающий закон кармы, изложенный в индуистских священных писаниях, — это закон действия и противодействия, причины и следствия, сеяния и пожинания. В рамках закона естественной праведности каждый человек формирует свою судьбу своими мыслями и действиями. Та энергия, которую он сам — благоразумно или же по собственному невежеству — приводит в действие, должна вернуться к нему как к своей исходной точке, подобно тому как круг неизбежно замыкает самого себя. Понимание кармы как закона справедливости помогает освободить человеческий разум от обид на Бога и человека. Карма неотделима от человека и следует за ним от инкарнации к инкарнации — до тех пор, пока она не будет отработана или преодолена духовно. (См. *реинкарнация*.)

Совокупные действия людей внутри сообществ, наций или мира в целом порождают коллективную карму, которая, согласно значимости и уровню совершенного добра или зла, формирует события местного или глобального значения. Таким образом, мысли и действия каждого человека вносят свой вклад в совокупное благополучие или неблагополучие мира и всех людей в нем.

Карма-йога (Karma Yoga). Путь к Богу через бескорыстное служение и непривязанность к плодам своей деятельности. Бескорыстно служа Богу, вручая Ему плоды своего труда и видя в Нем единственного Делателя, йог освобождается от эго и познает Бога. См. *йога*.

Каста (caste). Изначальная концепция касты в Индии не предполагала передачу социального статуса по наследству, она классифицировала людей согласно их врожденным склонностям. Древние индуистские мудрецы выявили, что человек проходит через четыре стадии эволюционного развития: *шудра*, *вайшья*, *кшатрий* и *брамин*. Шудра заинтересован в первую очередь в удовлетворении своих телесных потребностей и желаний; род занятий, который отвечает уровню его развития, — физический труд. *Вайшья* имеет мирские амбиц5ии и склонен к чувственным удовольствиям; его творческие способности развиты лучше, чем таковые у *шудры*, и он ищет себе такой род занятий, где бы он мог применить свою умственную энергию: ведение хозяйства, бизнес, искусство и т. п. *Кшатрий*, удовлетворивший за множество прожитых жизней все желания стадий *шудры* и *вайшьи*, начинает искать смысл жизни; он старается бороться со своими плохими привычками, контролировать свои чувства и совершать правильные поступки. По роду деятельности *кшатрии* — благородные правители, государственные деятели, воины. *Брамин* окончательно преодолел свою низшую природу и имеет врожденную склонность к духовным устремлениям. Познав Бога, он способен духовно наставлять других и помочь им обрести свободу.

Каузальное тело (causal body). Человек как душа по сути своей каузальное существо. Его каузальное тело является мыслематрицей астрального и физического тел. Каузальное тело состоит из тридцати пяти мыслеэлементов, соответствующих девятнадцати элементам астрального тела и шестнадцати основным элементам физического тела.

Каузальный мир (causal world). За физическим миром материи (атомами, протонами, электронами) и тонким астральным миром лучистой энергии жизни (жизнетронами) находится каузальный, или мыслительно-идеальный (состоящий из мыслетронов), мир. После того как человек в своей духовной эволюции достигает уровня, когда он способен выйти за пределы физического и астрального миров, он поселяется в каузальном мире. В сознании каузальных существ физический и астральный миры существуют лишь как идеи. То, что физический человек делает в своем воображении, каузальный человек воплощает наяву — единственным ограничением для него является мысль как таковая. В конечном счете человек сбрасывает и эту оболочку души (т. е. свое каузальное тело), чтобы слиться с вездесущим Духом за пределами всех вибрационных сфер.

Космическая иллюзия (cosmic delusion). См. *майя*.

Космическая энергия (cosmic energy). См. *прана*.

Космический Звук (Cosmic Sound). См. *Аум*.

Космическое Сознание (Cosmic Consciousness). Абсолют; Дух за пределами мироздания. Этот термин также обозначает достигаемое в медитации состояние *самадхи* — единение с Богом как внутри вибрационного мироздания, так и за его пределами. См. *Троица*.

Крийя-йога (Kriya Yoga). Священная духовная наука, зародившаяся в Индии несколько тысячелетий назад. Она включает в себя определенные техники медитации, регулярная практика которых приводит к постижению Бога. Парамаханса Йогананда объяснил, что корень санскритского слова *kriya*, *kri* («делать», «действовать», «противодействовать»), также является составной частью слова «карма» (естественный закон причины и следствия). Таким образом, *Крийя-йога* — это «единение (*йога*) с Бесконечным посредством определенного действия, или ритуала (*крийя*)». *Крийя-йога* — одна из форм *Раджа-йоги* («царственной», или совершенной, йоги), которую превозносят Господь Кришна в Бхагавад-Гите и мудрец Патанджали в «Йога-сутрах». Возрожденная в современной эпохе Махаватаром Бабаджи, *Крийя-йога* стала *дикшей*, духовным посвящением, от Великих Гуру-наставников общества Self-Realization Fellowship/Yogoda Satsanga Society of India. После *махасамадхи* Парамахансы Йогананды *дикша* дается назначенным им духовным представителем — президентом Self-Realization Fellowship/Yogoda Satsanga Society of India (или представителем, назначенным, в свою очередь, президентом SRF). Для получения *дикши* члены SRF/YSS должны пройти предварительное духовное обучение. Того, кто принял *дикшу*, называют *крийя-йогом* или *крийябаном*. См. *гуру и ученик*.

Кришна (Krishna). См. *Бхагаван Кришна*.

Лайя-йога (Laya Yoga). Эта йогическая система учит погружать ум в восприятие определенных астральных звуков, которое ведет к единению с Богом, воплощенном в космическом звуке *Аум*. См. *Аум* и *йога*.

Лахири Махасайя (Lahiri Mahasaya). Шьяма Чаран Лахири (1828–1895). *Лахири* — семейное имя, санскритское слово *Махасайя* — духовный титул, означающий «обладающий широким познанием». Лахири Махасайя был учеником Махаватара Бабаджи и гуру-наставником Свами Шри Юктешвара, который, в свою очередь, стал гуру Парамахансы Йогананды. Лахири Махасайя был христоподобным Учителем, наделенным чудотворными способностями, но при этом он имел профессиональные обязанности и был семейным человеком. Его миссия заключалась в распространении йоги, адаптированной для современного человека, то есть йоги, в которой медитация уравновешивается добросовестным исполнением мирских обязанностей. Лахири Махасайю называли *Йогаватаром* («Воплощение Йоги»). Именно ему Бабаджи открыл древнюю и практически утерянную науку *Крийя-йоги*, наказав ему посвящать в нее искренних богоискателей. Жизнь Лахири Махасайи описана в «Автобиографии йога».

Линн, Джеймс (Lynn, James). См. *Раджарси Джанакананда*.

Майя (maya). Заложенная в структуре мироздания космическая иллюзия, из-за которой Единое Целое представляется множеством. *Майя* — это принцип относительности, контрастности, двойственности, противоположности; это Сатана (ивр. — «противник») в Ветхом Завете и дьявол, которого

Иисус образно назвал «убийцей» и «лжецом», «ибо нет в нем истины» (Ин. 8:44). Шри Йогананда писал:

«На санскрите слово *майя* буквально означает „измеритель". *Майя* — это магическая сила в мироздании, из-за которой в Неизмеримом и Нераздельном возникает видимость ограничений и деления. *Майя* — это сама Природа: феноменальные миры, непрерывно изменяющиеся в противоположность Божественной Неизменности.

Единственная функция Сатаны (то есть *майи*) в божественном замысле-игре (*лиле*) состоит в том, чтобы отвлекать человека от Духа к материи, от Реальности к ирреальному. „Сначала диавол согрешил. Для сего-то и явился Сын Божий, чтобы разрушить дела диавола" (1Ин. 3:8). Это значит, что проявление Христова Сознания в человеке легко разрушает все иллюзии, или „дела диавола".

Майя — это покров преходящих состояний в Природе, бесконечного рождения новых форм; это покров, который каждый человек должен отбросить, чтобы увидеть за ним Творца, неизменяемое Неизменное, вечную Реальность».

Мантра-йога (Mantra Yoga). Путь к единению с Богом посредством сосредоточенного, вдохновенного повторения слов-звуков, обладающих духовно благотворной вибрационной силой. См. *йога*.

Мастер (Master). Тот, кто достиг полного самообладания. Парамаханса Йогананда подчеркивал, что «мастер отличается от других не физическими, но духовными качествами... Верным доказательством того, что человек является мастером, может служить его способность произвольно входить в состояние бездыханности (*савикальпа-самадхи*), а также достижение им непреложного блаженства (*нирвикальпа-самадхи*)». (См. *самадхи*.)

Далее Парамахансаджи объясняет: «Все писания утверждают, что Господь сотворил человека по Своему всемогущему образу. Власть над силами природы представляется нам чем-то сверхъестественным, но на самом деле это совершенно естественная вещь для любого человека, „вспомнившего" о своем божественном происхождении. Познавшие Бога люди свободны от эго-принципа (*ахамкары*) и от возбуждаемых им личных страстей. Все действия истинных мастеров непосредственно сочетаются с *ритой*, или естественной праведностью. Как говорил Эмерсон, великие люди становятся „не добродетельными, но самой Добродетелью. Они полностью отвечают задачам мироздания, и Бог ими доволен"».

Маунт-Вашингтон (Mount Washington Center). См. *Центр «Маунт-Вашингтон»*.

Махаватар Бабаджи (Mahavatar Babaji). Бессмертный *махаватар* («великий аватар»), который в 1861 году посвятил в *Крийя-йогу* своего ученика Лахири Махасайю и тем самым возродил в мире древний метод духовного спасения.

Вечно молодой мастер уже на протяжении многих столетий скрытно живет в Гималаях, неустанно одаривая мир своим благословением. Его миссия — помогать пророкам в исполнении их предназначения на Земле. Ему было даровано множество духовных титулов, но *махаватар* в основном предпочитает простое имя Бабаджи (*баба* — «отец» и *джи* — окончание, которое прибавляют к индийскому имени или титулу, когда хотят выразить свое уважение). Более подробную информацию о его христоподобной жизни и духовной миссии можно найти в «Автобиографии йога». См. *аватар*.

Махасамадхи (mahasamadhi). «Великое *самадхи*» (от санскр. *maha* — «великий»); последняя медитация, или сознательное общение с Богом, во время которого достигший совершенства мастер покидает свое физическое тело и сливается с космическим звуком *Аум*. Настоящий мастер всегда знает наперед, когда он покинет свою телесную обитель. См. *самадхи*.

Медитация (meditation). Концентрация на Боге. В широком смысле слова этот термин обозначает выполнение любой техники для углубления внимания и фокусирования его на каком-либо аспекте Бога. В узком смысле слова медитация — конечный результат успешного выполнения таких техник, а именно прямое восприятие Бога посредством интуиции. Медитация — седьмая ступень (*дхьяна*) восьмиступенчатого пути йогической системы Патанджали; йог достигает этой ступени путем такой внутренней концентрации, при которой он полностью отстраняется от внешних отвлечений. В глубочайшей медитации йог достигает *самадхи* (последняя ступень восьмиступенчатого пути йоги). См. *йога*.

Парамаханса (Paramahansa). Титул духовного мастера. Только истинный гуру может присвоить этот титул своему достойному ученику. Буквально *Парамаханса* означает «верховный лебедь». В индуистских священных писаниях *ханса* («лебедь») является символом духовной проницательности. Свами Шри Юктешвар присвоил этот титул своему возлюбленному ученику Йогананде в 1935 году.

Парамгуру (Paramguru). Букв. «предшествующий гуру»; гуру чьего-либо гуру. *Парамгуру* учеников SRF/YSS (учеников Парамахансы Йогананды) — Свами Шри Юктешвар; *парамгуру* Парамахансаджи — Лахири Махасайя. Махаватар Бабаджи приходится Парамахансе Йогананде *парам-парамгуру*.

Патанджали (Patanjali). Древний толкователь йоги. «Йога-сутры» Патанджали подразделяют йогический путь на восемь ступеней: (1) *яма*, нравственное поведение; (2) *нияма*, соблюдение религиозных предписаний; (3) *асана*, правильная поза для достижения неподвижности тела; (4) *пранаяма*, контроль над *праной*, тонкими жизненными токами; (5) *пратьяхара*, самоуглубление; (6) *дхарана*, концентрация; (7) *дхьяна*, медитация; (8) *самадхи*, состояние сверхсознания.

Прана (prana). Искры разумной энергии, более тонкой, нежели атомная энергия. В древних трактатах их называют общим термином *прана*; Парамаханса Йогананда называет их *жизнетронами*. В сущности, *прана* — это сконденсированные мысли Бога, субстанция астрального мира и жизненная основа физического космоса. В физическом мире существует два вида *праны*: (1) вездесущая космическая вибрационная энергия, образующая структуру всех физических объектов и поддерживающая их существование; (2) специфическая *прана*, или энергия, пронизывающая каждое человеческое тело и поддерживающая в нем жизнь посредством пяти потоков, или функций. Поток *прана* выполняет функцию кристаллизации, поток *вьяна* — функцию кровообращения, поток *самана* — функцию усвоения, поток *удана* — функцию метаболизма, поток *апана* — функцию выведения отходов.

Пранам (pranam). Индийская форма приветствия: сложенные ладони на уровне сердца и склоненная голова (кончики пальцев касаются лба). Этот жест — видоизмененный *пранам* (букв. «полное приветствие»; от санскр. *нам* — «приветствовать», «поклониться» и *pra* — «полностью»). *Пранам* — привычная форма приветствия в Индии. При встрече с монахами и другими духовными лицами этот жест можно сопровождать произнесением слова «пранам».

Пранаяма (pranayama). Сознательное управление *праной* (созидательной вибрацией, или энергией, активизирующей тело и поддерживающей в нем жизнь). Йогическая наука *пранаямы* — это прямой метод сознательного отключения ума от всех жизненных функций тела и чувственного восприятия, которые держат человека в плену у телесного сознания. *Пранаяма*, таким образом, освобождает сознание человека, позволяя ему общаться с Богом. Все научные техники, в конечном счете ведущие к единению души с Духом, классифицируются как йогические, однако *пранаяма* является самой эффективной из них.

Продолговатый мозг (medulla oblongata). Главные «врата», через которые жизненная энергия (*прана*) поступает в тело; шестой спинномозговой центр, функция которого — принимать и направлять поступающий поток космической энергии. Жизненная энергия хранится в седьмом центре (*сахасрара*), расположенном в верхней части головного мозга. Из этого резервуара энергия распределяется по всему телу. Тонкий центр в продолговатом мозге является главным рычагом, регулирующим поступление жизненной энергии, ее хранение и распределение.

Раджа-йога (Raja Yoga). «Царственный», или высший, путь к единению с Богом. *Раджа-йога* включает в себя научную медитацию как наивысшее средство постижения Бога, а также все самое лучшее из остальных видов йоги. Учение *Раджа-йоги* общества Self-Realization Fellowship делает упор на тот образ жизни, который ведет к совершенному развитию тела, ума и души и в центре которого лежит практика *Крийя-йоги*. См. *йога*.

Раджарси Джанакананда (Rajarsi Janakananda). Ближайший ученик Парамахансы Йогананды и первый его преемник на посту президента и духовного главы Self-Realization Fellowship/Yogoda Satsanga Society of India, который он занимал вплоть до своей кончины в 1955 году. Мистер Линн получил посвящение в *Крийя-йогу* от Парамахансы Йогананды в 1932 году. Его духовное продвижение было настолько стремительным, что Гуру с любовью называл его «святым Линном», а позднее, в 1951 году, посвятил его в монахи и даровал монашеское имя Раджарси Джанакананда.

Реинкарнация (reincarnation). Учение, согласно которому, закон эволюции понуждает человека рождаться на Земле снова и снова, во все более совершенных жизнях, пока он не достигнет единения с Богом и осознания своего истинного «Я». Эволюция человека либо замедляется под воздействием неправедных деяний и желаний, либо ускоряется благодаря духовным усилиям. Преодолев в конечном счете ограничения и несовершенства смертного сознания, душа навсегда освобождается от вынужденной необходимости рождаться снова. «Побеждающего сделаю столпом в храме Бога Моего, и он уже не выйдет вон» (Откр. 3:12).

Концепция реинкарнации существует не только в восточной философии; во многих древних цивилизациях она являлась основополагающей жизненной истиной. Ранняя христианская церковь признавала закон реинкарнации, о котором толковали гностики и многочисленные отцы церкви, включая Климента Александрийского, Оригена и святого Иеронима. Однако в 553 году Вторым Константинопольским Собором теория реинкарнации была официально изъята из церковных учений. В наше время многие западные мыслители начинают принимать теории кармы и реинкарнации, видя в них законы справедливости, лежащие в основе кажущегося неравенства в жизни. См. *карма*.

Риши (rishi). Провидцы; возвышенные души, воплотившие в себе божественную мудрость; просветленные мудрецы Древней Индии, которым через Божественное откровение передавались священные Веды.

Садхана (sadhana). Путь духовной дисциплины; медитация и определенные предписания гуру-наставника, следование которым в конечном счете приводит ученика к познанию Бога.

Самадхи (samadhi). Высшая ступень в восьмиступенчатом пути йогической системы Патанджали. Состояние *самадхи* достигается, когда медитирующий йог, процесс медитации (самоуглубление, во время которого ум отстраняется от всех ощущений) и объект медитации (Бог) становятся Единым Целым. Парамаханса Йогананда объяснял, что «в начальных стадиях единения с Богом (*савикальпа-самадхи*) сознание йога сливается с Космическим

Духом; его жизненная энергия покидает тело, которое кажется „мертвым" — оно застывает в неподвижности; при этом йог полностью сознает, что в его теле произошла приостановка жизнедеятельности. По мере того как йог прогрессирует, он достигает наивысшего духовного состояния (*нирвикальпа-самадхи*), в котором может общаться с Богом без приостановки деятельности тела, в бодрствующем сознании и даже во время выполнения привычных мирских дел». Обе стадии *самадхи* отмечены единством со всегда новым блаженством Духа, однако *нирвикальпа-самадхи* достигается только наиболее продвинутыми йогами.

Самореализация (Self-realization). Парамаханса Йогананда дал следующее определение Самореализации как осознания своего истинного «Я»: «Самореализация — это знание телом, умом и душой, что мы едины с вездесущностью Бога и нам не нужно молиться о ней; что она не просто рядом с нами в каждый миг нашей жизни, но что вездесущность Бога — это наша собственная вездесущность и мы сейчас — такая же часть Бога, какой будем всегда. Нам нужно лишь усовершенствовать это знание».

Санатана-Дхарма (Sanatana Dharma). Букв. «вечная религия»; корпус ведических учений, который получил название «индуизм», после того как древние греки стали называть народы, жившие по берегам реки Инд, индийцами. См. *дхарма*.

Сатана (Satan). Буквально на иврите означает «противник». Сатана — это сознательная и независимая вселенская сила, удерживающая всех и вся в заблуждении, в материалистическом сознании предельности и отделенности от Бога. Для этого Сатана использует особое оружие — *майю* (космическую иллюзию) и *авидью* (индивидуальное заблуждение, духовное неведение). См. *майя*.

Сат-Тат-Аум (Sat-Tat-Aum). *Сат* — Истина, Абсолют, Блаженство; *Тат* — вездесущий разум, или сознание; *Аум* — разумная космическая вибрация, слово-символ Бога. См. *Троица*.

Свами (Swami). Монах древнейшего индийского одноименного ордена, реформированного приблизительно на рубеже VIII и IX веков Свами Шанкарой. *Свами* дает обет безбрачия и отречения от мирских привязанностей и устремлений; он посвящает себя медитации и другим духовным дисциплинам, а также служению человечеству. Орден Свами состоит из десяти ветвей: *Гири, Пури, Бхарати, Тиртха, Сарасвати,* и др. Свами Шри Юктешвар и Парамаханса Йогананда принадлежали к ветви *Гири* («гора»).

Санскритское *свами* означает «тот, кто един со своим высшим „Я" (*Сва*)».

Сверхсознание (superconsciousness). Чистое, интуитивное, всевидящее, вечно блаженное сознание души. Иногда это слово употребляется как общий термин по отношению ко всем стадиям *самадхи*, переживаемым в медитации, но в узком смысле относится к первой стадии, когда йог выходит в своем сознании за пределы эго и осознает себя как душу, сотворенную по образу Божьему. Далее следуют высшие стадии осознания Бога: Христово Сознание и Космическое Сознание.

Сверхсознательный ум (superconscious mind). Всеведущая способность души воспринимать истину прямо и непосредственно; интуиция.

Святой Дух (Holy Ghost). См. *Аум* и *Троица*.

Святой Линн (St. Lynn). См. *Раджарси Джанакананда*.

Сиддха (siddha). Букв. «тот, кто добился успеха». Тот, кто достиг Самореализации (осознания своего истинного «Я»).

Сознание Кришны (Krishna Consciousness). Христово Сознание; *Кутастха Чайтанья*. См. *Христово Сознание*.

Сознание, его состояния (consciousness, states of). В обычном (смертном) сознании человек осознает три состояния: когда он бодрствует, когда спит и когда видит сны. Но он не осознает свою душу (сверхсознание) и не осознает Бога. Эти два состояния осознает человек Христова Сознания. Подобно тому как смертный человек осознает свое тело, человек Христова Сознания осознает всю Вселенную, он ощущает ее как свое собственное тело. За Христовым Сознанием следует Космическое Сознание — переживание единства как с Богом в Его Абсолютном сознании за пределами вибрационного мироздания, так и с Его вездесущностью, проявленной в феноменальных мирах.

Техника концентрации (Concentration Technique). Техника *Хон-Со* (*Hong-Sau*), которая дается в Уроках SRF (*Self-Realization Fellowship Lessons*). Она представляет собой научный метод освобождения внимания от отвлекающих факторов и фокусирования его на одном объекте мысли. Она чрезвычайно важна для медитации — концентрации на Боге. Техника *Хон-Со* является неотъемлемой частью науки *Крийя-йоги*.

Троица (Trinity). Когда Дух сотворяет, Он становится Троицей: Отцом, Сыном и Святым Духом, или *Сат, Тат и Аум*. Бог Отец (*Сат*) — Бог как Творец, пребывающий за пределами мироздания; Бог Сын (*Тат*) — вездесущий Разум Бога, пронизывающий вибрационное мироздание; Бог как Святой Дух (*Аум*) — Божественная вибрация, которая материализует мироздание.

Множество космических циклов сотворения и распада уже канули в Вечность (см. *юга*). Во время космического распада Троица и все относительные вещи мироздания растворяются в Абсолютном Духе.

Уроки SRF (Self-Realization Fellowship Lessons). Учения Парамахансы Йогананды, собранные во всеохватывающую серию уроков для домашнего изучения и доступные богоискателям всех стран мира. Эти Уроки включают в себя техники йогической медитации, которым обучал Парамаханса Йогананда. В их числе и *Крийя-йога*, которая дается тем, кто прошел начальный курс духовного обучения. Информацию об *Уроках SRF* можно получить в Главном международном центре SRF. (См. также стр. 489.)

Ученик (disciple). Духовный искатель, который приходит к гуру с тем, чтобы тот указал ему дорогу к Богу, и для достижения этой цели устанавливает с гуру неразрывную духовную связь. В обществе Self-Realization Fellowship связь между гуру и учеником устанавливается посредством *дикши*, посвящения в *Крийя-йогу*. См. *гуру* и *Крийя-йога*.

Хатха-йога (Hatha Yoga). Система физических упражнений, состоящая из определенных техник и *асан* (поз), благоприятствующих физическому и психическому здоровью.

Христово Сознание (Christ Consciousness). «Христос», или «Христово Сознание», суть спроецированное сознание Бога, присущее вибрационному мирозданию. Оно же — Единородный Сын в Библии, единственно чистое отражение Бога Отца во всем сущем. В индуистских священных писаниях оно называется *Кутастха Чайтанья*, а также *Тат* (космический разум Духа, пронизывающий все мироздание). Это то универсальное, единое с Богом Сознание, которое было проявлено в Иисусе, Кришне и других *аватарах*. Святые и йоги знают его как состояние *самадхи*, в котором сознание отождествляется с разумом каждой частицы мироздания; они ощущают Вселенную как свое собственное тело. См. *Троица*.

Центр «Маунт-Вашингтон» (Mount Washington Center). Главный международный центр общества Self-Realization Fellowship/Yogoda Satsanga Society of India, расположенный в Лос-Анджелесе. Офис находится в бывшем имении, которое было приобретено Парамахансой Йоганандой в 1925 году. Парамахансаджи превратил его в центр духовного обучения монахов ордена Self-Realization Fellowship, а также в административный центр SRF (*Mother Center*), который отвечает за всемирное распространение древней науки *Крийя-йоги*.

Центр Христа (Christ center). *Кутастха*, или *аджна-чакра*, в межбровье; полярно соединен с *продолговатым мозгом*; центр воли, концентрации и Христова Сознания; место расположения духовного ока.

Чакры (chakras). Согласно философии йоги, семь оккультных спинномозговых центров сознания и энергии, наполняющих жизнью физическое и астральное тела человека. Эти центры называются *чакрами* (букв. «колеса»), потому что сконцентрированная в них энергия подобна ступице колеса, из которой исходят животворящие лучи света и энергии. *Чакры* располагаются в следующем порядке: 1) копчиковая (*муладхара*, в основании позвоночника); 2) крестцовая (*свадхистхана*, удалена от муладхары примерно на 5 см); 3) поясничная (*манипура*, на уровне пупка); 4) грудная (*анахата*, на уровне сердца); 5) шейная (*вишуддха*, в основании шеи); 6) *аджна* (обычно располагается в точке между бровями; она полярно соединена с продолговатым мозгом [см. также *продолговатый мозг* и *духовное око*]); 7) *сахасрара* (в верхней части головного мозга).

Эти семь центров — предусмотренные Богом «потайные двери», через которые душа вошла в тело и через которые она должна вновь вознестись посредством медитации, чтобы обрести свободу в Космическом Сознании. Сознательное продвижение души вверх по семи открытым, или пробужденным, спинномозговым центрам становится той скоростной дорогой к Бесконечному, которая приводит ее (душу) обратно Домой, к Отцу.

В трактатах йоги *чакрами* обычно называются шесть центров, лежащих ниже *сахасрары*, а сама *сахасрара* как седьмой центр упоминается отдельно. Как бы то ни было, каждый из семи центров часто сравнивают с открытым лотосом, символом духовного пробуждения, которое сопровождается вознесением сознания и энергии по позвоночнику.

Чела (chela). На хинди — букв. «ученик».

Читта (chitta). Интуитивное чувство, часть человеческого сознания. Другими частями сознания человека являются: *ахамкара* (эго), *буддхи* (разум, интеллект) и *манас* (низший ум, или сознание, ограниченное чувствами и ощущениями).

Шанкара, Свами (Shankara, Swami). Видный индийский философ, известный также как *Ади* («первый») *Шанкарачарья* (*ачарья* — «учитель»). Годы его жизни неизвестны; многие ученые полагают, что он жил приблизительно в VIII — начале IX вв. Он описывал Бога не как негативную абстракцию, а как позитивное, вечное, вездесущее, всегда новое Блаженство. Шанкара реорганизовал древний орден Свами и основал четыре монашеских центра для духовного обучения (*Мат*), лидерам которых последовательно передается апостольский титул *Джагадгуру Шри Шанкарачарья*. Джагадгуру означает «мировой учитель».

Школа в Ранчи (Ranchi school). *Yogoda Satsanga Vidyalaya*, основанная Парамахансой Йоганандой в 1918 году, когда махараджа Кашимбазара передал в пользование школы свой летний дворец и двадцать пять акров земли в Ранчи, штат Джаркханд. Эта собственность перешла в постоянное владение YSS/SRF в 1935–36 гг., когда Парамахансаджи находился в Индии с визитом. Сегодня в учебных заведениях *Yogoda Satsanga* в Ранчи — от начальной школы до колледжа — учится более двух тысяч детей. См. *Yogoda Satsanga Society of India*.

Шри (Sri). Индийский титул, свидетельствующий об уважении; в качестве составной части имени духовного деятеля означает «святой», «преподобный».

Шри Юктешвар, Свами (Sri Yukteswar, Swami). Свами Шри Юктешвар Гири (1855–1936) — индийский *Джнянаватар* («Воплощение Мудрости»); гуру Парамахансы Йогананды и *парамгуру крийя-йогов* общества Self-Realization Fellowship. Шри Юктешвар был учеником Лахири Махасайи. По поручению своего *парамгуру* Махаватара Бабаджи он написал книгу-трактат об основополагающем единстве христианского и индуистских священных писаний, *The Holy Science* (рус. «Святая наука»), и подготовил Парамахансу Йогананду к его духовной миссии в мире — распространению *Крийя-йоги*. Парамахансаджи с любовью описал жизнь Шри Юктешвара в своей «Автобиографии йога».

Эгоизм (egoism). Эго-принцип, или *ахамкара* (букв. «я делаю») есть корень дуализма, кажущегося разделения между человеком и его Творцом. *Ахамкара* уводит человеческий род в западню *майи* (космической иллюзии), в результате чего субъект (эго) ложно предстает как объект и сотворенные существа воображают себя творцами. Избавляясь от своего эго-сознания, человек пробуждается к осознанию своей истинной природы и своей нераздельности с Единственной Жизнью — Богом.

Элементы (стихии) (elements). Космическая вибрация, или *Аум*, сотворила физический мир, включая физическое тело человека, путем проявления пяти природных элементов, или стихий (*таттв*): *земли, воды, огня, воздуха* и *эфира*. Эти структурные вибрационные силы разумны по своей природе. Без элемента *земли* не было бы твердого состояния вещества, без элемента *воды* не было бы жидкого состояния, без элемента *воздуха* — газообразного состояния; без элемента *огня* не было бы тепла, а без элемента *эфира* — «фона» для показа космического кинофильма. В теле человека *прана* (космическая вибрационная энергия) поступает в *продолговатый мозг*, а затем разделяется на пять стихийных потоков, соответствующих функциям пяти нижних *чакр*, или жизненных центров: копчиковый (земля), крестцовый (вода), поясничный (огонь), грудной (воздух) и шейный (эфир). На санскрите эти элементы называются соответственно *притхиви, ап, тедж, прана* и *акаша*.

Энергизирующие упражнения (Energization Exercises). Подобно тому как рыба окружена водой, так и человек окружен космической энергией. Энергизирующие упражнения, разработанные Парамахансой Йоганандой и включенные в *Уроки SRF* (*Self-Realization Fellowship Lessons*), позволяют человеку постоянно заряжать свое тело космической энергией, или *праной*.

Эфир (ether). (Санскр. *akasha*). Современная научная теория о природе материального мира не включает в себя понятие эфира, но индийские мудрецы говорили о нем на протяжении тысячелетий. Парамаханса Йогананда говорил об эфире как о «фоне», на который Бог проецирует космический кинофильм мироздания. Пространство придает предметам измерение; эфир отделяет образы друг от друга. Без этого «фона» — созидательной силы, координирующей все вибрации в пространстве — невозможно функционирование тонких сил (мыслей и энергии жизни [*праны*]) и их взаимоотношение с природой космоса, а также происхождение материальных сил и материи как таковой. См. *Элементы*.

Юга (yuga). Цикл, или эпоха, упоминаемая в древних индуистских писаниях. В книге *The Holy Science* (рус. «Святая наука») Шри Юктешвар описывает 24000-летний цикл движения небесного экватора и присущие ему стадии развития человечества. Эпоха зарождается внутри намного более продолжительного вселенского цикла творения, вычисленного древними *риши* и упомянутого в 16-ой главе «Автобиографии йога»:

«В писаниях сказано, что вселенский цикл длится 4 300 560 000 лет и представляет собой один День Творения. Эта внушительная цифра выведена из продолжительности солнечного года и числа *пи* (3,1416 — отношение длины окружности к ее диаметру).

Жизненный цикл Вселенной, по утверждениям древних провидцев, составляет 314 159 000 000 000 солнечных лет — так называемый „Век Брахмы"».

Я (Self). С заглавной буквы означает *атман* (душа, божественная суть человека, высшее «Я»); с маленькой буквы — малое «я», то есть человеческая личность, эго. Высшее «Я» есть индивидуализированный Дух, чья истинная природа — вечно сущее, вечно сознательное, всегда новое Блаженство. Высшее «Я», то есть душа, является внутренним источником мира и покоя, любви, мудрости, сострадания, мужества и других божественных качеств в человеке.

Ядава Кришна (Jadava Krishna). Ядавы — династия, к которой принадлежал Господь Кришна; кроме того, это одно из многих имен, под которыми он известен. См. *Бхагаван Кришна*.

Названия на английском языке

Self-Realization Fellowship (SRF). Общество, основанное Парамахансой Йоганандой в США в 1920 году — через три года после начала деятельности в Индии, где оно известно под названием Yogoda Satsanga Society of India. Это общество призвано распространять по всему миру и во благо всему человечеству духовные принципы и техники медитации *Крийя-йоги*. Главный международный центр общества расположен в Лос-Анджелесе, штат Калифорния. Парамаханса Йогананда объяснил, что название общества подразумевает «союз с Богом через Самореализацию (осознание своего истинного „Я") и дружбу со всеми искателями Истины».

Self-Realization Fellowship Lessons. См. *Уроки SRF*.

Self-Realization Magazine. См. *журнал Self-Realization*.

Yogoda Satsanga Society of India. Индийское название общества, основанного Парамахансой Йоганандой в 1917 году. Главный его центр, Йогода-Мат, расположен на берегу Ганга в Дакшинешваре, неподалеку от Калькутты; филиал располагается в Ранчи, штат Джаркханд. В ведении YSS находятся не только центры медитации во всех частях Индии, но и семнадцать образовательных учреждений от начальной школы до колледжа. Термин «Йогода», придуманный самим Парамахансой Йоганандой, происходит от слов «йога» («единение», «гармония», «равновесие») и «да» (который дает). «Сатсанга» означает «божественный союз», или «союз с Истиной». Для Запада Парамахансаджи перевел индийское название своего общества как "Self-Realization Fellowship".

www.ingramcontent.com/pod-product-compliance
Lightning Source LLC
Chambersburg PA
CBHW071934220426
43662CB00009B/905